《中國掌權者》系列(十九)

胡錦濤傳

文思詠　任知初　著

明鏡出版社
www.mirrorbooks.com

Hu Jintao

By Wen Siyong / Ren Zhichu

First Published in 2004 by Mirror Books

© Copyright by Mirror Books

International Standard Book No. 1-932138-15-3

Chief Coordinator Ho Pin
Cover by Yi Hua
USA Office: P.O.Box 366, Carle Place, NY11514-0366, USA.
TEL:(516)338-6976 FAX: (516)338-6982
http://www.mirrorbooks.com/
E-mail:info@mirrorbooks.com

目 錄

胡錦濤屬馬。十年前，五十歲的他，是一匹雪山上跑出的"黑馬"；十年後的馬年，六十歲正逢本命年的他，已經成了一匹識途的"老馬"。貴爲中共中央新的掌舵人，人們還是問：他會"春風得意馬蹄疾"，還是會"雪上空留馬行處"？

（一九四二年——一九五九年）

胡錦濤塡報籍貫避談生活了十七年的江蘇泰州，而強調是安徽績溪人——近六百年來徽商與徽學的發源地徽州，不僅是中國風景名勝密度最高的地區，更誕生過那麼多姓胡的名人

（一九五九——一九六八）

清華大學，與其說是"工程師的搖籃"，不如說是"政壇領導人的搖籃"。從這裏走出的從政者如過江之鯽，注定爲胡錦濤提前幾十年準備好了政壇的關係網

或許,他協助總書記確立"三個代表",並不是再一次推動注定推不上山的西西弗斯之石,而是助了一臂之力從山頭往下推石頭——有了第一推動力就再也止不住它了

第十二章 胡溫新政趕考一年

(478)

(二○○三——二○○四)

"十年磨一劍,霜刃未曾試。今日把示君,誰有不平事?"胡錦濤十年韜晦,終於輪到了自己的上場機會。二○○三年在中國改革歷程中,成了一個致力人心重整、扭轉歷史慣性具有標幟性意義的"拐大彎"年份

不是結語 平衡木上的馬

(542)

不繼續進行被中斷的政治改革,他就等於丟了魂。有"魂"還得有"魄"。膽魄不是天生的,既靠練出來,也靠逼出來!

導言／熟悉的陌生人

●胡錦濤屬馬。十年前，五十歲的他，是一匹雪山上跑出的"黑馬"；十年後的馬年，六十歲正逢本命年的他，已經成了一匹識途的"老馬"。貴爲中共中央新的掌舵人，人們還是問：他會"春風得意馬蹄疾"，還是會"雪上空留馬行處"？

二○○二年十一月十五日，臨近正午，筆者之一在北京同全中國數以億計民眾一道，從電視屏幕上看到胡錦濤向我們招手。我們知道了：今後，該叫他"胡總書記"了——在那一天，他在中共十六屆一中全會上，當選爲中共中央總書記。老百姓對他的期待並不強烈，名義上，他是中國這艘巨輪的第一掌舵人了，但是兵符卻仍然緊攥在江澤民手中。

期待是在二十天後開始喚起的。十二月五日，剛滿花甲、一頭烏髮的胡錦濤與他在最高領導層分管黨務的幾個同事：中共中央政治局常委、中央書記處書記曾慶紅，中共中央政治局委員、中央書記處書記劉雲山、賀國強，中共中央政治局候補委員、中央書記處書記王剛，中央書記處書記徐才厚、何勇，在中共河北省委書記白克明、省長鈕茂生等陪同下，出現在位於河北省平山縣境內，太行山東麓、滹沱河北岸的西柏坡。

朝拜紅色聖地的執政定調之旅

　　西柏坡在中共歷史上名列“聖地”，甚至被稱爲中國五大紅色聖地之一，“文革”期間名氣不如更帶毛澤東個人色彩的瑞金、延安、井岡山和遵義，但是近幾年來，逐漸後來居上，僅在中共第三代領導人執政期間，就已經有許多中央大員前來參觀，他們的到來，被西柏坡紀念館列爲驕人的記載：

　　一九九〇年一月，時任中共中央政治局常委李瑞環前來；

　　一九九〇年二月，時任中共中央政治局常委喬石幾乎是腳跟腳地前來；

　　一九九一年九月二十一日，時任中共中央總書記江澤民前來；

　　一九九四年，從春到冬，時任中共中央政治局委員李嵐清、尉建行、吳邦國等接二連三地前來；

　　一九九五年一月，時任中共中央政治局候補委員、書記處書記溫家寶前來……

　　與他們相比，胡錦濤只算是西柏坡的後來人，但是卻獲得了最多的注意，甚至超過了前任總書記江澤民十一年前的那次駕臨。這一點也不奇怪：他在極其低調地度過十年“王儲”生涯、被人稱作是猜不透的謎，榮登大寶之後有了這樣一次難得的亮相——物以稀爲貴，輿論界當然會高度關注。而且胡錦濤也一反常態，放開來大作文章，官方媒體連篇累牘作了報導。

　　後來的事實證明，這次“西柏坡之行”堪稱他執政的定調之旅。

　　實際上，胡錦濤在擔任總書記的第二天，就已經陷入繁忙的事務，僅從新華社報導的公開活動看，十一月十六日，主持政治局會議討論委員的分工，出席紀念羅榮桓誕辰一〇〇周年座談會；十一月二十七日，會見芬蘭總統塔里婭·哈洛寧；十二月二日，主持政治局會議，分析經濟形勢，研究二〇〇三年經濟工作，通過十六屆中央政治局工作規則；十二月二日下午，會見俄羅斯總統普京；十二月四日，在紀念憲法公佈施行二十周年大會上講話，指出憲法"具有最大的權威性和最高的法律效力"……

這些活動大都屬於例行公事，十二月五日的西柏坡之行卻不然——惟其不然，才具有了高度的象徵意味。

這天的天氣其實不宜出行，更不宜前往山區——下著雪，天冷路滑。但是對於想傳達特有信息的胡錦濤來講，這樣的天氣卻是一個求之不得的強化因素——"新任總書記冒雪到革命聖地學習考察"，豈不更可以倍增出不平常的分量？

新華社記者劉思揚用黨八股文風寫道："初冬的冀北大地，瑞雪飄飛，松柏蒼翠。"胡錦濤等中央領導"參觀了西柏坡紀念館、中共中央和解放軍總部舊址，考察了西柏坡的生產、建設情況，看望了老區群眾，並同當地幹部群眾進行了座談"。

十二月五日下午，胡錦濤一行參觀了西柏坡紀念館全部十個展室。在中共中央和解放軍總部舊址，他們先後瞻仰了毛澤東、劉少奇、周恩來等人的舊居和中央軍委作戰室舊址。一間間普通的土屋、一張張斑駁的桌椅、一幅幅用紅藍毛線標注的作戰地圖；還有毛澤東推過的碾子、周恩來雨夜救鄉親的馬燈、董必武紡線的紡車……

今天來到西柏坡，明天拿下全中國

胡錦濤與曾慶紅前來西柏坡，到底釋放出什麼信息？這要從西柏坡的紅色歷史講起。

一個名叫鄭貽春的人在海外媒體上寫了題為《西柏坡》的組詩，詩中有這麼幾句：

誰今天來到西柏坡

誰明天就可能拿下全中國

就在這裏安營紮寨吧
就在這裏運籌帷幄

　　一九四八年五月，毛澤東率領中共中央和解放軍總部機關移駐這裏。在十個月中，這個小山村成了當時中共領導中心，正如一九七三年二月，周恩來爲西柏坡的題詞："西柏坡是毛主席和黨中央進入北平，解放全中國的最後一個農村指揮所。"這個普通山村，一間間狹小簡樸的農民房舍，匯聚著當時蓬勃進取的中國共產黨人的清醒智慧和宏大雄心。在這裏，毛澤東和中共中央作了三件具劃時代意義的大事：制定頒發土地法大綱；運籌帷幄指揮了遼瀋、淮海、平津三大戰役，贏得了解放戰爭決定性的勝利；一九四九年三月五日至十三日，中共在這裏召開七屆二中全會，爲建立全國政權做了政治上、思想上的準備。

　　會上，毛澤東告誡全黨："奪取全國勝利，這只是萬里長征走完了第一步。""中國的革命是偉大的，但革命以後的路程更長，工作更偉大，更艱苦。……務必使同志們繼續地保持謙虛、謹慎、不驕、不躁的作風，務必使同志們繼續地保持艱苦奮鬥的作風。"根據毛澤東的提議，會議作了幾條規定：一、不做壽；二、不送禮；三、少敬酒；四、少拍掌；五、不以人名作地名；六、不要把中國同志同馬恩列斯平列。

　　一九四九年三月，中共中央離開西柏坡進駐北平。黃鎮將軍題詞說："新中國從這裏走來。"

　　胡錦濤一行來到七屆二中全會會址，仔細聽取了講解員介紹會議情況。當時，中共面臨的主要任務由通過武裝鬥爭奪取政權轉向掌握全國政權、建設國家，黨的工作重心將由農村轉向城市。面對這個重大的歷史轉折，黨中央和毛澤東認識到，如何使全黨在奪取全國政權後經受住執政的考驗，始終堅持黨的性質和宗旨，是黨面臨的全新的歷史性課題。毛澤東向全黨特別是高級幹部敲響了警鐘。

在西柏坡土牆泥頂的莊嚴會場，不論來訪者職位多高，在中共第一代開國元勛的炯炯目光下，似乎都有點凜凜然，一個個言行都收斂了許多。據稱一九九一年九月二十一日上午，時任總書記的江澤民乘坐一輛沒有警車開路、也沒有警衛跟隨的麵包車，來到西柏坡紀念館。貴賓接待室裏，每人一杯茶，沒有水果，也沒有糖果。

而中共第一代領袖在此指揮三大戰役時還是個六七歲孩子的胡錦濤，本來就謹言慎行，這次前來考察更是如此。整個活動中西柏坡沒有插紅旗，沒有掛橫幅，沒有擺鮮花，沒有鋪地毯。胡錦濤身穿一件洗得發白的舊棉衣，吃的是當地家常便飯，兩天考察的餐費共三十元，也自掏腰包，自己結帳。不管部下如何解釋條件簡陋，他執意要在西柏坡住一夜，親身體會老區人民的生活。

第二天，十二月六日上午，他們分別考察了西柏坡荒山綜合治理工程、平山縣聖地奶牛養殖場，並走村入戶，慰問老黨員和農民群眾。隨後與當地幹部群眾進行座談。

胡錦濤講了話，主題詞是"艱苦奮鬥"四個字。他說，新中國成立五十多年來，毛澤東同志、鄧小平同志一再告誡全黨要始終堅持艱苦奮鬥。十三屆四中全會以後，江澤民同志多次強調全黨特別是領導幹部要永遠艱苦奮鬥。他用鋪陳的排比句加重語氣：歷史和現實都表明，一個沒有艱苦奮鬥精神作支撐的民族，是難以自立自強的；一個沒有艱苦奮鬥精神作支撐的國家，是難以發展進步的；一個沒有艱苦奮鬥精神作支撐的政黨，是難以興旺發達的。

在西柏坡，胡錦濤濃墨重彩地強調了"權爲民所用，情爲民所系，利爲民所謀"，要求各級領導幹部要堅持深入基層、深入群眾，傾聽群衆呼聲，關心群衆疾苦，帶領群衆創造自己的幸福生活。這三句話，經過媒體的渲染，被稱爲"新三民主義"。

後來，《南風窗》二〇〇二年最後一期上發表椽子的文章《重溫西柏坡》，對胡錦濤的用心說得比較透徹："毛澤東提出的兩個'務必'，是西柏坡精神的內涵。但西柏坡精神並不局限於此，在更寬廣的意義上，它還包括保持和人民群衆的血肉聯繫、全心全意爲人民服務的精神。"

進京趕考幾人成功幾人敗

對西柏坡，我們不妨再多說幾句。

西柏坡近年來越來越有名氣。上世紀八〇年代，西柏坡年接待參觀人數每年不過三四萬人，主要來自石家莊周邊地市。但西柏坡中共中央舊址在一九八二年被國務院公佈爲全國重點文物保護單位之後，參觀者日益增多。而二〇〇一年，增長到近一百萬人，遊客來自全國，"七一"期間日接待量達到每天一到兩萬人。二〇〇三年底爲紀念毛澤東誕辰一一〇周年，國家郵政總局發行紀念郵票一套四枚，第一枚就是毛澤東一九四八年在西柏坡。

西柏坡走紅，是因爲這裏離首都和其他大城市近在咫尺，交通相對方便，便於中共組織黨員、群衆前來朝拜；更重要的是，隨著經濟發展，開放搞活，中共黨風黨紀和社會風氣空前敗壞，社會矛盾空前尖銳，人們急切地到這裏來尋找精神資源和緩解官民矛盾的藥方。

西柏坡陳列的圖片、展品中披露的史實，有意地突出了當年毛澤東等中共領袖的艱苦精神、親民作風，從參觀者的留言看，這些確實發生了效果。

　　《燕趙都市報》記者蔡曉輝二〇〇二年十一月十九日（時在胡錦濤朝聖之前）在一篇特寫中驚嘆：十一月初，"天氣清冷，仍有那麼多慕名前往（西柏坡）的車馬人流"，它的魅力在於從那個年代走來的"紅色"。

　　在毛澤東故居內辦公桌上有個小油燈。蔡曉輝寫道：它曾經遍身油漬，一朵淡黃色火花常常徹夜跳動。可以想像，毛澤東端著它查看軍事地圖的神情，燈光照亮了九六〇萬平方公里的土地。

　　董必武在這裏看著夫人紡線的身影隨口吟詩，"捻手巴掌握手拳，看時容易做時難"。每間平房內中共領袖用過的生活和工作用品十分簡陋，一床、一桌、一椅、一櫃、一書架足矣。任弼時寢室內鋪著在延安大生產時織的破舊毛毯，劉少奇故居內放著跟隨他轉戰南北的白茬舊木箱，七屆二中全會會址竟是當初的中央工委自己建造的大伙房。如此簡陋的條件卻醞釀了驚心動魄的歷史，不能不讓人感慨。在淮海戰役中被俘的原國民黨第十二兵團司令黃維，在特赦後前來，看到這大決戰指揮所的小平房不住感嘆："國民黨當敗啊！"

　　"只要我們國家有重大政治事件的時候，西柏坡肯定是人山人海。"西柏坡紀念館的黨委書記白元達這麼說，主要是來進行革命歷史教育。全國中小學愛國主義教育基地、河北省愛國主義教育基地、中央國家機關思想教育基地、石家莊市一中革命教育基地……如今西柏坡是八十家省內外單位的教育基地。每年都有那麼多的人在這裏進行入黨宣誓、重溫入黨誓詞、接受思想教育。每年"七一"前後這裏都是最為熱鬧的地方。

　　西柏坡的感召力還來自於與人民血肉相連的情感。蔡曉輝寫道：老一茬西柏坡人都能說上幾段當初領袖們的故事：朱德曾經多次幫老鄉拉耬種地，收麥割秋，還給老鄉賠鴨錢。一九四八年初秋，年輕的理髮員曹慶衛被埋在沖塌的窯洞裏，不幸犧牲。朱德出現在出葬的人群中，他抬著棺木，步子沉重……難怪河北安平一位退休職工在留言本上寫道："讓西柏坡永遠成爲世人歸夢的故鄉"。

《瞭望東方周刊》轉述了這樣一個細節，記者詢問胡錦濤西柏坡之行走訪過的兩位農戶之一：胡錦濤在您家只呆了十三四分鐘，"十三四分鐘的時間，是什麼原因讓您覺得他能把這個國家領導好呢？" 韓花珍答："他來家裏不讓我們作任何準備，說家裏什麼樣就是什麼樣，他害怕老百姓爲難，他害怕給老百姓增加壓力。" 老百姓是何等樸實！

毛澤東"進京趕考"的名言被人們提及最多。一九四九年三月二十三日，春風和煦，陽光明媚，毛澤東和他的戰友最後一次登上鬱鬱蔥蔥的柏坡嶺，興致勃勃地說："我們進京趕考去。"周恩來也附和著說，"我們都應該考及格，不要退回來"。

姑且承認這裏記載、宣傳的毛澤東等中共領袖的事跡是真實可信的，姑且承認八方民眾前來此地受到震撼啓迪後那拳頭緊握、熱淚盈眶是真誠深摯的，但是，人們在對西柏坡縱情謳歌的時候，卻都迴避了另一面的嚴峻歷史事實。那就是：他們趕考，考得怎麼樣？

我們固然不能說毛、周都交了白卷，但至少可以說，他們並沒有考及格！他們在奪取政權的浴血奮戰中是獲得亮眼分數、贏得舉世欽服的高才生，然而打天下那不過算"預考"，用毛澤東的話來說，是"萬里長征走完了第一步"；在隨後更艱鉅更複雜的以治理國家爲考題的"大考"中，他們答對了某些題，答錯了更多的題，錯得離譜，將中華民族帶入了二十世紀人類最可怕的三大浩劫之一。

江澤民前來朝聖，其實何嘗沒有"趕考"之意？他來的那天，留下了"牢記兩個務必，建設有中國特色的社會主義"的題詞，一九九三年興建的西柏坡紀念碑上，這句題詞被刻在碑體南面。但是在他主政的時代，腐敗，尤其是吏治腐敗、司法腐敗猶如癌細胞惡性蔓延。

西柏坡每一位講解員都會說："儘管西柏坡的展品沒有故宮館藏文物那樣價值連城,沒有臨潼兵馬俑的雄偉壯觀,但它的精神力量十分偉大。"然而,問題在於,這種偉大的精神力量為什麼沒有讓中共領袖們在進京趕考中再度大獲全勝?

老百姓或許只為眼前看到的展品而感動;那麼,當胡錦濤說"今天是這場考試的繼續"時,他是否想到了毛澤東、周恩來的"考試成績"?是否想到他們究竟是哪些題答對,哪些題答錯?今天自己面對這場嚴峻考試,應該拿出什麼樣的宏圖大略來避免重蹈覆轍?

中外評論界為胡錦濤趕考一年打分

當筆者重新修改訂正本書以再版之際,胡錦濤接過總書記權柄整整一周年了。回過頭來看胡錦濤的西柏坡之行,更覺出其意深味長。這第一學年的考卷,胡錦濤答得怎麼樣?中國大陸報刊和海外評論界,紛紛從各個角度、各個層面給胡錦濤一年來的表現打分。

新加坡《聯合早報》二〇〇三年十一月十五日李慧玲特稿《胡錦濤坐穩江山》:

一年後的今天,胡錦濤作為第四代領導核心人物的形象已經確立。……原來處事低調,風格不明朗的"候任接班人"在接班之後展示的親民作風,也普遍得到認可。有學者總結胡錦濤過去一年的表現時,形容他"平穩",能夠控制局面。

中國國家行政學院公共管理教研部杜鋼建教授:

胡錦濤上任後第一年可算順利,"作風平穩"、"求實效",一面貫徹江澤民卸任前提出的"三個代表",一面到中共歷史上重要的西柏坡,重提毛澤東的"兩個務必",既為自己樹立了新的形象,又從追本溯源中展示出自己的“正統”地位，尋得繼任的政治合法性，也讓人看到了他在處理政治問題上的高明之處。

新加坡東亞研究所高級研究員鄭永年博士：

胡錦濤在抗擊薩斯中展現他在處理政治問題的能力。政府的趨向透明，對媒體的相對寬鬆，以及當時衛生部長張文康和北京市長孟學農的被撤職，讓老百姓在為疫情擔驚受怕的同時，也初嘗官員幹部“問責”的味道。再加上強調“權為民所用、情為民所繫、利為民所謀”的新“三民主義”，都使胡錦濤十年政治局中不清晰的形象霎時間在民眾心中變得清楚和貼心，甚至往往被看作是更為開放、推動民主改革的人物。

在政治改革的問題上，胡錦濤選擇不要講太多，而是做實際的事情。十六屆三中全會政治局向中央委員會述職本身就是個例子，他從技術上的層面做起，而不是從意識形態，大張旗鼓去做。胡耀邦和趙紫陽的最大敗筆就是在這裏。

二○○三年最後一期《經濟學人》雜誌文章：

人們對胡錦濤抱有希望，這不僅僅是因為宣佈的政策，而且因為胡錦濤和溫家寶總理試圖予人一種相對開明的形象。他們雖然動手遲緩，但最終解決了薩斯危機。解除北京市長和衛生部長的職務之舉也讓人們看到政府的新氣象。

但是，即使胡錦濤成功地在中共黨內推動更大民主，他也會確保任何人都不要把這誤解成為他是在開綠燈，人們因此就可以質疑中共執政的權力了。是江澤民，而不是胡錦濤打下進行更多變革的基礎，包括黨內更大民主等政治改革的講話都是江澤民提出來的新思維。

美國之音記者陳蘇二○○三年十一月二十六日報導：

胡錦濤擔任中國最高領導人一年，一些曾經對他滿懷期望的人感到失望。中國知名作家戴晴是個敢說話的知識分子。她在接受本台採訪時說，所謂政治改革其實就是把中國變成一個現代國家。現代國家最根本的一條就是自由與法治，而胡錦濤提出的以法治國的理念讓中國知識分子感到興奮，知識分子還是很容易被表面現象所迷惑，興奮了一陣。……胡錦濤的個人經歷決定了他不會成爲中國的戈爾巴喬夫。

長期研究中共高層的旅美政論人士高新：

比起江澤民政權，胡錦濤和總理溫家寶爲首的胡溫政權確實有其開明之處，他們這一屆領導人都是從社會底層一步一步熬出來的。無論是出於共產黨的黨性還是出於良心，他們都會在親民方面比江澤民、李鵬那一代高高在上的中共領導人要表現得優良。現代傳媒手段以及經濟與科技的發展都決定了新一代領導人會相對地比上一代領導人表現得開明和開放。

中國《瞭望東方周刊》二〇〇三年十一月十七日胡奎、辛鳴關於新政一周年的特寫：

非典期間互聯網上曾出現一個帖子："錦濤一定要挺住。""錦濤挺住"後來成了百姓的一句口頭語。使不少人想到那句著名的"小平你好"。"錦濤挺住"的含義並不簡單，它意味著新一代領導人的執政能力得到了民眾的認可，從此不再有人懷疑他的果斷與謀略。這或許是胡錦濤在他的本命年裏最大的收獲。

在曼谷 APEC 會議上，有記者問胡錦濤這一年最傷腦筋的事情是什麼，胡錦濤說，那就是非典。其實，在當時比非典病毒更可怕的，是陳舊的官僚制度。新一屆中央政府毅然撤去了衛生部長張文康和北京市長孟學農的職務，同時對外界公開疫情。這一舉動像扔了一顆炸彈。人們對胡錦濤等人的執政風格與理念刮目相看。

"新政"成爲了中國民間和國際輿論在評論中共新領導人時不約而同用到的一個詞匯。……不妨說，"新政"始於西柏坡。

中共中央辦公廳一位權威人士接受採訪時說，到西柏坡考察學習的行爲對於理解新政十分重要。它顯示了在北京政治中心歷練多年的胡錦濤的一種"歸零心態" 從頭開始，重新學習，從人民大眾身上汲取執政力量。胡溫新政的一大特色，就是從老百姓最深惡痛絕的事情開刀：反腐敗。

中新網十一月四日報導：

從領導作風和領導方法的角度看，以胡錦濤為總書記的中共中央在一年的實踐中表現出三方面顯著特點：一，開拓創新的精神；二，務實果斷的作風；三，親民為民的形象。

在胡錦濤上任一周年之際，中國官方新聞媒體如新華網、《半月談》等還大量摘錄海外報刊的讚揚之詞——

日本《產經新聞》：中國民眾對新一屆中央政府評價越來越高。這一方面是因為新領導面對非典型肺炎和朝鮮核問題等棘手難題，採取了迅速和切實的應對措施，同時也因為它斷然實施了幾項政治改革，從而顯示出喚回民眾信任的強烈意願。

德國《新德意志報》文章：非典疫情是一場令人震驚的災難，但中國領導奉行的"深入貼近"政策已取得初步成效。

俄羅斯《新時代》周刊評論：胡錦濤今年兩次重要出訪，展示了中國新一代領導人開明的國際形象和巨大的國際影響力。

美國《時代》周刊：中國目前對自己的經濟和政治實力顯得很自信，它已成為一個越來越看重保持經濟強勢發展的實用外交路線的大國。

美國《亞洲華爾街日報》：中國共產黨正著手修改十年前制定的一些政策，以便讓中國形成一個"相對完整的"市場經濟體系。

英國《金融時報》：中國重新考慮發展戰略，正在制訂一項新的經濟發展戰略，將重心從過去二十年"全力以赴謀發展"的政策，轉向建立一個更加持久的發展模式。

……

美國《新聞周刊》：胡錦濤經受火的考驗

美國《新聞周刊》網站一篇題爲《胡錦濤：火的考驗》（Hu Jinta O：Trial by Fire）的文章似乎是對胡錦濤一年表現的總評語。

該網站推出的二〇〇三年部分"取得進步的人物"中，胡錦濤也名列其中。這篇文章指出，一年前，在胡錦濤接任中國國家主席一職時，他還是個神祕的國際人物。在掌管著世界人口第一大國的中國共產黨的培養下，胡的權力在頃刻間刻意得以提升。

在他二〇〇三年三月出任中國國家主席時，外界普遍認爲，與他的前任相比，胡錦濤將成爲一名更具動力和進步的大國領導人，但沒有人最終知道他是哪種人，也沒人曉得他將成爲哪類領導人。由於中共政治局樂於保持神祕，似乎世界在短時間內不太可能對其有所了解。

但在二〇〇三年春季，中國面對一場不知如何應對的健康危機時，胡錦濤被迫露出了他的至少一部分的真實本色。在數不清的中國人因感染薩斯病毒而倒下時，老百姓開始指責政府官員對薩斯疫情反應遲鈍，其中許多官員仍忠誠於江澤民。胡引人注目地改變了方針，公開承認政府對疫情的隱瞞，承認在政治上的慘重損失，也暗示沒有對薩斯疫情作出及時回應，並立即動員衛生部門進入疫情嚴重的地區。到目前爲止，在中國已證實自己完全準備好應付薩斯疫情復發時，因當初的果斷決定，胡已得到了許多人的信任。

文章還說，今年，胡錦濤的個人形象也得到大幅度提高。世界已知道他是一位工程系的學生，對藝術和跳舞很感興趣，同時還具有敏捷的幽默感。在公開場合露面時，他已表現得泰然自若，儘管自己仍是一黨統治的國家領導人，但他知道一張好的照片的政治價值。

當然，在胡錦濤已更加清楚準確地向他的人民和世界描繪出，他想要這艘中國之船駛向何方時，在他的前面很可能還會出現一些驚濤駭浪。

現在仍很難過高評價帶有戲劇效果的胡錦濤，將在中國的未來還會遇到什麼。中國經濟在一個令人印象深刻的水平上的持續增長，正使它成為東南亞地區的魔術師。在美國與朝鮮之間的緊張關係上，即使不是盟友，美國政府也將會逐步將中國視為一個外交伙伴。

文章最後說，新的一年對胡錦濤來說，毫無疑問將是一個至關重要的一年。隨著全世界都越來越了解中國領導人，許多人會繼續相信，胡錦濤將成為一個能真正把中國改變成一個亞洲或者世界最強國的領導人。

隔代指定的王儲

綜觀外界所有媒體和評論家，似乎都帶有這麼一種恍然大悟的感覺，胡錦濤是怎樣一個人的謎底，似乎正在逐漸揭開。這從一個方面也反映出，過去人們對胡錦濤是多麼的感到費解難測——這正是共產黨中國的特色造成的。

西方與中國政治權力交接的模式是不同的。西方權力交接，是新一代人突破老一代人的樊籬，在激烈的衝突中顯示治國能力，積聚政治資源，最後取而代之；而中國的政治權力，則是新一代人努力引起老一代人的青睞，逐步爭取被納入老一代人所設定的政治軌道（當然在這一過程之中，他們對政治軌道也反過來會有所改變），最後被老一代領袖信任能忠實體現自己的方針路線，交付印璽。

胡錦濤當初之所以使許多政治分析家跌破眼鏡，是因為即使按照中共人事安排的考量理由，也看不出他緣何被選中的理由：

看主政實績，並無驚人之舉，在貴州三年多，貴州還是窮；在西藏三年多，西藏還是亂；

講工作經驗，中國大陸正要發展"社會主義商品經濟"，他這方面的經驗遠不如沿海商品經濟發達地區如廣東、上海等地諸侯；

從派系淵源看，他身上派系色彩並不太濃，雖然很容易被劃進胡耀邦爲首的"共青團派"，但是一九九二年這一派恰恰處於最低潮，因之也就難說他有多硬的靠山後援；

論思想水平，他沒有發表什麼震聾發聵的創見……

看不出被選中的明顯理由而被選中，這有兩種可能性：一種可能性是：理由確實有，不過一般人肉眼凡胎看不出，只有選中胡錦濤的人"別具慧眼"，能夠"透過現象看本質"，發現他能繼承大統的潛在條件；第二種是，根本就沒有理由，胡錦濤能被選中，完全是一種偶然性在起作用。

有學者曾經指出過美國政治中的"隔代繼承現象"：最近大半個世紀以來，美國大約是十五年左右爲政壇上的一代人，下一代人反對或改變上一代人的政策，卻繼承了"祖父一代"的政策，這樣，自由主義與保守主義起伏消長，三十年爲一個正反的週期，構成一個循環往復的全過程。羅斯福——肯尼迪——柯林頓，這是一條一脈相承的線索，他們執政相隔的時間約在三十年左右；與之相對立的是艾森豪威爾——里根、布什，這是另一條一脈相承的脈絡，他們執政相隔的時間也在三十年左右。

這一說法究竟是否有理姑且不論，但無疑不能照搬到中國，在中國社會和權力體系中，一代人掌權時間甚長，在任時就會有頻繁的正反週期；而上一代領袖不允許下一代領袖改弦更轍，既然下一代領袖的權力來源就是上一代領袖，驟然挑戰上一代領袖的方針政策等於與自己的權力合法性過不去，出於"政策連續性"、"權力穩定性"考慮，他們相當自覺地不對上一代領袖的方針政策作驟然變更。

我們在這裏借用"隔代繼承"這個詞，是想強調指出一點：胡錦濤，最初並不是江澤民所親自選定的接班人。

不錯，在胡錦濤的竄升上，江澤民（以及他的同代政治領導人如李鵬、喬石等），肯定參加了磋商、考察和審核，提出過自己的意見，但是，江澤民在政壇上的"父輩"，或者說胡錦濤的政壇"祖輩" 包括鄧小平、陳雲、宋平在內的中共元老們，起了更爲關鍵的作用。更明確一點地說，是中共的"第二代領導人"，在指定了"第三代領導人"之後不久，指定了"第三代領導人"的王儲——隔代指定。

關於胡錦濤如何被發現、如何被拔擢到最高領導層，當第二代領導人隔代指定他擔任未來接班重任，是確有理由，還是如同"上帝的骰子"擲到誰就是誰，本書將有專章進行討論。一個流傳極廣的說法是，在籌備十四大、醞釀中央領導層的人選期間，鄧小平曾經說過："我看胡錦濤這個人很不錯。"這句話應該就是定音的一錘：一九九二年初老鄧說話的份量，畢竟是不容任何人等閒視之的。

不是被"第三代領導核心"所獨立選定的接班人，而是被第二代所主導、第三代所輔助選定的接班人——這一點至關重要。胡錦濤後來在政壇上命運究竟如何，恐怕在很大程度上，就取決於這一點。

説的，想的與做的

對這一點，認識得最清醒的，恐怕就是胡錦濤自己。

當初很多人不理解爲什麼胡錦濤在執掌了政治局常委和書記處書記職權多年之後，仍然給人以"政治面目不清"的感覺。對於困擾中國未來穩定與發展、開放與變革的重大課題，胡錦濤究竟抱有什麼樣的態度,是否具有"新思維"?他的基本政治取向、價值觀念究竟如何?他對於黨內和社會上爭論頗多的一些熱門話題,究竟站在哪一邊?他能和哪個古今中外的領導人相比附——例如,是中國的戈爾巴喬夫,還是中國的普京?

這些,不論怎麼去推敲,都使人覺得模稜兩可、漫漶不清。

之所以如此,一個很重要的原因,正是胡錦濤本人的謹慎:他不喜歡張揚自己,不喜歡過多曝光,他知道"人怕出名豬怕壯"、"樹大招風"、"出頭的椽子先爛"這些古訓。但是他已經"出名"、"壯""大"和"出頭"了,這是他更改不了的,他只能儘量在記者面前保持低調,再三要求記者不要幫倒忙。

更重要的原因,是他清醒地知道:自己的權力來源並不是全黨,更不是全民,而是中共老人們,所以他不能夠過多地講自己的真實看法,更不能按照自己的真實想法去做。"水能載舟,也能覆舟",而對於胡錦濤這樣地位處境的領導人來講,老人們既能"好風憑藉力,送我上青雲",也能"胡天八月即飛雪","北風捲地白草折"。他得照顧老人們的脾氣,遷就老人們的口徑,將老人的想法,用自己的話語公之於眾。

美國已故前總統尼克松在《領導人》一書中講過一個關於蘇共前首腦赫魯曉夫的笑話。說是有一次赫魯曉夫在台上義憤填膺地控訴其前任斯大林的罪行時,台下聽眾遞上來一張紙條:斯大林犯下這麼多罪行時,當時擔任蘇共中央主席團成員的你在哪裏?赫魯曉夫捏著紙條大聲問:這張紙條誰寫的?你站起來!無人應聲。等了一會兒,赫魯曉夫說:好,我來回答你。我當時在哪裏?就在你現在呆的地方!

專制政權下的接班人如果不會掩飾自己的真實想法,等於自取滅亡。不僅如此,人們慢慢更明白了:胡錦濤是"太上皇"指定的"王儲",是被兩代"婆婆"——第二代領導集團和第三代領導集團管著的"長孫媳婦"。隨著權力由"老婆婆"向"小婆婆"逐步轉移,他也得轉到主要聽"小婆婆"的話——但又還不能公然冒犯當初選中自己的"老婆婆"。他在政壇最高層打滾十個春秋以來,第二代領導集團由名退實不退,逐漸半退,最後全退,原來的"王儲"江澤民正式登基掌政,自己擁有廢立之權了,昔日"王儲的王儲"胡錦濤,地位反而更微妙,這幾年中如履薄冰。

不止一個中共問題評論家向胡錦濤獻策:要想將來成大事,現在最好就是這樣面目不清。在中共權力體制中,有一句話叫"無過就是功"。胡錦濤深知這句話在理論上的荒謬性和在實踐上的有效性——創造性與保險系數成反比,在老人眼裏"不逾矩"(用中共的政治術語來講,就是"與中央保持一致","不另搞一套"),才能前程遠大。

登基時的胡錦濤,經過十年經營歷練,羽翼已經大爲豐滿,人脈已經大爲伸展,地位已經大爲穩固,自信已經大爲增強。十五大和十六大在政治局、書記處乃至中央委員會中湧進成百名年輕的新面孔,胡錦濤就是這一代的領頭人。

十四大上他被選中,是出自鄧小平、陳雲、宋平等第二代領導集團的隔代指定;而在十五大上他又跨前兩步,意味著在鄧小平、陳雲去世、第二代領導人淡出政壇之後,他的接班人地位被第三代領導及其核心江澤民所認可;十六大上胡錦濤率領第四代領導人順利接班,說明了他十年來所採取的策略是成功、有效的。

筆者曾經借用十九世紀俄國文藝理論界的一個概念"熟悉的陌生人"來形容當了多年政治局常委的胡錦濤,指的是他隔三岔五在電視上露面講話,依然使人們感到"形象"模糊;現在筆者仍然用"熟悉的陌生人"這個概念來形容當了一年多中共總書記、國家主席的胡錦濤,但概念的含義卻變了:他上任後讓人有"換了一個人"的感覺。

十六大開過一年,胡錦濤由韜晦低調終於走到台前,人氣急劇升高,爲人們所了解的程度迅速增加。但是這反過來進一步刺激了海內外關心中國未來的人士中了解胡錦濤的需求,人們不僅要知道其然,還要知道其所以然。本書新版將著眼於滿足這一需求，嘗試描繪胡錦濤的政壇軌跡、思想傾向、文化性格，勾勒他所代表的政壇群體，展望未來的政壇仕途上他可能遇到的挑戰，以及他對中共未來面貌可能的影響；並將用適當篇幅，通過對他與中共以前歷次最高層選定"接班人"的比較，論及中國大陸政治權力交接的觀念和制度，探討一些中共選拔機制中更帶有根本性、規律性的課題。

胡錦濤，屬馬。十年前，五十歲的他，是一匹雪山上跑出的"黑馬"；十年後的馬年今朝，六十歲正逢本命年的他，已經成了一匹識途的"老馬"。他是會馬到成功？還是會馬失前蹄？是會"春風得意馬蹄疾"，還是會"雪上空留馬行處"？

人們在追問，人們也在期望──期望胡錦濤能在任期中考試得到高分。

第一章／物華天寶 人傑地靈

（一九四二年——一九五九年）

●胡錦濤填報籍貫避談生活了十七年的江蘇泰州，而強調是安徽績溪人——近六百年來徽商與徽學的發源地徽州，不僅是中國風景名勝密度最高的地區，更誕生過那麼多姓胡的名人

中國名勝密度最高的地方

胡錦濤填報籍貫，是"安徽績溪"。

安徽，對南方人來說，是北方，對北方人而言，又是南方。雖處中國東南，經濟卻落後於周圍其他省。績溪在安徽南部，也就是皖南。

皖南這一帶是古代有名的徽州。上古時代，在《禹貢》裏這裏屬於揚州之地；周代末年，這裏先屬吳國，吳被越滅了之後又屬越國，楚滅了越之後，這裏又屬楚國。秦兼並天下，在這一帶置黟、歙二邑；漢晉隋唐，又有很多變動。後來北宋末年，方臘率眾在此起事，得杭州、歙州五十二縣，東南震動，宋徽宗調集重兵鎮壓下去，於宣和三年（公元一一二一年）依自己的帝號，將這裏改名爲徽州。

一九八八年，徽州的行政區被撤除，以黃山市取代了距黃山約百公里外的原徽州地委所在地屯溪市。代表著安徽之"徽"的徽州，從此消失。據電子雜誌《民主中國》二〇〇二年九月號程美信《"徽學熱"的真相》披露："當時安徽省政府和屯溪市都有各自的算盤，屯溪市是爲了佔'黃山'光，以此擴大影響，招攬遊客；其次黃山市可升省直屬市，對

地方官員是一種晉升；而作爲華東'西北'的安徽省，將黃山劃到省府直接管轄之下，無疑是看中了黃山這塊肥肉。唯獨當地民眾在感情和習慣上無法接受這劃分，尤其胡適和胡錦濤的家鄉績溪人頗有被出賣之感，因爲績溪歷來屬於徽州傳統組成，而且績溪被劃到宣城地區，不僅路途遙遠不便，語言習俗相去也更遠。"

　　文中提到安徽是華東"西北"，確實，當今安徽的經濟發展水平與鄰省相比差距不小。中國科技部、中科院、國家自然科學基金委員會共同支持的《中國現代化報告二〇〇二》，對各省的現代化水平作了排行。安徽在"第一次現代化"實現程度榜上列第二十二位，高於青海，卻低於甘肅；"第二次現代化指數"排名更低，列第二十五位，高於江西，卻低於河南。

　　然而，安徽又素有"東方瑞士"的美譽，指的是其風光瑰奇。而徽州更是風景絕佳，大概算得上中國名勝密度最高的地方之一。這裏有號稱"天下第一山"的黃山——唐朝李白寫下"黃山四千仞，三十二蓮峰"；明代旅行家徐霞客寫下了"五岳歸來不看山，黃山歸來不看岳"。這一片一千二百平方公里的摩天峻峰，以奇松、怪石、雲海、溫泉著稱，中國首次評比十大風景名勝，黃山榜上有名。

　　這裏還有中國四大佛教名山之一、地藏菩薩的道場九華山。自唐宋以降，李白、劉禹錫、王安石、蘇軾、文天祥、王陽明……無數的名人墨客在此留下了題詠。唐代這裏的寺廟最多時達到九百九十九座，曾有"九華一千寺，撒在雲霧中"的詩句。到了清代康熙年間，這裏仍然"香火之盛，甲於天下"。

　　佛道兩大宗教好象在這裏也要唱對台戲，九華山附近不遠，就是中國另一大宗教道教的四大名山之一齊雲山，到此山探幽訪勝的古今清流名士同樣數不勝數。清代乾隆皇帝巡遊江南時讚譽說："天下無雙勝境，江南第一名山"。這位喜歡附庸風雅的皇帝評論起山水來，誇大溢美的成份往往較多，但此山確實風光獨具。

不僅有山，而且有水。青弋江、水陽江、率水、練江等長江、新安江的眾多支流，縱橫蜿蜒，清光碧波，環繞交織，給這裏群山叢嶺平添了生動靈秀。難怪明代劇作家、《牡丹亭》的作者湯顯祖說："欲識金銀氣，多從黃白遊；一生痴絕處，無夢到徽州。"

從歷史文化上說，安徽北臨黃河故道，南屬長江流域，這裏正是中華民族兩大文化起源的交匯地帶，走在這裏，尤如走在華夏文明的博物館，名勝古跡星羅棋布，典故傳說豐富多彩。難怪徽州最富盛名的，一是徽商，二是徽學。

徽商與徽學發祥地

徽州的貧困與富裕構成奇特的對比。自古以來，由於山區田地少，糧食缺，資源開發程度低，地狹人稠，老百姓生活相當窘迫。台灣音樂工作者怡曾經到張藝謀拍《菊豆》的黟縣南屏村採風，請當地歌手葉新鳳用方言唱民歌，歌詞大意是："早上（哎）有時吃腌菜，中午（哎）有時吃豆製品腌菜，晚上（哎）有時吃冷飯包腌菜。"（見《中國時報》二○○一年六月二十二日《男人苦女人更苦──安徽黟縣秧歌採風行》）可以想像此地百姓過去過的什麼日子。

但是另一方面，徽州又是徽商的發祥地。因為水陸交通發達，也因為田地難有出息，於是商賈大盛，蔚為風氣。到南宋時，朝廷遷到了臨安（杭州），中國文化和經濟南移，這裏有了地利之便，商業更加繁榮，商家主要經營鹽、米、絲、茶、紙、墨、木材和對外貿易，從而促進明清徽商迅速崛起。中國文人最重視的"文房四寶"中，享有盛名的"歙硯"、"徽墨"就出自這裏。明清時商業成了徽州人"第一生業"，有

"徽幫商人富甲天下"之說，"徽幫"與山西"晉幫"並稱齊名。清代乾隆皇帝下江南接見的全國八大巨商，竟有四位是徽幫，全是歙縣人。而徽商中最有名的，就是藉歷史小說家高陽一枝傳神之筆所描寫的《紅頂商人》主人公胡雪岩。

當然，經商總不能死守徽州本地，必須闖盪四方。徽州男子年少就必須出門謀生，數年一歸，妻子在家獨守空門，因此徽州流傳很多"貞節"佳話，牌坊也隨之多而又多。當地有幾句民謠說："前世不修（一說"前世沒修"），生在徽州，十三四歲，往外一丟。"說的就是這種情況，有幾分無奈，也有幾分灑脫。不過，他們雖然出門打拼，還是眷戀故鄉。作了官或者賺了錢，便回家鄉來蓋房子。年復一年，群山峻嶺之中，白牆黑瓦、素淨古樸的徽州民居聲名遠播，形成深厚的文化氛圍，徽州被稱爲"東南鄒魯，程朱闕裏"。徽商也成爲一個以富有文化素養而著稱的社會階層。他們投資重金於教育和出版，這使他們在中國古代商界佔盡風流。即使後來勝徽商一籌的晉商，在這一點上也不能望其項背。

宋以後，徽州成爲全國重要的學術重鎮、文化中心。程朱理學的最重要代表人物二程一朱（程頤、程顥，朱熹），家鄉都在徽州的篁墩。朱熹曾回故鄉講學，弟子甚多，紫陽書院就是他當年講學之處。他們帶動了求學之風，徽州"遠山深谷，居民之處，莫不有師有學"，"雖窮鄉僻壤，亦聞讀書之聲"。據統計，清康熙年間，僅州府所在的歙縣就設有書院十四所，社學一百一十二所。

過去中國人把"萬般皆下品，惟有讀書高"掛在嘴邊，惟有徽州人將"讀書做官論"付諸了行動，蔚爲時尚。徽州人心知肚明，在中國"富"向來就鬥不過"貴"，只有官商相兼才能久保富貴，從而形成徽商與官僚互相呼應的關係，同時特別熱衷科舉考試。宋明清三代，歙縣有三百七十二人中進士，有"連科三殿撰，十里四翰林"之說，婺源坑頭一門明代出了十多位進士，有"一門九進士，六部四尚書"之稱，雄村明清兩代出了四十餘個進士，現在還有牌坊"四代一品"。徽州民眾津津樂道"父子尚書"、"兄弟丞相"、"同胞翰林"。明清兩代徽州府籍的進士人數僅次於蘇州府，摘取全國銀牌。

清代以來，這裏學術大師迭出。出生於徽州休寧縣的戴震，字慎修，又字東原，他以經學爲中心，旁及小學、音韻、史學、天算、水地等等。他主張實事求是，認爲"理存於欲"，抨擊程朱理學是"以理殺人"。一七七三年，乾隆皇帝下詔命令設立"四庫全書館"，任命紀昀（紀曉嵐）爲總裁，戴震作爲一代學術宗師，也被延聘入館編核。他及他門下的段玉裁、王念孫等弟子，開創了皖派考據學，作爲一種著名的地域性的學派，享譽國內外，影響深遠。

近代人中也是名人輩出。教育界有被宋慶齡稱讚爲"萬世師表"的陶行知，音樂界有與聶耳齊名的張曙，美術界有號稱"南黃北齊（白石）"的黃賓虹，新聞界有辛亥革命先驅、《神州日報》主筆汪允宗……尤其是中國新文化運動的主將之一、後來曾任中國駐美大使、北京大學校長和台灣中央研究院院長的胡適，其家鄉也正在這裏。

徽州文化，不論是畫派、醫學、雕刻、建築、園林、飲食、盆景，在全國都獨樹一幟，自成流派。有人誇說：村村鎮鎮，都有古跡可看；山山水水，都有名勝可覽。行商坐賈囊中元寶的磕擊，交織著鄉儒學究的吟哦；牌坊和民居上精工細作的木雕磚雕，映襯出雲影林濤的濃妝淡抹。在皖南景區每年接待的三四百萬遊客中，有一百萬是文化旅遊者。徽州的州府所在地歙縣，被定爲全國文化名城之一。

徽州文化熱到如此高溫，致使中共總書記、國家主席江澤民也眼熱不已。雖然他是揚州人，但據說祖籍也追溯到徽州。二〇〇一年五月，江澤民以工作之名到原徽州的婺源江村和旌德江村尋根問祖，更爲徽州文化熱推波助瀾。

績溪是胡錦濤的祖籍

就在黃山、九華山、齊雲山的緊側，徽州屬下有一個績溪縣。

績溪縣，原來是徽州府的一個鎮：華陽鎮。據《徽州府志》記載：南北朝時"蕭梁初建良安縣，旋廢；唐即其地，建績溪，爲中下縣。宋爲望縣，明爲中縣。"還解釋縣名的由來說："以界內乳溪與徽溪相去一里，離而復合，有如績（"績"字的原義是將麻纖維披開接續起來搓成線）焉，故名。"

績溪縣毗鄰黃山風景區和清涼峰自然保護區，層巒迭嶂，逶迤連綿，有"百里花園"之稱。如果只看自然風光，確實是相當迷人的，但是風光好的地方，往往貧窮。這裏直到八十年代後期、九十年代初期，還是"扶貧縣"。作爲中國旅遊勝地的黃山，卻是安徽的重點扶貧對象，黃山市的財政收入、農民人均收入等主要經濟指標，在安徽省都位居末列。

九十年代初，香港某報有篇文章繪聲繪色地寫道：一九四二年十二月的一天，在績溪縣城東南十多里，古稱爲龍川村的瀛洲鄉大坑口村裏，嬰兒的啼哭劃破了冬日暮靄。在這個被譽爲"十家之村，不廢誦讀"的農莊裏，一位叫胡增玉的村民家裏，增添了一個男孩……云云。

這個男孩，作者指的就是日後的中共中央總書記、中華人民共和國國家主席胡錦濤。不過，這段追述，卻只是作者想當然而已。許多通訊社和報刊，依照中共中央所公佈的胡錦濤的籍貫，以爲他是在這裏出生。實際上，績溪，只是胡錦濤的祖籍，他並不出生在這裏。

由現在向上追溯一百來年，胡錦濤的太祖父胡允源就走出了績溪縣。正如前面所述，徽州一帶，土地不多，經商成風，人們謀生方式相當多樣化。胡允源來到江蘇東台，從專門採購徽州名茶的水客做起，到胡錦濤的曾祖父胡樹銘時，已經小有規模，胡源泰茶號發展成了在三泰地區（泰州、泰興、姜堰）響當當的字號，又在上海、浙江等地開設了七家分店，還從事茶葉進出口生意。據說興隆時還聘雇了好幾位英語翻譯呢。

上海在一個多世紀的歲月裏繁榮起來，徽幫商人起了很大的作用。上海開埠前人口有五十來萬，開埠後全國乃至國外各色人等大量湧進，到抗日戰爭勝利時，已經增至五百來萬。對上海發展有影響的商家，公認首推徽商，開埠前徽商已經活躍於滬上，經營業務首先是漁鹽，其次是布帛，但實際上遠遠不僅於此，徽商還掌握了造船業，壟斷了典當業。上海開埠以後，徽商的比重有所下降，但是仍然主導上海的茶與絲綢。徽商會館、會所也陸續建立。據《中國時報》上逯耀東的文章《上海的海派菜》中提到：清道光年間，徽幫商人葉同聯合十二家商號在大東門外創立會所，公積金就達一千二百萬兩，徽幫的菜館、茶館在上海也遍地開花。

胡錦濤的曾祖父胡樹銘，正是這眾多徽商中的一員。據胡錦濤家鄉的堂姐胡錦霞介紹，胡樹銘後來是個四世同堂的大家庭。他的兩個兒子，胡炳華生了兩個孫子：增鑫和增金；胡炳衡生也生了兩個孫子：增麟和增玉。四個兄弟長大後都在上海與泰州作生意。

老三胡增玉後來改名為胡靜之，結婚後生的老大是個兒子。這個獨生子就是胡錦濤。

胡靜之後來又生了兩個女兒，胡錦濤的這兩個妹妹，後來並未因為他"一人得道"而"全家升天"：一個叫錦蓉，九十年代末在江蘇泰縣房產開發公司工作；一個叫錦萊，在泰縣從事商業工作，現均已退休。胡錦濤的母親李文瑞在中共建國之前就去世了，他與兩個妹妹住在泰州由祖母（即胡炳衡的夫人）帶大。胡靜之是在"文革"剛結束後的一九七八年病逝的，當時胡錦濤正在甘肅省建委擔任副處長，趕回來辦理了後事。他和妹妹們還按照當地習俗，發帖子宴請當地父老和官員，但是當地主要官員並沒有到場。

胡炳鑫的兒子、胡錦霞的哥哥胡錦江，九十年代中期擔任南京師範大學附屬幼兒師範校長時提供了一個重要情況："原來他（胡錦濤）將籍貫都填成上海和江蘇泰州，後來他看見我的籍貫都填成安徽績溪，就問我：江哥，你怎麼填籍填成安徽？我說，我們老家是績溪人，你出生在上海，長在江蘇，但是祖籍還是算安徽績溪。錦濤後來填籍貫也就改成安徽績溪了。後來，在一次全國團代會上，胡錦濤對來自安徽的代表說，我也是安徽人，我的老家在徽州地區，我是績溪人。"

與胡適是否是本家？

從胡錦江所回憶的情況來推斷，胡錦濤並沒有到訪過他的原籍家鄉，而且他與原籍家鄉族人的私人、親屬聯繫近乎零。他的較近的親屬，除了在江蘇的泰州、泰縣，就是在上海。

推敲胡錦江這段簡短敘述，有兩個疑點：

其一，胡錦濤原來填表"將籍貫都填成上海和江蘇泰州"，但是我們現在看到的官方公佈的胡錦濤籍貫，全是"安徽績溪"。胡錦江的言下之意，是堂弟胡錦濤對自己從善如流改過來的，真是如此，還是另有隱情？根據胡錦江所說，"在一次全國團代會上，胡錦濤對來自安徽的代表說，我也是安徽人"，查胡錦濤所參加的全國團代會，只有唯一的一次，那就是一九八二年年底的共青團第十一次代表大會，胡錦濤那時就已經將籍貫改過來了嗎？

其二，胡錦濤的出生地不是安徽績溪，這是可以斷定的，但到底是在哪裏？是否如胡錦江所說，他"出生在上海，長在江蘇"？

這兩個問題，容後詳敘，先接著把胡錦濤祖籍的故事講完。

　　胡錦濤雖然沒有到過安徽績溪，但是他對徽州引以爲榮，對績溪引以爲榮。徽州不論是商業還是文化，都是具有很高成就、很大影響的地區，是値得人爲之自豪的。

　　人們很自然要提出一個問題：績溪在近代出了一大批姓胡的名人：以徽墨著稱的胡開文，以徽商聞名的胡雪岩，尤其是新文化運動創始人之一的胡適……都姓胡；胡錦濤與他們是否是一個胡？

　　要感謝老徽州人的傳統宗法觀念極強，沒有他們的那"封建殘餘思想"，胡錦濤家族的祠堂和族譜就不會保留到今天了。徽州人興祠堂、修族譜，維繫宗法關係當然是最主要的動機：在以農爲本的中國，除了戰亂逃荒，正常年景像徽州人流動性這麼大的十分少見。傳統中國官府對流民始終戒備，因此，徽人就以祠堂和宗譜作爲維繫族人的紐帶，以免淪入無姓無籍的流民。在科舉考試中，考生籍貫十分重要，徽州人往往遭到僑居地的排斥不得不回原籍參加鄉試、縣試、州試，這更加劇了徽人對祠堂、宗譜的重視。

　　中國人治史本來眼睛多盯著帝王、達官和士紳的譜系，很少關注商販家世史料。二十世紀初，日本學者藤井宏驚喜地發現徽州民間文書，堪稱明清民間版歷史，其平民性、世俗性和經濟性，正好彌補中國正史所缺。從此徽商族譜才成了歷史學家關注對象。近年來"徽學"繼敦煌學之後成爲又一炙手可熱的時髦"學科"，徽商族譜更被人翻過來倒過去地鉤沉發微。

　　徽州各大姓族，均爲魏晉之亂到唐末之亂由中原遷移而來，其中不乏顯赫世家貴族，保存至今的各家族譜均提到這一點。查績溪胡氏確實是大姓——在整個徽州都是大姓：翻開《徽州府志》，古往今來的修學、道德、經濟、武略等各方面名人，最多的正是胡、汪等姓。

　　胡適與胡錦濤是否一個胡呢？據績溪中學對胡適家譜頗有研究的徐子超先生介紹，績溪縣一共有三個胡，胡適家的胡，是"李改胡"，來源於後唐時期，唐昭宗落難，在兵慌馬亂中逃跑時，他的一個兒子被奶媽帶走，奶媽的丈夫姓胡，爲避禍就將這個皇子改爲胡姓，先逃至婺源，後遷至績溪。胡適在與《胡適口述自傳》的作者唐德剛教授講話時，也吐露說，自己是唐代李姓皇帝的後裔。胡適的家鄉在績溪縣西北方向的上莊鎮，他與胡開文、胡雪岩是一個胡。績溪縣城中還有一個"金紫胡"，得名於先人曾在宋朝任金紫光祿大夫，這家胡姓在這裏算是最土生土長了，據傳在堯時就來此定居。胡錦濤家這一個胡，是在縣城東南面的大坑口村，離胡適家鄉正好處於績溪縣界的大對角，相距足有上百里地。所以人們一般叫胡適家的胡爲北胡，胡錦濤家的胡爲南胡。還因爲胡適家原不姓胡，是李改胡，所以稱之爲"假胡"，而其他兩個胡稱爲"真胡"。

南胡北胡之間，有個翬嶺，山雖然不高，卻是一道分水嶺，它分開了長江水系和新安江水系。胡適的北胡，屬於長江流域，胡錦濤的南胡，屬於新安江流域。

胡氏宗祠成了全國重點文物保護單位

胡錦濤跟胡適不是一個胡。胡適的北胡是皇胄苗裔，而胡錦濤這個南胡，也不是等閒之輩，他的祖上可以一直追溯到東晉年間。

績溪縣的龍川村，有一個胡氏宗祠，一九八八年元月十三日——那時胡錦濤正在貴州當省委書記——中國國務院公佈它爲"全國重點文物保護單位"。

胡錦濤的家族來歷，根據龍川村這個胡氏宗祠的記載如下：東晉散騎常侍胡炎鎮守歙州，遊華陽（績溪縣城）、羨龍川，"東聳龍峰，西峙雞冠，南則天馬奔騰而上，北則長溪蜿蜒而來"，遂於東晉成康三年（公元三三七年）舉族從青州（今山東省）濮陽遷此定居。宗祠始建於宋，明嘉靖年間，裏人中兵部尚書胡宗憲倡導並捐資擴建，後歷經修葺。其主體結構、藝術雕飾，仍保留明代風格，總建築面積爲一五六四平方米，由影壁、露台、門樓、庭院等九部分組成，集木、磚、石雕、彩繪爲一體，有"木雕藝術博物館"之美譽，深受中外遊客青睞。宗祠對面的高大牌坊，上書奕世官保、太子少保胡富、太子太保胡宗憲（"奕世"出自《國語·周語》"奕世載德"，意即一代接一代）。

據胡錦濤的同族長輩、績溪縣政協委員胡壽民說，胡氏宗祠有東西南北中五個支祠，胡錦濤的家族屬中祠，也正是胡宗憲這一支，又稱爲大宗家，是胡氏嫡傳，現在的大坑口村，全是胡炎後代。從晉代的太祖胡炎算起，到明代的胡富是三十三代，胡宗憲是三十四代，算是一個鼎盛時期：胡富當到了太子少保、戶部尚書，胡宗憲則當上了太子太保、兵部尚書，他是抗擊殲滅倭寇的戚繼光的頂頭上司，也是抗倭名將，人稱梅林公。到今天的胡錦濤是四十八代，胡錦濤的官當然又比胡富、胡宗憲大多了！

胡錦濤對績溪老家態度比較複雜

胡錦濤在江蘇泰州長大，似乎未必能說受到祖籍故鄉什麼熏陶浸潤。但是，考察地域文化的影響，不能只看直接、有形的方面，只是從狹義上按圖索驥，一一對應。對於受原籍故鄉文化熏陶的理解，應該是廣義的，相對的，無形的。一代又一代人積澱下來的文化基因，會對人的心理與性格的形成發生潛移默化的作用，即便他已經與家鄉有了某種時空距離。

具體到徽州，尤其如此。正如王振忠在《鄉土中國·徽州》（北京三聯書店出版）的前言《夢中的故園》中所說："徽州的民俗和文化就如同敦煌的藏經洞，而不是源於皇室的法門寺地宮：在時光的堆積中，它留下的是由最廣泛的群體所創造出的民間文化，而這種文化所代表的正爲煌煌正史未曾記錄並流傳。所謂鄉土中國，也正由此源源不斷的民間文化滋養哺育而來。"

例如，徽州重商但同時也重文，不像一般商人利字當先，唯利是圖，對文化和學問不屑一顧。具體體現在胡家，由胡靜之的幾個兄弟雖然都做生意，但都讓子女多讀書，胡錦濤的幾個堂兄弟都成了大學生，足作佐證。徽州文化對未到過績溪的胡錦濤而言，影響不僅僅是表現在他對故鄉名人名產的津津樂道上，而體現在更深層，例如他對學問和知識分子的尊重，他對經營與管理的熟悉，他對作爲現代商業社會的規則與契約精神的理解，可以說，在其祖祖輩輩所形成和延續的徽州文化中有脈絡可循。

還有一點可以算得上故鄉對胡錦濤的影響：他之所以在選擇大學的專業時，報考水利工程系河川電站樞紐專業，固然有競爭策略上的盤算（我們下文將敘述），還可能受到在第一個五年計劃期間，離績溪咫尺之遙的新安江水電樞紐正在建設的影響。報考這一專業，預期在畢業分配時，回到故鄉熟悉的環境來工作、生活的可能性就大得多。

胡錦濤在走入政界之後，對原籍故鄉表現出的態度比較複雜，總的來說，對故鄉是引以爲榮的，不過對故鄉人卻並不算太熱乎。胡錦濤在政壇嶄露頭角時，績溪胡氏同宗已在族譜上找到了他和他父親的名字，有人寫信給胡錦濤攀鄉親論輩分，甚至還有人修書向胡錦濤募捐，都沒有得到他積極的回應，他甚至並沒有明白地確認自己就是績溪胡氏。綜合他的表現看，我們有理由認爲，他對故鄉與故鄉人的態度，主要出於他對自己當時身爲重臣的悚惕。自己地位越高，他越要小心翼翼地防止故鄉有人借自己的地位來謀取利益，累及自身。當他老家龍川的祖祠和祖墳被炒得熱火朝天，"胡氏宗祠"已列爲國家級保護單位，成爲當地一大旅遊熱點時，胡錦濤悄悄地向地方官打招呼，叫他們不要過於渲染胡氏宗祠，後來胡氏宗祠和胡氏祖墳就不再接待觀光。

當然，胡錦濤對故鄉人還是表現出了適當的禮節與關切。這樣的例子有兩個。

前面提到的胡壽民，比胡錦濤高三輩，他是從胡炎算下來的第四十五代，早年畢業於黃埔軍校，後來是徽州師專的教師。他退休以後，一九八九年三月七日給胡錦濤寫了封信。據其回憶，信中說：我寫此信，僅僅是向您談談家鄉的一些情況，並無任何請求和懇托。績溪有十八萬人口，還是個"扶貧縣"……希望您在若干年內，在方便的時候回來看看。

三月十四日，胡錦濤收到信的當天就給他回了信："感謝家鄉父老鄉親的關懷和支持，並請向父老鄉親表示親切的問候。"據了解，胡錦濤辦公室每天平均收到各類信件兩百多封，而收此信時並非太平歲月：正逢胡錦濤剛從貴州省調到西藏任自治區黨委第一書記不久，西藏拉薩正巧爆發了又一次大規模的暴動（這次暴動是三月五日爆發的，到三月七日即胡壽民寫信的當天達到高潮，但胡壽民寫信之際對這一點當然是不知道的），國務院七日宣佈：從三月八日凌晨零時起對拉薩實行戒嚴。西藏的民族、宗教各方面的矛盾極為尖銳複雜，初來乍到的胡錦濤稱得上是日理萬機，居然能抽暇給一位不算熟悉的同族長輩、一封並非緊要的私人信件作復，如果不是重視鄉情，何至於此？

不過，按說胡錦濤此日應該在拉薩，但不知為什麼，回復胡壽民的這封信卻是從貴州發出。

另一個例子是，一九九〇年四月，績溪的全國人大代表許家政去北京開會，胡壽民請他給胡錦濤帶去一信，介紹家鄉情況。胡錦濤率領西藏代表團也參加這次人大會議，還被選入大會主席團。許家政從未與胡錦濤見過面，又不知他的住址，就將信交給大會祕書處轉交。不久，接到了胡錦濤打來電話，約定見面。胡錦濤提出這樣的見面方式：為節約時間和方便起見，他問明了許家政在大會時的座位排號，請他在會前半小時入場，在自己的座位等候。許家政準時到達了，胡錦濤也準時到達。他詢問了績溪各方面的情況，一直談到開會第二遍鈴聲敲響，許家政再三請他去主席台上就座，他才離去。

不能排除這其中有胡錦濤塑造自己形象的考慮，但畢竟表現出了他對祖籍故鄉的關懷。

胡錦濤成為中共最高領導人，最感到高興的是安徽績溪的鄉親們。他們在街上遊行慶祝，夜晚還燃放煙花。

一個月前，當地政府就準備趁慶祝十六大召開之機，舉行一個特別慶典，並進行秘密綵排。胡錦濤祖輩世居的瀛州鄉大坑口村，則準備了幾大平板車的煙花，準備在胡錦濤當選之夜大舉燃放慶賀。

二〇〇二年十一月十五日接近中午時分，當人們從電視機直播中得知胡錦濤當選後，全城立即沸騰起來，成千上萬人衝出家門，跑到大街上，奔走相告。當時天上正下傾盆大雨，卻絲毫沒有影響人們的興致，小孩們也在積水的馬路上忘情奔跑，分享大人的歡樂。

績溪縣委組織的九個方陣遊行隊伍出動了，陣容嚴整，鑼鼓喧天，浩浩蕩蕩，吸引眾人跟著往前走。不久，鄉民組織的舞龍隊、舞獅隊也在鞭炮聲中湧進城來。盛大的慶典令整個縣城比過新年還要熱鬧。

而大坑口村在胡錦濤當選總書記後，鞭炮聲頓時響徹雲霄，硝煙彌漫，幾公里外都能聞到火藥的香味。在胡家祠堂門前，瀛州鄉安排了小學生們的文娛活動，在初冬的寒風凍雨中，孩子們打著赤膊，穿著背心，表演"豐收"，博得陣陣掌聲。

胡錦濤的出生地究竟是何處？

胡錦濤的出生地，筆者在本書於二〇〇二年秋天初版中，認爲應該是在上海。

筆者這種看法，後來遭到坊間一些聲稱也在研究胡錦濤生平者的質疑，有人甚至不點名地譏爲"道聽途說加合理想像"。

對於"胡錦濤出生於上海說"，筆者確實拿不出第一手證據來證明，但並不是捕風捉影。

胡錦濤早年塡報籍貫這一欄，有時塡"江蘇泰州"，有時塡"上海"，而不塡"安徽績溪"，這並不意味著在胡錦江提醒他之前，胡錦濤對祖上原籍何處一無所知——他到十七歲進京上大學之前住在家裏，胡靜之對兒子不可能隻字不提自己的曾祖父是從績溪走出來的。胡錦濤當時可能只是認爲過了四代了，不必再將安徽績溪作爲自己的籍貫而已。

那麼，他有時塡"江蘇泰州"，有時塡"上海"，意味著什麼？筆者判斷：他塡江蘇泰州，是將之當成自己的"原籍"來塡，他塡上海，是將之作爲自己本人的出生地而塡——這正是筆者當時推測他出生於上海的原因之一：他的祖父祖母、父親等直系先輩都在江蘇泰州，如果不是他自己出生於上海，他塡寫籍貫時塡寫"上海"就完全沒有理由了。

另一個旁證，就是上面所引的堂兄胡錦江的回憶中那一句："你出生在上海"。

而筆者對"生於上海說"加強信心，是因爲查到一個比較權威的依據：官方中國新聞社署名"鐘靈"的人物特寫《年輕的軍委副主席胡錦濤》一文（《視點》雜誌二〇〇〇年第一期）。這篇重頭文章，在當時胡錦濤刻意低調、三令五申不許宣傳自己的大背景中，顯得十分突兀，顯然是經過最高決策層特別授意，甚至有很大可能是經時任中共中央政治局常委、中央軍委副主席胡錦濤本人親自過目。文章中以十分確鑿肯定的語氣寫道："胡錦濤就在上海出生"。

　　胡錦濤擔任中共中央總書記之後，隨著中外媒體記者、傳記作者川流不息地造訪泰州挖掘採訪，"胡錦濤生於江蘇泰州說"有了更大的聲勢。

　　一般的報導姑且不論，筆者查到泰州市規劃設計院高級規劃師陳正泰的文章《建議重視胡氏舊居和五時巷歷史街區的保護》（載二〇〇三年四月四日出版的泰州市科協內部刊物《科技工作者協會》第二期），其中說："泰州市多兒巷三號，是新當選的中共中央總書記胡錦濤同志的舊居。這座兩進院落的平房是胡錦濤同志的出生地和青少年時代度過的舊居。"

　　以陳正泰在當地城市規劃院擔任高級規劃師的專業背景，他上述論斷中是有相當可信度的。

　　二〇〇三年三月十五日的新華社報導《胡錦濤——中華人民共和國主席》，對胡錦濤出生地這一民間判斷猜測不休的問題，首次給予了官方的最明確答案："祖籍為安徽省績溪縣的胡錦濤一九四二年出生在江蘇省泰州市。"畫上了一個權威的句號。但這一說法還是比較簡略，今後繼續探究，或許能發現新的檔案資料。

胡錦濤父親是茶葉店小業主

　　關於胡錦濤的少年生活，在本書於二〇〇二年秋初版時得到的具體資料不是很多。胡錦濤擔任中共中央總書記之後的一年多來，報導急劇增加，但是其中不乏互相矛盾的信息。一個重要原因是，胡錦濤一步登天進入政治局常委後，北京即派人到泰州取走了有關胡錦濤的所有檔案，包括他讀小學、中學時的學生鑒定。記者們查不到書面材料，只能採訪遠親近鄰，而由於年代久遠，各人記憶難免有誤，以訛傳訛。

胡錦濤是在江蘇泰州長大的。泰州通常被歸入蘇中。提到江蘇，人們常常脫口而出"魚米之鄉"。實際上，長江使蘇南蘇北界域分明，蘇南才是人們印象中的"魚米之鄉"，而蘇北歷史上多受淮河泛濫之災，災民流落江浙上海，出苦力，幹粗活，異地生存的需要使他們拉幫結派，這使他們在江南頗受歧視。泰州所處的蘇中靠近長江，經濟實力也介乎蘇南與蘇北之間，泰州在江蘇省各市中排名第七。

與皖南徽州相比，無疑，江蘇泰州在歷史文化名聲上較爲遜色，但也是建城二千四百多年的古城了，泰州人一提起自己的城市，就要說八個大字："漢唐古郡，淮海名區"。這裏是中國著名鹽產地，田園蔥蘢，阡陌縱橫，河流和運河密佈，富裕程度相當高。

明代大哲學家王艮，師從王守仁（王陽明），後來逐漸自成一派——在中國思想史上十分重要的泰州學派，該學派強調發展平民教育，王艮說："故經世之世，莫先於講學，以興起人才者。"他的弟子不僅有官僚士大夫，更多的是小商小販、市井平民。這裏歷史上出的另一個名人，是京劇藝術大師梅蘭芳，他雖然出生於北京梨園世家，但祖居地就在這裏。

五代南唐升元年間初置泰州，轄境爲今天的泰州市、泰縣、如皋、泰興、興化等地；宋以後轄境縮小，到清代不轄縣，一九一二年泰州改爲縣。今天的泰州市，是一九四九年由泰縣析置的。

胡錦濤出生之際，正是中華民族的危難最深重之時。日寇一九三七年發動"七七事變""八一三事變"，入侵華北、華東，胡錦濤的幾個家鄉——滬、蘇、皖等大片國土淪喪，炮火連天。這一帶成爲敵後，情況尤其複雜，兵荒馬亂。日寇與汪精衛政權控制了"點"（城鎮）與"線"（重要交通線），但控制不了"面"，新四軍、國民黨軍隊和各種旗號的地方武裝來來往往。

　　前中共高級官員、曾任中共地下黨泰興縣委書記，參與開闢抗日根據地的許家屯先生，曾對筆者回憶說：當時他所領導的這一片三、四個縣區域，民間槍支至少有幾千條。說胡錦濤出生時的哭聲伴隨著槍炮聲，一點也不是誇張。一九四○年十月，陳毅、粟裕指揮新四軍以少勝多，打了著名的"黃橋決戰"，殲滅國民黨軍隊一萬多人，中心戰場黃橋鎮離胡錦濤的父親胡靜之開茶葉店的姜堰鎮（現爲市），不過百里；一九四一年一月六日，爆發震驚天下的"皖南事變"的地點，離徽州也近在咫尺——安徽省涇縣茂林地區，與胡錦濤的祖籍績溪不到二百里。

　　胡錦濤六歲、懂事一點的時候，在他家北面不遠的淮海平原，國共兩方打了規模空前的"淮海戰役"（台灣稱之爲"徐蚌會戰"）。從一九四八年十一月六日深夜開始，歷時六十六天，解放軍以傷亡十三萬四千餘人的代價，殲滅國軍五十五萬餘人，死者盈野，血流成河。雖然泰縣一帶不是主戰場，但是雙方將士許多都是本地人，對民眾的生活和心理的影響重大。胡錦濤的母親當時正病重辭世，國事、家事都發生空前變故，他的小小心靈想必更是緊張。

　　當解放軍大軍渡江南下、中華人民共和國建立之後，這一帶才算戰火平息，安定了下來。胡錦濤的家庭和他本人在泰州才進入總體來看算得上平靜無波的階段。

　　時任香港《大公報》駐京記者馬玲、李銘合著的《胡錦濤》（明報出版社）介紹，胡家本來很殷實，到日本侵華才家道中落。而當地一名七十三歲老農沐春和對新加坡《新明日報》記者講了另一種故事：他家在四十年代曾租胡家的田，胡家的田屋不少，但是在抗日戰爭結束後，這一帶成爲國共兩黨的爭奪地，國軍曾征用胡家的房子建據點，結果新四軍將胡家的房子燒了。

　　據當地老人介紹，泰州茶業經營者大多爲來自徽州等地的茶葉產區的茶商，至清代規模較大的有二十五家，胡家經營的胡源泰便是其中之一。從胡錦濤的曾祖父、有相當規模的茶葉徽商胡樹銘，到胡炳衡，再到胡增玉即胡靜之的這一支，家道已經一路衰落下來。據胡錦濤的小學同學姜鎮荃說，中共建政之初，胡靜之在姜堰鎮開茶葉店。按當時中共劃分階級成分的標準，開茶葉店如果不雇人，就劃爲“小業主”；雇人則根據店鋪大小、所雇人手多少，定爲“小資本家”或者“資本家”。胡錦濤父親當時家境並不太好，泰州住所一帶也都是中下層居民，他應屬“小業主”。

《中國新聞周刊》一篇報導介紹，據九十歲的屈極天老先生講，他和胡靜之是從小一起長大的朋友。他們兩個家族都是從安徽到江蘇泰州一帶做茶葉生意的。到他和胡靜之這一輩，彼此都在泰州生活了三代。屈極天和胡靜之都是泰州茶葉公會成員，屈老先生說，胡靜之在姜堰出生，其家庭一直在姜堰最熱鬧的壩口開設茶葉店。一九四五至一九四六年間，胡靜之將胡源泰茶葉店開到了泰州當時最熱鬧的彩衣街上，生意很旺。

《新明日報》記者二〇〇二年秋天探訪了姜堰，在報導中說，姜堰並不大，但因水道縱橫，又有“糧倉”之稱，一度比較繁華。壩口廣場一直是熱鬧的商業區，如今仍然原樣保存著許多當年商鋪，行人如梭。“壩口南街上的姜堰市中心廣場雕塑對面有一堵墻，正是胡錦濤父親胡靜之當年經營的胡源泰茶葉店的遺址。”

五十年代中期，毛澤東強力推行“工商業社會主義改造”，各地的私營工商業很快轉爲公私合營。一九五六年二月，泰州市市商戶、攤販均實行公私合營，市政府舉辦“萬人提燈遊行”，慶祝全市“對資本主義工商業社會主義改造的全面勝利”。胡靜之別無選擇，讓胡源泰茶莊併入官方的泰州市供銷合作社。他由老板變爲小職員，每月拿幾十元人民幣薪水。

　　《新明日報》記者還找到了胡錦濤父母的墳墓。報導說："從姜堰壩口的胡源泰茶葉店遺址，往東走約三公里，便可見到公路旁的姜堰市公墓。公墓的第三排，蒼松翠柏間，有一塊並不十分顯眼的大里石墓碑，上書'顯考胡靜之、顯妣李文瑞之墓'，落款是'兒錦濤、女錦蓉、錦華立'。墓碑是胡錦濤和他妹妹胡錦蓉、胡錦華在一九九七年三月十八日所立。公墓管理處主任陳進告訴記者，立碑之日，除了胡錦濤，胡家人都來了。"

　　墓碑上的文字顯示，胡錦濤的父親胡靜之，一九一九年出生，一九七八年去世，終年僅五十九歲；胡錦濤的母親李文瑞一九二〇年出生，一九四九年去世，僅二十九歲。

　　《新明日報》報導說，姜堰當地"一些知情人士"還有一個說法，指李文瑞並非胡錦濤的親生母親。胡的生母名叫方素珍，是姜堰鎮上"一等一的美女"，她在一九四二年生胡錦濤時因難產而過世。李文瑞則是胡錦濤的外公、外婆替女婿選的繼室，她對胡錦濤也疼愛有加。

　　當地人說，方素珍的墓地在距離姜堰市公墓約五公里的白米鎮新白米村二十八組。《新明日報》記者也趕去探訪，見到方素珍的墳墓如今在村民顧金余家的菜地上，沒有任何標誌。顧金余說，他的父親名叫顧寶旺，三年前去世。一九四九年以前，他的父親一直在胡家幫工。他聽父親說，胡錦濤母親先是葬在村中另一處，"文革"中農村搞積肥運動，要搬遷胡錦濤母親的墳墓。他父親特地到姜堰鎮找到胡靜之，胡靜之當時在單位中也受到不公對待，甚感無奈，只好給顧寶旺十塊錢去買個壇子，按照當地風俗習慣，將妻子遺骨全部拾在壇子中另行改葬。

　　上述說法，並無任何佐證，錄此聊備一說。

　　胡錦濤家住在泰州市區內的多兒巷三號，離父親的茶葉店竟有二十二公里之遙。根據當地老人回憶，胡錦濤的父親胡靜之為人十分謙和，在姜堰打理茶莊時，經常在泰州的家和姜堰的店之間奔波。之所以店鋪開在鎮上，家卻安在市裏，顯然是因爲妻子撇下年幼的一兒兩女病逝，自己照顧不了孩子，只好都托給自己的母親，同時孩子在城裏也能受到比較好的教育。

在四個堂兄弟中，排行老三的胡靜之既沒有發財，又中年喪偶。在兒子胡錦濤讀小學和中學期間，他在泰州一家土產日雜公司當會計，按他的收入和負擔來看，家境不算寬裕。但他沒有在中共建政之前發財，倒使他免除了許多麻煩。用中共的階級觀點來看，雖不是響當當的三代血統工人，但還是不屬於要重點打擊的敵對階級範疇。在三反、五反、反右、大躍進……一浪又一浪政治運動中，小心翼翼，謹小慎微，雖受了點驚駭，但總算平安無事——一般來講，中共建政以後所搞起的政治運動，越來越針對知識分子，針對意識形態領域的對手，像胡靜之這樣的人，倒還是可以廁身事外的。

可以作爲參照系的是胡錦濤的堂姐，少年時與他生活在一起的胡錦霞。她的父親比三弟胡靜之家境要富裕，但是土改時被劃爲"地主"成份，她正因爲這個家庭成份問題而未作考大學的打算，後來下放到瀛州鄉。以其地主家庭成份而下放回原籍，有接受群眾監督進行思想改造的意味在內，可以想見日子一定不大好過的。到九十年代她一家仍然是農村戶口，人均年收入僅數百元人民幣，仍列入貧困行列。

胡錦濤在泰州的故居至今仍在

胡錦濤在泰州的故居多兒巷（一作"多爾巷"）三號，曾經歷了一場是否拆除的爭論。

《明報》記者一九九八年三月份曾經前往泰州探訪，見到推土機轟隆隆地來來往往，"不久這裏將矗立起新的住宅樓群"。還披露：據說泰州市搞市政規劃時，曾有人提議保留胡錦濤故居，但市政府始終未予答覆——不知是請示了中央，還是無從請示，最後還是按照原規劃，將"整塊街區包括多爾巷一起拆除"，夷爲平地。

但這位記者顯然比較粗心：胡錦濤故居，並沒有拆除！

中國大陸《南方周末》記者鄧科、劉建平四年多之後（二〇〇二年十一月十六日）報導：江蘇省泰州市青年路和東進路的交匯處，矗立著一幢二十多層高的工商銀行大樓，大樓一側是一座有著兩進院落的平房。平房大門緊鎖，門牌上寫著"多兒巷三號"。當地人說，這就是新當選爲中共中央總書記的胡錦濤的舊居。

新加坡《新明日報》二〇〇二年十一月六日報導，也證實胡的舊居並沒有拆除，而是被當地銀行佔用。報導引述說，中共十六大前夕，法新社記者也訪問了江蘇泰州市。他們發現，自稱把胡錦濤一手養大的"八十八歲嬭娘"劉冰霞原住在胡錦濤舊居，後來當地銀行征用這塊地建總部，她才遷走。銀行原想把房子拆掉，但後來知道是胡錦濤的故居，就把他住過的那間屋留下來。

馬玲、李銘合著的《胡錦濤》中說："一九九六年，胡錦濤住過的那片老房子也要動工拆遷，有人提出胡錦濤住過的老房子應該保留下來。胡的妹妹將此事告訴了哥哥，並徵詢其意見是否有必要保留。胡錦濤托妹妹帶信給政府有關部門：'老房子不要保留，按城市建設的統一規劃要求，該拆就拆。'但是，胡錦濤的意見沒有被政府採納，成片的老房子被拆掉了，惟獨孤零零地留下了胡家住過幾十年的老房子，與拔地而起的現代化高樓形成強烈的反差。"

前面提到的泰州市規劃設計院高級規劃師陳正泰發表於二〇〇三年四月的《建議重視胡氏舊居和五時巷歷史街區的保護》的文章，是胡錦濤舊居並沒有被拆除的權威證明："泰州市多兒巷三號，是新當選的中共中央總書記胡錦濤同志的舊居。""目前市文管會已先將其增補爲市級文保單位保護起來"。"五時巷街區從頭巷至五巷、東時巷、西時巷、多兒巷、稻河路等是泰州典型的一個歷史街區，體現了泰州明清民居的建築特色。應將青磚小瓦、條石鋪地、古井老巷、曲徑迎幽等傳統泰州民居特色進行保護，進行綜合整治。"

　　上文提到海外有的媒體稱劉冰霞爲胡錦濤的"嬸娘"，《新明日報》在上述二〇〇二年十一月六日報導中，還引述說，法新社記者"發現，一手把胡錦濤養大的嬸娘家裏沒有電視、電話，連廚房也沒有"；"劉冰霞聽說是北京來人，連忙問：'是胡錦濤派來的嗎？'她說，胡錦濤五歲時母親就病故了（應爲胡錦濤七歲時母親病故本書作者注），胡是她一手撫養的，'我自己沒孩子，我把他當自己的兒子。'"她還說："我環境不好，但他不知道，因爲他沒回來看我。"她說最後一次見胡錦濤是在十年前，當時他在西藏當書記。

　　這段報導流傳相當廣，海外許多媒體或原文轉載，或生發演繹，有的媒體索性就稱劉爲胡錦濤的"養母"，而幼年喪母、被她"一手撫養"大的胡錦濤飛黃騰達，當了一方諸侯甚至進了中南海，居然十年沒回來看養母，連其環境不好都"不知道"，自然被人譏評。但這段所謂法新社的說法是否可靠，不無可疑。《南方周末》稱八十八歲的劉秉霞（與"劉冰霞"一字之差）爲"胡錦濤的舅奶奶"，並具體介紹其親屬關係爲"這位老人丈夫的姐姐，是胡錦濤的祖母"，就比較確切可信。照此說法，劉秉霞老人比胡錦濤大兩輩，"把他當自己的兒子"是否說得過去？依胡錦濤的圓融細心、特別顧及社會影響的性格，對將自己撫養大的老人不聞不問，難以置信。就算他避嫌，不願被人議論"假公濟私"，但是通過自己還在故鄉的妹妹等親屬對老人盡一份孝心，實屬人情之常，爲何老人認爲"我環境不好，但他不知道"？此中內情，恐怕還待日後探究。

　　《南方周末》的報導說，劉秉霞住在離多兒巷三號胡錦濤舊居不遠處一幢樓房的二樓，患有心臟病和白內障，但還比較開朗。年近九旬，基本上能用普通話與記者交流，舉手投足間頗有"大家閨秀"風範。"她透過窗戶指著多兒巷三號的老屋說：'我二十一歲結婚後就住進了那裏，一直住了六十多年，幾年前銀行建大樓才搬到了這裏。"

她還回憶：胡錦濤從小很懂事，不頑皮，"從不同人鬥嘴，不同人吵架"。有時貪玩一點，大人在旁邊稍微"哼"一下，他就馬上知道自己做得不對，很快改過來。"這孩子不需要大人操心"。胡錦濤在家裏話不多，不愛宣揚。有一次他被選為班主席，家裏也不知道，後來還是從他同學那裏了解到這件事。

令劉秉霞老人印象深刻的是胡錦濤學習很出色。"他放學回來把書包一放，就開始做作業。"她比喻說，"他學習就像走路，一步一步的，從不打岔。"

劉秉霞還記得胡錦濤的父親很疼胡錦濤，"沒見過他罵孩子"。

小學與中學生涯

胡錦濤五歲時進入五巷小學，後來轉學到大浦小學。胡錦濤就讀的大浦小學就位於多兒巷口的馬路斜對面。大浦小學創辦於一九一一年，算是當地一所名牌老校了。

曾與胡錦濤多年同班同學的居鴻富說，他們在這裏度過了美好的少年時光。他還清晰地記得跟胡錦濤在門堂裏玩玻璃彈子的情形。

一九八五年，大浦小學五（三）中隊舉行了一個"老校友回來了"的活動，得到了時任團中央第一書記的胡錦濤的肯定。在大浦小學九十周年紀念冊裏刊登了一封胡錦濤給這個中隊的回信："我仿佛又回到無憂無慮的童年時代，那時我也像你們一樣，胸前飄揚著紅領巾，和小伙伴們一起過隊日，為了解出一道算術題爭論得面紅耳赤，大概也會因為淘氣惹老師生過氣。而當我到了不再淘氣的今天，才更加體會到，學校的生活有多麼珍貴，學校裏學到的知識，在今天的工作中有多麼重要。"

一九五三年，十一歲的胡錦濤小學畢業，進入私立泰州中學（簡稱"私泰中"，現泰州二中）讀初中。

居鴻富說：當時受"左"的思想影響，人們對成分很看重，我和胡錦濤家裏都是開店的，"屬於成分不是很好的人"，我們感到只有把學習搞好才可能有出息。

但初三時，胡錦濤政治上要求進步得到了肯定：他入了團，當時班上四十多人，入團的不到十人。胡錦濤的另一個同學夏道球回憶說，胡錦濤讀初中三年，操行一直是"甲等"。

《中國新聞周刊》的一篇報導據一位陳姓老師講，胡錦濤上初中時，國家號召農民賣餘糧，他根據報紙上宣傳的"賣糧大戶"典型事跡爲藍本、編成通俗易懂的相聲，和同學們走上街頭表演，反響不小。

三年後，一九五六年，胡錦濤初中畢業，考上了泰州最好的中學——江蘇省泰州中學（簡稱"省泰中"）讀高中，那年（一九五六年）他才十四歲。據這所中學校史室的資料記載，該校系於一九〇二年創辦，高考升學率是百分之百，所以當時有一個說法："進入了泰州中學的校門，就等於一隻腳跨進了大學校門。"

泰州中學坐落在宋代安定書院的原址。說來也巧，這安定書院，竟也與胡姓有關，又名"胡公書院"：創始人胡安定，又名胡翼之，是宋仁宗時的太學令，當時著名的經學大師和教育家，王安石曾經讚頌其爲"天下豪傑魁"。泰州中學似乎也得了先賢的靈氣，桃李競秀，僅中國科學院的院士就出了三位：漢字信息處理開拓者支秉彝，數學家夏道行及遙感專家李德仁。其知名校友中，還有鄧小平的二女婿、鄧楠的丈夫、中國科學院高新企業局局長張宏。據說胡錦濤與張宏的關係後來很不錯，胡錦濤進中南海後，泰州政府或泰州中學有事要找胡錦濤，甚至也會找張宏幫忙居間聯絡。

據胡錦濤高中同學蔡志強介紹，胡錦濤當時雖然門門功課都在九十分以上，但還不算當時班上成績最拔尖的——可見該校確實名不虛傳，人才濟濟。

胡錦濤分到四班。居鴻富介紹，他們那一屆一共有八個班，各班生源不一樣，一、二班基本上是"省泰中"本校的初中畢業生，四班的同學來自"私泰中"，後面幾個班的學生來自其他學校和社會。他說，生源的不同便有了"嫡系"和"非嫡系"之分，學校在師資上對一、二班也"表現出了一定的傾斜"，"在這種情況下，我們四班向一班發出了挑戰，保證最高分、平均分不輸於對手"。挑戰後班上立即展開學習互助，胡錦濤的成績在班裏排在前五名之內，"他主動地幫助成績比較差的同學"。

挑戰結果如何？不僅"最後沒有輸給一班"，還由此形成了良好的班風，同學之間的關係非同尋常，"和睦、奮進"。

居鴻富舉了一個例子：那個年月，那個年齡，男女生之間通常有距離，但是他們班的男女同學都一塊玩，關係很融洽。"我們班重感情、重義氣，這一點別的班比不上我們。"

班上這種良好風氣的形成，居鴻富認為與他們的班主任有很大關係。班主任叫沈進林，是俄語老師。沈進林老師最可貴的地方在於他給學生寫操行評語時從不扣帽子、不上綱上線。"這在當時的歷史條件下很難得，"居鴻富說，"很多老師一看學生淘了一下氣，就在評語裏寫'政治上不要求上進'等等，有了這些帽子，學生前途很可能就完了。沈老師正直的人格風範對我們影響很大。"

居鴻富說："那時我們實際上都還是小孩子，鬧一鬧，做做小動作是常有的事。相比之下，胡錦濤儘管年齡比絕大多數同學要小，但顯得更懂事一些、成熟一些，他很少像我們一樣調皮。"在居鴻富的記憶裏，胡錦濤幾乎沒有發過脾氣，"性格很隨和"。他說胡錦濤平時很注意整潔，注意自己的形象和風度。有同學介紹說，胡錦濤高中時代就開始講普通話。居鴻富說胡錦濤那時的愛好是唱歌、跳舞，"他的舞跳得很好，那時不跳交誼舞，而是表演性的舞蹈"。蔡志強說，胡錦濤的體育雖然差些，但是他的乒乓球打得很好。

夏道球回憶當年，也認為胡錦濤"政治上比一般同學要成熟"。他說，一九五八年"大躍進"時，學生都被安排去打石子。一些同學發牢騷，胡錦濤就安慰大家說，"發牢騷沒有好處，先幹好了再說。"

當年的班主任沈進林老師已經故去，生前接受《明報》等媒體記者採訪介紹，由於胡錦濤比其他同學小一兩歲，個子也小，所以體育成績比別人要差些，但是他高中三年的學習成績，除體育之外都在九十分以上，只有一年語文成績是八十九分。沈老師說，胡錦濤的組織能力很強，生性活躍，愛好文藝，學校舉辦聯歡會時，他上台指揮全班大合唱。在他當班長的高三那年即一九五九年，老師給他的評語是："政治覺悟高，能團結同學開展各項活動，學習努力，能對不良傾向直接提出批評意見。"

當時為貫徹毛澤東提出的"教育要與生產勞動相結合"，校方安排學生下鮑徐鄉勞動。夏道球對一個細節記得很清楚，學生正是長身體時節，一到開飯時間便爭先恐後地往飯桌前擁，而胡錦濤總是走在後面。夏道球還記得，如果是兩個人抬東西，胡錦濤會把重物往他自己這邊挪一挪。

夏道球和居鴻富坦言，學生時代的經歷和教育對人的一生留下深遠影響。他們慶幸，自己"成長在一塊很豐厚的土壤裏"。

夏進球搞的是氣象專業，但他的書法在當地也小有名氣，泰州城區玉帶橋、板橋、斜橋的橋名都是他大筆一揮的墨寶；居鴻富搞的是漁業，早年的愛好是填詞。在泰州，這樣的"文人"隨處可見，當地人估計，泰州搞美術、書法、文學的人的比例要遠遠高於全國平均水平。這裏甚至還保有以古文會友、吟詩作文、互相切磋的遺風。與此相伴的一個現象是這裏對教育的重視，高考成績長期位於江蘇省前列。據說，省會南京不少人都把孩子送到泰州中學來。

無疑，胡錦濤是泰州中學的驕傲。現在，學校已經將胡錦濤當年讀書的教室空了出來，將胡錦濤當年和同學們讀書時的舊課桌都找了回來，"作爲永久的紀念"。

胡錦濤爲何避談泰州

胡錦濤在中共高層嶄露頭角之後，不少人有一個疑問：他爲什麼避談自己幼兒到少年時期生活的泰州？

可以作爲對比的是中共已故總理周恩來。他的祖父因做官之故，從原籍浙江紹興遷居江蘇淮安，至周恩來已經三輩，他填自己籍貫時，一直說自己是淮安人，只有時戲稱自己是"半個紹興人"。但是遷居了四代的胡錦濤，中共資料卻將其籍貫還說成是"安徽績溪人"，絕口不提他在江蘇泰州生活了十七年。

據傳中共中央辦公廳甚至專門下文，嚴禁泰州接待國內外記者來此採訪胡錦濤生平。泰州本想向外界宣傳胡錦濤是泰州人，以提高泰州的知名度，但是接到這一禁令，只好作罷。全國政協的機關報《人民政協報》一九九六年刊發了一篇文章《胡錦濤是泰州人》，據說還挨了一頓批評。

不僅官方不提，胡錦濤自己也對此諱莫如深。新加坡《新明日報》報導說，泰州中學一位退休老師表示，胡處事很謹慎，從來沒給母校任何撥款，也沒給江蘇省、泰州市任何特殊照顧。

胡錦濤難道只對自己祖籍績溪有感情，而對自己早年成長的泰州沒有感情？卻也不是。據貴州省政府一位幹部回憶，胡錦濤在貴州任省委書記時，泰州中學的校長到貴州開會，胡錦濤聞知，特意登門看望了老校長，還自己掏腰包買了一瓶茅台酒送給他。後來他調任西藏自治區黨委書記，在因高原反應生病期間，還跟當年的班主任沈進林老師通過信，信中說："如果說自己的工作還有一點成績的話，可以說是得益於母校對我的培養。"他還說，"泰州中學嚴格治校、執教，給我留下了深刻的印象，並影響了我後來的學習和工作作風。"他還隨信贈送了一張自己在西藏的照片。

泰州中學九十周年校慶那一年（一九九二年），正趕上胡錦濤進入中央政治局常委會。可想而知這個消息對該中學教職員工的震撼，被稱作該校"雙喜臨門"。胡錦濤當時可能忙得顧不上祝賀母校校慶，但次年二月四日，他給當時的校長於一平寫了賀信。信是寫在"中共中央辦公廳"的信箋紙上的滿滿一頁，信中說："欣聞不久前母校隆重舉行建校九十周年慶祝活動，喜悅之情難以言表，更加深了對母校的懷念之意。""借此機會，衷心感謝老校長和各位老師的培育和教誨，並請您轉達我對母校各位老師的崇高敬意！"

據中央辦公廳的一位幹部講，胡錦濤進入中央最高決策圈之後，除了辦公廳安排的公務性看戲之外，從不為個人娛樂而看戲。但江蘇省淮劇團到北京公演時，胡錦濤卻主動提出要去看演出，看完戲後還上台接見演員，稱讚他們為淮劇作出了貢獻。

證明胡錦濤對泰州有感情的事例還有：泰州市長去北京，胡錦濤也抽空請他吃飯。不過臨別時，他不忘叮囑：不要對外宣傳他是泰州人。

有人認為，胡錦濤之所以如此謹慎，理由與前面所介紹的要求績溪地方官不要對胡氏宗祠和祖墳加以渲染是一樣的，是因為他一貫低調，不願意宣傳自己——如果讓媒體記者知道了自己是泰州長大的，要到泰州去尋訪"成長足跡"，甚至搞些"故居紀念館"之類，親戚也順勢沾光，就會給他幫倒忙。這或許也言之成理，胡錦濤對此類事一直是避之唯恐不及的。

但是另外一些事例卻又顯示，事情好像不是那麼簡單：一九九二年胡錦濤進入中央政治局常委，對於媒體介紹自己是"安徽績溪人"，畢竟從未阻止過。一九九七年，上海圖書館落成，展出胡錦濤家族在安徽績溪的家譜，就沒有受到阻止。該館把已很殘破的胡氏家譜送去裝裱，還表示說，裝裱好後會送一本給胡錦濤。作爲新世紀一項重大工程的《中國家譜總目》，其中績溪《胡氏宗譜》之全之大，讓人印象深刻。

爲什麼寧願讓人知道自己是"安徽績溪人"，卻不願意自己知道自己是江蘇泰州人？《明報》提出了一個解釋："要解答這一疑難，看看現有（十五屆）七名中央政治局常委的籍貫就知道了：江澤民是江蘇揚州人；李嵐清是江蘇鎮江人，如再加上江蘇泰州人胡錦濤，就難避免給人造成'江蘇幫'的印象，而且三人的家鄉相距只有五十公里。""中共的幹部政策歷來提倡五湖四海，共產黨多年來罵蔣介石封建專制、腐朽的依據之一，就是蔣介石搞'浙江幫'，現在無意間自己也可能被人說成是'江蘇幫'，中共高層自然格外謹慎……北京盛行多年的'上海幫'說法，已夠高層困擾，現在沒必要又給人落下'江蘇幫'的話柄。"這種說法聊備一格。只是不知道，當江澤民又到原徽州的婺源江村和旌德江村尋根問祖之後，胡錦濤是否又覺得自己的安徽籍貫，該改上一改？

胡錦濤的家庭成份，在中共眼中不算"可靠"，幸而當時還處於中共建國初期，左的東西還沒有像後來那麼惡性發作。胡錦濤在小學和中學總的來說還算一帆風順。他才十六歲半，就考上了當時全國最頂尖的高等學府——清華大學，在師長和鄰里之間引起巨大的轟動！

第二章／工程師的搖籃

（一九五九——一九六八）

●清華大學，與其說是"工程師的搖籃"，不如說是"政壇
領導人的搖籃"。從這裏走出的從政者如過江之鯽，注定爲
胡錦濤提前幾十年準備好了政壇的關係網

"紅色水利專家"夢

"總路線、大躍進、人民公社"這"三面紅旗"獵獵飄揚在中國上空，大辦鋼鐵的火光煙塵彌漫全國，但是國民經濟已經呈現紊亂，飢謹已經像野火一樣迅速蔓延……十七歲的胡錦濤是在這樣的歲月，沿津浦線北上，離開江南來到京華，跨進了北京西郊的清華園。

胡錦濤在泰州中學的同學夏道球說，那個時候大學生極少，能考上清華是很不容易的事。他們班一共有五十一人，留在泰州的有十八人，同學中除了胡錦濤以外，目前級別最高的是副廳級。

據胡錦濤當年一個清華同學的回憶，他是一九五九年九月十一日報到的。胡錦濤當然不可能知道，就在一個多月前，七月二日到八月十六日，中共中央在盧山先後舉行了政治局擴大會議和八屆八中全會，批判了敢於提出反對"左"傾錯誤的彭德懷、黃克誠、張聞天、周小舟的所謂"反黨集團"，作出了《爲保衛黨的總路線，反對右傾機會主義而鬥爭的決議》。他只知道，在他收拾行裝、與泰州中學的老師同學和親戚鄰居辭行的日子裏，《人民日報》連續發表"克服右傾情緒"社論，字裏行

間散發著火藥味，但風華正茂的胡錦濤無法察覺，他只感到滿腔激情被那高亢的詞句鼓盪得更加澎湃高漲。

他考上的是清華大學水利工程系河川樞紐電站專業。在學生中長期流傳著一句話："學會數理化，走遍天下都不怕。"與物理系、化學系等眾多學科比，水利工程系遠非一個非常熱門、非常吃香的系——學這個專業，意味著未來的工作與生活就是四處流動飄泊，必須長年累月在野外風餐露宿，必須在未曾開發的地區披荊斬棘，與坐在窗明幾淨的實驗室、辦公室裏繪圖、計算相比，艱苦自不可同日而語，當然，與諾貝爾物理獎、化學獎，更是無緣了。

胡錦濤當時選擇這個專業的具體契機是什麼？目前缺乏來自本人的詳實資料。當時的時代背景是：五十年代末，中國大張旗鼓地宣傳國民經濟第二個五年計劃。水力發電，是一個非常浪漫、非常受人矚目的專業：已經施工、即將竣工的黃河三門峽水電站、新安江水電樞紐，正在勘察設計的長江三峽水電站……都吸引了一代渴望在建設新中國的宏偉事業中獻身的年輕人的目光。同時，正如第一章所述，當時正在建設的新安江水電樞紐急需人才，攻讀這一專業，畢業分配到原籍附近工作的可能性就大得多。

對於胡錦濤，與其說因為他比別人更年輕一點，更容易激起浪漫情懷，不如說他比別人更成熟一些，因此更能面對現實——他當時不得不考慮自己家庭的具體境況。

據他的高中數學老師葉鳳梧說，胡錦濤在畢業前夕填報高考志願時，打算報清華大學，來請教他，葉鳳梧指點說："根據你的平時成績和家庭出身，雖然可以報考清華，但不可報考第一流的系科，因為那裏對考分和家庭出身的要求很高。"葉老師建議他報考清華二三流系科。於是胡錦濤就填報了清華的水利工程系——根據一般判斷，這個系畢業後需要到野外作業崗位，使一些人知難而退，相對來說競爭性就要小得多。

工程師的搖籃

清華大學，是有史以來中國最頂尖的大學之一。

到二〇〇二年底，清華大學有在校全日制學生兩萬多名，教職工七千一百人，中國科學院、工程院院士四十五人。清華共有十一個學院、四十四個系、八十七個博士點、五個國家工程研究中心、十五個國家重點實驗室、二十九個國家重點學科——從這些數字，就可以想見清華的分量，到二〇〇四年，清華已經連續八年在中國大學排行榜上獨佔鰲頭。

清華人更津津樂道幾個官方發佈的數字：一個，是在中國科學院和中國工程院的院士中，到二〇〇三年初爲止，有四百零一位曾是清華的教師或學生；另一個，是一九九九年國家表彰的爲"兩彈一星"做出突出貢獻的二十三名科學家中，有十四位曾在清華工作或學習過……清華人在政壇上十分活躍，更是一個街談巷議的話題：五十年代以來，清華大學共爲中國貢獻了三百多位副部級以上的官員。

一九〇七年十二月三日，美國總統西奧多·羅斯福在國會中正式宣佈："我宜實力援助中國厲行教育，使彼繁眾之國能漸次融洽於近代之文化。援助之法，宜將庚子賠款退款贈一部，俾中國政府得遣學生來美國留學。"

"使彼繁眾之國能漸次融洽於近代之文化"，道出了他們"實力援助中國厲行教育"的目的，往好裏說，是用他們的價值觀來改造中國；往壞處想，是將中國納入到西方列強的勢力體系之下。

次年五月二十五日，美國國會正式通過了退還美國應得賠款之餘額給中國的議案。該餘額為美元一，一六五萬四九二元二角九分，約合現在二億多美元。其後，英國、法國亦仿效美國將庚子賠款餘額退還中國，以資助赴英法留學之中國學生。

一九一一年四月二十九日，辛亥革命前夕，清廷用庚子賠款退款的一部分建造的清華學堂，在北京西郊一處秀麗的皇家園林——清華園開學。

清華園內有一處引人入勝的勝景"水木清華"：四時變幻的林山，環繞一泓秀水，林間掩映著兩座玲瓏典雅的古亭，正額"水木清華"四字，莊美挺秀。"水木清華"四字，出自晉人謝混詩《遊西池》："惠風盪繁囿，白雲屯曾阿，景昃鳴禽集，水木湛清華。"

新華社曾經在清華大學九十周年校慶期間發表過一篇報導，稱據研究清華大學掌故的專家說，清華園的主體建築是一組清室園林，是康熙皇帝的行宮熙春園的一部分。建園時間約與附近的圓明園相同，以後各代皇帝因襲相承。至清道光時，為分贈多子女的需要，把熙春園分割為東西兩部分，西部定名為近春園賜四皇子（即後來的咸豐）俗稱"四爺園"；東部則另建新舍百餘間，賜五皇子，俗稱"小五爺園"。咸豐即位後，始改名為"清華園"，並親書匾額懸於宮門。

五皇子死後，該園為其長子載濂所得。載濂弟載漪為義和團領袖，義和團失敗後載漪獲重罪被發配新疆"永不起用"，載濂亦受牽累被革職。清華園被皇室收回，長期荒蕪不用，直到被選定為校址。

這倒是頗為意味深長的象徵：清華大學的校址，原來是清朝帝王林苑的一部分，半個世紀前也與圓明園一道遭到入侵的英法聯軍破壞；現在英美列強又將逼迫中國繳納的戰敗賠款的餘額退回，在這裏興學。民族的恥辱，民族的發憤，全集中在這一片土地上。

不論當初英美退還賠款幫助中國建校的初衷是什麼，清華大學卻辦成了中國第一流學府，培養了近十萬畢業生，其中有一批又一批中華民族引以爲自豪的大學者、工程師。理工科學者當然不用說了，楊振寧、李政道、華羅庚……而人文學者也有一大批出自清華：王國維、梁啓超、陳寅恪、吳宓、錢鍾書、聞一多、王力……

中共建政以後，對高等院校進行院系調整，清華大學令人惋惜地將人文學科分了出去，專門培養理工科人才。學者謝泳說："這不僅是清華的損失，也是一個民族的損失。早年清華，作爲一所綜合性的現代大學，在三十年代已經很成功，以後實際是如何發展的問題，但想不到她的半壁江山很快會失掉。"（見《書生私見》，上海文藝出版社，一九九八年）

清華的這一改變，不能僅僅看成單純的學科增減調整問題，而是關乎人才培養的根本理念和戰略目標。毛澤東說過："大學還是要辦的，我這裏說的是理工科大學還要辦。"儘管這是他在文革期間的一個批示，但是與中共建政初期的想法一脈相承。在中共看來，所謂"人才"，所謂"教育"，都是、都只是著眼於爲建設理想社會而出品單一性工具。

儘管失去了人文"半壁江山"，清華在剩下的科技"半壁江山"中卻保持了首屈一指的地位，成爲中國最頂尖的理工科大學，整個五、六十年代，清華都以"工程師的搖籃"著稱。直到八十年代初期，清華才又開始恢復文科專業，向綜合性大學發展，接續上了早年的傳統，在九十年代中期以後中國大學本科和研究生院兩個排行榜上，清華都名列榜首，恢復了昔日的榮耀。

當然，恢復和增添學科其實並不太難，真正要確立大學教育的根本理念和戰略目標，談何容易！

寒窗苦讀　多才多藝

胡錦濤進入清華，也就進入了中共已經設定的人才培養統一模式的熔爐。

水利工程系本來是五年制，但是從胡錦濤入學的那一年起，改爲了六年制。

用今天的標準回頭看，說當時的學生是"寒窗苦讀"，這"苦"這"寒"，一點也不是修辭手法。當時的中國北方，本來每月定量供應三十斤的糧食中，細糧的比例就少，進入所謂"三年困難時期"，更是清苦：正餐就是一個饅頭、一個窩窩頭，一碗大鍋菜，加上一碗白開水。食堂連坐的地方都沒有，只能站著就餐。

胡錦濤這樣來自南方的學生，吃慣了大米飯，但是清華當時食堂每星期只供應一到兩次大米飯。趕上這種日子，對於胡錦濤來講就意味著一次過節，下了課就趕緊直奔食堂排隊。

水利工程系學生住在十三號宿舍。這是一幢殘舊的四層樓房，胡錦濤在清華時住在二樓二十七室。據香港《星島日報》"中國組"記者說，有人曾在門口貼了張字條："胡錦濤同志舊居"，後來覺得沒有意思，又悄悄撕下了。現在門口貼的是一張美國魔術籃球隊的照片。

每間這樣的斗室，一如當年，都有四架上下鋪床，可以住八人。空間是相當擁擠的。不過，四十年前的學生，衣服雜物都很簡單，就連書籍也不是很多。

胡錦濤在清華大學裏的學習情況如何？有一位當年他的同窗接受筆者採訪，說他學業平平，並非出類拔萃；但是也有人介紹說胡錦濤的"成績很好"，是系裏"有名的高才生"。海外有媒體稱他大學六年，"除了一門功課得了四分之外，各科都是五分"，此說無法得到第一手材料證實。但據馬玲、李銘《胡錦濤》一書中介紹，他"被學校百裡挑一選出來，作爲'水五'全年級唯一的優秀生進入'因材施教班'，在學業上享受教授單兵訓練的'小灶'待遇，並被指定閱讀大量課外教材"。

此外，胡錦濤還在大學三年級被選入了代號爲"九三〇"的水利工程戰備防護班，這個班，衍生於專爲研究三峽工程抵禦原子彈攻擊的課題"七五一"。現在這些代號聽起來很奇怪，在六十年代從上到下都被灌輸說社會主義新中國被帝（國主義）、修（正主義）、反（動派）包圍，必須"備戰，備荒，爲人民"的大環境下，沿用一些帶有保密性質的軍事番號，卻十分常見，身在其中的人別有一種神聖感和自豪感。

清華師生談起胡錦濤，有一點是公認的：他多才多藝，是學生文藝活動積極分子。

他進校時是年級裏年齡最小的小弟弟，能歌善舞的特長卻讓許多學兄自愧不如。入學沒有多久，他被選入了清華大學文工團，後來還擔任了舞蹈隊的團支部書記。一年級下學期，適逢六十年代第一個春天，一千五百名首都大學生在清華開大會，歡迎來自當時挑戰美國的古巴的學生代表團。清華大學文工團在會上表演了大合唱，沒滿十八歲的胡錦濤，與其他合唱團成員一起，放開歌喉，向同樣豪情滿懷的古巴兄弟唱出充滿革命鬥志的紅色歌曲，其中有一首歌是《中國人民志願軍戰歌》："雄赳赳，氣昂昂，跨過鴨綠江……"，這首歌最後一句最爲鏗鏘有力："打敗美帝野心狼！"

在那個年代中，唱歌跳舞，都不是單純的藝術或者娛樂，而是戰鬥。歌曲、舞蹈，都是投槍，是號角，是"團結人民、教育人民、打擊敵人、消滅敵人的有力的武器"（毛澤東語）。積極參加排練演出，就有了完成革命任務的政治意蘊。

成爲中共"培養對象"

　　胡錦濤是幸運的：他在自己的業餘愛好上投注精力，同時就是在政治上要求上進；他在唱歌、跳舞上的表現，同時就是在革命鬥爭中經受鍛煉的表現。天底下還有更好的事麼：個人興趣與革命需要二者融合爲一了！

　　清華舞蹈隊有好幾名隊員後來在政壇上長袖善舞，例如溫家寶內閣的國務委員兼國務院祕書長華建敏，國務院發展研究中心副主任陳清泰、前北京市副市長胡昭廣，等等。

　　胡錦濤在入學的第二年，就被黨組織確定爲"培養對象"。他忘我投入各種配合政治任務的演出，即使不是被定爲"培養對象"的全部原因，也肯定是原因之一。

　　從五十年代初到八十年代末，中國大陸一個引人注目的現象是，中共成功地使億萬民眾，將"入黨"　加入一個"以實現共產主義爲宗旨"的政治團體，作爲自己人生追求的目標之一。能夠成爲"無產階級先鋒隊的一員"，變成了人們不僅在政治上自我設定，而且在道德上自我完善的目標（當然，越到後來，加入執政黨的心願越來越變成提高社會地位、改善經濟處境等等實利上的考慮）。

　　這一點，與西方民主國家的政黨完全不一樣──西方的政黨，只是政治訴求一致者的集合，完全不像中共這樣要求其成員還要成爲道德楷模、人品典範。其他非東方國家的共產黨，在這一點上也沒有中共這樣突出，因爲他們的文化傳統，將公眾生活和個人生活的界限劃得較分明；而中共，則完全攪成一團：一個黨員，不僅意味著要在政治上執行黨的方針路線，而且意味著要品德高尚，作風嚴謹，工作（或學習）刻苦，聯繫群眾，時時、處處、事事起模範帶頭作用，甚至還要夫妻和睦，婆媳相得，等等。一句話，黨員或申請成爲黨員的人，要努力成爲

"完人"。現實生活中"金無足赤，人無完人"，所以黨員與要求入黨的人，就得"生命不息，奮鬥不止"。

年僅十八歲的胡錦濤，被確定爲"培養對象"，在當時的中國是件很普通的事。他也太年輕，理解不了上面所說的曲裏拐彎。

中共在基層的組織（黨委、黨支部和黨小組），經常要制訂發展黨員的計劃、將所在單位和機構的人員進行摸底排隊，其中寫了入黨申請書的人，一般都歸於"考察對象"，再挑出其中"表現好"的若干重點人物，列爲"培養對象"：要指定黨員與之談話，要求他定期向黨組織匯報思想，檢討言行，看看與黨章規定的黨員標準相比（這些標準往往相當抽象），與報刊上連篇累牘所宣揚的"模範共產黨員"相比（這些事跡則非常具體），有哪些差距，該怎麼"迎頭趕上"。黨組織定期討論"培養對象"的"進步情況"，對於條件最接近"成熟"者，列爲"發展對象"　這就意味著到了黨的門檻前了。

胡錦濤見到了毛主席

胡錦濤被清華水利工程系黨組織培養了四年之久。一九六四年四月，即五四青年節之前，虛歲二十二的大學五年級學生胡錦濤，被黨支部大會吸收爲中共預備黨員。

發展黨員，首先要看的就是此人在政治"大風大浪"中是否"立場堅定，旗幟鮮明"，無疑，胡錦濤在黨支部和上級黨組織的審查中，被認爲"符合黨員標準"，即做到了這一條。他究竟只是人云亦云地跟隨黨中央的口號，還是在自己的學習、工作中有了具體的創造發揮，使黨支部乃至系領導另眼相看？此點，留待今後繼續發掘材料。

成爲中共黨員的題中應有之義，是要緊跟中共各級組織的部署，"積極參加各項政治運動"。胡錦濤一九五九年夏末進入清華，沒有趕上狠批白專道路的"插紅旗、拔白旗"運動；但他趕上了"反右傾"，趕上了三年困難時期；一九六三年，中共走出低谷，開始在全國城鄉推動社會主義教育運動，他也趕上了；"全國學習人民解放軍"，"自力更生，奮發圖強"的口號震天價響，與蘇聯"赫魯曉夫修正主義集團"的大論戰也已拉開戰幕……這一切，要求入黨的胡錦濤都趕上了。

他還趕上了親眼見到毛澤東。

時間：中華人民共和國建國十五周年那天上午；地點：北京天安門廣場。

胡錦濤進清華沒多久，迎來了中華人民共和國十周歲生日。但他是初來乍到的一年級新生，沒有來得及參與籌備慶祝活動，除了在星期天坐車進城去瞻望為迎接建國十周年而竣工的包括人民大會堂、歷史博物館在內的"十大建築"，就只能滿懷羨慕地聽著高年級同學興奮地講他們遊行通過天安門檢閱台，紅旗如海，歡呼如潮。最令他神往的，當然是他們見到了心目中放射萬丈光芒的紅太陽。

十年一大慶，五年一小慶，五年後，他總算趕上了這樣的機會：清華大學抽調一千名學生，十月一日那天參加首都各界大遊行。胡錦濤也被選上了。

在中共預備黨員胡錦濤看來，這是一種榮耀，也是一種鍛煉。為期一個月的訓練中，他和同伴每天除了上課就是列隊走步：每步七十五厘米，每分鐘七十三步，從早練到晚，練得腿似鉛、汗如雨。

終於到了國慶節那一天。凌晨一點，胡錦濤和同伴們就披著夜色起床，人人穿上白襯衣藍長褲，整隊集合。來到天安門附近遊行出發地點時，晨光熹微，秋寒料峭。不過，他們既不覺得苦，也沒感到冷，胸臆間火熱的激情在奔突鼓盪，憧憬著即將到來的一瞬。

確實只是一瞬。遊行開始，清華的方隊按照預定的順序行進。隨著"正步──走！"一聲口令，胡錦濤和同學們甩手抬腿，踏著整齊劃一的正步通過了天安門。《星島日報》報導胡錦濤當年的一個同學回憶他"偷看毛主席"說:"胡錦濤禁不住抬眼看了一眼在遙遠的城樓上揮手的毛主席……雖然只是看了一眼,胡錦濤表現得非常激動。"這位同學回憶的這個細節並不太準確,胡錦濤並不是"偷看"了一眼。當隊伍走到天安門城樓檢閱台下時,所有的人都按要求一律向右上方行注目禮,胡錦濤抓住時機緊緊凝視,要把"人民大救星"的形象牢牢地銘刻在腦海裏——雖然他未必真認準了在高高的城樓上,到底哪一個是毛澤東。

這個十月,胡錦濤還有另一段難忘的經歷。周恩來親自過問,首都文藝工作者創作排練了大型音樂舞蹈史詩《東方紅》,作為國慶獻禮。清華大學選派了一百名學生參加合唱隊,其中又有胡錦濤。十月十六日,《東方紅》在人民大會堂演出,毛澤東興致勃勃地去觀看了,並接見了全體演員。據稱周恩來當場報告大家一個特大喜訊:"中國第一顆原子彈爆炸成功!"當晚清華校園到處是振臂歡呼的人潮,胡錦濤也興奮地指揮同學們高唱《歌唱祖國》,嘹亮的歌聲響徹星空。

胡錦濤被安排擔任了低年級的政治輔導員。在中國大陸的高等學府,安排高年級學生擔任低年級的政治輔導員,是一種常見的做法,這可以一舉三得:公家不必發工資,就得到了表現積極、聽話的大批義工助手,去控制和引導低年級學生的思想和行為;這些亦教亦學的政治輔導員,感到在政治上受到信任和培養,更加忠心耿耿,兢兢業業,同時得到了機會去鍛煉才幹、提高政治水平甚至平步青雲;而對於低年級學生來講,與高年級學生擔任的政治輔導員相處,因為彼此都是學生,處境接近,彼此更能理解溝通。

在沒有大的政治風浪的年月裏,擔任政治輔導員,風險不大,只是需要花很多時間、很多精力去作"思想政治工作"。對於有心從政者來講,固然會從這一工作中積累政治資源、增長工作經驗;對於無心從政,只想在專業上發展的人來講,則只會將之看成負擔。但是話說回來，"組織上"對於學生政治輔導員也是給以回報的：那就是在其畢業分配時給以優先權：將之安插到最有利於發展的崗位——例如，他們能分到在最吃香的國家科研機關，或者留校任教，而這些崗位，本是許多更具有科研實力的同班同學覬覦的目標。

胡錦濤在學業上像一塊海綿不斷吸取，在政治上不斷成熟，在不知不覺之間，跨上了將來在政壇飛黃騰達的第一級台階。

結識了未來的妻子和她的舅舅

在清華園，胡錦濤結識了很多人，其中最重要的一位，非他未來的妻子劉永清莫屬。

胡錦濤何以最終贏得了劉永清的芳心？

當時清華女生不多，全體女生都住在兩棟學生宿舍樓。劉永清的女生宿舍離胡錦濤的宿舍不到二十米。胡錦濤要想與劉永清交往，是有地利之便；不過，這"近水樓台想得月"者沒有上百也有幾十，水利工程系男女生比例嚴重失調，十幾比一，胡錦濤、劉永清那一屆，女生才五名，可想而知女生怎樣被追求者包圍和爭奪了。馬玲、李銘《胡錦濤》中說，這個班好象彌漫著特別的浪漫氣氛，竟有包括劉永清在內的三個女生嫁給了同班男生。

胡錦濤是班上年齡最小的男生，劉永清則是班上最年輕的女生，但比胡錦濤還要大一歲多。劉永清個子不算高，皮膚白皙，相貌秀氣，性格文靜，在水利工程系是男生們爭相呵護的小妹妹。她為什麼來到這個一貫是男人天下的水利工程系？並不太好解釋。她是從北京考入清華的，父親是副局級幹部，不過，當時她父親似乎並不在北京任職，因為她經常在她母親的哥哥、前《光明日報》總編輯常芝青的家裏度周末。五十年代末期的一個副局級幹部，在北京實屬普通，"不到北京不知自己官小"，有人調侃說，北京"部長一會堂，局長一走廊，處長一操場"。或許，這是劉永清雖然進了這個名牌學府，卻只能進冷門專業的因素之一吧。

但不管怎麼說，劉永清是幹部子女，胡錦濤家庭成分卻是小業主，中間有一定政治等級的差距。這個等級是如何被胡錦濤跨越的？

有些港台海外媒體猜測說，因爲胡錦濤是舞會上的"白馬王子"。胡錦濤會跳舞也喜歡跳舞，這不假。在六十年代初期，大躍進造成的嚴重破壞迫使中共採取休養生息的政策，社會文化生活也有所鬆動，從"反右"的朔風嚴霜中慢慢回暖。清華到了周末也常常舉行舞會，讓年輕人釋放青春的能量。胡錦濤是舞會上的活躍分子，快三、慢四，翩翩穿旋，他往往會邀請坐在角落裏不大吭聲的劉永清。

但如果認爲胡錦濤是因能歌善舞打動了劉永清，就未免太看輕了他和她了。報考進了水利工程系的少男少女，怎麼會僅僅被舞步吸引住呢。

胡錦濤雖是學工，卻愛好閱讀文藝作品，常常到圖書館去借小說看：《紅岩》《青春之歌》《創業史》……看了又推薦給劉永清。借書，還書，讀書，談書……成爲兩顆年輕的心交流的重要內容。他們慢慢走得越來越近了，行動越來越公開。

有理由相信，劉永清的舅舅常芝青對於他們確定愛情關係如何表態，是一顆很重的砝碼。外甥女就在自己眼皮底下，自己的妹妹、妹夫把女兒托付給自己關照，她的終身大事，他能不聞不問嗎？胡錦濤在北京沒有別的親戚，他與劉永清交往後，隨著劉永清到常家去玩，後來走動越來越勤，常家簡直就成了他的第二個家。那時，三年困難時期雖然度過，但是校園生活畢竟還是清苦，不僅學校食堂沒有油水，當學生的也囊中羞澀，於是周末兩個年輕人來了，常家總要爲他們特別做幾個好菜端上餐桌補一補。

　　那時五十來歲的常芝青，在中共新聞戰線上可不是等閒人物。他是山西交城人。一九一一年出生，一九八五年病故。一九三五年就加入了中國共產黨，曾任晉西北《抗戰日報》總編輯，《晉綏日報》總編輯、社長，新華通訊社晉綏總分社社長。建國後，歷任重慶《新華日報》社副社長、社長，中共中央西南局宣傳部副部長，《光明日報》總編輯。胡錦濤隨劉永清到他家度周末那段時節，他已經不當這個總編輯了，去管幾家財貿報刊。

　　說起他不當《光明日報》總編輯，牽涉中共高層當時的一場為期甚短就夭折了的探索。他的這個總編輯職務，是被後來聞名天下的"大右派"儲安平接替的。《光明日報》創刊於中共建政前夕的一九四九年六月十六日，最初由中國民主同盟（簡稱民盟）主辦。毛澤東、周恩來、朱德等中央領導同志都為《光明日報》創刊題詞，毛澤東題詞是："團結起來，光明在望"，周恩來題詞為："光明之路"，朱德題詞是："民主光明"。一九五三年一月，《光明日報》改由各民主黨派和無黨派民主人士聯合主辦，讀者對象也主要是知識分子，但是領導權掌握在中共手裏了。一九五六年，中共八大前夕，中共最高層覺得民主黨派知識分子思想改造了幾年，已經很馴服，可以放放手了，不妨推進一下"長期共存，互相監督"，在輿論界作出點"民主"樣子，決定把《光明日報》還給中國民主同盟。便要撤出以總編輯之職在這裏鎮守的中共老革命常芝青。

　　女作家戴晴在《儲安平與"黨天下"》中這麼寫道："在一九五七年春天的宣傳工作會議期間，毛澤東曾分別會見各界人士。在與新聞、出版界人談話的時候，他老人家突然轉向光明日報的代表，問道：是不是共產黨員？那次出席談話的是總編輯常芝青，他站起來，說：是，是共產黨員。毛澤東說：共產黨替民主黨派辦報，這不好吧！此時是三月十日。"戴晴緊接著說："考慮到毛澤東是偉大領袖的同時還是偉大的謀略家這一事實，很難斷言他那時究竟是確實不知道光明日報由誰人主編，還是明知故問。"

時任中共中央宣傳部副部長姚溱曾去找過老報人徐鑄成，希望他接替主持《光明日報》，徐鑄成沒有答應。後來幾經周折權衡，儲安平被選中了，一九五七年四月一日走馬上任。不料，他剛當了兩個多月總編輯，椅子都沒有坐熱，毛澤東"陽謀"大展，儲安平也成了被"引出洞"的"蛇"，因放言"黨天下"而被中共反手一掌打成了"右派"。他過去辦《觀察》雜誌的歷史，也被翻出來尋找他反黨、反社會主義的歷史、思想根源。據學者謝泳的研究，論對《觀察》的詳細批判，要數《"從聯合政府"駁儲安平》《從儲安平——〈觀察〉看民主的個人主義新聞觀點》兩篇長文，而這兩篇長文的作者不是別人，正是被儲安平接替的《光明日報》的前總編輯常芝青。戴晴曾說："他（儲安平）不用拉攏誰，也不用提防誰，包括，比如說，常芝青。後面我們將會看到，這種天真，令人心惻。"

常芝青無疑是黨性堅強的中共新聞老兵。用張安惠《鍾愛我一生》（作家出版社，二〇〇二年）的話說："他個人的經歷最光彩的是負責辦《晉綏日報》的那一段。因為《晉綏日報》在反'克里空'報導和土地改革宣傳中，尖銳潑辣、很有生氣，一九四八年毛主席路過晉綏時，接見了《晉綏日報》編輯人員，說報紙反映了偉大的群眾鬥爭，為群眾講了話，他很願意看。"胡錦濤認識他的時候，他雖然不會對這個後生小子談什麼"高層機密"，但是從政治上加以考察和點撥，卻是他樂此不疲的——毛澤東那時已經向全黨提出了要培養無產階級革命事業接班人，並提出了五個條件了麼。關於知識分子應加強思想改造，關於五七年資產階級右派向黨猖狂進攻的經驗教訓，他都會對兩個年輕人誨人不倦，在給他們加餐補充營養的同時，給他們精神食糧。

　　小業主家庭出身、親友都是城市中底層民眾的胡錦濤，對常芝青這樣能直接聆聽中共最高層指示的高級幹部，無疑是揚著脖子仰望，對他的話充滿敬畏地言聽計從。而常芝青對這個來自南方的小伙子一定也是滿意的，並且將自己的看法告訴了劉永清的家長。

政壇上的"理盛文衰"

　　追蹤胡錦濤的人生軌跡，寫到清華求學這一段，一個難以迴避的問題就是：中國政壇上的"清華幫"現象。

　　談到清華出政壇精英，首先要指出：中國的理工科大學，比文科大學出了更多的官場明星，這是一個相當引人矚目的現象。統計文革中和文革後走上各級領導崗位的官員，會發現：科技背景的人才比人文背景的人才晉升得更快、更多。雖然二十世紀九十年代以來，黨政系統法律、經濟、管理專業出身的官員已經越來越多，但是在中共現任省部級以上幹部中，仍然還是理工科背景的官員佔了壓倒優勢。

　　究其原因，最根本的，當然還是因為長期以來中國的政治運動一浪接一浪，意識形態領域成為充滿了炮火硝煙的激烈戰場，人文學科、意識形態領域，不論在哪個時期都被視為"重災區"，從事哲學、社會科學研究成為一種危險的職業，人們特別容易犯"錯誤"，於是從兩個方面受到了慘重的摧殘——其一，"常在河邊走，哪能不濕鞋"，這些人因為所研究的課題或者所得出的成果，被扣上"資產階級立場""修正主義觀點"或者"反馬克思主義理論體系"乃至更駭人聽聞的帽子，受到了批判和清算。其二，"殺雞儆猴"，即使沒有受到批判和清算的人，也往往膽顫心驚，於是不敢越雷池一步，創造能力、研究能力都遭到壓抑，萎縮不振；或者儘量鑽進書齋，選取那些與社會現實關係較小的、更遠離人間煙火的課題來鑽研。

此外，社會科學、人文科學領域翻過來倒過去地整人，差不多人人被人整，也人人整過人，都成了"老運動員"，恩恩怨怨也就積攢得更多更深。到了要確定提拔對象時，往往一個"乾淨"的人、一個沒有"民憤"的人也找不出來了！

科技背景的人比人文背景的人在政壇上冒升得更快，還有另一個原因：由於中共建政之後，整個社會科學研究和教育受到現實政治權力的粗暴干預，教條主義盛行，很難說是進入了真正的科學的層面，使社會工作者淪爲"政治的奴僕"，在民眾中威信掃地；倒是科技工作者，因爲離政治稍遠，受到的干擾相對較少，而且畢竟所從事的工作必須符合客觀實際，必須按照辯證法辦事，不然就會遭到自然規律的即刻報復和懲罰，於是相對而言，學理工科的人具有了更多一點實事求是的科學精神，掌握了更多一點的科學方法論——我們說的僅僅是"更多一點" 這使他們在政壇上有了更多的發言權。尤其是在整個中國在七十年代後期"戰略重心轉移到經濟建設"，迎來"科學的春天"之後，科技背景的人就更是行情暴漲。

清華憑什麼能成爲中國"第二黨校"？

即便有上述大背景，還是得承認：在中國數千所高等院校中，還沒有哪一所像清華大學那樣，連續不斷地湧現出如此眾多的政壇高官。從中央最高決策層，到各部委、各省市的領導崗位，清華學子紛紛出鏡。

二ＯＯ一年清華在九十周年校慶之際，時任校長王大中曾經援引美國政壇要人不少出自哈佛、耶魯爲例，很自豪清華與之相似，出了不少中國的高層領導人。然而，他卻忽略了解釋一件事：哈佛、耶魯畢業生中步入政壇的，絕大多數是法律或經濟方面的專業人才，何以清華竟有如此之多電機工程等工科專業人才走紅政壇？

官方新華網在清華九十周年校慶時正式發佈的數字是：曾經或正在擔任中央、省市黨政領導職務的部分清華校友中有：中共中央政治局常委四人、中共中央政治局委員、候補委員十一人、中共中央委員、候補委員五十三人、中共中央紀律檢查委員會委員七人、國務院總理一人、國務院副總理、國務委員六人、全國人大常委會副委員長六人、全國政協副主席八人、全國人大常委四十五人、全國政協常委七十九人、國務院正部長三十人、各省、市長，黨委書記（正職）二十三人……

如果光看數字還不夠，我們不妨更具體地逐層看去。

在中共十三屆中央政治局六名常委中，就有兩名是清華的畢業生：姚依林（一九三四年歷史系）和宋平（一九三五年化學系）；而在中共十四大上，他們兩人年老退下，新一屆中央政治局七名常委中，新增加者也有兩名是清華的畢業生：朱鎔基和胡錦濤，朱胡兩人又在十五大政治局常委中當選連任。

“清華幫”在最近兩屆政治局委員這第二層次權力核心中，也有不小實力。在中共十四屆政治局中，除了朱鎔基和胡錦濤，還有吳邦國（一九六七年無線電系，國務院副總理），王漢斌（政治局候補委員，全國人大副委員長）。後來又又補進了第五名清華校友：黃菊（一九六三年電機系，上海市委書記）。而十五屆政治局中，王漢斌雖然退下，又增加了吳官正（一九六五年動力系本科，一九六八年動力系研究生，山東省委書記），還是五名清華校友。

再往下一個層級：中央委員會，十四大選出的中央委員中，共有二十九名清華校友，其中正式委員十八名，候補委員十一名。

十四大半年以後的八屆人大和政協會議上，清華校友再次大出鋒頭：有一人任國務院副總理（朱鎔基），六人出任國務院部長，他們是：國家安全部長賈春旺（一九五八年入學），廣播電影電視部長艾知生（一九五一年畢業），電子工業部部長胡啓立（七十年代擔任清華副校長），國家體委主任伍紹祖（一九五七年考入工程物理系）、國務委員兼國家計劃生育委員會主任彭佩雲（一九四九年畢業於社會系，一說五〇年畢業），以及國務院新聞辦公室主任曾建徽（一九四八年畢業於電機系）。

到中共十五大、九屆人大，清華校友的聲勢長盛不衰。政府領導成員中，因爲體制改革、部門精簡的關係，清華校友人數或有減少，地位卻更加顯赫：朱鎔基接過了"宰相"的大印，胡錦濤成爲國家副主席。

政壇上"清華幫"過了鼎盛時期

剛剛開過不久的中共十六大和十屆人大產生的黨、政最高決策層中的清華勢力，值得特別細說一說。

先說中共中央政治局常委，九人中竟有四人屬清華幫，佔據第一、二、六、七把交椅，爲胡錦濤，吳邦國，黃菊，吳官正。比例如此輝煌，是空前的，同時也得承認，大概也是絕後的，之所以說"絕後"，看下文便知。

中共中央政治局委員這一層，共有五人，除了上述四人，還加上曾培炎，是比胡錦濤高三屆的校友，他一九五六年考進清華大學無線電系；

中共中央書記處，七名書記中沒有一個清華幫；

中共中央軍委，主席、副主席、委員八人中，僅有一人是清華人，就是擔任副主席的胡錦濤自己；

中共中央紀律檢查委員會，在八名書記和副書記中，清華人也是"光杆司令"，就是書記吳官正自己。

　　再看國務院系統。在五位總理、副總理中，兩人是清華人：常務副總理黃菊，副總理曾培炎；五位國務委員中，只有一位：華建敏（國務委員兼國務院祕書長）一九五七年進清華大學動力系燃氣輪機專業；

　　二十八個部委負責人中，有三個清華人，一個是胡錦濤當年同班同學、水利部長汪恕誠，一個是司法部長張福森，他與胡錦濤、汪恕誠同一年即一九五九年進清華，在自動控制系電子計算機專業就讀；第三個是中國人民銀行行長周小川，他本科畢業於北京化工學院，一九八五年在清華大學主修經濟系統工程專業，獲博士學位，後來他又擔任清華大學經濟管理學院兼職教授、博士生導師。

　　曾經或正在擔任全國人大常委會副委員長的清華人有：一九三五年畢業於清華的社會學家、民盟主席費孝通，王漢斌和彭珮雲夫婦，一九四九年清華大學建築系、土木系肄業、曾任中共政治局委員的李錫銘，一九五〇年數學系畢業的丁石孫，一九五一年物理系畢業周光召。

　　但是在二〇〇三年選出的第十屆人大常委會委員長、副委員長中，清華人只有委員長吳邦國本人。

　　曾經或正在擔任全國政協副主席的清華人有：一九一六年留美生茅以升，一九二四年清華學校畢業、長期擔任北京大學校長的理論物理學家周培源，一九三一年到三三年年在清華進修的華羅庚，一九三五年留美生錢學森，一九三五年物理系畢業的錢偉長，一九四〇年計算學系肄業的孫孚凌，一九四五年物理系肄業的中國科協主席、中國工程院副院長朱光亞。

　　而在二〇〇三年選出的第十屆政協主席、副主席中，清華人只有兩人：劉延東是一九六四年進清華工程化學系，農工民主黨代表李蒙是一九五五年進清華大學電機系電力自動化專業讀本科，一九六〇年至一九六五年接著讀同一專業的研究生。

還有一點值得一提：從政壇上的清華人中，人們很容易地就能數出一大批具有紅色血統者：

習近平，現福建省長，習仲勛之子，清華化工畢業；

周小川，現中國證監會主席，原電子工業部長周建南之子，清華經管畢業；

林炎志，吉林省委副書記，原全國人大副委員長林楓之子，清華畢業；

此外還有陳雲之子陳元，葉劍英之子葉選平，賀龍之子賀鵬飛，以及上文提到的劉瑞龍之女劉延東⋯⋯

他們青雲直上，到底是仰賴父輩權威籠罩，還是憑借清華校友網絡？人們難以分辨，只籠統地譏評說：任人唯"清"！

林子大了，什麼鳥都有。政壇上清華校友比例高，貪官比例也高：原雲南省長李嘉廷，原遼寧副省長、瀋陽市長慕綏新，原廣西區副主席徐炳松，原廈門市長趙克明⋯⋯也都是清華人。清華校慶在正式講話中當然"忽略"掉了這些敗類，好像他們根本沒有在清華校園生活攻讀過。但是他們的師長同學，卻無法一下子從腦海中將他們抹掉。今天提起清華人，不提這些人，顯然是不全面的。

"為學在嚴，為人要正"

總的來說，隨著"文革"結束後改革開放的進程以及中國人才培養的多樣化發展，清華人在政壇上的鼎盛時期已經接近尾聲。從上面的介紹可以看出，在中央政治局委員、書記處、國務院內閣成員、人大副委員長、政協副主席乃至各省黨政一把手中，清華校友的比例已經大為減少了。但是，清華人在政壇上的鼎盛時期如此之長（長達半個世紀），這麼多清華人在政治階梯上飛黃騰達，不可能不引人關注和招人物議，從各個角度解讀這一現象。

自然不能否認有清華學子呼朋引類、拉幫結派的效應（這點我們後面還將討論），但標榜遵循"自強不息，厚德載物"校訓的清華學子，總還是有某種內化為個人素質的東西，使之具備在投入社會競爭之中能脫穎而出的條件，然後才能邂逅那些被發現、被提拔的機遇。母校清華給了他們什麼呢？

北京大學師生一向與清華人有類似英國的牛津和劍橋、美國的耶魯和哈佛那樣的"瑜亮情結"，對炙手可熱的清華人當然有話要說。幾年前就有北大人冷嘲熱諷：清華學子循規蹈矩者多，"符合黨的選拔人才的標準"，而北大學子則重視獨立、自由，不買當權者的帳。

清華在歷史上最輝煌的時期，校長梅貽琦曾這樣表述自己的辦學理念："於校局則以為應追隨蔡子民先生兼容並包之態度以克盡學術自由之使命。昔日之所謂新舊，今日所謂左右，其在學校，應均予以自由探討機會，情況正同。此昔日北大之所以為北大，而將來清華之所以為清華，正應於此注意也。"

一九九二年，在祝賀"母系"成立六十周年時，朱鎔基曾經論及在清華對於為學與為人的理解。他寫道："四十多年前，母校電機系主任章名濤教授在一次會上對我們講過這樣一段話：'你們來到清華，既要學會怎樣為學，更要學會怎樣為人。青年人首先要學為人，然後才是為學。為人不好，為學再好，也可能成為害群之馬。學為人，首先是當一個有骨氣的中國人。'

"哲人已逝，言猶在耳。清華就是教我們'為學'，又教我們'為人'的地方，它以嚴謹的學風和革命的傳統，培養了一代又一代獻身革命和建設祖國的'有骨氣的中國人'。飲水思源，終生難忘。

"爲學在嚴，嚴格認真，嚴謹求實，嚴師可出高徒。爲人要正，正大光明，正直清廉，正己然後正人。"

梅校長的話，著眼於清華大學整體建設；朱鎔基的話，著眼於清華學生個人成長。梅校長的話，對我們探究清華學子大批在政壇上崛起之謎並無佐助——執掌權柄的這些清華學子談不上什麼"學術自由""自由探討"的心態。倒是朱鎔基的話，如果作符合共產黨話語系統的解釋，卻接觸到了清華學子何以崛起政壇的奧祕：要"嚴"要"正"，所謂"嚴"，就是完成黨的任務要一絲不苟，所謂"正"，就是追隨共產黨意識形態要不越雷池一步。

清華人與北大人中的上者、中者、下者

還有一種解釋，將眾多清華人執掌重權歸功於清華治學務實、重視群體合作的校風。一位畢業於北大、目前在清大教書，對兩校風格有切身體會的教授就認爲，清華重團體，北大重個人；清華學生多務實，北大學生多浪漫；清華喜寧靜，北大喜喧囂。從政的清華人確實大抵都是從企業中脫穎而出走向官場，沿著"技術員——工程師——企業負責人——政府該行業主管部門負責人——某級政府負責人"這樣的軌跡升上去，從治廠，到治行業，再到治地方，最後進入治國的行列。但是對這種說法，在北大的網站上也有人反詰：這些清華人究竟有沒有企業管理和經營的才能？他們是否真是憑藉其在企業的真實業績而冒出？如果清華人真的務實，善於經營企業，爲什麼清華的校辦企業辦不過北大的校辦企業？

清華辦企業比北大早，八十年代中期就大張旗鼓地搞起來了，最早的就是"清華紫光"　有人譏諷說：這豈不是明顯暗示自己所謂"中南海紫光閣"的"顯赫背景"！不過清華紫光公司的發展並不那麼出色，反

倒是專業相對來說比較偏於理論化的北京大學，搞出了全亞洲最大的校辦企業、唯一進入中國電子工業十強、中國高新技術企業十強、中國企業五百強的校辦企業——北大方正集團公司，其年產值居然佔全國高校校辦企業年總產值的四分之一還多，相當於清華所有企業的產值總額的三倍多！

當然，校辦企業的輸贏，未必能做兩所大學培養的人才的素質優劣的判斷依據，不如從更為廣泛的意義上，通過比較來把握清華人的精神特質和人生路向。中國大陸畢業於北大的散文作家李方，曾有一篇文章《北大與清華》，相當深刻地對比了兩校學子的分野。他說：

"從更大的時間跨度上審視，清華人會輕而易舉地成為社會的主流。北大人作為一個批評者而不是建議者，則永遠帶著異端式的懷疑的目光。"

"由過早地入世到過早地退隱，北大人往往意識不到道家精神是如何地滲入了他們的靈魂。……清華人則在科學和自律的外表下更接近於真正的儒家。"

"北大人是以傲氣著名的，以至不屑於在世俗中為了某一目的而呼朋引類。清華人則不然，他們似乎天然具有某種群體合作精神。……在這個意義上，北大像雅典，而清華則像斯巴達。"

最值得重視的還是這一段："中國今後的歷史，很可能還是清華人來寫，北大人則永遠會以一種精神漫遊者的形象被歸入另類。他們的上者成為寂寞的先知，中者成為不被人理解的狷士，下者成為潦倒的流浪漢。清華人，則上者成為堅定的領袖，中者成為穩健的官吏，下者成為可信賴的士兵。"（以上引文均見《欲望元年——新人類的道德與出路》，李方著，敦煌文藝出版社，一九九七年）

胡錦濤的人生歷程，驗證了上述論斷中清華人的"下者"（可信賴的士兵）和"中者"（穩健的官吏），現在就看他是否能證實"上者"　成爲堅定的領袖了。

蔣南翔扮演了清華幫教父角色

如果說，校風熏陶與政壇明星成長的關係看不見摸不著，那麼更具體更切實的緣由，是清華的掌門人蔣南翔。

一九三二年入清華中文系、翌年加入中國共產黨的蔣南翔，對於"清華幫"的貢獻，主要是兩點：第一，在北平"一二·九運動"期間，他是清華大學中共地下黨支部書記，率先喊出"中國之大，已經安放不下一張平靜的書桌"的著名口號，將一大批清華人培養、鍛煉成堅定的革命者，後來擔任中共高級職務。除最後升到政治局常委的學弟姚依林和宋平之外，還有曾任中共石油部長的康世恩，曾任國家體委主任的榮高棠，曾任中國科學院副院長的李昌，曾任中國社會科學院副院長的於光遠，等等。在那批清華人中，出了著名的"南北兩喬木"。"北方喬木"是中共的老筆桿子胡喬木，曾擔任毛澤東的祕書，也曾擔任劉少奇的祕書，還擔任過新華社社長、人民日報社社長，最後成爲中共政治局委員、官方意識形態的"理論沙皇"。"南方喬木"是喬冠華，他寫文章的筆名是"喬木"，抗戰期間，在陪都重慶長年主持中共喉舌《新華日報》筆政，後來成爲中國外交界繼周恩來之後最有才華、最有魅力的幹才，一九七二年曾以外交部長銜代表中國政府，首次出席聯合國恢復中國大陸席位的那一次大會。

蔣南翔的第二點功勞，就是中共建政後他長期擔任高教部部長兼清華大學校長。他一九五二年十一月出任清華校長，隨後於一九五六年五月兼任清華黨委書記，直至"文革"爆發，在長達十三年半的時間中，成為"清華幫"的開山幫主。如果說在中共開國功臣中，清華人雖然出眾，人數卻有限，從五十年代中期開始，進入政壇的清華人就越來越多了。蔣南翔不同於北大校長馬寅初是黨外學者，也不同於中國人民大學校長謝覺哉是黨內夫子，他極有心計地從高教界、教育界開始，由近及遠，向各級各界培植和擴展清華勢力。他從清華同期、前後期校友中，提拔輸送了大量幹部到各個關鍵崗位，使清華大學在高教界的影響根深蒂固、咄咄逼人，以致人們一提高教部，就習慣性地稱之為"蔣管區"。對於一屆又一屆畢業生的分配去向，他也非常重視，因為他再清楚不過："今天的桃李，就是明天的棟樑。"

蔣南翔率先在清華創建了原子能、自動控制等一批新技術專業與學科，促進了中國新技術的發展。他重視對學生的馬克思主義教育和政治思想工作，首創學生政治輔導員制度。他注意體育鍛煉，提出"爭取健康地為祖國工作五十年"這一影響深遠的口號。

這位老校長對清華大學的感情無比深厚，在一九八八年他以七十五歲高齡去世前的臨終彌留時，對身旁的親屬說："我一生沒有給後人留下什麼，把我那筆小小的存款交給（清華）學校，作為學生獎學金吧。"

繼蔣南翔之後，清華校長何東昌又出任教育部部長，八十年代教育部升格為國家教委之後，他擔任副主任，掌握實權。他本人思想保守僵化，在"六四"中更聲名狼籍，但是卻不遺餘力地鞏固"清華幫"的影響；何東昌下台後，清華又一任校長張孝文又調任國家教委第一副主任；國家教委的另一位副主任滕藤，也是清華大學一九五一年畢業生，後來也擔任過清華副校長。

清華畢業的旅美學者遲延昆曾結合自己的親身經歷，解釋何以最近二十年來相當多的高級官員出身於清華："我認為這主要是蔣南翔的教育思想的結果。蔣南翔有三個培養人才的法寶：因材施教、文體社團、政治輔導員三大制度。因材施教是從分專業開始，選出一批學習優秀的學生給他們加擔子、創條件，使之在學業上更上一層樓。用蔣校長的話說：'天才的頭腦是肥沃的土壤'。可惜文革打斷科研的部署，這一條沒有可見的成果。但至少有一個好處：加了擔子，開闊眼界，驕氣無形之中消退了不少。大張旗鼓把文藝社團和體育代表隊作爲培養人才的一大渠道，我當時並不理解——清華總不是體育學院。但漸漸地明白了這些課外活動對於陶冶情操、培養團隊精神的重要。"

遲延昆特別強調第三條："政治輔導員制度完全是蔣南翔的創造。即選拔一些品學兼優的學生作低年級的輔導員，實際上有點像中學的班主任，此外還包括團委、學生會的半脫產的主要幹部。這些輔導員晚畢業一年，在作輔導員其間給一定的津貼。這一渠道明裏說是'雙肩挑'的集中表現，實際上真正的目的是要培養懂業務的領導幹部。……我所認識的政治輔導員除一人在加裏福尼亞外，都從了政。"

目前並無資料顯示胡錦濤在校期間與蔣南翔有任何個人的直接接觸——胡錦濤聽過校長的報告，蔣南翔看過校文工團的舞蹈節目，僅此而已。但是，無可懷疑的是，胡錦濤是蔣南翔這"三個培養人才的法寶"的受惠者，在胡錦濤的政治生涯中，應該說，他得到了蔣南翔極其關鍵的、他終身受用無窮的提攜。

唯一能在中南海開會的校友會

據清華校友會一位活躍人士告訴筆者，連中南海裏都有半公開的"清華校友會"組織——或許是唯一一個能夠在中南海裏舉行活動的校友會。

關於"清華幫"現象，海內外媒體都極感興趣，有心人從省部級官員、從軍隊、政法、金融、外交、組織等各個領域，從"太子黨"的觀察角度，將清華人一一發掘出來，以說明清華幫是何等聲勢浩大。對於地方封疆大吏中清華校友成群佔據要津，江澤民最有切身感受，因為八十年代後期到九十年代初期，上海市黨政主要領導中，至少有五名是清華畢業生，除了當時的市長朱鎔基和市委副書記吳邦國之外，還有當時的市委副書記兼副市長黃菊，副市長倪天增和蔣以任。江澤民當上總書記之後，有一次到清華與師生座談時脫口而出："我們上海領導都成了'清華幫'了。"似乎意識到什麼，他趕快又加上一句："我是開玩笑。"

　　清華人自己對此也自豪之情溢於言表。本書筆者在國內採訪時，曾有一位清華人說：你知道"滿清王朝"的說法嗎？連中華人民共和國的國名、國歌，都得歸功於清華人！確有其事。早年清華留美學生、清華大學政治系主任張奚若，以無黨派人士的身份出任五十年代的教育部長，後改任國務院對外文化聯絡委員會主任。他在全國政協會議籌備建國期間，提議採用"中華人民共和國"的國名，為大會接受。在挑選中華人民共和國的國歌時，又是由張奚若力荐，徐悲鴻以《義勇軍進行曲》為代國歌的提議才獲得通過。

　　政壇清華幫中有幾位對胡錦濤的政壇軌跡具有直接或者潛在的影響。

　　清華幫中最風風火火的當推朱鎔基，他成為候補中共中央委員，比胡錦濤晚了整整五年——胡錦濤是在十二大上當選，而朱則是在十三大上；朱鎔基卻後來居上，與胡錦濤同時在中共十四大上進入政治局常委，排名還在胡錦濤之前。

　　一九二八年出生於湖南長沙的朱鎔基，於一九四七年即十九歲進入清華大學電機系電機製造專業，後擔任過清華學生自治會主席。幾乎與中共建國同時，一九四九年十月，他成為中共黨員。一九五七年他被打成"右派"，開除黨籍，下放到基層，文革中又受到衝擊，鄧小平第三次復出後才算告別厄運。朱鎔基與清華母校關係非常密切，自打一九八四年清華大學成立經濟管理學院，他就兼任該院院長、教授和博士生導師，每學期都要聽取該院工作匯報，並親自帶過四名博士生，即使在他擔任上海市委書記兼市長，一直沒有中斷；到他進了中央當了總理，也仍然堅持親自培養經濟管理人才。朱鎔基很少題詞，但是該院新教學樓大理石牆上，凸嵌著六個沒署名的頗具魏碑功力的大字"經濟管理學院"，就是他的手跡。

朱鎔基多次揚言，"我退休後要到清華教書"。然而二ＯＯ一年六月七日，就在退休之日已經遙遙在望之時，他突然去清華發表告別演說，宣佈辭去兼職十七年的清華經濟管理學院院長一職，演說中充滿傷感："今天，我告別清華，以後就很少來了。說實話，永遠也不來了。但是，請大家放心，我的心永遠留在清華。再見了，我永遠是一個清華人！"幾乎是同時，六月下旬，他把自己重遊湖南老家的詩作交給《中華詩詞》雜誌發表，還特意附上該詩手跡的照片。照片上可以清晰地看到詩是寫在印有"清華大學"字樣的信箋上的。是什麼促使他作出了辭職、"永遠也不來了"的決定，同時又毫不隱晦地宣佈"我永遠是一個清華人"，著意要通過手跡照片強調自己與清華的關係？他留下一個謎，又留下這些看似自相矛盾的線索讓大家來猜謎。

清華人中要論對胡錦濤拔擢最力的，自然是宋平。他與姚依林一樣，是中共老一輩中官當得最大的清華人。宋平比一九三四年考入清華的姚依林低一屆。與胡錦濤夫婦的一個共同點是，宋平夫婦也雙雙出自清華，他夫人陳舜瑤比他更低一屆，而且與清華的淵源更深：五十年代時，她擔任清華黨委副書記兼副教務長。一九三九年的清華畢業生宋平，在他得到清華大學畢業文憑的五十周年之際，成為與他的學兄姚依林一樣的中共政治局常委，主管中共組織人事——這是一個最有實權的崗位。在他擔任甘肅省委第一書記期間和進入中共最高決策層的這半屆任期內，對胡錦濤的命運起到了無與倫比的作用。

　　另一位擔任過中央政治局常委、對胡錦濤的青雲直上也有極大關係的清華人，是胡啓立。一般人看待胡啓立與胡錦濤的關係，往往從共青團派系的傳承關係上著眼，忽略了"清華幫"這一角度。胡啓立並不是清華畢業生，他與清華的淵源是在七十年代後期出任清華大學的副校長，便也被列進"清華幫"的名單。胡啓立雖然一度執掌重權，成爲中央決策圈的五名常委之一並兼中央書記處書記，但是在"六四"後受到貶黜，從決策圈裏被趕了出來。後來又復出，擔任了電子部副部長、部長。

　　胡錦濤的同輩校友中，在仕途上離得最近的是政治局常委、人大常委會委員長吳邦國。這位安徽同鄉比胡錦濤晚了一腳進清華園，經歷大同小異：一九六〇年到一九六七年就讀於清華大學無線電電子系電真空器件專業，低年級時當過團支部書記、班長，三年級時加入中共，爾後也擔任過學生政治輔導員、系團委副書記。但畢業後，他沒有像胡錦濤那樣遠離大城市，而是回到了上海，直到上調北京之前，再沒有離開過上海。另一個與胡錦濤的不同點是，他在一家電子管廠先後任工人、技術員、車間主任、副廠長和廠長，是從業務和行政這條線上晉升的，而不是從黨務政工這條線。

　　另一位政治局常委、國務院常務副總理黃菊，一九六二年畢業於清華大學電機系，算是胡錦濤的學兄。他也長期在上海市基層單位工作，在江澤民、朱鎔基和吳邦國先後調升到中央之後，他任上海市委一把手，主管這個中國的最大城市。

　　政治局常委、中紀委書記吳官正，清華一九六五年動力系本科，一九六八年動力系研究生。他長期在武漢近側的葛店化工廠從事技術、擔任業務主管，一九七五年擔任武漢市科委副主任，就此走上政壇，從武漢市長、江西省長、省委書記、山東省委書記，進入十五屆政治局，而後成爲十六大最高決策圈一員。

　　還有一個汪恕誠，論權力級別遠不能與上述幾位校友相提並論，只是當今國務院水利部長，但是論與胡錦濤的關係，卻比他們近得多——他是胡錦濤的同系同屆的同窗，與胡錦濤早就熟識。當年他是團支部組織委員，作為學生幹部，與胡錦濤一起參加了很多社會活動。畢業後汪恕誠接著讀研究生，與留校當政治輔導員兼搞一些科研的胡錦濤同在一個黨支部，胡錦濤這時已經是正式黨員，而汪恕誠則是預備黨員，接觸就更頻繁。

　　汪恕誠後來被分配到位於遼寧丹東的水利水電第六工程局，主要轉戰在中國東北的河流峽谷，與胡錦濤就天各一方、很少見面了。他的仕途之路一度蹣跚難行，一九八二年當上第六工程局黨委副書記，一九八七年晉升為正局級職務，工作崗位換了好幾個，但是都不算提升。一九九三年八屆人大國務院換屆時，胡錦濤主持人事安排，汪恕誠由被撤消的能源部的一個司長，升為新的電力工業部副部長兼黨組成員。但是到九八年，國家機關進一步改革，電力工業部又被撤消，汪恕誠被安排屈居國家電力公司副總經理。但是那一年的"世紀洪災"，給他提供了意外的機會：朱鎔基認為：發生這麼大的洪水，造成這麼大的損失，水利主管部門總要對人民有個交代，於是剛剛上任八個月的水利部長鈕茂生黯然離職，去了河北，汪恕誠這才進了朱鎔基內閣。一般認為，是胡錦濤推薦了這位老校友。

　　胡錦濤在清華時，除了汪恕誠之外，認識其他這些政壇上的同輩人嗎？與日後提攜他的學長有過交往嗎？目前無法證實。可以設想：清華大學舉行團代會和學代會時，年輕的胡錦濤與吳官正、吳邦國、黃菊這些人，或許同為代表；但是很難認定他們相識，彼此提攜呼應，更談不上交情。胡錦濤並沒有早早有意識地為從政而廣結人脈，編織網絡，為日後繼承大統預作前期準備。他自己說"從來沒有想到過會當官，年輕時作的是紅色水利專家的夢"，大體上是可信的。

然而，胡錦濤對清華這段歲月，卻不可能不是刻骨銘心地牢記，因爲佔他生命近六分之一的"黃金時段"，他事業的藍圖，他愛情的夢，都是與清華園聯繫在一起的。

熱心參加校友活動

一九六五年初夏，胡錦濤畢業了。作爲又紅又專、亦教亦學的畢業生中的佼佼者，他被安排留在學校，繼續擔任政治輔導員，同時參與一些科研工作。他在中學和大學當學生幹部不僅鍛煉出了很強的工作能力，既能把同學中管好，令行禁止，又與同學們保持良好關係，讓他們心悅誠服。

儘管胡錦濤並沒有表現出那麼強的政治功名心，或許更多地只是出於一種性格和習慣吧，他與師長和同窗保持聯絡，時常噓寒問暖。由於他過人的記憶力，在交往中總能讓對方感覺熱誠和親切。當他的職務不斷提升之時，不難想像，他對許多細節的關注與銘記，更會讓人驚喜和感動。入主團中央和成爲一方諸侯了，同學打電話找他，只要他在，總是親自接電話，爲同學排憂解難；還說，有事若找不到他，"可找永清"。

有記者挖出他在貴州當省委書記時的一段佳話：有一個星期天，他步行去拜訪一位在基層工作的清華老同學，不巧，這位同學不在家，只有他的岳父母在家。他便和二位老人親切地攀談起來。這位同學回家之後，根據岳父描繪來客的相貌衣著、言談舉止，斷定是胡錦濤來過，告訴老人這是省委書記，老人驚嘆不已。

胡錦濤很注意配合學校工作，爲母校盡一份力。一九八四年五月二十四日，時任團中央書記處書記的胡錦濤回到母校與水利系畢業生座談，結合自己的經歷，鼓勵大學生們順應時代潮流做推動社會前進的促進派，勉勵他們處理好國家和個人的關係，投身實踐，把自己鍛煉成黨和國家需要的合格人才。

胡錦濤相當積極地通過校友會與校友聯絡，得到活動的通知，總是儘量抽時間出席。而且據汪恕誠介紹，每次參加聚會，總是先與在最基層、最邊遠地方工作的同學握手，問候他們。當他離開貴州時，專門通過清華大學貴州校友會會長向當地校友表示歡意和祝願。他高升到中央，曾不無遺憾地說："以後再想來參加大家的活動，就沒這麼自由了。"但是他還是在同學歡聚的不少場合露面——儘管以他政治局常委、國家副主席的身份，再怎麼輕車簡從，也必然是祕書、警衛、校方領導等等前呼後擁，難以與大家無拘無束地暢敘友情。

一九九五年四月三十日，胡錦濤來到當年學習過的新水利館三〇三教室，與同年級學友共慶畢業三十周年，他們在校園內的近春樓前種下了一棵雪松。這棵象徵著水利系一九五九級學子心願的雪松葳蕤茂盛，樹前的紀念石上刻有胡錦濤和全體學友的簽名。在那次聚會中，著名水利專家、清華校務委員會名譽副主任張光鬥院士來到會場，胡錦濤馬上站起來，向張老鞠躬致意。

一九九九年四月下旬，一九五九級八十多位校友又在北京中國水利水電科學研究院聚會，歡慶入學四十周年。四月二十三日晚上八點多，胡錦濤和劉永清一起，在同級學友、水利部長汪恕誠陪同下，也趕到八樓會議室，與大家共話同窗情誼。之所以在這裏舉行，是因為水科院院長高季章是清華水利系一九六九屆校友，而副院長孔昭年，更是胡錦濤的同屆校友。

胡錦濤親切地叫著許多同學的名字，回憶當年與哪幾位同學同住一間宿舍等各種往事。他還飽含感情地說："在我們大家歡聚一堂的時候，我首先要談到我們年級已經去世的十一位同學。他們雖然過早地離開了我們，但他們的音容笑貌，他們為國家、為人民所做的貢獻，永遠留在我們心裏！"他又說："我還要特別提到那些長期奮鬥在邊遠省區、在基層第一線的同學。因爲他們的敬業精神、獻身精神使我非常敬佩，值得我永遠學習。"

胡錦濤與同窗們侃侃而談了近兩個小時，最後說："我還要向大家表示歉意，因爲明後天的活動我不能參加了，好在我們家還有一個代表……"大家一下子笑了起來。第二天上午，他們家的"代表"劉永清又來參加了座談、聚會。

在這次當年校友歡聚一堂之際，誰都不會想到，再過一天，四月二十五日凌晨，發生了令中共高層極爲震驚的事件：胡錦濤上班的中南海，被數以萬計的法輪功信徒包圍。江澤民下令把法輪功定爲邪教加以取締，此後數年法輪功與中共交鋒一直沒有止息。而法輪功信徒中，竟有一位是胡錦濤的清華同班同學張孟業。

據中國人權民運信息中心等機構二〇〇二年二月二十三日報導，張孟業曾任廣東電力學校副教授，他以同窗身份上京求見胡錦濤，希望說動老同學施加影響，停止鎮壓法輪功。但他沒有如願，嗣後在北京被捕，於二〇〇〇年二月被判入勞教所兩年。

而根據張孟業於二〇〇二年四月給清華同窗寫的信中所述，經過略有不同。信中透露，"僅僅是請天安門馬路邊的警察轉交一封信給中央"，信的全文十七頁紙，一萬多字，題目叫《我對法輪功的了解和認識》。"可是在他們知道我們夫妻是法輪功學員後，竟因此拘留我們，最後強送勞教"。

張孟業還說，他是"一九七九年四月得急性肝炎，後轉成慢性肝炎，並於一九八三年四月導致肝硬化"，十幾年來，頻頻住院治療，天天吃藥，"花錢無數，用盡好藥"，"好吃好睡，卻都難奏效"；"從一九八四年開始，我幾乎每年都認真習練一或二種氣功……但是，希望就像肥皂泡似的，一會兒就破滅了好幾個"。一九九四年七月"我有幸遇到法輪功，再沒有用任何藥物，經八個月的認真修煉就解決了問題，即完全徹底根治好了。從此再苦再累轉氨黴都不會升高，肝病也沒有復發。更為神奇的是近兩年多以來，在我被非法拘留及強制勞教期間，既無營養，也休息不好，還受盡折磨，特別是後來為抗議無理加期、延期而進行絕食（前後共四十七天）的第三階段，連續二十八天不吃不喝，餓得骨瘦如柴，一張皮包一把骨了，人也幾乎連路都走不了啦。縱然如此，我不僅老命沒有丟掉，連肝病也沒有因此而復發"。"這就是我練過十餘種氣功都能捨得下、放棄掉，唯獨最後無論如何也不會放下法輪功的直接原因"。

他還在信中說：放不下法輪功的根本原因是"在江氏集團發動的對法輪功的鎮壓中，廣大法輪功學員所表現出來的'為堅持真理的寬容'、為挽救生命的慈悲等如此大善大忍的精神，就是'真、善、忍'境界的一個很好體現。"

此信中隻字未提胡錦濤。張孟業是聰明的。

二〇〇一年四月下旬，是清華大學九十周年校慶，江澤民、朱鎔基、李嵐清等領導人來到清華大學出席慶祝大會，給這所中國排名第一的學府以最高的禮遇。江澤民還為清華校慶題詞："建設世界一流大學，為實現中華民族的偉大復興而努力奮鬥。"

校慶前夕，三月，胡錦濤在中南海聽取當時的清華大學校長王大中、黨委書記賀美英關於學校工作的匯報。他希望清華總結辦學的優良傳統和經驗，培養更多的治學、興業、治國的優秀人才，為國家富強和民族振興作出貢獻。

四月二十九日，胡錦濤、劉永清夫婦倆來到清華園內新水樓參加校慶活動，在樓前與校友合影後，參加了由當年的團支部組織委員汪恕誠主持的座談。

在幾位校友發言後，胡錦濤也發了言。他說：我對母校建校九十周年表示熱烈的祝賀，借這個機會，向母校的教職員工、向所有的清華校友表示衷心的問候。回顧四十二年前，我們還是處在青春年華時間，來到了美麗的清華園，在這裏度過了六年難忘的時光，正因爲在清華六年的大學生活打下的基礎，正因爲在六年當中我所受到的清華精神的熏陶，使得我們在走向社會、走向工作崗位的時候，能夠始終不忘國家，不忘我們應給國家、民族應盡的責任。我覺得，使我們感到高興的是，在清華校友當中既湧現出了一批治學大師，同時，也湧現出了一批治國興業的人才。我覺得，我們確實應該爲清華校友取得的成就感到自豪，也應該爲母校在事業上所取得的成功感到驕傲。

隨後，他在校黨委陳希副書記陪同下，與汪恕誠等一起步行走向新落成的體育中心，參加慶典，一路上與前來參加校慶的老校友和青年學生握手交談。

胡錦濤參加類似活動不少，除了校一級活動有時見諸報端之外，系和年級的活動，媒體一般很少報導，因爲胡錦濤不願意曝光太多，他把這些活動定位在私人的範圍。

不管胡錦濤當年是否有意識地牽線結網，清華人中的政壇明星猶如過江之鯽，畢竟預先給胡錦濤未來從政，準備下了一筆極其豐富的資源寶藏。宛如《紅樓夢》中所說的"護官符"、關係網，雖然他儘可能地淡化"清華幫"色彩，但是這張網的存在，就使胡錦濤的政治潛力不容人小覷。

文革：清華生涯的句號

如果沒有文革，胡錦濤的清華學子生涯將是十全十美：學業出眾，入了黨，認識了未來的妻子，留校從事教學與科研……不論是事業還是家庭，都展現出一片絢爛輝煌的前景。

可惜，來了場史無前例的文化大革命。

畢業一年之後，胡錦濤趕上了中國歷史上罕見的黑色龍捲風，清華大學一下成了旋渦的中心。

蔣南翔在風暴剛起時就首當其衝，被整了下去，校黨委迅即癱瘓。時任國家主席的劉少奇，鑒於清華大學舉足輕重的地位，對之十分重視，有意將清華作為親自抓的點，穩住被毛澤東在南方遙控的咄咄逼人的攻勢所沖亂的陣腳。一九六六年六月十九日，委派他在"四清"運動中活躍一時的夫人王光美到清華，開始說是"看大字報"，兩天後正式參加了派駐該校的工作組。工作組操縱黨團員和學生骨幹，對不聽部署的少數"反動學生""槍打出頭鳥"，逼出個絕食抗議的工程化學系三年級學生蒯大富，鬧得滿城風雨。

毛澤東要打倒他視作"中國的赫魯曉夫"的劉少奇，清華園這一場鬥爭也就正好借題發揮。當毛澤東指揮中央文革煽風點火，狠批劉少奇，蒯大富一下成了全國響當當的造反英雄，手眼通天的文革闖將，拉起了"清華大學井崗山兵團"的造反派組織，後來又發起創立了首都紅衛兵第三司令部。一九六六年十二月二十五日，他領取了張春橋傳達的旨意之後，帶著隊伍到天安門廣場遊行集會，將"打倒劉少奇"的標語刷遍全城，一時炙手可熱。

清華水利工程系的政治輔導員胡錦濤，論官銜，連"芝麻官"都算不上。不過在當時已經被革命激情燒紅了眼的學生看來，有權管他們的統統都是"當權派"，也要轟一轟。更何況文革初期，他作為中共黨員和政治輔導員，秉承黨組織的部署，組織學生按部就班地提高覺悟，批判"三家村"；當蔣南翔和校、系黨組織受到猛烈衝擊之時，他很自然地站在黨組織一邊，引導學生"排除干擾"。這當然就成了他忠實執行校黨委旨意，"抵制革命運動"的"保皇派"罪狀。於是他與所有中共基層幹部一樣，也受到了不大不小的衝擊：學生給他貼了大字報，還勒令他寫出檢查。

從來都是"革命動力"的二十四歲的胡錦濤，一下成了"革命的對象"，剛開始真有點發蒙。想從"革命的對象"再變回"革命的動力"，也使他格外爲難：系黨總支書記、系主任一直都是信任自己、栽培自己，一朝要向他們反戈一擊，上綱上線地揭發批判，他還真開不了口，下不了手。更何況，當時的中央文革小組副組長王任重講過"秋後算帳"，現在群眾運動這麼亂，過去心目中的"好生"、"差生"，在文革中全都亂了套，魚龍混雜，泥沙俱下，誰知道最後校裏、系裏鹿死誰手？貿然揭發批判，日後後果誰能料定？

常芝青也難給他什麼具體的指點，因爲這次的運動實在太反常規了，所有的老皇歷都統統作廢，毛澤東葫蘆裏賣的什麼藥，他們這些在政治運動中久經沙場的老兵也摸不清路數。胡錦濤只能肯定一條：政治旋渦凶險，不要貿然下水。

好在運動迅猛向前推進，系黨總支書記、系主任這些"走資派"沒幾天就成爲沒有人感興趣的"死老虎" 造反派有的是更大、更有刺激性的目標要攻擊，紛紛殺到校外，殺到中央，殺到各省市……更分不出精力來管胡錦濤這種"保皇派"了。他就這麼在短短幾個月內由"骨幹"變爲"對象"，再變爲晾在一旁、無人理睬的旁觀者，而胡錦濤也再無心"到中流擊水，浪遏飛舟"，就此成了"逍遙派"。後來中國大陸官方報刊曾用他"文革"中沒有參與你死我活的派系鬥爭爲例，證明他性格之"穩健"。

這種生活過了近兩年。蒯大富一類造反派紅衛兵領袖擁兵自重，在校內打派仗佔據建築物實行割據，自製武器打了個不亦樂乎，終於使毛澤東忍無可忍——再不壓服，他的重建理想社會的試驗無法推進，還會讓國內外帝修反看笑話。一九六八年七月二十七日，他調派了工人和解放軍組成"毛澤東思想宣傳隊"進駐清華，竟遭到蒯大富的武裝抵抗，宣傳隊多人被打死。毛澤東當晚召集包括蒯大富在內的北京"五大學生領袖"訓話，強令再不罷手，他要統統消滅。這才算將他自己親自召喚出來的孫悟空重新壓到了五行山下。

胡錦濤文革前所憧憬的輝煌前途算是一風吹了。他也不想留在清華了。"清華"這塊被蔣南翔精心鑄造的金字招牌，在"文革"急風暴雨中竟被塗抹成人們避之惟恐不及的黑色招牌。留校，自己將永遠是一個"知識分子"　這個名詞，不過是"資產階級知識分子"的縮寫而已，是思想改造的永久性對象。毛澤東當時一門心思要讓工農兵來上大學、管大學、改造大學，要從根本上改變"資產階級知識分子統治我們學校的現象"。自己作為文革前舊黨委的紅人，留校，在政治上、業務上，都不會有什麼前途。索性走出去，走得遠遠，到最艱苦的地方脫胎換骨！

從十七歲到二十六歲，胡錦濤在清華前後整整生活了九年。一九六八年十二月，胡錦濤隨他擔任政治輔導員的"水六"屆畢業生一起分配。這一屆畢業生，沒有一個留在學校，沒有一個留在設計和研究機構，沒有一個留在城市，全部直接到邊疆、工地。他告別了清華，告別了京城，奔赴萬里之遙的大西北。

第三章／西北望長安

（一九六八──一九八二）

●一名房建工，一個小祕書，一位副處長……如果他沒有遇到宋平，他是會終老於塞外的漫漫黃沙之中，還是終將磨礪生光，脫穎而出？

劉家峽新來的年輕人

胡錦濤來到劉家峽，已經二十六歲。

他是作為年齡最小的新生進入清華大學的，沒想到"起了大早，趕了晚集"，在清華園裏竟滯留了九年。二十六歲才參加工作，年齡真不算小了；但那是一九六八年，是文化大革命的高潮，反修防修才是全黨全國的頭等大事，中國的大學畢業生，心裏哪裏敢有一絲對"耽誤青春"、沒有早點將專業知識用於工作實踐的怨言和疑惑？

中國版圖的中心點在哪裏？一般人或許想像不到，正確的回答應該是：蘭州。了解這一點，或許對中國西北地區的浩瀚，你就會有個大致的感受了。從中國地圖上看，劉家峽與江蘇、安徽，以北京為中點，正好在方向截然相反的兩端。從北京到劉家峽的迢遙路程上，車窗外面不斷閃過似曾相識的地名牌：咸陽、寶雞、天水、臨洮……這是唐代邊塞詩人筆下的塞北啊，"裁縫寄遠道，幾日到臨洮？"（李白），"前軍夜戰洮河北，已報生擒吐谷渾。"（王昌齡）……尤其是那首膾炙人口的"羌笛何須怨楊柳，春風不度玉門關"（王之渙），品味起來別有一番滋味在心頭。對於原籍安徽績溪、成長於蘇北泰州的胡錦濤，故鄉雖說不算很富裕的地方，可畢竟屬於杏花春雨、繁華富庶的江南，那裏春天有爛漫山花，秋天有金黃收成，到處是繁榮城鎮、喧鬧集市；來到北京，已經算是遠離家鄉了，好在還是京華，有泱泱大國首都的氣勢，而且畢竟是政治中心，縱覽五洲，消息靈通。眼下卻來到這大漠朔風、荒無人煙的甘肅——中國古人將這叫作什麼？流徙？貶謫？

處於青藏高原、內蒙古高原和黃土高原相交地帶的甘肅，以旅遊者的身份去觀光，或許會陶醉於"大漠孤煙直，長河落日圓"的蒼茫，"縱橫河岸浮爲渡，磨引溪流水自椎"的安謐；以考察者的眼光去探究，或許會憑吊無數雄關要塞，傾心無數壁畫石窟。然而，作爲剛出校門的青年知識分子，胡錦濤既沒有閒情逸致，也談不上遠見卓識，他只能注視現實。

現實情況如何？一九六八年底的甘肅，正處在中共建政以後的最低谷。本來甘肅就不是富庶地區，由於"文革"社會動亂，這裏的建設遭到全面破壞，生產連年下降。這一年的工業總產值比一九六六年下降百分之十一，農業總產值比上一年下降百分之七；財政收入銳減，一九六七年驟降百分之二十七，一九六八年又減百分之二點三；更要命的是人民生活水平，一九六七年城鄉居民平均消費水平爲八十八元，比前一年降低百分之七，一九六八年降低百分之三點四，爲八十五元。惡化的趨勢直到胡錦濤來後那一年的冬天，才得以勉強遏制。

這些數據在當時都屬於保密的，一般群眾無緣得知。胡錦濤當時雖然從一些先分配來的校友的信中，多少得知這兒的艱苦與貧窮，但他也想不到那麼多，"既來之，則安之"，只能一心儘快紮到實實在在的工作裏去。他記得童年時所背誦過的孟子名言："天將降大任於斯人也，必先苦其心志，勞其筋骨，餓其體膚，空乏其身，行拂亂其所爲，所以動心忍性，曾益其所不能……"但這段話因爲被劉少奇寫進了"黑修養"

（《論共產黨員的修養》）也遭株連，不能再作爲座右銘了，他只能用毛澤東關於革命青年到邊疆去，到基層去，到最艱苦的地方去來改造主觀世界和客觀世界的教導來鼓舞自己。

胡錦濤像一滴水匯入劉家峽大工地的波濤之中。

挖土砌墻的清華高材生

其實，劉家峽在水電站中不算最偏僻、最邊遠的。它位於甘肅省的永靖縣，緊靠著省會蘭州。這座水電站在大躍進聲浪最高漲的一九五八年六月完成初步設計，九月二十七日開工，在三年困難時期，被迫於一九六一年在"調整"基本建設計劃時而停下，一九六四年初復工。

胡錦濤來到中國水利水電第四工程局報到。水電四局是於一九五八年十月伴隨著當時中國最大的水電站劉家峽水電站開工建設而成立，發展到今天，擁有職工一萬一千人，固定資產六億多元人民幣。該局現榮居全國堤壩、電站、碼頭建築行業的百家最大經營規模企業第九位。四十六年來，水電四局戰果累累，承建了劉家峽、八盤峽、龍羊峽、長江三峽、山西萬家寨、福建水口、青海黑泉、尼那、公伯峽、拉西瓦、廣西巖灘、黃河小浪底、甘肅龍首、山東泰安、重慶江口、寧夏沙坡頭、貴州引子渡、陝西商河口、廣西百色、江蘇宜興、雲南小灣、浙江周公宅等大中型水利水電工程。

不過，胡錦濤去的年代，水電四局卻剛剛走出最艱苦的低谷。前一年即一九六七年，在"文革"混亂中施工的劉家峽水電站，下閘蓄水時，因閘門關閉不嚴，造成嚴重漏水，最後沖毀了導流隧洞，使工程無法蓄水。經過一番"發動群眾"的折騰，一九六八年初，利用定向爆破築成了導流洞入口處的圍，但導流洞出口處的圍仍無法修築，工程也就陷於停頓，情況十分尷尬。周恩來心知肚明，靠"造反派"只能空喊口號，無法解決這一工程難題，必須讓懂水利業務的領導幹部出來，才有希望解決劉家峽難題。這年二月三日，周恩來要值班人員詢問水電部軍管會：如談劉家峽水庫問題，"除軍代表外，部長級是否有人抓業務，能否參加國務院業務小組會？"言外之意，是希望水電部軍管會能將擔任過十五年水利部（後改爲水利電力部）副部長、黨組副書記，這時正遭受衝擊的錢正英"解放"出來，負責解決劉家峽水電站問題。二月八日下午，周恩來主持關於解決劉家峽水電站問題的國務院業務小組會議，他在會上正式提出讓錢正英出來工作。會後，錢正英趕到劉家峽水電站工地，與專家和工人反覆研究，決定在隧洞中修築一道沙坎。經過努力，最後完成了隧洞上下口的堵塞。

胡錦濤到水電四局報到後沒多久，一九六九年三月二十九日，劉家峽水電站第一號機組投產發電，向中共九大"獻禮"。以後二、三、五號機組陸續安裝並投入運行，至一九七四年十二月十八日第四號機組投入運行，劉家峽工程全部竣工。這座大型水力樞紐工程，混凝土重力大壩高一百四十七米，可以蓄水五十七億立方米，年發電量爲五十五點八億千瓦時，還有防洪、灌溉、養殖等效益。按設計規模，是當時亞洲最大的水電站，在壩高，地下廠房規模，高速水流，單機容量，超高壓輸變電工程和設備等方面，均屬當時中國國內的首位，代表了中國七、八十年代水電工程施工建設的最高水平。

劉家峽水庫附近，還有另外兩個水庫：鹽鍋峽水庫和八盤峽水庫，成三足鼎立之勢，被黃河一線貫串，常被當時的工農兵業餘文藝戰士在詩中、歌中讚頌爲"黃河金線串起三顆明珠"。八盤峽水庫建得晚一些，是一九六九年十月正式開工，一九七五年九月開始發電，一九八○年竣工，安裝了五台機組，總裝機容量爲十八萬千瓦。而位於劉家峽水電站下游三十公里處的鹽鍋峽水電站，與劉家峽基本同時開工，一九六一年初多第一台機組就發電了，一九七五年竣工。

　　七十年代初期到中期，以劉家峽水電站為中心，形成了陝、甘、青三省的聯合電網，為青海東部、甘肅中東部和陝西關中地區的經濟發展作出了巨大貢獻。後來擔任"駐藏大臣"——中共西藏自治區黨委書記的胡錦濤，完全有資格對藏人說，我"二十年前就為你們的繁榮和進步灑下了血和汗"。

　　儘管錢正英女將出馬解決了劉家峽施工難題，證明了專業知識在現代化建設中具有多麼重要的意義，水電四局革命領導小組的頭頭們，仍然不加思索地就將新來的大學畢業生發配到房建隊勞動鍛煉——無論是這些分配者還是被分配者，都沒有覺得這有什麼奇怪，沒有追問這算不算"耽誤人才"。在當時那種時代背景中，一個學河川樞紐電站的大學畢業生，去和壯工肩並肩挖土、打地基、砌牆，是一件再自然不過的事。何況他還是一個文革前入黨的黨員（這在當時的大學畢業生中真是鳳毛麟角），更要聽黨的話，服從分配。他越多流汗水，身上越多落灰沙，就越證明他幹活兒賣力，與工農相結合的決心堅定。

　　對於胡錦濤來講，體力活路重是一方面，難熬的還有生活環境的極大反差。聽慣了的吳儂軟語換成了生硬的西北方言，從小在江南餐餐有大米吃，天天有清水喝；可到了西陲住的是乾打壘房、油氈房、土坯房，吃的是黑面雜糧饅頭……肯定有家園萬里的思念，肯定有磨礪淬煉的自警，但有沒有大材小用的怨艾？有沒有蹉跎歲月的嘆息？從後來胡錦濤在擔任全國青聯主席期間，與許多知青出身的作家、藝術家談得來，不是可以顯露一些端倪麼，他是否被他們喚起了曾經"同是天涯淪落人"的感慨？

　　一九九九年四月下旬，胡錦濤這一屆水利工程系的八十多位同學在中國水利水電科學研究院聚會，紀念入學四十周年，胡錦濤夫婦也都參加了。校友之間最多的共同語言當然還是水利專業，除了各自科研項目，就是水利事業的過去、現在與未來。胡錦濤講起了不久前考察黃河小浪底工程後的感受，他說："我想起六十年代在劉家峽工地上艱苦奮鬥、乾打壘的生活，那時候到工程最高峰時，工地上有兩萬多人。"儘管他沒有詳說當時艱苦奮鬥的細節，但這段經歷顯然使他心裏銘刻下了永不磨滅的印象。

不用說，當年的胡錦濤可不能表露一星半點"枕上片時春夢中，行盡江南數千里"（岑參）的小資產階級溫情。他在房建隊幹了一年活，給領導和工人留下了很好的印象：幹活能吃苦，沒有擺"名牌大學"出來的架子，虛心向工人師傅請教……在當時，這些就是對於一個青年知識分子最大的褒獎。

技術幹部改吃政治飯

一年後，他帶著房建隊領導所作的"認真接受再教育，堅定地走與工人階級相結合的道路"評價甚高的鑒定，告別了房建隊，當上了設在八盤峽的八一三分局的技術員。

八一三分局機關距蘭州四十多公里，兩邊高山陡峭，山澗綠水清清。八一三分局的任務就是修建八盤峽水電站。儘管工作和生活條件依然艱苦，但是比起在房建隊，胡錦濤有了安定感，他的"紅色水利專家夢"好像又可以續下去，他在清華大學所學的知識技能，好像又能找到用武之地了。

一九六九年，劉家峽水電站開始發電，八盤峽水電站開工，從四局到八一三分局，上下都充滿振奮情緒。就在這一年，胡錦濤的命運也又發生了一個轉折——這次轉折不像考進清華和分配到劉家峽那麼被人注意，只是一個很不起眼的崗位調動：二十七歲的胡錦濤，當了技術員沒有幾天，因為認真、能幹，被調為八一三分局辦公室祕書。

　　祕書算不上官，但是離官很近；祕書本身並不算真正有權，但是歸屬於權力體系。由這個小小的轉折，胡錦濤由業務、技術幹部，轉到了行政和政工隊伍——用一句當時的話來說，他"吃上了政治飯"。

　　這時正是中共九大之後。毛澤東和林彪結盟，徹底整垮了劉少奇集團，但是毛澤東和他的"親密戰友"、"接班人"林彪的蜜月期也隨即告終，黨章上載明的統帥和副統帥之間很快顯出了裂隙。一九七〇年廬山會議召開了，"稱天才"和設不設國家主席的爭論，導致了陳伯達垮台，也動搖了林彪集團；第二年爆發了"九·一三事件"，林彪被其妻子、兒子等人簇擁著倉皇出逃，折戟沉沙，舉世震動。

　　很快，中央鬥爭的衝擊波一圈圈擴大到了全國基層。胡錦濤在起草無窮無盡的簡報、匯報、局長報告稿和總結時，得連篇累牘地用上"批修整風"（後來改成"批林整風"）、"批判劉少奇一類政治騙子"、"批天才論"、"批形左而實右的反革命修正主義路線"之類的八股詞句；任何建設成就，都得歸功於"文化大革命的偉大勝利"、"毛主席革命路線的光輝成果"。

　　不過，這場"中共歷史上第十次路線鬥爭"雖然富有戲劇性，對基層的衝擊，卻沒有像"第九次路線鬥爭"毛澤東發動全國群眾鬥倒劉少奇那麼具有摧毀力。基層的政權組織和企業機構沒有再次被沖得稀爛，而是上面鬥上面的，下面幹下面的。唯一的變化，只是軍代表沒有那麼神氣活現了，一度擔負"三支（支左、支工、支農）兩軍（軍管、軍訓）"使命的軍隊，氣焰隨著林彪完蛋而收斂，水電建設隊伍原來在"全國學人民解放軍"的高潮中，被一刀切地改成連、排、班之類充滿火藥味的軍隊建制名稱，又逐漸恢復成大隊和班組名稱。

　　胡錦濤在批林整風中沒有受到什麼波及。他以其忠誠、勤勉、細心，得到上級青睞，順順當當地在仕途上前進。就在一九七一年這一年，被提拔成為八一三分局機關黨總支副書記。

二〇〇三年春天胡錦濤當選爲國家主席之後，中國新聞社發表特寫《共和國主席的"隴上情"》說，當年電工班的徐德英說胡錦濤對待工作的熱誠使她留下深刻印象："一九七二年冬天正值大壩澆築，總是見到胡錦濤頭戴一頂柳條編織的安全帽、穿一身洗得發白的工作服、腳蹬一雙翻毛皮鞋，手中拿著圖紙，穿梭於大壩的各個施工現場。如果發現有疏忽的工程，他會立即指出，將其完善。可以說，這裏的每一個澆築倉都留下了他的足跡。"

有一次，混凝土拌和樓在夜間出了故障，有的工人想趁著這個機會好好休息一夜，但是工程質量要求混凝土澆築不能間斷。胡錦濤來到工地後，先拾來柴火升起火盆，讓大夥暖暖身子，並勸慰大家不要著急。經過檢修，凌晨四點多設備恢復正常，他才頂著零星的雪花回家。

告別單身漢生涯

胡錦濤作爲一個基層機關幹部，雖然當時談不上有建樹和驚人之舉，但他默默地積累著、吸取著，思索著，盡力地有一分熱，發一分光。他也從本職日常工作中熟悉了共產黨的那一套話語系統，那一套思維習慣，那一套不由人不服從的黨文化——浸潤既深，用之則熟。作爲機關黨總支副書記，他要和機關各個部門打交道，從最高負責人到行政勤雜工，從自己命運的主管——黨委政治部，到技術、設計、供銷人員，上上下下都要接觸。他知道了對上級該如何，對同事該如何，對下級該如何；對政工人員該如何，對技術人員該如何，對後勤人員又該如何。文件怎麼來，怎麼去，怎麼審批，怎麼收發……都了然於胸，遊刃有餘。

日子就這麼不緊不慢地過著。在這天高皇帝遠的地方，政治風雲越來越只是報紙上、廣播裏的口號，雖然時時花樣翻新，卻對現實生活並沒有改變什麼，雨過地皮濕，船過水無痕。要說改變，他的個人生活倒是有了改變，與單身漢生涯告別：胡錦濤和劉永清結了婚，單位分配了一間帶小廚房的乾打壘住房，隨後又添了一女一兒——似乎就要這樣度過一生了。

據祁英力《從西部升起的太陽——胡錦濤與現代中國》中轉述八盤峽水電站老工人談起劉永清，都說她很平易近人，不顯得特別，不像高幹子女那樣有一股傲氣，也不像清華大學這樣的名牌畢業的高才生。據一個老工人回憶說，當年在八盤峽，劉永清回家也都是自己動手操持家務，打掃房間衛生、洗衣被等。胡錦濤在家裏主要是負責洗碗。而香港傳記作者丁望據曾跟胡錦濤一起在甘肅共事的老同事說，劉永清操持家務，包括檢查兩個孩子的學業成績。"胡錦濤非常聽從夫人的話，連他上班穿什麼衣服，平時吃什麼菜，要不要留客人吃飯等，都由劉永清做主。……胡錦濤出差時，帶多少錢，都由劉永清數著給他，出差回來用了多少錢，也要向太太報賬。"而馬玲、李銘《胡錦濤》一書中則轉述說：後來胡錦濤調到甘肅省建委工作的同事，一致公認胡錦濤"是個良夫慈父型的家庭好男人。許多人甚至記得胡錦濤在水房洗衣服的情景"。在蘭州曾經與胡家比鄰的老鄰居們說，"胡錦濤很會疼老婆，家裏衣服都是他洗，力氣活也都是他幹，他心很細，家裏的用品放在什麼地方，他比劉永清還清楚。" 看法和評價不一，仁者見仁，智者見智。

胡錦濤十分關心同事、鄰居。中新社《共和國主席的"隴上情"》中說："記者見到了與胡錦濤一家有著三十年交往的陳蓮玉，她向記者講述了兩家人三十年間的一段親情。"

當年，胡錦濤與陳蓮玉的父親、水電四局職工陳志沖住房相距不遠，因而經常往來。陳志沖子女較多，負擔較重，一個人的微薄工資維繫著一家九口人生計。胡錦濤一家四口當時家境也並不寬裕，但是他經常將家裏有限的口糧分一些給陳志沖家，還經常叫陳志沖的孩子去家裏吃飯。

由於生活拮据，陳蓮玉十六歲時想放棄學業，胡錦濤說："你在學校好好學習，家裏有我們呢！"陳蓮玉才安心入學了。胡錦濤的關心，改變了陳蓮玉的命運。她於甘肅臨夏師範學校畢業後從事教育事業，如今生活得很好。她說，"我們家遇到啥困難，胡錦濤一家都會盡力幫助，感覺就是一家人！"

一九七三年，陳蓮玉上學期間，其父陳志沖在工地挖土方時，腿不幸骨折，住進醫院，住院期間又被查出患有心肌梗塞，雪上加霜。胡錦濤夫婦得知後，又送食品又送藥品，白天工作，晚上趕到病床前陪護安慰。劉永清還托親屬從北京寄來藥品，並對陳蓮玉說，"你放心上學，有困難儘管說，我們會照顧好陳師傅的。"

胡錦濤夫婦調北京工作後，還經常捎口信、打電話問候他們。一九九五年七月，時任中共中央政治局常委的胡錦濤在青海視察工作期間，向陪同的水電四局領導了解陳志沖的情況，當得知陳退休後住在劉家峽，當即拿出四百元錢，委托四局領導轉交。

一九九七年，陳志沖病重住院，胡錦濤夫婦得知後，立即從北京打來電話問候，並寄來一千元錢。陳志沖病逝，胡錦濤夫婦及女兒又隨即囑托水電四局領導送上兩個花圈，表示哀悼。

一九九九年九月，時任政治局常委、國家副主席胡錦濤夫婦回到八盤峽。視察完工作後，胡錦濤夫婦看望了陳蓮玉，爲她在紀念八盤峽水電廠的首日封上簽了字，隨後說："來，我們一起留個影。"二〇〇三年春節，陳蓮玉一家又接到胡錦濤家人的問候。

當年電工班的徐德英還說，不論從演講口才，還是組織能力等方面，胡錦濤當時在眾多高才生中屬佼佼者。他能歌善舞，詩歌朗誦更是一絕，我們常常把他稱爲"胡導"。徐德英笑著說，這是因爲那個時候除

了城裏偶爾有電影外，就只能自己組織一些文藝活動，自娛自樂。一九
七二年，爲紀念毛主席延安文藝座談會三十周年大慶，胡錦濤親自組織
年輕人排練《洗衣舞》，自己還扮演了一個角色。談得興起，徐德英還
形象地學著胡錦濤當時扮演解放軍的那種神態。"胡錦濤眞實樸素，待
人溫和，逢人微微點頭一笑，我們喜歡和他在一起"。徐德英如此評
價。

　　工餘時間，他有時和全家，有時和機關幹部，出外旅遊參觀，去
過多次最近的大都市蘭州。蘭州位於黃河邊上，是一座南北短、東西長
的帶狀城市，由於四周環山，這座工業城市的污染相當厲害，九十年代
末甚至名列中國污染最嚴重的城市之一。但蘭州畢竟是一座大城市，在
西北各省中，繁華程度僅次於西安。對於劉家峽、八盤峽的建設者，蘭
州算得上是文化中心，能依稀喚起他們對文明世界的感覺。

告別水電建設大軍

　　一九七四年，胡錦濤來甘肅的第六個年頭，《人民日報》刊登了
在批林批孔的高潮中劉家峽水電站竣工並網發電的喜訊。多少個日日夜
夜流血流汗，終於盼來了成功的一刻，胡錦濤與所有同事一樣，感到歡
欣鼓舞。

　　但是在劉家峽水電站接近完工之際，第四工程局上上下下也慢慢
漫溢出一股惶惑不安的氣氛。水電建設大軍，有人戲稱爲"現代吉普賽
人"、"工業遊牧民族"，在高山峽谷四處轉戰，歷來是走向荒涼——一旦
用汗水和心血建成了宏偉的工程，除了留下少數管理和維修人員，多數
人"打起背包又出發"，要奔赴新的更荒涼的地方。

　　儘管第四工程局的在建項目八盤峽水電站還在施工，不過，第四
工程局的主力要戰略轉移是無疑的了。

誰留誰走？何去何從？水電建設者的困難，很大程度上就是由於工作性質決定了生活的流動這一點而起。因爲流動，生活不可能有安定感，無法建設家庭，夫妻分居，孩子入托、上學等等也都成爲難題。能夠定居在某一個地方，當然成了絕大多數職工夢寐以求的理想。爲了能進入留下者的名單，許多人不僅找門路托人情，甚至寧可降職降薪。

就在這個時候，胡錦濤離開了水利電力部第四工程局，調到了位於省會蘭州的甘肅省建設委員會。

是胡錦濤自己申請調動的，還是組織上因爲“工作需要”安排的？第四工程局屬於國務院水利電力部，而建委是甘肅省革命委員會下屬部門，二者在業務上要打不少交道，然而，幹部、人事方面的任免調動，是各自獨立的，第四工程局的基層幹部，甚至不可能被省建委的組織部門知曉。而由胡錦濤原來擔任八一三分局機關黨總支副書記，調到省建委之後降格任普通祕書，我們有理由猜想，這一次調動似乎更多地是出於他個人的要求——寧願在官職的階梯之上往下降幾格，畢竟爭取到從劉家峽轉到省會定居下來，權衡一下利弊，這樣對家庭的安定和孩子的教育，更有好處。

不過，另一個跡像又顯示，似乎這次調動也得到調入組織的歡迎：調到省建委的第二年（一九七五年），胡錦濤就被任命爲設計管理處副處長，不僅重新得到提升，而且身處更爲重要的崗位——省建委的設計管理處副處長，這是一個能夠發揮所學專業特長、也有實際權柄的業務崗位，而原來他擔任的機關黨總支副書記，則往往被人歸入“萬金油”之列。

馬玲、李銘《胡錦濤》書中斷言：是當時甘肅省建委主任白明向水電四局要一名“既懂得專業能力又強的年輕人做建委辦公室祕書”，四局“考慮到與省建委的良好關係”，挑選了胡錦濤“輸送到地方”。香港

《星島日報》二〇〇二年五月初在"追蹤胡錦濤軌跡"的系列報導中，則披露了另一段祕辛：

"一個在甘肅省建設委員會工作的老處長對記者說，水電站建設雖然是水利部的項目，但是工程在甘肅，所需建材等各種物資，甚至大米和蔬菜等日常用品都需要當地政府支持。故水電站常與省建委聯絡。作為祕書，胡錦濤當時常接待甘肅省的領導，一來二去，與當時省建委副主任張延青熟悉了。張延青很喜歡這個風度翩翩、待人謙恭的清華大學高材生。

"一天，張延青到八盤峽水電站視察工作，胡錦濤作陪。談到電站就要竣工，張延青就問胡錦濤有何打算？胡錦濤說還沒有什麼確切的想法。張延青就對他說，到省建委來好不好，給我當祕書。胡錦濤喜出望外，馬上答應。……"（《星島日報》二〇〇二年五月三日）

這個"老處長"的回憶比較牽強，難以盡信。例如：胡錦濤調往省建委是一九七四年，那時八盤峽水電站離"就要竣工"（一九八〇年竣工）還遠著呢；而最關鍵的是：既然張延青喜歡胡錦濤，要將之跨部門調動到自己身邊當祕書，何以僅僅一年就讓他當了設計管理處副處長？

胡錦濤離開了水電戰線、離開了水電四局，他對水利水電行業、對水電四局的感情，卻沒有磨滅。後來他的職務越升越高，但只要有機會，就會約見、看望水電四局的幹部職工。例如：一九九五年他視察龍羊峽水電站，就特意約見水電四局的老領導、老同事，跟他們敘舊談心。二〇〇二年五月二十四日，胡錦濤在青海省視察期間，又到尼那工地看望四局職工，他說："這些年，走到哪裏，特別是在水電工地上，都能看見四局的隊伍。""四局的職工不但為青海的水電建設，而且為全國的水電建設做出了重大貢獻。"不論是去貴州、西藏主政，還是進入中央之後到各地視察，胡錦濤對當地的水利水電事業都格外關注。

水電工程成就背後另一面

筆者在"臨夏經濟信息網"上查到二○○三年九月一日刊出的一份"臨夏州劉鹽八水庫移民遺留問題處理實施規劃"（二○○二年——二○○七年），才得知，儘管劉家峽、八盤峽和鹽鍋峽水電站對大西北的開發，產生了巨大的綜合效益，而當地老百姓所付出的代價也是令人嗟嘆的。

這份兩萬多字的規劃，極其詳盡地列出了劉、鹽、八三座水庫移民遺留的嚴重問題。

規劃中寫道：一九五八年以來，國家在我州境內先後建設劉家峽、鹽鍋峽、八盤峽三座具有防洪、發電、防凌、灌溉、航運、旅遊、漁業等綜合效益的大中型水電站。在建設中，淹沒土地二二四，九一一·六畝，拆遷房屋一三·二三萬間，同時，還淹沒永靖縣城一座，集鎮三處，一九五八年至一九七○年，遷移居民七九六八戶，四五，六○三人，分別後靠安置在永靖、東鄉、臨夏、積石山四縣的二十六個鄉鎮。遷移安置時人均補助標準爲：劉家峽三六四元，鹽鍋峽二五○元，八盤峽一一○○元。截止一九八五年末，劉鹽八三座水庫移民增長爲一一，四七四戶，六七，九三五人。

規劃指出：儘管移民遺留問題的處理工作取得了很大成績，但由於當時大規模遷安移民正處在"大躍進"和"文革"時期，考慮國家利益多，群眾利益少，水庫移民沒有得到妥善安置，留下了許多困難和問題。安置區自然條件相對較差，使移民群眾勞動強度加大，特別是部分移民由於土地塌陷和鹽鹼化，需二次、三次復遷，耗費了大量的人力、物力和財力，加重了移民生活負擔。到一九八五年末人均佔有糧二○五公斤，移民人均純收入爲一九九元。老問題沒有得到解決，新問題又不斷出現，致使遺留問題新舊交錯，積重難返。

　　規劃列舉說，問題突出表現在以下五個方面：

　　一，移民區水利設施嚴重老化，年久失修，更新改造刻不容緩。移民區大部分水利工程建於六、七十年代，由於當時趕急圖快，使這些工程普遍先天不足。機泵、管道運行二三十年，現在均已到更新期，雖然國家每年從庫區資金中安排一些維修配套經費，更新改造了部分亟待解決的突出工程，但由於資金有限，目前永靖縣的黑方台電灌，擁憲渠等，臨夏縣朱家墩電灌，東鄉縣的三電灌，積石山縣的尕白家電灌等工程更新改造工作仍然迫在眉睫，如不儘快更新改造，將無法保證正常運行，影響庫區農業生產的發展，難以解決庫區群眾的溫飽問題。

　　二，移民區土地塌陷和滑坡嚴重，庫區沿岸鹽鹼化加劇，耕地逐年減少，永靖縣三、峴、黑方台安置灌區，臨夏縣的北、蓮花等四鄉鎮，東鄉縣的東、三等鄉屬濕陷性黃土地帶，長期的大水漫灌，普遍發生土地塌陷，台區近七萬多畝土地平均下陷二米多，歷年塌陷損失耕地近九〇八〇畝。如永靖縣的鹽鍋峽鎮黑方台邊緣滑坡愈演愈烈，自一九八三年以來，先後滑坡五十九次，壓埋耕地一三五〇畝，摧毀小型水利設施八處，中小學二所，水管所一所，造成七人死亡，七人受傷，直接經濟損失三〇七〇多萬元。區水土流失相當嚴重，造成七三六〇畝耕地棄耕，二三〇〇多畝水澆地變旱地。又如永靖縣鹽鍋峽水庫的大川等七村和八盤峽水庫的焦家等四個村，因水庫淤壅積水等原因，兩岸耕地嚴重鹽鹼化，庫區兩岸的鹽鹼地已達到八七二六畝，其中棄耕地六一〇〇畝。湟水河沿岸的西河鄉沈王等五村也發生鹽鹼化，面積達四五〇〇畝。同時，河水對庫區沿岸沖刷極為嚴重，損失耕地三五〇〇畝。隨著耕地的減少和人口的自然增長，人地矛盾日益尖銳，移民搬遷前人均佔有耕地二·七二畝，目前人均只有耕地一·二畝，少數村、社不足半畝，個別村、社出現了無地農民。致使庫區一部分群眾的溫飽難以解決。

三，永靖縣城搬遷遺留問題多。自建縣以來，縣城一直設在蓮花堡，經過三次搬遷，最後遷至小川。當時考慮的補償方案是劉家峽水電站建成後，水電四局轉移撤出，其地盤及公共設施可移交縣上使用，但後來水電四局沒有撤出，在小川建立永久基地，縣城在小川復建的規劃沒有實施，加上城市規劃建設起步晚，市政設施欠帳多，縣城綜合服務功能差，發揮不了應有的中心輻射作用。縣城黃河兩岸沒有防洪堤，河水直接沖刷，蠶食縣城和庫岸耕地，面積達五五Ｏ畝，縣城防汛排洪設施幾乎空白，利用天然溝壑排洪，遇到暴雨時不能及時排洪，經常造成災害；縣城衛生醫療基礎設施不完備，就醫難問題依然沒有得到解決；縣城至今還沒有職工文化體育活動中心，沒有電影院、文化館、圖書館等場所。

四，移民區基礎設施建設滯後，公共事業發展緩慢。移民區自然環境惡劣，生產生活等基本條件差，飲水、行路、上學、就醫難的問題還沒有完全得到解決。旱區部分移民冬春季人畜飲水仍靠人背畜馱來解決，水庫畜水後原有的道路被淹沒，水陸聯運至今仍未成網，交通極不便利；由於移民區受土地塌陷和滑坡影響，有十五所學校危房面積達五七Ｏ四平方米，學生不能正常上課，適齡兒童入學困難；庫區鄉（鎮）衛生院設備不全，缺醫少藥，危房面積達一四六Ｏ平方米，九十三個村級衛生網絡不健全，就近就醫困難。

五，我州庫區四縣是少數民族聚居、自然條件差、經濟落後、貧困面大。四縣均為國扶縣，是扶貧攻堅的主戰場。庫區淹沒區是我州的主要產糧區和林果基地，土壤肥沃，氣候溫和，經濟相對發達，群眾生活富裕。為劉、鹽、八三座電站的建設，庫區群眾顧全大局，作出了巨大的犧牲。而近幾年來卻飽受貧困，有些地方連基本的生存條件難以保證。特別是看到三峽移民的高標準補助和一次性安置到位情景後，移民群眾的心理更不平衡，呼聲越來越高，怨聲載道，情緒極不穩定，紛紛派代表上訪中央、省、州有關部門。自九五年以來庫區移民為請求解決遺留問題，百人以上集體上訪達二十七次。州縣政府為解決這類矛盾，盡心竭力，花去了很大精力，做了大量的工作，制止了多次越級上訪的問題。但始終是一波未平，一波又起，隨時有一觸即發大規模上訪的可能。

……

對於規劃中所列出的以上問題，當年的水電四局八一三分局機關黨總支副書記胡錦濤當然既不知情，更不能對之負責。但如果今天他得知這些情況，相信一定也會高度關切和過問。這份規劃中提出了完整的解決方案，筆者在此祈願能於二〇〇七年如期實現。

參加"黨的基本路線教育工作隊"

我們的目光再回到調入了甘肅省建委的胡錦濤身上。

甘肅省建委當時確實是要人之際。一九六九年中共九大和九屆一中全會上，毛澤東都強調要準備打仗，三線建設進度大大加快，各種"大會戰""小型會戰"接連不斷。不僅有大批企業新建、擴建、改建，還從沿海和東北大量內遷大中型工廠，一時間，冶金、機械、化工企業相繼投產，"五小"（小鋼鐵、小煤窯、小化肥、小水泥、小水電）更是遍地開花。省建委業務極其繁忙。雖說剛調入的這一年因為全國"批林批孔"的大氣候，生產建設一度受到干擾，但次年又刮起了順風。

胡錦濤升任副處長這一年，是鄧小平第二次復出之後大搞整頓最為起勁的一年。鄧小平一口氣說了九個方面要整頓，要以毛澤東"三項指示為綱"，全面建立和恢復正常的工作秩序，胡錦濤所處的崗位，應該是可以有一番作為的。但是好景不長，這一年年底風雲突變，掀起了

"反擊右傾翻案風"的新運動，而且這一次浪潮的導火索，竟又與母校清華大學有關。

這段公案，在毛毛的《我的父親鄧小平》一書"文革歲月"一章中，有比較完整的記載。她說："一九七五年的八月十三日和十月十三日，清華大學黨委副書記劉冰等人兩次上書毛澤東，反映清華大學黨委書記遲群和副書記謝靜宜在生活作風和違反黨的政策等方面的一些問題。在信中，劉冰等對遲群、謝靜宜兩個'四人幫'的幹將專橫跋扈、違反黨的原則的活動，以及遲群因為沒有當上中央委員和政府部長而信口胡說大發牢騷，向毛澤東如實地作了匯報。劉冰等人的這兩次上書，是由鄧小平轉呈毛澤東的。"

劉冰在"文革"前，就是清華大學地位僅次於蔣南翔的黨委副書記，根據不少歷史資料記載，他專管黨務，思想也相當"左"，整過不少人。"文革"中作為"革命領導幹部"被"三結合"進了黨委。他這兩次上書，令時刻提防有人否定"文革"的毛澤東心中不快，在他心目中，遲群、"小謝"都是"文革功臣"。而鄧小平為劉冰轉信，表明他是支持劉冰的。經過一番斟酌，他通過毛遠新將"聖旨"傳達給政治局。

一九七六年初春，胡錦濤聽了逐級傳達下來的中央文件，毛澤東發出了最新指示說："清華大學劉冰等人來信告遲群和小謝。我看信的動機不純，想打倒遲群和小謝，他們信中的矛頭是對著我的。""清華所涉及的問題不是孤立的，是當前兩條路線鬥爭的反映。"並說："小平偏袒劉冰。"毛澤東還說："有兩種態度：一是對文化大革命不滿意。二是要算賬，算文化大革命的賬。""一些同志，主要是老同志思想還停止在資產階級民主革命階段，對社會主義革命不理解、有抵觸，甚至反對。"

劉冰在清華被批鬥了半年多，最後也被發配到甘肅。

從一九七五年底到一九七六年秋，中國進入最複雜多變的時節：周恩來撒手人寰，丙辰清明天安門事件，鄧小平再次被打倒，唐山大地震，毛澤東壽終正寢，華國鋒繼任於危難……最後是十月六日葉劍英、華國鋒與汪東興等人聯手將"四人幫"一網打盡。

這一連串的大事，深刻地影響著億萬人、包括胡錦濤個人的命運。但是當時，誰也難以看清到底國家、民族和個人未來的走向。

一九七六年春節剛過，甘肅省委按照中央精神，組織"黨的基本路線教育工作隊"，分頭下到各縣基層。胡錦濤也參加了，擔任工作隊辦公室副主任，來到離蘭州市一百二十多公里的永登縣。胡錦濤當上中共總書記之後，新加坡《新明日報》採訪了胡錦濤當時的頂頭上司，工作隊辦公室主任武天才。

年近七旬的武天才已退休還家，當時他是永登縣革命委員會宣傳部長，談起與胡錦濤共事，他脫口而出形容胡錦濤"平易近人、有口皆碑"，對胡錦濤的忘我工作精神連聲讚嘆。據他講，當時吃住都在農民家中，胡錦濤每天要到農村去調查，寫報告，還要起草文件，連油印的工作都要自己動手。每份材料都要油印五六百份，而且每天要不停地寫，有時一天要完成數份不同類型的材料，每晚都要到十二點以後才能睡覺。

中共對於"黨的基本路線"一貫十分重視，但是這個概念在不同時期，含義大相徑庭。胡錦濤參加工作隊的年代，"黨的基本路線"有其特指的含義。在一九六二年九月下旬在北京舉行的中共八屆十中全會上，毛澤東指出："在社會主義這個歷史階段中，還存在著階級、階級矛盾和階級鬥爭，存在著社會主義同資本主義兩條道路的鬥爭，存在著資本主義復辟的危險性。要認識這種鬥爭的長期性和複雜性。要提高警惕。要進行社會主義教育。要正確理解和處理階級矛盾和階級鬥爭問題，正確區別和處理敵我矛盾和人民內部矛盾。不然的話，我們這樣的社會主義國家，就會走向反面，就會變質，就會出現復辟。我們從現在起，必須年年講，月月講，天天講，使我們對這個問題，有比較清醒的認識，有一條馬克思列寧主義的路線。”這一思想寫入了這次中央全會的公報。在“文革”中，這番話就被奉為“黨的基本路線”。

胡錦濤參加的“黨的基本路線教育工作隊”，主要任務是搜集路線教育的材料。根據武天才的回憶，可想而知，符合上述口徑的文字，胡錦濤當年也炮製了不少。

武天才家中客廳掛著三幅胡錦濤於一九九九年到永登視察時與他的合照。每隔數日他就會抹去灰塵。他說沒想到當年的小胡今天“官做得這麼大”，“那時就知道胡錦濤有前途，當時工作隊的同事都在議論，憑胡錦濤的為人和嚴謹的工作作風，當個省長絕無問題。”

胡錦濤在工作隊中每日起早摸黑，除了寫調查報告，還要下田、打掃。武天才回憶起與胡錦濤在農場一起耕田的情景，歷歷在目。因農村缺少耕牛，工作隊耕田通常是人拉犁：一個人在前拉犁，另一個人在後扶犁，扶犁者如同行船的“舵手”，要把持犁刀的方向和入土深度。老武說，胡錦濤試過幾次扶犁，卻扶不穩，結果就換他在後面扶犁，胡錦濤拉犁。

武天才還回憶說，有一次胡錦濤生病，中醫開了十多劑中藥，由於工作環境和生活環境沒有條件熬藥，胡錦濤就利用回蘭州出差的機會，在家中將中藥煎好，裝在大瓶子裏，帶回永登將藥分成十多份，一邊工作一邊服藥。

“卻望並州是故鄉”

胡錦濤一家四口當時住在蘭州市濱河路五層高的建委家屬樓，七十年代末，家屬樓清拆後改建了大院。

　　因胡錦濤的家距離建委很近，胡錦濤每日徒步五六分鐘從建委家屬樓到建委辦公樓上班。建委辦公樓在省政府的大院內，要進建委辦公樓，得先進省政府大門。建委辦公樓是一棟五十年代的仿俄羅斯式樣的曲尺形建築，如今外貌依舊，長長的走廊還是當年的樣子，但已顯得十分滄桑了。

　　唐山大地震奪去了二十多萬人的生命，整個城市成為一片廢墟。為了搶修重建，當局從全國各地各條戰線調集基建兵馬，星夜馳援唐山地震災區。甘肅省建委也派出了一支工程隊，胡錦濤是這支工程隊的負責人之一。他回到了京畿近側滿目瘡痍、屋塌路斷的劫後災區，在組織人員、設備完成重建任務的同時，胡錦濤調到京華的念頭又一次被勾起了。

　　唐代詩人賈島曾寫過《渡桑乾》："客舍並州已十霜，歸心日夜憶咸陽，無端更渡桑乾水，卻望並州是故鄉。"正說出了胡錦濤的心裏話：北京雖然不是故鄉，但客居北京九年，現在想起北京也有故鄉的感情了，回不了江南，回京華也好啊！

　　據在甘肅與胡錦濤共過事的人介紹，前幾年，他就有調離甘肅回北京的念頭，這一次他帶隊到唐山，又托人設法將他調回京城。"西北望長安，可憐無數山。"（辛棄疾詞）以前是關山萬重，難以飛渡；這次可是近在咫尺呀！

　　中共治下，願意接收幹部的單位總是不難找的，反正幹部是國家的，國家的人國家養，工資指標一齊調進，即使編制有限額，死限額趕不上活變化，臃腫超編的機構有的是，國家發薪水，機關多一個人幹活，何樂不為？不過，進北京還是大不一樣，要難得多——北京是大城市，更是首都，按照當局的思路，對於外來人口若不嚴加控制，就會像氣球一樣急速膨脹。而更大更難的一關，是原單位：有哪個單位肯痛痛快快放人調走呢！

胡錦濤具有政治、文化和工作經驗等等各種有利條件，在京城也還有師長同學等各種關係，不過他還是被卡在原機構動彈不得——甘肅省建委不放人。到這一年十月，"四人幫"被粉碎，中國局勢有了重大變化。"階級鬥爭爲綱"的歲月結束了，知識分子"臭老九"的地位漸漸改變，中共各領導層選拔幹部時，逐漸開始糾正"外行領導內行"的荒唐行爲，不論哪兒都在伸手要知識分子幹部。胡錦濤這樣的幹部，原單位可以振振有詞地宣稱打算"重用"，動員他要"安心工作"。

趕上了中共新老交替第一波

時光在繼續推移。胡錦濤迎來生命中第三個本命年。這個年齡，放在處級不算出格，放在科級不算埋沒，放在局級也不算重用。不過胡錦濤的能力顯然比同僚們要高出一截，他再韜晦再謙虛，也要"錐處囊中，脫穎而出"了。

經歷過撥亂反正、真理標準討論激烈的交鋒，以鄧小平爲代表的"改革派"戰勝了以華國鋒爲代表的"凡是派"，十一屆三中全會爲中共掀開了嶄新的一頁。趕得早不如趕得巧，胡錦濤趕上了中共中央加快培養選拔中青年幹部的步伐。

中共中央在一九七九年九月召開全國組織工作座談會，這是粉碎"四人幫"之後最重要的一次組織工作會議，傳達了剛從南方回到北京的鄧小平的意見：爲了適應全黨工作重心的轉移和保證四個現代化建設，要把培養選拔中青年幹部、改革幹部制度作爲當前最迫切的任務來抓。

鄧小平對培養接班人的緊迫感，起因於一九七五年。一九七九年十一月二日，當著中央黨政軍機關副部長以上幹部的面，他提起一件舊事，說道："（七五年）王洪文就跑到上海去跟人說，十年後再看。當時我跟李先念同志談過這個事情，十年後我們這些人變成什麼樣子了？從年齡上說，我們鬥不過他們呀，在座的同志也鬥不過他們。"

鬥不過怎麼辦？鄧小平們要培養接班人來跟他們鬥。

鄧小平說："今天恐怕講的是對我們高級幹部來說不是那麼很愉快的一些話。現在我們國家面臨的一個危機，真正的危機，就是我們要搞四個現代化，沒有一批年富力強的、有專業知識的幹部。這點我們要清醒地估計到，否則，我們搞四化只會變成喊口號的。老同志要讓啊！要認真地選接班人。這是個百年大計，是我們的一個戰略問題。要憂國、憂民、憂黨啊！"

轉過年來，一九八〇年二月，中共十一屆五中全會決定，修改黨章，增加廢除職務終身制條文，並強調"大膽提拔符合條件的中青年幹部"。三月，中共中央總書記胡耀邦發表演講，明確提出要把有組織能力的科技人才，大膽提拔到黨政、經濟、科教系統擔任領導職務，這是培養接班人政策的一大突破。五月，中組部專門舉行座談會，討論選拔中青年幹部。胡耀邦到會大談選拔"理想領導班子"，認為：這個班子應該"既堅持社會主義道路，堅決執行黨的路線，又是年富力強，具專業知識和領導能力"　對班子要求如此，對班子裏的成員當然也要求如此，這就是後來報刊宣傳提到的選拔幹部"三條標準"。

胡耀邦還指出一個令人駭異的事實：中央書記處十一個書記加起來七百一十八歲，年齡太大了！

一九八〇年八月十八日，中央政治局召開擴大會議，中心議題就是討論黨和國家領導制度的改革。在這次會上，鄧小平系統地闡述了幹部制度改革的問題，他說：關鍵是要健全幹部的選舉、招考、任免、彈劾制度。任何領導幹部的任職都不能是無限期的。這篇講話後來被稱做新時期幹部制度改革的綱領性文件，收入《鄧小平文選》，題目叫《黨和國家領導制度的改革》。

同年夏，宋任窮代表中共中央談幹部政策，說既然"知識分子已是工人階級一部分"，提拔知識分子進入各級領導班子，當然不違背"黨的階級路線"。今後選拔幹部，不再直接從文化低的工人和農民中選拔，改爲從大專、中專、高中畢業生選拔。

以上講話和規定顯示，隨著全黨戰略重心的轉移，中共的組織路線、幹部政策發生了意義深遠的變化，向偏重專業知識、文化水平方面傾斜。

宋平主政的甘肅省委，這一年四月二十四日也決定，選拔優秀中青年專業科技幹部，充實各級領導班子。

在中央和省裏三令五申、緊鑼密鼓要培養和提拔中青年幹部，尤其是知識分子、科技人才進入領導層的大氣候下，像胡錦濤這樣的幹部自然非常引人注意。不過，總還得有一雙手來拉拔擢升他。

是誰伸出了手呢？

"老鄧給小胡報恩"之說捕風捉影

且說在胡錦濤在中共十四大上以黑馬之姿躍居政治局常委之後，各方對他身世、資歷議論紛紛。其中香港《信報》一九九四年元月三十日的"柳扶風專欄"上，登出《鄧家恩人胡錦濤》一文，說胡錦濤之所以在政壇發跡，是因爲鄧小平要"報恩"。

這篇文章說：去年四月我遊杭州，火車上邂逅一位來自甘肅的高幹，他告訴我，八十年代初趙紫陽總理到甘肅視察，見到省委一班領導時，第一句話便是小平同志讓我問胡錦濤好，耀邦同志讓我問李子奇、馬濤好。……令人錯愕不止的是胡錦濤，省委無人知道他是誰，名都沒聽說過，但鄧皇帝通過趙宰相問好，此何等重要之人，何等"經國"大事？於是省委立刻遍查人事檔案，終於發現胡錦濤者，乃甘肅某地區一小水電站之技術員也。再查之下，方知文革時胡錦濤在北京讀大學，鄧樸方受父之累，被造反派迫害跳樓，傷重，為胡錦濤救起，照顧有加。後各奔東西。文革後老鄧權傾天下……知恩報恩，托趙紫陽問候；官場上下各個眉精眼企，自然知道應該怎麼做。……

那位甘肅高幹說，胡錦濤發跡的往事，甘肅官場人人皆知，因為當時省委有文件，將趙紫陽代老鄧和耀邦的問候之語，原原本本寫了進去，傳達至基層。

查這段記載，還有更早的版本，如香港《經濟日報》一九九三年四月二十日"周自橫專欄"《胡錦濤為何升得那麼快》，來了點模糊語言，如說胡錦濤是"某單位的一個普通的科技人員"，倒少漏破綻；這種故事後來又被別的報刊轉載，更加加油添醋。

這個故事，可以說從頭到尾都是虛構，完全不可置信。火車上邂逅之"高幹"，萍水相逢，自然可以信口開河；是否確有此"高幹"，也只有作者心裏明白。說趙紫陽到甘肅見到省委一幹人劈頭"第一句話便是小平同志讓我問胡錦濤好"云云，顯然對中共官場上的上下人際應酬隔膜得很，難以相信此為"高幹"所述。查趙紫陽一九八〇年九月取代華國鋒成為總理，而胡錦濤一九七四年即離開水電部第四工程局八一三分局，調到甘肅省建委；次年提為副處長；一九八〇年被提為建委副主任，哪裏是什麼"小水電站技術員"？省委一幹人又怎麼會對他一無所聞？文中所說"文革中胡錦濤在北京讀大學"，也失實，文革前胡錦濤已大學畢業。最關鍵的還是鄧樸方是一九六二年考入北京大學攻讀核物理專業，一九六八年春天在被看守情況下跳樓，跳樓之後他被送到醫院。而胡錦濤這一年秋天離開清華大學到劉家峽，按常理判斷，以前既不認識，又不在一所大學，人生軌跡無緣交叉，鄧樸方怎麼能"為胡錦濤救起"？

此段故事，或許是有人表達對中共提拔幹部任人唯親、不講章法的黑箱作業譏諷不滿，但其本身之不可信，隨後已有香港專欄作家齊心如撰文辨正。

當面匯報贏得宋平愛才之心

一九八〇年，是胡錦濤仕途上福星高照的一年，福星是當時的甘肅省委第一書記宋平。

我們在前一章已經說起過宋平。他與清華大學黨委書記兼校長蔣南翔，以及政治局常委、國務院副總理姚依林一樣，可以算是中共的"一二九幹部"，即曾投身過一九三五年十二月九日爆發的抗日愛國學生運動。不過蔣南翔、姚依林入黨早，在"一二九"時已經是中共清華大學地下黨支部的負責人，是這次學生運動的領導人；而宋平當時只是一個搖旗吶喊的熱血青年，一九三七年才加入中共。

宋平一九三八年來到延安後的革命生涯，使他與中共各個派系的眾多元老相識相熟：他曾任周恩來掌管的中共南方局的助理祕書，四十年代曾在重慶擔任《新華日報》社祕書長，後來在南京梅園新村更任周恩來的政治祕書，以及與國民黨談判的中共代表團的發言人，這對於宋平日後在權力場上縱橫捭闔得益良多。四十年代後期，中共在東北形勢大好，急需大批幹部，宋平也受命出關從事工會工作，與陳雲有了密切接觸。中共建政以後，宋平長期在經濟領導部門任職，擔任過國家計委的勞動工資局局長，後又當過勞動部副部長和國家計委主任——這段時間他的妻子陳舜瑤，擔任清華大學黨委副書記兼副教務長。

"文革"前夕，中共鑒於與蘇聯關係緊張，為"備戰備荒為人民"，作出從人力、物力、財力上加強三線建設的決策，宋平被委以西北區計委主任的重任。但是他還沒有來得及施展，"文革"就爆發了，計委被砸爛，宋平當然也免不了吃點苦頭。好在他到西北時間不長，原單位對他鞭長莫及，在當地又沒有太多辮子被抓，也未來得及在當地官場上樹敵結怨，所以還算幸運，僅僅被打入冷宮，沒被鬥得死去活來。一九七○年盧山會議使林彪集團受到重挫，周恩來不失時機地佈局謀篇，宋平被啓用，在一九七一年二月中共甘肅省代表大會開過之後，當上了省委書記（相當於後來的省委副書記）；這年秋天林彪出逃並摔死事件之後，一九七二年七月五日，宋平被任命爲甘肅省革命委員會副主任。

據中央文獻出版社二○○三年出版的《宋平在甘肅》一書，以及香港《廣角鏡》等雜誌刊發的文章披露，當時任甘肅一把手的是冼恆漢。那段歲月，明明甘肅農村連續幾年旱災，糧食失收，農民生活很苦，但是冼恆漢仍然在北戴河的中央工作會議上說"形勢大好"。宋平忍不住，"當著周恩來的面"，匯報了許多農民"沒有飯吃、沒有褲子穿"的真相，引起周恩來的重視，派人調查賑災，才挽救了許多飢民的生命。"四人幫"被粉碎，一九七七年五月上旬，冼恆漢也隨之垮台，宋平升任甘肅省第一把手：省委第一書記、省軍區第一政委、蘭州大軍區第二政委，三項桂冠連翩而至，一直到一九八一年奉召調回北京，重回國家計委主持工作。

關於胡錦濤怎麼被省委挑中的，其說不一。有人說是宋平看在清華校友的份上，對"小學弟"伸以援手。這種說法未必符合事實：宋平在中共黨內素有清廉正派、"出以公心"的名聲，難以相信他會僅僅因某人與自己是"校友"便下令提拔；也有一種說法稱胡錦濤嶄露頭角，應該感謝宋平的夫人陳舜瑤吹了"枕頭風"，這種說法恐怕也是想當然的成分居多。六十年代初胡錦濤在清華就讀期間，不排除陳舜瑤當時就與學生中"又紅又專"的這個新黨員骨幹有過接觸，對之留下一點印象；即使全無印象，她一旦知道誰是清華大學學生幹部出身，有一種親近感，也是人之常情，或許會向宋平提起。但是如果宋平只憑夫人的好惡來決定提拔與否，那也就不是宋平了！

比較可信的說法，是一九七九年他與胡錦濤有過直接接觸，對這個三十七歲的"青年幹部"留下了深刻的印象。

十一屆三中全會後中共中央批評了華國鋒"抓綱治國三年大見成效"、"建十來個大慶"、搞新的"大躍進"的錯誤，對經濟建設確定了"調整、改革、整頓、提高"的方針，調整投資、清理項目、縮短戰線。宋平親自參加甘肅建委召開的會議，親自聽取各處負責人匯報，其中也包括聽取設計管理處副處長胡錦濤的匯報。宋平有多年經濟計劃工作經驗，不是個能被人隨意糊弄的外行。而胡錦濤腦子非常清楚，有過人的記憶力，在這個處工作了四五年，經常實地考察，情況早已滾瓜爛熟，匯報中不僅對大串數據、事例，如數家珍，而且看法、對策頭頭是道，簡明扼要，宋平一聽不由得不對他刮目相看。

李登瀛是否有權"破格提升"胡錦濤

香港《星島日報》二〇〇二年五月初"追蹤胡錦濤軌跡"系列報導中說："據指出，當年力荐胡錦濤的是時任甘肅省長的李登瀛。李登瀛是胡錦濤妻子劉永清的叔叔戰爭年代在山西的老戰友。新中國成立後，李登瀛曾任中共川北區委常委、組織部長、中共中央農工部副祕書長、國務院農林辦公室副主任，中共西北局農工部部長、陝西省農業辦公室主任。七八年後，李登瀛出任中共甘肅省委書記、省長。"該報導隻字未提宋平，而說："李登瀛可以說是胡錦濤政治上的第二位'恩師'（第一位恩師，指將胡錦濤從水電四局調到甘肅省建委的張延青）。他不僅將胡錦濤破格提升為省建委副主任，還將他送到中共中央黨校學習一年，為他的仕途打開了通向北京之路。"

這種說法大有可議之處。

自從"文革"結束、甘肅省由"冼恆漢時代"進入"宋平時代"，到一九八○年，中共先後任命了馮紀新、李超伯、趙處琪、李登瀛、馬繼孔、楊植霖等省委書記和蕭劍光、葛士英等省委副書記（前面提到的被毛澤東貶謫來的劉冰，也於一九八一年被任命為省委副書記）。李登瀛是一九七八年三月被任命為省委書記的，他的行政職務，一九七九年十一月被選為甘肅省人大常委會副主任（同時當選為副主任的共十四人）；一九八○年十二月底甘肅省第五屆人民代表大會第二次會議上，李登瀛當選為甘肅省省長，接替了馮紀新，不再任省人大常委會副主任。實際上，這是中共中央對甘肅的通盤人事調動的一部分，一個月後公開了：甘肅省委第一書記宋平調到中央，由馮紀新代理省委第一書記。

胡錦濤在一九八○年秋時來運轉，職務從副處級越過正處這一級，提升到了副局級：擔任甘肅省建設委員會副主任。在胡錦濤提升期間，李登瀛是省委書記兼省人大副主任。這個職務當然有權有勢，但他的權勢是否大到能夠不僅"力荐"，而且"破格提拔"胡錦濤？

李登瀛長期擔任中央和地方農業口主管，除了一九五一年在四川擔任過一段中共川北區委常委、川北區總工會主席——他的頂頭上司，川北區委書記兼行署主任，是胡耀邦。順便提一下，李登瀛與胡耀邦的淵源可以追溯到更早，在抗戰和國共內戰期間，他們都在晉綏一帶活動，當時李登瀛在地方，胡耀邦在軍隊。在山西左雲縣縣史資料中可以查到：一九四五年八月日本宣佈投降時，"二十八日，綏蒙前線總指揮許光達向（左雲）守城警察發出最後投降通諜，遭到再次拒絕。是月二十九日，綏蒙野戰軍三十二團的一個營集結左雲城下，當晚向拒不投降的警察隊發起總攻，縣城解放。是月三十一日，左雲縣實行軍管，……軍管會主任李登瀛"。雖然他這個主任只當了幾天，到九月上旬時"晉綏五地委、五專署、五軍分區機關進駐縣城……軍管會撤銷",但"是月,胡耀邦率華北野戰軍四縱隊北上,經左雲,住一宿"。

中共建政後李登瀛的職務多半是與農業有關。在歷屆全國人大、政協開會時,他往往編在"農民"組。在擔任甘肅省長之前,他在甘肅省委、省人大班子中分管的也是農業。如果說他作為政協的"農民委員"相當可笑,但是他無疑對中國農民、農村和農業的問題有相當深切的了解。

《光明日報》回顧改革開放二十年的"回首滄桑巨變"徵文,發表了由中國社會科學院學者陸學藝口述、張義德整理的一篇文章《包產到戶:中國改革的最早突破》,陸學藝回憶,他一九七九年搞農村調查,去合肥發現了"包產到戶"的典型。他說,回北京後不久,"我收到了安徽的同志寄來的三篇文章","內容都是介紹包產到戶的。這三篇文章在當地發表有困難。我拿著這三篇文章向宋一平(時任中國社會科學院副院長)匯報,他大力支持,同意發《未定稿》(院裏的內部刊物)增刊,並對我說,你也要寫一篇,從理論上講一講"。陸學藝寫的文章題目是《包產到戶問題應當重新研究》,其中論證了"包產到戶不是分田單幹","包產到戶是搞社會主義,不是搞資本主義"。

一九七九年十一月出版的這期《未定稿》發表的四篇文章,可以說是關於包產到戶問題最早的文章。陸學藝介紹說:增刊發行的範圍雖然窄了些,但在上層中引起了較大的反響。如甘肅省省長李登瀛看了這期《未定稿》後,於一九八〇年一月五日向宋平等省委領導同志推薦。李登瀛的批語是:"請你們看看這個材料,特別是(社會)科學院寫作組一篇(指陸學藝寫的那篇),對包產到戶的看法,應引起我們重新考慮問題。"宋平等都劃了圈表示同意。甘肅省包產到戶搞得比較早,發展得也很快。(參見一九九八年十一月五日《光明日報》)

這裏陸學藝的回憶有一點失誤：當時李登瀛還不是省長，而是省委書記（當時設有省委第一書記，省委書記相當於後來的省委副書記），剛當上省人大副主任才兩個多月。從陸的回憶可以證實，李登瀛當時與趙紫陽、萬里等人"英雄所見略同"，具有改革開放意識。不過，他當時所掌管的權柄，恐怕對當年戰友的侄女婿、在省建委當副處長的胡錦濤，難以直接予以拔擢。不過，李登瀛在甘肅省是除了宋平之外，對胡錦濤最為欣賞器重的人。在省委和省人大、省政府，多次推薦胡錦濤是符合"四化"條件的接班人。

甘肅是中共人才搖籃之一

雖然沒有被冠以像"上海幫""江蘇幫""廣東幫"這樣的名目，但是中共幹部隊伍中，與甘肅有某種淵源的還真是挺多，高級幹部中就可以數出不少。

除了宋平、胡錦濤，像前中共政治局常委喬石，五十年代中期到後期在甘肅酒泉鋼鐵公司任設計院長；政治局委員吳儀，六十年代初期大學畢業後分配到蘭州煉油廠工作；政治局委員、中央軍委副主席郭伯雄上將從六十年代到九十年代，幾進幾出蘭州軍區的轄區；中央政治局候補委員、中央書記處書記兼中央辦公廳主任王剛，與胡錦濤幾乎同時（一九六八年）被分配到建工部駐甘肅七局，工作十個寒暑……

部長、副部長級的就更多了：朱鎔基內閣的人事部部長張學忠，新疆建設兵團司令張慶黎，中國人民銀行黨組書記兼副行長閻海旺，國家經貿委副主任張吾樂……等等。

有人在觀察了甘肅出來的這些官員（包括下面還要提到的幾位）之後，不無驚訝地評價說：與別的地方出來的高官相比，他們具有兩個特點：一是為人比較清廉正派，二是執政比較低調踏實。換一個說法，前者叫不謀私利，後者叫不圖虛名——儘管這也只是從相對的意義上說的。這兩個特點，到底應歸功於甘肅的風沙砥礪、水土養育呢，還是應歸功於宋平等人言傳身教、鞭策校正？

曾任江蘇省長、化工部長、現任全國婦聯副主席兼書記處第一書記的顧秀蓮，也曾經在甘肅呆過不少時間，曾經有人推測她被擢升高位，也有宋平的功勞。但是細查一下，卻並非如此。顧秀蓮在甘肅呆的時間比較早，她一九三六年出生於江蘇南通，比胡錦濤要大六歲。一九五八年進瀋陽冶金機械專業學校學習，一九六一年畢業之後到甘肅金川有色金屬公司修械廠當工人。一九六四年，她離開了甘肅，調任機械工業部技術員，一九七三年十月，即宋平正在甘肅擔任省革委會副主任之時，顧秀蓮升任國家計委副主任——正巧是宋平曾在國家計委所擔任過的職務。她後來於一九七七年被選為中央候補委員，在下一次黨代表大會上成為中央委員，調到江蘇省委當書記，第二年當省長，是中國第一位女省長；一九八九年，調回北京擔任化工部長。一九九八年，調到全國婦聯擔任領導職務。從她的經歷看，與宋平總是交臂而過，並非宋平所提拔的人。

被宋平所發現、提拔的人，陳光毅可以算得一個。陳光毅畢業於東北工學院機電系，一九五九年被派往甘肅白銀市有色金屬公司任技術員，"文革"前夕調往蘭州有色冶金設計院。擔任過甘肅省重工業廳副處長等職。宋平主政甘肅時，將陳光毅調到自己最熟悉的省計委，提拔為副主任，列為重點考察、培養的幹部。後來宋平離開，陳光毅繼續上升，一九八三年擔任中共甘肅省委副書記，甘肅省省長。一九八六年他從西北到了東南，成了"福建王"，擔任中共福建省委書記，並先後兼任省政協主席、省人大主任。八年後陳光毅到北京任中國民用航空總局局長，一九九八年當選為九屆人大常委會財經委員會主任委員。陳光毅為官多年，政績平平，宋平是否會多少感到失望？

迄今沒有令宋平感到失望，甚至可能還會喚起更大期望的，是他極力提攜推薦的溫家寶。

溫家寶在仕途上前進的軌跡，簡直與胡錦濤像是兩滴秋水般相似。

溫家寶是天津人，一九四二年九月出生──比胡錦濤要大三個月。但他上大學要比胡錦濤晚一年，是一九六○年至一九六五年就讀於北京地質學院礦產系地質測量及找礦專業。與胡錦濤相同的又一點是，他也是在大學畢業前夕加入了中共。但他比胡錦濤的學歷要高：一九六五年到一九六八年，他在北京地質學院地質構造專業讀了三年研究生──從"文革"風暴捲起之後，他的研究生課程一定也就只剩下了"學毛著"和"批判反革命修正主義路線"這兩門了。一九六八年，他與胡錦濤前後腳到了甘肅，不過，他往西走得更遠，被分配到了張掖地質力學隊任技術員。與胡錦濤又一次異曲同工的是，後來他也轉向了政工，先後擔任了政治幹事、政治處負責人。一九七八年，他接任地質力學隊副隊長，該隊是依李四光的"地質力學"理論，唯一從事地質地學勘察研究的專業隊。

溫家寶沿著這條道路走下去，說不定也能成為不錯的地質學家。但是僅僅一年，他就又步上了胡錦濤的後塵，到省裏地質局擔任了副處長。提到副處級這一層，他落在了胡錦濤後面；但是第二年，他趕上了胡錦濤的步伐：同時被提為副局級，被擢升為省地質局副局長。一九八二年，又與胡錦濤同時被調到了北京，他出任國務院地質礦產部政策研究室主任。第二年，晉升為副部長兼全國礦產調查委員會副主任。

一九八五年，他調到了黨中央系統，任辦公廳副主任，這時的辦公廳主任，是團中央第一書記王兆國兼任──胡錦濤和溫家寶這段時間竟都分別給王兆國當副手，也算是巧合了。但一九八六年，四十四歲的溫家寶就接替了王兆國的中共中央辦公廳主任的要職，那時胡錦濤被外放到了夜郎國。

溫家寶是一個能文能武的人才，傳說他懂英、俄、法三門外語（有的資料上說"精通三門外語"，可能有所誇大），不僅頭腦清晰，文筆敏捷，而且會開摩托，能駕坦克，還可以雙手同時使槍，百發百中──說得有點神！

到中央黨校深造

宋平並不僅僅將胡錦濤放在一個省建委副主任的位置上就算完了。不，他要負責到底。宋平看好胡錦濤是可堪造就，擔當黨國重任的"棟樑之材"，他要爲胡錦濤的晉升創造更多的條件。

胡錦濤在省建委副主任位置還沒坐定，一九八一年一月，宋平應他的老同學姚依林之召，上調北京任國家計委第一副主任、黨組副書記，行前他不忘安排胡錦濤到中共中央黨校中青年幹部培訓班學習。

中央黨校這一屆中青年幹部培訓班，培訓對象是廳局級官員，有一百四十二名學員，爲期一年。在鄧小平、胡耀邦等改革派剛剛取得對華國鋒、汪東興等保守派的勝利，中共黨內新老交替的關鍵時期舉辦，具有非常的意義。進入這個培訓班，就意味著進入了中共立即考察、拔擢的對象的行列。

胡錦濤重新回到了京華。事過境遷，物是人非，一切都與十三年前離京迥然不同，滿心興奮中夾有期待，回憶起當年離京思緒茫然和心情沉重，恍若昨日，又恍若隔世。

中央黨校毗鄰頤和園，林木扶疏，景色清幽。剛剛打過了"真理標準討論"的思想戰役，黨校是當時中國思想最爲活躍的地方之一。胡耀邦親自部署於一九七七年七月創辦的黨校內部刊物《理論動態》，對上報給中央，對外發給中央各部委和各省市委負責人，對內，黨校學員人手一冊。這個內部刊物，由深受胡耀邦信任的黨校副教育長兼哲學教研室主任吳江主持，基本上每星期一期，堪稱當時黨內思想最解放、視野最開闊的理論園地之一。胡錦濤入學之時，接觸到了許多新鮮的思想空氣，從《理論動態》這些題目，便可以想見當時中央黨校思想討論和政策探索的廣度：《略論我國國營企業領導制度的改革方向》（第二九一期），《農業生產責任制與農村經濟體制改革》（第二九九期），《遵守黨的決議和保障科學研究的自由》（第三三〇期），《關於國際領域的人權問題》（第三三九期）……

我們也必須指出：在胡錦濤當中央黨校學員的這一年間，黨內政治對壘、思想交鋒極爲複雜，《理論動態》在思想解放運動期間創刊時的那種鋒芒畢露的銳氣收斂了不少，也發表了不少關於"堅持四項基本原則""反對資產階級自由化"的文章，在討論經濟體制的文章中，也時見"堅持計劃經濟"等等論述。

胡錦濤這個班有二十多人，除了在老師的指導下鑽研馬列基本理論、鑽研中央文件政策精神，批判"四人幫"的思想路線，同學們也爲改革開放中的種種問題從早上爭論到深夜。同班同學中有一位是後來當過財政部長的劉仲藜，當時是黑龍江省計委副主任；胡耀邦的兒子胡德平，是北京大學歷史系六八屆畢業生，時任中國歷史博物館副館長，也成了胡錦濤的同班同學，據說他曾將胡錦濤請到自己父親家裏，胡錦濤贏得了中共總書記的賞識。

胡錦濤在一九八一年到一九八二年到中央黨校學習，趕上了千載難逢的天時，地利，也趕上了千載難逢的"人不和"。

說"天時"，此時正是中共緊鑼密鼓籌備召開十二大之時，中央爲了加緊培養"革命事業接班人"，規定了與會黨代表年輕人的比例。於是，胡錦濤沾了年齡的光：因爲年僅三十九歲，還在中青年幹部培訓班學習期間，就被告知當選爲甘肅省出席十二大的代表。

不僅如此，中共中央組織部和共青團中央正在籌備召開團的十一次代表大會。一九七八年在團的第十次代表大會上當選爲團中央第一書記的韓英，早就被鄧小平、胡耀邦等人看不入眼，內定要換下去，黨中央正在天南海北地物色接任人選。他們選拔團中央領導候選人的標準有四條：一，年齡在四十五歲以下；二，有過青年工作經驗；三，既有學歷又有基層工作經歷；四，政治思想過硬。這四條，可不正像是爲胡錦濤量身打造的！

說"地利"，中央黨校的學員近在中央眼皮底下，成了被中共改革派就近盯住的栽培對象，他們常常在百忙之中抽時間來給學員上課，吹風加壓，開一點政治思想"小灶"。一九八二年七月二十日，培訓班畢業，要求黨主席胡耀邦來講話，他沒有來黨校，卻專門把學員接到中南海去作了一次講話，提出了對中青年幹部的六條要求。另一方面，培訓班學員又是送上門來被中央人事領導小組盯住的考察目標。試想，如果胡錦濤還在蘭州當他的省建委副主任，考察起來就要費事多了！

說"人不和"，是指胡錦濤在參加培訓班期間，中央黨校正處於政治鬥爭和人事糾葛非常複雜激烈的階段。

一九七七年三月中共中央工作會議決定恢復中央黨校後，黨的主席華國鋒掛名當校長，汪東興爲第一副校長，中央決定起用在中國科學院工作，並遭到審查、批判的胡耀邦，來擔任中央黨校副校長並主持日常工作。他在這裏實際工作到一九八一年六月，接替華國鋒擔任中央主席爲止。按照中共慣例，黨校校長由黨的主席兼任，胡耀邦接任了黨主席，應該也接任黨校校長。但是他不僅拒絕了，而且不再過問黨校內部事務——上述對培訓班學員的講話是個例外。原來，一九八一年，有人向陳雲進言：中央黨校校刊《理論動態》有篇文章是影射攻擊你的，結果胡耀邦受到指責。陳雲查詢下來，胡耀邦說沒有這回事，可以調查。中組部果然派員進駐中央黨校，審查校刊負責人吳江、阮銘、孫長江，結果並沒有攻擊陳雲之事。到中共十二大前夕，胡耀邦的黨校副校長職務也正式辭去。一九八二年四月二十四日，中央書記處任命黨校新領導班子，王震當上了校長。隨即宣佈這三人調離黨校，並且下令將阮銘開除出黨。

按照吳江在其《十年的路——和胡耀邦相處的日子》（香港鏡報文化企業有限公司，一九八五年）的說法，由於胡耀邦在改革開放初期觸動了黨內若干政治派別，"王震出任黨校校長原本就是某種勢力針對胡耀邦的策劃"。

當時，原主持黨校日常工作的第一副校長，"文革"前的中央組織部長、胡耀邦的親家安子文去世後無人代替，胡耀邦調來的常務副校長馮文彬因兼任中央辦公廳副主任，大半精力花在中辦那邊；教育長宋振庭因癌症動手術住院。王震到任，立即動手清除他心目中的異己力量：吳江，理論研究室副主任、參與《實踐是檢驗真理的唯一標準》的執筆者之一孫長江，《理論動態》編輯、研究室副主任阮銘。胡喬木在一次中央書記處會議上提出：將此時已經退居顧問的前清華大學老校長、前教育部部長蔣南翔請出來，擔任中央黨校第一副校長。吳江認為：蔣南翔過去在共青團中央工作時是馮文彬的助手，調他來"其目的不必說是為了擠走馮文彬"。

這一場短兵相接，結局是王震保守勢力獲勝：阮銘被開除了黨籍，馮文彬的黨校副校長職務被免，吳江與孫長江離開了中央黨校。蔣南翔調到中央黨校，擔任主持日常工作的副校長。

過去不少學者談論過蔣南翔在主政中央黨校期間對胡錦濤的提攜，筆者之一也曾經認為：蔣南翔作為清華幫主，本來就是一有機會即到處起勁地推薦清華學子；他又當過共青團中央首屆副書記，有這雙重歷史淵源，就算宋平根本沒給他打招呼，若團中央要幹部，他能不加倍賣力地推薦胡錦濤嗎！

但是，仔細考察蔣南翔與胡錦濤在中央黨校的時間，不得不說，這是出於想當然：胡錦濤是一九八二年七月二十日從黨校畢業的，而蔣南翔是同年九月間中共開過十二大之後到任的，他不可能對胡錦濤的突然發跡有任何直接的影響。中共改革派和保守派在中央黨校的這場生死搏鬥，暫時也並沒有波及胡錦濤。

趕上中共新老交替好時辰

這裏我們還要再次拉開視野，看看一九八二年中共十二大時的大背景。

現在我們經常討論黨內鄧小平和陳雲兩派的多年纏鬥，但是在八十年代初期，中共主要矛盾還是改革派和保守派的衝突，在中共培養選拔接班人的問題上，不僅他們並沒有原則性的意見分歧，而且，陳雲的功勞十分顯著。那時他與鄧小平在改革路向上的分歧沒有後來那麼大，在組織人事上的爭奪也沒有那麼激烈。他為文革後中共幹部制度的重新建構，幹部標準的重新設定，起了很大的作用。而過去就與陳雲有過一段淵源的宋平，後來能主管中共組織大權，看來對於陳雲的組織路線和幹部政策也有較深領會；他慧眼識胡錦濤，正是落實陳雲的有關呼籲和設想的一個成果。

一九八一年五月陳雲來到杭州，名義上是休養，但他當時身邊的工作人員回憶：以前他到杭州在住地院子散步時，常和身邊工作人員聊天。這次他很少說話，大多是沉默不語，人們看出他在思考問題，晚上在辦公桌前給中央寫報告，題目是《提拔培養中青年領導幹部是當務之急》。

曾任陳雲祕書、後來當上中國社會科學院副院長的朱佳木回憶："陳雲同志向中央提出了成千上萬提拔培養中青年幹部的十二條建議。（十一屆）六中全會後，中央就留下了省市委書記們，專門討論陳雲同志的這個意見書。小平同志在那個會上也作了一個重要講話。我當時坐在後面，我清楚地記得小平同志當時還說過這樣一句很詼諧的話，他說，'對於陳雲同志的意見，我不僅舉雙手贊成，而且舉雙腳贊成。'還做這麼一個動作，引起全場大笑。"

在陳雲和其他人推動下，一九八一年六月，十一屆六中全會決議首次提出幹部"革命化，年輕化，知識化，專業化"的"四化標準"。

"革命化"，即做到一九七九年葉劍英代表中共中央的十一講話中，在政治層面要求領導幹部要符合的三條："一是堅決擁護當的政治路線和思想路線；二是大公無私，嚴守法紀，堅持黨性，根絕派性；三是有強烈的革命事業心和政治責任心。"《關於黨內政治生活的若干準則》把這三條列為選拔幹部的政治標準。

年輕化，是指提拔五十五歲以下的接班人，各級形成梯級結構。從一九八二年開始，中共關於組織人事的規定越來越嚴密、系統：省部級由六十歲以下、五十歲左右、四十歲左右者組成，其中至少有一人是四十歲左右；省委常委中至少有三分之一在五十五歲以下；部屬司局長、省屬廳局長、地區和地級市黨政領導人，由五十五歲以下、五十歲以下、四十歲以下者組成，至少有一人在四十歲以下；地市領導人中的五十歲以下者，分別要佔三分之一、二分之一；縣級由五十歲以下、四十歲左右、三十歲左右者組成。

知識化，指的是學歷、文化水平。一九八二年十月之後（即中共十二大之後），新進中央黨政機關幹部，至少要有高中或相當於高中的中專文化程度；在五年之內，中央黨政機關幹部都要有高中、中專文化程度。凡是新提升為中央部級的領導幹部，省級和地市級領導班子成員，通常要有大專程度；在省一級的全部領導班子中，具大專程度者要佔三分之一。一九八四年七月，中組部長喬石說，在兩年內，一半以上司局級領導幹部要具大專程度。主管科技、經濟的司局級幹部，更要佔三分之二。

專業化，主要是主管業務的專業知識、能力或經驗、資格。

幾年下來，幹部的年齡、知識和專業層次發生了極爲顯著的變化。就拿文化程度來說，提高甚大：

一九五四年，幹部四八三萬，大專以上文化程度佔百分之七點二，初中以下文化程度佔百分之七十七點七；

一九七八年，幹部一七四０萬，大專佔百分之十八點０，初中以下佔百分之四十九點五；

一九八八年，幹部三０００萬，大專佔百分之二十八點三，初中以下佔百分之二十四點三。

喜報連翩而至的一年

胡耀邦三年後說起，一九七九年後領導機關有兩次較大的調整，第一次在一九八二年，第二次在一九八五年。這兩年在培植中共接班人的歷程中，具有分水嶺的意義，對於胡錦濤來講，在這兩次大調整中都是受惠者。八五年那一次，我們在以後章節中再說，這裏只講八二年。

一九八二年二月，中共中央決定建立老幹部退休制度，這是中共廢除職務終身制的開始。同年九月舉行的中共十二大，是華國鋒、汪東興等"凡是派"失勢之後首次黨代會。爲了實現新老交替，十二大在中共體制史上寫下頗爲奇特的一筆：成立中共中央顧問委員會，目的是讓中央委員會年輕化，並使一些老同志在體面退出第一線之後，繼續發揮一定作用。

誰都沒有想到，在這個特殊時期一個安撫各方的權宜之計，後來卻在中共幾次重大關頭起了極其惡劣的作用。中央顧問委員會這樣一個"怪胎"，不僅陣容龐大，而且被賦予特權：中顧委全體委員可以列席中央委員會，中顧委常委可以列席中央政治局會議，這豈不是制約了中央委員會、政治局獨立行使的決策權力？某種特殊情況下，更可以說它簡直就成了中共的"太上皇"！

在十二大召開前，鄧小平下達了這樣一個指示：要有五十個五十歲以下的人進入中央委員會。他說："這個要求不算苛刻。""如果這點我們做不到，我們的黨代表大會，不會是成功的黨代表大會。這是表現我們事業興旺發達一個標誌之一"。

鄧小平這個指示在十二大上實現了。一大批比較年輕、具備較高學歷的官員第一次進入了中央委員會。在三百四十八名中央委員和候補中央委員中，新當選的有二百一十一人，具有大專學歷以上的有一百二十人，五十五歲以下者接近三分之一，達到一百一十二位——不過其中多是候補中委；次年召開人大，國務院換屆，副總理由十多人減至四人，另設相當副總理級別的國務委員。

一九八二年，對於胡錦濤來講，是仕途上最為重要的一年。這一年，簡直是喜報連翩而至，讓他眼花繚亂。一頂又一頂烏紗帽不由分說、環環相扣，互為因果地落到他的頭上：

甘肅省委內定他擔任共青團省委書記，等他從中央黨校學習結業回來參加省團代會，正式走馬上任；因為有了這個內定，並且進入了團中央領導班子候選名單，年齡難能可貴地符合標準，所以當上了黨的十二大代表，九月份在黨代會上又進而被選為中共中央候補委員；因為是中央候補委員，黨校結業回甘肅就任新職三個月後又率團到京，在十二月舉行的共青團十一大上，被選為共青團中央委員、常委、書記處書記……

"充滿希望的精神對接"

曾經當過毛澤東的祕書、電力部長，一九八二年被陳雲點名調去擔任中共中央組織部剛組建的青年幹部局局長的李銳，後來回憶說：

中組部青幹局的具體任務就是選拔省部級後備幹部（最後考察了一千來人）。這個任務的第一仗，就是"十二大"的人事更替。一九八二年五月成立了"十二大"人事小組。耀邦是組長，副組長是余秋裏、程子華，日常實際工作由秋裏負責。組員有十多人，我負責辦公室的工作。辦公室人員由中組部辦公廳主任等組成，同各系統和地方聯繫，編輯《簡報》供中央參閱，工作地點在玉泉山。……耀邦來參加人事小組會議的次數不多。人事小組的任務是準備"十二大"的三個名單：中央委員會、中央紀律委員會和中央顧問委員會。在玉泉山住了三四個月，工作當然是繁重複雜的，也很艱難，有時進新退舊一個人，要作許久調查，反覆研究，花很長時間才能定案。……
　　"十二大"有最後一幕，報紙沒有報導（這是指當時，到後來發表了多種回憶文章或者電視採訪——本書筆者注），也沒有留下一個鏡頭，一張照片。大會就要結束了，傳來耀邦的話：新當選的中青年（中央委員和候補中央委員），要我選出三十至四十人向政治局作介紹，先印出簡歷。此事可說是駕輕就熟，很快就辦好了。大會閉幕當天在人大會堂的一個廳，記得葉帥、小平、陳雲、先念、鄧大姐、彭真都到了……耀邦主持，讓我一一介紹。老人們笑容滿面，很是高興。

　　一九八二年九月十三日下午，中共十二屆一中全會結束以後，中央領導同出席十二大的全體代表在人民大會堂合影留念。隨後，四時半，胡耀邦帶領李銳遴選的三十九位新當選的年輕的中央委員、候補中央委員，懷著興奮的心情，依次走進人民大會堂新疆廳，覲見鄧小平、葉劍英、陳雲、李先念、鄧穎超、聶榮臻、徐向前、彭真等眾多"老一輩無產階級革命家"。

　　十二屆中央委員會一個最顯著的特點，是吸收了一大批"德才兼備"、年富力強、具有專業知識的中青年幹部進入中央的領導群體。這些五十五歲以下的中青年接班人，是在中共中央不斷敦促下從全國各地悉心選拔出來的。發掘和拔擢了這麼多"德才兼備"的後起之秀，在胡耀邦是一件不小的成績呢，所以他決定，讓這些將要挑起重擔的後起之秀同元老們見一次面，讓他們親眼看看都是些什麼樣的人，也好放心。

　　當年輕人進門時，老一輩革命家都從座位上站起身來，表示歡迎，這種"滿堂紅"的歡迎方式，讓那些年輕的中委和候補中委們既興奮又緊張。按照事先排好的座次，老一輩革命家顫顫巍巍地在前排就座，"年輕人"全部坐在他們的後面。然後由中組部有關負責人一一唱名（李銳記得是由他來一一介紹的），每一位被點到者，都要走到會議廳正中間，一邊聽中組部負責人介紹年齡、學歷和資歷，一邊接受位高權重的元老們的仔細端詳。

　　第一個被介紹的、是五十二歲的中共中央對外聯絡部女副部長、新選出的候補中央委員李淑錚。這三十九人中，還有新當選為中央書記處候補書記的四十六歲的郝建秀，五十三歲的民政部部長崔乃夫，五十五歲的電子工業部部長江澤民，五十三歲的水利電力部第一副部長李鵬，四十七歲的天津市委書記李瑞環，五十二歲的福建省委書記胡平，四十七歲的交通部女副部長鄭光迪，五十歲的航天工業部副部長宋健，五十二歲的機械工業部副部長何光遠，五十二歲的上海交通大學副校長張壽，五十一歲的空軍某軍軍長於振武，四十二歲的清華大學畢業生、天津無線電聯合公司第一副經理兼總工程師李慧芬……

介紹到正式中央委員中最年輕的王兆國時，胡耀邦插話說：他是小平同志發現的人才，是第二汽車廠的副廠長。王兆國也同前面幾位一樣站了起來。陳雲問他：多大年紀？中央組織部官員答：四十一歲。陳雲側過身來對王兆國招手說：請你再站近些，讓我仔細看一看。王兆國離開座位，來到大廳的中央，臉上泛起紅光。中央領導仔細地端詳他，露出了滿意的微笑。輪到介紹下一位時，胡耀邦說：你們膽子大一點站到中間來！於是每一位被唱名的新貴都照辦，在回到自己座位之前，上前走到每位老前輩面前和他們握手。

當中央候補委員胡錦濤出場亮相時，中組部負責人特別介紹：他是這次十二屆委員會最年輕的成員，只有三十九歲，職務是甘肅省建委副主任。這是胡錦濤第一次直接面對這麼多老一輩無產階級革命家。此前鄧小平、陳雲等人對他毫無印象，只知道此人是宋平推薦的"四化"優秀接班人選。

將近一個鐘頭的會見結束了。胡耀邦最後說，今天是同大家認識認識，這一次見面的，只是中央委員會一百一十二位五十五歲以下同志中的一部分。其他的同志，今後開全會時再分兩次見面。

老一輩無產階級革命家專門接見新當選的年輕中委和候補中委，後來在中共建黨八十周年回顧時，被譽為"領導幹部新老交替中一次飽含重托的歷史性握手，一場充滿希望的精神對接"。

後來被視作"共青團派"一員的胡錦濤，到目前為止，在政壇一步步前進、上升、發跡，都是靠的"馬列主義正統派"這一幫勢力，這很有點像"清華幫友"、曾任國家教委副主任的何東昌、曾任廣播電影電視部長艾知生。他並不是被胡耀邦選中，至於鄧小平、陳雲等中共元老，胡錦濤與他們連線還沒有牽上呢。

　　胡錦濤人生旅途的劃時代新篇章開始了。他以前的全部奮鬥、拼搏，有了豐碩得超出他預料好幾倍的成果；一九八○年，他來到了新的大門口——與今後的歲月相比，以前的一切都只能說是序幕而已。

第四章／最佳第二把手
（一九八二——一九八五）

●進入北京前門東大街十號團中央的十二層淡黃色大樓，就進入權力的角鬥場，就意味著接受被派定的角色——命運就是一個最難把握的詞了

非"三胡"之一 也非"五胡"之一

一九八二年十二月二十日到三十日，中國共產主義青年團第十一次代表大會在北京舉行。

率領甘肅代表團前來的胡錦濤，經黨中央提名，全體代表投票選舉，進入了團的中央委員會。而後在十二月三十一日舉行的第十一屆團中央委員會第一次全體會議上，被選爲團中央常委，團中央書記處常務書記。他成爲團中央的第二把手。

眾所週知，與中國共產黨一樣，"共青團中央委員會"儘管在團章上堂而皇之地寫作是全團代表大會閉會期間的最高領導機構，但不如說是個名譽機構，或者說只是標明某種資格的機構：幾百人的中央委員全體會議一年最多開上一次兩次，用三五天時間討論一些最原則的議題，委員們只是舉舉手而已，不可能對團的重大事務真正有什麼決定權；而中央委員會的常務委員會，人數少得多，開會也要頻繁得多，但也只是討論決定重大問題；真正掌握權柄的人是書記處書記。可以說，胡錦濤從

這時起，才算進入了國內外所關注的中國政壇後起之秀、上升明星的行列。在這以後，關於他的資料就急劇增多了。

在胡錦濤進入團中央之後，人們風傳說他是共青團中央"三胡一王"之一，此說不確。

查"三胡一王"，是指"文革"之前，於一九六四年六月在團的九大上當選的團中央書記處十三個書記、候補書記中，幾個最活躍的青年領袖：第一書記胡耀邦，書記處書記胡克實、王偉（一說王照華），和候補書記胡啓立。胡錦濤比起他們來，差了輩份，在"三胡一王"意氣風發之時，胡錦濤還在清華校園找學生促膝談心呢。

還有一種帶有惡意譏諷攻擊的說法，說胡錦濤是八十年代初的"五胡亂華"的"五胡"之一，這也不確。

"五胡"是指胡耀邦，胡啓立（時任中央政治局委員、書記處書記，後來任政治局常委），胡喬木（時任中央政治局委員、中國社會科學院院長），胡績偉（時任人民日報社社長），胡厥文（全國人大常委會副委員長，大陸花瓶民主黨派之一中國民主建國會主席）。把胡厥文放在"五胡"中顯然有點湊數，其他"四胡"明爭暗鬥，你來我往，廝殺方酣，捲起一場又一場風波。當時剛從塞外進京的胡錦濤，還沒有那麼大的影響和能量，無法與他們並列。

不過，在同一時期的政壇上，有這麼多姓胡的風雲人物，也算巧合了。

團中央書記處的新陣容

自打胡錦濤當上甘肅省團省委書記起，不論他本人怎麼想，他就算踏入了共青團派系的行列。而當他跨進北京前門東大街十號那座十二層淡黃色的團中央大樓，他就邁上了"共青團派"的旋轉階梯。

人們後來常說中共政壇上有幾大板塊："太子黨"，"祕書幫"，"共青團派"。"太子黨"在八十年代後期成爲人們抨擊的對象，八九學潮，有部分原因就是因中共高幹權力世襲現象愈演愈烈而起。而在八十年代前期，"太子黨"問題尚未到那麼搶眼的程度，人們最津津樂道的還是"共青團派"。

在八十年代前期的中國政壇上，"共青團派"之所以聲勢看漲，最重要的因素有兩條：一是這一派的首領胡耀邦和胡啓立，進入黨中央最高決策圈，掌握實權，非常引人注目。二是這段時間中共又一次進入"四人幫"被粉碎之後的權力交接時期，共青團幹部由於年齡優勢，呈現出全面接班的態勢。

共青團機關就是一個小一號的共產黨機關，其機構設置完全比照與黨中央等機構對口的要求。團中央機關在胡錦濤上任那段時期，調整爲在書記處下設有七部一廳一委一室，即組織部，宣傳部，統戰部，國際聯絡部，工農青年部，學校部，辦公廳，少先隊工作委員會和研究室。前四個部門和辦公廳、研究室，與中共中央組織部、宣傳部、統戰部、對外聯絡部、辦公廳、研究室不僅名稱上完全一樣，其工作內容也上下對應銜接。而與中共中央相類似的還有，黨有黨報黨刊，團也有團報團刊——《中國青年報》和《中國青年》（此外還有面對少年兒童的許多報刊雜誌）；黨有黨校，團也有團校——中央團校後來改爲中國青年政治學院；黨有出版機構，團也有出版機構——中國青年出版社和中國少年兒童出版社。值得一提的是，團中央下屬的機構中，有一個中國青年旅行社，爲別的黨政機關之所無。

一九八二年的最後一天，共青團十一屆一中全會選出了新書記處，過了一個喜氣洋洋的除夕。書記處共由八人組成：書記王兆國，胡錦濤，劉延東（女），李海峰（女），克尤木·巴吾東，陳昊蘇，何光煒，以及候補書記張寶順。

剛選出的書記處很快作出分工：

王兆國作為書記處第一書記，全面主持書記處，同時分抓研究室和團校；

劉延東分工抓國際聯絡部，後來她一度主要風塵僕僕奔走於亞非歐美，參加國際會議、接待來訪，應邀出訪；

李海峰主管組織部；

克尤木·巴吾東是維吾爾族幹部，放在這裏就是為了體現"民族政策"，他分工抓統戰部，主要就是中華全國青年聯合會的工作，兼任全國青聯副主席、祕書長；

中共元老何長工的兒子何光煒，專管辦公廳後勤行政這一攤子，以及中國青年旅行社，他掌管了團中央的財權；

中共著名元帥外交家陳毅的兒子陳昊蘇負責學校部；

張寶順分抓工農青年部。

僅僅幾個月之後這個班子就開始變動。首先離任的是李海峰，這位前大慶團委書記，團十大就調來擔任團中央書記，已達六年，團十一大上當選連任沒多久，就被調到河北省任省委常委兼石家莊地委書記，幾年後又提拔為河北省副省長。一年以後，陳毅元帥之子陳昊蘇被調到北京市任豐台區副區長，一九八四年升任北京市副市長。巴吾東一九八五年也調走，到新疆擔任區委常委，後來他升任區黨委常委、區政府副主席。

雖然這幾位離任的團中央書記，職務直到一九八五年共青團全國代表會議上改選後才正式撤銷，不過，他們不僅不參加團中央書記處會議，連團中央常委會也不來了——當然，團中央的正式文件、簡報，還會每期照發、照寄給他們。

有走的就得有來的。一九八三年十二月在共青團十一屆二中全會上，由黨中央提名，團中央委員們舉手走個過場，增選了書記處班子成員：從上海調來了三十三歲的李源潮，成為團中央第四把手，主管宣傳；調來原任中國人民解放軍總政治部青年處副處長的三十七歲的宋德福，在書記處分管組織；又調來剛到"而立"之年的李克強作候補書記，主管學校部。

數一數走的、來的，如果再列入一九八四年上調到黨中央辦公廳當主任的王兆國，那麼這個班子在兩年之內，其成員就更換了整整百分之五十。

王兆國嗓門亮，胡錦濤模樣帥

與書記處所有同事比起來，胡錦濤無疑權責範圍最廣。

他是團中央書記處常務書記，要負責這個龐大青年組織的日常事務；

他分工抓宣傳口——不僅是要管團中央宣傳部，還有團報、團刊、出版社也都要管；

他兼任團中央直屬機關黨委書記，是團直屬機關系統的最高負責人；

後來，按照團中央的慣例，胡錦濤以團中央二把手的身份就任中華全國青年聯合會主席，又以此身份，代表青年這一塊，成為全國政協常委；胡錦濤還是全國少年工作委員會主任，雖然主要是掛名，但是要參與少工委的重大事務決策，一些重大活動他也得出面。

到後來一段時間，不知怎麼回事，胡錦濤的工作擔子越加越多：

李海峰調走了，組織大權移交給了王兆國，但沒多久王兆國患腹膜炎住院，胡錦濤得分處一部分精力過問王兆國原來分管的組織部和研究室——當然，重要的政策研究課題，重要的人事任免，胡錦濤不會擅自作主；

陳昊蘇調走，胡錦濤又兼管學校部；

克尤木·巴吾東調走了，作為全國青聯主席的胡錦濤，接過對統戰部的主管……

算起來，除了國際聯絡部仍由劉延東負責之外，其他宣傳、組織、學校、少工委、研究室、直屬機關……竟然統統由胡錦濤任主管！──起碼是名義上的主管。而胡錦濤好像有三頭六臂，有條不紊。

共青團十一大之後，在團中央機關的全體大會上，新的團中央書記處全體成員亮了相，會後馬上就有人對新來的第一把手和第二把手做了歸納：“王兆國嗓門亮，胡錦濤模樣帥。”前者，是說王兆國在大會上發言中氣十足，嗓門洪亮──當時引得光臨團十一大會議的鄧小平、陳雲和胡耀邦等人都不禁點頭微笑；而胡錦濤作起報告來雖然聲音沒有那麼有氣派，但他一表人才，風度翩翩。

權力圈的預選賽

與黨中央又一點相同的是，團中央也是一個權力角鬥場。

話要從胡錦濤來團中央之前說起。

團十一大之前的第十屆書記處班子，是一個在鄧小平、胡耀邦等人看來很不得力、很不令人滿意的班子。這屆班子中也有幾位後來很得鄧小平、胡耀邦信任的政治明星如胡啟立、李瑞環，但他們在團中央都呆的時間不長，就掛著團中央書記的名銜調任別的崗位。像胡啟立，雖然一九七八年就從清華大學副校長任上回到團中央（他在文革前曾任團中央候補書記），擔任書記處書記，全國青聯主席，但很快就到天津市擔任市長。

這屆團中央班子的第一把手韓英，本在山西煤礦系統搞技術工作，“文革”中後期，他於一九七三年五月十四日被任命為山西省委書記

（相當於後來的副書記），與謝振華、陳永貴、張平化、王謙等人共事主政山西；"四人幫"被粉碎之後，周圍的官員垮了若干，他卻經受住了審查，在一九七八年三月的山西第四次黨代會上當選連任省委書記，後來，由山西籍的華國鋒挑選上來籌備團中央的恢復工作，而後就當了團中央第一書記。由於他被人視作在文革中竄升甚快的"火箭"幹部，當鄧小平成功地搬開了華國鋒等人之後，他也就地位越來越不穩。

韓英在任上抓了"全國新長征突擊手"評選活動，以順應全黨戰略重心轉移；和其他政工、群團組織發起了以講文明、講禮貌、講衛生等為內容的五講四美等活動，以圖挽回"社會主義精神文明"的頹勢。但是文革之後的青年普遍發生"信仰危機"，一九七九年思想解放運動之際及其後，青年更是思想活躍，向官方意識形態提出了越來越尖銳的質疑與挑戰。黨中央很希望團中央發揮"助手作用"，最好能夠衝鋒在前，起碼也能夠抵擋一陣，以減輕黨中央所受的衝擊，分散一些壓力。例如，當民辦刊物《北京之春》、《四五論壇》和《探索》等等出籠，要求平反冤假錯案、"落實政策"的上訪者大批湧進北京，西單牆大批大字報不斷激起洶湧熱潮時，黨中央招架不住，再三要求團中央積極出面"做工作"　畢竟，上訪者中有相當一部分人的身份和要求是與共青團的工作範圍有關，例如知識青年大回城、青年就業等社會問題。

但是韓英等人雖然也採取了一些措施，卻被批評為軟弱無力，"反擊資產階級自由化"的鬥爭中更是節節敗退。而這時的團中央委員、候補委員中，又有王軍濤、韓志雄等人，他們是以在一九七六年"四五運動"中悼念周恩來、反對"四人幫"的英勇事跡，在天安門事件平反之後成為眾所矚目的英雄，從而被選入團中央委員會的。但是在七十年代末八十年代初，他們又成為民主運動的骨幹，不僅發文章、作演說，王軍濤還在就讀的北京大學裏積極競選海淀區人民代表，名噪一時。在他們看來，這是秉承了四五運動的真諦，而在當局看來，則是這些人正在

"走向反面"。中央本來指望韓英等人能成功地控制住王軍濤這些"不安定因素",將其負面影響控制在"內部"不至於向社會上擴散,但是這哪裏是韓英辦得到的!這更激起中央的不滿。

關於韓英當年面對王軍濤等人做工作的尷尬,筆者曾向王軍濤本人求證過。《北京之春》一九九八年八月號發表亞衣對王軍濤的專訪《政治是責任、智慧與善意》,也講述了韓英當年怎樣無計可施:"我在一九七八年被選爲共青團十大代表和主席團成員,在十大上被選爲中央候補委員。八〇年團中央開會的時候,當時的第一書記韓英,派了兩個書記、三個部長到北京組參加討論說要處理我。後來是被胡耀邦制止的。胡耀邦從外地回來,韓英到機場迎接,向胡耀邦匯報了我的問題,胡耀邦說年輕人願意討論一些新問題,沒有什麼,可以批評,但不要組織處理。"

原《人民日報》副總編輯王若水在一九九四年二月二十七日美國的《世界日報》上發表的回憶文章《關於民主墻的一件往事》,從另一個角度透露了當年情況:一九七九年十二月十三日,時任中央祕書長、中紀委第三書記、中宣部長胡耀邦把《人民日報》總編輯胡績偉和副總編輯王若水、中宣部副部長朱穆之和共青團中央第一書記韓英叫到他家中談話,拿出有華國鋒、鄧小平、胡耀邦批示的一份公安部報告給他們傳閱。這份報告稱:《四五論壇》的負責人徐文立十一月十五日,徐到《人民日報》讀者來信部,請求把他們要求釋放劉青的信轉給中央,王若水接見了他們。徐還說團中央也支持。鄧小平批示:"應要求王若水等人就此事提出正式報告。"華國鋒批示:"建議耀邦、穆之和韓英同志抓一下。"

王若水寫道:

在胡耀邦面前,韓英叫屈說,"對這些人很難做工作,因爲讀書不如他們多。"韓英還講了他同王軍濤談話的情況,說這些年青人同我們想的不一樣，"他們認爲中國不是社會主義，連（中共建政以後到"文革"這）十七年也不是（社會主義）。不然，爲何不如日本？你看他這個觀點！可他還信心十足。"韓英說還找了王軍濤的父親，他爸爸說服不了兒子。

軟的，沒有效果；硬的，胡耀邦又不同意。韓英他們對付這些"資產階級自由化"的"民運青年"，非不爲也，是不能也。

空降"太子黨"的風波

中央要將韓英等人搬掉的直接導火索，是前一年即一九八一年八月，在團的十一屆三中全會上，中央調來四名幹部，安插進團中央書記處班子。這四個人是：克尤木·巴吾東，王建功，陳昊蘇，及何光煒。其中後兩人是"太子黨"。

這種由中共任命群衆組織負責人的做法，早是中共的慣例；共青團既然是完全跟隨中共的政治組織，就更不在話下。以前一直是這麼做，從來也沒有想到有什麼不妥，胡耀邦當年就是這麼被毛澤東一聲令下從四川調來；韓英也是這麼被華國鋒一聲令下調來；在他們眼裏，團中央哪裏是一個獨立的群衆組織？分明就是共產黨的"青年工作部"而已。

胡耀邦這次也就輕車熟路，將黨中央的這一"摻沙子"的人事決定，通知韓英等團中央負責人。當然，畢竟團中央在名義上並不是黨中央一個下屬部門，爲了取得合法性，他們還是要走一走過場，要在團中央全會上讓所有委員們舉一舉手。

但是沒有想到，以前對這種辦法從來也不持、也不敢持異議的團中央委員們，這次卻破天荒地表示了抵制。或許是因爲其時北京和全國民主風潮高漲，團中央委員們被"啓了蒙"；或許感到此四人一來，堵塞了原來某些人以爲非己莫屬的升遷之路，或許跟隨韓英的一些人感到黨中央此舉矛頭沖著自己，地位受到威脅——總之，在團中央全會的小組討論中醞釀班子增添新人的名單時，大家牢騷衝天，質問他們除了是高幹子弟（其實並不全是），有何德何能，對青年工作又毫無經驗，今後怎麼領導全團？爲什麼不從多年團幹部中提拔？而從級別上看，從他們原來所處的崗位到團中央書記處書記，可說是乘坐了"直升飛機"；團中央委員和候補委員中一些像王軍濤等人這樣的非專職團幹，更質問黨中央這樣作，將群眾組織的權利置於何地？

中共中央組織部和團中央在任的負責人大驚失色，趕緊分頭連夜進行說服動員，最後在選舉時，總算勉強保住了四個人當選，但是票數低得驚人，其中王建功比半數僅僅多三票。黨中央非常難堪和震驚，胡耀邦後來嚴詞批評了韓英等人。應該說，批評並沒有多少道理，爲何不允許群眾組織內擁有選舉權的團中央委員行使自己的民主權利？但是黨中央熬到團中央換屆就將韓英調走的決心就此下定。

王兆國是被鄧小平親自選中

胡錦濤在團中央的主要合作者，是王兆國。

王兆國比胡錦濤早到團中央。早在會前三個月，他就從位於湖北十堰市的第二汽車製造廠調到這裏。一九八二年九月上旬，他們兩人都參加了中共十二大，當時黨中央並沒有作出讓胡錦濤到團中央任職的決定。

中共中央書記處在十二大期間的九月四日晚，召見了包括韓英在內的團中央常委和王兆國，正式通知韓英卸任，王兆國接替，令王兆國馬上就到團中央上班，而韓英則等候另行分配工作。後來，韓英被調任正在組建的北方煤炭公司副總經理，第四把手。這個公司是個部級單位，那麼他就算是副部級了，比他在團中央第一書記的級別略有降低，但也總算差強人意。自然，韓英的中共中央委員是無法再連任了，王兆國則在十二大上當選爲中共中央委員。而胡錦濤開完黨代會，當選爲黨中央候補委員之後，就重返蘭州，當他的團省委書記去了。

胡耀邦等人擔心共青團系統中對再次由黨中央"空降"幹部可能產生反彈，同時也要讓王兆國有個合法的身份，於是在當年十一月初舉行的共青團十屆四中全會上，也就是在團的十一大之前的最後一次全會上，與全體團中央委員見面，並履行增補爲團中央委員、常委、書記的追認手續。

有了前一年掉以輕心差點陰溝翻船的經驗教訓，這次中央組織部副部長王照華專門到會，對全體團中央委員介紹黨中央對王兆國的審查經過和審查意見。

據他所公佈的情況，王兆國確實是鄧小平一九八〇年七月到湖北二汽視察時發現的。當時二汽的黨委書記黃振亞向鄧小平當面匯報工作時介紹，二汽車廂分廠副廠長王兆國在一九七六年"批鄧、反擊右傾翻案風"中堅決頂住，不搞批鄧，引起了鄧小平的極大興趣。鄧隨即召見了王兆國，這個抵制批鄧的青年幹部就銘刻在鄧小平腦海裏了。

不過這次王照華在大會上強調，王兆國的越級提拔，並不是鄧小平一言堂的結果。鄧小平在向中央人事安排小組推薦了王兆國之後，中共中央組織部專門做了多次考察。湖北省委也反映，王兆國已經列入了省的後備幹部名單。後來，胡耀邦到湖北視察時也專門召見了王兆國，印象也很不錯。王兆國於一九八一年調中央黨校受訓。就這樣，中央經過考察和斟酌，決定將王兆國挑選來擔任全國青年的頭號帶頭人。

王兆國有沒有缺點？王照華這次在介紹中用大量篇幅讚揚了他畢業於哈爾濱工業大學，"黨性強"、"堅持原則"、"有魄力"，等等符合幹部革命化、年輕化、專業化、知識化的四化要求之後，比較少見地提出他有三條不足：第一，他對"老同志過於尊重"；第二，他長期在基層從事技術工作和企業管理，缺乏從事青年政治思想工作的經驗；第三，他的知識結構有所欠缺，對文史哲經少有涉獵，文學書籍中"只讀過中國古代四大名著"。

王照華講到這裏，台下響起一片嗡嗡的低聲議論：這三條，對於從事全國團的領導工作來講不是致命傷嗎？

但是由於當時在任的團中央書記們分頭軟硬兼施，團中央委員們這次沒有人公開發難，王兆國順利當上了團中央第一書記。胡錦濤當時雖不是團中央委員，但以團省委書記的身份，率甘肅代表團參加了這次全會。

兩個多月後，在團的十一大又經全體代表投票，新班子正式當選，實現了團中央的改朝換代。

歡送前朝舊人

胡耀邦對團中央新一任班子寄予厚望。前一任班子在組成時受到華國鋒、汪東興等人的左右，後來再想"摻沙子"，也還是不理想。這次全部推倒重來，另起爐灶，應該最能推行黨中央的意圖了。

在組建新班子時，黨中央開始有個考慮：王兆國、胡錦濤和劉延東等人過去都沒有從事過團的領導工作，為了新老交替搞點傳幫帶，同時也體現不要對舊班子全部趕走，那麼留下一兩個老的團中央書記是否更適宜呢？原來團中央書記處的核心人物韓英、劉維明、周鵬程和王建功等人要調走，是確定無疑了。上屆團中央書記中唯一一位女性李海峰，雖然在新一屆書記處中留任，但是事先就有考慮，有合適去處就安排，團代會後沒有多久果然調走了。不過，黨中央當時決定留下在前一屆班子中分管宣傳的高佔祥。

　　胡耀邦、萬里和胡啓立等人，早在"文革"前就認識北京印刷工勞動模範、擔任過北京團市委副書記的高佔祥——他的經歷與李瑞環和張百發頗爲類似——認爲高爲人正派、刻苦、穩重。

　　大陸由團中央主辦的一家雜誌《中華兒女》，一九九五年第六期上發表了一篇《鐵匠出身的部長高佔祥》，其中寫道：

　　在一九八五年舉行的中央書記處會議上，胡耀邦主持會議，耀邦提出能否選拔四十歲左右的同志擔任省委書記的問題，萬里說，怎麼不行，我們擔任省委書記的時候還不到四十歲嘛！於是會上作出決定由高佔祥出任河北省委書記。時值高佔祥正在團十一大上任祕書長，準備繼任團中央書記，選票都印好了。王兆國在中央書記處會議上提出，團中央需要佔祥同志留下，而且閉幕詞還要由他作呢。耀邦說：閉幕詞還由他作，然後去河北，這叫做"題詩一首，揚長而去"。在致完閉幕詞後，高佔祥趕赴河北就任省委書記……

　　這番話，寫得生動，但錯誤百出。

　　首先年代錯了，團十一大是一九八二年底召開的，而不可能是一九八五年；其時王兆國還沒有資格參加黨中央書記處會議；而且據信恰恰是他向中央提出最好高佔祥不必留任。團十一大開完正是除夕，高佔祥也沒有致完閉幕詞就跑到河北去——那時，只是決定他要調任，去向何方，中央還在大費周章呢。

　　不過有一條說對了：黨中央確實是在最後一刻才決定高佔祥離開的。

　　且說在團十一大舉行時，高佔祥擔任主席團祕書長，在印好的團中央委員候選人、團中央常委候選人和團中央書記候選人這三種選票上，都列有他的大名。十來天會議，高佔祥忙前忙後，廢寢忘食。但是到投票前一夜，突然傳來指示：黨中央改變了主意，決定高佔祥不進新的團中央領導班子。

這一變故來得十分突然，出乎上上下下意料之外。後來據知情人透露，投票選舉團中央委員前夕，黨中央書記處例會，有人提出，"新的團中央主要負責人"要求高佔祥不必留任——他們不希望有人在旁邊指點、掣肘。選舉在即，重新再印委員和常委選票已經來不及了，中央發話："（儘管不當書記了，）佔祥同志可以進（團）中央委員會和常委會嘛"。

高佔祥的去向後來一度十分困難。他作為團中央書記處書記，屬於副部級幹部，如何安排？中央徵詢剛接替王任重的中宣部長鄧力群的意見，是否可以調到中宣部擔任副部長？鄧力群一口回絕：我這裏副部長已經擺不平；中央又問國務院文化部部長朱穆之，是否可以接受高佔祥擔任副部長？朱穆之也婉言拒絕。幾經波折，最後還是河北省委第一書記高揚說，到我這裏來吧。於是高佔祥才走馬上任去當了河北省委書記，名列第四把手。幾年以後，他被調回北京，終於當上文化部常務副部長，中國文聯黨組書記。這是後話了。

高佔祥並不一定很想留在團中央與新的一屆班子共事，但是這麼倉促地走，也未見得愉快。胡錦濤其時尚未正式參加團的領導班子的工作，靜觀其變。不過，他大概會從這件事中品味出，新班子人事複雜，要多加小心。

撤銷少工委之爭

胡錦濤上任之初，書記處各成員坐定席位了，按照慣例是要從上而下地確定各層幹部是升，是降；對於團中央這麼個年齡限制更嚴、過渡性質更強的機構，許多人還面臨抉擇：是去，是留。與人事更迭相聯繫的，還有一個機構部門的裁撤合併問題。

　　中共治下有一個常見的規律：每隔一段時間人們驚覺機構重迭，精兵簡政的呼聲日益強烈；動一次手術，合併一些部門，減少一些人員；過一段時間，又慢慢恢復一些機構，或者再重新建立一些部門。王兆國在團代會舉行之前，由於上任之前中央的指示和他自己的調查了解，已有了裁撤團中央部門的腹案，新的班子建立之後，再斟酌一番就要付諸實施。原來的青工部、青農部，並成了工農青年部；原來的文體部，並入了宣傳部成為一個處。原來的少工委也屬於要裁撤的目標，打算將這一部分業務並入學校部。

　　團中央是個比較特殊的機關，其特殊，緣於前面提到的團組織的兩重性，對外要維持共青團作為“青年群眾組織”的形象，在內部則是不折不扣的黨的青年工作部門。於是便出現這樣奇特的機構設置方式：

　　中華全國學生聯合會（全國學聯），對外是與團中央並列的機構，內部只是團中央學校部之下的大學處；

　　中華全國青年聯合會（全國青聯），對外，在名義上凌駕於團中央之上——按其章程，是共青團“加入”青聯，成為其“團體會員”；內部來看，它只是團中央下面的一個部——統戰部，統戰部的部長，兼任全國青聯的祕書長，負責實際操作。

　　所以，在理論上，少工委的機構設置問題，也可以比照上述兩個機構來辦理，即：對外名義上是“獨立的機構”，內部歸並到團中央學校部成為其下屬的一個處。

　　但是沒有想到少工委和下面從事少先隊工作的幹部，提出了強烈的質疑和反對。他們的主要理由是，少年兒童工作與團中央學校部的工作對象、性質、任務非常不一樣，一合併只能是變相取消這項“在新時期十分重要”的工作。

　　他們的反對，或許有保住自己既得利益的考慮，但是其理由擺在桌面上，也還是相當有理有據。在團的十一大上，少工委副主任李啟民不僅找到王兆國、高佔祥，以及說得上話的前團中央諸多同事、上司，而且找到會議簡報處的工作人員，要求將這一要求寫進內參，送到黨中央有關部門重新考慮。

甫上任的胡錦濤，也接待了並傾聽了李副主任的幾次申訴。後來在廣州召開的全國兒童工作會議上，他又聽取很多老兒童工作者的意見。幾經研究，四面八方要求團中央慎重處理撤銷少工委之事的大有人在，最後團中央書記處打消了原來的念頭，將少工委還是作為團中央一個相當於部的部門保留了下來。

對於胡錦濤來講，不論他當時想到沒有，這件事都對他大有助益：因為他多了這項分管工作，接觸面也就更廣，尤其是接觸到了許多中共元老們的夫人們。這些夫人，不論其丈夫在世或去世，多有很強烈的干政企圖心和能量，甚至比起丈夫來更少顧忌："老大姐"怕什麼！而包括康克清、鄧穎超在內的許多元老夫人，是在各種關心培養少年兒童的基金會、委員會工作。胡錦濤在團中央旗下少工委這個少年兒童思想教育的最高領導機構掛帥，無疑就與這些夫人們有了很多打交道的機會。而她們一定會對丈夫們講起對胡錦濤的好印象，在未來元老們有機會推薦安排提拔什麼人的時候，他們自然而然也會想起夫人們所讚揚過的那個"小胡"。

團中央的四部分力量

團中央機關麻雀雖小，五臟俱全。而人員也相當複雜，大體上分為四類：

第一類是胡耀邦時期就來到團中央機關裏工作至今的一些老人。多年來，從事團的工作的幹部中，一撥又一撥，能提拔的都提拔了，剩下這些人，都文化不高，能力不強，難以提拔調任到別的更顯赫崗位上。但是他們對黨忠誠，對團也忠誠，為人正派純樸，與被重用的大批"共青團派"（包括胡耀邦、胡啓立本人）有密切的私人情誼，能直通天庭。

第二類，前任團中央第一書記韓英時期調來的幹部，這些人多半是從工礦縣城調京的政工幹部，官場打滾的經驗極為豐富，很多人互相呼應，盤根錯節，多半佔據團中央機關的部、處中層崗位，執掌了不容小覷的實際權力。但多數沒有文憑，又失了靠山，一時勢頭受挫。他們中許多人趕快進入各種函授、刊授學院或者夜大電大，設法弄個文憑；同時在團中央新的負責人面前盡力表現自己。

第三類，是一九八二年以後新進團中央機關的大學畢業生、研究生。這些人，尤其是高考制度恢復以後最初幾屆畢業生，年齡偏大，與前述第二類不相上下，但是他們有文憑，沒經驗，正好與有經驗沒文憑的前一類人相反。他們中間許多人也雄心勃勃，打算在政界好好施展一番，不過，他們在團中央畢竟一時沒有來得及形成勢力。

麻煩的是第四類：前一兩年黨中央給團中央摻沙子陸續調來的太子黨陳昊蘇、何光煒等人，他們人數並不多，但是由於是空降來的，所以佔據重要地位；而又由於他們知道，到團中央工作時間不會太長，這只是一個通向別的更高職務的跳板，用不著在這裏有什麼長期打算，這樣他們除了對權力要實實在在把握之外，別的並不那麼看重。他們瞧不起玩小把戲顯示賣弄的工農幹部，又與後來居上的王兆國、胡錦濤扞格不入，常常到"伯伯叔叔"那裏打小報告。不過他們拿不出打開"新時期"青年工作局面的妙策，調到別處也無甚建樹。

當然，如前所述，太子黨也不是鐵板一塊。像陳昊蘇，是研究軍事史出身，當年他的父親、中共著名的儒將陳毅，對他寄予厚望。他愛好舞文弄墨，書生氣十足，不像一般官員那樣好弄權勢，也不那麼謹言慎行——在他來講，或許是無所求也就無所畏。他自己的興趣，更多地在於戰爭史。談起戰例，如數家珍；而混跡官場，如坐針氈。

這樣的性格和領導風格，與團中央那些基層來京的機關幹部（第二類），自然難以說到一塊去，倒是與更後來從大學畢業分配到機關來的新幹部有些共同語言。他的思想也逐漸趨向於開放。本來在團中央當書記時，他還狠抓共產主義教育，認爲青年尤其是他所分管的學校部的工作對象——大中學生，"非政治化傾向"要抓緊扭轉；可是後來在調任北京市副市長轉管文化教育和衛生，形象大變，深爲李錫銘和陳希同不滿，說他"向右走得太遠"；再後來，他在北京市開黨代會之前識相地提出不參加差額選舉，被調任國務院廣播電影電視部副部長主抓電影時，更是"近朱者赤，近墨者黑"，思想更加"自由化"，與中宣部長王忍之、廣播影視部部長艾知生等人更尿不到一個壺裏。終於在一九九〇年三月七日，被安插了一個中國人民對外友好協會副會長的"閒差"，一當十年，到二〇〇〇年扶正當了會長，在政壇幾近完全消聲匿跡。他是胡錦濤的同齡人，作爲當時稱得上年富力強的帥門之後，這種經歷相當異乎尋常了。

如果說陳昊蘇對王兆國、胡錦濤看不順眼，主要是他的書生氣與他所認爲的官場習氣頗有隔膜；何光煒則完全是出於權力的計較了。

何光煒是另一種類型的"太子黨"，就像他的父親何長工沒有陳毅那樣的滿腹經綸一樣，他也是典型行伍出身，又嫻於權術。而倚仗父輩餘蔭，口氣狂妄。在公開場合，他滿臉不屑地當眾評論另一個軍隊團幹："他神氣什麼？！我們那時候，他還在穿開襠褲！"那麼，依此類推，王兆國、胡錦濤這樣的幹部，更不在他眼裏。集結了一些因爲王、胡來團中央而權力地位受到威脅的人，他們不時鬧點地震。

這些人擒賊先擒"王"　王兆國。

之所以如此，不僅由於胡錦濤也可與"太子黨"扯上點關係，因其岳丈的關係，他雖非"太子"也可算是"駙馬"；而第三把手劉延東是如假包換的"紅色後代"，其父親劉瑞龍論資格比陳毅、何長工並不遜色什麼，他一九二六年秋入黨，參加過長征，官至華東野戰軍第二副參謀長兼後勤司令、第三野戰軍後勤司令兼政委；中共建政後擔任過上海市委祕書長、國家農業部常務副部長兼黨組副書記，一九八三年又當上六屆全國人大常委。相比之下，王兆國沒有這些顯赫背景，只是自恃爲鄧小平點將來此，鋒芒畢露，上升勢頭正猛，成爲"太子黨"集中攻擊的目標。站在第一把手身後保持低調的胡錦濤，作爲團中央直屬機關黨委書記，與管後勤行政的何光煒工作接觸甚多，二人還能相安無事。

但後來情況逆轉：王兆國調升中辦主任之後，胡錦濤接替團中央第一書記，沒了屏障，首當其衝；王兆國這時翅膀稍硬，也不是他們幾個人能扳得倒的了。於是有人便退而求其次，來跟胡錦濤爲難了。

作風嚴謹，通情達理

在個人生活待遇上，胡錦濤非常注意影響。

他的妻子劉永清隨他一起調回了北京，開始安排在團中央屬下的中國青年旅行社工作，不久，胡錦濤就設法將她調到北京市建委，一來這樣更"專業對口"，便於她發揮才幹；二來也避免"瓜田李下"，將來若遇到提級、獎勵之類的事，不至於被人說是"一人得道，雞犬升天"。

他到團中央之後，機關總務處在機關大樓旁邊，同樣位於前門東大街旁的團中央宿舍樓裏最西頭，按照其級別，給胡錦濤分了兩套三室一廳的住房。因爲靠西，每到夏天下午傍晚，房間裏熱得像蒸籠，這樣的住房在幾個書記中間是最差的。胡錦濤毫不計較，總是說："機關住房緊張，這就很不錯了。"一住就是好幾年。

　　上級官員下基層時的"吃喝風"一直是中共屢禁不止的頭疼難題。說實話，上級官員未見得個個都是老饕或者酒囊飯袋，但有時形勢使然，不得不逢場作戲。團組織本不是有錢有權的實力機構，但是團中央書記到了省市自治區，團省委同樣要山珍海味，還要請來中共省委第一書記或者分管共青團工作的省委書記、省委宣傳部長等政要，一起入席。

　　團中央官員遇到這種情況往往頭痛不已：他們都在政治上有一番企圖心，並不想沉溺於口腹之樂，而這麼大吃大喝，如果有人告到中紀委，倒有可能斷送前程。可是要想抵制吧，又會鬧得上下關係緊張。例如後來調來任書記處書記的李源潮（後曾任國務院新聞辦公室副主任、文化部副部長，現任江蘇省委書記），當時也是一位書生氣較足的官員，下去時堅持要遵守中央規定的"四菜一湯"，否則就不肯入座就餐，或者堅持要自己付費。下面團省市委接待者當然不允，於是弄得場面僵持，有時團省、市委書記很是下不來台，事後一肚子意見。

　　胡錦濤對這種問題有他的高招。他對手下的人通情達理地解釋過，下面團組織盛宴招待，也是有他們不得已的苦衷的：他們想藉團中央書記來視察的機會，與省委官員們溝通一下，聯絡感情。你要"堅持原則"，"不留情面"，硬不給他們面子，反而會將事情搞砸，給該省團的工作帶來阻力。胡錦濤在面對下級設宴時，表現出相當的靈活性。他在剛到達當地時，會有言在先，要求團省委負責人"不要過分奢華鋪張"，進餐要儘量簡約、簡單；但是當團省委安排好了正式場合，當著赴宴餐敘的省市委負責人，他又善於應對，與那些諸侯們觥籌交錯，給團省委一個大大的面子。

　　在視察期間，他也不為交錢的事與接待人員推讓拉扯，但是回京之後，他會要求他的祕書給團省委將錢寄去。其中廣為人知的是到廣西視察，就遇到非赴宴不可的情況，胡錦濤回京後，令其祕書葉克冬，寄去三十元錢——這在當時，也相當於他一月薪水收入的十分之一了。

　　對胡錦濤從實際出發，團中央機關幹部還能回憶起許多小事。當時團中央機關強調"保持耀邦時期的好傳統"，沒有雇專人打掃大樓裏的清潔衛生，各辦公室內由科室幹部自己打掃，各樓層走廊、廁所和樓道，則由該樓層科室幹部分片包幹，每天早上輪流值日打掃。對團中央書記們和部長們也一視同仁，排進了輪流值班的名單，懸掛於每樓走廊。

　　王兆國每次輪到自己時都準時來到，掃地拖地倒垃圾；而胡錦濤則不一樣——他基本上沒有打掃過。與他排在一天值日的團中央研究室一位青年幹部雖然每次都得多幹，對胡錦濤這一點倒是頗為理解和讚賞：這說明他實事求是，不擺樣子。眾所週知，胡錦濤每天晚上總是要在辦公室工作到凌晨兩三點才回家——電梯關閉了，大樓的大門也鎖了，他每次得步行下樓，到傳達室叫門衛起床開門才能出得去。書記就是書記，不是清潔工，他為全團的事已經耗盡心力，每周值日早上他何苦要走過場、裝門面，來揮舞一下掃帚拖把？

　　團中央人士對胡錦濤的好學也看在眼裏，頗有好評。儘管他每天工作到深夜，但他起得很早，抓緊時間通過廣播電台的英語節目學英語。他在中學和大學學的是俄語，而中國面臨的現實和未來，俄語用處並不太大，英文顯然更有用場，於是胡錦濤在繁忙的工作中趕快補課。他還如飢似渴地攻讀國內和國外社會學、政治學、心理學、管理理論以及文化方面的書籍。

　　胡錦濤的謙和也讓團中央部下和外邊人士有口皆碑。吳稼祥在《信報》的專欄文章中比較過江澤民和胡錦濤，說江澤民在當總書記之前可以送最新款的電視到鄧小平家，並趴在地上去調試；當上總書記之後，可以不接鄧夫人卓琳的電話，"氣得老夫人幾乎要尋短見"。胡錦濤則"為人極其謙和。他對誰謙和，與那個人的權力大小似乎沒有多少關係"。吳稼祥舉了這麼一件例子：

　　我有一個朋友Ｌ，他的同學曾經給當時是團中央第一書記的胡錦濤當祕書。Ｌ打電話找他的同學，是胡錦濤接的電話："他這會兒不在。"

　　"你是誰呀？"Ｌ大聲問。

　　"我是錦濤。"聲音很溫和，但是聲調不高。

　　"你是誰？"Ｌ提高了聲音問。

　　"我是錦濤。"那邊重覆了一次，聲音照樣溫和，語調沒有升高。

　　"你能大聲點嗎？我聽不清你的話。"

　　"我是錦濤。"聲音略微提高，語氣沒有改變。Ｌ終於聽明白了，說聲對不起，馬上掛斷了電話。

王兆國先盛後衰，胡錦濤後來居上

　　在一般人的印象裏，提到胡錦濤，往往聯想到王兆國——儘管現在他們兩人的地位已有了不小差距，一個是中共中央總書記、中國國家主席、軍委副主席，另一個僅為中共中央政治委員、十屆人大常委會副委員長、全國總工會主席；而當年他們兩人在一起共事時間其實也不算長，不到一年半：從一九八二年十二月底雙雙被"選為"共青團中央書記起，到一九八四年五月王兆國"更上一層樓"，被任命為中共中央辦公廳主任為止。雖然王兆國的團中央第一書記頭銜後來還繼續掛了一段，胡錦濤直到該年十一月底才獲黨中央任命、團中央委員會全會選舉正式接任共青團第一書記，但是王兆國在這半年中實際上只能全力以赴應付中央辦公廳那攤撓頭事務，不可能抽出精力來考慮團中央工作了。

　　人們將兩人相提並論的這一印象，也並非毫無道理。胡錦濤與王兆國，確實具有很多共同點：

　　他們年齡相仿，王兆國出生於一九四一年，比胡錦濤大一歲；都是六十年代初的大學畢業生，同具理工科背景；他們都曾經在文革期間前往邊遠地區從基層幹起；尤其是，他們都是在一九八〇年代中共權力結構新舊交替之際，被鄧小平等中共元老發現、甄選，前後腳提拔上來的。

　　而人們之所以將他們兩人連在一塊兒，關鍵還在於他們都被列入了中共政壇上的"共青團派"　與胡耀邦線上有了瓜葛；現在，二人又都被列入中共第四代"跨世紀接班人"。

　　胡錦濤與王兆國兩人的仕途運氣，雖然都被人們看成少年得志，平步青雲，都有戲劇性的冒升，但是如果要將兩人的官場軌跡畫出圖來細究一番，區別也一目了然：兩人上升曲線的峰值有五六年時間差。

　　王兆國先盛後衰：剛過不惑之年一步登天，大紅大紫，而後樂極生悲，降級安插，雖然近年緩慢回升，但畢竟由中央大員降為地方官員和部門主管；胡錦濤則後來居上：到京城工作後起先在級別上總比王兆國略遜一籌，從團中央第一書記任上又外放到最艱苦的邊疆省份轉任諸侯多年，年近天命時來運轉，一下成為"六人之下，億人之上"的"黨和國家領導人"之一。

　　按時間排列起來，更可以一目了然。

　　一九八〇年：

　　胡錦濤，甘肅省建委副主任（副局級）；

　　王兆國，第二汽車製造廠車廂分廠黨委書記（正處級）。

　　一九八二年初：

　　胡錦濤，職務同上；

　　王兆國，第二汽車製造廠副廠長（副局級）。

　　一九八二年底：

胡錦濤，共青團中央書記處常務書記（副省部級），中共中央候補委員；

王兆國，共青團中央第一書記（正省部級），中共中央委員。

一九八四年底：

胡錦濤，共青團中央第一書記（正省部級）；

王兆國，中共中央辦公廳主任。

一九八五年底：

胡錦濤，貴州省委第一書記（正省部級），中共中央委員；

王兆國，中共中央書記處書記兼中辦主任。

一九八七年：

胡錦濤，職務同上；

王兆國，福建省副省長、代省長（正省部級）。

分析二人的軌跡，可以看出，王兆國是在一九八七年猛然下降，落到一直平穩前進的胡錦濤之後的。

一九八七年，發生了什麼？

一九八七年，在中國政壇上最大的變故，是胡耀邦在年初被保守派元老們以非正常更迭程序逼迫下台，辭去總書記職務，保守派掀起了一股向黨內改革派和社會上的民主勢力的全面進攻；但僅僅幾個月，接替中共中央總書記職務的趙紫陽化解了這一次進攻，隨後在黨的十三大上提出"社會主義初級階段"，並初步嘗試政治體制改革──這就是王兆國地位猛然下降的外部時代背景。

為什麼胡錦濤地位未受影響？不少人分析說：在中共政壇上發生激烈動盪之時，王兆國身居關鍵崗位，處在旋渦中心，胡錦濤則遠隔千山萬水，遠離風口浪尖。此說有理。但是還不夠，還得具體分析兩個人的思想理念、經驗素質和為人風格等內在因素。

這裏不妨將二人在團中央的表現作一番切近對比。

"天生一把手"和"天生二把手"?

共青團十一大之後，團中央機關很快對王兆國與胡錦濤有了這樣的評價：兩人是最佳搭檔，王兆國是"天生的一把手"，胡錦濤是"天生的二把手"。這話有阿諛奉承之嫌，更多地是吹捧王兆國——即使也多少吹捧了胡錦濤，胡錦濤聽了內心深處也未見得真正高興吧。

事過十多年再來看這句話，其謬可知：王兆國後來當過福建省副省長、代省長，當二把手不也得好好幹？而胡錦濤後來在地方上不也一直幹一把手？——"將相寧有種乎？"

實際上，團的幹部，不論是機關幹部，還是下面團省市委的幹部，一般都視胡錦濤為"總管"。王兆國在一九八三年春天就患了腹膜炎，住進了醫院，儘管後來病情控制住，開團中央書記處會議時能夠回來，到中南海匯報時少有缺席，團中央書記們與各部部長更不時到醫院去匯報請示工作，但是畢竟是胡錦濤是在團中央機關坐鎮，也是胡錦濤在各省市基層奔走視察。

要是說兩個人的性格，確實反差強烈：王兆國顯得魄力十足，敢於拍板決斷；而胡錦濤則謹慎細心，有條不紊；王兆國強橫僵硬，胡錦濤柔韌圓融——這當然說的是對下屬，對上司，兩人並無太大差別，王兆國在元老們面前，表現得也唯唯諾諾，非常溫順。

胡錦濤與王兆國自從當上團中央書記之後，兩人都接連被戴上各種烏紗帽。

比起來，王兆國的頭銜多超出了共青團單一領域，而開拓了更大活動天地：中共整黨工作指導委員會委員，中日友好二十一世紀委員會中方首席委員，還以"湖北代表"的身份，參加第六屆人大，後被選為常委……而胡錦濤的頭銜，則多在共青團領域：全國青聯主席，少先隊工作委員會主任……即使於一九八三年當上了第六屆全國政協常委，也是以青年組織代表身份佔據一席之地。

王兆國初次從湖北十堰山溝來到京城，急於建功立業，向中央交出像樣的答卷。他一來到團中央機關，就張羅著要求各部各處畫大幅的"業務流程圖"，懸掛於牆，說"要建立科學的管理程序"　他很清楚，與其他多年從事政治工作的幹部比起來，自己的優勢是在基層搞過現代大企業管理。那麼就要發揮自己的長處！

與王兆國相比，胡錦濤雖然在基層也幹過一段時間，但是多半歲月是在基層機關——一九六九年，他就成了水電四局的分局祕書，一九七一年成為分局機關黨總支副書記；而一九七四年起他更到了省府機關當祕書、副處長，對中國的官場文化更有切身體驗。

胡錦濤一九八○年已經被提拔為省建委副主任，算是副局級了，比起當時僅為處級的王兆國算在官階上高攀了半步，但現在王兆國由鄧小平親自發現、黨中央鄭重安排，一下跳到了省部級，氣焰高熾；而自己被挑選來作他的助手，那麼不論從哪方面計，他都要首先尊重王兆國。見報、排名、座次、合影等等出頭露面之事，他都儘量突出王兆國，自己往後側身；在作重大決策時，他讓王兆國作最後決定，自己則堅決認真地執行。

機關幹部很快就發現，王兆國愛訓人，不僅一般幹部，而且有一定級別的同僚下級，他都很不客氣地訓斥——甚至是當著其他下屬公開訓斥。在他，可能是想表現自己不講情面，鐵面無私，但難免給人以倚仗權勢、盛氣凌人之感。有時他把握不好分寸，甚至訓得越了界。

一九八三年春，新的團中央抓出一個大典型：自學成材的殘疾女青年張海迪。正當全國宣傳如火如荼之時，最開始報導這一典型的新華社記者，發現一些疑點，例如，張海迪參加全國高考所得的分數，是否如她在演說中所講的爲四百二十四分？他們寫了一份內參，按照新華社的有關規定，向上匯報。

這份內參，王兆國按照其級別也能讀到，他一看大發雷霆，竟叫來新華社那幾位記者，劈頭蓋腦地訓斥："張海迪是你們發現的典型，團中央正在宣傳，全國反映強烈，你們自己現在又否定，出爾反爾，還背著團中央往中央捅，你們這樣做，是想幹什麼？"不僅如此，他還馬上打了電話給新華社負責人，表示了強烈不滿。而新華社那位負責人居然也向王兆國表示歉意。

共青團中央第一書記，有什麼權力向新華社發號施令呢？新華社負責人不是不懂組織程序，之所以買王兆國的帳，並非看他眼前職務，而是像做"期貨"生意一樣，充分地估計到王兆國未來在政壇上可能"增值" 畢竟他是鄧小平親自發現、遴選，委以重任的，而黨中央一把手胡耀邦又是共青團前"團魁"，誰知道王兆國今天是團中央第一書記，明天早上被任命的新職務是什麼？

王兆國唯上是聽，胡錦濤較爲民主

據知情人回憶，在團中央期間，人們不是一次兩次，而是十次八次地聽王兆國嘀咕過："不知道老頭子們怎麼看？"有時候一個活動搞完了，群眾掌聲如潮，但王兆國仍然忐忑不安，他要聽到"老頭子們"那邊傳話過來表示滿意，才將一顆懸著的心放回肚子裏。

一九八四年，胡耀邦代表中共邀請日本三千青年來華訪問，接待任務主要落到團中央頭上。王兆國此時正是炙手可熱：他於五月走馬上任，接替喬石擔任中共中央辦公廳主任，又由胡耀邦提名，擔任了中日友好二十一世紀委員會的中方首席委員——這本是一個民辦機構，日方的委員大都是教授學者，但是中方的委員卻官方色彩極濃，除了王兆國外，擔任委員的還有團中央書記劉延東。以王兆國當時團中央第一書記和中日友好委員會首席委員的雙重身份，接待三千日本青年毫無疑問是他份內之事，而中共中央辦公廳主任這一身份，使他的指示更有說一不二的份量。爲了確保活動不出岔子，他特地回團中央召開了一次範圍不算小的幹部會議，毫不含糊地要求，今後幾個月中，團中央要將接待好三千日本青年作爲"頭等大事"，機關各部門和直屬單位"要派出最強的幹部"到接待第一線。

會上繼許多書記和部長表態說"兆國同志講話非常重要、非常及時"之後，團中央書記處排在最後一位的書記宋德福發言，照例先來了"要認真領會兆國同志講話"一個帽子，隨後婉轉地提出，是否可以將"派出最強的幹部"這一說法改爲"派出最適合的幹部"？——儘管團中央機關和直屬單位按要求要派出三分之二幹部參加中日青年聯歡的組織宣傳，但還有其他許多工作，也不能耽誤，留在家裏的也有三分之一的力量，總不好說他們都是"老弱病殘"吧——宋德福當時也是留在機關負責處理日常工作的。

應該說，這是一個不致於挫傷留在機關的幹部積極性的合理化建議。但是王兆國聽了之後，臉色一沉，說，"喔，'最適合的幹部'。但是——"，他以更強硬的語氣、更激烈的語言，嚴厲指出：任何部門不準搞"本位主義"，別的工作可以停，圓滿接待三千日本青年，這是全團的大局，只許辦好，不許辦壞！不管是哪個環節，誰要是影響了這個大局，就要立即追究，立即處理！

全場數十名團中央副部長以上幹部鴉雀無聲，宋德福面無表情地聽著，再沒有開腔，他心裏怎麼想，不言而喻。

還有一個例子，也和新華社內參有關。

一九八五年全國改革熱潮高漲，上上下下各級團組織也出主意想點子，一是要想順應團員青年的要求幹幾件露臉的事，二也想推動團組織本身改革，使共青團在改革開放熱潮中定好坐標，提高團組織在當地黨政首長心目中的地位；三也期望多少使團組織小錢櫃裏增加一些票子。團中央書記李源潮去四川出席探討團組織在新形勢下如何定位的座談會，在會上發表看法，肯定某些省市共青團組織開設企業的嘗試。他的這個看法，被與會的新華社記者整理出來寫成一份口氣相當客觀的"內參"，報給了中央。

當時已經高升爲黨中央書記處書記的王兆國讀到了，又聽到中央某些元老對"團辦實業"這一嘗試不以爲然的風聲，突然光臨團中央一次處級以上幹部會議，當著李源潮的面，不點名地批評這種主張"改變了共青團組織的性質和宗旨"。王兆國口氣激昂地說："我相信，現在的共青團即使取消了，一定會有一個新的組織，承擔用共產主義思想教育青年、動員青年的使命！"這番話聲色俱厲，卻離題十萬八千里，與會代表不知何所指，弄得一頭霧水，李源潮十分尷尬。而且將"團辦實業"說成是"取消團組織"，上綱之高，定罪之重，無法使人心服。王兆國後來在提到李源潮時，多次提到李"說話不慎重"。如果王兆國後來沒有遭貶抑，很難設想李源潮是否還能在官場上晉升。

在王兆國一路順風高升時，或許人們敢怒不敢言，但是私下裏，一針見血地指出他是"唯上不唯實"。而相反的例子是：胡錦濤在機關討論黨中央、國務院領導人對團中央整黨驗收的指示時，聽到下級普通幹部尖銳批評團中央書記處"是以'走過場'的方式貫徹黨中央領導人'不要走過場'的指示"，卻心平氣和地傾聽，交換意見。團的幹部，不論是機關幹部，還是下面團省市委的幹部，一般對王兆國要麼敬而遠之，要麼拍馬逢迎；而有真心話多願意對胡錦濤講。

從兩條戰線建立自己的班底

　　與身為團中央一把手和中共中央委員的王兆國相比，身為團中央二把手和中共中央候補委員的胡錦濤，與中南海的聯繫自然要少一些。

　　一個最明顯的例子是：有一段時間，胡耀邦到哪裏視察，都要帶上王兆國。例如，八四年年中，一個月內，胡耀邦竟帶著王兆國好幾次出行，視察了廣西、廣東、山東勝利油田，許多對中國青年的要求，便隨時當面直接提出，讓王向團中央書記處傳達貫徹。當時全國青年大搞採集草種樹種支援甘肅的一項活動，就是這樣發源的：一九八三年七月，胡耀邦帶著王兆國等人視察甘肅，胡耀邦對如何改變以定西地區為代表的甘肅中部十八個乾旱縣的窮困面貌，特別關心，要求這兩個地區的五萬多名幹部帶頭種草植樹。當天晚上，胡把王兆國找去商量發動全國，主要是北方青少年義務採集草種樹種支援甘肅改變面貌。王兆國當晚就打電話給北京找胡錦濤，要求團中央書記處立即籌劃部署，隨後團中央召開電話會議，向各省、自治區團組織布置任務，並向全國青少年發出了號召書。

　　胡錦濤也被胡耀邦召去隨同視察過，但沒有王兆國這麼頻繁。依他的性格，他也不願引起王兆國的疑忌，而寧願有所避諱。不過，胡錦濤到了這個位置上，不管他自己怎麼想，權力就是吸鐵石，不少人被之吸引過來。比起王兆國，胡錦濤有了更多的渠道廣為培植實力。

　　這主要是兩條線。

　　一條，是通過與團中央各部門和各省市團委負責人的工作聯繫。胡錦濤是團中央機關黨委書記，在王兆國因病住院之後，又兼管組織人事。不僅凡屬幹部升遷、考核、轉業，他都有極重要的發言權；甚至在分房、困難補助、家屬調京指標等問題上，他也給以關心。他的設身處地，關懷入微，使許多人印象深刻，贏得了相當一部分幹部的感情；尤其為人所稱道的，是他的通情達理，考慮細密，對於不同意見，絕不像王兆國那樣急於推行上級意圖，遇到自己認為的不得力之事、不得力之人，就疾言厲色；而胡錦濤則有商有量，既堅持原則，又留有餘地。十年樹木，百年樹人。胡錦濤這方面打下的基礎，在十年後他進入最高決策圈之後，就顯示出非同一般的功效了。例如，與後來在一個又一個顯赫的崗位上執掌權柄的王樂泉、王厚宏、劉雲山、張福森、孫家正、賈春旺、劉玉浦、黃華華、韓正、伍紹祖、張維慶、杜青林、錢運錄、季允石、強衛……等人，他都早在八十年代前期就建立了與這些各省市共青團負責人良好的思想溝通和感情聯絡。

如果說，胡錦濤與各級團幹部加強聯繫，就是為與明日政壇之星的關係作好鋪墊；那麼他的另一條線，就更是王兆國所不具備的了：那就是與青聯常委中那些青年精英的交往，與文壇、藝苑、思想理論界、企業界等等各條戰線的明日之星的聯繫。

前面我們介紹過團中央表面上隸屬於全國青聯、實質上全國青聯隸屬於團中央的奇特關係。這裏我們再詳細說說青聯。據全國青聯二〇〇〇年的正式資料：青聯實行團體會員和個人會員制，現有會員團體四十七個，其中全國性團體會員十二個，即共青團中央、全國學聯、中華基督教青年會全國協會、中華基督教女青年會全國協會、中國青年企業家協會、中國青年鄉鎮企業家協會、中國青年科技工作者協會、中國青年實業發展促進會、中國青年志願者協會、中國青少年研究會、首都青年編輯記者協會、中國青年工作院校協會。個人委員由各會員團體推薦、經與全國青聯協商產生的代表和特邀的各族各界青年的代表出任。本會的最高權力機關是全國委員會，每屆任期五年。全國委員會設主席一人，副主席若干人。常務委員會下設祕書長一人（祕書長才是全國青聯的真正主管，通常由團中央統戰部部長兼任）、副祕書長若干人。目前，全國青聯下設祕書處、協調工作部、民族宗教工作部、文體部、科技部、教育部、社團工作部、人力資源開發部、港澳台聯誼部、國際聯絡部、旅遊部。全國青聯主辦的刊物有《中華兒女》雜誌和《全國青聯通訊》。

在胡錦濤之前，青聯歷任主席只有三位廖承志、王偉、胡啓立。

胡錦濤在清華期間就是文藝骨幹，愛好廣泛，對於當共青團領導，這是個非常有利的條件。在團中央機關聯歡會上，他有模有樣地跳過鄂爾多斯舞；他也愛打乒乓球，因爲喜歡讀書，對於文學藝術，也頗有悟性。相形之下，王兆國只讀過"中國四大古典名著"，就不可同日而語了。這對於胡錦濤團結一幫文化菁英，當然是極其有利的條件。

當時的全國青聯常委有文學評論家劉再復，作家葉辛，畫家韓美林，京劇藝術家劉長瑜，數學家楊樂，以及嚴家其、范曾、劉心武、陶斯亮、姜昆等人，這些人都在各自領域有相當影響。儘管後來有的流亡海外如劉再復、嚴家其，有的英年早逝如楊樂，有的默默無聞如跳高名將朱建華，但多數人的地位不斷提高，名氣不斷擴大，胡錦濤保持與他們的溝通，不僅有利於自己更新知識結構，提高文化素質，而且有利於駕馭社會動向，把握輿論苗頭；更不用說，不顯山不露水地擴大了自己的群眾基礎。

王兆國官運顛簸，胡錦濤長遠鋪路

了解了以上情況，爲什麼王兆國後來一九八七年被下放到福建省當副省長、代省長，就不難理解了。

王兆國和胡錦濤兩人當時都其實算不上有多少改革意識，他們的思想言行並沒有超出中共正統意識形態的框架，這用中共的術語來說，就是能堅持四項基本原則，恪守馬克思主義。他們未必能真正歸入"改革派"。他們兩人中，論獨創性，迄今都還沒有讓人看出來；不過，胡錦濤總結和歸納能力相當強，而王兆國，說得難聽點，自己並無思想可言。

從其個性上講，王兆國急於表現自己大權在握，急於表現自己有靠山，而他的權力來源過於單薄，那些職務多是由胡耀邦提議授給他的；儘管他入主團中央之後對無論哪個老頭子、對無論哪一派系也不得罪，都小心謹慎地哄好，然而畢竟百密一疏，總有照顧不到的時候——他沒有那種憑直覺憑習慣就注意到許多細節、許多曲裏拐彎關係的能力，更沒有儘快掌握《紅樓夢》中所說的"護官符"。

任何事情，如果需要有意識去注意才能照顧到，就很不妙，只有修煉得成為下意識，無須特別注意就能照顧到，才不會疏漏。何況王後來擔任中辦主任，不可能不捲進一些敏感問題——事實上，胡耀邦當時確曾交給王兆國一些本屬於鄧力群把持的中宣部管轄範圍的工作，其用意不言而喻；中辦主任這個職務又實在是非常要害，稍有不為人放心之處，就不能再接著幹下去。在他上台後，在胡耀邦下台後他被調去任副省長也就不奇怪了——據說，鄧小平曾表示：我說過王兆國可以提拔，但是沒有說讓他這麼快當黨中央書記啊！

胡錦濤則不一樣。其一，他那些職務，是其團中央常務書記的"附加值"，而不是胡耀邦等人另外授給他的，而這些職務，加重的只是其責任，並未給他帶來更大權柄，也就不像王兆國那樣樹大招風；而且他一旦到了貴州，自然而然這些職務也就卸掉了。

其次，胡錦濤確實具有那種無須特別注意就不至於疏漏怠慢什麼人和事的能力。上台之前，眾所週知，他是宋平推薦的；上台之後，雖然是與胡耀邦和胡啓立等團派關係密切，但是他也很注意廣泛鋪路，與別的實力派別儘量拉近距離，擴大自己的權力來源。這在後來風浪乍起時就顯出了效果。

就拿前面所舉王兆國對宋德福那種態度來說吧。宋德福不是個等閒之輩，他原來在總政治部工作時就很得余秋裏、楊尚昆等人青睞，後來軍委負責人還曾詢問過團中央：如果你們不打算提拔重用宋德福，就讓他回軍隊來，我們要用他！可見其人的分量。

王兆國使宋德福在下級面前大大地丟臉，也大大地窩火，"多個朋友多條路，多個對手多堵墻。"這就無形之中使王兆國與軍隊勢力之間豎起一堵墻。而胡錦濤則在自己外放夜郎國之後，向黨中央推薦宋德福接替自己，後來宋在一九八五年十一月的共青團十一屆四中全會上，當選爲團中央第一書記。這使胡錦濤與軍隊政工系統之間多了一條路。

最大的宣傳戰役

宣傳張海迪，是王兆國、胡錦濤這屆班子最大的一次手筆。

中共建政後，上上下下樹立過無數的英雄模範典型來讓人們跟隨、模仿。其中影響最大的當屬一九六三年樹立的雷鋒。毛澤東、劉少奇、周恩來、鄧小平當時都出面題詞，致使這個"對同志像春天般的溫暖，對工作像夏天般的火熱，對個人主義要像秋風掃落葉一樣，對敵人要像嚴冬一樣殘酷無情"（周恩來題詞錄雷鋒日記）的二十二歲汽車班班長，家喻戶曉，成爲中共治下最重要的精神圖騰。

這個典型是當時胡耀邦主政的團中央和解放軍總政治部一起推出的，而與當時從全軍發起、推向全黨全國的"學習毛主席著作"運動相扭結，一浪高一浪，成爲後來毛澤東大搞個人崇拜，順勢發動文化大革命的重要前提。

時過二十年，胡耀邦經歷過殘酷的"文化大革命"，有了很多深刻的反思，但是對於樹立典型這樣的問題，思想卻似乎沒有多少變化。當時黨中央讓韓英下台，說得出來的一個很重要的原因，正是他任內沒有樹立起一個在全國青年中叫得響的青年典型。其實，韓英何嘗不想如此？非不爲也，是不能也。典型畢竟不是想樹就能隨心所欲樹得起來的。

王兆國、胡錦濤上任後，一方面緊鑼密鼓地安排班底，另一方面就加緊在全國範圍內耙過來箆過去地尋找典型。

從尋找什麼樣的典型，倒是可以看出他們當時的境界和思路。在他們心目中，這個典型，得是鄧小平前一年所說過的"有理想，有道德，有文化，有紀律"的"四有新人"。有理想，當然是共產主義理想；有道德，即公而忘私，助人爲樂；這兩條，與文革前並無二致；第四條是有紀律，即要顧全大局，聽從指揮——這是針對當時某些青年對現實不滿、時有越軌的現狀而來的；值得注意的是第三條：有文化，這或許可以說是六十年代與八十年代的最大區別：中共當權者醒悟到不能再搞毛澤東的愚民政策，知識在一定程度上是搞現代化建設所必須的。當然，這一條得有其他三條管著。

問題是，這樣的典型，踏破鐵鞋無覓處！

有個笑話說："黨員""聰明"和"正直"，三個詞只能選兩個。聰明的黨員，肯定不正直；正直的黨員，肯定不聰明；正直又聰明，肯定不是黨員。用在這裏則是，團中央排列權衡和比較了當時從各條線索摸上來的模範人物，發現理想、道德、文化和守紀律，往往"極難"並存：相信共產主義那一套，又先人後己，舍己爲公的，文化卻不高；文化水平高又聲稱願意爲共產主義奮鬥的，爲人不怎樣，難以在青年中服人；在青年中享有威信，急公好義，在業務上又很有成就的，卻往往又遇事有自己的主見，不是那麼聽話，對於共產主義教條愛問個爲什麼……

幸好，得來全不費工夫。

最後山東團省委推薦的殘疾女青年張海迪被團中央選中了。她是少見的"四有"全佔上的青年典型，從代表性看只有一條不足：她是一位高位截癱患者。小時候患了不治之症被永遠鎖在輪椅上的張海迪，後來自學了好幾門外語和針灸，不僅在農村為農民治病，而且還自己翻譯和寫作了好幾本書。團中央選中她，很重要一個因素是聽說她在山東大學作報告時，上千大學生完全被她征服，佩服得五體投地——那幾年的大學生，可是讓中南海的領導人傷透了腦筋，他們居然還有能為之折服的人！

這一炮果然打響。

一九八三年三月份，團中央命名張海迪為"優秀共青團員"，舉行表彰大會，把張海迪興師動眾請到北京開大會作報告；五月份，鄧小平、葉劍英、陳雲、鄧穎超等八位元老都應團中央請求為張海迪題詞，中共中央還專門發了紅頭正式文件，要求全黨學習張海迪。本來胡耀邦也躍躍欲試擬為張海迪題詞，授意團中央也去請示趙紫陽，好一起題詞，但沒想到趙紫陽提議只請老一輩無產階級革命家題詞，胡耀邦也就不便單獨題了。

發現和樹立這樣一個轟動全團和全國的典型，王兆國、胡錦濤可以說在中央領導眼裏大大地得了一分：韓英任職團中央好幾年，沒有抓出讓青年們聽了講演之後熱淚盈眶、熱血沸騰的模範人物，而新班子上任才兩個月，居然就抓出了這麼一個堪與雷鋒雙峰並峙的特大典型！

王兆國、胡錦濤乃至團中央，本來與軍隊都沒有多少關係。這對於他們未來從政，當然是不利因素。雖然陳昊蘇和何光煒都是從軍隊來的幹部，但是他們與王、胡的關係並不是十分融洽，王兆國與胡錦濤很難利用他們這條線與軍隊搭上關係。而前述王兆國對待從軍隊來的宋德福那種態度，更是相當失策。不過，團中央抓住了一個很好的機會與軍隊搭上線，那就是一九八三年春天開始掀起的這個宣傳學習張海迪熱潮。

當時部隊也宣傳了一個模範，他是空軍某部"幾十年如一日學雷鋒做好事"的油庫主任朱伯儒。團中央邀請朱伯儒與各省市模範一起參加紀念學雷鋒活動二十周年的座談會，將之從軍內推到了社會上；而團中央所樹立的典型張海迪，也恰好適合部隊向青年士兵進行宣傳教育的需要，多次被請到部隊作報告搞活動。

宋德福當時兩邊兼職，是具體組織張海迪到部隊作報告、聯歡的負責人之一。團中央與總政治部互相配合，團的報刊用了大量篇幅宣傳朱伯儒，部隊也對宣傳張海迪不遺餘力，在團中央負責此事的胡錦濤與軍隊開始建立聯繫。後來，張海迪這條命也是軍隊救的，她住在北京一所軍隊的賓館，突然發病，呼吸驟停，解放軍醫護人員聞訊趕來，搶救及時，才得以倖免。

特大典型差點毀於一旦

抓出這個典型之後，王兆國與胡錦濤就將自己的命運與這個典型緊緊捆在一起了。

張海迪其人本來並沒有那麼強的政治色彩。她自己作為一個重度殘疾青年，見過父親在政治鬥爭中所經的風雨，由於隨父親下鄉和後來進城之後與待業青年來往，在生活底層掙紮，因此了解一般老百姓對時下政治口號的反感。後來她曾經對一些記者說過，不希望多提她如何爭取入黨之類。這說明她對於一個典型如何讓老百姓能接受不致遭到反感和排斥，還是有一種直覺把握的。

但是後來隨著她的命運變遷，越來越騎虎難下、身不由己；領導人反反覆覆對她灌輸當好典型、配合宣傳對於引導青年有何等重要意義的一套說辭，對她也發生一定作用，隨著地位的提高，她越來越"識相"，自覺不自覺地配合當局——首先是團中央和山東省委——對她的宣傳塑造。

上文提到過新華社記者對張海迪個別事跡產生過懷疑。團中央也曾收到過好幾封從山東寄來的匿名信件，揭發張海迪的演講有多處不符事實。團中央儘管不信，但是總是一塊放不下的石頭：雖查無實據，卻事出有因；萬一真有點影子呢？他們還擔心：如果寫信人寄到別的黨政部門，如山東省委、中紀委，甚至捅到黨中央，上面追問下來，怎麼說？於是團中央就向黨中央書記處胡啓立和郝建秀作了匯報，後來又向胡耀邦專門請示。

當時已是宣傳張海迪熱火朝天的階段，但下一步究竟向何處深入，黨中央和團中央均舉棋未定。胡耀邦指示團中央，與山東省委聯合組成調查組，再次仔細深入地核實張海迪的關鍵先進事跡，在全部落實、拿到過硬材料的基礎上，就如何宣傳升級，向黨中央提出請示建議。

胡耀邦說："張海迪宣傳要經得起現實的檢驗，還要經得起歷史的檢驗。要像六十年代初期團中央和總政調查雷鋒事跡一樣，板上釘釘，四腳落地！"

團中央遵旨組織了九人調查組，名稱定爲"學習宣傳張海迪調查組"。之所以前面冠以"學習宣傳"字樣，是避免由於重新調查，會引起基層的議論，以爲張海迪這個典型出了什麼"問題"。這個組由王兆國親自掛帥擔任組長，他當時正患腹膜炎住院治療，無法前往，於是由團中央宣傳部剛提拔的副部長江洪和《中國青年報》記者部主任丁鋼兩位副組長領軍；山東省委也相應組成七人"學習宣傳張海迪調查組"，兩組一起到達山東省會濟南、張海迪原來生活工作過的聊城地區和莘縣，進行聯合調查。

這次調查，遇到了完全出乎預料的情況。儘管多數先進事跡得到核實，但也有些事例查無根據，有的身世說法無法證實：例如，她的高考分數確實未曾達到那麼高，對張海迪一九七四年夏天的自殺具體經過，多位目擊人有多種回憶，甚至對於張海迪童年時究竟是否"沒有上過一天學"，也無法找到確鑿的人證、物證、旁證。

這都罷了。對調查組宛如晴天霹靂的卻是，查到莘縣縣委事先派人調查的幾份材料，得知被團中央命名爲"優秀共青團員"的張海迪，竟然沒有加入共青團的原始記錄！

——張海迪在農村那一段時間的團支部書記和委員，除了一兩人嫁到外村之外，仍在村裏的，分別寫證明說未曾在他們擔任團的職務期間發展張海迪入團；

——張海迪自己提供的她的兩名入團介紹人，一人遷往外地找不著，一人寫證明材料稱並沒有介紹張海迪入團；

——張海迪檔案袋中，沒有每個團員入團時都應該填寫並經介紹人簽字、團支部書記簽字、上級團委批准的正式入團志願書，只有一份當張海迪隨父母由十八里鋪公社轉到莘縣縣城三年之後，轉移團的關係的證明，而蹊蹺的是，轉移團的關係的證明應該有兩聯，一聯蓋上章給團員本人拿去交給新單位的團組織，一聯存底，但是原十八里鋪公社團委存底的檔案中，恰恰又找不到這次轉組織關係的那一聯原始存根。

兩個調查組感到極爲棘手，連夜召開緊急會議商討。誰都能在心裏掂量出來這一消息傳出去的後果：全國青年學習張海迪已達白熱化的高潮，團中央命名她爲"優秀共青團員"，此刻卻發現她到底是不是"團員"，大有疑問！

一旦披露出去，這不啻一個重磅炸彈，王兆國和胡錦濤等團中央新班子會臉上無光，威信掃地，很有可能被黨中央和元老痛責爲"工作粗枝大葉，樹立虛假典型，造成極其重大的不良社會影響"，他們兩位的政治前程說不定都得畫上句號。

從下到上層層大事化了

　　該怎麼辦？調查組分成了兩派意見，一派主張隱匿不報：此事只限於調查組成員知道，對外嚴格保密；第二派則認為：紙難包住火，應該向兩個調查組的主管機構團中央和山東省委匯報。如果不報，這一情況被黨中央知道了，團中央和山東省委將更被動，那時再怪罪下來，這個責任直接落到調查組領導人頭上，重若萬鈞；匯報了，責任就交給上級了，由上級去抉擇是否向黨中央匯報，決定下一步宣傳活動是剎車、是轉向、還是加速前進。

　　山東省委調查組持前一種意見。大概他們久經官場，見多了欺上瞞下的勾當，而且山東省委作為雄踞一方的當地衙門，工農商學兵各個行業都要抓，青年典型宣傳在他們的全局中佔不了多大分量，時任山東省委第一書記蘇毅然和省長梁步庭又都資格不淺，此事真要"穿幫"，擔不了多大責任，最多也就是調查組長做個檢討而已。

　　而團中央調查組中，後一種意見更佔上風：這麼大規模、這麼高規格地宣傳一個青年典型，在團中央來講就是押上了全部信用，一招不慎，滿盤皆輸。從王兆國、胡錦濤到調查組副組長江洪等都是剛剛提拔、指望著前程似錦的第三梯隊，經不起這種差池。

　　聯合調查人員反覆爭論，最後山東調查組拗不過團中央調查組，勉強同意了向上匯報。身在山東偏僻窮困縣，通訊和交通不便，他們派代表連夜坐吉普回京向團中央書記處匯報。兩個調查組的負責人要求回京的代表，在匯報中一定要"全面、慎重"　換句話，對這一爆炸性情況的嚴重性要設法減弱、消解。

　　當時王兆國仍在住院，但是對這麼非同小可的事情，胡錦濤絕對不敢自己作主。他主持了團中央書記處會議聽取調查組代表匯報，並立即與王兆國通氣。王與胡都感到這一情況事關重大，權衡利害，還是得硬著頭皮告訴黨中央，否則責任沒法負；但向黨中央匯報得精心推敲說法。正如胡錦濤那位出名的同鄉、近代學術大師胡適所說，歷史是一位百依百順的小姑娘，只看你如何裝扮她了！

經再三推敲口徑後，他們向胡啓立和郝建秀做了匯報，口氣更加輕描淡寫，也免不了要檢討幾句自己政治上還不大成熟，工作中有了疏忽，對這件事的性質，則認定爲：由於當時尚在"文革"期間，團組織在恢復之中，管理較爲混亂，又因時間較久，有關知情人遷居難尋，因此未能找到張海迪入團的原始材料；但根據轉入的莘縣城關公社和轉出的十八里鋪公社這兩個公社團委的記載，應認定張海迪爲團員。

稍有頭腦的人都會明白，他們的說法經不起推敲：說是"文革期間管理混亂"，但其他團員的檔案資料都在，井井有條呀！說是"知情人難尋"，又沒有出中國，真要想找怎麼會找不到？但是這一認定，被胡啓立和郝建秀等中央領導人認可——因爲他們也深知如果真要查下去，要搭進黨中央的信用，可真是吃不了兜著走了！

這件事，就在從下到上的層層匯報中"大事化小，小事化了"。團中央指派書記處書記何光煒和宣傳部長魏久明帶著中央的尚方寶劍趕到了山東。莘縣縣委書記當著兩級調查組負責人的面，不僅撕掉，更燒掉了那幾份稱未曾介紹或發展張海迪入團的證詞，並由縣委安排官員重新向當事人取證，弄來新的證詞——那當然是能夠證明張海迪確實入了團的，至少是不那麼強烈的反證。

這件事，胡錦濤當時怎麼想的，無由得之。不過，至少可以證明：他對"事實要服從政治需要"這一條是爛熟於心的。

這一次宣傳先進典型，是共青團傳統政治思想工作的華彩樂章，也是傳統政治思想工作的完結篇。他們承了上，但再也無法啓下：從那以後，再也組織不起來規格如此之高，規模如此之大的先進典型宣傳學習活動了——後來的團中央負責人宋德福、李克強和周強，也再不敢作此奢望。

捲進政治旋渦的邊緣

　　胡錦濤到團中央後那一段時間，沒有經歷太多大的政治風浪，但是小風小浪不斷迎面而來。其中值得一說的，除了與太子黨周旋和典型宣傳之外，就是"清除精神污染"。

　　"清除精神污染"，被民眾稱爲"文化小革命"。一九八三年秋天在中共十二屆二中全會上，由胡喬木和鄧力群等人推波助瀾，鄧小平和陳雲講了話要求"不搞精神污染"，而胡喬木和鄧力群拿了這些話當令箭，立即大力推動"清除精神污染"，不僅在思想理論戰線批周揚、王若水，還在各條戰線全面批判"資產階級自由化"。項莊舞劍，意在沛公。他們的矛頭是指向胡耀邦等堅持改革的黨內開明派的。一時間，其聲勢甚至超過了十二屆二中全會的那道整黨的"主菜"。

　　當上中央委員和候補中委、到團中央不到一年的王兆國、胡錦濤等人，剛開始也立即開動團的宣傳機器，大造聲勢；在機關裏也組織學習各種批判所謂"社會主義異化""馬克思主義人道主義"的文章──團中央作爲一貫緊跟黨中央的"預備隊"，加之韓英對中央保持距離因而下台的殷鑒不遠，緊跟的步伐便分外急促。

　　但沒有多久，基層團組織的反映上來了：有的地方搜查青年宿舍，將喇叭褲、花襯衫甚至種花養草都當做"精神污染"來清除；連隊指導員搜查青年戰士床鋪，將墊褥下的女性照片沒收追查，原來那卻是戰士的姐妹；當時北京市委常委兼宣傳部長正是六四以後中宣部的常務副部長、被視作著名"左將"的徐惟誠，在他及一幹人馬的鼓噪下，北京市委市政府大院，門口公然貼出告示：披肩髮不得入內！那麼，來接洽公務怎麼辦？門衛發給橡皮筋，將頭髮紮起來才能入內。

　　這種倒行逆施簡直是舉世罕見的笑柄，遭到了強烈的非議和廣泛的嘲弄。基層反映到團省市委，團省市委再反映到團中央書記處。北京市委、市府大院就在團中央大樓斜對面，近在咫尺，北京市委某些人的荒唐行徑天天傳進團中央機關。不過，王兆國和胡錦濤等人卻不敢公開向黨中央轉告。

　　這裏，又涉及那個共青團中央的老傷疤：共青團中央要不要提"代表青年謀利益"？

　　本來如果按共青團團章規定，這應該不成其為問題：既然是"先進青年的群眾組織"，當然是要代表青年的利益。從實際操作層面上講，如果不代表青年利益，怎麼能讓青年跟從你？

　　但是在胡錦濤來到團中央之前，這一提法在起草團十一大主要報告過程中，遭到了胡耀邦的斷然否定。其理由是：青年利益與人民利益是一致的，沒有什麼特別的利益。既然共產黨是代表人民利益，共青團就沒有必要提代表青年利益。

　　這種說法的牽強是顯而易見的，團中央當時的文件起草班子覺得其理由似是而非，但既然是他們的總頭領發話，無條件執行就是。

　　往深處追究，其中卻有一番歷史糾葛：原來一九五二年，被胡耀邦取代的原共青團中央第一書記馮文彬，雖然中共迄今一直沒有正式公佈其下台的理由，但從後來的報刊透露，就與他所鼓吹的共青團"先鋒主義"有關。

　　共產黨治下，中南海掌權者是視除自己以外任何一個潛在的中心都極為疑忌的。擔任任何一個有力量的組織負責人，都必須像恩格斯所說的一樣，在入口處寫上"放棄自己的自治"——一切聽從黨安排，或者更坦率地說，一切聽從黨的首腦指揮。

　　團中央後來歷任負責人在這個問題上都非常謹慎。黨中央說什麼，就照搬什麼，絕不越雷池一步。如果說在"新時期"還有人對此又產生什麼"新幻想"，以為可以"撥亂反正"一番，韓英的下場也會使他們打消這個念頭。

王兆國的魄力只表現在如何將黨中央所說的話用更大的音量說出來；而胡錦濤的精細謹慎，則施展在避免產生任何雜音上。在他們看來，這大概也是天經地義的：自己的權力來源於哪兒？當然是黨中央──是黨中央的任命，自己才來到這個崗位上；同樣黨中央也可以再發一紙免職通知，自己的烏紗帽也就隨時可以被摘下。"當官不為民作主，不如回家賣紅薯"，這句話是有根本的語病的：當官並不是民選的，而是皇上下詔任命的，當然應該對皇上負責！

在上下矛盾不是那麼尖銳時，共青團是不是代表青年利益，該不該反映青年呼聲的問題，還不是那麼突出。而在上下想法對立時，中間的王、胡等人就非常為難了。雖然他們竭力控制和篩選，畢竟有一些情況通過各種"內參""內部通報"滲漏了上去。

清除精神污染的急轉彎

王兆國、胡錦濤萬萬沒有想到的是，時任中共中央總書記的胡耀邦，突然發話了。一九八三年十一月十三日，共青團十一屆二中全會開完的次日，胡耀邦召見團中央常委和各省團委書記，發表了重要講話，指出要反對"清除精神污染擴大化"。他引用了萬里的一段話，稱為什麼會出現清污"擴大化"，源於當時中國還是封建主義根深蒂固。

胡耀邦此舉，是有縝密考慮的。

一是在政治鬥爭中後發制人──如果在"清除精神污染"來勢迅猛之時提出反對，等於就是正面與鄧小平、陳雲抗命；他選擇在"清污"持續一段時間、力道減弱之際出面說話；

二是不正面直接反對"清除精神污染"本身，只是反對"清污"擴大化，基層問題已經暴露出來那麼多，"擴大化"顯而易見，對方無法抗辯；

三是將鄧小平最信任的人之一、搞改革樹立了很高威信的萬里的話端出來，這話又確實抓到了要害，促使許多人掂掂分量。

胡耀邦選擇對團中央負責人講話，來首先發起反擊，也有深意：既是提醒團中央剛上來的幹部要辨明風向，也未嘗沒有某種警告意味。

胡耀邦重點列舉了八個方面"清污"擴大化的表現，有的屬於"極左"思潮，有的屬於封建主義殘餘勢力，有的屬於文化思想觀念陳舊，但值得注意的是，其中也有的涉及制度問題。例如，胡耀邦談到禁書問題，指出現在無論誰都有禁書權，任何省市，當權者想禁哪本就禁哪本，造成了極大的混亂。胡啓立插話說，連拉大幕的都"有權禁節目"，說哪個節目是"精神污染"，就拒絕開幕！胡耀邦認爲，要禁也要指定某個部門來統一研究，統一禁。胡耀邦下面這句話更挑明了當權者權力的界限問題："如果禁得不對，人家是可以告你的"！

胡耀邦講話震聾發聵，大快人心。在場聆聽的王兆國、胡錦濤，吃驚之餘，不敢怠慢，當即命《中國青年報》於十一月十七日發表了一篇"本報評論員文章"，將胡耀邦的意見公佈出去，標題爲《污染須清除生活要美化》，選擇了一個較小的角度來切入反擊"擴大化"。但是小當量的原子彈也是原子彈，此文一出，天下震動，早就對"清污""看在眼裏，恨在心頭"的各地媒體，紛紛轉載，人人感覺到中央的風向又變了。

《人民日報》十六日也根據胡耀邦的講話精神發表了一篇評論，沒有這麼尖銳，但是也配合遏止了清污的攻勢。氣勢洶洶要向改革派"秋後算帳"的人爲之重挫，氣焰頓時矮了一截。

　　當時人們都將頭功歸於團中央旗下報紙，誰知卻是胡耀邦反潮流，一言九鼎？對團中央講完話之後三天，十一月十六日，胡耀邦又去視察中央電視台，將基本同樣的話又對廣播電視系統的負責幹部說了一遍。廣播電影電視部屬於意識形態部門，是胡喬木和鄧力群的地盤，胡耀邦此舉顯然是有意到對方大本營示威和反擊的意味。

　　或許，胡錦濤從來沒有這麼切近地感覺到，黨中央的路線之爭這麼出人意外，這麼風波詭譎。"老一輩無產階級革命家"不是鐵板一塊，公說公有理，婆說婆有理，都要團中央執行，聽了公公的，就得罪了婆婆。好就好在當時團中央一把手並非胡錦濤，大樹底下好乘涼。雖說做了工作功勞多半歸於王兆國，但是真要有誰有不同意見，也只能沖著王兆國去。

　　共青團所從事所推行的一個又一個活動，有的是配合改革開放，有的卻是配合鞏固整肅思想，鞏固統治。團員和團幹部思想並不統一。有一次，團中央研究室一位女工作人員半開玩笑地問胡錦濤，如果有些事情你明明不那麼想，可是你為什麼還是那麼做呢？

　　胡錦濤的回答，沒有說什麼官話，但也沒有正面回答這個尖銳的問題，他說："什麼時候你到了我的位置上，你就知道為什麼了！"

順風順水，"櫓速不如帆快"

　　王兆國實際上在團中央沒有幹多久。一九八四年五月，他兼任了中共中央辦公廳主任，次年又成為中共中央書記處書記，團中央一把手的擔子先從實際上，後從正式名義上落到了胡錦濤肩上。

　　胡錦濤趕得早不如趕得巧。一九八四年十月，中共中央召開十二屆三中全會，一反前一年搞"清除精神污染"不得人心的"小文革"運動，這一次全會通過了《關於經濟體制改革的決定》，全面推行城市經濟體制的開放搞活。

胡錦濤趕上這個上頭與下頭順著勁、而不是擰著勁的時候，工作不再是逆水行舟，而可以順水推舟，發動團員青年投入改革開放，上應黨中央決策，下順基層民心了。這時候的團中央，新事喜事天天有：成立了青年企業家協會，舉行了青年改革積極分子座談會，各地青年觀念更新一浪高一浪，各種創舉接踵而來，紅紅火火……

胡錦濤在這個時期當上團中央第一把手，還趕上了另一個大好時機。聯合國早先確定一九八五年為"國際青年年"，號召各國都開展各種活動來凸現青年在社會生活中的作用，提高政府、社會對青年的重視。中國有關方面在前一年（一九八四年）成立了國際青年年中國組織委員會，時任全國青聯主席的胡錦濤擔任了組委會的主任委員。

這一年的五月份，國際青年年各項活動熱火朝天，胡錦濤這個主任委員，也忙得不亦樂乎：以共青團中央為主組織了"亞太青年友好會見"的聯歡活動，他要出面；要參加"青年在和平和發展中的作用"討論會開幕式，要就國際青年年活動接受《中國青年》雜誌社等媒體記者訪問；要陪同胡耀邦會見各國來華"友好會見"的代表團團長……這些活動，一是使他在國際國內增大知名度，二是使他積累了國際交往經驗，也使人得到在胡錦濤領導下共青團搞得有聲有色的印象。

從另一個意義上講，對胡錦濤也是大好時機。

時值中共又一新舊交替的高潮，一九八三年六月一日，胡耀邦首次提出一個新的提法："第三梯隊"，指出"為了國家和民族的長治久安，為了使黨和國家的方針政策能有連續性，我們必須從現在起著手建立第三梯隊"。

"梯隊"的提法，按照北京大學政治學系博士生申明民的說法，"是中共計劃性政治中有關權力代際傳承問題所提出來的第一個制度化模式"。將"梯隊"這一軍事術語借用於幹部隊伍建設,意味著從集體而不是個人的角度理解權力傳承,具有制度化權力轉移的意圖。十二屆三中全會決定中就提到要加快提升較年輕、知識水準較高、具備專業經驗的幹部。各方對接班人需求甚殷,團中央和團系統的幹部也就流動加快,加速輸出。機關裏和各省市團委負責人不斷有人調任別的更重要更顯赫的崗位。有調出就得有調進,團中央書記處已經多是新人,也更願意多從大學畢業生中調進新人,改變團中央機關成分和各省市團委班子的知識結構和素質。而這一流動加快的效果,就是共青團派急劇地膨脹勢力。據不完全統計,從一九八O年鄧小平、胡耀邦掌權,到一九八五年秋中共舉行全國代表會議,共青團派幹部進入中共中央委員會的有三十四人,其中正式委員二十一人,候補委員十三人。

但是胡錦濤正式主持團中央工作也沒有多久,就也得收拾行裝了,滿打滿算只有半年多一點——一九八五年夏天,他接到了調令:去貴州。

第五章／外放夜郎
（一九八五──一九八八）

●古來留下兩個與貴州有關的成語，都是諷喻譏刺。胡錦濤對這兩個典故推陳出新"反其意而用之"："夜郎自大"不對，但是"夜郎"也不能"自小"，自卑自賤；要脫貧致富，"黔驢"技不窮！

是"下放鍍金"還是"打入冷宮"？

一九八五年七月五日，中共中央機關報之一《光明日報》，發表了胡錦濤署名的文章《幫助青年知識分子儘快擔起時代的重任》。沒過幾天，七月十五日，中共中央突然下達決定：任命胡錦濤爲貴州省委第一書記，隨後他又被相應地任命爲貴州省軍區政委，貴州省人民武裝委員會主任委員。

胡錦濤的新任命，離他正式當上團中央第一書記僅僅八個月。變故如此突然，這顆政治明星被外放到有"夜郎國"之稱的貴州，著實令許多人吃驚不小，這到底是兇是吉？

不明內情的人馬上翻開中共提拔幹部慣例的老皇歷，預測說：不到四十三歲的胡錦濤被放下去"鍍"一下"金"，是要更加重用的大喜吉兆。

但情況卻遠遠不那麼簡單。

在此之前，從黨中央到團中央，確實紛紛風傳胡錦濤還要被重用，還要被提拔。據有關人士透露，一九八五年春，鄧小平、胡耀邦等人決定：讓喬石接替陳丕顯的中央政法委員會書記職務，並升爲中央政治局委員和書記處書記；又徵得元老同意，讓中央組織部常務副部長尉健行接任喬石遺下的中組部長職務。這就又空出了中組部常務副部長職務，誰來接替？

胡耀邦和喬石建議，黨內要培養"第三梯隊"，拉開年齡差距，提議讓胡錦濤接替尉健行。說起來，從團中央第一書記到中共中央組織部的副部長，都是省部級，只是平調而已。但是中組部地位極端重要，常務副部長比團中央第一書記的權力大得多。這個提議傳到何光煒等"太子黨"耳朵裏，他們心裏實在不是滋味，便到薄一波等老人處告狀。

此時薄一波除了在"集體太上皇"　中央顧問委員會任副主任之外，還擔任中央整黨指導委員會的常務副主任（胡耀邦爲主任），是有相當影響力的實權元老。他聽了太子黨的"小報告"之後發話，認爲胡錦濤才到團中央沒有兩三年，到中組部擔任這一要職"嫩了一些"。

薄一波認爲胡錦濤"嫩了"，中央其他人沒有誰附和，也沒有誰反駁，但此事就這麼擱下來了。

中共最高層決策過程，常常不像人們想像的那麼慎重。常常發生多數同意、一人不同意就通不過的怪事，甚至還有一人提議、多數沒有表態就通過的更怪的事。胡錦濤本人就遇到過不少次這樣的事，這裏舉一個例子：

一九八五年二月二十七日，中共中央五講四美三熱愛委員會在中宣部召開"全民文明禮貌月"最後一次籌備工作會——所謂"五講四美三熱愛委員會"，可以說是中共黨內一個名不正言不順的"怪胎"，"三熱愛"是"熱愛祖國，熱愛社會主義，熱愛黨"　中共黨內竟成立專管"熱愛黨"即熱愛自己的機構，豈非咄咄怪事！

且說會上解放軍總政治部、團中央、北京市委負責人依次匯報了各自系統的籌備工作，中宣部顧問、五講四美三熱愛委員會副主任廖井丹也最後作了小結和提了要求，快散會時，掛有五講四美三熱愛委員會主任頭銜的萬里趕來了要講幾句話，剛開口，全場就愣住了："'文明禮貌月'活動搞了幾年，看來各地走過場搞形式主義一陣風比較多，效果不好。昨天我在中央書記處會議上說了這個事，定下來今年就不搞了。"

與會代表面面相覷，瞠目結舌，連廖井丹也當場愣在那裏。須知，將每年的三月定爲"全民文明禮貌月"，是人大常委會於一九七九年通過的具有法律效力的決議，怎麼今年臨到三月即將來臨，全國上下已經籌備多日，馬上要開始各種活動了，國家領導人的電視講話、《人民日報》社論等等，都已經準備好，只待一聲令下。黨中央書記處就這麼果斷乾脆，說聲"不搞了"就不搞了？

團中央參加會議的胡錦濤和劉延東回到自己機關，馬上給已經在黨中央辦公廳工作的王兆國打電話，掏內部消息。王兆國說：對，昨天黨中央書記處是開了例會，商量完了預訂的議程快散會時，萬里同志發言，說"文明禮貌月"搞成了一陣風，建議今年不搞了。他講完其他書記沒有人再發言，就這麼散會了。這件事也就算這麼定了！

如果考慮到萬里還算是當時中共黨內著名的開明派，是公認的還算具有一些現代民主意識的元老，就更令人沮喪了：法制觀念竟也如此淡薄，視人大決議等於零，"黨中央"想怎麼作就怎麼作。其他人等而下之，就更不用提了！

這次在胡錦濤的工作安排上也算碰上了類似的情況：薄一波發了話，胡錦濤由團中央第一書記升任中組部常務副部長的提議就被否定了。

以胡耀邦爲首的黨內改革派，與保守勢力明爭暗鬥了好長一段時間，竭力擠掉鄧力群，此時終於部分得手，迫使鄧力群讓出中宣部長的烏紗帽，專任中共中央研究室主任。中宣部長這個重要崗位由誰接替？

胡耀邦等人又一次將胡錦濤列入了候補名單之中。但是與前一次一樣，眼看胡錦濤仍然肯定無法過老人這一關。在醞釀人選時，比較多的人傾向於把上任剛剛三個月的貴州省委第一書記朱厚澤調來接任中宣部長，"讓胡錦濤到貴州去替換朱厚澤"的主意也就達成了共識。

據傳，是喬石首先提出了這一主意，他是一番好意，想既讓胡錦濤到省裏鍛煉鍛煉，增加一點資歷，同時也暫時避一避某些老人對他的非議。也有人說，是胡耀邦率先提出的。總之，胡錦濤就這麼當上了"夜郎國"的封疆大吏。

此去不知何時歸

塞翁失馬，安知非福？後來事實證明，朱厚澤倒確實是一個有為有守、個性鮮明的中宣部長。他多次在內部會議上鼓吹要進行政治體制的改革，對文藝界、思想理論界幾次風波和爭論，都持相當開明溫和的態度。尤其是一九八六年七月，他在全國文化廳局長會議上提出了膾炙人口的"三寬"政策，即："對不同意見和看法，要寬容一點；對不同意見者，要寬厚一點；要努力使空氣和環境寬鬆一點。"此說大得文化藝術界和思想理論界歡迎，卻得罪了中共意識形態的掌門人胡喬木、鄧力群等人，被他們看成眼中釘、肉中刺。在胡耀邦下台之後，他也受到圍攻，被逼得摘下"頂戴花翎"。朱厚澤提出"退休"（其時他正五十六歲），未獲准。後來趙紫陽收留他，將他安排到國務院農村政策研究室擔任副主任。

一九八八年秋末，風聲稍緩，朱厚澤重新出山，被安排為全國總工會第一副主席兼書記處第一書記（主席是有"工人貴族"之稱的倪志福）。但是"六四"期間，全國總工會不僅有大批幹部參加聲援學生的遊行，還公開向學生提供價值十萬元人民幣的食品和藥物。李鵬後來在一次會上，氣勢洶洶地指責"全總"和四通公司是"反革命動亂和暴亂的兩個後勤部"。一九八九年十二月二十五日，朱厚澤又一次丟了官，接受審查，後在家閒居當"寓公"。

至此，他已和鄧小平一樣"三起三落"（六四年"四清"時朱厚澤曾被開除黨籍，下放勞動達十四年之久）。據傳，在鄧小平南巡之後，鄧和楊尚昆曾找他密談，後來他隨即去四川、貴州等地農村考察。

胡錦濤應該感謝喬石，沒有他提議這麼走馬換將，厄運說不定就降臨到胡錦濤頭上了！即便不惹同樣的麻煩，擔任中宣部長也是利大於弊。中共的宣傳戰線實在是個既危險又吃力、威信低又各方面都難討好的是非之地，民眾譏諷宣傳部門為與"天氣預報台、配種站"並列的"說不準單位" 意即宣傳口徑經常隨領導人的意圖、隨中央政策變化而變化。

話說回來，即使當時預見到後來這些風浪，胡錦濤仍然難以高興。本來胡錦濤可能會把"外放"視作"天將降大任於斯人也，必先苦其心智，勞其筋骨"，擔當重任之前的鍛煉過程，但是這麼兩番被提名擔任中組部常務副部長和中宣部長要職，均遭封殺，他多少能聽到點內情，覺察出前景崎嶇。

依他一貫的沉穩性格，若真升官了，倒也並不會趾高氣揚，甚至得意忘形，但此次臨行前他顯得格外低調。對於一般官場同僚，他僅僅表示：不抱"臨時觀點"，去就要作長期紮根改變貴州面貌的思想準備；而對團中央去為他送行的比較熟悉的下屬，則語氣低沉地說："這一去就不知道回不回得來了！"

胡錦濤當時是單身赴任，並沒有帶妻子劉永清同行；留下妻子在北京，後來也一直沒有去貴州，就這麼兩地分居。胡錦濤早就估計到貴州當地和北京都會有人質疑：你不是說到貴州來"不抱臨時觀點"嗎？不帶家小，豈不反證出並沒有"作長期紮根"的打算？實際上，胡錦濤當時家庭確有困難，對中組部、對貴州省委同事和對一些朋友，作過解釋：劉永清的母親年齡大了，身體又有病；兩個孩子，一個面臨考大學，一個面臨上高中。而且，自己是黨的幹部，一切聽從黨召喚，隨時都可能調動工作。那麼，如果一調動，就花很多精力搬家、安家，還不如讓妻子帶著孩子留在原地，自己一人履新，反倒沒有拖累，可以全力以赴，在最短時間內進入情況，迎接新職務、新任務的挑戰。

進入中央委員會

不過，僅僅兩個月後，胡錦濤又回了北京——他回來參加在中共兩屆黨代表大會之間舉行的全國代表會議。

如前所述，一九八五年，是中共中央新舊交替的又一個分水嶺。前一年十月，中央十二屆三中全會通過決定，加快推行城市經濟體制改革，而要改革必須要有組織上的保證。中共中央下了決心，全面大改組，動員元老全面退下，大面積、大幅度地提升第三代。這次代表會議就是為這一目的而在十二大和十三大之間特別加開的。

一九八五年五月，中央政治局常委會指定胡耀邦等組成工作小組，起草實現中央領導機構新老交替的文件。準備工作中最複雜艱鉅，也最撓頭難纏的，就是向位高權重的老人們一一作工作，動員他們放棄"鞠躬盡瘁死而後已"，表態同意退休。這中間少不了討價還價，許願交換，硬話軟話說上多少籮筐。

一切總算安排就緒。這一年九月，中共中央一口氣舉行了十二屆四中全會、全國代表會議、十二屆五中全會，通過了關於新老幹部的一系列決議，把年輕化大大推進了一步。

其中重要步驟有：全國代表會議之前的四中全會是"退"，即讓葉劍英等百多名八九十歲的老人辭去黨職（包括中委、中顧委、中紀委職務）；代表會議上則是"進"，增補了九十一名四十多歲到六十歲的中委和候補中委；五中全會上，再進一步"進"：政治局增加六個新人，其中六十歲以下的有四人：胡啓立、喬石、李鵬、田紀雲；書記處共十人，其中六十歲以下的共六人，胡啓立，喬石，田紀雲，李鵬，郝建秀，王兆國，其中王兆國才四十四歲。

這一波新老更替，不僅僅在中央層。全國範圍內，有一百八十多萬老幹部退休，三百三十萬年輕幹部被提拔到各級領導崗位，軍隊系統提升了一大批年輕的軍官，使大軍區指揮員平均年齡降低了七歲，野戰軍軍一級指揮員平均年齡降低了九歲。

胡耀邦、胡啓立和喬石等人向全國代表會議上提出了從中央候補委員遞補進中央正式委員的名單，其中也有胡錦濤，他隨大流通過了代表會議的選舉——畢竟，不論從他本來擔任、現在也還沒有免職的團中央第一書記，還是從一方諸侯的權位來講，成爲中共中央正式委員，都是名正言順的。

這一次與他一同進入中央正式委員行列的五十六人，全部是已經被重用者和即將被重用者，僅幾年後在十四大上進入中央政治局和中央軍事委員會的人就有：丁關根，李鐵映，鄒家華，尉健行，傅全有，遲浩田，錢其琛等七人。另外，九十年代初的國務委員宋健、李貴鮮等人，也都名列其中。

在所有轉正的中央委員中，胡錦濤又一次是最年輕的一位。難怪那些聽說他回京開會去看望他的原共青團中央機關的下屬安慰他說：你在這些人裏最年輕，最有熬頭，別著急。

一張白紙好畫最美的畫圖

"天無三日晴，地無三分平，人無三錢銀。"提起貴州，人們很自然想起這句民諺。說得或許有點誇張，但是貴州確實在中國稱得上"一窮二白"之最。

窮，指的是經濟；白，指的是文化。這裏地處邊陲，山勢高聳，河流湍急，氣候多變。八山一水一分田，是中國唯一沒有平原支撐的山區省份。全省面積十七點六萬平方公里，喀斯特岩溶地貌佔百分之七十三，人均耕地只有零點八畝，由於土地零散、貧瘠、破碎，耕種條件差，發展農業尤其是糧食生產受到制約，每年都要從省外調進糧食彌補缺口。

中國以土爲本、以農立國，如果無田耕種，可想而知會如何困窘！這裏又不像胡錦濤的祖籍安徽績溪那兒，那兒雖然也是山高路險，土地貧瘠，卻地處中國經濟重心地帶，靠近商埠，又文化源遠流長，百姓見多識廣，有國內甚至國外市場作依托，可以發展其它各種副業手工業；貴州這裏卻屬於商品經濟極不發達的地區，又交通不便，民眾與外界很難交流，耳目閉塞，發展生產簡直就束手無策，因此人均生活水平多年來在全國排在末尾，不是倒數第一就是第二。一九七八年，符合貧困戶定義的爲人口總數的百分之九十五點八；一九八六年，貴州國民生產總值按人口平均，僅爲四百六十一元，相當於同年西藏人均七百八十一元的百分之五十九，排在全國各省市的末尾。直到一九九四年，貴州省每人平均收入仍僅爲一五〇七元，而同一年度全國最富的上海，人均收入一四五四二元，後者爲前者的九倍半以上。

胡錦濤走馬上任之際，貴州情況還在不斷惡化，與全國差距越拉越大。整個"六五計劃"期間（一九八一年到一九八五年），農民純收入在全國的位次，由一九八〇年的第二十二位，連年下降，胡錦濤履新的一九八五年，正趕上貴州的重災年，旱澇交替，災重面寬：一月到五月，三十六個縣出現春旱，一半以上稻田沒有水；進入汛期之後，又普降暴雨，洪水肆虐，三十七個縣被淹；暴雨過後，又是兩個多月連晴高溫，八月中旬時，受旱面積每天增加六十萬畝。這一年貴州農民人均純收入爲三〇二點一四元，比全國平均數低百分之二十四，竟慘跌到第二十八位，即全國倒數第二。

對於封疆大吏來說，更棘手的是這裏有苗、布依、侗、水、瑤、壯等多民族雜居，從省一級到基層，都有不少"民族幹部"（意指少數民族的幹部），處理關係更得分外慎重，得有本事保持平衡。

貴州雖然一窮二白，但是許多中共黨軍元老提起它還是很有感情，不時要說句話，插把手——貴州的遵義是中共歷史上著名的"遵義會議"會址，是毛澤東派由遭貶黜而東山再起的地方，後來被認定爲中共黨史上的"轉折點"；貴州許多地名都因爲毛澤東重掌軍權之後，指揮僅剩的紅軍忽東忽西，成功擺脫蔣介石軍隊圍追堵截而出名：四渡赤水，強渡烏江……還有婁山關，因毛澤東寫有《憶秦娥》詞而以"雄關漫道真如鐵，而今邁步從頭越"揚名天下。這些史實，胡錦濤在貴州可沒有少講——他來這裏工作期間，趕上紅軍長征五十周年紀念（一九八六年十月），省委書記參加和主持了一系列紀念活動，藉此鼓舞士氣，激發貴州民眾的地域自豪感。

沒有調查就沒有發言權

有人曾說胡錦濤是"受苦的命"，雖然生在江南，多半生涯是在邊疆渡過：年輕時是在西北戈壁，好不容易回到京城沒過三年，仕途顛躓，又到了西南深山，又是中國最窮最苦的地方。但這對於一個有抱負者，"焉知非福"，正好使他得以接近中國最下層勞苦大眾，使他更切近地體驗觀察國情民情。

胡錦濤去貴州之前，就決定了策略：先禁到下面去。他到貴陽，放下行囊，安排了住處，就讓隨同前來的團中央祕書葉克多在貴陽安頓住處、處理生活雜務，他自己與省裏幾位負責人見面聽取了情況後，帶上省委辦公廳安排的隨員，便下去調查了省委機關幹部議論說，到底是屬馬的，馬不停蹄。

黔西北的畢節地區，離省會貴陽兩百多公里、山高路險。這裏的官員剛剛聽說要新來一位省委第一書記，沒幾天新書記就來畢節考察，站到自己面前了，不禁又是吃驚又是感動。胡錦濤下車伊始，頂著七月流火，沿著貴州與雲南、四川和廣西交界的邊境地區，巡視了十一天，訪問了十二個縣。

水利水電專業出身的胡錦濤，格外關注對貴州和西南的開發具有重大意義的天生橋水電站的進度。八月一日，他來貴州沒多少日子，就前去探望那裏的建設者，詳細詢問他們的生活待遇，尤其是蔬菜、食品供應、子女入學等等實際問題，向他們保證，他知道他們的辛苦，一定當好他們的"好後勤"。

胡錦濤走馬上任沒有幾個月，就不知下縣市多少趟。貴州全省有八十六個縣市，兩年不到，他的足跡就踏遍了全省。就連那些對他心存芥蒂的人，也不能不承認他的實幹精神。而中組部更評價說，"有團中央老書記胡耀邦的深入調查研究的老作風"。

以其過人的觀察力和記憶力，很快，胡錦濤就將全省的情況，包括歷史沿革、風情民俗、出產特色乃至社情敵情，包括各種數據和細節，都弄得一清二楚，並主持省委討論決定，組織大批幹部下去發動群眾開展"增收致富大討論"　這實際上也是借用了他在團中央工作發動基層團員青年的經驗，動員民眾群策群力開拓脫貧致富的門路。

次年二月四日，胡耀邦總書記率中央機關春節考察訪問組來到貴州。這個考察組是胡耀邦親自提議組成的，他要看看這位共青團走出的接班人半年來幹得如何，同時也爲他撐腰打氣出主意。胡錦濤與苗族省長王朝文全程陪同總書記到黔東南民族師範專科學校、布依族山寨烏拉村、天生橋水電站等地，進行視察慰問，幾天中走訪了二十二個村寨，一百八十八戶苗、彝等民族的農民，十三所中小學，二十四個教師家庭，二十一家工廠，三個鄉鎮企業，還有四位離休老幹部。一路上胡錦濤在陪同講解中表現出對貴州各地情況滾瓜爛熟，使得胡耀邦大爲激賞。他特別贊許胡錦濤發動的全省範圍的"增收致富大討論"，指出"第一個收獲是把幹部的思想路線端正了，把風氣搞好了"，"這種討論實際上是群衆性的諸葛亮會議，要連續搞幾年"。

胡耀邦在這次考察中，還特別爲貴州題詞："後來居上" 這四個字，或許也包含了對胡錦濤本人的期許和鞭策吧！

中央大員接踵而來。一九八六年十一月，國務院總理趙紫陽和副總理李鵬來到貴州，胡錦濤和王朝文又陪同他們在下面考察了幾天，一起參加了天生橋二級電站大壩截流儀式；胡錦濤有水電樞紐專業的教育背景，有早年從事水電建設的經歷，在視察天生橋電站大壩時表現出駕馭情況的遊刃自如，讓他們印象深刻。

一九八七年，中央書記處書記郝建秀光臨，胡錦濤陪她赴貴陽、遵義、畢節和安順四個地區考察；人大常委會副委員長王任重和國務委員陳慕華來此考察，他又專程匯報請示；萬里副總理到東南亞訪問，在貴州過境逗留，胡錦濤也抓住機會接待……

胡錦濤以其對貴州省情況的了如指掌，和改變貴州面貌的急切心願，給這些中央大員以很好的印象，他們樂意在自己職權範圍之內對貴州的要求大開綠燈。

國務院副總理田紀雲，早年隨解放軍南下渡江，一九四九年十一月在貴陽市軍管會財政接管部任機要祕書，後來歷任貴州省財政廳科長、處長、副廳長，一直到一九六九年才調到四川，算得上是個"老貴州"了。他重返貴州視察時，胡錦濤向他虛心請教如何治理和改變貴州，而他也對胡錦濤在如此之短的時間，就能深入掌握大量的第一手材料而十分欣慰。

驚心動魄的十二屆六中全會

胡耀邦等人本來期望一九八五年的權力更迭能夠實實在在保證改革開放路線的實施，能夠推動中共決策圈的年輕化，但是他沒有料到，光是形式上的"退"與"進"還遠遠不夠，如果沒有制度上的保證，改革開放路線可以改變，已經"木已成舟"的年輕化也居然可以出現大倒退。

當胡錦濤再次回京參加中央委員會全會時，不會想到，一九八六年九月二十八日舉行的這次十二屆六中全會，竟會那麼驚心動魄。這次會議的主要議題，初看來是最不會有什麼分歧的：僅僅是討論通過一個關於社會主義精神文明建設的決議。

但是衝突在"反對資產階級自由化"問題上爆發了。本來胡耀邦主持起草的決議草稿，避開了"反對資產階級自由化"的提法，提出以經濟建設爲中心，堅定不移地進行經濟體制改革、政治體制改革、加強精神文明建設，即"一個中心三個堅定不移"，還特別強調了精神文明建設的開放性，突出政治民主化，肯定了改革開放以來的"沒有民主就沒有現代化"、"民主要制度化法律化"，規定要遵守憲法的原則，實行學術自由、創作自由、討論自由、批評和反批評的自由。

胡喬木和鄧力群反對這個文件，提出了一個修正稿呈送鄧小平和陳雲，堅持一九八三年提出的"清除精神污染"和"反對資產階級自由化"。當時陳雲批示贊成修正稿，鄧小平則批示贊成原來胡耀邦主持起草的草稿，否定了修正稿。據李銳披露，隨後在北戴河政治局會議討論時，引起激辯，胡耀邦作了妥協，在草案中加了這樣一段話："搞資產階級自由化，即否定社會主義制度，主張資本主義制度，是根本違反人民利益和歷史潮流、為廣大人民所堅決反對的"，以這樣的話來限制對"資產階級自由化"的解釋。

沒想到，這段話遭到陸定一的堅決反對。在"文革"前他長期擔任中宣部長，平時很嚴肅，許多人都覺得他是很"左"的。"文革"一開始他就鋃鐺下獄，十三年失去自由，受盡折磨，或許正是"文革"的災難使他大徹大悟，他在這次中央全會上三次發言，從歷史角度論述"反自由化"這一提法的荒謬和危害，指出這是當年蘇聯反對我們的"雙百"方針時提出的，籠統地提出"反自由化"，不但在原則上同憲法規定的各項人民的自由權利相衝突，而且對繁榮我國的學術文化和政治生活的民主化都極為不利。

這場爭論的最後一幕，出現在六中全會的閉幕會場上。胡錦濤作為中央委員親身經歷了這一場面。在"決議"表決前，陸定一又站起來發言，堅持他的意見，要求在"決議"中去掉這一段話，引起全場熱烈掌聲，李銳後來回憶說："我們中顧委這邊的掌聲最熱烈"。萬里隨後發言支持陸定一的意見。余秋裏、楊尚昆等發言反對陸定一的意見。主持會議的胡耀邦採取調和立場，主張暫時仍保留這一段落。但是，鄧小平開口了，他發表了措辭十分嚴峻的講話。後來發表出來的文字，他是這樣說的：

反對資產階級自由化，我講得最多，而且我最堅持。為什麼？第一，現在在群眾中，在年輕人中，有一種思潮，這種思潮就是自由化。第二，還有在那裏敲邊鼓的，如一些香港的議論，台灣的議論，都是反對我們的四項基本原則，主張我們把資本主義一套制度都拿過來，似乎這樣才算真正搞現代化了。自由化是一種什麼東西？實際上就是要把我們中國現行的政策引導到走資本主義道路。這股思潮的代表人物是要把我們引導到資本主義方向上去。所以，我多次解釋，我們搞的四個現代化有個名字，就是社會主義四個現代化。我們實行開放政策，吸收資本主義社會的一些有益的東西，是作為發展社會主義社會生產力的一個補充。

大家可以回想一下，粉碎"四人幫"以後，全國人大在一九八〇年通過一個議案，取消憲法中的關於"大鳴、大放、大辯論、大字報"這一條。為什麼做這件事？因為有一股自由化思潮。搞自由化，就會破壞我們安定團結的政治局面。沒有一個安定團結的政治局面，就不可能搞建設。

自由化本身就是資產階級的，沒有什麼無產階級的、社會主義的自由化，自由化本身就是對我們現行政策、現行制度的對抗，或者叫反對，或者叫修改。實際情況是，搞自由化就是要把我們引導到資本主義道路上去，所以我們用反對資產階級自由化這個提法。管什麼這裏用過、那裏用過，無關重要，現實政治要求我們在決議中寫這個。我主張用。

看來，反對自由化，不僅這次要講，還要講十年二十年。這個思潮不頂住，加上開放必然進來許多烏七八糟的東西，一結合起來，是一種不可忽視的、對我們社會主義四個現代化的衝擊。你們注意看一些香港的議論，一些外國資產階級學者的議論，大都是要求我們搞自由化，包括說我們沒有人權。我們要堅持的東西，他們反對，他們希望我們改變。我們還是按照自己的實際來提問題，解決問題。

這就是一槌定音。全場鴉雀無聲。這個決議就這麼通過了。

胡耀邦會後布置傳達時說，不要將這個爭論傳達下去，以便集中精力討論"決議"本身。然而，王震卻在中央黨校帶頭發難，印發鄧小平講話，在全校大會上說："有人故意不傳達，想隱瞞。力群、喬木同志向小平同志作了匯報，小平說，在全會講反自由化要反二十年，現在再加五十年，反到下世紀。"

十二屆六中全會決議事件和這年年底的學潮，成爲迫使胡耀邦辭職的導火索。

"第三梯隊"無疾而終

還有一件事與此相關。這就是王兆國、胡錦濤都受益不淺的"第三梯隊"政策，隨著胡耀邦逐漸失勢而告終止。

我們在第二章中介紹過，"第三梯隊"政策，是中共計劃性政治中有關權力代際傳承問題所提出來的第一個制度化模式。"梯隊"本來是個軍事術語，借用於幹部隊伍建設，意味著從群體，而不是個體的角度理解權力傳承，具有制度化權力轉移的意圖。陳雲指出："幹部隊伍保持梯隊的結構，可以使黨的事業後繼有人，代代相傳"。

在"文革"剛剛結束、幹部普遍老化的特殊條件下，選拔"第三梯隊"被認爲是一項"基礎建設"，一度起到了增強幹部隊伍活力、保持改革政策連續性、促進思想解放和推動經濟建設的積極作用。然而"第三梯隊"選拔制度的局限與弊病太明顯了——王兆國本人就是一個例子。過分重視政治標準和領導人的個人印象和直覺，具體選擇程序往往是由"一把手"直接指定，"說你行，你就行，不行也行"；對幹部"四化"標準的強調有很大片面性。

鄧小平、胡耀邦等改革派領袖在選拔"第三梯隊"問題上的偏差，被保守派緊緊盯住，多次發難，胡耀邦等人一方面是也感到了其中的問題，另一方面也是迫於保守勢力的挑剔，不得不以中共中央的名義於一九八六年十一月下發中央組織部制定的"關於領導班子年輕化幾個問題的通知"和"關於調整不勝任現職領導幹部職務幾個問題的通知"，對出現的問題進行糾正，特別指出："領導班子的'四化'是一個有機的整體，不能脫離革命化、知識化和專業化，孤立地搞年輕化"。此後，有關"第三梯隊"建設的討論停止了，"第三梯隊"的概念本身也逐漸從黨的文件上、從黨報黨刊上消失了。

不過，關於幹部隊伍保持年齡梯隊結構的原則、以及不間斷地採用祕密方法考察和遴選各級後備幹部的作法，卻保留了下來，形成了"有中共特色的"幹部隊伍建設基本制度。

政治風浪驟起，掌穩人生之舵

一九八六年年底，是一段後人將臧否不休的歲月。據前中組部副部長、中顧委委員李銳披露，在他這年年尾參加的中顧委黨支部會上，元老們"就有對耀邦說長道短乃至攻擊的言辭了，如'搞青紅幫'之類（說他用人用共青團和紅衛兵）"。而學潮在全國很多城市、很多大學鬧起來了，黨內的保守派立即抓住機會，以最快的效率作出了反應，把他們早已看不順眼的胡耀邦牽連進去，說他對"資產階級自由化"反對不力。

一九八七年一月十五日至十六日，由中顧委副主任薄一波主持，中共中央在北京舉行了"政治局擴大會議"，中心是整胡耀邦。鄧小平陣前折將，胡耀邦被迫在這次黨內元老策動的非程序化權力更迭——嚴格地說就是一次政變中，檢討辭職。中國的改革受到重挫。

王兆國不走運，成了眾矢之的。他當了兩年的中共中央辦公廳主任，在一九八五年九月黨的全國代表會議上更上一層樓，進入了中央書記處，但是正如古話所說："爬得高，跌得重。" 王兆國在提出取消中央領導人生活"特供"等問題上，得罪了幾乎所有"老同志"；而在元老們對胡耀邦發難之際，他竟出來揭發批判胡耀邦的"問題"，將胡耀邦上綱上線狠批一通，讓胡耀邦目瞪口呆，他怎麼也不相信，這是由自己一手提拔並帶著到處視察、對之耳提面命、寄予厚望的"接班人"幹出的事。據胡耀邦兒子胡德平的一位朋友傳出的信息說，胡耀邦後來最感到不能原諒的只有兩人，一個是主持這次會議的中顧委副主任薄一波，薄在"文革"中被打成"六十一人叛徒集團成員"，是胡耀邦親自為他平反並安排工作，否則他只能在家逗孫子；另一個就是王兆國。這種說法也有幾種版本，還有一種版本是說胡耀邦最不能原諒的兩人是薄一波和王鶴壽——李銳說：耀邦在去世前與他推心置腹的談話中告訴他，在延安時，他同陶鑄、王鶴壽關係非常好，被稱作"桃園三結義"。胡耀邦私下曾經對王鶴壽講過一些心裏話，在"生活會"上被王揭發了，非常傷心。

不管是否被胡耀邦列入了最不能原諒者的名單，王兆國批胡發言既沒有政治道德，也沒有政治智慧，連整胡耀邦的元老們對他也輕蔑有加。二○○二年初海外多家報刊繪聲繪色地披露，當陳雲看到王兆國在政治局擴大會議上的批胡耀邦發言紀錄後，"搖了搖頭"，提筆批示："小平同志及中央常委：此人不適合高層政治生活，建議到基層鍛煉。"鄧小平立即跟著批示："同意陳雲同志意見，找一個好一些的（地方）讓他去。"一九八七年九月，王兆國就被免去中央書記處書記一職，下放到福建當副省長、代省長。

被一些人劃為"共青團派"的胡錦濤，從甘肅進京、又到貴州以來，短短四年多，見識了太多的官場風雲，也初嘗了險惡的政壇浪濤。他已經發現，對中央，不跟，不行；跟得太緊，也不行。當胡耀邦下台，各省都變著花樣表態與之劃清界限時，胡錦濤卻表現得非常穩重而策略他得聞風而動。胡耀邦剛下台，元月十五日，他就在貴州各地、州、市委宣傳部長會議上講話指出：“思想戰線的首要任務是堅持四項基本原則，旗幟鮮明地反對資產階級自由化。”

他又得適可而止。三月十八到十九日，胡錦濤主持貴州各地、州、市委書記會議時，確定的會議主題是：“把反對資產階級自由化的鬥爭引向深入，把增產節約、增收節支運動落到實處。”一個“引向深入”，一個“落到實處”，著力點向哪一個傾斜，孰虛孰實，孰重孰輕，一目了然。而即便就是“引向深入”的“反對資產階級自由化”這一項任務，這次會議的七條要求也更處處設防：

一，學習中央文件，提高對這場鬥爭的重要性、長期性、艱鉅性和複雜性的認識；

二，學習理論，掌握武器，有針對性的、令人信服地回答群眾提出的問題；

三，聯繫實際，專題討論，提高認識，不搞“上掛下聯”；

四，採取生動活潑的工作方法和教育形式；

五，嚴格掌握政策界限，堅持正面教育；

六，精心指導，不斷總結經驗；

七，促進加強思想政治工作，促進改革開放，促進兩個文明建設。（以上為原文文字的摘要）

明眼人一看就能看出省委極其豐富的潛台詞！

三十五歲的貴州團省委書記葉小文也是在這一年上任，這位社會學青年學者前一年剛以論文《社會學否定之否定的進程及其內在予盾》，獲得中國社會科學中青年優秀論文獎，並當上貴州省社科院社會學研究所副所長。剛到團省委上任，就趕上如此詭譎逼人的風波，他的理論一時也感到用不上了，不表態心裏打鼓，便打算在團省委的機關刊

物《貴州青年》上面發一篇應景批判文章。但他來請示省委第一書記胡
錦濤時，胡錦濤悄悄對他說：算了，別趕這個浪頭吧。葉小文遂作罷。

葉小文到底是有悟性的，在後來的歲月中一帆風順。一九九〇
年，他上調團中央任統戰部副部長，全國青聯副祕書長；僅僅一年之
後，就到了中共中央統戰部擔任民族宗教局局長——九十年代初，正是
不少團中央幹部成群結隊轉往統戰部的高潮時段。接替胡錦濤擔任團中
央書記處常務書記、全國青聯主席的劉延東，一九九一年秋調任中共中
央統戰部副部長，她推薦安排了包括葉小文在內的不少團中央幹部。在
統戰部工作的原團中央幹部人數之多，甚至令有人戲稱統戰部為"半個
團中央"。一九九五年，葉小文又轉到了國務院系統主管宗教事務，在
朱鎔基內閣裏擔任國家宗教事務局局長至今。他曾經作為國務院特派專
員，赴藏參與主持第十一世班禪的金瓶掣簽和坐床大典。回望前塵，他
應該感謝胡錦濤當年對他的指點和一路提攜。

天高皇帝遠

得虧貴陽遠在邊陲，胡錦濤僥倖沒有受到胡耀邦下台的直接連
累。仗著天高皇帝遠，遠離中南海權力中心，到了貴州蠻荒之地不被人
注意，相對平靜，胡錦濤與過去在擔任青聯主席時所結交的被視作"自
由派"的一些知識分子，保持了聯繫，並以一省首長之尊，向他們提供
方便，也希望他們能給偏僻閉塞的夜郎國吹進一點清新之風。

一九八七年，中國社會科學院文學研究所長、全國青聯常委、文
藝理論家劉再復，因為其文藝理論觀點如"人的主體性""性格組合論"等
等，受到"高舉馬克思主義、毛澤東思想旗幟"的左派責難抨擊。例如以
歷史小說《李自成》名噪一時的老作家姚雪垠，在《紅旗》雜誌上連續
發表兩篇長文，大批劉再復"厭惡馬克思主義的哲學和文藝思想"，把持

"發表文章的陣地"，等等。時任《紅旗》雜誌總編輯的熊復，本來是十分僵化的理論家，在一九七八年胡耀邦策動"實踐是檢驗真理標準"討論的時候，此人還爲華國鋒、汪東興的"兩個凡是"幫腔。後來仗著胡喬木等人的保荐，在思想理論界穩居高位。這次他與其他人互相聯手，推波助瀾，召開涿州會議，他在會上大談這幾年"自由化泛濫"，點名批評了劉再復，甚至說劉再復與作家劉心武"同香港的資產階級輿論和反共輿論結成了聯盟"。

按說文藝界百花齊放，百家爭鳴，有各種意見甚至尖銳的意見，並沒有什麼不得了。不過，在中國這個特定時空，經歷過多次政治運動的人們都在提心吊膽：誰知道"批判的武器"後面是否會跟著"武器的批判"？一時劉再復日子相當不好過。

胡錦濤聽到了這個消息。他對劉再復一直很器重，一九八四年時，他曾指定劉再復率領中國青年代表團去日本參加創價學會舉行的國際文化節。這次，他邀請劉再復到貴州住一段，既避開風頭，安心研究學術，又幫貴州學術界疏通思路，增進見識。雖然後來劉再復因故並沒有前去，但是胡錦濤這一邀請使他在知識分子中大爲得分。

貴州著名異議人士、後來僑居美國的詩人黃翔，對胡錦濤也有自己的觀察。

十七歲就因發表詩作而加入中國作家協會貴州分會，十八歲就因政治原因被除名、四十年在中國大陸不得發表作品的詩人黃翔，雖然自許興趣和志向都在文學、心靈，在當局眼中，卻主要不是個文學撰稿人，而是政治異議者。一九七八年十月十一日，黃翔與三個志同道合者李家華、方家華、莫建剛，來到北京，在當時正在鬧市區的人民日報社門外貼出抨擊專制、鼓吹民主的長詩，還舉辦了多次詩歌朗誦會、演講會，墨跡酣暢，血火淋漓，引起了很大反響。一個多月後，他們從貴州再赴北京，於十一月二十四日成立了中國最早的民辦團體"啓蒙社"。沒多久，該社全體成員被捕，後來一直受到壓制。當時貴州除"啓蒙社"外，還有曾活躍於北京和貴陽兩地最早的民間社團"解凍社"、"使命社"、"百花社"等等，民間刊物、學生刊物一直綿延不絕。不過由於地處邊遠和當地嚴厲監控，民主、人權異議人士的抗爭和長期受到鎮壓迫害的情況，外界一無所知。

在胡錦濤擔任貴州省委書記期間，黃翔又遭到一次打擊：一九八六年秋，大學校園裏自由民主思潮再一次湧動時，他與其他一些以獨立思想著稱的詩人、文人如北島、劉曉波等，被北京多所高校的學生邀請去演講，後來黃翔被當局指控爲學潮的"煽動者"之一，內參報上去，喬石、王兆國都批示下來，貴州省委指示司法單位調查處理，時任北京市長的陳希同自然將黃翔在北京的活動說得危險萬端，黃翔與"中國詩歌天體星團"等民間社團其他成員相繼被捕。

黃翔後來接受筆者查證此事時，倒是頗爲體諒胡錦濤當時的處境：當時包括中央主管政法的喬石、胡錦濤原來的上司兼同事、此時炙手可熱的王兆國，都口氣強硬地表了態，胡錦濤想必感受到了強大壓力，他能怎麼辦？黃翔還強調：胡錦濤在貴州當政時對異議人士在策略上卻出現微妙變化，例如，"啓蒙社"創始成員之一李家華（筆名路茫），本來多年受壓制，但他對權力體制表示了悔悟和臣服，胡錦濤便親筆批示，讓他出版了詩集《寄給死去的愛情》。

黃翔在一篇在互聯網上刊出的文章《南方自由文學"領軍"：朵尼》中還披露：當他爲此事被捕時，妻子張玲曾孤身一人上北京在思想文化界奔走呼號，也曾找過劉再復。當黃翔赴美後，也在美國的劉再復曾告訴黃，"他曾同現國家主席胡錦濤一起坐飛機去新疆開會，在飛機上曾向胡談及此事，當時的貴卅省委書記胡錦濤也曾過問此事，省公安廳廳長郭政民回復說，黃翔的問題很複雜。"

黃翔於一九八八年五月在貴陽市中級人民法院受到審判，以"擾亂
社會秩序"的罪名被判刑三年，直到一九九○年底才出獄。

諷刺的是，又過了三年，一九九三年底，那個曾經答覆胡錦濤垂
詢說"黃翔的問題很複雜"的貴州省委委員、省公安廳長郭政民自己，
收受巨額賄賂案發，被開除黨籍、撤銷職務，銀檔入獄。

這段時間，對中共"第三梯隊"和接班人來說，真是噩耗頻傳，隨著
胡耀邦的倒台，中央一級部委負責崗位紛紛出現"倒接班"，即由年齡大
的接替較為年輕的。中宣部長朱厚澤被王忍之接替；最為典型的是中央
組織部長職務，竟由七十歲的老人取代五十六歲的中年：中組部長尉健
行到國務院轉任權力小得多的監察部長，而宋平被從國務委員兼計劃委
員會主任調來接任中組部長。

不過，這對胡錦濤來說，倒不是一個壞消息：雖然自己沒有能當
上中組部常務副部長，總算自己的老恩師被安插來主管這個舉足輕重的
部門，日後多了照應提攜自己的機會。

不能"夜郎自小"

說起貴州的省情，省名為"黔"，缺的恰恰就是"錢"。胡錦濤到了貴
州之後，主要想的就是如何脫貧致富。

本來胡錦濤對於領導經濟，尤其是抓商品經濟，不算內行。他的
專業本行是水電工程，擔任甘肅省建委副主任，主要是抓工程建設，當
團中央書記主要是抓青年的思想政治教育。不過，搞商品經濟，全國都
是剛剛起步，從這個意義上說，他並不比別人更差——大家都在同一起
跑線上摸索。

胡錦濤開創了"周末懇談會"的形式，定期或不定期地與企業負責
人、青年學者、文藝界人士、民主黨派負責人等進行對話。一九八六年

夏天的六個星期中，他就參加了全部四次"周末懇談會"，不僅自己去，而且還拉上省委分管的書記和部門主管。他注意營造和諧、坦誠的氣氛，傾聽他們對省委的批評和建議，感受他們各自工作的甘苦。胡錦濤不僅自己認真做筆記，還與大家一起平等交換看法，探討面臨難題的具體可行的解決方案和思路。每次懇談會後，胡錦濤都責成省委辦公廳將討論情況整理成簡報，報送中央和下發有關部門。有一位參加過其中一次懇談會的貴州大學的教授，向筆者回憶了一個細節：當時有個參加者，批評了省委的一項舉措。他當時以爲這項舉措是前省委負責人留下的陳規，與現任省委書記胡錦濤沒有關聯，所以發言時沒有顧忌，尖銳直率，鋒芒十足。沒有想到，胡錦濤後來發言說，對這項舉措，他來貴州後表態要求繼續執行，還詳盡解釋了自己何以要求繼續執行的理由。那位發言者沒有想到直接"冒犯"了胡錦濤，頓時十分局促不安。但是胡錦濤緊接著說，感謝他的坦誠直言，豐富了自己的認識，而且對這些問題，都可以繼續摸索探討，希望大家知無不言，言無不盡。這給在場的人都留下了良好印象。會議結束，胡錦濤離去之前，還特別與那位發言者握手告別，說從他的發言中受到了很多啓發。

胡錦濤在實地考察了貴州的山山水水，又向貴州省各市縣、各族、各界詳細了解了情況之後，對貴州的情況心中有了"數"。

所謂"數"，首先是貴州究竟有多落後的"數"。以前了解的只是統計數據：一九七八年貴州人均收入在二百元以下的貧困戶，佔全省人口的百分之九十五點八；到了一九八五年，全省二千九百六十七萬人口中，還有百分之三十的農村人口，即約八百萬人溫飽問題還沒有解決。因爲糧食沒有解決，要靠調入，同時開荒種糧從山腳開到山頂，致使森林覆蓋率從五十年代初期的百分之三十下降到一九八四年的百分之十二點六……而多次親自調查，他親眼得見貴州山民的窮困實況，更感到眼前景象觸目驚心：刀耕火種，半飢半飽，住得破爛，穿得襤褸……

但作爲中央派來的帶頭人，胡錦濤還不得不看到、不得不大聲疾呼另一個"數"，那就是貴州"既窮又富"。富在它的資源上：汞儲量佔全國第一，鋁的儲量有八億噸，佔全國第三，煤的儲量在全國佔第四，在長江以南佔首位……生物資源也很豐富。他對記者談到，"來了之後才知道，貴州立體氣候也是一大資源，有許多地方適宜發展亞熱帶水果和其他經濟作物。"另外還有得天獨厚的旅遊資源。

關於貴州，古來留下兩個成語："夜郎自大"和"黔驢技窮"，儘管都體現了中國傳統的人生智慧，對人有勸喻警誡之意，然而不免使人對貴州產生先入爲主的不良印象，也不免使貴州民眾在外人面前挺不直腰板。胡錦濤在許多次報告中，對這兩個成語"反其意而用之"："夜郎自大"不對，但是"夜郎"也不能"自小"，自卑自賤。他還說：要脫貧致富，"黔驢"技不窮！

爭取外援，開拓潛力

說是這樣說，胡錦濤當然明白，潛在的優勢不算真正的優勢，如何將這些優勢發揮出來才是關鍵。中央政府和當地民眾都爲貴州長年貧窮落後而困擾，卻苦於拿不出良策。長年要靠國家給以貸款和援助，國家不堪其負；搞開放搞引資來改變面貌吧，雖有很多聽起來很美妙的設想甚至設計了各種方案，但心有餘而力不足：任何設想方案都要有資金才能啟動，沒有錢，一切都談不上，但是又上哪兒弄錢呢？工業基礎薄弱，投資環境太差，交通、通訊等基礎設施長年欠帳，又沒有投資少、見效快、切實可行的短期項目，難以吸引外資。一個窮家，門開得再大，把"歡迎"的標語寫得再醒目，人家也未必肯賞光朝裏瞧一眼啊。

但胡錦濤還是儘量努力設法，與許多國家尤其是新西蘭和澳大利亞等農牧國度交流，同時爭取聯合國和其他有關國際機構的支持。在趙紫陽總理支持下，應邀訪華的新西蘭總理戴維?朗伊和夫人一行，於一九八六年三月底到貴州參觀訪問，貴州破天荒第一次接待了一位外國政府首腦。後來新西蘭農牧部部長莫依爾也曾到貴州訪問，談成了若干合作項目。在這些訪問過程中，胡錦濤都抓住機會請教，並極力宣傳貴州的潛力和前景，推動合作。對外經濟交流主要要省長和省政府要員出面，省委書記不便直接上陣。胡錦濤支持王朝文省長先後率團到澳大利亞、新西蘭、南斯拉夫、奧地利和美國出訪；但他自己不親眼觀察、親身體驗還是心中無數，以前雖然出訪過多次，都沒有接觸經濟實務，隔了一層，所以一九八六年三月上中旬，胡錦濤率領了一個友好代表團出訪澳大利亞。

在他上任之後不到一年裏，貴州對外開放確實邁開了步伐，不僅從美、法、澳、新等國引進技術和設備，貴州的民間藝術團在法國和西班牙各種藝術節上大出風頭，貴州省還與奧地利施蒂利裏亞州建立友好省州關係；貴州大學與美國奧克蘭大學建立了校際合作關係這是貴州省的大學第一次與外國大學建立這種友好關係。

八十年代中期，全國經濟改革勢頭甚猛，周圍各個省市都在出台新的改革措施，貴州也人心思變。不過當時全國的興奮點在東部沿海地區，對於貴州這樣的西南貧困山區，究竟如何改革，誰都沒有把握。胡錦濤與省委省府一班人商量決定，一方面推動與周圍幾個省區的區域合作，更加強與廣東、上海這些沿海開放富裕地區的交流合作。他們曾邀請上海市委副書記吳邦國（他也是胡錦濤的清華校友）、廣東省長梁靈光來貴州磋商，而貴州省長王朝文和幾位副省長也曾多次到沿海省份和吉林、新疆、甘肅等省區取經求援，尋覓合作機會。

在多次視察畢節、慎重評估的基礎上，胡錦濤拍板，採取了一個改革大動作：一九八八年三月，他主持召開省委常委會，討論《關於建立畢節地區開發扶貧、生態建設試驗區的意見》，五月上報給國務院，六月，國務院批准成立了這個試驗區。

畢節五五八·七萬人（一九八七年末數字），就有三一五萬人沒有解決溫飽問題，人均糧食產量不足二百公斤，由於糧食緊缺，陡坡開荒嚴重，水土流失面積高達百分之五二·六。在這個地區光靠種植糧食作物顯然是不行的。胡錦濤來視察多次，主要就是想能否動一動開發其它多種資源的腦筋，逐步實現"以經濟開發支持生態建設，以生態建設促進經濟開發"，從根本上解決貧困、生態惡化和人口膨脹三大難題，擺脫惡性循環，為貴州西部岩溶地區的發展走出一條路子。為此，胡錦濤支持在這個畢節試驗區摸索一些改革措施，主要是產業所有制寬鬆化，讓出國營經濟的部分空間，調動集體經濟和私人經濟的積極性。

胡錦濤認為貴州要從實際出發，切實改變以糧為綱的做法，因地制宜，揚長避短。不適宜種糧的地方，就得調整，對三十五度以上的坡地要退耕還林；他舉例說，許多地方種油菜和烤煙，已成為全省及煙區的主要財政支柱和農民收入的主要來源，大家就應該學習這種思路──從不吸煙的胡錦濤，為了經濟，不得不對烤煙大表興趣了。

同時他催促加快執行中央"有水快流"的方針，在有礦產資源的地方，發展小煤窯、土法煉焦、提煉鉛、鋅等等。他還大力破除地縣這一層主管希望上面撥款投錢的"等、靠、要"思想，要他們多打"短平快"，上那些投資少、技術要求低、適宜群眾性開發、見效快的項目。通過"滾雪球"，逐步發展起來。

幾年拼死拼活，胡錦濤領導的貴州在經濟體制改革上有些進展，各項經濟指標、文化指標也大有增長，但是人民生活的實際改善相當有限。根據《貴州年鑑》所載有關部門公佈的逐年抽樣調查的數據，胡錦濤當政的幾年中人民收入和增長情況如下：

　　一九八六年，城鎮居民人均生活費收入七四二元，比上年增長十三點六；農民人均純收入三〇三點五七元，比上年增長百分之三點六（均扣除物價上漲因素）。這一年人均收入在二百元以下的貧困戶比例為百分之十八點四（我們在前面提到，一九七八年貧困戶為百分之九十五點八）；

　　一九八七年，物價上升勢頭較猛，城鎮居民雖然人均生活費收入達八一一點九二元，但扣除物價上漲因素，實際收入水平不升反降了百分之零點二；農民則得到較多實惠，人均純收入三四一點八四元，扣除物價上漲因素，比上年增長百分之八點八；收入在二百元以下的貧困戶比重下降到百分之十二點四（但是統計人員好象並沒有考慮到隨著價格上漲，這條"二百元"貧困線，也應該向上浮動）；

　　一九八八年，通貨膨脹更烈，全年商品物價指數上升了百分之二十點二。城鎮居民人均生活費收入達九三八點一七元（在《貴州年鑒》後面的表格中卻載為九八〇點四元），比上年增長百分之十五點五（該年鑒後面的表格中為增長百分之二十點八），但扣除物價上漲因素，實際收入水平比上一年竟下降了百分之四點九；農民人均純收入為三九七點七四元，比上年增長百分之十六點四，卻沒有扣除物價上漲因素後實際增長數字。此外，在二百元以下的貧困戶比重，降到百分之七點七二。

　　胡錦濤在任期內，也沒有來得及扭轉貴州糧食無法自給的局面。長期依靠調進糧食解決吃飯問題的貴州，是在他離開之後的九十年代，才農業連續六年獲得豐收，一九九八年糧食總產量再創歷史最好水平，在此前連續三年保持在一千萬噸以上的基礎上，該年更達到一千一百萬噸，農村人均佔有糧食達到三百五十公斤以上──在二十世紀快結束時，貴州終於初步實現了農村人口糧食自給。

沒有陽光的天空

胡錦濤沒有想到,他催促地市縣主管加快執行中央"有水快流"的方針,破除希望上面撥款投錢的"等、靠、要"思想,多打"短平快",上那些投資少、技術要求低、適宜群眾性開發、見效快的項目,發展小煤窯、土法煉焦、提煉鉛、鋅等等,竟始料不及地刺激了短期行為,在十多年之後的今天,顯露了後果,後果十分嚴重!

《南方周末》二〇〇二年八月十五日刊出了高嵩的特寫《沒有陽光的天空》,說:"六年前(即一九九六年——筆者注),本報以專題圖片的方式,報導了滇黔川交界處的部分鄉村非法採礦、以污染環境為代價換取脫貧的情形。"

作者寫道:"雲南省富源縣富村鄉團山村……不遠處就是貴州省盤縣樂民鎮威箐村。這裏原本是兩省交界處最好的土地,出產的稻穀能碾出上等好米。可如今,廢棄的煉焦窯隨處可見,往地上澆一瓢水,很快就不知滲到何處去了。昔日豐腴的稻田,只能種點稀稀拉拉的玉米。"

《南方周末》的文章,吃了豹子膽也不敢點黨和國家領導人胡錦濤之名。但是推算時間,文中所指出的貴州產生這些嚴重問題,誰應該負主要領導責任,呼之欲出。

文章寫道:"上世紀八十年代中期(胡錦濤在貴州主政,正是從一九八五年七月十五日,到一九八八年十二月中旬——筆者注),這裏有十萬農民加入了土法煉焦行列,即用煤粉直接焙燒焦炭,八角田成了焦窯分佈最密集的地方。僅威箐村一個村,土法煉出的焦炭年產量就高達十萬噸。見到這東西能來錢,許多稻田的主人就相繼把自家的土地租給煉焦老闆,價格視地勢而定,離公路或河流越近,價格越高,一畝地每年的租金約三千-四千元不等。"

"一時間，沿河兩岸建起了煉焦爐，村裏的壯勞力也大多守在煉焦爐前，替煉焦老闆打工掙錢。一鍋焦炭需要焙燒二十來天才能出爐。熊熊烈焰從密密麻麻的煉焦爐裏不停冒出，水美田肥的八角田整日籠罩在滾滾濃煙之中。到了晚上，從上千個燃燒著的煉焦爐冒出的火焰，把方圓十里的天空映得通紅，竟成當地一'景'。威箐村村委楊惠芳說，最鼎盛時，八角田上聚集了一三六〇多座煉焦爐。"

一三六〇多座煉焦爐！想像一下那密密麻麻林立的景象吧。

但是，"煉焦產生出的大量二氧化硫、氮氧化物、一氧化碳、硫化氫等有毒氣體，使周圍農田裏的水稻產量大幅減產，有的甚至顆粒不收。酸雨、污水、粉塵導致當地環境迅速惡化。此外，當地居民患呼吸道疾病的發病率在百分之七十以上，肺癌也成為這裏的第一殺手。"

直到一九九八年後，人們才終於意識到犧牲環境換發展是多麼的可怕。"轟鳴的推土機開始把林立的土鍋窯逐一推平，徹夜燃燒了十來年的爐火滅了（請注意"十來年" 那應該就是從胡錦濤主政貴州時燃起的——筆者注），然而，殘留的煤渣和瓦礫已深深植入被高溫煅燒得堅硬不堪的泥土裏，昔日的良田好似廢墟一般。"

值得注意的是，高嵩特寫的筆鋒，還指向另一處，即胡錦濤在貴州當省委書記時費了九牛二虎之力建起的"畢節地區開發扶貧、生態建設試驗區"。這個試驗區號稱"生態建設"，說明胡錦濤為首的省委，並非毫無環境保護的意識。但奇怪的是，正是在這個試驗區範圍內，高嵩筆下竟是這麼一段讓人嗟嘆不已的故事：

"不要守著腳下的金元寶討飯！"

十多年前，一些外鄉人帶著錢走進貴州省畢節市團結鄉的崇山峻嶺，勸貧窮的鄉人同意他們在本地煉硫磺時，常說這話。其實，村裏人早就知道地底下的石頭可燒成硫磺，以前也零星有人燒，但不成氣候。後來，一些外鄉人來了，開始大規模地土法煉硫。

這就是災難的開始。土法煉硫的危害令村裏人始料不及。煉製過程中產生的含硫氣體遇雨變成酸水降落到地面，周圍的動物、植物乃至土壤中的微生物都無法生存，周圍青山迅速變了模樣，森林消失了，草也不長了，山上只剩下白森森的石頭和焦黃的土地，"就像原子彈爆炸後留下的遺跡"。

統計資料表明，在貴州硫礦產量最大的畢節地區，土法煉硫使一千平方公里的土地遭到嚴重污染，其中三百九十平方公里變成不毛之地，損失耕地近萬畝。在經歷了土法煉焦的破壞後，昔日的煉焦爐旁只有生命力強的玉米才能生長，但是產量只有煉焦前的三分之一。

貴州環境科學研究設計院專業人員漆國先二〇〇一年奉命到畢節附近的大方縣進行煉硫污染治理試驗，這裏也是土法煉硫曾經盛行的地方，"儘管做了二十五年的環保研究，但煉硫舊址留下的一片焦土仍然讓他大吃一驚。那裏的土地除了少量玉米，連辣椒都種不出來。持續十多年的污染（又是"十多年"！——仍然是從胡錦濤擔任省委書記的時候開始污染起——筆者注），已經徹底改變了當地的土壤機構，有機質含量幾乎爲零，在這樣的土地上，種什麼，死什麼。"

高嵩文章還披露說，讓人吃驚的是窮困農民們對關閉煉焦爐、煉硫爐持有的看法：煉焦、煉硫雖然有污染，但一天還可以掙幾塊錢，"關了，我們吃哪樣嘛？"

"這已經變成了惡性循環。"漆國先說，污染讓農民失去了賴以生存的環境，使他們對帶來污染的小煉爐產生更大的依賴。

貴州省一位現今在任的負責人指出，"土法煉鋅、土法煉硫、土法煉焦，是老板賺大錢，工人賺小錢，損害的是國家的長遠利益，用一時的經濟利益換來的是對生態環境的毀滅性破壞。"從某種意義上說,這位負責人和這屆省委、省政府班子,正在收拾胡錦濤那屆班子所造成的爛攤子,他所批評的"土法煉鋅、土法煉硫、土法煉焦",正是當年胡錦濤主政時省委大力推行、大力提倡的。世事滄桑,輪迴報應,竟如此急速!

將貴州今天出現這樣嚴重的問題全部歸咎於胡錦濤個人,當然是不公平的;藉此推斷胡錦濤"好大喜功""荼毒民眾",也並無根據。但是,污染造成的惡果是不容迴避的鐵的事實,哪怕胡錦濤當年有再好的"前人栽樹,後人乘涼"的初衷,結果畢竟是"前人造孽,後人遭殃"!這件事至少可以說明,胡錦濤及其率領的班子,思維方式和領導作用出了嚴重偏差,成為典型的不顧長遠只看眼前的注腳。

治窮大計　教育為本

貴州治窮,千頭萬緒,哪裏是突破口?胡錦濤深思熟慮之後,將自己工作的重點放在了狠抓貴州的教育上。

當時貴州知識界的有識之士曾經向胡錦濤進言:貴州一窮二白,外在表現是"窮",內在根源在"白",比窮更為嚴重的是"白"。胡錦濤很同意這種看法:貴州這落後那落後,最根本的落後還是人的素質太落後。中共建政快四十年了,貴州的文盲半文盲,仍然約佔總人口的三分之一,貴州民眾不僅極為缺乏現代科技知識,而且由於多年封閉,觀念極為陳舊,胡錦濤感慨地說過:有的農民家裏養著不少牛、豬、羊,卻還要吃救濟——因為他不知道這些牲畜可以換成錢!沒有商品經濟觀念,成為阻礙貴州社會轉型的軟件方面的最大絆腳石之一。

教育這件事,提起來千斤,放下去四兩。每個當政者都能侃侃而談教育的極端重要性,但每個當政者又都不約而同,被更緊迫的眼前要務佔住精力和時間，對教育的重視實際上停留在口頭上。在"重要"與"緊急"這兩類要處理的公務上，中共官僚們歷來是向後者傾斜——人人都急於"建功立業"，拿出看得見摸得著的成就來讓上司和下級眼見爲實，當然也就盛行"短期行爲"；而教育嘛，正如俗話所說："十年樹木，百年樹人。"屬於長遠投資和長遠受益的吃力不討好的傻事，能管就管，管不過來就隨它去。

但是胡錦濤想去想來，卻決定"迎難而上"：不管自己的任期是三年還是五年，要在這個"百年"大計上花大氣力。

在當時的情況下，不論是從政治家的責任、遠見等角度，還是從現實策略的角度來說，這確實是明智之舉。

爲什麼？因爲這可以"一箭數雕"。

要從根本上改變面貌，就得從這基礎上做起。胡錦濤抓教育，在上司和民眾看起來，不僅是很有遠見、不求速效，而且是追求實績、不務虛名。對其形象的塑造，無疑會大爲得分。

而另一方面，抓教育也最少引起爭議。將主要精力投入到這種基礎工程中去，就擺出了與世無爭的架勢，避開了官場人事紛擾，使人感到新來的"強龍"並不打算要壓"地頭蛇"，本省委書記不是那麼急功近利要借此作跳板的角色，也就不至於在省委、省府一班人中惹人疑忌，招人使絆子。

胡錦濤當然清楚：抓教育投入精力甚多，收效卻慢，一時難以看到成果。不過，第一，中央本來就沒有指望胡錦濤到了貴州就能在一個早上改天換地，胡耀邦到貴州來時，多次說過"幾年內要改變（貴州在全國）這種靠後的次序，不容易"，這代表了中央對胡錦濤的看法，並不要求他急功近利；第二，以當時胡錦濤的處境，不出紕漏，平平穩穩就好，無過就是功。那麼抓教育豈不就正好抓在點子上？

胡錦濤採取了多種措施來抓教育。

他推動省委和省政府制訂關於教育的硬指標，發往全省各地遵照執行，要求每縣要有培訓初級人才教育基地；他注意撥專款，辦實事，改變窮困山區辦學條件。一九八五年，他剛到貴州的那一年，貴州省委、省政府制定了《關於推進教育體制改革的決定》，提出"發展教育、開發智力，是振興經濟、興黔富民的根本大計"。在省裏財政相當緊張的情況下，胡錦濤力主追加了四千萬元教育方面的投資。後來他又提出在三年時間裏，投資兩億四千萬元解決全省二百二十萬平方米中小學危險房屋。一九八七年，貴州全省的教育事業費實際支出總額達到四億五三三七萬元，比前一年增加三九一七萬元，增長幅度達百分之九點四六。

鑒於貴州各級幹部駕馭商品經濟的能力差，他強調幹部培訓，請專家來貴州講課，派貴州幹部到先進地區參觀進修。一九八六年，貴州辦民族幹部培訓基地達到二百四十二個。他在各種會議上，都大聲疾呼，貴州幹部要轉變觀念、開拓思路。筆者從一位現在旅居美國的學者那裏了解到，他一九八八年在北京參加國務院發展研究中心主辦的一個項目時，接到貴州朋友的電話，說省委書記胡錦濤在視察中對企業主管說：在所有制問題上思想還可以更解放一些，可以搞"一廠兩制"，總廠是國營，分廠甚至車間可以中外合資，也可以與集體企業、私人企業合營。這對貴州企業主管有很大震動，因此求證於這位在北京的朋友，中央是否在這方面有了精神？

在推動全民重視教育中，胡錦濤運用了他在團中央練得十分純熟的有效辦法，就是抓典型。除了大力表彰各類型的正面先進典型，還抓住反面典型案例，懲處"一小撮"，教育"一大片"。

說來也巧，在胡錦濤到貴州上任的前夕，在黔西縣發生了一起污辱、殘害小學教師的嚴重事件。一九八五年六月十八日，該縣林泉區西溪小學門前，縣政協副主席滕居位的兒子滕勇及其兩個同伴，竟從行駛的汽車上用繩子套拖、傷害和污辱女教師袁桂芬。事發後，滕居位與縣公安副局長等勾結，徇私枉法，大事化小，只給三名歹徒以行政拘留處分。受害人多次向有關部門申訴，要求秉公執法。此事捅到了北京，當年九月，貴州省的全國人大委員在全國人大會議上揭露此事，引起極大義憤。新來乍到的胡錦濤沒有放過這一天賜良機，責成有關部門認真復查、嚴肅處理，最後由畢節地區中級法院判處滕勇無期徒刑，其他兩人有期徒刑；不僅如此，他更要求紀檢和司法部門追究包庇罪犯者的責任，最後開除了滕居位的黨籍並罷免其職務，縣公安副局長也被判刑一年。胡錦濤利用這一案例，在人民群眾心目中樹立了新來的省委書記既遵紀守法，又尊師重教的良好形象。

胡錦濤上任伊始，就到貴州大學和貴州師範大學去視察，為了解第一手材料，與學生拉近距離，他到學生食堂排隊打飯，與學生一起邊吃邊聊，既聽取他們的各種議論，也向他們宣講要珍惜大好年華，多學本領、努力成才，報效祖國和故鄉。當晚學生舉行聯歡會要他出節目，他的一曲獨唱《我騎著馬兒過草原》，讓大家掌聲雷動。

胡錦濤身體力行推動尊重知識的新風，採取了一個在省級幹部中相當特殊的做法：向貴州大學提出當數學系計算機專業八五級本科的"旁聽生"，他成了與自己的子女差不多同齡的少男少女們的"名譽同學"。一九八八年教師節時，他還以"班代表"身份，給任教老師送上賀卡，上書："教誨如春風，日日沐我心。感謝您，我的老師！"

當時一些有"遠大政治抱負"的政壇新苗在職深造拿高學歷文憑的風氣，已經起於青萍之末，他們搶先聯繫進名校、從名師，讀博士碩士，所選專業，也多是法律、經濟、管理、金融等等；而胡錦濤卻沒有這樣做，而是讀計算機本科，其著眼點是學些新知，並不在於拿到一紙文憑。

219

一九八八年教師節沒過多久，十月二十四日，貴州大學發生了進修學員手持兇器將十一名本科生毆打致傷的事件。一時間，校園裏群情激憤，千餘名大學生將肇事學員宿舍團團包圍，斷水斷糧三十多小時；憤怒得失去理智的學生後來又打傷了前往恢復秩序的二十多名警員，砸毀警車後衝出校門上鬧市遊行。

胡錦濤深知此事非同小可：一顆火星可能燃起無法控制的山火，將穩定的社會局面毀之一旦。事不宜遲，他召集緊急會議，部署安排省委宣傳部、團省委、省教育廳和貴州大學黨委，對大學生們曉之以理，動之以情，總算使學生按捺了怒氣，冷靜下來，事態得以平息。

此事省委第一書記出面擺平，馬到成功，得力於他共青團工作的經驗，得力於他兩年多治黔的口碑，也得力於他的貴州大學"同學校友"身份。畢竟與大家在感情上有一分親近，了解學生的情況和要求；他的魅力和口才，也使他便於與年輕人溝通。胡錦濤處理突發事件的應變能力，得到了一次相當完美的展現。這個信息，自然也傳到了中央。

嘗試政治體制改革

一九八七年秋天，中共十三大之後，鄧小平和趙紫陽對政治體制的改革，總算進一步退半步、小心翼翼地邁出了步伐。胡錦濤在貴州也開始行動起來。

一九八八年，貴州省委對政治體制改革的總的安排是，從黨政分開入手，從省級和企業做起，連續制定了《貴州省省級黨政分開實施方案》《中共貴州省委機關機構改革近期實施方案》，重點解決省委和省政府的職能劃分，相應調整省級黨的組織形式和省委工作機構。

　　這次省級黨政職能劃分，把十三大提出的地方黨委的五條職責具體化。胡錦濤主持省委常委會制定了自己的工作規則（試行）和加強自身作風建設的若干規定。

　　改革牽涉到十分複雜的利益，又與多年來錯綜複雜的人事糾葛攪在一起，當"改革"從嘴皮上的八股口號、字面上的官樣文章走到現實生活中的時候，還僅僅只是著手制定方案，揀爭議較少的問題先開刀，並沒有真正對積重難返的難題動真格的，產生的矛盾就簡直無法言喻。胡錦濤夜以繼日地開會、商討，對各方官員一遍又一遍地苦口婆心地說服，到最後總算有了點粗略的頭緒。

　　調整黨的組織形式，分步驟撤銷省政府部門的黨組，這一年就先後撤銷了省人事局、勞動局、統計局、審計局、工商局、物價局、對外經濟協作辦公室、計劃生育委員會和人防戰備辦公室和省教委、國防科工辦（電子工業廳）等十一個部門的黨組，政府系統逐步建立健全行政首長負責制。

　　為適應省委總攬全局、協調各方、對全省各個領域、各條戰線實行政治領導的需要，由省委分管書記和常委牽頭，吸收省級有關部門負責人組成一些議事小組。已經設立的有：政治體制改革，外事，對台工作，宣傳思想工作，黨史等。

　　調整省委工作機構，目標是逐步形成少而精的運行機制。指導方針是：強化決策參謀系統，健全黨務工作系統，不再設立黨政合一、共管和對口領導政府部門的機構。在胡錦濤領導推動下，撤銷了省委農村工作部，組建省委農村政策研究室；撤銷省委研究室，組建省委政治體制改革研究室，其職能作相應調整。同時還將一批省委與省政府雙重領導的部門劃給了省政府。

改革企業領導體制，理順企業黨政關係。全省這一年在十七個企業進行了試點。到這一年年底，據八個工業廳局和貴陽市一百四十三家企業統計，已著手改革領導體制的佔百分之七十二。

此外，胡錦濤主持的貴州省委，還設立了一個"政治特區"：批准在該省"畢節地區開發扶貧、生態建設試驗區"，相應進行一些"大膽而慎重"的政治體制改革措施。畢節地委在這一年內提出試驗區政治體制改革的基本思路、總體方案和實施計劃。但是後來不久全國局勢發生大變化，這個試驗區的政治體制改革，在相當長的時間內也搞不下去了。那時，胡錦濤已經調離。

事實上，胡錦濤在貴州帶領省委一班人所推行的政策、措施，在當時、在後來一段時間內，並沒有多少看得見摸得著的實際成效。應該說，這並不能責怪胡錦濤，而是與中共建政後實行與過去封建時代"短任期制"（或稱"頻繁調任制"）"迴避制"（或稱"異地為官制"，即本地人不得在本地任職）一脈相承的官吏管理制度，有直接關係。"短任期制"與"迴避制"雖然也有其優點、有其不得不如此的苦衷，但是衍生的弊端更多，從時間與空間上，都使主政者不能真正掌握情況。雖然有利於加強中央集權，對地方社會經濟發展卻是負面影響居多。

而中共高層對封疆大吏的管理、考核、使用和升遷，常常表現出連"短任期制"也並不打算尊重和遵循的態度。在胡錦濤的政壇軌跡中，這種現象表現得格外明顯。例如中央將胡錦濤調來貴州和調離貴州的兩次決定，就是如此：一九八四年十一月，胡錦濤剛剛被中共中央任命、隨後在共青團中央全會上當選為團中央第一書記，一九八五年七月，中共中央就下文任命他為貴州省委第一書記；一九八八年秋天，胡錦濤剛剛在貴州第六次黨代會和六屆一次會議上當選連任省委書記，十二月，中共中央就下文任命他為西藏自治區黨委第一書記。

這讓局外人百思不得其解：既然要調離，爲何要列爲候選人（眾所週知，候選人也是要經過中央醞釀提名和批准的）？既然選出來了，爲何又匆忙調走？"革命工作需要"的說辭，難以服人。這種任命和調離的方式，透露出對參加投票的團代表、黨代表的明顯蔑視，似乎有意要強調黨中央"想怎麼就怎麼"的無上權威，有意要讓當事人和選舉人明白"誰是你真正的老板"。

對媒體敬而遠之，減少曝光

如果說胡錦濤來貴州幾年，在推動貴州的開放改革、改變貧窮落後面貌方面，還沒有拿得出讓大家印象深刻的成果，那麼他嚴於律己、不搞特權的嚴謹黨性，不擺架子、深入百姓的親民作風，在貴州卻是有口皆碑。

前面第二章我們講過他在貴州去看望清華老校友父母的故事。這類通情達理、平易近人的故事，在貴州還流傳不少。有一次，胡錦濤與昆明軍區司令員張至秀一起視察貴陽防空洞，當時安排了記者拍照。一位記者因爲閃光燈出了故障，又急又惱，手忙腳亂，滿頭大汗。胡錦濤發現這個記者遇到了麻煩，就安慰他說：不要急不要急。他一直握著張至秀的手，擺出姿勢，耐心地等了三分多鐘。看見記者的閃光燈亮了兩次，才放下手，問記者："拍好了嗎？"記者回答："很好很好！"他才放心地笑了。

胡錦濤對在貴州的校友、過去各個階段的同事、部屬，只要抽得出時間，都儘量能見一見，聊一聊。像一九八六年十月，中國青年報社在貴陽開記者會，胡錦濤知道了，專門抽時間去參加會議，與時任社長李至倫爲首的該報同人一起合影留念。不過，胡錦濤把住底線：歡聚儘管歡聚，敘舊不妨敘舊，他也樂於從這些非正式渠道得知更多的信息；卻不對他們許諾超越原則的願，一切按規定辦事。

這確實是胡錦濤一貫的特點：反對追逐權力名位、糾纏個人待遇。可想而知，來貴州沒多久，他遇到一件令人啼笑皆非的怪事時，是如何雷厲風行地處理了。

一九八六年元月，貴州省紀委對貴州人民出版社文藝編輯室主任熊多華，貴陽市人大常委會綜合處副處長王成志，省政府經濟科技咨詢小組辦公室副主任陳匡等人搞非法組織活動的重大案件，進行調查。此事其實是在胡錦濤來貴州之前發生的：熊、王和陳雖然都算是讀過書的文化人，卻毫無常識，徒貽笑柄。一九八四年五月，他們結識貴陽鐵路分局女工張世菁，這個女工為了發表作品而謊稱自己是"軍委總參情報局貴陽總部的指揮長"，是"中央某首長"的"私生女兒"，能通過"嫂嫂直接和中央領導打交道"。他們竟對這一派胡言信以為真，以為自己升官發財的機會來了。一九八四年八月，熊拼湊一個自任社長的貴州人民出版社"領導班子"的名單交給張，請她通過"中央"給省委打招呼批下來。隨後他們又三次分別推薦所謂"省委班子人選"及"補充人選"，請張上報"中央"批准。其中，熊任"省委副書記"，王任"副書記兼組織部長"，陳匡也提出要任"組織部長"。此事堪稱大方夜譚，卻也並未觸犯刑律，只是違反黨紀、敗壞黨風而已。胡錦濤抓緊讓省紀委進行處理，對伸手要官跑官者敲響一記警鐘。

胡錦濤擔任地方諸侯，是當時全國最年輕的省委一把手，在他身上自然具有"新聞含金量"。一九八五年從上到下幹部掀起年輕化浪潮，追風的媒體記者更頻頻要求能報導他。但是胡錦濤自從到貴州後，在這些方面變得更加瞻前顧後。面對絡繹不絕的媒體要求採訪的要求，他秉持他一貫的低調作風，多半婉拒，曝光率極低。這段時間，全國有影響的報刊上關於胡錦濤的報導甚少，只有《經濟參考》一九八六年一月五日登載了王偉強等人的《走出"夜郎國"》，以及《瞭望周刊》海外版一九八六年十一月刊發的張殿光所寫的《胡錦濤在黔北探討致富之道》等不多的幾篇。

當然，也有實在拒絕不了只好接受採訪的時候，胡錦濤除了含蓄地表達自己某種信念和看法外，往往很明確地要求對方理解他的苦衷，不要過多地"拔高"他。

他在回答中國新聞社記者採訪時表示：我一定要長期呆在貴州。要改變貴州這樣地方的貧困面貌，需要一批樂於獻身的人。我心目中的省委書記形象是："有堅定的信念和強烈的追求，又有腳踏實地的精神，不圖虛名的人；不官氣十足，高高在上，和群眾心連心的人；發揚民主，又在關鍵時候能夠決斷的人；熱愛生活的人。"

胡錦濤曾經掏心掏肝地對相熟的記者說："自從踏上貴州的土地，我就覺得命運已經和貴州三千萬父老兄弟的富裕幸福連在一起了。不過，我不願意你們宣傳我，不適當的報導，只能加速像我這樣年輕的省委書記的垮台。"

胡錦濤到底是從團中央出來，很注意塑造一個不同於傳統僵化官僚的新形象。在被問到什麼是"熱愛生活"，他解釋說："對事業的責任感，對友誼的忠誠；愛運動，愛文藝，愛生活中一切美好的東西。"

他還說過："中青年幹部一定要有好作風，說實話，辦實事，講實效，把深入基層、了解實情作為一項基本功。如果把主要精力用在應付'場面'，迎來送往等方面，虛虛飄飄，不務實際，急功近利，那就很容易沾染上'驕嬌'二氣，走入歧途。"

胡錦濤不僅反對媒體報導自己，而且還再三給貴州的新聞改革加油吹風。他來到貴州沒有多久，省委通過了貴州日報社"關於改革會議報導的意見"，明確指出，也適用於電視、廣播等傳媒。在這個改革報

導的意見中，明確提出，本地傳媒應該因地制宜，儘量精簡，對於一些
會議的報導，在版面處理規格上，不必照搬《人民日報》。

團結省委一班人　化阻力於無形

　　一位中國大陸著名作家曾經對筆者談過他到貴州聽到當地官員談
起胡錦濤：新官上任總是要換掉一批人，"一朝天子一朝臣"是中國的慣
例。當地官員見過多少任省委書記了，都是上任沒多久，就開始對省裏
的班子、部委辦局的班子、地市縣的班子以各種名目動手術。雖說是
"慣例"，他們對此也是同情、理解的：新官上任要推行自己的主張、政
見，總得有聽話、順手的人麼。然而胡錦濤這個新官一反慣例，不由得
不令他們印象深刻：他一來貴州就宣佈，只要沒有因違反黨紀國法而受
到查處，現任的幾級班子一個人都不換！他鼓勵大家積極工作。胡錦濤
這麼說，也這麼做，為政三年，確實不搞"一朝天子一朝臣"。

　　這在貴州，是相當不容易的，因為貴州除了官場通常會有的人事
矛盾，歷史糾葛，還是多民族雜居省份，少數民族幹部較多，由於歷史
的原因，他們的文化水平、思想水平較低，而出於自卑、自衛的心理，
他們又往往比較敏感，擔心別人不尊重他們。而漢族幹部也確實往往對
他們有一定偏見，流傳著不少諸如"苗得很"（意即粗蠻得很，"苗"指苗
族）的帶有歧視意味的說法。胡錦濤在這個問題上特別謹慎小心。

　　一九八六年十月，胡錦濤來貴州才幾個月時，時任全國人大副委
員長、中國佛教協會名譽會長的班禪額爾德尼·卻吉堅贊，在康巴地區
視察後，來到貴陽。胡錦濤向班禪匯報了民族和宗教工作的情況和想
法，並向他請教。班禪非常滿意胡錦濤對民族與宗教工作想得深，抓得
細，當場按照藏族風俗，給胡錦濤獻了一條哈達。

一九八七年九月十五日，他在專門召開的會議上對三百多名處級以上幹部專門就此問題講話，後來又召集廳局長會議，提出要求，三令五申要不同民族幹部要互相取長補短，搞好民族團結。而且自己以身作則，對省委、省府中的少數民族幹部格外尊重。

由於胡錦濤的低調內斂，在貴州工作期間，總算在複雜的矛盾中化解了戒心，理順了關係，保持了平衡。

與胡錦濤同一時期執掌夜郎國，擔任貴州省長、省委副書記的主要搭檔，是王朝文。

一九三〇年出生的王朝文，也是中共十二屆中央委員，長年在貴州工作，而且他是苗族，多了一層身爲少數民族的優長。說起來他的資歷中也算與共青團沾邊：一九四九年參加工作後，逐步升到青年團鎮遠地區工作委員會副書記，一九六〇年又任過貴州團省委副書記、省青聯主席，還進入了胡耀邦爲第一書記的團中央委員會；文革雖一度受到衝擊，但十三年後，又重返團省委副書記席位；早在一九八〇年，他就擔任了中共貴州省委書記（相當於後來的省委副書記），一九八三年擔任省長、省委副書記。

論年齡，王朝文也屬馬，但比胡錦濤大一輪，論政壇輩分而言可以說高了一輩——他是中共建國前後參加革命，而胡錦濤是在六十年代中期參加工作；從團內資歷上講，他在擔任地區團工委副書記之際，胡錦濤剛跨入團的大門；而他當上副省級幹部之時，胡錦濤才剛剛由副處長被越級提拔爲副局級……加之他是土生土長的"地頭蛇"，對貴州的政情民情來龍去脈，尤其是未能見諸文字的活材料，就算博聞強記的胡錦濤也遠遠難望其項背。經營了數十年的上下左右人脈關係，更使他左右逢源，進退有踞，"老少咸宜"。要他居於胡錦濤之下，即便口裏說理解中央培養接班人的戰略部署，說尊重和配合省委一把手，他心裏怎麼想這位胡老弟，人們也不難猜測。

　　王朝文及其手下與新來的省委書記較勁，雖未公開露於形色，但還是留下一些蛛絲馬跡。就拿筆者查到的《貴州年鑑》上看，關於王朝文的記載比比皆是，能提就提，關於胡錦濤則惜墨如金，能不提就不提。一九八六年版《貴州年鑑》記載一九八五年該省的資料，開卷就有王朝文的數張照片，卻不見早於當年七月上任的胡錦濤蹤影；如果說，這是因爲對中央空降胡錦濤來貴州的意圖不明，不知道到底算是下放鍍金還是放逐貶黜，未免有些勢利眼；那麼下一版的《貴州年鑑》，記載一九八六年資料，在大事記中，關於王朝文的記載竟多於關於胡錦濤的記載，這在一貫重視論資排位的中共筆下，未免有點出格。更明顯的是一九八九年版的《貴州年鑑》，記載一九八八年一年的政經文化各種資料，這一年最重要的政治活動，堪稱中共貴州省第六次代表大會。《年鑑》中記載：“大會聽取了胡錦濤……作的《進一步解放思想，加快改革開放步伐，迎接貴州九十年代的新發展》”，並特別在括號內注明“全文詳見本書《特輯》部分”。但查遍該書《特輯》乃至查遍全書，卻不見胡錦濤這篇重要報告。很明顯，本來按計劃這篇報告是一定得列入《年鑑》的，但是十二月中央對胡錦濤另有任命，《年鑑》的策劃、編輯者們就悍然將報告抽下了！

　　王朝文在官場上打滾這麼久，當然心知肚明，他更上一層樓、升到國務院副總理、國務委員之類，是難上加難了；而調出去當一個國務院部長的前景，則未必對他有多少吸引力。王朝文在這種情況下，與胡錦濤反而可以相安無事，客客氣氣過得去。而胡錦濤本來就善於處理人際關係，“退一步海闊天空”，化阻力於無形，在小小夜郎國沒有發生一班人馬勢同水火的齟齬衝突。

貴州後來成爲中國官場腐敗重災區

　　如果不是從人事角度，而是從事業角度來衡量，胡錦濤不可能不感到貴州幹部隊伍的素質低劣，自己勢單力孤。他多次向中央匯報過這一情況，希望能夠充實、加強省委領導力量。一九八七年六月，中央從中原調來了原河南省委副書記劉正威，專職擔任居於王朝文之後的省委副書記。

　　劉正威生於一九三Ｏ年，與王朝文同齡，也是屬馬，加上胡錦濤，這下三匹"馬"拴到了貴州的馬槽上。劉正威本是河南幹部，一九五三年被地質部黨組書記劉傑調進北京，從此跟隨劉轉戰地質部、國務院三辦、第二機械工業部。一九七七年劉傑到河南任職，劉正威隨之被任命爲河南省委副祕書長。一九八一年劉傑升任河南省委第一書記，立即提拔兩人擔任省委書記（相當於後來副書記），就是劉正威和羅幹。劉正威一度比羅幹前途看好，一九八二年中共十二大起劉正威便已是中央委員，而羅幹在十二大上與胡錦濤一樣，只被安排進入候補中央委員。但羅在一九八三年被調到全國總工會，爲正省部級待遇，而劉正威卻在河南副省級徘徊八年。在河南升不上去的劉正威這次調到貴州來，接受胡錦濤領導。

　　後來經胡錦濤推薦，中央又從貴州省委常委中，提拔了龍志毅爲副書記。

　　經過一段時間共事，胡臨從貴州調走之時，向中央表示劉正威"有能力、有資格"接替自己。王朝文仍然在省長崗位上與新任省委書記劉正威共事，一直到他六十三歲，被省人大代表用選票"歡送"下台。一九九三年一月，在貴州省人代會上，由主席團提名（實際上是經過中共中央安排）省長候選人王朝文落選，省人大代表們聯名提名的陳士能當選爲省長。陳士能原爲輕工業部副部長，因在"六四"期間慰問絕食學生，被調到貴州省任副省長以示薄懲。他連中央候補委員都不是，到貴州工作時間並不久，談不上什麼政績，省人大代表們也並不了解他，卻成爲貴州新省長。代表選陳士能當省長，與其說是擁護他，不如說是反對王朝文將坐了十年的省長寶座繼續坐下去的既定安排。

不過，王朝文次年就當上了省人大主任，昔日與他共了三年事的胡錦濤，這時進了中央主管黨務，為他出力，又力促給他安上了全國人大民族委員會主任委員的頭銜。雖無什麼實權，卻是個響亮名頭，這個不大不小的晚年活動舞台，給他增加很多國內國際交往的機會。

但是，這時卻發生了王朝文手下的貴州地方派系抓住機會，將劉正威老婆閻建宏的罪行曝光的驚人事件，間接地對青雲直上的胡錦濤使了個絆子。劉正威在貴州省委書記任上一直幹到一九九三年，七月調任中共國家機關工作委員會副書記。他前腳走，其老婆閻建宏後腳就被拘捕她擔任貴州省計委副主任，貴信公司董事長，因為經濟犯罪，數額巨大，被判處死刑。有一種說法是，當時之所以要將劉正威調走，正是為將閻建宏繩之以法掃清障礙。給劉正威安排一個國家機關工委副書記，也只是為了過渡，讓之體面下台階，以減少阻力，很快他於一九九五年被免除了職務。

閻建宏和前面提到的省公安廳長郭政民等人因經濟犯罪而先後受到制裁，只是貴州官場腐敗案受到懲處的最初幾例。後來，接替劉正威的省委書記、省人大主任劉方仁、副省長劉長貴、貴州省交通廳長盧萬里等一大批貪官，被揭露涉及天文數字金額的貪污腐敗而相繼垮台。二〇〇三年，在中國的互聯網上，有人將中國官場腐敗的省份列了一個前十名的排行榜，黑龍江、河北、福建、廣西、遼寧、安徽、雲南都在其列，而"榮登"榜首的，竟就是貴州省。雖然這些腐敗分子的主要罪行，都是九十年代以後所犯下的，與胡錦濤並無直接關聯，但是作為八十年代中後期曾經在貴州主政的胡錦濤，相信會比別人心情更為沉重。

這是後話，按下不表。且說胡錦濤在貴州理順了各方關係，站穩了腳跟，威信空前高漲。一九八七年秋，在貴州省直機關黨代會上無記名投票選舉出席中共第十三次代表大會代表時，他在全部候選人中得票最多。

同年十月底，胡錦濤率貴州代表團參加了中共十三大，在這次中央已經改朝換代，趙紫陽取代胡耀邦，正式當選爲總書記的黨代會上，再次當選爲中共中央委員。次年（一九八八年），胡錦濤主持召開中共貴州省第六次代表大會，在會上代表前屆省委作了工作報告。隨後在省委六屆一次全體會議上，再次高票當選爲省委常委、書記。

他沒有料到，剛剛當選，就又"打起背包就出發"。他這一次走得更遠，爬得更高——從雲貴高原，往西爬到了有"世界屋脊"、"世界第三極"之稱的青藏高原。

第六章／世界屋脊天外天

（一九八九——一九九一）

●他被趙紫陽為貫徹對西藏懷柔政策而選定，執行的卻是江澤民對西藏強硬政策。《西藏日報》上刊出了新任自治區一把手頭戴鋼盔，檢閱戒嚴部隊官兵的照片

版圖分裂的"達摩克利斯劍"

"城市在右岸上，白色的石頭建築反射著高原的強光，一直抵達北部山脈。布達拉宮幻影一樣，至高無上，神祕的排窗整齊而深邃，仿佛陽光中整齊的黑鍵……河流靜靜流淌，拉薩河波光瀲灩，如一張印象派的海報。這是個音樂般的城市，靜物般的城市。"

這樣詩性的抒情語言，是中國一位在西藏住過二十多年的作家寧肯，在他二〇〇一年獲得《當代》文學拉力賽總冠軍的長篇小說《蒙面之城》中，對西藏拉薩的描繪。他還說："這是童年的城市，積木般的城市"，"孩子的城市"，"孩子也無法想像的城市"，甚至是"永遠的城市"。

沒有理由懷疑寧肯這種體驗是發自肺腑。但是毋寧說，我們從這樣的抒情更感到了對於同樣的景物、同樣的事件，人們的感受可以怎樣天差地別、南轅北轍！

拉薩和西藏是令許多人談之色變的地方。

　　如果說貴州的問題歸結為一個字就是"窮"，那麼西藏的問題歸結為一個字就是"亂"。如果說貴州的"窮"，主要原因在於其極端偏僻封閉，源於自然與經濟；那麼西藏的"亂"，原因則複雜得多，不僅可以羅列出政治、社會層面，更應該看到文化、宗教、歷史和心理層面。而這種"亂"，又因境外多種因素而火上加油，而顯得更為緊迫和複雜，最嚴重的、讓人一刻也不敢掉以輕心的，是一把版圖分裂的"達摩克利斯劍"時刻懸於頭頂。

　　為使讀者更清楚地理解本書主人公在西藏的處境和作為，我們不得不在介紹胡錦濤這段經歷之前，先用較大篇幅介紹一下西藏問題的有關背景。

　　西藏問題之令人頭疼，既由於那裏地處海拔五千多米的雪山高原，氣候嚴寒，空氣稀薄，生存條件極為嚴峻，同時因為源遠流長的藏漢矛盾。

　　藏文明是與漢文明不同的另一種文明。生活在青藏高原的這個民族，不僅有規模宏大的說唱史詩《格薩爾王傳》、有奇特神祕的天葬風俗，更有與漢族完全不同的生存方式和精神世界。西藏，在當代中國是民族矛盾最為尖銳的地區，是具有境外強大反對勢力、直接挑戰統治權合法性——不僅是挑戰中共統治權合法性，更挑戰中央政府統治權合法性——的地區。

　　中國有句古話："天下未亂蜀先亂，天下已定蜀後定。"說的是四川。這句話在今天完全可以改一個字，改成"天下未亂藏先亂，天下已定藏後定"。

　　西藏之所以重要，不僅因為西藏自治區面積一百二十萬平方公里，約佔全中國八分之一，國境線長達四千公里，西藏的穩定還直接影響相鄰的四川、青海、甘肅、雲南四省藏族地區的穩定，進而影響整個中國西部的穩定。按照達賴喇嘛的看法，西藏是指"大西藏"，包括上述省區的藏區，面積和人口加起來比現在的西藏自治區大一倍左右，那就更不得了了。

胡錦濤被選中擔任第八任駐藏黨魁，對他後來的發展至關重要。如果說，他在共青團中央的工作經歷，是他進入無產階級革命事業"跨世紀接班人"行列，成爲黨中央老一輩"無產階級革命家"眾目睽睽的考核對象；那麼他在西藏工作的經歷，則是他最終在同代人中脫穎而出的關鍵砝碼。但是在當時，他被挑中去西藏，大概是出乎所有人意料之外的。

什麼人說什麼話

西藏的形勢在不同的人的筆下，具有完全不同的面貌。過去的西藏，在西方某些人士看來，西藏是世外桃源般的"香格里拉"，而在中共筆下，則是最黑暗野蠻落後的"人間地獄"；而對當代西藏，看法尤爲對立。前面所說寧肯等作家高度個人化的感性語言不去說了，有關政治勢力對西藏的陳述就截然相反，令人不敢相信是對同一塊地域的歷史和現實的描述。

按中共看來，一九五一年與西藏地方政府達成"和平解放"協議，但是一九五九年"西藏上層農奴主發動了反對中央政府的武裝叛亂"，中共平息叛亂後，進行了民主改革。一九六五年九月一日，西藏自治區正式成立。

根據中共官方的說法，從自治區成立到一九九五年，三十年工農業生產總值增長四點五倍，全區農牧民年平均收入達到八一七元人民幣；全區人均壽命由過去的三十六歲，提高到現在的六十五歲；全區有各級各類學校三千三百多所，在校生二十七萬人，在全國內地二十六個省市開辦了西藏中學西藏班；共有少數民族幹部四二〇〇人，佔幹部總數的百分之七十點三，各級人大、政府、政協的主要領導人都由藏族幹部擔任，藏族與其他少數民族幹部在自治區一級領導人中已佔百分之七十一點七，在地廳級幹部中佔百分之六十五點三。

一九八〇年，中共中央召開第一次西藏工作座談會，自治區黨委根據中央指示，實行了既不同於漢族地區，也有別於其他少數民族地區的休養生息、放開搞活的經濟政策，使西藏的社會生產力上了一個新台階。一九九四年，全區國民生產總值達四十二點三億元，比一九八〇年增長百分之一百三十四點九。（引自殷慶言《建設有中國特色社會主義理論在西藏的光輝實踐——為西藏自治區成立三十周年而作》，原載《求是》一九九五年第十六期）

但是在以達賴喇嘛為首的西藏流亡政府筆下，西藏完全是另一幅圖景。他們多次聲稱中國政府應該對一百二十萬藏人的死亡負責。在西藏流亡政府外交與新聞部於一九九三年發佈的《以事實證明西藏的真相》一書中寫道："由於中國對西藏的侵略，造成了約一百二十萬西藏人死於非命，至少在每家每戶，幾乎都有親人被捕或被殺死。""一九九〇年所謂'西藏自治區'的人均年收入為八十美元，識字率為總人口的百分之二十一點七，人均壽命四十歲。為公曆一九九一年聯合國建設組織有關民族發展測估數據的百分之零點零八七（原文如此，此數據較為費解—引者注）。這在世界一百六十餘個國家中，西藏位列第一百五十三名，處於非洲乍得與吉布提兩國之間。"

詳細敘述西藏問題的前因後果和對各種說法進行辨析駁正，不是本書所能承擔的任務。實際上，情況遠比上述涇渭分明的說法要複雜百倍，近年在香港明鏡出版社出版的王力雄《天葬：西藏的命運》和徐明旭《陰謀與虔誠：西藏問題的來龍去脈》都提供了來源多元化的大量詳實材料，對於我們理解胡錦濤進西藏任職有關背景，大有佐助。這裏我們只簡敘中共對西藏的政策於一九八〇年大調整以後的有關情況。

中共治藏方略屢次改弦更轍

這一次西藏政策大調整，是中共在結束了"文革"之後的第一次西藏工作會議和胡耀邦這一年到西藏視察的結果。前此，據悉一九七二年胡耀邦的大公子胡德平曾只身前往藏南考察，他的所見所聞影響了他父親對西藏問題的看法。據悉胡耀邦一九八〇年在視察拉薩郊區反帝公社一些居民的住房時，親眼目睹西藏人民極為惡劣的生活狀況，駭異萬分地對駐藏官員質問："中央援助西藏的專門撥款都扔到雅魯藏布江裏去了？！"還傳聞他對多年來以漢族軍人為主的西藏當局推行極左路線的惡果，痛心地留下這麼一句話："這完全是殖民地的做法！"

胡耀邦以他特有的急性子，對上千名藏漢幹部慷慨陳詞，指出西藏面貌與達賴喇嘛統治期間相比毫無起色。胡耀邦撤換了軍區政委兼自治區黨委第一書記任榮，派陰法唐接任；下令全面落實民族、宗教、統戰政策，撤換漢族幹部，提拔藏族幹部；還撥出巨款，大修寺廟，安置喇嘛和尼姑。

但是，胡的講話在中央領導層和在西藏，都引起了強烈反彈。漢族幹部深覺進藏多年，"沒有功勞有苦勞"，現在竟卸磨殺驢，否定他們幾十年的貢獻；藏族幹部則正相反，認為胡的講話還不夠：漢族幹部撤退太慢，中央給錢太少。

在胡錦濤之前，中共派駐西藏的區黨委書記已經換了七任，分別是張國華、范明、張經武、張國華（返任）、任榮、陰法唐、伍精華，前六任，都是行伍出身的將軍，是帶著軍籍入藏的。第七任即胡錦濤的前任伍精華，是被胡耀邦選中的。一九八四年，胡耀邦主持了第二次西藏工作會議，批評陰法唐糾"左"不力，甚至繼續犯"左"的錯誤，次年再次換馬，以五十四歲的國家民族事務委員會副主任、彝族幹部伍精華，取代了六十四歲的陰法唐，陰氏調北京降任第二炮兵副政委。

伍精華是四川涼山人，年輕時參加過中共遊擊隊，一九五六年中共召開八大時就是代表，曾任涼山自治州副州長、州長、州委書記，後來從民族委員會這條線升遷，曾任四川省人大常委會副主任。出任西藏區委書記時，仍然兼任國家民委第一副主任之職。應該說他是富有民族事務經驗的。

伍精華在西藏忠實執行胡耀邦提出的對藏人經濟上收買、政治上讓權的政策，繼續對文革期間的極左路線撥亂反正。由於他帶頭參加各種藏傳佛教的法事儀式，以樹立"落實宗教政策"的樣板，被西藏的漢族幹部譏嘲地安了個"喇嘛書記"的綽號。其治藏措施一言以蔽之，就是不惜花錢。他在中央支持下動員全國力量"支援西藏建設"，同時加快撤出漢族幹部，加快起用藏族幹部。但是這樣做了幾年，不但沒有實現胡耀邦的初衷，西藏獨立勢力反而變本加厲，爆發了一起又一起事件。胡耀邦下台之後，中共高層對胡耀邦主持制定的西藏政策主張是否適當的指責更加激烈，對伍精華的意見也越來越大。

胡耀邦治藏的懷柔－綏靖路線之所以事與願違，原因複雜，例如，西藏迅速形成了一個具有自己利益、與中共離心離德的藏族幹部既得利益集團；藏族民眾對毛澤東的崇拜破滅之後，精神信仰真空急需填補，從而重新皈依達賴；等等。不可忽視的一個重要因素，是西藏問題迅速國際化。自一九七九年達賴喇嘛的哥哥首次從國外重返西藏引起巨大風潮之後，西藏與境外的聯繫日益增多，西藏的情況被境外媒體添油加醋。加之當時的蘇聯領導人戈爾巴喬夫上台之後，推行"新思維"，對西方的威脅減少，在西方戰略家眼中，中國作為抗衡蘇聯的一張牌的重要性也就相應減少，用各種手段削弱中國影響的聲浪隨之上升。在這樣的國際背景之下，西藏變成今日國際政治的熱點之一，西方婦孺皆知的熱門話題，就不奇怪了。而西方的輿論支持和關注，反過來又百倍地提高了達賴的威望，使中共治藏增添了極大難度——幾乎是動輒得咎，不論怎麼決策都受到指責，用西藏問題專家徐明旭的比喻來說，就像美國著名小說中的"二十二條軍規"一樣讓人左右為難！

動亂倒計時

一九八七年九月二十一日，達賴喇嘛在舉世注目下，抵達美國做十天的訪問，被邀請到美國國會，發表了重要演說，建議和中國對話，這就是著名的《五點和平計劃》。一些美國議員對達賴喇嘛表示支持，聯合寫信給當時的中國總理趙紫陽施加壓力。幾天之後，拉薩的政府辦公樓及民宅牆上貼出標語、海報，抄錄了這一年六月十六日美國眾議院人權委員會所通過的決議，控告中國在西藏侵犯人權，是一九五〇年以來造成西藏"百萬冤魂"的元兇禍首。

達賴喇嘛在華盛頓發表演說的第六天，二十多名喇嘛手持"西藏國旗" 雪山獅子旗，以及藏傳佛教的法輪，在拉薩街頭高聲喊叫："西藏要獨立！""中國人，滾出西藏！"在人們記憶中，這類事件，文革結束以後就沒有發生過呢。

沒過幾天，一九八七年十月一日，中華人民共和國國慶日，拉薩又有四十餘名喇嘛手持雪山獅子旗，上街遊行，公開高喊"西藏是個自由獨立的國家"。警察立即干預，將大部分示威遊行者拖入就在附近的派出所。現場立即聚集大批藏人，衝突激化了。據班禪額爾德尼·卻吉堅贊次年四月四日在七屆全國人大會議期間對記者回述說："十月一日的騷亂情況比較嚴重，騷亂分子燒了公安派出所，燒了汽車，打傷了很多人。當時收容審查了一批鬧事的人，有的很快就放了。當我受中央的委托去處理這一事件時，還有七十四人繼續收審。經過我們的工作，釋放了五十九人，直接參加騷亂的喇嘛、群眾全部都寬大處理、釋放了。還剩下的十五人，大部分屬於犯有打砸搶燒等嚴重刑事罪行的人，還有一兩個沒有直接參加騷亂，而是搞地下破壞活動的喇嘛沒有釋放。"

班禪提供的數字與達賴一方公佈的數字（當場死十幾人，抓兩千多人，四十人被處決）大相徑庭。

達賴喇嘛訪美獲廣泛支持，使得中國政府極為惱火，強烈指責美國國會公然干涉中國的內政。接連兩次發生呼喊"西藏獨立"口號、打出"雪山獅子旗"的遊行示威，更使北京當局既十分意外又十分震怒：選在中共國慶日示威，其用意還不明顯嗎？

這次示威離當年十月下旬舉行中共十三大的日子，只有二十來天，中央來不及在西藏換馬，伍精華在十三大上仍然連任中央委員，但中共決策層和組織部門已經在物色他的繼任者了——像伍精華這樣五十年代從基層搞民族工作起家的幹部，沒有能力去駕馭八十年代中期複雜的局面。

不到半年，一九八八年三月五日，著名的拉薩傳召大法會最後一天，西藏發生又一次藏獨示威，暴力衝突比上兩次進一步升級，當場打死了人。董尼德在《西藏生與死》中詳細描繪了當時的場面：

轟轟的祈禱聲中，年輕喇嘛的行列裏數十隻握緊的拳頭朝天高舉。他們搶了慶典主持人的麥克風，數百胸膛擠壓出來高叫聲："西藏要獨立。打倒中國的壓迫。達賴喇嘛萬歲。"暴雨般的石頭砸向大昭寺附近的警察。馬上有數千藏胞加入他們的行列，高唱民族主義歌曲。爬上大昭寺頂的喇嘛，朝著武裝警察的車子及在現場轉播傳召大法會的拉薩電視台的採訪轉播車丟了大量石塊。四處響起了自動武器特有的連發槍聲……

徐明旭《陰謀與虔誠》中還披露了一個重要細節：法會過程中，中共中央候補委員、西藏自治區黨委副書記丹增與來自北京的兩名國務院副部長一直坐在大昭寺內樓上觀禮。鬧事一開始，寺內的喇嘛們就朝他們沖去，要把他們打死，被他們的保鏢拼死擋住，他們被迫從面街的窗口縋墙而下。

這一來，促使中共更加快了西藏自治區黨委書記繼任者的選拔工作。當然，這種情況之下，誰都知道西藏是個燙手山芋，沒有幾把刷子是玩不轉的，真正敢揭並且有能力揭這個榜的，一時難找。

胡錦濤受命於危難之際

伍精華下台，對外所宣稱的理由是患了"高原病"。報導說，一九八八年六月，伍精華在拉薩主持黨委常委會議時，突然心跳過速，立即被送到醫院，測得他心跳達一分鐘一百六十多次。於是被送到北京治療，再也沒有回過西藏。香港《廣角鏡》雜誌文章有一種說法更補充說，他在北戴河休養了一個多月，然後出席一九八八年秋的中共中央工作會議和十三屆三中全會；十一月在北京出席一個研討會時，又因發病而住進北京醫院。

這種說法，不太能使人信服。人們會問：如果他的身體不適合在高原地區工作，為什麼會幹了四年？他是四川涼山人，涼山的海拔高度當然沒有青藏高原那麼高，但是與西藏環境並沒有霄壤之別，不致於到了西藏根本不適應。人們猜測，高原病是表，"政治病"是裏。

胡錦濤來西藏，他首先就要弄清伍精華離職的真正理由。

用大陸幹部私下對這一職務的稱呼，西藏自治區黨委書記相當於舊時代的"駐藏大臣"。胡錦濤，是中共政權第一個文職出身的"駐藏大臣" 伍精華雖然後來是民族事務官員，但他年輕時也算摸過幾天槍，算是有軍事資歷和經驗，而胡錦濤則是徹頭徹尾與軍隊從未有什麼瓜葛，他在貴州按例兼任省軍區政委，那不過是爲了體現"黨指揮槍"而安上的頭銜而已——上任時，比伍精華上任時還要小九歲。

中共最高決策層根據什麼，終於選中胡錦濤來接過這個難挑的擔子？據高新、何頻《誰領導中國》一書披露，中共高層內部傳出三種說法：一種是說發現胡錦濤這匹千里馬的老"伯樂"　時任中共中央組織部長的宋平曾讓胡錦濤從貴州赴京相商，徵求意見；另一種是說喬石曾向胡錦濤透露中央有意甄選伍精華的接班人，實際上暗示他主動出來請纓；第三種說法是，中共曾在包括胡錦濤在內的十來位候選人中"招標"，唯有胡錦濤毫無懼色，立即主動表態說願意前往。不過，不論是臨危受命，服從黨的召喚，還是志願報名，慷慨赴險，在西藏局勢日益複雜的關頭積極爲黨分憂的精神，無疑大得黨內元老的歡心，爲他日後一躍而入中央政治局常委會，埋下了最堅實的伏筆——畢竟在中共老人眼裏，關鍵時候是否能經得起考驗，服從黨的安排，是接班人最重要的素質。

以上三種說法中，根據種種跡象分析，第三種基本可以予以排除。我們還要考慮到一個事實：選派胡錦濤進藏，是趙紫陽爲首的黨中央決定的，意圖是要其貫徹當時中央處理西藏問題的方針政策；但是剛上任沒幾個月，中央班子就發生大變動，他的所作所爲，必須符合以江澤民爲核心的黨中央的作了重大調整的西藏政策，接受他們的評估和審查。

吊詭之處正在這裏：趙紫陽爲首的黨中央認爲胡錦濤能夠貫徹他們對西藏的懷柔政策，從而選定了他，胡錦濤後來卻執行江澤民爲核心的黨中央的對西藏的強硬政策，而且被他們所認可！

一九八八年十月，中共中央初步定下來由胡錦濤進藏。十月三十日，當時擔任中央書記處書記兼統戰部長的閻明復專門電召胡錦濤從貴陽進京，然後帶胡錦濤一同進藏考察了半個多月。這一來是讓他熟悉情況，二來也對他的思想、能力和體質進行考察。

十二月十日，是世界人權日。正當胡錦濤在貴州省委大樓向他的副手、後任劉正威交接工作時，機要員送來中央的緊急電報：拉薩又一次爆發更加嚴重的騷亂事件。

事後，中共官方承認在這次騷亂中，警方鳴槍示警，一名喇嘛死亡，十三人受傷。但是外電報導的傷亡數字卻比這要大得多。西藏在經過二十年的"休眠期"之後，已經成了岩漿湧動、不時噴發的"活火山"！

中央希望胡錦濤能即刻進藏赴任。十二月十八日，胡錦濤出席中共貴州省委常委擴大會議，這次會上正式傳達了中共中央的決定：任命胡錦濤為中共西藏自治區黨委書記。

與胡錦濤調動的同時，中共中央將中共內蒙古自治區黨委副書記田聰明調來做胡錦濤的助手，擔任西藏自治區黨委副書記。

山雨欲來風滿樓

既然是受命於危難之際，迎接胡錦濤的不是掌聲歡笑、接風酒、沈塵宴，而是八角街的陣陣槍聲和此起彼伏的他聽不懂的藏語咒罵，就一點也不奇怪了。

一九八九年元月十三日，胡錦濤與田聰明來到了拉薩。當他聽取各方情況匯報、辦理交接的時候，就顧不得剛到高原由於缺氧環境造成的極大不適，不斷穿插著處理緊急事務。即將到來的一九八九年三月十日，是一九五九年西藏叛亂的三十周年。種種跡象顯示，境內境外有人要以紀念三十年前"義舉"為名，抓住這個關頭再次發難。動亂在即，胡錦濤必須搶時間。

胡錦濤非常清楚，民心躁動一觸即發之際，"駐藏大臣"陣前換將，肯定會在班子內、幹部隊伍裏激起各種議論、猜測，甚至對各自的職位、權益是否能穩定延續引發恐慌，弄得不好，就會觸發自己內部的軍心不穩。於是他首先要在最大範圍內公告週知：換將不是換政策，更不會變動前任伍精華的既定人事安排。在一系列公開會議和小範圍交談中，胡錦濤都強調，中央對西藏政策沒有變。

元月十三日，胡錦濤與田聰明在進藏經過成都時，前往西藏自治區成都幹休所，看望離退休老幹部，希望他們"發揮余熱"，協助做工作；

十六日，他們兩人前往拉薩劇院，在全區農牧業生產工作會議上亮相，胡錦濤表示了"和西藏二百萬人民同呼吸、共命運，和廣大幹部同甘苦、共患難，爲維護祖國統一，加強民族團結，發展西藏的經濟文化，貢獻自己的一份力量"的決心；

十七日，胡錦濤與西藏自治區黨委、人大、政府、政協、軍區幾套班子、以及拉薩市負責人見面，安撫人心；

十八日，胡錦濤出席了西藏區黨委召開的愛國民主人士座談會，強調要不斷發展完善統戰、宗教、民族政策，同時接連登門拜訪各方面有影響人士，希望他們能協助安撫民心。

十九日，胡錦濤和田聰明來到拉薩西郊烈士陵園獻花圈，並看望了正在軍區開會的軍隊幹部——按照慣例，胡錦濤接任了西藏省軍區政委，勉勵他們"爲維護祖國統一，發展西藏的經濟建設再立新功"；

二十日，胡錦濤帶著西藏黨政軍首腦來到了日喀則，參加在扎什倫布寺舉行的五世至九世班禪合葬靈塔落成開光典禮；

二十一日，他又到位於日喀則的西藏軍區第二通信總站慰問。這種慰問，既是代表地方政權對軍隊的慰問，又是軍區首長對下級官兵的慰問。關鍵時候的慰問，還兼有動員作用。胡錦濤在來到拉薩的第一個星期，就數次與軍隊官兵見面，這不是沒有考慮的。他心裏有數：真要像三十年前那樣燃起戰火的話，槍杆子說話畢竟是最有分量的。

屋漏偏逢連夜雨

胡錦濤進藏不到一個月，應付動亂尚茫無頭緒，成天救火告急，萬萬沒有想到，突然間又一場災難降臨：藏傳佛教兩大領袖之一、唯一能和在境外挑戰中共的達賴喇嘛相抗衡的十世班禪──班禪額爾德尼·卻吉堅贊，突然在西藏日喀則圓寂，得年僅五十一歲。

班禪額爾德尼·卻吉堅贊出生於一九三八年，俗名貢布慈丹。一九四一年僅三歲時，捲入西藏獨特的靈童轉世制度，從此開始了他極為坎坷的一生：他被班禪堪布會議廳選定為九世班禪的轉世靈童，後被迎往青海塔爾寺供養。一九四九年六月，國民黨中央政府在長江天塹被中共軍隊突破、首都南京失守、兵敗如山倒的關頭，居然還好整以暇地批復了這個十一歲的藏族兒童為十世班禪。

一九五一年，十三歲的班禪率領班禪堪布廳官員到北京，擁護中共對西藏"和平解放"。此後被中共委為第二屆全國政協副主席，第二屆全國人大常委會副委員長。一九五九年，西藏爆發反抗，達賴喇嘛成為叛軍擁戴的領袖；中共派兵平叛後，雖然恢復了青藏高原表面上的安定，但是隨著"民主改革"的進行，班禪仍然感知到藏民內心的激烈不滿，感到了巨大壓力；他也耳聞目睹許多中共倒行逆施、胡作非為。二十四歲的十世班禪向毛澤東、周恩來遞交了尖銳批評中共民族政策的"七萬言書"，本來中共對他就心存疑忌，這下他批了逆鱗，冒犯了天威，馬上遭到了嚴詞批判。"文革"中他更遭批鬥並被投入監獄，關押了九年八個月，直到一九七九年，才重新被安排為第五屆全國政協副主席，次年又被增補為第五屆全國人大常委會副委員長。

在共產黨治下吃盡了苦頭，年已知天命的十世班禪的真實想法，據有人猜測，是由他自己來當西藏政教合一的最高首領。據知情人稱，班禪一再要求出任西藏自治區政府主席，趙紫陽都已鬆口，但鄧小平堅持以"政教分離"爲由拒絕。正當盛年的班禪，儘管偶爾透露出內心的痛苦矛盾，但是經過權衡，仍然基本上扮演了中共所要求他扮演的角色。畢竟從他自己的利益考慮，如果達賴不回來，他在中共面前就是境內藏族第一號精神領袖、第一號依靠對象——至少是第一號團結爭取對象；如果達賴回來了，姑且不說他在中共面前便會貶值降爲第二號，而且，不論是從兩大活佛的歷史矛盾看，還是從現實利益衝突看，他在達賴這邊都絕沒有什麼好處可言。

十世班禪這次回西藏，是來主持五至九世班禪合葬靈塔的落成開光典禮。五至九世班禪的靈塔於"文革"初期被紅衛兵搗毀，塔內木乃伊被扔進河裏，由信徒撿起祕密收藏，後來獻給了恢復自由之後的班禪。他作爲班禪的轉世傳人，申請由北京政府出資金、出建築材料，修班禪東陵紮什南捷祀殿，把五至九世五位班禪的遺骸全部供放在內，得到中央的批准，撥款六百萬人民幣、黃金二百一十七公斤，白銀兩千斤，終於完工。

中共中央、趙紫陽安排十世班禪回西藏，本來是出了一張好牌：班禪開口畢竟在藏民心中具有重量級份量，回藏可以未雨綢繆，先發制人，穩定民心，化解矛盾。這也正是胡錦濤的衷心期望。一月九日，班禪起程從北京乘專機回西藏，當時尚未赴任的胡錦濤前往北京機場送行。

一月十七日，班禪在日喀則扎什倫布寺主持迎接五至九世班禪遺體入靈塔儀式；二十日，又主持了班禪東陵紮什南捷開光大典。班禪在開光大典上作了高昂振奮的講話："宏偉壯觀的靈塔和靈塔祀殿，是中國共產黨民族宗教政策的正確性和真實性的象徵，是藏漢兩大民族團結的象徵，是西藏宗教界和廣大僧俗人民愛國主義的象徵。"胡錦濤也在開光典禮上致賀詞。

總的看，班禪回西藏之後，是忠實按照當時中共中央尤其是趙紫陽定下的口徑的。一連幾天，他連連召集座談會，安撫藏人情緒。在回答"西藏爲什麼會發生騷亂"時說："有外因，也有內因。外因就是國內外極少數分裂主義分子相互勾結，策劃煽動；內因是在很長一段時間內，我們工作中存在著'左'的錯誤傾向，給人民造成了很多思想上、精神上，以及物質上的創傷，成爲不穩定因素，這就給國內外的少數分裂主義分子策劃、煽動騷亂留下可乘之機。……要改進西藏的工作，必須從三方面努力：一、要搞好民族區域自治，實現真正的、名副其實的區域自治；二、要用很大力量去醫治過去'左'的政策所造成的種種創傷，也就是要認真落實各個方面的政策；三、要大力發展西藏的經濟文化建設，不斷改善人民生活，使西藏逐步得到發展進步和繁榮。這三方面工作都做好了，就從根本上解決了西藏的長治久安問題。"

然而，人算不如天算。一月二十八日，班禪由於離開西藏太久，已經不適應高原缺氧，加上連續數天操勞過度，心臟病驟然發作，在中共爲他建造的宮殿德欽格桑頗章圓寂。班禪在這一關鍵時刻突然辭世，人們難免有各種猜測，包含各種目的用心的謠言也風起雲湧，說他是"被中共暗殺的"。然而，此說純屬荒唐無稽：中共領導人一心依靠班禪安撫西藏喇嘛，他死了，中共到哪裏去找像他那樣身份的藏人幫中共說話呢？

早不死，晚不死，正在西藏騷動不斷、民心浮動難平之時，班禪突然"出師未捷身先死"，不僅使胡錦濤頓失藉以安撫藏人民心從而恢復秩序的巨大精神偶像，使藏人心理天平頓失平衡，倒向達賴喇嘛那一邊；同時更成爲藏人發泄怒火的導火索，使整個地區的社會局面更加增添凶險難測的變數。

暴亂提前爆發

胡錦濤別無選擇，必須立即處理這一緊急事態。他馬上趕來，料理後事。元月二十九日，他向班禪遺體告別之後，馬上趕回拉薩，第二天四出探望上層民族和宗教人士，希望他們出面安定民心。二月三日，他在拉薩追悼十世班禪會上致悼詞，自然，在高度評價十世班禪的貢獻和品德時，胡錦濤再三強調的，仍然是安定和冷靜。

中共在扎什倫布寺為班禪專門建造靈塔與祀殿，追悼儀式極盡哀榮。但一切安撫疏導猶如杯水車薪，毫無效果，民心浮動更加變本加厲。

三月五日，終於提前爆發了暴動。

關於一九八九年三月五日至七日的拉薩騷亂真相，至今疑團重重，真偽莫辨。海外民運雜誌發表的《刺刀直指拉薩——九八九年西藏拉薩事件紀實》，其描寫的情景駭人聽聞，後來被多次引用，被視為描寫那一事件的權威之作，但經多人指出"紀實"不實，達賴喇嘛的自傳就講述了完全不同的故事。僅舉一例，在《刺刀直指拉薩》中說，第一天（三月五日）軍隊和武警就動用武器大開殺戒，甚至向無關民眾開槍；而達賴自傳卻說："中國的安全部隊改變策略，第一天一整天，他們袖手旁觀，只拍攝一些照片，晚上在電視上播放。"

三月六日與三月七日的情況，《刺刀直指拉薩》的描述與達賴自傳所說大同小異。《刺刀直指拉薩》說：三月六日上午，武警用自動火器"鋪天蓋地地向八廓街藏人射擊"，密集的槍彈把藏人當作活靶。武警向受傷藏人補槍，將他們擊斃，甚至沖進一居民家裏打死全家九口人。三月七日武警沿街搜查示威者，許多被捕者被拷打致死或致殘。

根據徐明旭《陰謀與虔誠》一書中轉述在現場的朋友的回憶，經過大致如下（以下根據該書原文摘要）：

三月五日中午，照例由喇嘛尼姑在八廓街遊行並用石頭攻擊八廓街派出所，拉開騷亂序幕。武警奉命不得朝人開槍。與前兩年相比，這次騷亂參加者更多，組織得更好，估計有好幾千人。加上以同情態度圍觀、喝彩的，有上萬人之多。當時有人用哨子指揮，有人用摩托車聯絡，許多騷亂者臉上纏著毛線套頭帽或帶著口罩與墨鏡，怕被錄影、照相。他們集中攻擊八廓街與北京路上的機關、學校與商店，特別是漢回個體戶。二十四個政府機關與學校被攻擊。工商管理局被打砸搶後點火焚燒，全部檔案化為灰燼。九十九家個體戶商店與飯店、八家國營與集體商店遭到徹底破壞，商品與設施幾乎全部被砸搶燒。二十多輛汽車、五十多輛三輪車與自行車被砸、燒。許多漢回平民與藏族職工被騷亂者毆打。騷亂者甚至企圖焚燒清真寺，阿訇告訴騷亂者：我們在印度有幾千萬穆斯林兄弟，你們膽敢燒我們的清真寺，我們就叫印度的穆斯林兄弟燒達賴喇嘛的住宅。騷亂者才不敢燒。

徐明旭認為：在實施戒嚴前，中共嚴禁武警對人開槍，所以騷亂才會延續三天之久。

這次事件的傷亡數字，也如後來的"六四事件"一樣，眾說紛紜。中共公佈有十六名藏人死亡，一名武警班長被藏人用槍打死。《刺刀直指拉薩》則說："截止三月十日，拉薩市民共有三八七人在騷亂中喪生，多為被槍彈擊斃，七二一人在騷亂中受傷，三五四人失蹤；宗教界人士八十二人死亡，三十七人受傷，一百多人失蹤。外地藏人死亡數正在統計中。"將市民死亡數與僧尼死亡數相加，總共四六九人，外地藏人死亡數還不在內。

而達賴自傳說："中共至少殺害二百五十名無武裝的藏人。"在當年領取諾貝爾和平獎的演說中，達賴喇嘛把被殺藏人數縮小到二百多人。

國際大赦組織在《中華人民共和國：西藏的鎮壓，一九八七──一九九二》中估計，中國警察在一九八九年三月拉薩騷亂中槍殺了六十到八十名藏人。美國眾議院一九八九年年五月十六日通過的決議說，被殺人數為三十到六十人。

這些數字儘管眾說紛紜，但都遠遠超過中共公佈的數字。

改革開放以來中國首次城市戒嚴

三月五日爆發的騷亂事態空前嚴重，愈演愈烈，胡錦濤和他的同僚使出九牛二虎之力也難以控制局面，眼看越鬧越大，便一再緊急報告中央。

中央舉行了緊急磋商。三月七日，由國務院出面下令：從三月八日午夜零時起，對拉薩地區施行戒嚴。

七日下午五時，胡錦濤緊急召開區直機關和拉薩市黨員領導幹部會議，傳達了國務院命令。晚上七點零五分，中央人民廣播電台與中央電視台同時宣佈了這一戒嚴令。而當天下午，這一消息已經走漏給了示威者。徐明旭介紹說：騷亂者本打算三月七日下午三點進攻拉薩市政府。有中共高級藏官把中國政府要在次日零點戒嚴的消息提前泄漏給騷亂者，下午兩點多鐘，一個帶口罩的喇嘛與一個帶口罩的尼姑站在八廓街與北京路之間市場貨架上演說："今天的遊行就到這裏結束了，晚上共產黨要採取行動，大家散開吧！"

中共法律規定，對省、直轄市、自治區實行戒嚴，需要人大常委會批准通過；而對省、直轄市和自治區的"部分地區"實行戒嚴，則只需要國務院批准。拉薩是西藏自治區的"部分地區"，國務院批准就行了。沒有想到再過兩個多月，五月十九日，李鵬下令對北京的"部分地區"實行戒嚴，以鎮壓學潮，也是根據同樣這條權限規定。在決定對拉薩實行戒嚴時，中央決策層對這一條款就研究過了，拉薩的戒嚴，實際上成了北京部分城區戒嚴的預演。

當時《西藏日報》上刊出了新任自治區一把手胡錦濤頭戴鋼盔、視察戒嚴部隊官兵的照片。這在胡錦濤，是平生頭一遭，在"黨和人民"看起來自然是英氣勃勃，但在反對中共的人士和西藏獨立分子看起來，卻是殺氣騰騰。不管怎麼樣，在當時的情況之下，以他的身份和承擔的責任，只有先來硬的一手將暴動彈壓下去一途了。三月十五日，年輕的"駐藏大臣"胡錦濤回答新華社記者採訪，專門論證了國務院戒嚴令的正確和及時，也重申了中共關於宗教、民族、統戰的政策界限。

拉薩戒嚴震動了全世界，達賴喇嘛馬上譴責中國政府鎮壓"和平的示威者"，歐洲議會與美國國會也相繼發表決議譴責中國政府。

槍杆子說話，一句頂一萬句。不管留下多少後遺症和隱患，至少當下拉薩的騷亂很快被壓了下去。

主政伊始就在拉薩戒嚴在胡錦濤成為中共第四代接班核心之後，在海外反對中共的各派政治勢力眼中，這成為他最主要的"污點"之一；在自由派知識分子眼中，這也是產生對他的極大疑慮的根源之一。二〇〇二年春，也正是因為胡錦濤有這樣一段經歷，當他訪問美國時，許多支持西藏流亡政府的團體，才動員力量去向他示威抗議。

為他辯解者則說，胡錦濤當時去拉薩時，矛盾已經非常激化，時機非常緊迫，他又是初來乍到，在當時的局面下身不由己，戒嚴是不得已而為之。

客觀地說，他匆忙趕往拉薩時，西藏的局面已經事實上處於"準危機"狀態，他到西藏，根本不可能自己端出什麼成型的解決西藏當前危機的解決方案，他只能在中央、區黨委、軍區給他準備好的幾套方案中"擇優錄取"，政策和策略的選擇空間如此狹小，基本上是無可選擇。

　　我們無意爲他開脫，只是想指出，在這種情況之下，過多地追究個人責任是並不妥當的。

　　胡錦濤這一頭戴鋼盔的形象爲自己立了威。過去，人們對他的印象是細密有餘，魄力不足。但這次，胡錦濤判斷形勢，認識到如果軟了，不僅面前"藏獨"的氣焰壓不下去，而且會產生一系列難以逆料的連鎖反應，今後西藏局勢更無法控馭，而身後老人的臉色不會好看。卒子過河，只有拼命向前。他及時地傳達貫徹了對"藏獨"絕不能手軟的旨意，在中共元老那裏贏得了寶貴的印象分。在中共建政以來的封疆大吏中，以這一形象亮相的，只能數出胡錦濤一人。或許正是這一點讓鄧小平印象深刻，埋下了日後欽點他爲第四代核心的伏筆。據說鄧小平看到報紙上這張胡錦濤頭戴鋼盔的照片稱讚說："他在原則問題上立場站穩，決不手軟。"

　　有一點我們不能忽略：這時的黨中央，還是趙紫陽當政的黨中央，而趙紫陽在西藏問題上一貫是反"左"的。所以，這次戒嚴，在"有理，有利，有節"這三條中，還是傾斜於"有理，有節"，相對於後來的"六四事件"的鎮壓，是相當克制的。人們應該記得，八九民運中趙紫陽對學生表示同情，不主張強力鎮壓，還命令全國新聞媒體放開來正面報導。鄧小平下令戒嚴時，趙紫陽更公開抗命，也始終拒不檢討。趙紫陽在西藏問題上的溫和態度，與他在民運問題上的溫和態度是一脈相承的。

　　當整個社會的躁動略微平息了一點之後，胡錦濤批准了對年初動亂中最活躍的僧尼的司法處理。像元月份哲蚌寺喇嘛阿望平措"策劃成立反革命組織"，成員均爲寺內喇嘛，"搜集情報，油印反動傳單"，年底宣佈判刑；三月十一日拉薩近郊的堆龍德慶縣尼瑪、平措多吉等四名喇嘛"密謀書寫反動標語"貼在慕龍寺大門口，十月二十日被公判……

遠離政治狂濤的山南調研

西藏這邊風波未平，首都北京學潮又起。四月中旬以後學生由悼念胡耀邦而觸發的抗議聲浪，也傳到青藏高原。拉薩這邊響起了聲援呼應之聲，當年五月二十日的《西藏青年報》，就曾登載了"西藏一一一名新聞、文藝工作者發往北京的聲援書"，聲援北京大學生和新聞工作者要求民主，鏟除腐敗，以及要求新聞自由的請願和絕食愛國運動。聲援團來自區內數十家新聞和文藝單位，包括漢、藏、回、彝等民族。這個聲援團的成員還算識大體：考慮到拉薩正處於戒嚴期，為維護戒嚴令的嚴肅性，決定不搞上街遊行聲援活動。但委派專人前往北京天安門廣場打出聲援橫幅。

而西藏大學的大學生們就沒有那麼理智和克制了。五月十八日上午，西藏大學六百餘名大學生打著橫幅，喊著口號，走上拉薩街頭遊行請願，聲援北京高校學生。胡錦濤等自治區黨政有關領導高度緊張，他們擔心的是再次引發藏獨暴亂。派出負責幹部趕到西藏大學，與校方一起同大學生們協商，指出拉薩目前正處於戒嚴的非常時期，西藏當前最大矛盾是"分裂與反分裂的鬥爭"。同學們在表達愛國熱情時要考慮妥當的方式方法，以免給少數分裂主義分子以可乘之機。但是，當時正在氣頭上的學生，哪裏聽得進任何勸阻！他們走上了大街。自治區領導又趕到街上勸說遊行隊伍不要"走得太遠"，學生總算適可而止，走到拉薩市政府門前停住，在市府前發表了慷慨激昂的聲援演講，在向區黨委提出三點要求，得到肯定答覆後，於中午十二點過後返回校園。他們提出的三點要求是：

一、立即向北京致電：聲援學生的愛國運動，要求黨和國家主要領導人儘快與絕食學生見面對話；二、北京的絕食請願不結束，西藏大學同學就保留繼續罷課、遊行請願的權利；三、拉薩新聞單位要如實報導學生愛國請願。

從當時西藏當局的態度看，確實對請願學生算極為忍讓了：要知道，這是在拉薩戒嚴期間，是在三次藏獨暴亂的陰影之中，竟然還允許學生遊行到了拉薩市政府門前。當然，這更多地是出於大環境：畢竟，當時以趙紫陽為首的黨中央對北京的民運還是主張對話解決問題的。

北京的局面在繼續惡化。五月二十日，李鵬代表國務院宣佈在北京部分地區實施戒嚴。政治風雲極為曖昧險惡、瞬息萬變之際，胡錦濤在哪裏？他出現在西藏山南地區，名義是"調研"。《西藏日報》每天在頭版報導：胡錦濤與山南地委和行署負責人談話，"穩定的局勢市西藏經濟發展的前提"，看望山南軍分區指戰員，行蹤忽而在紮囊縣，忽而在曲松縣……

有什麼重大項目要刻不容緩地深入基層調研處理呢？明擺著，胡錦濤在盡其所能地避開足以將他吞沒的旋渦，儘量在局勢明朗之前拖延表態，以免禍從口出。

六月三日夜間，局勢終於以一種可怕的方式明朗了。北京開槍鎮壓學運，鄧小平、楊尚昆、李鵬獲勝，趙紫陽失敗。以胡錦濤為首的西藏自治區黨委，也很快作出了反應：給中共中央拍發電報，表示堅決擁護"平息反革命暴亂的果斷決策"。

對中國當局來說，十分被動、十分要命的是，緊接著這三次拉薩大騷亂與戒嚴的，是北京戒嚴與"六四"屠殺，而北京戒嚴、屠殺遭到舉世譴責，西方人士得出了幾乎一致的結論，這就使西方人士在想到拉薩三次大騷亂和鎮壓時，也將之看成和八九北京學運一樣是和平抗議，胡錦濤為首的中共西藏地方當局在拉薩的鎮壓，也像在北京的鎮壓一樣是對和平抗議人士的屠殺。於是，"中國嚴重侵犯西藏人權"就成了西方共識，將中共當權者，包括直接參予處理拉薩騷亂的胡錦濤都置於被告地位。

抓住機會向藏民表示親善

胡錦濤明白，硬的一手必須輔以軟的一手。硬的一手固然萬不得已，其副作用也顯而易見，只能治標一時，更重要更長遠的還是治本。但是，如何治本？其實胡錦濤又何嘗端得出新意良策？

縱觀他在這一非常時期所作的工作，不外乎三大方面：

一是促進各方——包括僧俗雙方、官民雙方、軍（警）地雙方、藏漢雙方——的溝通了解，緩解極端激化的矛盾。其實，西藏問題發展到今天地步，癥結並不是什麼各方之間"體諒不夠、溝通不暢"；但是胡錦濤的權力所限，無法突破這一傳統樊籬，也只能沿此思路花工夫。

胡錦濤一九八九年四月二十日出席了西藏黨政軍各界慶祝實行"民主改革"三十周年大會（也即是平叛三十周年）並講話；七月十七日，參加西藏軍區舉行的"熱愛西藏、向西藏人民學習"動員大會；九月十九日，出席中國佛教協會西藏分會第五屆二次理事會，苦口婆心地宣講"宗教政策"不變；次年開年，他在拉薩參加紀念十世班禪圓寂一周年集會，二月中下旬逢藏曆"鐵馬新年"，又與江村羅布、熱地等自治區黨政軍負責人馬不停蹄，先後到基層向居委會幹部、上層愛國人士和郊區農民拜年；五月，率領西藏黨政軍幾套班子的領導參加維修布達拉宮工程的義務勞動......

說起布達拉宮的維修，中共不惜耗費巨資。從胡錦濤上任後的那一年——一九八九年動工，到一九九四年第四期工程完畢，共耗資六千萬元人民幣。據統計，從一九八二年到一九九二年這十年間，國務院和西藏區政府撥出維修宗教場所的專款達兩億一千萬人民幣，維修一千四

百多處宗教場所，其中寺廟九百八十二座。這用大陸一句話來說，就叫
"花錢買穩定"。胡錦濤多次參加過布達拉宮和其它寺廟維修的義務勞
動。

已經圓寂的班禪大師，被胡錦濤利用來最後"發揮餘熱"，"死人做
給活人看"。

班禪圓寂第三天，胡錦濤就與西藏藏族幹部商量，請國務院做出
三項決定，"由扎什倫布寺民主管理委員會按照藏傳佛教儀規，舉行宗
教悼念活動，經費由國家撥專款"。

按照藏傳佛教的傳統慣例，歷世達賴和班禪圓寂後要完整保存法
體，實行塔葬。塔葬前要對法體長期保存。班禪法體用藏紅花、檀香
料、鹽巴等精心沐浴、擦洗，再用綢緞密密裹緊，吸出法體水份。在四
個月內按期更換綢緞，使法體內水份完全吸盡。在這種問題上，當局是
最捨得花錢的，西藏區政府當即提供五公斤藏藥花，隨後幾天再次提供
五百多公斤、一〇八種名貴藥品。

班禪法體保存在他圓寂的新宮德虔格桑頗章，對面容進行修整、
描畫、塗金。用於處理班禪法體的藥物，被喇嘛們研成粉末，製成佛像
或裝入紙袋，分贈給朝拜者，連吸取法體水份的綢緞也被撕成布條，打
結後製成吉祥綢一起成套贈送。這兩件物品是送給"至尊至貴的瞻仰朝
拜大法體者"，身為駐藏大臣的胡錦濤想必得到了這份饋贈？

班禪法體於五月二十六日吉日良辰，從德虔格桑頗章迎請到扎什
倫布寺。這時西藏局面大體穩定了下來，但胡錦濤等黨政軍領導人仍不
敢掉以輕心，進行了嚴密戒備。國務院、中央統戰部、全國人大民族委
員會等及青海、甘肅省軍致電預祝迎請儀式圓滿成功。國務院又送了緞
子、茶葉、酥油等厚禮和上等哈達一條。

胡錦濤等黨政領導人參加迎請法體儀式，手持藏香走在八抬法轎
前面。來自西藏和青、甘、川等地的三萬群眾，手持燃香、哈達，夾道

迎送。法轎所經之處，人頭攢動，頃刻間數萬條哈達猶如白練飛舞，轎頂哈達堆積如山。在一片佛樂聲中，法轎被迎進則甲大廳供奉。

胡錦濤以前在甘肅工作時，與藏胞多少有過接觸，但那時一則是"文革"期間，宗教活動遭到禁止，二則那是民族雜居之地，感受零碎，而這一次真是見所未見、聞所未聞的盛大奇觀。供奉班禪大師法體的則甲大廳，四年共接待瞻仰班禪法體一千萬人次以上——比一比在中國的首都瞻仰毛澤東遺容的人數，不難比較這個數字何等驚人：相當於西藏總人口的五倍！江澤民、胡錦濤、阿沛·阿旺晉美、遲浩田等，都曾經瞻仰過班禪法體。

班禪法體剛剛允許被瞻仰之時，二月四日，三萬人瞻仰了法體，其後每天都有萬人以上。班禪法體迎請進扎什倫布寺後，第二天瞻仰人數達到四萬人。

一九九三年八月三十日——那時胡錦濤已經離開西藏了——扎什倫布寺又一次舉行宗教儀式。法鼓螺號聲中班禪法體，被迎請進國家投資六千四百萬元專門修建的黃金皮靈塔祀殿釋頌南捷。從內地專門訂做可耐兩千度高溫的鋼制保險櫃，還製作了精緻的檀香木靈柩。數千名僧俗群眾手持哈達，參加班禪法體入塔儀式。

胡錦濤作為唯物主義者，本不信宗教。但是斯時斯地，他是把舉辦宗教儀式當作政治任務來確保無虞的。而在一次又一次隆重而狂熱的宗教法事中，他不能不感到藏傳佛教對於藏民的至高無上的感召魔力。對信仰的力量，也是只能順之者昌，逆之者亡的。

穩定是基礎　發展為主導

　　胡錦濤所做的第二方面工作,是加強對西藏社會的各項管理措施。例如,推動西藏自治區政府"對拉薩外來人員進行全面申報登記"等制度;輔以顯示軍威,阻嚇各方挑戰勢力。

　　西藏宗教出家人員,經過十多年"撥亂反正",有了很大增長,達到四萬人,雖無法跟一九五〇年僧尼佔西藏總人口百分之十一強相比,但是也相當可觀了。這批人如何管理是當局最頭疼的,胡錦濤和西藏當局雖然左右為難,但不斷頒布管理措施,盡力做到外松內緊。

　　第三方面,是推動西藏經濟開放搞活,活躍市場,其用意,是為了加快西藏經濟發展,提高藏民生活水平,抒解社會壓力,也為了轉移民眾的注意興奮點,讓大家將主要精力花在從事生產經營上。還有一層考慮,是想加強西藏與內地"祖國大家庭"的千絲萬縷的經濟文化聯繫,從根本上鞏固和加強西藏對中央的向心力、凝聚力。

　　胡錦濤因為有貴州工作的經驗和社會聯繫,對加強西藏與其他兄弟省區的橫向區域經濟合作,以及與毗鄰的國家的交流十分感興趣。西藏因為黨中央已有特殊政策和專門方案,做好了沿海省市分工包幹對口支援西藏建設項目的安排,無須當地領導到處求人,西藏領導人便將主要精力花在區域合作上。六月三十日,胡錦濤以東道主的身份,出席在拉薩舉行的"西南六省區經濟協調會"。他參加外事工作會議,會見尼泊爾駐拉薩總領事拉納·巴哈杜爾塔帕,開放邊境口岸,搞活對外貿易;出席中國人民銀行西藏分行各支行行長會議,推動加強金融管理和改革;參加自治區科技工作會議……

　　胡錦濤秉持儘量少曝光、少見報的一貫原則,低調當官。有細心人比較過同時期的省市區一把手在當地報紙上的見報次數,說胡錦濤相比之下在《西藏日報》上出現的次數"少得可憐"。他往往只是通過黨報黨刊的社論、評論員文章,經常性地發出指導全區的聲音,提出他認為值得重視的課題,提醒他認為值得防止的傾向。不過,該報記者伏開佑對胡錦濤一九八九年八月三十日到九月七日深入藏北的特寫《區黨委書記胡錦濤那曲考察紀實》，算是一個例外。在文中，記者相當詳盡地按天記述了胡錦濤如何爭分奪秒地奔波，夜以繼日地操勞。就從其中一天——九月一日看，其工作之辛苦可見一斑：

胡錦濤風塵僕僕地前往那曲東部三縣，調查牧區。汽車時走時停，途中他進了那曲縣德吉鄉九村牧民歐珠家，在比如縣夏曲鄉、布龍鄉，找到鄉長詢問農牧民溫飽、糧食供應和醫藥費使用情況，並就畜牧業發展、如何防災抗災進行磋商。二百六十五公里的運輸線，跑了整整九個半小時，中午在車上啃了點乾糧，到達比如縣城，已近黃昏。"此時已是飢腸轆轆，書記沒有在這時停車就餐，而是先去視察投資一千萬的比如電站。……對施工中存在的問題與承包電站的山南電力建設開發公司工程師談得頭頭是道，並一再叮囑承建雙方，一定要把好質量關。"

實際上，這樣的日程，不是一天，也不是一趟考察之旅。而是長年累月地廢寢忘食地奔忙。胡錦濤四處視察，調查研究，很快摸清了西藏自然和經濟現狀，提出了一系列戰略發展方略。他認為：西藏百分之八十是農牧民，農牧業產值佔總產值近百分之八十，所以西藏經濟仍必須以發展農牧業為主。重點開發一江兩河流域（雅魯藏布江，拉薩河，年楚河），使西藏這片腹心地帶成為全藏商品糧基地、副食品生產基地、輕紡手工業基地、科技試驗推廣基地。建成羊湖電站、羊八井地熱電站等骨幹電站，基本解決西藏腹心地區供電問題。""改造主要幹線公路，發展民航，改善藏內外交通狀況。"

胡錦濤又使出了他在貴州使過的殺手："把發展教育、培養民族幹部和專業技術人才作為根本大計，從基礎教育抓起，努力使民族教育事業的發展與經濟社會發展相適應。"但是在西藏這一手是否能推行成功？恐怕未必，他自己也來不及看到實踐結果了。

不過，我們還是驚異他的出生背景給他打下的烙印——徽州的兩大人文特點，一是徽商，二是徽學。胡錦濤到了貴州、西藏，就把商品經濟講到哪裏，把重視辦學講到哪裏。

兩手抓的先後順序大有講究

胡錦濤在西藏所確定的策略，歸結爲一句話，就是一九八九年十二月十八日他在主持區黨委三屆八次全體委員擴大會上所作的《關於西藏目前形勢和面臨任務》的長篇報告中，給西藏工作的概括："一手抓反分裂鬥爭，一手抓經濟建設"。

胡錦濤的這次講話，中共的宣傳媒體給予了相當顯著的報導。胡錦濤強調"穩定局勢，是西藏第一位的政治任務"。他表示，八七年九月二十七日以來拉薩多次發生的騷亂事件，既有深刻的國際國內背景，又有深刻的社會歷史根源，其實質就是分裂祖國、反對共產黨、顛覆社會主義制度的嚴重鬥爭。這場鬥爭是西藏長期存在的分裂和反分裂鬥爭的繼續，也是國際敵對勢力同社會主義國家之間的滲透與反滲透、顛覆與反顛覆、"和平演變"與反"和平演變"鬥爭的組成部分。胡錦濤這番話，沿襲了黨內正統說法，還將之推到了兩條路線鬥爭的極端。

仔細推敲一下這一"兩手抓"的方針，充滿了玄機。當時，正是中共"六四"開槍鎮壓了民運、整肅了內部的改革派和民主派，反對改革和反對民主的勢力氣焰高張之際，中共高層對胡耀邦和趙紫陽兩任總書記在"資產階級自由化"面前所表現出來的"一手軟"全面批判，但江澤民提出"兩手都要硬"，這兩手中，還是經濟建設這一手在前面。而胡錦濤提出在西藏的"兩手"，竟公然把"反分裂鬥爭"放在了首位，頗有點"階級鬥爭爲綱"的意味了。

　　胡錦濤的這一看法，實際上體現了中共對西藏方針的又一次大轉彎，儘管他到西藏後一再聲稱中央的西藏方針政策"沒有變"。

　　早在一九八七年國慶騷亂後，中央的強硬派和許多在西藏工作多年的漢族幹部（被俗稱爲"老西藏"）就認爲，這是一九八七年初下台的胡耀邦對西藏獨立勢力姑息的惡果，要求改變西藏政策。當年十二月二十四日，中共中央政治局常委召開擴大會議研究西藏問題，出乎許多人意外，新當選的總書記趙紫陽一開會就說："這次騷亂事件，基本上是長期'左'的結果。"並決定委託班禪處理西藏宗教問題。《西藏日報》隨後發表社論，嚴厲批判西藏幹部的"極左思潮"。

　　在中共的語匯裏，"左"就是要加強控制，"反左"就是要放鬆控制。趙紫陽認爲拉薩騷亂的根源是"左"，那就應該進一步放鬆對藏獨勢力的控制。

　　但是出乎趙紫陽的預料，"反左"的後果，卻是暴亂接二連三。一九八八年藏曆新年大昭寺傳召大法會前，班禪受趙紫陽委託先去拉薩安撫喇嘛，宣佈釋放去年國慶騷亂後多數被捕者，時任西藏自治區政府主席多吉才讓宣佈給三大寺落實政策、退賠鉅款，並當場向甘丹寺退還《大藏經》等，付給退賠款。但藏獨勢力並不領情。哲蚌寺喇嘛益西群培竟搶過話筒說："西藏歷來是一個獨立國家，一九五〇年漢人以幫助爲名，佔領了西藏"；"我們要獨立，落實政策是裝樣子"。

　　主張對藏獨懷柔的中共主流派的努力再次遭到挫敗。後來傳召大法會發生了更嚴重的騷亂。這促使中央內部進一步反思權衡由鄧小平制定、由胡耀邦、趙紫陽先後推行的西藏方針政策的利弊。

　　一九八八年六月十五日至二十九日，時任中共中央政治局常委、中央紀律檢查委員會書記、主管治安政法工作的喬石到西藏考察，旨在探索西藏騷亂的根源。他發出了與趙紫陽"反左"不同的聲音，在講話中說：落實政策不能沒有邊，不能沒完沒了、永遠落實下去。落實政策的目的和著眼點是要有利於廣大藏族人民，落實政策側重政治上的解決問題。對寺廟落實政策的同時，要加強寺廟的管理，不能管理混亂，失去控制，在落實政策的同時，又不使寺廟成爲騷亂的據點。在西藏政協召開的座談會上，當與會的統戰對象——昔日的貴族、官員與上層喇嘛，紛紛批評中共的宗教、語文、經濟政策，要求建立更多寺廟、招收更多喇嘛、學校只用藏語文不用漢語文、中國政府給予更多財政補貼時，喬石憤怒地反問：中共已對過去的錯誤作了賠償，給了他們高官厚祿，他們還要中共做什麼？把他們過去的僕人還給他們、讓他們像舊社會那樣生活嗎？

喬石的話反映了中共內部主張停止對藏獨勢力執行綏靖政策的那部分人的聲音。根據他的指示，西藏當局成立了寺廟政治清理工作辦公室，從八八年八月下旬起派出九個工作組進寺廟，對參與騷亂的僧尼進行“政治清理”。但這種政治清理，當時還是相當溫和、有節制的，經過兩個月的清理，真正決定當即清除出寺的只有二十五人。這是因爲中共中央畢竟還是趙紫陽當總書記，他的路線佔主導地位，幾次騷亂並未改變趙紫陽的看法，他還是委託班禪處理西藏問題，以撫爲主。

但是在西藏一九八九年三月騷亂最後導致戒嚴，標誌著鄧小平制定的、胡耀邦、趙紫陽推行的西藏懷柔－綏靖政策遭到了徹底失敗。緊接著“六四事件”爆發，趙紫陽下台，江澤民上台。隨之而來的，不能不是對趙紫陽的西藏政策進行清算，儘管其實大政方針打下的是鄧小平的印記。而使這一切雪上加霜的，是當年秋天流亡境外的達賴喇嘛竟榮獲諾貝爾和平獎，一躍而變成國際政治明星！

從以胡蘿蔔爲主改爲以大棒爲主

　　正如不少識者所指出的，如果說一九八〇年鄧小平對西藏改行懷柔政策，可與一九五一年毛澤東和平解放西藏相提並論，那麼一九八七年到一九八九年三次大騷亂，也正可與一九五九年叛亂相提並論。

　　一九八九年十月十九日，新任總書記江澤民召開政治局常委會議，再一次討論棘手的西藏問題。不出意料，會議批判了趙紫陽關於西藏騷亂是長期"左"的結果的看法，強調"不能把騷亂簡單地說成是長期'左'的結果"。會議認為西藏騷亂是"境內外分裂勢力在國際反動勢力支持下掀起的旨在分裂祖國、反對共產黨、顛覆社會主義制度的嚴重政治鬥爭"。"落實政策的任務已經基本完成。落實宗教政策是為了照顧和尊重群眾的宗教感情和需要，而不是去適應分裂主義分子或他們頭子們搞分裂活動的需要。因此，要加強寺廟的管理，一切宗教活動都必須在憲法、法律、法規和政策規定的範圍之內，不允許寺廟干涉政治、經濟、文化事業和恢復封建特權"。"今後要堅定不移地帶領廣大群眾把反分裂鬥爭進行到底，堅決反對搞'西藏獨立'、'半獨立'和'變相獨立'的一切主張和行為。始終堅持以經濟建設為中心，大力推動西藏的經濟持續、穩定地發展"。

　　關於宗教政策的那段話，顯然是一年前去過西藏的喬石的意思。這次會議表明，中共決心改行胡蘿蔔加大棒政策：一方面繼續用鉅款提高藏人生活水平，另一方面嚴厲鎮壓一切藏獨活動。

　　在這種情況下，胡錦濤擺出強硬無比的姿態，從各方面說，都是合乎邏輯的，也當然令中共新執政的江核心和本來就主張強硬的喬石和李鵬等人點頭。

　　胡錦濤以西藏省軍區政委的身份，經常視察軍隊營地、哨所，尤其是元旦、春節和八一建軍節，更是不辭勞苦要看望在第一線值勤的指戰員，其用心，是要將"大棒子"準備得好好的，屆時不論對外還是對內都能使用得順手。一九九〇年元旦期間，他冒著凜冽刺骨的寒風，踏著沒膝的冰雪，來到幾個邊防哨所慰問。在海拔四千三百米的乃堆拉哨卡，他摸被褥，問伙食，興致勃勃地與班長掰手腕，戰士要求首長唱支歌，胡錦濤就爽快地唱了一支"文革"前風靡全國的擁軍歌曲："不敬青稞酒呀，不打酥油茶呀，也不獻哈達，唱上一支心中的歌兒，獻給親人金珠瑪（藏語，意即"解放軍"）……"此情此景，讓戰士不能不滿心欽服。

美國藏學專家戈茨坦後來曾這樣評論新政策："作爲這些措施的結果，新的示威一開始就遭到控制，不至演化爲騷亂。實際上，一九九〇年戒嚴令解除後的七年裏，雖有頻繁的示威，卻沒有騷亂發生。這種控制並未限制拉薩居民的日常生活，只要他們不參與政治異議活動，他們可以去任何他們想去的地方，會朋友，邀請僧侶進行宗教活動，聚會，等等。這一成功使北京領導人相信他們的安全力量足以對付任何異議分子或流亡藏人。"

國際法學家委員會的《西藏：人權與法治》也承認："自從一九八七年到一九八九年的示威與騷亂之後，沒有確鑿證據表明再發生向和平示威者開槍的事例。"

事隔一年，當《人民日報》記者劉偉採訪胡錦濤時，他以肯定的語氣說："西藏局勢已趨於穩定，平息拉薩騷亂取得勝利，治理整頓也取得成效。"他反覆提到"兩手抓"：一手抓穩定局勢，一手抓經濟建設，還一條一條地舉出了經濟發展的成就：工農業總產值比前年增長百分之三，糧食生產結束十年徘徊，總產達到五十三點二五萬噸，創歷史最高水平。而物價上漲指數比前年同期有所下降；拉薩去年居民危房改造投入一千三百萬元，使六百三十戶居民遷入新居；今年又爲此投資一千三百萬元。

　　胡錦濤還回顧了"中央歷來十分關心和重視扶持西藏經濟建設，從一九五二年至一九八九年，中央給予西藏的財政補貼累計爲一百三十二億元，加上中央安排的基本建設投資，共爲一百六十六億元"。

　　他著重強調的一條政績，是"西藏地方財政前年結束負收入的狀況，即地方財政收入超過了企業虧損額，去年收入達一千三百八十萬元"。胡錦濤這樣說，並不是爲自己評功擺好，這條政績，只要將其時間算一算，就不難明白，歸功於他的前任伍精華和在任的許多同僚。

　　一九九〇年五月一日，拉薩解除了戒嚴。六月底，國務院赴藏考察組一行十八人對拉薩、日喀則等地作了十二天實地考察，確認西藏的局面是穩定的，經濟也有了發展。

　　一九九〇年七月十一日，中共西藏自治區第四次代表大會在拉薩舉行，胡錦濤作了報告，提出今後工作的基本指導思想是"一個中心（經濟建設），兩件大事（穩定局勢，發展經濟），三個確保（我區長治久安，經濟持續、穩定、協調發展，人民生活水平明顯提高）"。

與藏族實權派官員苦心周旋

　　胡錦濤剛進藏時，難免也會碰到處理人事關係的問題，區黨委的實權派熱地等人對他這個"空降幹部"是滿懷戒心的。

　　當時胡錦濤在區政府任主要負責人的搭檔，前有多吉才讓，後有江村羅布。多吉才讓是一九五九年"平叛"後因西藏"民主改革"急需幹部而從甘肅調入西藏，一路升遷；一九八〇年胡耀邦講話之後，由於漢族幹部大量撤出，他這樣的藏族幹部身價百倍，一九八五年當上了西藏自治區政府主席，區黨委副書記，一九八七年中共十三大上當選爲中共中央委員。但他與胡錦濤沒有共事多久，就因心臟病而調回內地，擔任民政部副部長，後來擔任了十年民政部長，到二〇〇三年才退到全國人大，接替王朝文擔任人大民族委員會主任。而江村羅布則資格要嫩得多，接替多吉才讓擔任自治區主席，直到一九九二年中共十四大，才當選爲中央候補委員。

比起他們來，比胡錦濤大四歲的熱地是當地的實權派。據在西藏工作過多年、曾經近距離觀察過他的徐明旭揭露，此人實際上是個"大流氓"，利用職權強姦了一個漢族姑娘。他的從政經歷雖然遠不如胡錦濤豐富，但是在西藏這塊土地上如魚得水。一九七七年，在"四人幫"剛粉碎之後中共舉行十一大時，他就成爲中央候補委員，填補了"四人幫"黨羽被清除留下的真空，成爲西藏革委會副主任，後來又連續擔任了兩屆西藏區政協主席；在中共黨內，他不僅從十二大以後一直當選爲中央委員，更從一九七五年起擔任西藏區黨委副書記。

值得提醒本書讀者的是：在西藏，由於藏族和藏傳佛教在社會生活中的地位特殊，政協的作用和地位都比別的省區要高得多。而熱地長期經營，形成了盤根錯節的官場關係網，不論中央空降誰來當一二把手，都得和他搞好關係才行。

說起熱地以降的藏族幹部，據徐明旭的看法，西藏鬧事的幕後真正鼓動者，是中共自己培養提拔的這些藏族高級官員，即所謂"翻身農奴幹部"。這些既得利益者儘管與漢族幹部有矛盾，想擠走他們，但他們的腐敗專制有過之而無不及。他們從自己利益出發，既不希望達賴回來，自己會被轟下台；也不希望西藏獨立，從中央再也拿不到大把銀子；他們只想在這個高原王國獨享權力。他們看清可以從一九八○年以後胡耀邦、趙紫陽推行的路線中漁翁得利：只要藏民鬧事，中共就會批評西藏漢族官員"極左"，就會加快撤走漢幹，加快提拔藏幹，加撥巨額款項。那麼，何樂不讓藏民不時鬧上一鬧，好火中取栗？

徐氏看法，證諸事實，確有道理。不過，複雜的西藏方程式，當然並非只有唯一的解。

以胡錦濤之聰明，來到拉薩看一看聽一聽想一想，自然心明如鏡。熱地究竟是否也屬這一類唯恐西藏不亂的藏幹，不能驟下結論。不過，人生地不熟的胡錦濤總是小心爲宜。他謹慎地不去觸動熱地等人的既得利益，也不打亂原有的權力格局，這樣慢慢地化解熱地的戒備之心，漸漸在區黨委中站住腳跟。

正如我們在第五章中所寫到的，胡錦濤的內斂圓融的性格，在中共官場上，使他得分不少。他對前輩欽敬，對平輩親切，對晚輩尊重的態度，使他能很快融入一個陌生的人際環境。在西藏自治區第四次黨代會上，胡錦濤還別出心裁地採取了一個敬老舉措：請來一些在西藏長期工作過的黨政元老，如原區黨委書記天寶、原軍區司令員卻晉武、區政府副主席王和亭等人參加黨代會，在主席台就座。這種禮遇自然讓這些影響力猶存的老資格們笑得合不攏嘴。

胡錦濤還出席區政協爲老人舉行的團聚會，他講話時祝賀長期爲西藏革命與建設作出貢獻的"老前輩"、長期堅持在基層工作的"老模範"，長期同中共合作共事的"老朋友"的"三老聚會"，"三老"們可想而知暖在心窩，對胡錦濤自然滿口表示支持。

不過，與相對於漢人來說更爲率直憨厚的藏人周旋，胡錦濤這樣的性格居然也產生了副作用，有時未必能使他們打消心頭的疑慮。據一位曾經多次進藏區採訪、與多位藏人交上朋友的作家介紹，藏人給胡錦濤取了一個外號："從眼鏡底下看人的人"，意謂他城府很深，別人摸不透。這樣一個評價，大概是爲胡錦濤始料不及的吧！

陪同江澤民巡視西藏

　　一九九○年夏，甫上任剛剛一年的中共總書記江澤民巡視西南邊陲各省區，來到西藏，七月二十二日聽取匯報時，正是胡錦濤剛剛主持開完西藏黨代會。

　　在中共三代領導核心中，江澤民是唯一一個曾經登上青藏高原的，他是自胡耀邦一九八○年進藏以後，十年間再次視察西藏的中共總書記，也是出訪西藏的第一位軍委主席，無疑，這是顯示北京重視西藏、強調對西藏主權的罕見表白。中共領導人絕少在西藏露面，主要是他們都已高齡，很少能忍受處於海拔五千米以上的高原稀薄空氣。

　　醫生建議江澤民及隨行人員不要直飛拉薩，而改乘汽車進入西藏，這個由二十四人組成的代表團先飛到和西藏相鄰的青海格爾木，然後穿過分割青海和西藏的峽谷，乘車三日，開行一千一百五十五公里，抵達拉薩。據說江澤民在途中即告訴隨行者說："我們看看能做點什麼，真正幫助西藏人民，而不是僅僅空喊支援口號。"代表團成員包括中共中央書記處書記丁關根、解放軍總參謀長遲浩田、國家計委副主任甘子玉、中共中央政策研究室主任王維澄和中共中央辦公廳副主任曾慶紅等人。

　　胡錦濤和自治區政府新主席江村羅布、以及熱地和西藏軍區司令員姜洪泉等一同陪同江澤民考察，去了布達拉宮、大昭寺、拉薩郊區堆龍德慶縣南嘎四村和羊八井地熱電廠——無疑，安排這幾個點，能給江澤民一個"西藏已大體恢復平靜"的印象。

　　這是胡錦濤第一次與江澤民等人有如此之久的接觸，重要意義自不待言。江澤民聽取了胡錦濤的工作匯報，又巡視查看，對西藏的工作表示滿意，也肯定了胡錦濤在西藏黨代會提出的"一個中心，兩件大事，三個確保"的指導思想。

　　黨魁巡邊，不能空手。聽說西藏百分之七十三的縣沒有電，江澤民答應掏錢，以支持加快開發水利資源，他同意了胡錦濤提出的國家在資金調度、物資供應上保證羊卓雍湖電站建設的請求,還允諾了擴建昌都的邦達新機場,以開通成都－昌都－拉薩的新航線。江澤民還許願將派遣更多技術幹部赴藏、將採取更多的"特別政策和靈活措施"加速西藏經濟發展。他所許的願,在他看來或許手筆不小,但是若和上一次胡耀邦來時所給與的相比,相去不可以道里計——這倒也難怪江澤民,因為整個大背景和中央對西藏的政策,都發生了重大變化,江澤民不敢、也不能效仿胡耀邦的行動。江澤民在離開西藏之前,仍然對胡錦濤等人重點強調,要採取堅決有效的措施擊敗分裂分子挑起的動亂,要求警察配備更好的武裝對付騷亂。

這次陪同江澤民視察,對於胡錦濤來講,最戰戰兢兢的是這位中共新總書記的安全和健康。六十四歲的江澤民頭戴繡花藏帽和頭巾,一路視察,好像很享受他的首次西藏行。在拉薩,他參觀地毯廠,走訪寺廟,視察軍事設施。隨行醫生提醒他儘量減少活動,每晚給他做一次身體檢查,一隊人還隨身帶著氧氣罐,以防不測。大多數情況下,江澤民好像比手下更能挺得住,只有旅程即將結束前有一次出現了小小意外。

七月二十六日,代表團在日喀則扎什倫布寺則甲大廳向班禪額爾德尼·卻吉堅贊的遺體致意,大廳祭台上下燃著數千盞油燈和熏香,濃煙滿室繚繞,使本來就稀薄的空氣更加令人窒息。陪同參加這個冗長儀式的江村羅布注意到身邊的江澤民呼吸困難,臉上開始滲出汗珠。他後來說:"通風不好,油燈燒著,散發出又黑又厚的煙霧,我覺得很暈。"但他總算堅持到了儀式結束,搖晃著出了大廳,才大咳起來,他在一塊石頭上坐下,接下一副氧氣面罩,但揮手讓擔架走開。

江澤民所看到的情況,以及他聽到的胡錦濤與自治區其他主管所匯報的情況,使他對西藏的局面多少放了點心,自然,對這位"駐藏大臣",他基本上還是點頭稱許的。

　　江澤民走後沒幾天就到了八一建軍節。胡錦濤謹記指示，仍然將防備動亂視作頭等大事，不敢絲毫懈怠，決定借建軍節來大揚軍威，"震懾分裂主義勢力"。於是從來只是文職官員的胡錦濤，也有生以來第一次檢閱駐藏軍隊。

　　這一天陽光耀眼，藍天白雲。兩千多名指戰員，組成二十二個方隊，連同二十多輛坦克，整整齊齊排列在西藏軍區廣場。胡錦濤、熱地、江村羅布和軍方負責人，分乘三輛敞篷車，檢閱部隊，並觀看了分列式。

　　一九九〇年，胡錦濤就這麼還算平穩地度過了。西藏的動亂，雖然弄得他焦頭爛額，但也正是由於從一九八九年三月八日零時起對拉薩戒嚴，強行壓下了藏獨的挑戰，贏得了一段時間的平靜；而北京震驚中外的"六四"慘案之後，拉薩反倒顯得風平浪靜，而且全球輿論的注意力轉移，更顯得拉薩的戒嚴小巫見大巫。算不得什麼了。

胡錦濤從西藏銷聲匿跡

　　胡錦濤終於也病倒了，同樣是"高原病"，不得不離開西藏，到成都和北京治療和休養。按說西藏的前幾任黨魁，沒有誰不病上幾遭、回北京至少是回成都治療、休養的。沒辦法，高原條件實在太惡劣。胡錦濤這次回京，西藏黨政主管們也見多不怪。

　　胡錦濤自己也沒有想到，居然一去就是一年多。從一九九一年元月二十八日，胡錦濤出席西藏自治區直屬機關第一次黨政工作會議，又於同日出席了自治區科技工作會議開幕式之後，就從西藏消聲匿跡了。

　　二月十一日，他在北京出現，與在京工作的藏族人士共慶藏曆新年，隨後，人們在公開場合就很難見到他的身影，只在中共中央機關刊物《求是》雜誌該年第十期上，讀到他與江村羅布和熱地，這西藏三巨頭合寫的長篇文章《黨的民族政策在西藏的偉大實踐》，總結統治西藏的經驗，紀念西藏"和平解放"四十周年。這篇文章，胡錦濤等人寫道：近年來西藏騷亂，"就是從帝國主義入侵西藏以來長期存在的分裂與反分裂鬥爭的繼續"。文中引用了鄧小平的話："有人想把西藏從中國大家庭中分裂出去，把西藏拿出去，我看他們沒有這個本事。"再次正式表態秉承鄧小平等中共政要對西藏的方針路線。

但是只見其文，不見其人。胡錦濤本人一直沒有露面。後來，十二月二十五日，在中國佛教協會西藏分會會長結巴堪蘇·倫珠陶凱治喪委員會名單中，人們又發現胡錦濤列名為主任委員——但這次除了在靈堂見到花圈的挽帶上署有"胡錦濤"之名外，人們仍然並沒有見到他的身影。

在這麼長的時間中，胡錦濤只在公開場合露過一次面，那就是一九九一年五月二十三日，他出席了北京市各界人士紀念西藏和平解放四十周年大會。

"西藏和平解放四十周年"這樣的大日子，總是為各方所矚目：中共要大張旗鼓地慶祝以證明其歷史決策的合理性和合法性，挑戰勢力也要針對這一日子否定其合理性和合法性。在拉薩，兩方面的活動都達到高潮，又一次矛盾激化：

從中國大陸官方報刊的公開報導方面看，五月二十三日，官方組織了數千人參加的紀念簽訂"和平解放西藏"《十七條協議》慶祝大會，當晚萬人大聯歡；還有報告會、學術討論會、圖書展、文物展、電影回顧展、攝影展；體委舉行"紅旗插上喜瑪拉雅山"象徵性萬人登山活動……

而中共的報刊上不會公開報導的則是：從三月份以來，西藏每天都要發生或大或小的反共示威，在衝突中導致一些人傷亡，幾千人被捕。報刊對這些雖然緘口不言，但偶爾也還是會透露出來一點社會風吹草動的蛛絲馬跡，例如《法制報》四月二十三日報導，拉薩一次出動五百多名警察，緝獲了二十把被盜手槍和一千發子彈。

而且，西藏畢竟與閉關鎖國的過去時代不同了，進進出出的人很多，也會將耳聞目睹的情況傳開來，更何況還有達蘭薩拉的西藏流亡政府的宣傳機器呢。一位從拉薩旅遊歸來者描述：三輛卡車，每輛載有二十八名手持步槍、配有輕機槍的士兵，在八角亭廣場上慢慢巡邏；七輛三輪摩托車載著手持衝鋒槍的武警，在街上穿梭；重裝備的鎮暴警察，部署在廣場四周；晚上十時開始宵禁，違者被拘留盤查……

"西藏和平解放四十周年"這樣的敏感關頭，"駐藏大臣"不在拉薩坐鎮，卻滯留京華，無論如何是啓人疑竇的，於黨於己，胡錦濤最起碼必須出席在北京召開的這次重要大會，不能缺席。

在這次會上，他自然成爲人們注視的焦點之一，人們注意到胡錦濤確實氣色不好，健康欠佳。

胡錦濤有病，這大概所言不虛，不像前述伍精華多半患的是"政治病"。但是，他是否就病得無法回青藏高原視事？除了病，還有沒有別的理由使他寧願在北京的鬧市裏蟄居？

一九九一年，整個中國的氣氛壓抑沉悶。中央一時也顧不上重新安排胡錦濤的工作，他就這麼休養著，讀書，思考。

胡錦濤仍然住在團中央分配給他的宿舍裏。左鄰右舍都是團中央昔日的同事，其中有的已經調到其他單位，有的還在團中央供職。鄰居們不時在門口、走廊上能夠見到胡錦濤，聊上幾句。有一次，他的一個老同學來看他，他吐露心跡說，他很想調回北京"幹本行"——當水利部長。又有一次，他對團中央一位相熟的幹部嘆了口氣說："反正，我聽中央的，要我到哪就去哪吧……"

　　當時似乎沒有什麼人會將胡錦濤當成自己仕途上的對手，同級幹部中，又有誰會羨慕"西藏高原王"這個苦差事呢？誰能想到，胡錦濤回京養病一年多，因禍得福，時來運轉？

第七章／火箭第二次起飛

（一九九二年）

●從權力遊戲看，是出乎意料的晉升；從代際交替看，是合乎邏輯的飛躍

改革號再次啓動

秋去冬來，轉眼間，胡錦濤過了他四十九歲生日，一九九二年來臨了。

元月七日，晨光熹微，寒風料峭。一列沒有標記、帶有八節綠色車廂的列車從北京火車站開出，直下南方：武昌、深圳、珠海和廣州。八十七歲的退休老人鄧小平在照例去上海過春節之前，要走訪經濟發展如火如荼的南方。鄧小平上一次到廣州還是一九八四年，正當他推動的經濟體制改革走向高潮之際。事過八年，他評論說："我現在甚至不認識這個地方了。"

前一年，紅色龐然大物蘇聯解體，對於本來就"各吹各的號、各走各的道"的"社會主義陣營"不啻一場超級地震。但是，讓世人困惑不解的是，與一九五六年匈牙利事件促使中國急劇轉向極權，一九六八年"布拉格之春"使中國更加擺足反修防修姿勢那兩次截然不同，這一次，眼看著蘇聯、東歐的共產黨政權如同多米諾骨牌稀裏嘩啦接連倒下，中南海卻鎮靜得若無其事，紋絲不動。

　　這應該歸功於鄧小平關於要沉著冷靜地看待國際格局大動盪的意見，在中共中央領導層佔了上風，主導了一九九一年十一月下旬舉行的十三屆八中全會。蘇聯的正式解體，是中共這次全會之後的一個月，即這一年十二月下旬，俄羅斯等十一國首腦在哈薩克首都阿拉木圖宣佈的，但是解體的進程，可以以同年的"八一九事件"的流產政變作為開端。八月二十四日，戈爾巴喬夫辭去蘇共中央總書記之職，建議蘇共中央"自行解散"；同日，民選的俄羅斯總統葉利欽宣佈俄境內共產黨停止活動；八月二十九日，蘇聯最高蘇維埃非常會議通過決議："暫時中止蘇聯共產黨在蘇聯全境的活動"……到中共這次全會舉行之時，正是蘇聯政局瞬息萬變，急轉直下之際。巨變來得太突然，讓參加這次全會的所有人都不由得手心捏了一把汗：蘇聯變色，國際博弈棋盤上風雲會如何變幻？從馬克思、列寧以降的無產階級的國家、政權、政黨學說通通破產，中國本來就怎麼也難以自圓其說的"四項基本原則"（"四個堅持"）更遇到根本性挑戰；還有隨之而來的中國與前蘇聯帳下諸國、與東歐"城頭變幻大王旗"的新政權關係會怎麼變化，這種變化給中國國內政治、經濟、文化帶來什麼影響……這已經夠讓人傷透腦筋了，而對這些黨政大員來說，最迫切、最現實的問號是：自己的地位和前途將會增添多少複雜的變數？

　　在當時，中央委員們當然還來不及細細深想，他們上京開會，從各個部門、各個省市來到中國政治信息的樞紐，更多地是忙著打探消息。對北方那個前超級大國的崩潰在即，中共這次全會故作鎮定，正式文件中隻字不提。儘管會上傳達了鄧小平等元老關於對國際形勢應把握的原則立場，也把中央對蘇聯、東歐驟變"實質"的分析判斷和初步預測，儘量向這些權大責重的中央委員、候補委員們吹風交底，給他們吃幾顆定心丸……但是會議公佈出來的議程，卻是審議通過《關於進一步加強農業和農村工作的決定》和《關於召開中國共產黨第十四次全國代表大會的決議》。只在全會公報中，弦外有音地重申經濟發展高於一切的決策。

與中共當局關係密切的香港《鏡報》後來評論道：鄧小平又一次成功地使企圖改變基本路線的黨內保守勢力的努力化爲泡影。

事過十年之後再來看，應該說，比起毛澤東在一九五六年和一九六八年的浪漫激情害慘了中國和中國人民，鄧小平這次所設定的現實主義原則對策，使中國和中國人民大大得益了。

對"蘇東波"的衝擊，中共中央全會公報可以避而不談，但卻是中國朝野無法閉眼不看的現實。北京的人們相信，中國一九九二年的政治氣候可能變暖，改革開放氣氛將再次解凍。這一預言不久就應驗了，而且，遠遠超出了人們的預料。

鄧小平在深圳、蛇口和珠海十天發表的訓誡，旨在掀起新一輪的經濟改革和發展的浪潮，這實際上既是要重新接續上因爲"六四"而中斷了兩年多的改革進程，也是對"蘇東波"變局提出一個更帶根本意義的回應方案。雖然他邊走邊講，邊看邊講，講的似乎很即興、很零碎、很帶"摸著石頭過河"的偶然色彩：應該在深圳和上海建立股票市場，經濟特區應該繼續享有特殊政策，廣東到二〇一〇年應該爭取加入"亞洲四小龍"的行列；他還再次斷言：中國應該警惕右，但我們主要應該防左……但鄧小平一再反覆強調的東西表明，他內心的思路是有基本成套的雛形的。

中國改革開放的總設計師，石破天驚，重新啓動了中國改革開放的沉重車輪。

鄧小平的專列駛離北京站以前，江澤民便得知這位元老的南行計劃。當時正在上海和江蘇視察的江澤民，和鄧小平的隨行人員密切保持聯繫，隨時掌握情況，同時，及時按照鄧小平的口徑來校正自己的調子。一月十八日鄧小平在武昌講了反對過多的會議和典禮，兩天後，江澤民便在江蘇鸚鵡學舌，告訴當地官員說，必須堅決削減不必要的會議，減少多餘的日常公共集會。江澤民還責成書記處準備一份有關減少國家領導人出席會議的文件，集中精力制定和實施新的經濟政策⋯⋯

江澤民不能不高度密切地關注海外媒體和評論家的猜測聯想。海外輿論一方面指出，鄧小平這次南巡之舉，富有戲劇性地模仿了毛澤東：一九七一年毛澤東打算搞掉林彪時，就是"視察大江南北"，發表一系列講話，"打草驚蛇"，"趕蛇出洞"。他們議論說，"南巡"看來成了中共領袖進行政治較量和權力爭鋒的出奇制勝的殺手；另一方面，海外媒體和評論家更多地聯想的是，整整五年前，鄧小平在即將召開中共十三大那一年的元月份，突然罷黜了親自選定的胡耀邦；一九九二年，恰恰又是中共要舉行五年一度的黨代會的年頭，莫非老鄧又要故伎重演，在黨代會前走馬換將？

兩種猜測聯想，對江澤民都不是好兆頭。

然而，按照加拿大學者兼記者杜林所著第一部英文江澤民傳記《懸崖上的虎》中的描述，鄧小平南巡，並非沖著江澤民來的，相反，卻是幫助江澤民反擊左派保守主義勢力的："九二年鄧小平向保守主義發出最後一擊，加速了江澤民掌控整體局勢的過程，使各方都感到出乎意料。"

鄧小平的矛頭所向和確切動機，目前尚無材料加以確認。筆者相信，至少，鄧小平對江澤民並沒有"撤換"的念頭——將親自選定的"天塌下來能頂著的長子"撤換，已經有過兩次了，事不過三，他已經不是撤換胡耀邦時的八十三歲，也不是撤換趙紫陽時的八十五歲，而是快八十八歲了——哪裏還有精力再去考察、甄別、培養、叮嚀一個新的"核心"？

不過，從他視察首都鋼鐵公司時，要北京市委書記陳希同等人帶話給黨中央負責人來看，他對中共第三代領導人在開放搞活的道路上謹小慎微、蝸行牛步，確實相當不滿。他要給執政的這批領導人加壓——如果說，江澤民是"懸崖上的虎"（他屬虎），鄧小平就要"敲山震虎" 而並不是如杜林所說，目的是為了幫助江澤民鞏固掌控。

江澤民在一九九二年三月初主持召開政治局會議。在會議開始，號召學習領會鄧小平講話時，他作了自我批評，這也可作為他認識到自己是鄧小平鋒芒所向之一的佐證。《鏡報》說："他承認在抓住時機推動改革和開放方面缺乏敏感性，反對左傾也不夠堅決。"

五月底，江澤民給政治局寫信，要求同事們進一步加深領會和堅決貫徹鄧小平的講話。整個一九九二年，他在大會小會、一個又一個講話中，不厭其煩地重申鄧小平的旨意。無疑，江澤民要化被動為主動。

鄧小平在南巡中還說：中央領導已經在位幾年，可以再執政十年後退休。杜林對此解釋說："這就給了江澤民一份權力通行證，可以統治中國一直到二〇〇二年黨的十六大。"

這固然不錯，但是不能忽視，鄧小平這句話實際上隱含了第二層意思：現在的中央領導也不是可以"萬歲"的，既然十年後要退休，那麼現在就要培養"接班人" 江澤民當權還只有兩年多，還未將總書記的座席坐熱，遠遠談不上權力穩固，鄧小平的眼睛卻盯住了讓他十年之後"退休"，不能不說行將就木的鄧小平實在是深謀遠慮：在十四大舉行前夕，已經籌劃十五大——屆時江澤民也過了古稀之年，在政壇上"上有老，下有小"，也該考慮"無產階級事業後繼有人"了。

鄧小平抵達深圳沒幾天，香港媒體便登了報。江澤民一月底回到北京時，鄧小平南巡剛剛結束，已經被稱作"春天的故事"，在中國成為公開的祕密。可是處在黨內左派控制下的新華社，直到南巡四十天之後，三月十一日才報導這一消息。

改革聲浪中再次露面

中共內部文件早就逐級傳達鄧小平南巡講話這一改革新福音。因病在家休息的胡錦濤，也聽到了這一傳達。

鄧小平一言既出，中國大陸沉悶空氣被打破，從上到下忙不迭地傳出了"改革"之聲。中國經濟突破了三年徘徊，突飛猛進，九一年時經濟增長率已經超過李鵬制定的百分之六的保守目標，九二年三月底在第七屆全國人大五次會議上，這一目標被修改爲百分之六點五，但上半年剛過，中國經濟學家已經預測，當年的經濟增長率可達到兩位數字——而最後公佈的數字令每一個人感到意外：經濟增長率達到百分之十三，外國投資上漲了百分之六十六，高達一百九十億美元。

好久未曾露面的胡錦濤，終於重新露面了。

三月份，在北京一年一度的人大會議上，西藏代表團舉行討論時，"駐藏大臣"胡錦濤來參加並發了言，媒體立即作了報導。胡錦濤倡議"加快改革"，聲稱"反對西藏獨立勢力取得進展，已爲進一步改革創造了條件"。說是趕浪頭也好，說是發自肺腑也好，總而言之，胡錦濤在這一波加快改革的聲浪中，總算不是完全無聲無息。

雖然露了面，身體也已逐漸恢復，但胡錦濤因爲心臟不適應青藏高原缺氧低氣壓的惡劣環境，中央正在慎重考慮他的去向，已經同意他不回西藏。不回西藏去哪兒？之所以遲遲沒有作決定，是因爲中央此時正忙於通盤謀劃秋後第十四次代表大會的人事佈局，對胡錦濤的安排使用，也要納入到這個全局中來；而又正因爲當時籌備中共十四大緊鑼密鼓，急需人手，於是中央命胡錦濤參加十四大的部分籌備工作，協助主管十四大人事的政治局常委宋平、中組部長呂楓，甄別審核中央委員、候補委員候選人。

胡錦濤每天夾起公文包到中共中央組織部上班了。他有了一個意外的機會。

元老們最後一次施加影響

一九二六年出生的江澤民，在一九八九年六四事件以後倉促上台。當時鄧小平發明了中共"核心"三代接班論：將開國時的領袖稱爲"第一代領導人"，毛澤東爲"核心"，這一代掌權達二十七年（一九四九年到一九七六年）；文革之後掌握權柄的領袖稱爲"第二代領導人"，自封"核心"，掌權達十五年（從一九七七年鄧小平復出到一九九二年鄧小平全退）；冊封江澤民等一幹最高官員爲"第三代領導人"，指定江澤民爲"核心"，到十四大前夕也已三年。

而更牽動中共元老的心的是，十四大很可能是他們能夠掌控、能夠施加影響力的最後一屆黨代會。自然規律不可抗拒，他們預感到五年之後的十五大，自己即便還"沒有去見馬克思"，很可能已經氣息奄奄，輾轉病榻。十五大又是二十世紀最後一次黨代會，從十五大到十六大，將跨越世紀。那麼也就是說，十五大的班子是"跨世紀領導人"，十五大的班子，十四大就要定出個眉目！

一般人的心理上，都重視逢五逢十這樣的紀念日，這種心理有時甚至到了走火入魔的地步。相傳當年的理查德·尼克松，之所以先縱容、後掩蓋手下"管子工"，深更半夜跑進民主黨總部那座水門大廈裝設竊聽器，其實也是這種心理作祟：他想戰勝競選對手，以總統的身份主持美國兩百周年國慶盛典。沒想到，"機關算盡太聰明，反誤了卿卿性命"（《紅樓夢》語），最後這個好運氣反倒落到了一個被歷史學家定評爲"平庸"的福特身上。

中共最重視象徵意義，對於二〇〇〇年這樣一個大日子，也就難免"千禧年情結"。跨世紀時誰當領袖，似乎就預兆著未來整個世紀中國的發展方向。"第二代領導人"們不能夠親自主持度過二〇〇〇年，那麼

279

就退而求其次：要選出自己信得過的人來主持。江澤民屆時已有七十四歲高齡，鄧小平、陳雲、李先念、彭真、宋平、薄一波等中共元老，當仁不讓地想得更遠一點，上窮碧落下黃泉，在各種幹部後備名單裏，翻揀搜尋江澤民的接班人。

十四大上的耀眼新星

中共十四次代表大會如期在一九九二年十月開場。代表進駐各賓館報到，領到厚厚的文件袋，一打開，就大出意外：大會的領導班子中，竟冒出一個年近知天命的胡錦濤：擔任十四大主席團第一副祕書長。

新華社在開幕時所播發的會議照片中，領導人單人照片並不太多，卻有兩張是關於胡錦濤的，分外引人注意：一張是他與胡啓立在一起，一張是他與李鵬在一起。在中共極講"名次學"的宣傳系統中，這兩張照片透露什麼玄機？如果說，前一張是爲了給"六四"後下台的政治局前常委胡啓立一個遭貶黜後重新亮相的機會，以表示江澤民寬宏大量"落實政策"，那麼，後一張呢？顯然說不通。

看來，這兩張照片透露信息的焦距，還是對準胡錦濤身上的──先讓老百姓熟悉一下他的形象，同時也含蓄表明胡錦濤能被各方面的人都接受。

代表們和海內外傳媒記者們有了預感：這位前團中央第一書記、前貴州省委書記、時任西藏自治區黨委書記，要福星高照了？在這次權力重組中，至少可以當上中央書記處候補書記吧；或者，他會更上層樓，被破格提升進中央政治局，當個候補委員？

即使有了預感，到最後十四屆第一次中央委員全會開完，中央領導機構選舉結果揭曉，還是使政治分析家、專欄評論家統統跌破眼鏡。

一九九二年十月十九日十一時，中共十四大新當選的政治局常委通過中央電視台的轉播，與億萬觀眾見面。胡錦濤，不僅成了中共中央書記處書記，也不僅是中央政治局委員，他一大步跨進了政治局的常委班子，雖然只是排在中共核心決策圈七人的末尾，畢竟是中國最高領導人之一了！

人事安排保險櫃裏的候選名單

每次中共黨代會，最高決策圈都會有出有進。出與進，既是根據年齡、身體等"自然規律"，更是根據權力較量的規律。

中共十四大前，人們分析推測：誰出誰進？

鄧小平在南巡講話中針對中央領導層說："要進一步找年輕人進班子。現在中央這個班子年齡還是大了點。……老年人容易固執，因此老年人也要有點自覺性，越老越不要最後犯錯誤，越老越要謙虛一點。"所謂"現在中央這個班子"，首先指的是政治局常委班子。六四以後調整的帶有臨時色彩的班子，是由六人組成：江澤民，李鵬，喬石，姚依林，宋平，李瑞環。總設計師只說要"進一步找年輕人進班子"，並沒有說要"老年人出班子"；但是，既然"年齡大了點"，這就暗示了：常委中年齡偏大的要首先自覺地"船到碼頭車到站"。

後來鄧小平又多次堅持：政治局常委要將年齡檔次拉開。

怎麼拉開法？

人們揣測鄧小平心中究竟有什麼樣的人事腹案：政治局常委中，江澤民是核心，不能動；李鵬牽涉到權力結構的平衡，不敢動；喬石傾向於改革，不願動；李瑞環是六四以後選上來的，鄧小平還一度考慮過讓他來接替趙紫陽呢，他傾向於改革派，被保守派攻擊得最厲害，何況其年齡是那一屆政治局常委班子中最年輕的，也不宜動。那麼"要將年齡檔次拉開"，顯然就只能動到姚依林和宋平兩位年齡最老的常委名下，請他們退位，再從年輕人中甄選了。年齡是政治上排斥異己的最佳藉口，此其謂也——所謂"最佳"，是因為年齡最公開，因而顯得最公平，政治對手最難以招架。

正好，在三月份學習貫徹鄧小平南巡講話的政治局會議上，曾經和李鵬一起起草國民經濟五年計劃的七十四歲保守派經濟沙皇姚依林，受到鄧小平講話的衝擊，以"身體不好"為由，提出辭去所有職務，解甲歸田。

選誰來取代？姚依林的接替者倒非常現成，而且正是鄧小平非常滿意的人選，他在首鋼講話中已經誇獎過了——那就是"最懂經濟"的朱鎔基。朱鎔基一九九一年四月從上海上調北京擔任副總理，已經在國務院系統將原來由姚依林負責的那一攤業務包攬下來了。但要宋平告老歸田，誰來接任？

如果胡錦濤此時還在西藏高原上與藏獨勢力和貧困落後面貌苦鬥，鄧小平等元老和第三代領導人們可能會挑選上誰？這是個有趣的問題。

胡錦濤有哪些競爭者？——"競爭者"這一提法未必準確：這些人都只是客觀上被作為"候選對象"而已，在他們那種層級，不可能像縣團級以下的官員那樣去主動積極地"跑官要官"，只能暗中較勁，希望能得到最高決策者的青睞，表面上還得作出事不關己的架勢。

搜集海外報刊當時的推測，胡錦濤的競爭者，可以列出丁關根、王兆國、陳希同、溫家寶、羅幹、李嵐清、吳邦國、曾慶紅。

陳希同，時任第十三屆中央委員，相當於副總理級的國務委員，北京市長；而且盡人皆知，他要接替李錫銘，當北京市委書記——按照慣例，進政治局是篤定的了。六四中他是著名的強硬派，作用突出，這在保守派老人眼中頗為得分；他在改革上頗有魄力，也頗有建樹，很得鄧小平歡心。但是他作爲北京幫的幫主，對江澤民又不服氣、不買賬，如果真要進了常委班子，恐怕江核心對他就難以駕馭，弄得不好還要爲他所製了──好，年齡是個卡住他的好理由，他已經六十二歲，進常委班子，並不能體現鄧小平要求的"拉開年齡檔次"。

李嵐清，時任第十三屆中央候補委員，外經部長，國務院經貿辦副主任，而且內定次年要安排擔任國務院副總理。他是個懂現代商品經濟、懂國際貿易的官員，但問題是：國務院在最高決策圈的代表已經有李鵬和朱鎔基兩人了，又總不能讓李嵐清去管黨組織人事吧，那就十足是揚短避長了。

丁關根，此時六十三歲，當時任中央政治局候補委員，書記處書記，中央統戰部部長。他當過人大常委會副祕書長，鐵道部長，又由於是鄧小平橋牌搭檔，老一輩對他非常熟悉。如果他進政治局常委，從台階上看比較順理成章。但他的鄧系色彩太濃，或許這一點反而成爲他的不利因素：鄧並不希望給人在政治局常委班子中，安插自己嫡系，牽制第三代核心的印象。再說，宋平也未必覺得丁關根適合接替自己。更關鍵的是，他與陳希同情況相似：與時年六十四歲的李鵬和朱鎔基等相比，年齡小不了一兩歲，比五十八歲的李瑞環，還大上五歲；讓他上，不符合鄧小平所說的"拉開年齡差距"的意圖。

鄧小平說要"找年輕人進班子"，再看看"年輕人"。當然，在中共元老的辭典裏，"年輕人"是別有內涵的：未滿花甲者，就是"年輕人"。

羅幹，當時五十七歲（一九三五年出生），時任十三大中央委員，國務院祕書長。從他的資歷看，相當全面，稱得上十全十美響當當：在省裏任過主管（當過河南省副省長，省委書記）；領導過"群衆團體"（當過全國總工會副主席和書記處書記）；當過國務院勞動部長，具有雄厚的專業背景，他曾經留學東德，有高級工程師職稱，當過科研所負責人和專業協會負責人，主持過稀土金屬等課題研究；他對於黨務也不陌生，從一九八九年起就擔任中共國家機關工作委員會書記。此外，他的兼職五花八門，從編制、婦女兒童工作協調、引進國外智力，到清理整頓公司、職稱改革、救災等等，都掛有頭銜——相信他如果要印名片的話，恐怕得比別人的大上五倍才寫得下。這麼一個千好萬好的人，唯獨有一條沒有解決好：跟錯了人——他被視作李鵬線上的人。考慮到未來第三代核心的力量平衡，羅幹只好不上了。不過，按說他可以進十四屆政治局的，後來卻沒有能進。

吳邦國，我們在第二章介紹過，他與胡錦濤都是清華校友；他們還是同鄉，都是安徽人。他當時任十三屆候補委員，上海市委書記。人們一般預料，在十四大上他會以上海一把手身份進政治局，就像陳希同一樣。吳邦國最大的不利，是從來沒有離開上海，這樣，一來使他的資歷顯得單一，二來在鄧小平南巡之後，江澤民的地位空前虛弱，哪裏還敢提出這麼一個建議讓人感覺他又在擴充"上海幫"勢力！

王兆國，十二屆、十三屆中央委員，中共中央和國務院兩個對台辦公室的主任。如前面所說過的，他的權力基礎比較單薄，團派色彩過濃，在中辦主任崗位上得罪人也較多；況且前一段上得太高，招人物議，又跌為省和部門的主管。據傳後來在福建時與搭檔陳光毅相處也不很融洽，這樣在中央老一輩人中間並沒有多少基礎。何況如果再重新一把提得高高，大下大上，在黨內引起的震動太大。

江澤民內心裏一定希望將曾慶紅提拔上來。但他只敢在心裏想，絕對不敢在老鄧面前說出口。在被江澤民帶到中央來任中央辦公廳副主任、後真除為主任之前，曾慶紅是上海市委副書記，級別也不算低，能力在江澤民眼中更是一等一的高強。但他是中共元老、曾任內務部長曾山的兒子，算是高幹子弟，如果真要提拔他進最高決策圈，反而要多一層顧慮；再則屬於江核心人馬的色彩過濃，江有此意，必然遭至李鵬、喬石等人的激烈反對，而鄧小平、陳雲等元老們看來，也一定視之為打破權力平衡之舉，黨內上下引起的反彈可能使江澤民招架不住。事實上，他連安排曾慶紅進中央委員會都不敢。而將曾放在中辦主任位置上，其實這對江澤民而言，倒是十分實惠。

與上述所有人比較起來，溫家寶倒是一個最合適的人選，與有關各派關係都相當好。對於黨組織的管理和職能轉變也有見解，而且，他也是宋平在甘肅時提起來的後備幹部，宋平對他是能夠接受的。不過比起來，他比胡錦濤有兩點不及：第一未當過地方諸侯（只是在甘肅省地質局當過副局長），第二在趙紫陽當總書記時，看起來他跟隨趙跟得較緊，在中共十三大上曾經發表對政治體制改革的見解，強調黨要管黨，多少有點趙紫陽的痕跡。人們未必能抓住什麼把柄，擺不到台面上來，但心裏總有點"那個"。儘管鄧小平曾經高度讚譽溫家寶說："溫家寶主任黨性強，不會隨風倒，工作有魄力，領導能力強，很多文件起草後，不用怎樣修改就行了。"但這句話大概只能抵銷那種要把他拉下來的壓力，卻還不足以將他往上提升。

比去比來，胡錦濤就"雀屏中選"了。

胡錦濤晉升的黑箱作業

國內還盛傳一種說法：當時的為數不超過十人的最高決策圈，用了一個更簡單的辦法來縮小遴選範圍：這些"第三梯隊"成員，既然能坐到省部委一把手的座椅上，幹部"四化"中的前"三化"（革命化，知識化，專業化）就都夠了格，也都難分伯仲了，那麼只看"年輕化"就行了，劃定一個年齡段來作篩選的限定條件吧。他們以五十歲畫線，五十歲以下的，只有三個人：溫家寶，王兆國，胡錦濤。權衡三人，胡錦濤就出線了。

　　這種說法，看來也未必可信。例如，王兆國是一九四一年生人，到十四大前夕挑選班子時，天命之年已過。

　　另外一種說法，倒是值得在這裏詳細介紹一下。

　　要從離題甚遠的"天府之國"說起。十四大之前，中共最高決策層打算對四川省的班子作一番大調整。當時的省委書記是楊汝岱，作為中國最大省份的一把手，他還是政治局委員。中央擬讓他退下，次年進人大當副委員長；

　　當時的四川省長是年已花甲的張皓若，清華化工系畢業的高級工程師，在這個位置上已經坐了四年。張皓若與其兩個哥哥——全國人大常委會法制工作委員會副祕書長張昕若，天津市副市長張昭若，雖然曾被列入"太子黨"的名錄，但他們擔任過煤炭管理總局副局長、河南省交通廳廳長的父親張仲魯，基本上卻是一個留過洋的知識分子，被劃成"右派"，"文革"初期遭批鬥含冤去世。張皓若很早就提出必須落實國營企業的自主權，按照"三資企業"的辦法，促使企業走向市場，形成適應市場競爭的企業體制。鄧小平南巡之後，張皓若將四川省劃為八大經濟區域，放手讓他們根據各自的特點進行建設，而不是全省一刀切，這在中國各省中尚屬首創。海內外輿論都看好他的政治前途，中央擬將他上調京華，進中央委員會，擔任國務院權力甚大的生產辦公室的副主任——這個辦公室將由從吉林省長任上調來的王忠禹領導。

　　楊汝岱和張皓若空出的位置，中央的腹案是：讓當了八年重慶市長、時任省委副書記的蕭秧為省委書記，時任省委副書記謝世傑接任省長。

　　鄧小平、趙紫陽打算重用蕭秧，盤算已久。蕭秧原名陳崢，閬中縣人，他也是"清華幫"，四十年代後期在清華電機系和建築系學習，一九四七年秋加入中國共產黨，擔任過中共中央華北局城市工作部幹事、北京玻璃廠軍代表、廠長等職務，還到民主德國硅酸鹽研究院進修研究過。一九五六年回國，很長時間在北京玻璃總廠擔任黨委書記、廠長。一九七六年九月"文革"結束前夕，調到國務院任第九辦公室領導小組組長，後來參加了毛主席紀念堂的建設，擔任水晶棺組副組長——大概是根據其主管玻璃企業的資歷吧。一九七七年秋他擔任北京市經委副主任、對外經濟貿易委員會常務副主任，很受鄧小平、趙紫陽、尤其是萬里等人青睞，八十年代中期，他被調去擔任中共重慶市委副書記兼市長，一九九二年任中共四川省委副書記。中央有意讓他接替楊汝岱，在十四大上進政治局。

然而，人們卻沒有想到，張皓若不知出於何種考慮，不肯接受中央對他的安排，去國務院擔任生產辦公室副主任。這就差點打亂了中央在四川的全部棋局，張皓若這個棋子不挪動，後面的棋子都沒法就位。張皓若這樣"不顧大局"，不服調遣，造成中央人事安排的被動，使得元老們非常惱火。據知悉內情的人說，薄一波大為震怒，強硬下令張皓若必須出四川，聽也得走，不聽也得走！胳膊當然擰不過大腿，張皓若先暫時到了馬上就要裁撤的輕工業部搞搞調研，次年三月才安排到新組建的由原物資部和商業部合併而成的國內貿易部當部長。他敬酒不吃吃罰酒，中央委員自然黃了，十四大上只勉強安排為中央候補委員。

不過，張皓若雖然被強行搬開，中央的佈局仍然沒有實現：蕭秧很快就要被大提拔的陣勢，在十四大上引起了代表反彈，在中央委員的差額選舉中，竟然不爭氣沒能被選入中央委員會，與張皓若一樣只當上了一個候補委員。這下，當然沒有辦法安排為四川省委書記了，更沒有辦法進政治局。次年二月，中央安排他當四川省長。

資深中國問題專家何頻後來在《"十四大"人事佈局透視》一文中寫道：

"兩名頗具改革思想，而且成績顯著的重慶市委書記蕭秧和青島市市長俞正聲，未能如鄧小平、萬里所願進入政治局或書記處，只被選上中央候補委員。""蕭秧,是萬里所賞識的人之一,已主持中共第一個綜合改革城市——重慶市有數年之久,他原本內定接替爲代表四川的楊汝岱進入政治局,未料竟成了中央候補委員最後一名。究其原因,是蕭秧長期與四川省委、四川省政府負責人不和,結果四川代表內部反對蕭秧入局,寧願四川這個人口逾億人的最大省不在政治局佔一席。"何頻也提到張皓若令人詫異,分析說"由於對三峽工程的上馬持保留態度,使他在十四大上出乎意料未成爲中央委員"。

四川省的人事佈局風波,給中央有權拍板的元老們強烈的震撼。這時有人說:"要提拔幹部就要提拔黨性堅強、服從指揮的,就要培養胡錦濤這樣黨叫幹啥就幹啥的。要好好煞一下向黨討價還價的歪風!"胡錦濤在中央需要人到貴州、到西藏時,服從組織安排,不說二話,不叫困難,這在中共的這些高級幹部中,也並不多見,大得元老歡心。

恩師又是老上級宋平

究竟爲什麼胡錦濤在眾多競爭者中能出人頭地,中共並沒有拿出讓眾人口服心服的理由。在十四大及隨後舉行的十四屆一中全會上,中央只反覆宣講了爲什麼認爲胡錦濤優秀、合格,卻沒有講爲什麼認爲胡錦濤比別人更優秀、更合格,甚至是所有接班人中最優秀、最合格——人們也只好很自然地將之簡單歸結爲元老青眼有加,幕後操盤,黑箱作業。

坊間出現多種傳言,將胡錦濤仕途上所有扯得上的靠山都算進去,例如,有傳言甚至說宋平以提拔胡錦濤接班來作爲自己告老歸田的交換條件。據北京比較知悉內情的人士說,重用胡錦濤的主意,最早是宋平和喬石兩人在政治局常委會上率先提出的。此後,宋平曾向薄一波等老人作了遊說——因爲薄一波頭腦中還有個團中央時期由何光燁等人打小報告而形成的對胡錦濤的成見。胡錦濤下去當省委一把手，尤其是駐守西藏高原，他說不出什麼來，但是要提升嘛，他就得好好想想了，而要進入中央最高決策層，成爲下一代領導核心——更要慎重地爲黨把一把關了。

宋平此人在老一輩革命家中頗有口碑，曾有元老稱讚他“黨性很強”。這個評語，包含有兩層意思，一是說他兩袖清風，爲人正直，人品上相當具有“無產階級革命本色”。據何頻、高新在其《高幹檔案》一書中介紹：“許多省市自治區負責給中央高層進貢的幹部，都反映宋平的家是最難進的，凡是上門送禮者，都被宋平夫婦趕出門去，從不留半點情面。宋平夫婦對後代教育也十分嚴格，在他擔任甘肅省第一書記期間，他在電視台工作的兒子每天都是單位最早上班的，待他打掃完辦公室的衛生以後，同事們才陸續趕到。”

這本來是十分可敬的品格，但是“黨性很強”的評語還有第二層意思，稱讚他的元老是作爲優點提出，但是在一般人看來則未必是優點，抵銷了他受人敬重的一面，即：他的政治思想十分僵化，謹守馬列主義毛澤東思想的教條，對資產階級自由化“和平演變”警惕性甚高，與中共黨內思想開明人士也就格格不入。

也正是因爲這一點，當宋平稱讚誰、要提拔誰，第一，不會被人猜忌爲拉幫結派，加高自己的山頭，而會看成是從黨的利益、革命大局出發；第二，被稱讚者一定是搞“四項基本原則”的，政治可靠。

宋平對薄一波解釋，當年胡錦濤在團中央與何光煒等人的矛盾，現在看來主要是比較年輕的同志在工作中產生了一些不同看法，摻雜了些意氣之爭，沒有什麼原則分歧，胡錦濤這個年輕人是可以信任的。看來宋平的看法還是非常管用的，薄一波果然後來沒有在胡錦濤的晉升、使用上說什麼。

鄧小平一錘定音

就連薄一波也不會否認，胡錦濤確有穩重周全、求實幹練的長處；他不是中共高幹或烈士子弟，反倒使他更容易爲各方接受；他的"共青團派"淵源，恰巧暗合江核心抑趙（紫陽）揚胡（耀邦）的機心；他應付各位元老得體，沒有樹敵，晉升也就不致打亂原有的權力格局；而他有清華工程技術學歷和背景，從政後當過團中央一把手和兩方地方諸侯，資歷和經驗比較齊全……

所有這些，使胡錦濤在政壇台階步步高升，會被人視作理所當然，不至於出乎意料；但卻沒法解釋他這一次的特大躍進：非比按步就班晉級，不是進書記處，不是進政治局，而是在同代明星中脫穎而出，成爲"六人之下億人之上"！

胡錦濤最爲不利的，是年輕了一些，諸侯資歷略嫌不夠：六年來他統管的都是邊遠窮困省區，也是商品經濟最不發達的省區；而他在黔藏兩地並沒有拿出出色的政績，充其量只是做到了穩定局面，卻未能做到騰飛和突破——中國現在最走紅、在經濟上最財大氣粗的東部沿海諸省，對他怎麼會服氣呢。

不過，這條缺陷，也可以從另一個角度解釋爲優點：江澤民、朱鎔基都是來自最富裕發達的上海，那麼政治局常委班子中有從西部落後地區來的，倒可以更具廣泛代表性，形成制衡，減輕傾斜之感。

可以相信，儘管胡錦濤被選中，主要是鄧小平等"第二代領導人"青眼有加，但是畢竟此人要接的是"第三代領導人"的班，那麼他至少不能是一個爲"第三代領導人"所排斥的人選。在江澤民任核心的這個常委班子中，在胡錦濤晉升上，除了即將退出歷史舞台的宋平極力推薦胡錦濤接替自己外，發言權較大的，主要是江澤民、李鵬、喬石。江、李本來各有自己中意的人選（江澤民更倚重曾慶紅，而李鵬則更賞識羅幹），但是因為前述原因，不願打破原有的權力格局，那麼胡錦濤就成為唯一能接受的人選，而且胡錦濤越是年輕、根基不牢、處於弱勢，對他們來講就越是合意；喬石對胡錦濤本來就相當熟悉，八十年代初期在喬石擔任中組部部長，胡錦濤擔任團中央書記時，就打過很多次交道，後來胡錦濤於一九八五年由候補中央委員轉為正式委員，也得虧喬石的拉拔之力。胡錦濤進入常委班子，喬石不會搖頭。

北京傳得有鼻子有眼的一段故事說：鄧小平找江澤民去談十四屆領導班子，問對胡錦濤怎麼安排。江澤民說，他的身體不適應西藏高原氣候，可以安排到水利部當部長。

鄧小平一聽大笑：太小了吧！這個年輕人，一是有人品，對胡耀邦有情有義；二是有原則，對西藏分裂活動不手軟；三是有經驗，幹過基層工作，作過團的工作，當過貴州和西藏的一把手；四是熟悉西部，長期在西部工作；五是年輕，不到五十歲。（參見《星島日報》二〇〇二年五月六日Ａ二〇版）

這段故事很有演義的色彩，即使是"小說家言"，創作者也應該說揣摩了在政壇上三起三落、見慣冷暖炎涼的鄧小平的思想和性格。當年鄧小平看中頂住了"批鄧"的王兆國，與其說是因為王兆國忠於鄧的路線贏得他的歡心，不如說他憎惡"墻倒眾人推"的小人嘴臉，於是便誤以為王是不肯隨波逐流，舉動難能可貴。他沒有想到自己會看走眼，王兆國在胡耀邦問題上的表演讓他非常失望，相形之下，胡錦濤不肯跟風批判胡耀邦，自然也會讓他印象深刻。

舉足輕重的九鼎一言，應該就是鄧小平那句話了："我看胡錦濤這個人很不錯。"這就最後拍板定案：宋平下，胡錦濤頂替。

胡錦濤是男是女？

　　說去說來，胡錦濤一步登天，確實有很大偶然性：他因為高原反應回京養病，才碰巧參加協助籌備十四大，得以與眾多高層政要增多接觸，與中央各方面打了很多交道，給他們留下了良好印象。提出名單之後，徵求意見時各位元老沒有更多反彈。

　　在十四大與"楊家將垮台"並列為兩大"驚奇"的"胡錦濤爆冷"，就這麼奇跡般地實現。一個稱病回京的青藏高原封疆大吏，突然三級跳，直躍進中南海的大紅門，名列七人排尾。如果說十年前的一九八二年，他從甘肅調到北京擔任團中央書記處常務書記是火箭式晉升，那麼這一回，就是火箭的第二次起飛了。

　　胡錦濤這匹黑馬出線，讓多少所謂專家出乎意料之外，從一件事可見一斑：

　　在十四大之前海外報刊上連篇累牘分析這屆大會政策走向和人事佈局的文章中，除了香港《明報》"引述北京消息來源指出，胡錦濤已內定進入常委會，並將接替宋平掌管中央組織部"，這條消息後來為台灣的《中國時報》所引用之外，評論家們、政治分析家們都幾乎沒有注意到胡錦濤。台灣專門搜集分析整理中共政情的月刊《中共研究》，一九九二年十月十五日出版的第二十六卷第十期，發表了署名"龍飛"的長文《對中共選拔培養"跨世紀接班人"之研析》，列舉了很多活躍於中共政壇的新星，卻一個字也未提到胡錦濤！

　　後來廣為人知的一個輕鬆小插曲，從側面印證了胡錦濤在冒升為黨中央常委之前，在中國大陸的知名度是何等有限：

　　一九九二年十月十九日，在十四大結束之際的第一次記者招待會上，江澤民率領新出爐的中央政治局常委出場亮相，一一介紹。當最後介紹到胡錦濤時，他說：這個年輕人只有四十九歲。翻譯剛剛將這段話翻譯成英語，會場內六百多中外及港澳台記者爆發出哄堂大笑。原來，外交部來的翻譯馬雪松，竟將"年輕人"翻譯成了"Young women"（女青年）。江澤民抓住機會來顯示自己英語水平，用英語糾正了翻譯的口誤，沒想到這個翻譯用英語重覆江澤民的糾正，卻仍然將"年輕人"翻成了"Young women"！

馬雪松後來解釋說："我當時根本沒看見胡錦濤長得啥樣，隱隱約約將他當成了與他同時在團中央任書記的劉延東。"

東方與西方都在改朝換代

胡錦濤進入中國政壇最高決策圈的九十年代初，新老交替的浪潮席捲了全球各國政壇，從東方到西方，到處都讓我們看到"改朝換代"：

一九九O年，英國連任三屆首相、六十五歲的"鐵娘子"瑪格麗特·撒切爾夫人，幫助四十七歲的約翰·梅傑，接任首相；沒過幾年，一九九六年，英國內閣又進一步年輕化：四十三歲的托尼·布萊爾擊敗了競選連任的梅傑，推開了倫敦唐寧街十號的大門；

一九九二年，美國四十六歲的比爾·柯林頓在競選中戰勝了比他大一輩、競選連任的七十二歲的總統喬治·布什，取得了白宮的鑰匙；其副總統阿爾伯特·高爾，其時年僅四十四歲；

一九九五年，法國政壇上的中年人希拉克，在大選中戰勝對手，取代了七十八歲、身患癌症的老總統密特朗；

日本那幾年的內閣如同走馬燈一般更換頻繁，首相姓甚名誰，讓人簡直弄不清、記不住，但是，不論是海部俊樹、橋本龍太郎，還是小淵惠三、小泉純一郎，都屬於政壇上的"小字輩"；而裕仁天皇，也於一九九三年去世，明仁天皇繼位；

就連世界上公認為最封閉的國家北朝鮮，統治了四十多年的金日成，也撒手西歸，由其兒子金正日接掌權柄。

當然，國情不同，政情不同，權力交接的情況也不同：有的是自然繼位，有的是競選獲捷，有的是政變上台……第二次世界大戰結束以後軍人復員成家，生育率急劇上升，形成所謂"嬰兒潮"（Baby Boom）。他們到了二十世紀九十年代，成長爲社會中堅，理所當然地要求政治權力。於是，屬於第二次世界大戰這一輩的人物，像布什總統、密特朗乃至裕仁天皇，都得退出歷史舞台了。權力之棒成批地由年長者轉移到年輕者手裏，甚至是轉移到年輕整整一代的晚輩手裏。

而中國，五十歲的胡錦濤，還居然被人看作"小字輩"，一下越過了多少年齡比他大，資歷比他深、官階比他高的人。胡錦濤必須很快地習慣他這種"六人之下，億人之上"，甚至在國家副主席榮毅仁之上，在他昔日的頂頭上司王兆國之上的角色。

分工抓黨務是中看不中用？

胡錦濤一下越過了多少年齡比他大，資歷比他深、官階比他高的人。胡錦濤必須很快地習慣他這種"六人之下，億人之上"，甚至在國家副主席榮毅仁之上，在他昔日的頂頭上司王兆國之上的角色。

中央很快公佈了政治局常委分工："第三代核心"總書記江澤民，全面負責；李鵬和朱鎔基主管國務院，其中朱鎔基側重抓經濟；喬石管人大，李瑞環管政協；劉華清抓軍隊，剩下"老七"胡錦濤，管黨務——這正是宋平以前所管的那一攤。

分工專抓黨務，這乍看起來是實權在握：中國大陸實行的是共產黨的絕對領導，"黨政軍民學，東西南北中，黨是領導一切的。"毛澤東曾經說過中國傳統社會中有神權、君權、族權和夫權四條繩索，而現在中國，取代這四條繩索的則是無所不包、無微不至、無遠弗屆的黨權的羅網。胡錦濤正是黨權的主管：中共的組織發展、管理，黨員、黨幹的升降進退、素質提高，黨紀的執行，黨風的整頓……全都由他來一把抓。這是中共黨內許多人垂涎已久的崗位，宋平之所以要將這個職位交給胡錦濤才放心解甲歸田，也就是這個職位在他看來關係到中共組織的生死存亡。

然而，這是只知其一，不知其二。中共黨內管黨的這一崗位已經今非昔比，這有兩條原因。第一，隨著中共十一屆三中全會確認的戰略重心轉移到經濟建設，隨著改革開放的不斷深化，中國大陸的經濟體制和社會運轉機制已經有了深刻變動。每一次變動，都是對原有的"黨統管一切"權力結構的一次衝擊和改組——就拿企業內部黨政分工、實行廠長（經理）負責制來說，就使經濟實體內的主導實權由黨委轉到了行政主管手裏；而中央向地方放權，又進一步削弱了中央黨權；現在黨內黨外實行政治體制改革的呼聲愈來愈強烈，可以想見，現有的"黨領導一切"地位更是岌岌可危，使黨權越來越成為一個空殼：黨能夠號令天下臣服，能夠調動千軍萬馬的手段日益弱化：經濟？行政？法律？都越來越不在黨組織手裏。能使用的手段只有組織手段，但對於不是黨員的人，或者雖是黨員但不把黨票放在心上的人，可奈之何？

第二，隨著社會轉型，商品經濟發展，價值觀念大錯動，而約束手段大鬆弛，執政黨的黨風敗壞，是最觸目驚心的現實。陳雲沉重萬分地斷言黨風問題關係到黨的生死存亡，成為被人們一再引用的"警世恆言"，無人不承認確實千真萬確，但就是無法起衰除弊——因為黨風敗壞，根源是由中共─黨專制引起。一黨專制不改變，無法起動自我更新機制和社會監督機制，黨風怎麼扭轉得了？這就像一個人拿起了手術刀，他要切掉的正是自己拿刀的那隻手！

七十年代後期開始，中共年復一年制定各種"準則""規定"，年復一年成立和加強各種整頓黨紀黨風的機構和專項臨時機構；一九八三年，中共發起整黨，後來又多次搞起規模較小的類似運動，但收效甚微。黨內的利益集團盤根錯節，上下連手，貪贓枉法。在這種情況下，誰要是管黨，誰就對整頓扭轉黨風直接擔起了責任——但是誰又有這樣的魄力、勇氣和智慧，改變由體制決定的嚴重局面？

那麼，胡錦濤管黨，讓他管好了——"黨風好轉"，其成果可以被歸為改革開放大獲成功，也可以被歸為以法治國收到成效，而他這個黨務主管未必落得了好，未必敢將功勞歸到自己頭上；管壞了——"黨風敗壞"，一旦需要找替罪羊時，牆倒眾人推，同僚和下級官員都會歸咎於管黨不力，將責任都堆到他頭上。十四屆中央的任期五年過去了，十五屆中央的任期五年也過去了，十年的事實證明，胡錦濤和他的同僚、手下，已經使出了九牛二虎之力，可中共黨風不僅沒有絲毫好轉，反而每況愈下！

這麼說，胡錦濤被放在這個位置上，對江澤民這個核心來說，是在無論哪種情況下都能駕馭局面，穩操勝券；而對胡錦濤自己來說未得其利、先受其苦？

卻又不然。只說到這一層，又是只知其二，不知其三。

主管黨務，不能只看眼前不看長遠。雖則不如抓經濟那麼立竿見影，但是只要共產黨一黨專制的統治結構不改變，管黨務就還是一個實權在握的關鍵崗位。不論是"改革派""民主派"還是"保守派"，不論"上海幫""北京幫"還是"山東幫"，不論是主張全面更新黨的體制和機制，給黨重新定位的勢力，還是鼓吹完全恢復黨的傳統角色的派別，要想實現自己的目標，都得集結隊伍，在權力結構中取得儘可能大的份額——得讓他們信得過的人上來。而要做到這一點，首先就得過胡錦濤這一關。從某種意義上說，不是由別人，而正是由胡錦濤，決定中共未來一二十年的面貌。而從他個人來講，這也是不折不扣的增強個人凝聚力、擴大自己領導基礎的機會。

幾乎就在胡錦濤當選之次日，他就以新的身份在公眾面前亮相、處理公務了。從公開報導看，這些公務的範圍雖廣，從會見法國共產黨代表團，到會見優秀科技人員、發展中國航天事業功臣；從代表黨中央出席全國總工會十一屆五次執委會、會見共青團十二屆五中全會代表並講話，到出席授予警衛儀式……卻都是不具有多少實質性的禮儀活動。這些活動，更好像只是中共最高當權者急於安排他到各個場合，讓各色人等看清他，以及他手中那一柄嶄新的權杖。

第八章／高處不勝寒
（一九九二──一九九七）

●他在推動黨的改造，黨也在改造他──人們說他成熟了，這是讚揚，還是批評？

政績如何難打分

如果說，胡錦濤剛剛當上中央政治局常委、書記處書記，人們難以辨清這位中南海的"新鮮人"究竟是何方神聖，何種路數；那麼，在風詭雲譎的政壇打滾了五個春秋，直到十五大舉行，人們回憶他究竟給外界留下什麼印象，如何給他的政績打分，卻發現仍舊一片茫然。

一九九六年初，香港《爭鳴》雜誌傳出胡錦濤"高處不勝寒"，三次萌生激流勇退之意，向政治局提出辭職請求。一般到了這種高位，"卒子過河只能拼命向前"，不過萌生退意，倒也不完全斥之空穴來風。可以設想，他這五年處境非常為難。

為難來自三方面。第一，他是被"太上皇"所指定的當今聖上的"王儲"，那麼，在太上皇還健在，還對政壇有著不容小覷的影響力，又與第三代領導集團未必契合無間，要想在前兩代領導集團之間兩頭落好，就是一件極傷神的事。

第二，第三代領導集團的成員眾多，並不是僅僅一位"核心"江澤民而已，這位"核心"與其他成員之間存在著種種分歧矛盾，自己在高層決策圈毫無根基，親誰疏誰，分寸甚難拿捏得準。

就說他與江澤民和喬石的關係吧。江澤民以前與他八杆子打不著，喬石卻屢有提攜拉拔之恩。但是偏偏自己分工管黨務，這就難辦了。管黨務，而黨內腐敗之勢愈演愈烈，大案要案一再發生；作為人大常委會委員長的喬石，提出要加強立法，加強監督，來根治腐敗，依胡錦濤之聰明，不可能不體會到其思路之有理；依胡錦濤之聰明，也不會不知道喬石這一主張"一箭雙雕"的另一"雕"是什麼。他作為管黨務者，只能強調"黨要管黨"、"黨管幹部"，進行思想教育……之類。這就不能不落入江澤民的"講政治"的窠臼，而與講"法制"的喬石漸行漸遠。

第三，同輩競爭者甚多，人人都是過五關斬六將才到達今天的地位，各有各的高招絕活，又都各有後台靠山，自己僅憑欽定而佔據高位，他們不服氣是可以料定的，借故發難，也不是不可能發生的。要在他們面前樹立權威，又要與他們融洽感情；要給他們嘗到甜頭，又要與他們保持差距；要開始在他們中挑選和培植信得過的班底，為將來掌權未雨綢繆，又不能讓第三代領導集團抓到把柄，產生疑忌。

難矣哉！

身為最高決策圈的成員，自是今非昔比。總的來說，這五年中他的曝光率雖然在常委同仁中還是最低，但官方電視和報刊等媒體關於胡錦濤報導的數量急劇增多，在中央報刊和電視上露臉的次數，一個月就超過當政治局常委之前一年的總和。

但是這並不能減輕我們研究胡錦濤的難度：這些報導要麼浮光掠影，要麼八股套話連篇，使胡錦濤反而常常成為一個傳聲筒般的模糊影子。

這幾年他被安排了好幾件露臉之事：

同意陳希同"引咎辭職"、尉健行取而代之，是胡錦濤代表中央到北京市開黨政幹部會宣佈；

　　十五大籌備班子，政治局指定由胡錦濤掛帥牽頭；各省、自治區、直轄市領導班子調整，是由胡錦濤具體負責；

　　一九九五年陳雲辭世、一九九七年鄧小平辭世、同年彭真辭世，代表黨中央出面爲這些元老的後事負責張羅的，主要是胡錦濤，尤其是陪同鄧的家屬，將鄧氏骨灰一直送上飛機撒到海洋，也是胡錦濤……

　　不過這些事，除了摧垮以陳希同爲幫主的"北京幫"一事，其它都只是表面"功夫"。在他當上十四屆政治局常委的五年，中共黨內外、國內外，算得上多事之秋，其他人好歹都有幾把自己的刷子，江澤民，有"講政治""江八條"等等；朱鎔基有"宏觀調控"；喬石幾年來一而再再而三反覆強調"法治"……而胡錦濤擁有什麼主張的首創權，獲得什麼打下個人印記的成果？

　　考察幹部，主要要看實際政績。任全國政協主席的李瑞環曾經多次提醒這一點，顯然有針對性。要說"實際政績"，乍看起來，胡錦濤很難交出一張令人滿意的答卷。

　　摧垮以陳希同爲幫主的"北京幫"，倒確實是胡錦濤在這第一個政治局常委任期中所做的最大的一件事，也正是這件事，使他決定性地贏得了江澤民的信任。

摧垮"北京幫"向江澤民靠攏

　　陳希同垮台，到底是法治的勝利，還是江澤民在政治權力爭奪中的巨大成果？數年來這個問題一直吸引中共研究專家的視線。也難怪他們疑竇叢生：陳希同本來權勢炙手可熱，對江澤民一貫桀驁不遜，"六四"就屬有功之臣，鄧小平一九九二年南巡和視察北京推動改革，他又大大得分，鄧小平甚至要他"帶話"給中央……陳希同儼然成爲江澤民最棘手的政敵；此案既然並不牽涉國家機密，爲何調查審理直到最後判決，整個過程自始至終當局一直是黑箱作業，不敢對外界公開？而最重要的一點是：爲何剛開始搞倒陳希同時，罪名駭人聽聞，最後判決時卻又大爲縮水；而僅爲區區幾十萬元的"腐敗"金額，卻又判了他囚禁十六年的重刑？

一九九五年四月二十七日，新華社播發了一篇僅一百六十五個字的消息，強烈地撼動國內海外：北京市常務副市長王寶森懾於反腐敗威力自斃身亡；中央政治局委員、北京市委書記陳希同引咎辭職。

陳希同事件由此拉開序幕。

用"愛恨交織"來形容北京民眾對陳希同的感情，大概八九不離十。辭職時六十五歲的陳希同，也屬馬，是一匹從沒離開過北京的"老馬"。二十三歲時當上北京市委第二書記劉仁的祕書，三十三歲當上昌平縣委副書記。"文革"期間因與"黑市委"劉仁的關係，多少受了點衝擊，但是一九七一年即東山再起，重歸仕途，在昌平當縣委書記、革委會主任。一九七九年擔任北京副市長後升遷就快了。一九八二年秋在十二大上當選爲中央委員。一九八三年四月，當上了中國首都的市長，在國內國際舞台上叱風雲，好不顯赫！

一九八八年一月他連任北京市市長；四月，升爲國務院國務委員。"八九"學潮期間，全國電視觀眾都看到了屏幕上他與學生對話，後來也都知道了他在"八九風波"期間如何上下其手，推波助瀾。李錫銘下台後，他當上了北京市委書記，進入了政治局。

陳希同當市長、當市委書記當了多年，專橫跋扈，除了鄧小平等元老，誰也不放在眼力。僅舉一例：就在他垮台前不久，還公然對抗中央"任何單位不得在香港購買公司"的文件，派人到香港以二·八億人民幣買下香港毛紡有限公司，成立了北京發展（香港）有限公司，並委派爲他幹過祕書的高啓明（在逃）爲總經理。但是北京市民卻認爲在陳希同領導下，北京市政建設"舊貌變新顏"，老百姓的生活水平也確有較大改善。許多人並不關心高層的爭權奪利，勾心鬥角，也不過問體制改革、市場經濟方針的辯論，他們只念叨陳希同的許多不辭勞苦深入現場的故事，例如，他怎麼指示綠化美化四元橋立交橋，怎麼改變公主墳立交橋原設計，精心保護這裏四棵樹齡三百多年的古松古柏，怎麼要求龍潭湖突出龍，紫竹院突出竹，陶然亭公園突出亭，天壇公園成爲"古松陳列館" ……

一九九五年四月五日，北京市常務副市長王寶森跑到懷柔縣郊區畏罪自殺；次日，陳希同和市長李其炎聯名向中央書記處呈交"引咎辭職報告"。江澤民批示：辭職一事暫不議，先向北京市處以上幹部傳達王寶森自殺事件的情況，上下要堅守崗位。

胡錦濤本來就忙，這下別的往後推一推，北京完全佔住了他的手。四月中旬，政治局常委研究了北京市的緊急事態後，胡錦濤隨江澤民找陳希同談話，提出將其調職的意見，不料陳希同盤算一番後，卻以退爲進，堅持要"辭職"。他列舉出三條理由：年齡大，不適合再做第一線工作；王寶森自殺雖是個人問題，但我也負有不可推卸的責任；自己的祕書也捲入王寶森案，對此我有直接責任。

江、胡聽後，仍沒有同意陳辭職，但對他宣佈，今後北京市的工作要向胡錦濤匯報。

整個四月，胡錦濤不得不一頭紮進陳希同、王寶森的案件中，與陳希同的談話就有多次。江澤民後來透露，他和李鵬、胡錦濤"抱著治病救人的態度，同陳談過多次話，但是他一直不講（自己的違法事實）"。陳希同覺得自己一來功大於過，沒有什麼太多把柄；二來數十年慘淡經營，樹大根深，在鄧小平、萬里等各路元老那裏都早打點過，有很深淵源，江澤民奈何不了他，胡錦濤在他眼裏更不屑一顧了。他繼續以退爲進，於四月二十五日再次提出辭職。他卻沒有想到，由於多年來自恃有功，江澤民早就如鯁在喉，不拔不快，這次是一定要仿效毛澤東摧垮彭真一樣，摧垮他的"獨立王國"了。江澤民親自坐鎮，指派胡錦濤率中紀委第一書記尉建行等人在第一線指揮，調查陳希同的罪狀。

四月二十六日，中央政治局召開了擴大會議，"同意"陳希同辭職，同時根據喬石、李瑞環、劉華清等人提議，由尉健行接替陳希同。

四月二十七日，中共北京市委召開區縣局領導幹部會議，胡錦濤"受中央委托"在會上宣佈：中共中央任命尉健行為中共北京市委委員、常委、書記；批准陳希同引咎辭去北京市委書記、常委、委員的職務。當天中央電視台進行了報導，第二天，中國國內各大報均刊載了這一驚人消息。

七月，中共中央決定，由中央紀律檢查委員會對陳希同的問題進行審查。

九月，中共十四屆五中全會審議並通過中央紀律檢查委員會關於陳希同問題的審查報告。報告說：陳希同在擔任北京市委書記、市長期間，嚴重失職，對原北京市委常委、副市長王寶森的違法犯罪活動負有重大責任；腐化墮落，生活奢靡；利用職權和公務之便，收受貴重物品。全會決定撤銷陳希同的中央政治局委員、中央委員會委員職務，保留黨籍以觀後效。並建議依照法律程序，罷免其全國人大代表職務，對他的問題繼續進行審查。

這個棘手的案子，兩年多來一直懸在那裏，結不了案。直到一九九七年八月二十九日，在中共十五大舉行前夕，各方議論時起時伏，中共拖無可拖，終於宣佈：中紀委決定並報中央批准，開除陳希同黨籍。

又過了四個月，一九九八年二月二十七日，最高人民檢察院以涉嫌貪污和玩忽職守罪，決定將陳希同依法逮捕。

同年七月三十一日，北京市高級人民法院一審以貪污罪判處陳希同有期徒刑十三年；以玩忽職守罪判處有期徒刑四年，兩罪並罰，決定執行有期徒刑十六年。贓物沒收上繳國庫。二十天後，最高人民法院對作出維持原判的終審裁定。這時離案發已經三年多過去了。

中共官方報導說，"因陳希同玩忽職守罪涉及個人隱私，法院已於七月二十日不公開審理此案"。中央電視台在晚上黃金時段的新聞聯播中播映了公開宣判的鏡頭，包括陳希同的親屬在內，有一百五十餘人在場旁聽。穿著藍色夾克的陳希同顯得健康良好，倔強地抬頭挺胸聆聽判詞。但是有心人注意到，他不停撥弄手指，雙腳也頻頻挪動，似乎難掩內心焦慮不安。

陳希同剛剛垮台時，坊間各種傳言謠諑、小道消息甚囂塵上。中國大陸幾乎是腳跟腳地出版了陳放的長篇小說《天怒》，這位中共中央統戰部刊物《華人世界》總編輯、《人民日報》和《星島日報》合辦雜誌《星光月刊》副總編輯，一開篇就寫了這麼一個場面：

　　市反貪局長周森林的奧迪車剛一駛進反貪局的大門，就被十幾名各報社的記者圍堵。七嘴八舌的提問在他立足未穩時便雨點般地砸過來。

　　"周局長，何啓章副市長究竟是他殺還是自殺？"

　　"海外報刊已經報導了何副市長之死，但我們卻什麼都不知道，請介紹一下有關背景材料。"

　　"周局長，在全國反腐敗高潮中，何副市長突然神祕的死亡，請問這是一個孤立的事件，還是有複雜的背景？"

　　紀實色彩如此之濃，實在不能不讓人往陳希同、王寶森案件上聯想。這本書隨即遭禁，而與陳希同熟識的作者陳放聲稱："目前的保守勢力又這麼強大，書被禁並不奇怪。這本書如果不禁的話，發行量應當在五十萬冊左右，而現在的發行量是五百萬冊，擴大了十倍。"

海外報刊出版物上關於陳希同王寶森案件的所謂內幕、揭祕，更是連篇累牘，真假莫辨。

不過，據當時傳言，陳希同等一批北京市高層官員貪污舞弊案涉及金額高達二十二億美元。這麼大的案子，當然使民眾相信，陳希同不抓不判不足以平民憤。

但最後宣判時，卻出乎大家意外——公佈的其基本犯罪事實是：

> 被告人陳希同任北京市市長、市委書記期間，自一九九一年七月至一九九四年十一月，在對外交往中接受貴重禮物二十二件，其中金銀製品八件、貴重手表六只、名貴水筆四支、照相機三架、攝像機一台，總計價值人民幣五五五，九五六·二元，不按照國家有關規定交公，由個人非法佔有。被告人陳希同任北京市市長期間，於一九九〇年和一九九二年指使、縱容王寶森動用財政資金，在北京市八大處公園和懷柔縣雁棲湖畔修建兩座豪華別墅。違規建造別墅及購置設備款共計人民幣三，五二一萬元。陳希同任北京市委書記後，自一九九三年一月至一九九五年二月，經常帶情婦某某與王寶森等人，到兩座別墅吃住享樂，兩座別墅成為陳希同、王寶森享樂的場所。其間，耗用服務管理費人民幣二四〇萬元，吃喝揮霍公款人民幣一〇五萬元。

也就是說，這麼個驚天大案，刨開什麼"服務管理費"、"違規建造及購置設備費"、"吃喝公款"等七拼八湊的金額，陳希同只是收了五十五萬多元外國人的禮物沒有交公而已！難怪很多國人感到受了當局一個大大的愚弄：誰能相信位高權重的陳希同，會貪圖五十幾萬塊錢禮物的蠅頭小利？！陳希同對對判決大概也會覺得好笑，所以才辯稱"未將禮物交公是爲捐助給北京人民藝術劇院"。這麼點事，居然要調查三年一千多個日夜才宣判，二者必居其一：要麼此事一定有政治權爭的背景，江澤民只是"殺雞儆猴"，借陳希同的"政治人頭"來樹立權威；要麼陳希同一定還有見不得人的事，牽涉到其他中共高官，不便公開。不管是哪種，老百姓都是被蒙在鼓裏了。當局希望把此事宣傳成"反腐敗"的巨大成果，效果卻適得其反，在民眾看來只是欺人之談而已。

樹倒猢猻散。陳希同一倒，北京市權力系統發生地震，僅一九九五年，市紀委直接立案三十一件，涉及正局級以上幹部六人、副局級幹部十人。原市政府祕書長、市人大副主任、外號"鐵女人"的鐵英、原市政協副主席黃紀誠……相繼被逮捕；北京市甚至傳言說"市委大院隨時有警車進去"。副市長張百發一時也風聲鶴唳，後來安排退休銷聲匿跡。

讓老百姓很難打消"陳希同是敗於政治鬥爭"疑雲的還有一個理由，這就是誰來接替陳希同垮台留下的席位？江澤民將在福建省委書記位置上還未坐滿一屆的賈慶林調來，將京畿重鎮一手交給了他。而賈慶林正是"國王的人馬"！

江澤民鞏固了自己的權力，當然是大大的贏家，而胡錦濤雖然沒有在陳希同爲首的北京幫垮台事件中擴充地盤，但是贏得了江澤民的器重，也算是得分了。

法新社二〇〇四年一月二十五日報導，據長篇小說《天怒》的作者陳放說，陳希同在兩年前被診斷患了早期攝護腺癌，被悄悄獲准出獄回到北京家治療。而最近胡錦濤已經悄悄下令，將陳希同"有條件釋放"。

陳放解釋說："他是在服刑，但是在家裏服刑，最近他在胡錦濤的同意下有條件的釋放，意思就是說，現在他可以離開、接見朋友和不再是一名犯人。"

幾年之內走遍全國

考察一下官方報刊報導胡錦濤這五年來的活動，人們最深的一個印象是，這位突然冒升到最高層的年輕人，非常注意深入基層，定期到各地考察。

這是胡錦濤在當上團中央書記處書記之後，尤其是擔任封疆大吏之後就養成的習慣。在省裏工作，要走遍全省，在中央工作，就要走遍全國。胡耀邦當年當總書記時曾發下宏願，"要走遍全國每一個縣"，但壯志未酬；但他的宏願卻在此時對胡錦濤產生奇妙的功效。胡錦濤既是表示信奉毛澤東所說的"沒有調查就沒有發言權"，爭取儘可能了解全國範圍內基層的實際情況，好心中有數，心中有底；同時這也在中共元老和政治局常委同仁面前顯示了不懂就學、虛心踏實的態度。再說了，既然是憑年輕而被元老看中，就得有個年輕的架勢。

胡錦濤遵守了中央政治局的有關規定，除了中共中央召開重要會議和出國訪問之外，基本上每一到兩個月都要到各省市巡視考察一次，每次一周左右：

一九九三年，他到了北京、浙江、江西、湖南、雲南、遼寧等地；

一九九四年，他到了河南、天津、內蒙古、上海、廣東等地；

一九九五年，他到了陝西、福建、青海、寧夏、內蒙古、以及河南、河北、山西交界處的太行山一帶；

一九九六年，他到了廣西、吉林、河北與北京交界地帶、四川、海南、安徽和江蘇等地；

一九九七年，中共大事太多，但他仍然抽出時間到了天津、湖北三峽等地。

此外，他還利用到地方出席現場會、經驗交流會、紀念會的機會，順路對當地巡視考察。

羅列胡錦濤的考察地域，筆者發現了一個頗有意味的現象：他有意迴避自己生活、工作過或者有瓜葛的地方：到安徽時，主要視察了淮河流域，卻並未到皖東南的績溪老家；他到江蘇，走了很多地方，卻特意繞開了泰州，沒有回去看看舊居；他到了青海和寧夏，卻偏偏沒有在自己工作過的甘肅停留；他去了廣西、湖南和雲南，也偏偏沒有再重返貴州夜郎國……

從這一點看，說胡錦濤非常謹慎，名不虛傳，難怪被人調侃說“樹葉掉下來都怕打破頭”。但是既然中共官場是這樣一個風波險惡之地，無論怎樣小心翼翼、不授人以柄都是不難理解的。

按照中共關於領導人下省市區基層視察的規定，每個領導人除了偏重於自己分管的領域，同時要根據當時中共的中心工作、重點難點，聽取匯報，進行調查研究和作出指示。胡錦濤每次到下面講話的主題，都注意做到二者的結合，相當著力地使自己分管的業務，配合黨的中心工作。

謹言慎行，中規中矩

地位變了，胡錦濤走到哪裏，都被眾星拱月地圍住，下級官員口口聲聲請“錦濤同志指示”，他不得不走到那裏就講到哪裏。

胡錦濤的講話、指示，從來沒有自己的個性特徵，從來不越出中央口徑。筆者長期追蹤胡錦濤在各種場合的講話，他絕沒有衝破共產黨八股話語系統的嘗試，絕沒有真正顯示自己音色的聲音——儘管他自己在很多場合，不斷地號召大膽創新。

　　無論翻開胡錦濤哪次講話，都很難發現他的個性化語言，和具有獨特創意的見解。就拿一九九六年十月，胡錦濤到江蘇考察作指示來說吧：新華社報導的重點是他強調黨要管企業，他巡視一些大中型國有企業，發表講話說，"圍繞企業的生產經營加強黨的工作，發揮黨組織的政治核心作用，是建立有中國特色的現代企業制度的內在要求。"胡錦濤說最關鍵的要點就是，要把精神文明建設和物質文明建設"同加強黨的建設結合起來"。他還進一步說明，"企業黨組織必須參與企業重大問題的決策，必須堅持黨管幹部的原則，必須加強對企業精神文明建設和思想政治工作的領導"。

　　這些話，無疑都與中共文件嚴絲合縫地吻合，也無疑都是說了等於沒說的廢話。海外某些報刊根據胡錦濤所講的這些內容分析說，中共過去一度推動的廠長負責制、政企分開等改革都將付諸東流。這種分析可以說純屬捕風捉影，但從新華社所報導的這些話來看，胡錦濤確實毫無"新思維"，不脫早已被實踐嘲弄的一套，比左派還左派，這些話可以原封不動地出自鄧力群嘴中——我們簡直好像進入時光隧道，倒溯二十年。

　　一九九五年七月二十一日，胡錦濤對中共中央直屬機關部級以上領導幹部所講的黨課《領導幹部要帶頭增強黨性》，那更是一份味同嚼蠟的老生常談。考慮到他這次講課的對象都是部級以上幹部，至少都是大學畢業、肩負黨國重責、手握黨國大權的官員，他所講的馬列主義甲乙丙丁，就加倍顯得蒼白可笑。

　　我們將胡錦濤署名的文章題目、在公開場合所發表演說的標題列出來，基本上就是中共的套話、空話大全。其中有：

　　《人民群眾的公僕　年輕幹部的楷模》（人民日報　一九九四年十月三日）；

《領導幹部要帶頭增強黨性》（一九九五年七月二十一日給中共中央機關部級領導幹部所講的黨課，見《紫光閣》雜誌一九九五年第九期）；

《工人階級要爲實現跨世紀的宏偉綱領努力奮鬥》（一九九五年四月二十九日在首都慶祝國際勞動節大會上代表黨中央、國務院講話）；

《爲實現黨的跨世紀宏偉目標艱苦奮鬥建功成才》（一九九五年十二月八日在首都青年紀念"一二·九"運動六十周年、"一二·一"運動五十周年大會上的講話）；

《全黨都來學習孔繁森》（人民日報 一九九六年五月十二日）；

《邁向新世紀，創造新業績》（一九九八年六月十九日在共青團十四大開幕式上發表祝詞）；

《適應跨世紀發展需要把農村基層黨組織建設得更加堅強有力》（一九九八年六月二十七日在全國農村基層組織建設經驗交流暨表彰會議上的講話）……

不僅與在社會下層摸爬滾打過多年、深通市井語言的朱鎔基、李瑞環相比，黯然失色，比行伍出身的劉華清，比附庸風雅、被老百姓譏諷地稱爲"大話、空話、上海話、外國話"的"四話幹部"江澤民，也要遜色甚多，甚至比起索然無味、毫無魅力可言的李鵬，都顯得更缺乏光採。

應該公平地說，聽過胡錦濤本人指示的人對筆者介紹說：胡錦濤實際上講話（尤其是小範圍聽取匯報和深入討論問題的場合），比新華社所公佈的他代表中央的那些程式化的演講，要生動和具體得多，也要更爲言之有物，多少也能閃現一些他自己的思考鋒芒，其邏輯性在上述中共幾個最高決策者中，甚至可以說數一數二。但這些東西，他自己嚴格把關不讓外傳，外界無緣得見；一旦要公佈，他一定事先把稜角全部磨平，弄得毫無創見，毫無個性，四平八穩得讓人昏昏欲睡。

黨要改革又不能改垮

何以如此？當然首先歸結為他一貫地避免樹大招風的性格使然。但還有一個重要的原因（如果不是更重要的話）是：他主要主管組織、黨務，這項工作一向是策劃於密室、交涉於幕後，又政策性極強，無法讓他有創新餘地。

胡錦濤在十四屆中央政治局期間幾年艱鉅的工作，一言以蔽之，是推動中共這個正統革命政黨作出必要的調整革新，以適應現代化社會。說其艱鉅，主要艱鉅在他必須"走鋼絲"：既要恪守馬列主義教條、毛澤東的建黨思想，恪守鄧小平"關於建設有中國特色的社會主義理論"，以避免觸犯說話仍有分量的元老；又要順應歷史潮流，順應黨心人心，順應社會變遷，否則沒有辦法保住必要的統治基礎。換句話來說就是：黨要改革，但又不能被改垮，或者更準確地說，不能被元老視作"改垮"。

中共在趙紫陽當總書記的時候，曾經一度認真地打算啓動政治體制改革。這一打算隨著"六·四"槍響、趙紫陽和胡啓立下台而宣告流產，此後數年來，關於政治體制改革的話題一直都是碰都碰不得的"禁區"，任何改革，不論從"左"還是右的方面進行政改的方案，都被束之高閣。胡錦濤所謂"調整革新"，只能是"微調"而已。

胡錦濤雖然不能輕易動作，但是蘇聯、東歐的共產黨鐵打江山一朝覆亡的前車之鑒，與各國共產黨交往中了解到他們的理論和現實的困境，以及每天從送到他的辦公桌上來的全國各地基層危機的信息，不能不令他深入反覆地思考。他著手部署作了大量的考察、研究工作，在儘量不露形跡、不動聲色的前提下，安排各條線上的智囊、幕僚，對中國的政治體制乃至未來的政治戰略，八仙過海，各顯神通地搜集意見，充分論證，提出各種各樣的藍圖。

其中，由"中國青年報思想理論部"署名的一份《蘇聯劇變之後中國的現實應對與戰略選擇》值得一提。這份研究報告提出中共應該從革命黨真正變成"執政黨"，但其中主張將國有資產"黨有化"，傳到海外後引起猛烈抨擊。在海外眾多批判文章中，陳奎德題為《王朝末日的新政》的文章歸納得頗見功力。陳奎德說，從《選擇》一文看，"太子黨"實質上為他們掌權後的中國作了如下一些基本的設計：一，以國家主義取代共產主義；二，以右翼專制主義取代左翼極權主義；三，以地緣政治原則取代意識形態原則；四，以現實主義維護權力壟斷的執政黨取代浪漫主義平民色彩的革命黨；五，以黨的所有制取代國家公有制；六，以中央集權的強化取代地方主義的趨勢。"儘管如此，這份政綱對中國政治而言，傳達的仍然不是負面信息。它標誌著中國社會意識形態的逐步淡化，它標誌著上層政治多元化的萌動，特別是，它標誌著後老人政治時代的開始啟動。"

當時人們以為這份"太子黨施政綱領"的東西是陳雲的兒子陳元策劃的，但後來據知情人透露，才知道是《中國青年報》副總編輯潘岳一手策劃的。

一九五九年出生的潘岳也算太子黨成員，父親是解放軍高級將領，文革前職務是解放軍鐵道兵總工程師兼副參謀長，他的前妻是老軍頭劉華清的女兒。潘岳一九八九年剛到中國青年報社時，很遭白眼。但是他在"六四"之後的秋後算帳時挺身而出，為幾位遭到追查的記者說情，贏得了好感。他後來擔任團中央屬下的中國青少年研究中心主任，隨後又調任國家資產管理局副局長、國家技術監督局副局長。過去，外界以為他的晉升與岳父有關，但他與劉華清的女兒劉朝英分居之後，四十歲時反而由國家技術監督局副局長升爲國家體改委副主任，成爲最年輕的副部級高幹之一，主管西部開發研究。原來，潘岳的父母親與江澤民從四十年代開始即有私交，甚至還有一種說法稱其母親就是江的入黨介紹人。故江澤民有意提拔潘岳。

與被稱爲江澤民“化妝師”的王滬寧、專職政協委員（在中國僅此一人）何新、中共吉林省委副書記林炎志等中國當代思想新銳一樣，潘岳也被認爲是“奏折派”之一。除了上述《蘇聯劇變後中國的現實應對與戰略選擇》的長篇文章之外，另一部托名德國人寫的，名噪一時的《第三只眼睛看中國》，則被認爲是陳元的綱領、何新的思想、潘岳的策劃、王山的執筆。

類似《蘇聯劇變之後中國的現實應對與戰略選擇》這樣的奏折，還有其它如中共中央研究部門、中共中央黨校、中國社會科學院、高等院校和黨報黨刊理論部門許多人也都獨立或者合作搞出不少方案，通過各種渠道上送到胡錦濤面前。這些信息到了他那裏，就是到了“終端”、進了黑洞，沒有了下文——他才絕不輕易作任何表態。

策劃中央組織部的改朝換代

胡錦濤上任以後，將很大的精力投向了中共幹部隊伍從選拔、考核和培訓的正規化、制度化、程序化。他首先面對的還是一個老問題：要調整黨務方面的人事，使手下的一幫人馬能心往一處想，勁往一處使。

衆所週知，十四大之前中共中央的組織工作一直由宋平掌管，十四大之後的中組部長接班人選，也是事先由宋平提出推薦人選交中央討論。宋平當時提出的推薦人選便是胡錦濤。十四大開幕前夜，鄧小平突然發話要胡進政治局常委會，連宋平都事先沒有想到，以至於再考慮另外推薦一個合適的中組部長接班人選，都已經來不及了，只好把當時已超過六十五歲的中組部長呂楓再留用一段時間。

在所有的中共中央的部委首長之中，以中組部長最為位高權重，成為爭奪的焦點。數一數中共黨史上的組織部長，後來大多數成為黨內權傾一時的重量級人物：三十年代，陳雲就當過中央組織部長；中共建政之後，彭真、鄧小平、胡耀邦、宋任窮、喬石、尉健行、宋平……都在中組部長職務上積聚力量，收攬隊伍，而後呼風喚雨，大展宏圖。

中組部長這一職務，本來與胡錦濤僅一步之遙：一九八五年，胡耀邦、喬石等人就有意讓他接任中組部常務副部長，後來此議胎死腹中，前面第五章已有交代。但是風水輪流轉，僅僅七年之後，胡錦濤一躍而成為中組部長的頂頭上司，倒要由他來主管考察中組部班子的人選了。

據何頻考證，十四大開過之後，胡錦濤在喬石幫助支持下，重組中央組織系統的領導結構，煞費了一番苦心，動了不少的手腳。

喬石先把追隨自己的親信、原中組部副部長孟連昆調到全國人大常委會自己手下，委以內務司法委員會主任——孟連昆的年齡偏大，不調走不行，而這麼一調，至少就連帶扯下了另一位比孟連昆小三歲的副部長趙宗鼐。趙是宋平的老交情，宋平在甘肅任職時，趙是玉門石油管理局局長。一九八八年趙升任宋的副手，擔任中組部副部長兼國務院人事部副部長。本來倘若只是要將趙宗鼐拉下來，胡錦濤肯定是會要得罪其恩公宋平的；但如果不將之拉下來，且不說對胡錦濤也栽培拉拔有加的喬石這一關通不過，胡錦濤自己要想施展才智，也會多受掣肘。現在，讓孟連昆也下來，宋平就說不出什麼了——誰要他們都年齡過了線呢？喬石也相當滿意。

下，是爲了給上的人騰出位置。隨後胡錦濤就操辦著將原團中央第一書記、已經出任國務院人事部長的宋德福，委以中組部副部長職務。

軍人出身的宋德福，一九八四年調到團中央任排在最後一位的書記處書記，那時他就分工主抓組織，同時在軍內也升任總政治部組織部副部長。

一九八五年七月，胡錦濤調往貴州，其團中央第一書記職務暫時沒有免去，由劉延東暫時代理負責，但烏紗落到誰家，達數月之久虛位以待。人們普遍認爲劉延東的水平、能力差了一把火，但多半還是看好這位形象端莊、出身純正、當時是團中央常務書記、第二把手的劉延東有可能遞補。前一年王兆國高升，第二把手、常務書記胡錦濤接任第一書記；現在胡錦濤走了，輪到劉延東，也在常理之中。那年夏天，劉延東到東北檢查工作，遼寧等省的省委書記們對她都超規格接待，實際上視之爲馬上就要"黃袍加身"的團中央第一書記。

宋德福在胡錦濤手下"得福"

一九四五年出生的劉延東，其父劉瑞龍的情況我們在第四章中曾經作過介紹。他早年在故鄉江蘇南通從事中共地下工作，四十年代末職務升到中共第三野戰軍後勤司令員兼政委，是後來擔任中央軍委副主席張震在淮北的老戰友，《人民日報》一九九二年九月二十七日第五版，曾發表有張震《人生有真諦，爲民服務多——緬懷爲黨和人民的事業鞠躬盡瘁的劉瑞龍同志》一文。

劉延東一九七〇年畢業於清華大學工程化學系。這個系幾位高才生都得意於官場，如學兄劉志忠當過重慶市長，學弟習近平任福建省委書記。她先後在唐山、北京化工廠工作，八十年代初獲提拔，任朝陽區委副書記。由那兒在團十一大上被選爲團中央書記處書記，第三把手。劉延東雖然也掛上全國青聯副主席（後來擔任青聯主席）之銜，但一直負責外事，迎來送往，在外國大概比在中國的名氣還大。

沒想到黨中央突然下達決定：團中央排在書記處最後一名的書記宋德福，從排尾跳到排頭，當了第一書記。時任中共中央書記處書記、中辦主任王兆國，到團中央機關傳達中央決定："延東同志很優秀，但是中央認爲，德福同志更有潛力。"一時間，所有原來排在宋德福前面，突然被甩在他後面的那些書記們大吃一驚！

據後來傳出的消息，宋德福之所以能後來居上，主要是兩條原因：一是胡錦濤走時向中央鼎力推薦；二來是當時軍方的負責人余秋裏和楊尙昆向中央放話說，宋德福是我們軍內準備提拔的後備幹部，團中央這次如果不提的話，我們軍隊就把他要回來，自己提！這樣將了一軍，宋德福就當了團中央第一把手。可想而知，宋德福對胡錦濤是感激不盡，而胡錦濤也藉此機會與軍方接上了線。

且說宋德福上台精通訣竅：在團中央第一書記這個職位上，安安穩穩不出紕漏就是勝利。但生不逢時，恰巧就在他於一九八八年共青團的十二大上連任第一書記後，爆發了一九八九年春夏之交的學潮。

宋德福搶先在八九學潮暈倒住院

前面我們說過，導致一九八二年韓英下台的重要原因，就是黨中央不滿意韓英領導下的團中央書記處，未能對平息七十年代末八十年代初西單民墻等風潮，起到得力作用。這一次宋德福心懸到半空中：自己是否會蹈韓英的覆轍？

更糟糕的是，韓英當年還僅僅是對參加民運的青年作說服勸阻不力，民運骨幹中雖然有團中央候補委員王軍濤等人，但畢竟團中央機關幹部沒有捲入。這次可不同了：離天安門廣場一箭之遙的團中央機關受到廣場沸騰氣氛影響，也熱度升高，竟有幹部在李鵬代表國務院宣佈了對北京部分地區戒嚴之後，組織遊行，聲援絕食學生，向黨中央請願。這要讓鄧小平等人知道了，豈不龍顏大怒！

當時的宋德福雖然並不很清楚中央最高層內部對壘的強弱對比，卻再清楚不過：這種關鍵時刻只能明哲保身，千萬不能一失足成千古恨。那天，當團中央機關遊行請願隊伍集結起來，要打起"團中央機關"大旗出門之際，宋德福帶領團中央書記們、部長們趕到門口，聲嘶力竭地極力勸阻，但他們無力回天。在最緊張的瞬間，忽見宋德福眼皮一翻，在大庭廣眾中突然倒地。"宋德福暈倒了！"現場一片混亂，有人趕忙將他送往醫院急救。

團中央二把手劉延東，不得不"繼承遺志"，繼續勸阻，但就更攔不住遊行隊伍出門，匯進廣場上和平抗議的洪流了。

宋德福從此就在醫院住下了，再不管事，直到"六四"事件平息。據了解內情者介紹，劉延東當時是傾向於用和平對話的手段來平息學潮的，但公務職責所系，權力所限，她並沒有什麼好辦法來打開僵局，只能心力交瘁地支撐機關的局面。後來在清查期間，宋德福果然廁身事外，一身乾淨，而劉延東不得不對機關當時大批人馬捲入"動亂和暴亂"風潮，擔負起領導責任。雖與全國總工會負責人後來所受的處理比起來，她還算幸運，被認為性質不同，未受深責，但對其仕途還是多少有影響，她自己心裏更是覺得窩囊。

一九九一年她調到中共中央統戰部，暫時安排任副祕書長，幾個月後升任副部長。王兆國此時慢慢恢復元氣，由對台辦主任調任統戰部長，與王兆國關係一直不錯的劉延東心情才舒暢了起來。她主管香港、台灣等地統戰工作，兼任了香港特別行政區籌備委員會委員，一九九六年初又接替萬紹芬，擔任統戰部常務副部長。這是後話了。

團中央機關不止一人猜測過：宋德福當時究竟是真暈假暈——是急火攻心，還是即興表演？還有人調侃地說：劉延東畢竟還是嫩了點，缺個心眼，當時她要是搶先一步暈倒，宋德福大概就不好意思再要同樣一招了吧！

胡錦濤與宋德福不是純然利益交換

胡錦濤是否知道當時宋德福這一情況？依胡錦濤與團中央機關幹部的密切來往（他的家很長時間就在團中央大樓近側），似乎不可能沒有耳聞。但他還是支持了宋德福的晉升。其原因，目前尚無可信資料以供分析。但是有一個說法記載於此留作參考：《中國之春》一九九七年十二月號發表了署名爲"華聲"的文章《胡錦濤力荐宋德福接掌中組部》，文中有一部分材料明顯出於推測，而因爲所依據的史實基礎有誤，致使推測也就不準確——例如，文中說：宋德福是八十年代初被軍委系統推薦進入共青團中央常委人選，"因爲當時的團中央第一書記王兆國沒有在團內將他委以重任，總政系統一氣之下將他調回軍隊，出任總政治部組織部青年處副處長"；這就是不了解團中央常委本來就像黨中央政治局一樣是由各方代表組成，是兼職而非專職，宋德福正因其爲軍隊青年工作的主管而列名團中央常委，不存在"總政系統一氣之下將他調回軍隊"的問題。

再如文中寫到"團中央的歡送大會之後，宋德福斥退左右，又與胡錦濤單獨話別"云云，也純系想像。團中央並沒有舉行"歡送大會"，宋德福當時也沒有接替團中央第一書記。胡錦濤離開團中央到貴州是一九八五年七月份，而中央任命宋德福接任是當年十一月份。

但此文披露說：胡錦濤被宋平推薦進入政治局常委時，"需要按照選拔接班人的'民主程序'進行一番'群眾評議'，由中組部派出幾個徵求意見小組分赴胡錦濤工作過的團中央、貴州省委和西藏自治區委找人談話。在團中央系統，宋德福不但自己對胡錦濤大加稱讚，而且特別組織了許多團中央的中基層幹部座談，爲胡錦濤評功擺好。"筆者證諸中共提拔幹部時的考察程序，基本可以斷定這一說法可信。那麼，這就給胡錦濤提拔宋德福的動機提供了一個線索，雖然筆者並不認爲從這一史實，能夠推斷出胡錦濤與宋德福的關係純然是利益交換。

宋德福並未受過正規高等教育，但因爲從軍隊連隊一步步提上來所歷練出來的才幹，仍然被胡錦濤看中，選作第四代跨世紀接班人群體一員，委以組織人事重任。宋德福接掌國務院人事部，雖說是十四大之前即已內定，但胡錦濤從中起到了至關重要的作用，他向中央推薦了宋德福的黨性和領導能力。在胡錦濤本人進入政治局常委之後五個月，四十七歲的宋德福終於被任命爲國務院人事部部長，成爲國務院最年輕的部長，隨後不久，宋德福又被連續任命爲中央機構編制委員會委員兼辦公室主任（胡錦濤主持該委員會工作），兼任中組部副部長，一時權勢炙手可熱。

爲了使宋德福更上一層樓成爲中組部長，胡錦濤一度煞費苦心地安排。除宋德福而外，中組部當時的副部長中再沒有一個被安排成中央委員，只有兩人——武連元和王旭東是候補中央委員，這就造成宋德福是"中組部長候選人"的說法更在北京政壇不脛而走。

宋德福在人事部長任上倒也沒有辜負胡錦濤的囑托。他最大的貢獻是具體操作，推動國家公務員制度的改革。這在中國大陸整個幹部制度的轉型上，是做了一項基礎性和開創性的工作。而九十年代中期，他又提出"整體性人才資源開發"的概念，頗爲標新立異。他自己解釋這個概念說，"整體性人才資源開發就是要以人爲本，採取各種有效措施，開發人的潛能，提高人的素質，發揮人的作用"。一般官員和普通民眾未必能從這一解釋中得其要領。但是他主持召開整體性人才資源開發工作會議，指出中國人才資源仍相當落後，每萬名勞動力中具有初級以上職稱者僅六百四十名，人才資源密度僅爲百分之五點一。他提出用五年至十五年時間，基本建立起規模宏大、素質優良、結構優化、佈局合理、配置科學的人才隊伍。儘管對他這一目標，熟悉中國國情的人多表示懷疑是否能按期達到，但是應該說，確實抓住了中國立國之本。

調兵遣將，逐步調整中央各部人事

以上我們已經談到中組部和中央統戰部。此外，中央辦公廳因爲是江澤民的心腹曾慶紅在那裏當家，胡錦濤既無力也無意去攪混水，乾脆避而遠之。

在中宣部，時任部長的丁關根以一個勁地靠攏江核心著稱，以多少改變自己鄧系色彩太濃的缺陷，爲鄧後安身立命作準備；這裏有著名"左將"徐惟誠，原來長期在北京市委當常委兼宣傳部長，胡耀邦對他恨之入骨，又莫可如何，他升不上去也垮不下來，八九年"六四事件"以後才趁勢當上中宣部常務副部長。但是十四大以後，胡錦濤協助江澤民，安排胡耀邦前祕書、新當選的中央委員鄭必堅到中宣部當上"第一副部長"，壓過徐惟誠一頭。而另一個副部長劉雲山，在胡錦濤擔任團中央常務書記期間，正擔任內蒙古團區委副書記，胡錦濤與他打過交道，比較熟悉。劉雲山是田聰明提拔的，而田聰明與胡錦濤在西藏共過事，互相配合得還不錯，胡錦濤對劉雲山也就更多一層信任。江澤民、胡錦濤又調來與上海有淵源的龔心瀚、徐光春等人。這樣一來，在中宣部領導層，也就基本形成了互相鉗制的均衡局面。

中央對外聯絡部，歷來與中共高層黨內權力結構關係較遠。十四大以後胡錦濤調整起人事來，難度也較小。接替朱良任部長的李淑錚，是胡耀邦當書記時的團中央書記處候補書記兼少年部長，算是"共青團派"成員；與胡錦濤有更深一點關係的是朱善卿，他在胡錦濤剛到團中央時，還擔任團中央國際聯絡部副部長、全國青聯副主席。胡錦濤在他的工作去向上出過力，推薦安排到中聯部當副祕書長。現在他已經爬到中聯部副部長之職，既然相熟，就更能上下配合。

很快，與胡錦濤管黨務這一分工相關的許多頭銜紛至沓來，例如，一九九三年七月他就任中共中央機構編制委員會副主任（主任李鵬）。這些頭銜中，最受人重視的，是中共中央黨校校長。

兼任黨校校長培養接班人

一九九三年十月四日，胡錦濤首次以中共中央黨校校長身份，在省部級領導幹部學習鄧小平建設有中國特色的社會主義理論研討班開學典禮上亮相並講話。其時，距離他首次跨進中央黨校大門當學員，踏上政壇升遷之路，不過十二年。

中央黨校校長這一職務，歷來爲中共決策者高度重視，毛澤東在到達延安、中共處於相對安定的階段裏，在相當長一段時間親自擔任黨校校長，好好地過了一番理論癮和演說癮，將他過去被陳獨秀、王明等人瞧不起，被貶爲"山溝裏面的馬列主義"的胸中惡氣，全都一吐爲快。後來這一職務，總是交給最高領導人信得過、肚子裏還得有點墨水的人掌管，像曾在黨內坐第二把交椅的劉少奇，就在中共建政後擔任這一職務。再後來直到文化大革命前，這一職務主要交給了黨內的秀才：凱豐、楊獻珍、林楓等。不過，他們都得是"馬克思主義理論家"或曰"御用秀才"，一旦他們的馬克思主義"理論權威"的地位受到最高層——自認爲對馬克思主義懂得最多、學得最活的毛澤東本人的質疑，他們的這一席位也就保不住了。

　　文革中一度被砸爛的中央黨校恢復後，當時的中共中央主席華國鋒親自兼任黨校校長，直到他不當黨主席了，校長的交椅也就拱手讓人。

　　中央黨校由誰手裏，其功能就受誰左右。我們在第三章中，曾經詳細介紹過中央黨校在七十年代末、八十年代初經歷過的激烈交鋒。胡耀邦任黨校實際負責人，就把黨校辦成了思想解放和理論研究的活躍火線，黨校人士參與修改那篇《光明日報》特約評論員文章《實踐是檢驗真理的唯一標準》，首先在中央黨校內部刊物《理論動態》上發表，確實推動了中國改革的進程。

　　中央黨校副校長鄭必堅曾說，黨校歷史上有兩次突出的輝煌：二十世紀四十年代的延安整風和七十年代後期的真理標準問題大討論。前者，毛澤東在中央黨校開學典禮上發表《整頓黨的作風》著名演說，成爲延安整風運動的發令槍，還留下了毛澤東的手書校訓"實事求是，不尚空談"；後者，則開啓了現代中國思想解放的大門。

　　站在今天的高度看，自"延安整風"的史料、當事人的回憶被越來越多披露之際（例如高華出版《紅太陽是怎樣升起的：延安整風的來龍去脈》），前者算不算"輝煌"，越來越得打問號；而後者，黨校確實彪炳青史。

　　風雲變幻，連王震這樣"不讀書不看報的大黨閥"（借用毛澤東的語言），仗著得到鄧小平信任，居然從一九八二年四月到一九八七年三月，當了五年黨校校長，連胡耀邦也對之無可奈何！可想而知，他是如何將黨校搞了個烏煙瘴氣，這在中共中央黨校校史上真是最恥辱的一筆。這段時間，黨校的功能相對減弱與意識形態、理論領域的聯繫，不是重在提高中共高級幹部的馬列主義理論素養，而更偏重於與組織部門考察審核和培養幹部結合在一起，更傾斜於培養中共執政的後備力量。雖然王震下台後，中央黨校先後由思想相對開明的高揚和喬石執掌，吹進更多的清新之風，但是這種功能並沒有改變。八十年代，黨校形成了以黨史、黨建、政治經濟學、科學社會主義和馬列主義哲學為主的教學課程，被大家簡稱為"老五門"。

幹部進中央黨校，一般是兩種情況：

最大多數是作為"好苗子"，上級有了提升的深謀遠慮，安排到黨校學習——黨校就是"加油站"，黨校學習完畢後，仕途上往高處攀升。

一種是在現任崗位上出了事，需要調離或者降職，但是一時又沒有合適的去處可以安排，於是便放到黨校學習一段，閉門思過，等待發落，以作緩衝，黨校就是"反省室"，學習完畢後，在官階上往低處挪動。

除上述兩種之外，還有個別情況是因為有的黨官身處風口浪尖，遇到非常敏感的關頭，矛盾激化，被安排到黨校暫時迴避，黨校就是他們的"避風港"。中共的不少改革派風雲人物，在保守派氣焰最熾之際，被安排進黨校學習；也有不少保守派的風雲人物，在改革派聲勢最壯之時，被安排進黨校研讀。

在胡錦濤就任黨校校長之前，這一職務是由喬石擔任的。喬石在一九八九年民主風潮前夕從高揚手中接過這一職位，一當就是四年，在一定程度上，與"六四"以後由宋平所掌管推行的組織人事口的那條保守路線形成了制衡：黨校開辦什麼性質和內容的研討班；上述第一種學員——提拔重用的苗子——中選擇什麼樣的人來深造；對他們安排什麼樣的課程和實習考察項目；針對他們在學習期間的什麼思想問題對症下藥；畢業（或結業）時的評語怎麼寫……等等問題，都能有意識偏重於改革開放的形勢要求，而不僅僅是什麼"反對資產階級自由化""堅持四項基本原則"。

胡錦濤接任，實際上就將組織人事權與黨的高級幹部教育這兩方面，在最高層統籌主管起來。對於胡錦濤來講，這倒是可以在組織幹部問題上將這兩條線合二爲一，做到一條龍：從遴選、教育、培訓到使用、考察，都一並考慮。

從上黨校到管黨校，再到改造黨校

長期以來，在許多人心目中，與北京膾炙人口的風景名勝頤和園毗鄰的中央黨校，是一個神祕的地方。事實上，胡錦濤以校長身份再次跨入的黨校，與十二年前他以學員身份初次跨入的黨校，已經有了翻天覆地的變化，而在他治下幾年，中央黨校又有了若干變化，逐步撩開了神祕的面紗。

與一般高等學府不同，中央黨校在招收學員、教學內容的設置、學員的管理等諸方面都有著特殊之處。比如在招收學員時，由中組部、中宣部和黨校三家聯合進行。中國新聞社記者曾報導說："學員進校後，即使官至省部級，也必須老老實實坐下來，認認真真學理論。"

中國新聞社記者還說，胡錦濤主管中央黨校後，根據鄧小平"學馬列要精，要管用"的精神和關於培養跨世紀接班人的思想，及時進行教學改革，按照新的教學體系輪訓培訓幹部。在課程設置上，以馬列主義、毛澤東思想基本理論爲主課，以學習鄧小平理論爲中心內容，並注重對當前重大現實問題的研討。

儘管黨校只是胡錦濤工作的一部分，但他對此很重視，一九九三年上任，一開始就到一個一個老員工家裏走訪；每次黨校開班或結業，都會前來與學員會面。年過七旬、從事黨章研究多年的中央黨校老教授葉篤初說："每年都有八次、十次與教師和學員的見面活動，還不包括參加校委會的其他工作"。幾乎每次到黨校，都要發表重要講話，且不是泛泛而談，"看得出是經過了專門的準備的"。

一九九六年四月十二日，胡錦濤在黨校專門召集中青年幹部培訓班（簡稱中青班）座談，商討中青班教學、管理工作。胡錦濤強調"學原著"和"抓好實踐環節"，指出："關鍵是怎麼學，要本著少而精、管用的原則。要蹲點調查，解剖麻雀，提出對策性意見。"七月一天，在參加完黨校中青班第十二期畢業典禮後，他徑直來到中青班學員宿舍樓，從五樓到一樓一個樓層一個樓層地看學員，和大家一一握手。"我今天來，一是看望大家，祝賀你們學習取得了好成績；二是來爲大家送行，希望大家把學習成果運用到實踐中去，把工作做得更好。"

以"培養未來政治家"爲任務的中青年班始於一九八〇年，中共十四大前，中青班的學制爲半年至三年，學員的文化程度、年齡、職務參差不齊。一九九五年後，在胡錦濤策劃下，中央確定中青班是爲省部級領導幹部培養後備力量，從報名招生到審查把關由中組部直接管理。每一期的中青班都有中組部派出的聯絡員全程跟班學習，中青班的學員以正廳局級幹部爲主，高學歷和低年齡趨勢明顯。後來中青班的調研題目，是專門請中組部召集二十餘個中央和國家部委有關部門負責同志參與設計的，每期都提供近百個參考選題，學員們從中選出與自己工作相貼近的題目深入基層調研。

八十年代黨校機構的主體由進修部、培訓部和理論部組成。胡錦濤根據實際情況，推動改成學員部和教研部兩大塊，其中學員部包括進修部（包括省部級幹部進修班、地廳級幹部進修班、縣市委書記進修班、國有大型企業領導進修班等）、培訓部（包括中青年幹部培訓班、西部地區幹部培訓班、民族幹部班等）和研究生院。

教研部通常被叫做"七部一所"，即經濟學、哲學、科學社會主義、政法、黨史、黨建、文史七個教研部和國際戰略研究所。

按照規定，在任的省部級主要領導都必須經過黨校培訓，三個月的課程儘量安排緊湊而充實，除了系統地學習《鄧選》第三捲去外，還安排了許多課程，其中西方經濟學的課程和講座頗受學員們的歡迎——有人甚至說，是最受學員歡迎的課程。

中共十四大到十五大這五年，中央黨校共輪訓省部級幹部八百二十人，共輪訓培訓八千三百多名學員。在十五大前夕，一九九七年五月結束的近百人的省部級幹部進修班中，有赫赫有名的外經貿部部長吳儀、上海市長徐匡迪等。中央黨校已成為中共學習、研究、宣傳鄧小平理論和培養高中級幹部的重要基地。

中共領導人歷來把黨校作為闡述他們的思想理論和政策觀點的論壇。一九九七年五月二十九日，江澤民在這裏發表講話，被中共認為給十五大的召開定下了基調。而市場經濟是十四大的主旋律，胡錦濤也會同黨校負責人請來副總理朱鎔基、錢其琛、李嵐清、吳邦國、姜春雲等，在黨校就經濟形勢、外交政策作過報告。

黨校也是胡錦濤了解下層和影響上層的渠道之一。近年除了黨校的內部刊物《理論動態》，在黨校的簡報和內部參考材料上也經常刊登學員和教研人員撰寫的各種理論政策建議，為中央和國務院"提供決策參考"。黨校傳出的思想，被視作胡錦濤思想政治取向的風向標——安徽一位市委副書記曾經對筆者之一說過，他就經常研讀中央黨校的各種理論刊物，經常與中央黨校的老師與學員聯絡，了解中央黨校人士的言論與行動，"因為中間經常透露胡錦濤的看法"。

調來鄭必堅當常務副校長

胡錦濤一九九三年上任之時，胡耀邦當年所倚賴的智囊成員早已被曾擔任黨校校長的王震等人整得星某云散。十三大時中央黨校成立的政治體制研究所，雖然沒有撤銷，到九十年代初很長一段時間內，是全國碩果僅存的"政治體制學術研究機構"，但也氣息奄奄，難有作為。既有前車之鑒，也不具備"天時、地利、人和"，胡錦濤相當謹慎地注意不標新立異挑起思想爭論，他只是組織黨校的教育、科研人員，從思想理論上詮釋、闡發鄧小平、江澤民指示和當時中共中央決策。

胡錦濤著手調整、加強了黨校的領導班子。時任七個副校長中，除蘇星是頗有名氣的經濟學家，邢賁思是頗有名氣的哲學家，他們兩人先後擔任中共中央理論刊物《求是》雜誌的總編之外，其餘五人都是胡錦濤上任後設法安插充實。其中汪家鏐是胡耀邦的老部下，曾擔任過北京市委副書記；劉勝玉在八十年代曾任西藏團區委副書記，中直機關團委副書記、書記；龔育之是"研究鄧小平理論的權威"，汝信和楊春貴也有哲學研究背景。

在他擔任黨校校長四年之後，一九九七年十五大前夕，調來曾任胡耀邦的祕書的鄭必堅，擔任排位僅次於胡錦濤自己的常務副校長。

"文革"前畢業於中國人民大學的鄭必堅，口碑不一。他曾經擔任過於光遠的祕書，"文革"後成了華國鋒的祕書——查中共公開的人事材料，只說鄭必堅曾任中共中央總書記的祕書，而對他曾經擔任過中共中央主席華國鋒的祕書隻字不提。胡耀邦上台後，他成了胡耀邦的祕書。胡耀邦倒台後，他又在反對"資產階級自由化"中十分活躍。趙紫陽上台後對許多鄧力群手底下的理論左派均不予重用，鄭必堅卻能夠成為趙紫陽親自挑選的十三大報告起草小組主要成員之一。"六四"事件後，鄭必堅居然又受到江澤民信任，再次走紅，擔任中宣部副部長，一九九二年的中共十四大上終於熬成中央委員，其副部長的頭銜前面也被加了"常務"兩字。一九九七年中共十五大上，鄭必堅以六十五歲高齡再次連任中央委員，並被從中宣部調至中央黨校。

"兩個凡是"這個提法在一九七七年二月七日"兩報一刊"（《人民日報》、《紅旗》雜誌、《解放軍報》）社論《學好文件抓住綱》中被大肆宣傳。此前的二月四日，汪東興曾在這篇社論送審清樣上批示："這篇文章，經過李鑫同志多次修改，我看可以用。"鄧小平發動對"凡是派"的理論討伐之後，李鑫垮了台。但是據中國社會科學院馬列研究所前所長、著名"黨內自由化分子"蘇紹智等人回憶，一九七七年一月二十一日，"英明領袖"華國鋒的一篇講話稿中就出現"凡是毛主席作出的決策，我們都必須維護，不能違反，凡是損害毛主席的言行，都必須堅決制止，不能容忍"的論述，這篇講話稿便是鄭必堅的手筆。可見，"兩個凡是"始作俑者其實是鄭必堅而不是李鑫，李鑫實際上是"凡是派"中唯一一個倒楣的替罪羊。蘇紹智回憶，當年於光遠和馮蘭瑞曾當面批評鄭必堅的"兩個凡是"觀點。

最近幾年來，關於鄭必堅一直爭議不斷，有人說他是"改革派"，也有人指他是"風派人物"。不過，從他來黨校的情況看，起的正面積極作用是主要的，他調來後，胡錦濤才在黨校有了一些更大動作，除了培訓高級幹部，也更多地通過與各地後備精英的接觸，為日後自己上台掌權挑選精幹隊伍。

感受到世紀交替國際潮流的胡錦濤，也謹慎地嘗試對傳統黨校"潛移默化"地改造：除了前面說到的西方經濟學，還將西方當代其它社會科學理論列入課程，讓每年源源來此的那些雄心勃勃、摩拳擦掌要在政壇上顯一番身手的後起之秀，在價值觀念上、思想方法上對西方有一點了解。此外，胡錦濤還積極推動強化對國際關係和戰略安全的研究，他在與黨校的教學、研究人員的交往中，鼓勵他們進行一些思想理論和政策性的探索。

胡錦濤依然低調。然而黨校黨建教研部主任盧先福教授說，低調不等於無所作為。胡錦濤做了不少實事，尤其是在理論研究方面，他非常重視，多次倡導學者們進行廣泛的思想理論探討。盧先福說："胡錦濤是一個非常務實的人，在我們教職員工當中很有威信，口碑很好。"

盧先福還說："他不僅務實，還有改革創新意識。"舉的例子是：江澤民"三個代表"思想剛提出不久，胡錦濤便組織了一個小範圍的研討會，請了五六名專家和部門官員到中南海參加座談。"他讓大家來領會'三個代表'的重要意義，並就此各抒己見。當時他給我的印象是機敏靈活，能聽進各方意見，還善於思考一些關於治黨治國的重大問題。"

在胡錦濤推動下，教學體制改革開始有了更多的"新意"了。黨校科社教研部謝志強副教授介紹說，"黨校九十年代後教學的新佈局，概括講就是'一個中心四句話'，即圍繞著鄧小平理論這個中心，提高學員的理論基礎、世界眼光、戰略思維和黨性修養。"

必修課設置上，按黨校師生說法是"三基本"和"五當代"："三基本"俗稱為馬基本、毛基本和鄧基本，"五當代"包括當代世界經濟、當代世界科技、當代世界法制、當代世界軍事和當代世界思潮，後來又加上了當代民族與宗教，變成了"六基本"。

中央黨校西側書店內，《二十世紀共產黨執政的經驗教訓》、《"第三波"與二十一世紀中國民主》、《中國金融問題－風險控制和化解》、《怎樣當好"一把手"》、《怎樣當好縣委書記》等書籍很是搶眼。其中《怎樣當好縣委書記》匯集了黨校縣市委書記進修班學員的心得，胡錦濤在序言中說："（大家）既要完成上級交給的各項任務，又要直接面對基層和群眾，解決大量的實際問題，處理許多棘手的矛盾……對大家工作中的苦衷，中央的同志是了解的。但既然歷史已經把同志們推到了現在的領導崗位上，我們就沒有任何退縮的理由。"

與江澤民磨合關係

本章開始時，我們說到胡錦濤上任之後的多重為難。這多重為難，最關鍵、最難辦的就是他與江澤民的關係。

其實，這一"爲難"並不是單方面的。就江澤民而言，如何處理與這位由"太上皇"指定的"王儲"的關係，在第二代領導集團人還在、影響猶存的情況下，未嘗不也是一件頭疼的事。如果壓制胡錦濤，就有可能得罪元老；而如果讓胡錦濤恃寵而驕，則又會後患無窮；在第二代領導集團影響式微之後如無正當理由就排斥胡錦濤，也會被人視作"人走茶涼"，有損政治形象。

好在聰明的胡錦濤對江澤民非常尊重，這就使二人關係有了良性發展的基礎。

五年時光，胡錦濤協助江澤民分管組織人事系統，起到一個高級助手的作用。他全面熟悉中共中央機關編制機構職能人員情況，全面掌握中共中央省部級以上官員的個人經歷及家庭情況，全面考察即將晉升省部級行列的中共後備幹部情況，這使他對中共執政隊伍從機構到職能到人員有了非常全面清楚的了解。

《中國之春》一九九九年第二期上發表華銘的文章《鈕茂生下台引出一宗黨內醜聞 劉正威原來是中組部長候選人》，以一件事例詳細地介紹了江澤民與胡錦濤的互動。

且說一九九八年"世紀洪災"引發責任之爭時，人們回顧當初李鵬爲何要把鈕茂生從國家機關工委領導崗位上調回水利部，無意中牽扯出接替鈕茂生國家機關工委常務副書記的繼任人劉正威與胡錦濤之間的故事。原來，劉正威曾經是胡錦濤"建議"的中央組織部長人選，但尚未有結果時，劉正威的老婆閻健宏的重大經濟罪案即東窗事發。

當年李鵬安排鈕由國家機關工委常務副書記轉任水利部長時，與時任國務院祕書長兼國家機關工委書記羅幹，及政治局主管組織的常委胡錦濤之間作了政治交易：羅幹在胡支持下，一心要把他們兩人過去的同事、時任貴州省委書記劉正威調來任助手。

　　我們在第六章中介紹過劉正威的情況。一九八八年底在胡錦濤推薦下接任貴州省委書記的劉正威，到一九九三年一月又被安排爲省委書記兼任省人大主任時，已經六十有三，他向原來在河南時的老同事羅幹求援，希望能在國務院機關安排一個退休年齡限制不是很嚴格的正部級領導職務，於是羅幹找到也很熟悉劉正威的胡錦濤。胡錦濤便同意李鵬調鈕茂生到水利部掌印，騰出國家機關工委常務副書記的位置給劉正威。

　　羅幹身爲國務院祕書長，統攬一大堆事務性工作，還兼任中央政法委副書記和中央社會治安綜合治理委員會副主任，根本無暇顧國務院系統的黨務工作，全部推給常務副書記劉正威。

　　沒有多久，奉江澤民之命物色中組部長接班人選的胡錦濤，就認定劉正威是合適人選之一。確實，如果僅僅從工作簡歷上看的話，長期在省委和中央部委擔任政治祕書、祕書長的劉正威，似乎非常適合擔任中組部長。而中共中央直屬機關工委和國家機關工委的常務副書記，本來就往往與中組部負責人相互調動或交叉任職。但是，胡錦濤在政治局常委會上提出考慮這一動議時，江澤民未置可否，只是說"這個同志還可以在機關工委的崗位上再考驗一段，中組部長呂楓同志還可以再幹一段"。

　　胡錦濤萬萬沒有料到，時過不久，國家安全部系統發掘出劉正威妻子閻健宏涉嫌貪污、受賄。到一九九四年十月中共十四屆四中全會召開之前，閻健宏的經濟罪案材料已經擺在政治局領導人的會議桌上，華銘說，"想必當時胡錦濤是一頭冷汗"。緊接著，中組部長易人，接替人選當然不會是胡錦濤曾推薦過的劉正威，但也實在找不出更合適人選，這才把即將退休、被安排成全國政協常委的時任副部長張全景臨時扶正。

自江澤民上台以後數年裏，中共所處死的數名經濟犯罪的司局級幹部中，女性僅有一名，即隨丈夫劉正威前往貴州，並由胡錦濤批准安排爲貴州省計劃委員會副主任（正司局級），後來又兼貴州國際信託投資公司董事長的閻健宏。

據中辦人士透露，一九九四年年底，中紀委和中央政法委上報政治局常委關於閻健宏貪污受賄案的刑事處理意見時，江澤民揮筆在"死刑"兩字上打了個問號，在"死緩"兩字後面打了個驚嘆號。貴州傳出的消息說，江澤民在這份材料具體批注了三句話："不殺不足以平民憤，不殺不足以正國法，不殺不足以立黨威。"

此前，貴州省公安廳和省高級法院負責人都沒有想到中央會下達"判處死刑，立即執行"命令。理由之一，是劉正威系在任的十四屆中央委員，曾擔任省委第一把手，調離後仍爲正部級高官；理由之二，是閻健宏貪污受賄金額並不算很高（錢物相加，折抵人民幣並未超過百萬）。何況按照中共司法機關判案慣例，同等罪行男犯會判死刑，女犯則往往判處死緩。

考察閻健宏案，不能不牽涉貴州幹部安排中的深層矛盾。中共在各省黨、政一把手人事安排，一般情況都是黨的一把手離任後，擔任黨委第一副書記的行政一把手接替。但在貴州省卻不是這樣，一九八五年省委書記池必卿下台後，已經當了兩年省委副書記兼省長的王朝文沒能接任；朱厚澤當了四個月省委書記後走了，王仍然沒能接任，中央派去了胡錦濤；胡錦濤走了，王又沒有接任，由省委副書記裏排名在王朝文之後的劉正威接任；劉正威走後，王朝文還是原地踏步，中央又從江西調劉方仁接替省委書記職務。

中共對少數民族地區幹部任命除少數例外，一般是：中央派去的漢族幹部擔任區委書記，地方選拔的民族幹部擔任行政首腦。在貴州土生土長的苗族後裔王朝文是最典型的"地方幹部"，連任十年貴州省長，就是不安排他接任省委書記，胡錦濤擔任貴州省委書記時，王朝文還能夠任勞任怨，劉正威接替胡錦濤職務後，王朝文及其手下一班人便忍無可忍了，很自然地把"空降幹部"劉正威當成出氣筒。

按照貴州當地幹部的想法，劉正威調到國家機關工委明顯是在將屆退休之年又受重用。所以閻健宏事件被揭出，早就很不服氣的貴州當地幹部幸災樂禍地說："中央反腐敗不是說既要抓蒼蠅，也要打老虎嗎？我們貴州如今抓出劉正威老婆這只母老虎，給劉正威好看，胡錦濤也會丟盡面子。"

華銘的文章認為，江澤民下決心要拿劉正威夫人為反腐敗祭刀，是基於幾方面考慮：其一，貴州地方勢力與中央派去的幹部唱對台戲，令江澤民十分惱怒。其二，江澤民希望通過這一"打老虎"舉動，警告其他地方勢力特別是北京地方勢力：如果不在政治上與黨中央堅持保持一致的話，別忘了你們的屁股都是不乾淨的！

曾慶紅曾調查劉正威

華銘進一步介紹說，貴州方面在分析江澤民親自下令處理閻健宏的背景原因時，則增加了一條江澤民與胡錦濤之間的微妙關係。

一九九四年初，幾位中央大員到貴州省委微服私訪，用個別徵求意見和召開小型黨員群眾座談會兩種形式，"了解劉正威同志在貴州工作期間的群眾印象"。有被"徵求意見"者發現，那幾位中央大員並非來自胡錦濤主管的領域中組部，而是來自曾慶紅執掌的中央辦公廳。這時劉正威可能會接任中組部長的消息也從北京傳到貴州，兩件事情聯繫在一起，其背後隱藏的政治內幕微露端倪。

華銘認為，胡錦濤成為江澤民之後"第四代領導核心"的首席培養人選，並非出於江澤民意願，江澤民只是被動接受。所以，江澤民必須通過一系列政治手段，使胡錦濤這位鄧小平指定的"江澤民接班人"成為江澤民自己也滿意的人選。

隨著江澤民穩住政治陣腳，已經一步步令胡錦濤對他心服口服。而在"降服"胡錦濤的過程中，江澤民的政治動作之一，便是利用曾慶紅掌控的中辦系統，暗中牽制胡錦濤掌控的中組部系統。兩個系統暗中較勁的第一個回合，便是圍繞胡錦濤舉薦劉正威接任中組部長一事進行的。

江澤民起初指示曾慶紅暗中調查劉正威，並不一定是抱著整他的目的。但劉正威妻子"以權謀私"問題一旦被端了出來，等於是江澤民在政治上將了胡錦濤一軍。隨後江澤民下令判處劉正威妻子死刑，中組部長的接替人選便由江澤民趁勢一錘定音，臨時安排張全景。

傳胡錦濤事後就推薦劉正威接任中組部長問題作了自我批評，自認"僅憑個人主觀印象，沒有對劉正威後來的表現作進一步的調查了解，險些因為劉正威給黨的形象造成重大損失"。從那以後，胡錦濤不敢輕易再推薦中組部長人選，宋德福也只能繼續在中組部副部長兼國務院人事部長的崗位上蟄伏。

江胡聯手推動幹部年輕化

這五年之中，胡錦濤與江澤民最能談到一起去的話題，就是幹部年輕化。

對於胡錦濤來講，推動幹部年輕化，是他管黨務一舉三得的最佳良策。第一方面是對黨有利：推動幹部年輕化，黨新舊交替快，才能保持活力；第二方面是對國家有利：加快從思想陳舊的老人陰影中走出，加快社會轉型；第三方面也對他自己有利，加快權力洗牌，讓更多年輕幹部冒升出來，才能擴大他的權力基礎，大舉調動其"共青團派"的政治資源，搶佔中央和地方的各種領導崗位。

對於江澤民來講，也希望推動幹部年輕化，才能逐步縮小鄧小平的影響，也才能抗衡喬石、李瑞環的制約——畢竟，人大也好、政協也好，都是老人集中的地方，越實現"幹部年輕化"，越威脅到其潛在政敵的地盤。

黨中央和中組部幾乎每年都要下發各種關於推動幹部年輕化的文件、指示、規定。中組部不時向團中央提出輸送年輕幹部的要求。一九九四年十一月，總參謀長張萬年上將去山西太原總參大學生訓練基地，接見經過三個月軍訓的六百四十名大學畢業生。這批畢業於北京大學、中國人民大學，南開大學等二百多所高等院校的大學生，從二千餘名應徵者中遴選而出，其中博士、碩士研究生佔百分之十一，已經加入中國軍隊行列。張萬年說，這次選拔地方大學生進入軍隊，是"黨中央、中央軍委著眼我軍長遠建設所作的重大決策"。

一九九五年的一波"幹部年輕化"，更被外界評價為"外科手術"、"大換血"。中組部規定出一套全新的幹部任用、晉升和退休制度，明確規定：年滿四十歲的幹部，不再有提升為處級的資格；年滿四十五歲的幹部，不再有提升為副局級的資格；年滿五十歲的幹部，不再有提升為局級的資格。凡年滿六十五歲的正部級官員及年滿六十歲的副部級官員，一律不再考慮特殊情況，必須立即退休。

在這年舉行的北戴河會議上，江澤民和胡錦濤再次闡述了"幹部年輕化"的政策，作出落實、推行的安排，包括相關措施，如"幹部崗位輪調製度化"方案，精簡機構方案等等。

反腐敗進度趕不上腐敗速度

　　如果說，胡錦濤在推動幹部年輕化方面大有斬獲，那麼，他在推動反腐敗方面則是陷於泥沼。

　　抓反腐敗，不僅僅是胡錦濤的任務。實際上，不僅江澤民和政治局常委中喬石（人大）、朱鎔基（國務院）和劉華清（軍委）各方面都投入了很大精力，親自抓大案要案的查處，書記處書記中多人也都參予反腐敗，而有責任抓此項工作的黨政、政法部門、機構更達幾十個之多：從中紀委、中央辦公廳、中央組織部，到最高檢察院、國務院監察部、司法部、公安部、財政部……

　　這幾年反腐敗，也不能說沒有絲毫成效。根據一九九七年年底公佈的數字，中共處理"腐敗黨員官員"五十萬人，其中縣處級幹部一萬五千六百九十人，廳局（地師）級幹部一千三百三十三人，省部級幹部三十人，包括北京市委書記陳希同和副市長王寶森、廣東人大副主任歐陽德、湖北省副省長孟慶平都被揭露和處理，挽回經濟損失一百四十二億元。

　　隨著一系列措施出台，中共某些方面的腐敗現象有所遏止。但是從總體和根本上看，胡錦濤直接要負責的黨風迄無好轉，驚人的腐敗滲透進軍隊、武警、政法機關和各級執法機構，包括工商行政、交通、海關、稅務……而經貿、金融和基本建設方面的腐敗，更給國家帶來令人咋舌的巨大損失。

　　在中共政治體制改革沒有進展，整個權力機制沒有發生根本變化、而市場經濟迅猛發展的大形勢下，胡錦濤就是再能幹也是無力回天的。相反，他時常深陷一團亂麻般的矛盾旋渦之中。

　　例如，胡錦濤一九九六年初春在廣西視察時，就發現一件奇案，竟"涉及"江澤民總書記。

　　據不同消息來源介紹，此案情節頗為曲折。柳州副市長陳明貴學開汽車，因技術不熟掛了倒檔，將市委副書記蒙仁周撞傷不治，柳州百

姓稱之爲“風流市長”陳明賞開車撞死“糊塗書記”。當地官場正爲留下的
兩個空缺明爭暗鬥時，來自北京的據傳才三十二歲的劉和平，由廣西區
黨委直接任命爲柳州市委副書記。

劉和平自稱來自機械電子工業部，是前部長鄒家華的祕書。因爲
江澤民曾任第一機械部外事局局長，故該部被認爲是江澤民的嫡系，年
紀輕輕的劉和平在柳州被當作了直接通天的人物，炙手可熱，令年長一
輪的市委書記兼廣西壯族自治區黨委常委劉知炳，也對他巴結諂媚。但
是中共廣西自治區委接到密告，說劉和平長期僞造履歷，曾勞改十三
年。有關部門正要著手核查劉和平的關頭，突然有兩名來自解放軍總參
謀部的軍官前來斡旋，聲稱“奉江總書記委托”，暗示劉和平勞改十三
年，實爲“執行某種特殊使命”。

胡錦濤來柳州視察，劉知炳匯報時特意稟告“中央派劉和平到柳州
工作非常出色云云”，令胡錦濤疑竇叢生，深感蹊蹺，便打電話向江澤
民求證。江澤民不僅斷然否認，並告訴胡錦濤迅速向軍隊和地方傳達他
的意見，此案無論涉及到誰，都要堅決徹查到底。經過幾個月追查，原
來根本就沒有什麼“中央派劉和平來”一說，劉和平是個政治騙子，僞造
中組部的介紹信到地方行騙。不僅如此，此案還涉及總參謀部管理局局
長劉世倫少將，與多宗軍隊與地方勾結的貪污腐敗案件有牽連，性質覆
蓋極廣，包括違紀經商、行賄受賄、挑選女兵在部隊高級賓館提供色情
服務，等等，黑錢金額高達數億人民幣，還牽扯到天津、四川等多處黨
政大員。劉世倫少將掌管軍方各個核心部門及高層將領軍需及後勤補給
大權，與軍委高層負責人也有密切交往。

由騙子劉和平扯出這樣的大案，是否能徹底查清，哪裏是胡錦濤
的個人能力問題？

“新鮮人”五年熬成“資深者”

對於胡錦濤，五年時光或許度日如年，對於變化中的中國，五年卻是光陰似箭。一轉眼，又是下一屆黨代會了。這一次，對於第三代領導集團來講，是第一次獨立掌權後舉行的黨代會，也是要在政治舞台上第一次打下鄧後歲月印記的黨代會。

江澤民在十五大舉行前夕的一九九七年五月二十九日，非同尋常地選中胡錦濤主管的中央黨校，作了一次重要講話，被看成是為十五大精神定下"江澤民時代"基調。

有人在十五大之前預測，按鄧小平的設想，十四大是第三代接班掌權，十五大就該輪到第四代了——也就是胡錦濤該接管實權了。這種說法不僅已被十五大的事實證明其謬誤，而且可以說根本就昧於中共史實。

中共在和平時期每一代人實力的培植，是要一定時間的：第一代經營了二十七年，第二代經營了十四年。十五大時江澤民正是剛剛獨立掌權、在外交內政和人事上打下自己的理念印記、"待從頭收拾舊山河"的鼎盛時期，在自己的人馬一一各就各位、安排停當之餘，哪裏有胡錦濤置喙的地步！

一九九七年九月十九日，中共第十五次代表大會選出的中央委員會，按照慣例，關起門來舉行首次全體會議，投票選舉中央政治局委員、常委、中央總書記、書記處書記、中央軍委主席、副主席和委員。苦候在會場外面的媒體記者，最關心的是最高決策圈究竟有哪幾個人榜上有名，還在猜測最後關頭會不會冒出令人跌破眼鏡的戲劇性消息。會開到這時候，按說局勢已經足夠明朗了，即使不能猜得百分之百準確，也該是八九不離十：江澤民穩坐總書記寶座；由於喬石終於退出，李鵬在次年國務院總理幹滿兩屆任期後，看來可以接任人大常委會委員長，當然不會退出常委——人們看到他在會議期間一直掩藏不住笑意；朱鎔基、李瑞環等人當然也可以留在圈內；胡錦濤在這屆大會主席團擔任祕書長，從各方面分析，他肯定還會在新團隊中有一席之地。年高退出的劉華清，繼任者是誰尚無定論；喬石一走又空出一張椅子，就看這兩個新的幸運者是誰了。

苦候在會場外的記者，苦候在電視機前的民眾，總算盼到了十五屆一中全會選舉完畢，謎底就要揭開……江澤民領著政治局常委們魚貫而入。他身後的是李鵬、李瑞環、朱鎔基、胡錦濤……還有兩個新人是誰？尉健行，李嵐清！

人們蜂擁拍照、攝影、錄音，兩位新人加上江澤民成為注目焦點。一時間幾乎沒有人顧得上注意胡錦濤所站的位置。但這卻是意深味長的：在嚴格按照等級排序的中共最高層，他已經由一天前的第七名，往前跨進了兩名：胡錦濤，現在是黨內老五了！

借用人類首次登上月球的美國宇航員阿姆斯特朗的話說：胡錦濤在政治局常委名次上是前進兩小步，在中共權力交接程序中卻是前進一大步——他從老七上升到老五，是一個象徵：這位被鄧小平、宋平、薄一波等元老為江澤民選定的接班人，在元老相繼退出歷史舞台之後，被江澤民認可，確定了他接班的名分。

第九章／從後台來到前台

（一九九八——二○○二）

●謙虛，溫和，文雅，友善，與總統握手，對華僑鞠躬，向記者問候……一年到頭奔波於各省市和各首都——他到底在忙些什麼？

年輕的中國"備胎"

一九九八年的陽春三月，中國又一次為世界所矚目。

北京正在舉行第九次全國人民代表大會和第九次中國人民政治協商會議。第一次在政治強人缺位之後的重組權力結構和制訂路線方略，在十五大上亮出了大綱粗目，在九屆人大上塵埃落定。這屆大會幾乎每一個方面都被老百姓和海內外媒體翻過來倒過去，熱熱鬧鬧地爭論剖析：內閣更迭後重臣們的去留升降，國家機關前所未有的變動方案，以及鐵面宰相朱鎔基關於國營企業、金融體制改革的成套措施……

如果說這些都畢竟牽涉人們的切身利益，人人關心並不足為奇；那麼過去不會引起多少人感興趣的國家副主席一職將要由誰來接替，也由冷門話題變成熱門話題，就難免令人覺得稀罕了。

時任國家副主席榮毅仁年逾八十，肯定要退休，誰來繼任，這次會上要揭曉。眾所週知，在美國政治體制中，副總統被稱作"備胎"除非總統出了意外不能執掌權柄，副總統才能派上用場。而在中共權力體制中，"東西南北中，黨是領導一切的"，從一九六六年以後，國家主席的職務要麼乾脆被廢除，要麼長期是"聾子的耳朵"，只具外交禮儀意義，處在權力中樞的邊緣位置。國家主席尚且如此，國家副主席就更是一個可有可無的虛銜，處在邊緣的邊緣。歷屆國家副主席，不論是"文革"前的宋慶齡、董必武，還是一九八三年恢復這一職務之後出任的烏蘭夫、王震、榮毅仁，都是所謂"德高望重"者的"榮譽頭銜"而已。為什麼這次港台和西方媒體居然連篇累牘地推測分析？

原因無他，會前傳出的人選中，出現了一個大家本來壓根兒不會想到的名字：胡錦濤。

當三月五日上午九屆人大在人民大會堂開幕時，主席台前列座次成為大家注目的焦點。

人們看到，第一排正中，是即將出任人大常委會委員長的李鵬；他的兩旁，一個是這屆大會的祕書長田紀雲，另一個，是政治局常委胡錦濤。

這種席次頓時引起台下代表的紛紛議論，也引起實況轉播的電視機前海內外民眾和專家的紛紛議論。據《亞洲周刊》披露，會前已經有"權威人士"說，胡錦濤實際上是本屆人大會議的"幕後祕書長"，並主導了本屆人大有關的人事安排。

胡錦濤坐在人大會議主席台前排，隨後被證實為國家副主席候選人，之所以出乎意料，是因為這件事無論是對他本人，還是對中共權力運作體系，都有非同小可的指標性意義。中共"不按牌理出牌"的反常之舉，給中國問題學者、時事評論家們提供可以大加挖掘闡發的空間：這到底應該解讀為胡錦濤被"明升暗降"，雖然名義上成了黨內老五，卻坐上了一條冷板凳？——去年十五大舉行時鄧小平屍骨未寒，江澤民不便給人"人走茶涼"的口實，馬上廢黜鄧小平指定的王儲胡錦濤，就用這種方式來削弱和排擠他；還是應該看成中共最高層對傳統虛銜職位的"廢物利用"，給胡錦濤開拓一片"個人秀"的舞台空間？抑或，是江澤民一舉兩得，亦抑亦揚，進可攻，退可守？

　　三月十六日上午，二千九百四十七名代表走進了人民大會堂，在刻意突顯莊嚴神聖的氣氛中投下各自的一票。除了人大常委會委員是差額選舉之外（差額百分之五），其餘職務，從人大常委會委員長、副委員長、祕書長，到國家主席、副主席、國家軍委主席，一律是"有中國特色"的等額選舉，候選人名單上列上了誰，當選就穩穩當當，不可能不是誰。

　　選舉結果正式揭曉：二千八百四十一票贊成，"國家副主席：胡錦濤"。

　　國內外政治觀察家們，是從後來的事實領悟到，中國國家副主席的職位將不再僅僅是一張"榮譽證"了，它將具有中共決策層培養新領袖的歷史新定位。

　　幾乎就是在上任第二天，一九九八年四月，胡錦濤就首次以國家副主席的身份到國際舞台亮相去了：出訪日本和韓國。中國新聞社隨團採訪記者有感於胡錦濤緊張的工作節奏，特別發回報導《胡錦濤在韓國度過以分秒計算的一天》。

　　同年十二月份，胡錦濤赴越南河內，參加了東盟和中日韓領導人非正式會晤、東盟與中國領導人非正式會晤。前一年年底，江澤民主席與東盟國家領導人進行了了首次會晤，一年後由胡錦濤接班，代表中國與東亞領導人第二次聚會。再往後，一九九九年初，他又訪問非洲的馬達加斯加、加納、科特迪瓦、南非四國……

　　這是走出去，還有迎進來。最引人注目的迎迓，是一九九八年六月二十六日晚八時二十分，前來中國進行國事訪問的美國總統克林頓，乘總統專機自西安抵達北京，降落在首都機場南停機坪。新華社報導說："襲人的熱浪已漸漸散去，絲絲涼風撲面而來……前來迎接的國家副主席胡錦濤和夫人劉永清，在舷梯旁與克林頓和夫人希拉里親切握手致意。"

　　前此，胡錦濤在八十年代初期，以全國青聯主席的身份與日本首相中曾根康弘打過交道，八十年代中後期，以貴州省委書記的身份與澳大利亞和新西蘭的政府首腦打過交道。但是到了中央之後，他一直擔任黨的職務，與西方主要國家元首、政府首腦基本上沒有機會打交道，更沒有與當今世界頭號強國美國的領導人有任何直接接觸。這次他不擔負任何實質性的任務——中美兩國元首的會談，是第二天江澤民與克林頓兩人的事，胡錦濤倒是得以比較冷靜從容地觀察這位當時正被性緋聞越纏越緊的白宮主人。

文質彬彬的軍委副主席

　　九十年代的最後這幾年，是全球範圍的"多事之秋"，也是中國的"多事之秋"。

　　一九九七年，天時地利，加上中共第三代領導集團精心營造，宛如一個嘉年華的盛會。年初中共元老鄧小平去世固然一度使政局有點撲朔迷離，但是對於江澤民及其同僚來講，悵然若失之餘，一定更多地感到獨立掌權的快慰；隨後的香港回歸、十五大盛會和江澤民訪美等一連串大事捷報頻傳，整個中國洋溢出"團結勝利"、前途光明的喜慶氣氛。

　　然而，就像有意作一個強烈對比似的，一九九八年，狂風驟起，黑雲壓城，告急連連：亞洲金融風暴愈演愈烈，體制改革步履蹣跚，社會經濟險象環生，南北洪水曠日泛濫，壓制反對力量招致國際批評聲浪升高……使得中共"第三代領導集團"的成員們個個在危機總爆發的臨界點高度緊張，寢食難安，疲於奔命。朱鎔基總理在一九九九年三月九屆人大第二次會議之後答記者問回顧過去一年時，沉重地說："非常困難"，"來之不易"，相信這確是一句真心話。以至於一九九九年年初，由於政府機構改革遭遇阻力，胡錦濤受政治局常委之命成立專門小組，協助國務院推動機構改革的實施。

胡錦濤儘管也同樣並不輕鬆，同樣櫛風沐雨，心力交瘁，然而相形之下，他在所有的最高層同僚中算是最有福氣的一位，從一九九七年的權力高峰，走向一九九八年更大權力的新高峰。繼在中共十五大上黨內地位由第七位躍升到第五位，又當選中國國家副主席之後，七月，他非同尋常地在部署軍隊、武警和政法機關不得經商的電視電話會議上露面，顯示他已被授予過問軍隊事務的權力；八月份，又盛傳胡錦濤將伸手摸槍桿子了——在即將召開的中共十五屆三中全會上，會出任中央軍委副主席。

這條消息為後來的事實所否定。因為十五大產生中央軍委新班子才一年，不宜馬上做大的人事變動。而且，更棘手的是，既然他進中央軍委當副主席是體現“黨指揮槍”，那麼就不能安排得低於張萬年、遲浩田這些職業軍人，而當時正值裁軍五十萬加上禁止軍隊經商這兩件棘手難題，中央軍委中職業軍人的地位一變，又會造成軍心浮動。對江澤民來說，何必定要在這個節骨眼上把胡錦濤推上去呢？

不過人們並不懷疑，胡錦濤擔負起軍隊領導職務，只是時間遲早的事。果然，過了一年，一九九九年九月，在中共十五屆四中全會上，胡錦濤出任中央軍委副主席——胡錦濤在黨內、國家和軍隊三個領域，都名副其實地成了江澤民的副手。

這麼年輕、與軍隊毫無淵源、不僅沒有上過戰場更沒有立過戰功，連軍事常識都談不上的文職官員，竟然當上了武裝鬥爭起家的中共的軍委副主席！這在中國還是破天荒第一遭。軍隊中那些彈痕累累的老將軍會怎麼想，那些指揮機械化集團軍的少壯派軍官會怎麼想，不難料定。香港《南華早報》的文章透露說：胡錦濤出任軍委副主席“並非毫無障礙”，“江澤民爲此至少努力了兩年時間”，因爲“軍方將領堅決反對讓第二名文官進入軍隊最高決策機構”。

說“堅決反對”，其實並沒有多少可靠依據，只是猜測而已；真有人“堅決反對”也無濟於事。按照中共慣例，黨的最高領袖要兼任軍隊最高統帥，胡錦濤既然是未來第四代接班人，那麼也總有一天要擔任軍委主席。他在“待業”期間先擔任軍委副主席，好熟悉情況，可說順理成章，軍方哪有能拿到桌面上來“堅決反對”的理由？與“槍杆子裏面出政權”同樣被奉爲圭臬的還有一句話：“我們的原則是黨指揮槍。”軍內再有反對意見，軍人以服從命令爲天職，畢竟還是要服從中央號令。

曝光越來越多

胡錦濤自從走上政壇就抱定“少宣傳個人”的宗旨。本來輩份資歷較低，他爲人處世一直非常謹慎小心；對媒體功能與作用，他又具有比別的領導人更深的把握與理解——“水能載舟，也能覆舟。”媒體能捧人，也能殺人。

當了中共中央政治局常委兼書記處書記之後，胡錦濤仍然基本上不讓媒體宣傳他本人，更對他的私人生活包括家庭諱莫如深。那年媒體風傳李鵬貴體欠恙，他竟不惜放出一張“上空照片”——以一個僅穿半截游泳褲的半裸形象向世人證明自己是“浪裏白條”、“老當益壯”，這樣的事情是無法想像會發生在胡錦濤身上的。

本來按照各國的慣例和民主政體的機制，一旦投入競選民意代表或者接受被委任爲公職，就意味著自願放棄自己的某些隱私權，就得按照公眾人物的要求，處於媒體的聚光燈、放大鏡之下，進而通過他們讓民眾前後左右甚至裏裏外外地審視。中共的政要，卻沒有這種習慣，這就要歸結於中共對媒體的定義和功能了。

　　按照中共的理論，雖然不便斷然否定媒體是大眾傳播的手段，是信息流通的載體，但總是要強行將之當成意識形態的工具，是方針政策的喉舌。八十年代初期，人民日報社社長胡績偉有一次論述到新聞要講"黨性"，更要講"人民性"。應該說這種說法仍然謹慎地保持在共產主義教條的界限之內，即使如此，仍為共產主義老人不能容忍，胡喬木和鄧力群在一九八三年批判資產階級自由化的"清除精神污染"運動中對之大加撻伐。

　　以中共觀念來看媒體，當然就會認為，媒體報導誰，並不是尊重讀者知情權，滿足社會大眾對公眾人物了解和監督的需要，而一定是來自被報導者的某種自我塑造或者自我洗刷的動機。胡錦濤為了杜絕給人這種誤解，杜絕給人以"樹碑立傳"的話柄、"歌功頌德"的口實，就只能對媒體避之惟恐不及了。

　　作為黨中央最年輕的政治局常委，幾年來，代表黨中央出席工青婦乃至文聯、作協和科協等"群眾團體"的代表大會並講話，每逢三月八日、五月一日、五月四日和六月一日，分別在婦女節、勞動節、青年節、兒童節參加活動，成了他的專職，成為他的固定曝光場合。不過，他在工會、婦聯等團體開會、講話，更多的帶有居高臨下的官方色彩，在共青團和少先隊的活動中露面，則更像回"家"，更帶有長兄對弟妹乃至對子侄輩的親切感。

　　在他擔任國家副主席、軍委副主席之後，報刊上"胡錦濤"這三個字更是成幾何級數逐日暴長。不過，對他本人進行正面、直接的人物報導，是大陸官方中國新聞社二〇〇〇年元月份開了先河。中新社異乎尋常地發表署名"鐘靈"的人物特寫《年輕的軍委副主席胡錦濤》，同時在中新社主辦的《視點》雜誌二〇〇〇年第一期以封面人物的方式重點推出。不管胡錦濤本人並不喜歡宣傳自己，但是既然被安排為國家副主席、軍委副主席,就得從黨的密室走出來,讓國內民眾和國際社會、讓全軍官兵好好端詳一下自己,他也就只能服從"革命需要"了。

這篇文章,我們在本書第一章中提到,是一份相當典型的官樣文章,立意角度、提法用詞,顯然都經過秀才反覆推敲,並經有關部門再三審閱核准。一上來就先對胡錦濤用了一堆形容詞:"溫文爾雅","極富魅力","聲音寧靜、沉穩","讓人踏實","個性溫和","穩健實幹","形成了特殊的風度和風範"。

文章緊接著描寫了這樣的場景:

"關心時事的朋友,一定還會記得一九九九年九月二十九日中共中央軍委在北京隆重舉行的那場晉升上將軍銜儀式。那天下午三時,晉銜儀式在莊嚴的國歌聲中開始。中共中央政治局常委、國家副主席、不久前剛剛就任中央軍委副主席的胡錦濤,宣讀了中央軍委主席江澤民九月二十二日簽署的晉升上將軍銜的命令。這次晉升上將軍銜的高級軍官是:中央軍委委員郭伯雄、徐才厚。""在這一晉升上將軍銜儀式中,人們注意到,胡錦濤以新任的中央軍委副主席身份,穿著一身特製的綠色軍便服,也是軍容嚴整,以全新的形象出現在中國公眾面前。"

"不可能的任務":軍隊與企業摘鉤

胡錦濤很清楚,自己被安排擔任軍委副主席,當然不是只當當"軍容嚴整"的禮儀官。但軍隊這一攤子,又實在是凶險異常。

中國的老百姓每天在政府機關能見到軍警值勤,在電視上能見到軍人抗洪搶險、訓練演習。但是這些場景、人物,與一位軍委副主席要涉足的軍隊事務相比,只是深不可測的汪洋中的幾簇浪花而已。且不說其中涉及現代科技、國防部署等專門領域的難題,只說每年天文數字的軍費大餅如何分,涉及利益;成百上千司令員、政委、軍長師長的拔擢提升，涉及權勢。而從中央紅軍、紅一、二、四方面軍、到八路軍、新四軍，再到一野、二野、三野、四野延續下來的軍內山頭，上下鈎連，左右呼應，讓人望而生畏。更何況，現在相當一批將軍、校官，翻開履歷表看看，都是中共烈士、開國元勛的子女、婿侄乃至孫輩呢。

前一年，他雖然沒有當上中央軍委副主席，但是已經作爲政治局常委，擔負了一項十分複雜艱鉅的使命：主管軍隊停止經商、與企業脫鈎。

這項任務交給胡錦濤，江澤民有擺得上桌面的理由：中央政治局常委中除了自己是軍委主席，再無軍方代表，而其他常委，都有各人分管的一攤事，這項任務交給胡錦濤，相對之下最爲說得過去——他不是馬上要當上軍委副主席了嘛，正好給他這個重擔鍛煉鍛煉。再說，胡錦濤與軍隊最少瓜葛，這看似是不利因素，其實正好：是個完完全全的外人，就不會有任何利害恩怨的牽扯，能夠最客觀地觀察分析處理一團亂麻似的矛盾。

在外人分析起來，江澤民此舉大有可議之處。說起來他是在"繼承鄧小平遺志"，創造機會培養胡錦濤，做法也與當年鄧小平培養他插手軍隊相似；但實際上，兩者卻完全是兩回事：鄧小平當年將中央軍委主席之職交給他，一再鼓勵他關心軍隊事務，給他創造給軍隊"施恩"的機會：答覆增加軍費，提高軍人待遇，等等；尤其是授銜：據新華社二〇〇二年六月報導，人民解放軍自一九八八年恢復軍銜制以來，中央軍委共授予八十一個上將軍銜、警銜。其中鄧小平授銜的只有十七人，其餘六十四人全是江澤民冊封的，他授銜的中將、少將更是不計其數。而他給胡錦濤安排的第一個插手軍隊事務的任務呢，竟然是"虎口奪食"，是"施威"把軍隊十多年來發展起來的商業利益拿走！這到底是給胡錦濤提供涉足軍隊的機遇，還是故意給胡錦濤出一道兩難習題呢？胡錦濤如果無法順利解決禁止軍隊經商、與企業脫鈎，就表明其才幹不足，難以擔當大任；而如果禁止了軍隊經商，又勢必極大地得罪軍方，對其未來執掌兵符帶來極多隱患。

而軍隊經商與企業脫鉤，也確實是冰凍三尺非一日之寒，牽扯範圍甚廣的難題。

鄧小平在七十年代之末開始啟動開放改革時，下令裁軍砍預算，但他同時答應人民解放軍可以跨進市場，分享經濟改革成果。隨後，中央先後於一九八五年、一九八九年、一九九二年和一九九七年發文，對此作了具體規定。這個口一開，解放軍上上下下的欲望噴薄而出。軍隊經商，有利條件太多了！有地皮，有資源、設備、技術……什麼都有，就是沒有監督──工商管理、稅務、海關等等部門哪裏敢太歲頭上動土！名曰"為國防""為軍隊建設"，實則"槍杆子裏面出黃金"，中飽私囊，愈演愈烈。解放軍最大的保利集團，由鄧小平和王震家族成員把持，不僅生產經營軍火，還介入房地產，生意從國內做到國外。美國《新聞周刊》報導：中國軍方經營的企業，超過一萬五千家，一年總營業額達一百八十億美元。

解放軍貪得無厭地追逐財富，搞亂了經濟，破壞了安定，甚至對人民幣幣值的維護都構成壓力，更不用說對軍隊戰鬥力的致命腐蝕了。包括胡錦濤在內的最高層不斷接到警報，深知這個問題嚴重到了什麼程度。一九九四年，江澤民就曾經命令軍以下單位嚴禁經商──說了跟沒說一樣；一九九七年，中央又規定"有作戰任務的戰鬥部隊"不得經商，下面仍然陽奉陰違。據相當了解軍隊情況的著名中共問題研究專家石沙披露：前兩年朱鎔基曾經向軍委副主席劉華清提出這個問題，被劉頂了回來。劉華清第一句話說：軍隊辦企業，是小平同志支持的；第二句話：砍了軍隊企業，國務院又才給一點點錢，叫三百萬軍隊喝西北風呀？！所以此事一再延宕下來。

一九九八年中共中央下大決心要解決這個問題，還是因為國家的整體收支出了麻煩，眼看要影響整個社會經濟大局。

這一年朱鎔基當上總理，連闖幾個"地雷陣"：國企改革要安排一千多萬下崗工人，政府機構改革要安排數百萬下崗幹部。上半年受金融風暴影響，出口嚴重放緩，眼看影響百分之八年增長率的實現。這時其智囊獻計：狠抓反走私，就能挽救正常的進出口貿易。朱鎔基一聽確實不錯，但是一邁步踩下去才發現又是個"地雷陣"：走私隊伍中的大戶正是軍隊！

一九九八年九月在全國反走私工作會議上，朱鎔基透露，近年每年走私八千億，軍方是至少五千億。以逃稅為貨款的三分之一計，便是一千五百億。據說全未補貼軍用，錢哪裏去了？九十年代初期，筆者在福建採訪調查，當地幾個市的領導人告訴筆者：哪個軍種、兵種、哪個軍區都參與走私，天上飛的，海上開的，路上跑的，什麼交通工具、什麼聯絡工具都用上了——要多少軍艦有多少軍艦，要多少飛機有多少飛機，要多少軍列有多少軍列，要多少兵員有多少兵員。而且氣焰特別高，掛著軍車、警車車牌、通行證，誰敢攔誰敢查？

最高層決定一不做二不休，這才有了胡錦濤雖未確定名分，卻受命讓軍隊與企業脫鉤的一幕。在中央下令之前，他與軍委負責人以及幾大總部負責人頻繁商議，商量最穩妥的實施方案，最後定了三年三步的進度：第一步，先停止經商；第二步，清理；第三步，移交。中央下令之後，他在動員會議上動之以情，曉之以理，苦口婆心地講軍隊經商的危害。講國家的難處。隨後他連續地主持或者主導各種會議，隨時掌握各地在進行這項工作中出現的動向。

這項工作事關全局，江澤民、李鵬和朱鎔基等人也不能看著胡錦濤一人坐蠟。石沙在《江澤民的謀略》（明鏡出版社）一書中披露：在中央下令前，朱鎔基曾經約談張萬年，詢問軍隊停止經商後軍隊的損失。張萬年回答：大概幾十億吧。朱鎔基一聽馬上拍板：國務院全部補給你！

軍隊停止經商，與企業脫鉤，衝擊了無數人的切身利益，他們能拖就拖，或則能撈就撈，趁禁令還不嚴密的空檔，一時間掀起變賣、轉移、私分軍隊財產的狂潮。當時台灣中央社的消息舉例說：廣州軍區後勤部在中央下令禁止軍隊經商之後的五天內，動用軍區經濟實體的三億五千餘萬資金，在廣州、深圳和珠海搶購了一百七十多棟高級住宅和別墅，還訂購了七十多輛旅遊車和轎車。胡錦濤得知後，趕快與軍委負責人製定對策，下令禁止。

軍隊在經商和走私中分贓不均發生火並，也是遍地開花，自中共禁止軍隊、武警、公安經辦經濟實體後，有關經濟利益的爭奪，軍隊與武警為分錢、分贓，爆發武鬥，用槍、用炮用裝甲車，時有發生。國務院、中央軍委不得不於一九九九年二月二日發出《關於堅決制止爭奪經濟體資金、財產的流血事件發生的緊急通知》。

軍隊經濟實體移交過程中還不斷發生殺人滅口、攜巨款潛逃等惡性事件。中央軍委、軍紀委在一九九八年秋天的一次會議上披露，從夏天中央下令以來幾個月中已經發生了一百三十起，湖北省軍區參謀長、遼寧省軍區後勤部辦公室主任、濟南警備區後勤部代部長等已攜巨款逃到海外。

隨著軍隊企業的整頓清理，軍隊的驚人腐敗也逐步暴露出來。雖然大部分涉及高級軍官，無法處理，只能不了了之，但大量觸目驚心的事例，給胡錦濤留下了極深的印象。據伊銘在《中共第四代權力部署》一書中援引某位軍內學者透露的情況：前空軍司令員王海，到河南軍區檢查工作，每晚都要回昆明睡覺，因為在河南睡得不習慣；濟南軍區空軍某參謀長竟然帶了一批親信早出晚歸飛到深圳炒股！

　　二〇〇〇年五月二十五日，中共中央、國務院、中央軍委在京召開「軍隊武警部隊政法機關不再從事經商活動工作總結電視電話會議”，會議由中共中央政治局常委、中央紀律檢查委員會書記尉健行主持。胡錦濤在這個名稱冗長的會議上作了總結。

　　胡錦濤在講話中說，一九九八年七月，經江澤民提議，黨中央作出了軍隊、武警部隊和政法機關一律不再從事經商活動的重大決策。得到了全黨、全軍和全國人民的衷心擁護。近兩年來，經過軍地有關方面的共同努力，進展順利，發展健康，取得了明顯成效。一九九八年底，軍隊、武警部隊和各級政法機關已經與所辦經營性企業徹底脫鉤；今年三月，整個不再從事經商活動的工作基本結束，實現了既定目標。

　　胡錦濤在講話中系統地回顧了這項工作，這個時候，自然把所有酸甜苦辣都藏在肚裡不說了，主要是大唱讚歌講足成績：確定撤銷的企業已經按法定程序辦完了注銷手續；移交的企業全部進行了清理，並區別情況進行了處理；解除掛靠關係的企業已依法解除了與政法機關的關係；保留的企業重新界定經營範圍並辦理了變更登記手續。

　　胡錦濤指出，一些有效做法、成功經驗，為今後開展專項治理工作提供了有益的借鑒。經驗之一是「江澤民同志對做好這項工作作出了一系列重要指示，為我們抓好工作落實指明了方向”。胡錦濤還強調，把軍隊、武警部隊和政法機關不再從事經商活動，作為從嚴治黨、從嚴治政、從嚴治軍的一項重大原則堅持下去，作為一項政治紀律嚴格遵守。今後無論是軍隊、武警部隊還是政法機關，如果哪個單位再發生從事經商活動的問題，不但要追究直接責任人的責任，而且要按照黨風廉政建設責任制的規定，追究單位領導的責任，嚴肅執行紀律。

　　奇怪的是，如此重大的一項舉措，任務「圓滿”完成，出席總結會的，除了政治局委員、國務院副總理溫家寶，政治局委員、政法委書記羅幹，中央軍委出席的卻只有委員于永波、王克，兩位副主席張萬年、遲浩田一個都沒有露面。

胡錦濤在領銜督導這項艱鉅的任務中，也讓軍隊官員見識了其細心慎重和圓融周全。軍隊與企業脫鉤總算基本完成了。但是，一來某些界限不明的企業未能與軍方"一刀兩斷"，還由軍方掌控；二來企業在移交過程中流失極其嚴重。美國蘭德公司德一份調查報告說：中國軍隊停止經商就像搬開一塊石頭，搬開之後才發現軍隊蛀蟲如此之多！這份報告說，軍隊停止經商之後至少有二十四名少將以上軍銜的軍官捲款逃往海外。

四聲巨響，三條人命，一場風暴

一九九九年北京時間五月八日，星期六，本來是個可以輕鬆的日子。凌晨，一個驚人的消息從貝爾格萊德急速地傳到北京，首先震驚了中南海，隨後震驚了全國和全球。

不到七點，包括胡錦濤在內的在京的政治局常委、委員、軍委副主席家的保密電話響了，中共中央辦公廳總值班室緊急報告：大約一小時以前，以美國爲首的北約用導彈襲擊了我駐南使館，已造成多人傷亡，館舍嚴重毀壞。值班室通知胡錦濤立即參加政治局會議商討對策。

北京和全國許多城市掀起了大規模的抗議怒潮。大批學生前往美國大使館和各地領事館示威，並強烈要求中國政府當局對美國採取強硬報復措施。北京抗議者包圍大使館，向使館投擲石塊磚頭，砸破了使館的玻璃；成都的抗議者還放火燒毀美國總領事的官邸……

中南海最高層如何應對這一突發事態，署名爲"宗海仁"（人們猜測說這個筆名是"中南海"的諧音）的《朱鎔基在一九九九》（明鏡出版社）一書中披露：

會議室的空氣仿佛凝固了。每一個人的臉都緊繃著，嚴肅而憤懣。會議期間不時有消息傳來。主持會議的總書記腦袋象霜打過一樣抬不起來，他用近乎喑啞的嗓子開場："……我一聽到這個消息，除了滿腔的憤怒，說不出一句話來，腦子裏一片空白。"

這是一次群情激昂、義憤填膺的會議。有人要求總書記立即穿上軍裝，向全國人民發表電視講話；有人要求立即召回中國駐美大使；還有人要求中止與美國高層的一切交往。最後會議作出了以下決定：

一，以中華人民共和國政府名義立即發表嚴正聲明，最強烈抗議北約轟炸我駐南斯拉夫使館；

二，由外交部緊急約見美國駐中國大使，奉命向以美國為首的北約提出最強烈抗議；

三，要求聯合國安聯會召開緊急會議，討論和譴責以美國為首的北約的野蠻行徑；

四，立即派專機前往貝爾格萊德，採取一切措施搶救傷員，接回我有關人員；

五，立即通令全國，有組織地引導全國各地廣大人民群眾，舉行座談、集會、發表抗議信等各種活動。

六，有組織地在北京、上海、廣州、成都、瀋陽等城市，在美國駐華外交機構附近舉行示威活動，同時公安部門要加強美國駐華外交機構附近地區的警力，謹防出現過激行為；

七，堅決確保社會穩定，警惕有人藉機擾亂正常的社會秩序，轉移矛頭。

至於總書記應不應該出來講話，誰代表中國政府講話，這次會議上議而未決。

接下來的兩三天時間內，北約發言人和美國的"誤炸"說，激起了北京等城市學生和市民更高的怒火，遊行示威一浪高一浪，而且怒火越來越從單對美國和北約發泄，轉向針對中共高層。第一天，中央領導人沒有一個出來表態，北京大學、中國人民大學等校出現了"縮頭烏龜"、"又一個清政府"、"還不如清政府"的小幅標語；第二天白天，還是沒有一個中央領導人出來表態，北京一些高校、地鐵站、商場等處，發現不下百條小幅標語和傳單"政府幹什麼去了！""江澤民——縮頭烏龜"、"買辦政府"、"中央領導人死光了！""美國主子的奴才"、"江澤民，攘外必先安內的高手"、"想起了毛主席"、"江澤民與葉利欽換了位"等，一些也開始出現在北京街頭。江澤民最終一直沒有露面，只是在第三天通過新聞媒體發表了一則葉利欽打電話給江澤民的簡短新聞。

美國不肯道歉，國民不肯罷休，最高決策層左右為難。到底採取何種對策，進行了激烈的爭論。在幾次會上，政治局、軍委、外交方面的負責人，以及幾個還能視事的元老都發表了自己的看法。

李鵬發言，弦外有音，認為使館血案"是一個精心策劃的顛覆陰謀"，"美國蓄意通過炸我使館來進一步摸我底牌，更為其獨霸全球實施北約新戰略和干涉中國內政作全方位的戰略性試探"，"更與我們急著加入 WTO 有關"。"對於 WTO，再等十三年又有何妨？""這次事件更加提醒我們，美國是敵人，而決不是所謂的朋友。"

朱鎔基說："我們首先要穩定，要繼續我們的經濟發展。不能自己亂了陣腳。美國的這次行動是故意的，他們就是要看看中國的反應。""最主要的是堅持我們的發展和建設，同時要有更強的聲音！建議澤民同志出來講話，以定民心。"

江澤民的發言力圖高人一籌，他"從世界戰略格局和亞太及周邊形勢分析"，認為美國是要"通過這個事件，要摸清中國對國際危機和衝突，特別是突發事件的反應力度"。"這些將作為美國推行北約新戰略，落實美日安保條約，制定亞太安全戰略，介入中國周邊事態，甚至國內事務的重要依據。所以，空襲我駐南使館的行為可能蘊藏著更大的陰謀，比如迫使中國捲入這場危機和衝突，分散中國對'一個中心、兩個基本點'的注意力，使中國陷入動亂或背上沉重的戰爭包袱等。"

錢其琛指出如何將壞事變成好事："這一事件完全可以用來增強全國人民的凝聚力，增強反美意識，增強國民的危機意識，同時也使人民大眾堅信政府能夠處理好這一事件，表達中國人民憤怒的心聲。"

遲浩田要求"一定要作出強烈的軍事回應"，張萬年說：要"在全民當中形成一種反戰而不怕戰爭的民族意志"，"儘快研發一些對方難以揣磨或無法準確評估效能的防禦武器和報復性武器"，"做好放棄加入世貿組織的準備"。

胡錦濤也在會上發了言。他說：

"當前最重要的是：

一、堅定地表明政府在處理此事件中的立場，維護國家的安定團結；

二、抗議活動要保持克制，方式方法要文明，不給敵人以口實；建議各地在遊行示威當中切勿採取燒、打、砸的過激行動，切勿在來歷不明的採訪者面前發表衝動的言論，更不能將矛頭指向攻擊黨和國家領導人；

三、堅持正常的工作和學習，以振興中華的實際行動回擊反華勢力的陰謀；

四、對人民群眾的愛國熱情充分肯定並及時加以疏導，包括：一、發動各級組織開展思想工作，堅持說理，疏導情緒，控制事態；二、儘快提出具體而合理的善後要求，如要求嚴懲肇事者，向聯合國及國際法庭控訴，提出賠償要求等等，減少群眾抗議活動的盲目性；三、群眾需要更多地聽到中央的聲音、領導人的聲音；四、回擊西方媒體別有用心的指責。"

他的發言比較起來更為具體務實。

　　江澤民讓中央辦公廳派人赴元老家登門徵詢意見。元老們都或明或暗地對這屆中央決策者表示不滿，施加壓力。喬石說：中國的反應應該"比李登輝訪美烈度要強吧，比法輪功造成的影響要大吧？""國家主席應該出來講話"，"關鍵時刻不出來什麼時候出來？"

　　萬里則說："從北約開始轟炸南聯盟至今，我國只是作出一些口頭譴責。期間還讓朱鎔基去訪美，這次訪問是極其失敗的。""這次有意轟炸大使館就是對我們立場的進一步試探。老人家時候敢嗎？小平時候敢嗎？軟弱可欺啊！""國家主席、總理為什麼不出來說話？"

　　美國領導人及北約發言人提出"舊地圖"說、"誤炸"說，中央最高決策層就此請來一批在中國頂尖的軍事戰略專家、武器專家，胡錦濤與其他領導人一起認真傾聽他們的分析：從中國使館區的地理位置和分佈看，使館周圍開闊，數百米以外才有其他民用建築，附近沒有任何軍事目標。五月七、八日兩天，是北約對南空襲最猛烈的兩天，北約對已經遭到破壞的南聯盟空軍司令部和內務部大樓連續轟炸，許多外國外交使團駐地就集中在這兩個軍事目標附近，都沒有遭到附帶破壞和人員死傷，距離這些軍事目標相當遙遠的中國使館為什麼反而遭炸呢？北約對南聯盟，大凡重要軍事目標早已進行實地勘察，精確定位過，在空襲後，北約總部每天對空襲目標都要重新確定一遍，怎麼可能偏偏漏了這個注定造成外交災難的目標？何況，美國及北約在南斯拉夫上空有十分完善的偵察系統：五十顆衛星，其中二十四顆搞目標定位，十五顆搞電子偵察和攝像，還有幾顆搞地形測繪。美國的偵察衛星誤差率僅為十五厘米，連汽車牌號都能分辨出來。此外，還用偵察機補充校正，用無人駕駛飛機作現場拍攝……這麼先進和多樣的偵察手段，怎麼會"誤炸"？

　　軍事專家還指出，襲擊中國駐南使館的導彈根本不是五角大樓發言人所稱的激光制導炸彈，而是美國最先進的 JDAM 空對地導彈，動用的是從美國本土起飛的價值二十二億美元的 B－二隱形戰略轟炸機，導彈的著力點精確地定在樓體的中心位置，使殺傷力和爆炸衝擊波均勻的分佈在整個縱面，延遲性引信是專門用來摧毀半掩埋式的地下目標的，五枚導彈從不同角度相互配合，目的顯然是想打使館的某些具體目標。

軍事專家判定：這件事只能是美國最高決策層所為，決策的依據源於美國中央情報局提供的情報。尤其是Ｂ－二轟炸機是從美國本土起飛執行轟炸，執行完任務後，不作停留，直接飛回本土，完全避開北約的監視和控制。這就更說明美國的陰謀。可以斷定，下達轟炸我駐南使館的命令是美國瞞著北約，蓄意所為，是美國撇開北約而有意試探中國的一個極其險惡的陰謀。

從最高決策者的討論看，主要的思路是：在美國認定中國的民運分子已構不成對中共的挑戰，中共內部解體尚看不到眉目之時，法輪功信徒大規模圍困中南海，是否給了美國一個信號，讓他們認為中國國內潛在不穩定因素爆發的時機來到了？當時又正值"六四"十周年即將來臨，正是中共最高當局和社會神經最敏感的期間，美國是否有意通過轟炸激發中國的民族主義情緒，引發持續的大規模抗議，最終將對外憤怒轉化成政府和民間的對立，引發更大規模的反政府抗議甚至內亂？

據來自中共中央辦公廳的消息，曾慶紅和他的班底為江澤民設計了一套應對方案，基調是：為了避免過於刺激美國，保留外交迴旋空間，不使近年來中美高層互訪所建立起來的交流氛圍惡化，最好的辦法是讓民眾發洩怒火，政府只是引導；讓與美國沒什麼淵源的國家副主席胡錦濤代表官方出面，發表聲明，保留政策上的彈性；避免民眾抗議中的過激行動和將抗議矛頭轉向中央。這套方案終為中央政治局所接受。

中共中央政治局討論確定的對策是：對"誤炸"說堅決否定，認定這是美國的蓄意所為；當前，大局還是繼續推進鄧小平的以經濟建設為中心的改革開放路線，為此，還是要以穩定全國、穩定現行外交政策格局爲基調，"與美國的鬥爭是長期的，今後主要體現在外交戰線上"，中美關係的原則是"鬥而不破"，對外宣傳一律以新華社發稿爲準。

政治局決定江澤民暫不出面，而由胡錦濤出面發表電視講話；由外交部長正式照會美國駐華大使，代表中國政府提出四點嚴正要求：

一，公開、正式向中國政府、人民和受難者家屬道歉。

二，全面、徹底地調查事件真相。

三，迅速公佈調查的詳細結果。

四，嚴懲肇事者。

政治局還決定了作出其它一些姿態：推遲中美兩軍高層交往，推遲中美防擴散、軍控和國際安全問題磋商，中止中美在人權領域的對話；繼續正常的外事活動，李瑞環的出國訪問按原定計劃進行。

五月九日晚，全國人民在電視上看到胡錦濤代表黨中央和中國政府，就北約襲擊中國駐南使館發表電視講話。

中新社後來在《年輕的軍委副主席胡錦濤》中寫道："這不僅是胡錦濤任職以來第一次針對國家重大事情代表黨中央和中國政府發表的重要電視講話，而且更是中國十幾億人怎麼也難忘掉的刻骨銘心的一幕。……在電視屏幕上，在全中國人民和世界的注目下，神情嚴峻的中國國家副主席代表中國政府和人民嚴正聲明：'中國人民對以美國爲首的北約襲擊我駐南使館暴行表現出極大憤慨和強烈的愛國熱情。中國政府堅決支持、依法保護一切符合法律規定的抗議活動。我們相信，廣大人民群眾一定會從國家的根本利益出發，自覺維護大局，使這些活動依法有序地進行。要防止出現過激行爲，警惕有人借機擾亂正常的社會秩序，堅決確保社會穩定。'"

特寫還說："連續幾天的抗議浪潮，既強烈表達出中國人民的憤怒與譴責，同時也表現得節制和理性。"

　　胡錦濤這次受命代表黨中央，在電視講話的內容上不可能有什麼獨創的東西，都是決策圈會議上作出的決定，哪怕一個字一個標點都經過集體討論、再三推敲。後來外界有評論說：中國政府一直害怕任何公眾抗議，害怕任何情緒化的聚會導致失控，現在卻表示支持人民上街遊行，儘管是針對美國和北約。胡錦濤是表示政策改變的唯一公開發言人。顯示胡與其他資格較老的領導人不同，並不懼怕群眾運動。甚至還說"他似乎和毛澤東一樣，自信可以控制這種運動，並將其導向對共產黨有利的發展"　這種說法實在讓人啼笑皆非。

　　留給胡錦濤發揮的空間，其實只有在聲調語氣、在表情節奏上：既要呼應全國人民尤其是青年學生同仇敵愾的萬丈怒火，又要給他們瀕於失控的情緒降一降溫，使他們的言行控制在當局所能控制的軌道內。從電視屏幕上看，他完成這一任務還是稱職的——儘管在某些激進的學生看來，胡錦濤講的話完全是溫吞水。

　　通觀胡錦濤電視講話，主旋律在於"維護大局，確保穩定"，同時安撫外國人。但是因為沒有相應的外交、軍事好牌作配合，很難不被美國及北約解讀為"中國想息事寧人"。胡錦濤代表中央定了調子，各級黨組織和政府有了令箭，照此口徑對民眾尤其是學生做思想工作，各地高漲的反美情緒逐漸得以平息，政府也沒有因而引火燒身。但共產黨的威望因而大跌，有人甚至評估說，跌至中共建國五十年來的最低點。

　　當局的被動，還體現在隨後發生的事態上。中國決定接回三名烈士遺體，五月十二日抵京。按照中共中央政治局的原定方案，只安排了政治局常委去三名烈士所在單位新華社和光明日報社進行悼念，並沒有安排任何降半旗的表示。但五月十一日晚，當局截獲美國與北約一些國家大使館準備在十二日降半旗的情報，趕快向胡錦濤報告，據宗海仁說，胡錦濤要求下面立即查依據，查的結果是中國政府並沒有為平民下半旗的規定。但敏感時期，茲體事大，胡錦濤不敢擅自做主，經請示江澤民，爲免難堪，更怕引發民怨，作爲特殊情況，以國務院辦公廳名義發緊急電報，通知下去在新華門、天安門及各省、自治區、直轄市駐地於十二日降半旗。電報發出時，實際已是十二日凌晨了。

推行江澤民的想法贏得江澤民的信任

常委任期的第二個五年，胡錦濤悄悄地調整了對江澤民的態度。人們看到，他更爲公開地迎合江澤民的意旨，更爲積極地呼應江澤民的主張。

這究竟是因爲身後沒有了老人的撐腰，不得不更向江澤民的權威表示臣服？還是對江澤民在十五大上對自己的知遇之恩作報答？還是感到江澤民的方略確實高人一籌，應該緊跟？

一九九八年底，胡錦濤親自鼓吹江澤民提出的"講政治、講學習、講正氣"，在全國縣級以上黨政各級領導班子中推動"三講"教育；

二〇〇一年，胡錦濤又竭盡全力地鼓吹江澤民的"三個代表"，同時親自選拔了十四位省部級的官員，組成中共中央宣講團，到各省、市、自治區宣傳"三個代表"，並提出五個"說充分、說清楚"。

與毛澤東一樣喜歡用數字來概括口號的江澤民，在這一年舉行的中央軍委擴大會議上提出：三軍改革是要達到"五個適應"的目標，也就是：適應時代的發展和進步，適應形勢的變化和突發事件的發生，適應新任務和新挑戰，適應軍事高科技裝備和國家發展實力相配備的需要，適應我國在維護地區和平和國際社會公正公平方面發揮作用。三軍改革步伐愈快愈好。

文質彬彬的軍委副主席，儘管並無兵符，但是憑藉對江澤民主張的領悟，爭取到江澤民的借重，越來越深地逐步介入部隊事務了。二〇〇一年七月，面對風雲詭譎的台海局勢，爲提升戰鬥力量和作戰指揮效率，中國三軍著手進行新世紀大改革。中央軍委成立了三軍改革領導小組。

初步藍圖，是將目前二十四個集團軍精減爲十八個集團軍、五個特種師（其中包括三師快速反應部隊），由總參謀部指揮；三大艦隊整編爲八至十支綜合艦隊。

爲了落實江澤民的指示，三軍改革的領導班子已組成，由胡錦濤任組長，傅全有、郭伯雄、徐才厚爲副組長，張萬年、遲浩田和趙南起爲顧問。這個班子，顯然有爲第四代接班鋪路之意。

三軍部隊改革將分三個階段進行。第一階段從現在起到二〇〇五年；第二階段由二〇〇五年到二〇〇八年；第三階段由二〇〇八年到二〇一〇年。

知情人士還說，海、空軍也要改革，三大艦隊按"五個適應"宗旨進行，每年將撥五百至六百億元人民幣用於改革。改革後海軍將整編爲八支至十支綜合艦隊。

到歐洲舞台上亮一亮相

胡錦濤在政治局常委第一屆任期內，出訪多由外國共產黨、工人黨邀請和接待，擔任國家副主席後，出訪任務急劇增加，而且是由對方政府正式邀請和接待了。

第一次重要出訪，是二〇〇一年十月訪問俄國、英國、法國、德國和西班牙。

這次歐洲之行，同這些國家的總統、總理和商界領袖握手，表面看起來是非常普通的外交事務，但這次出訪的副主席是胡錦濤，訪問就有了很多附加的含義。用《紐約時報》駐北京記者康銳的話說：胡錦濤的"每句話都會受到嚴密關注，不僅是華盛頓和其它外國首都關注，也受到中國國內關注"。

康銳說：令人驚奇的是，中國的王儲從來沒有訪問過俄羅斯和西歐，更不用說美國。事實上，誰都回憶不起來胡錦濤曾經單獨會見過美國高級官員。借用唐詩，胡錦濤在西方眼中猶如"楊家有女初長成，養在深閨人未識"。這次，是他的"走出去"之旅。

從莫斯科到倫敦、巴黎、柏林和馬德裏，都視胡錦濤即將成爲中國"未來第一號"人物，給予最高等級國賓禮遇。在倫敦，胡錦濤和夫人前往白金漢宮和英國女王伊利莎白二世會面二十分鐘；在巴黎，希拉克總統接見胡錦濤。國際政治舞台，畢竟還是實用主義作主宰啊。但是，不管西方分析家對胡錦濤怎麼說長道短，胡錦濤畢竟代表國家繼續改革的希望——並不是說胡錦濤是代表改革的"自由派"，而是因爲他是一個權力平衡的中介：既能滿足黨內高層改革派的願望，又不冒犯死守過時政治體制的保守派的利益。

香港鳳凰衛視記者閭丘露薇後來在《鳳凰周刊》上發表文章《直面國家副主席胡錦濤》，記述了在歐洲跟蹤採訪的幾個細節。文章介紹：胡錦濤十月二十九日出訪英國倫敦，這是他歐洲之行的第二站，代表團下榻 Dorchest 酒店。這時是"九·一一"事件過後一個來月，而胡錦濤是中國在"九·一一"之後第一位出訪西方國家的高層領導人，英國當局神經繃緊到了極點。車隊抵達酒店之前，警方將所有記者攔到了距離酒店大門口十米外的地方，並且用鐵欄杆攔起一個採訪區。

胡錦濤抵達倫敦的第一個活動，是和在倫敦的中國留學生、華人代表和中資公司代表見面。胡錦濤說："很高興和大家見面，首先我要講一句歌詞'見了你們格外親'。"

閭丘露薇寫道，胡錦濤活動日程非常緊湊，這天在酒店進進出出八次。"我們堅持每次在他的車隊出現的時候，站在採訪區內，大聲地喊他。已經是當地時間晚上九點，雖然非常的疲勞，但是我們還繼續在酒店門口等，媒體只剩下我們一家了。我和另一位同事站在寒風中，覺得快凍僵了。十點半，車隊回來了，攝影師照例開亮了機頭燈，而我則舉起了挑竿話筒。當胡錦濤的車在酒店門口停下，和他同一輛車的外交部副部長李肇星先下了車，然後胡錦濤下了車，他扶了扶眼睛，然後徑直向我和攝影師走來。這讓我喜出望外，我馬上拿起有鳳凰台標的手持話筒，這樣只要我們之間的距離在四米以內，我還是能夠收到他的聲音：'我看你們很辛苦，白天晚上都在這裏，你們的敬業精神感動了我，我來看看你們。'我剛剛拿起話筒，胡錦濤已經來到我們面前，和我握手。現在，我們之間的距離不到半米。機不可失，我馬上向他提問。問到當天中午和英國首相布萊爾的會面，胡錦濤表示，雙方討論了反恐怖問題以及阿富汗的最新局勢，雙方都認為恐怖主義是國際公害，國際社會應該加強合作，共同打擊恐怖主義。'當然在打擊的時候也要有明確的目標，避免傷害無辜。'"

有西方分析家認為胡錦濤這次訪問能夠使歐洲的國家首腦對於他有更多的了解，對於他的這次訪問抱有期望。閭丘露薇問他如何看待西方國家的這種期望？胡錦濤很策略也很圓滑地表示："這不光是對我的期望，主要是對我們國家的期望。中國這些年發展得比較快，綜合國力有所增強，在國際上的影響也比過去大，因此我們更應該把我們國家建設好。"他沒有忘記鳳凰衛視是來自香港的電視台，特別點出："我想這是全國人民，包括香港同胞的共同責任。"

連廚子的名字都準確地叫出來

胡錦濤的細心正是體現在許多這類細節上。曾陪同胡錦濤出訪的外交部部長助理劉古昌後來曾經很驚佩地談起一件小事：在那次出訪結束回到北京，胡錦濤接見所有隨團工作人員，向他們一一致謝，"連廚子的名字都準確地叫出來"！

胡錦濤出訪，在大政方針上沒有多少發揮空間，也相應少了很多擔子，於是可以將精力放在如何向洋人展現自己的形象上——當然，他一時一刻也沒有忘記，看著自己的，除了面前的西方國家首腦、媒體，身後還有第三代領導集體尤其是其核心。所以西方要人、媒體談到對他的印象，只能是"平易近人"、"不恥下問"、"溫和細心"之類表面印象。

他參觀英倫銀行庫房，看到那些具有歷史價值的錢幣，不斷地向陪同人員請教。有時更取下眼鏡，一邊聽介紹，一邊仔細端詳實物。

在中英商會舉辦的晚宴上，胡錦濤拋開了事先準備好的講稿，主動表示要回答在座者的提問，令來自英國著名大公司的三百多名嘉賓又驚又喜。胡錦濤保證，中國將會積極尋找新的方式，來讓外國投資者在中國設立合資或者是獨資企業。不過他在講話當中多次強調，自己並不是一個專家。

《南華早報》記者貝克說："那些試圖在歐洲之行中了解胡錦濤的人僅僅知道他記憶力超人，幾乎不用看筆記就能準確堅持黨的路線。"劉古昌也說，胡錦濤會見對方領導人時，能夠"一字不漏地背出"外交部前一天晚上給他準備的談話稿備忘錄。

在訪問蘇格蘭的愛丁堡時，胡錦濤接見使館人員以及留學生代表作了演講，他談到了中國在二〇〇一年的幾件大喜事：申奧成功，在上海成功舉辦亞太經合組織會議，中國即將加入世貿以及中國足球隊取得出線權。在被問到在西方國家訪問遇到示威場面，特別是西藏獨立分子的時候，曾擔任過西藏自治區黨委書記的胡錦濤的回答倒是絕無僅有地帶上了一點個性："我十分著急，因為他們對於西藏太不了解了，我很想走過去告訴這些人真相，但是英國的保安不讓我這樣做。"

在出產葡萄酒而聞名的法國波爾多，參觀酒莊的節目必不可少。從參觀酒窖到品嘗紅酒，胡錦濤對於整個過程同樣表現出莫大興趣，連如何分辨顏色、嗅味道等細節都聽得非常入神。他請教當地的品酒專家，如何才能夠分辨紅酒的好壞。品嘗時表情相當專注。

在巴黎，胡錦濤參觀了法國巴黎圖書館，並且題了詞，他寫下了"知識的殿堂，力量的源泉"十個字。

祝願林希翎"活得更好"

但是，百密一疏。胡錦濤戒慎戒懼，還是有時會留下一些被人抓住的辮子。

香港《大公報》特約記者高潔報導說：在巴黎中國大使館歡迎胡錦濤的人群中，出現了中國早期"民運人士"林希翎。這位一九五七年北京學生領袖，今天短袖花裙紅外套，"準備在華人華僑合照中，留下鮮艷的回憶"。

高潔報導說：林希翎是出名的"大炮"。許多關於兩岸和平統一的座談會中，她常常提出尖銳意見，有關方面這次邀請她來，事前自然也有打招呼："林女士，請你不要提問題了，我們就是大家一起照相。"

但是她早就寫了一封短信，並把信夾在一九八五年出版的《林希翎自選集》中，書的扉頁寫上"幾步歷史的腳印"，包好了，偷偷帶在身上。領導人照完相後，多半被引到另外一個房間去，林希翎擔心沒有機會跟胡錦濤交談，"我等他一出來，立刻上前對他說：'胡副主席您好！我是林希翎，我送你一本書。'"

沒有人料到她有此動作，大使館人員吃了一驚。林希翎描述道："胡副主席一聽他所熟悉的這個名字，非常熱情地跟我握手。"

林希翎說："我還活著！"

"哎呀，你怎麼這樣說。你會活得更好！"胡錦濤回答。他接過了林希翎送的書。

事後林希翎接受《大公報》採訪時說："我看到他沒有任何講稿，很自然、很流利地演說。對中國經濟建設的現狀，拿得出很精確的數字，比方外匯底已超過了兩千億美元。""胡又年輕、很有智慧、有文化修養。總體來講，質素比較高。這對中國未來的改革、人民的幸福，都是一件好事！"

儘管林希翎今非昔比，早已經不是"民運人士"了（能被中國駐巴黎大使館邀請作為愛國華僑華人代表去與胡錦濤合影就是明證），但是她畢竟是個敏感人士，胡錦濤所說"你會活得更好"在他來講不過是順口對於林希翎"我還活著"的回應，卻可以被人作多種解釋——"黨和國家領導人"怎麼能說話這麼不慎重呢！後來果然傳出中南海內有人頗有微詞，中國駐法大使館有關工作人員一定後悔：他們竟給胡副主席造成了麻煩。

"接班年"伊始，介入"統一中國"事務

二〇〇二年，是胡錦濤預定接班掌權的一年。承襲上一年秋天歐洲之行，一開年，胡錦濤就頻頻公開活動，最引人猜測不已的是他介入了對台工作。

元月二十四日，是"江八點"提出七周年，北京舉行了座談會，胡錦濤居然也來了。胡錦濤過去極少參加對台會議，也幾乎從來不發表對台的政策言論。在與外國首腦會談涉及這一問題時，他都只是拿出中國既定的一套標準提法照本宣科來應付，而這次他居然大駕光臨，人們推測說，隨著十六大換屆，對台領導小組成員一定要大幅度換班，胡錦濤也將取代江澤民當這個對台領導小組組長了。

　　江澤民是在一九九五年元月三十日，發表了對台八點政策的講話。江澤民當時選擇這個日期發表"江八點"，相信是經過考慮的，因爲與中國人傳統的一年一度的最大節日——春節接近，最能調動起"台灣同胞的懷鄉思親之情"。，以後每年一月間，中共都要舉辦紀念座談會，李鵬、李瑞環、曾慶紅、國台辦主任陳雲林等人，都曾主持過"江八點"紀念座談會，會上由錢其琛發表對台政策講話。

　　中共中央對台領導小組是中共對台政策的最高指導機構，組長江澤民，副組長錢其琛，組員有曾慶紅、中央統戰部長王兆國、陳雲林、國安部長許永躍、副總參謀長熊光楷和汪道涵等人。胡錦濤本來沒有列名其中，突然參加這次會議，不能不說有某種象徵含義。這條電視新聞中胡錦濤的畫面頻頻出現，壓過主角錢其琛。正如美國波士頓大學國際關係和中國政治研究專家傅士卓（Joseph Fewsmith）教授所指出的，胡錦濤出席這個會，除顯示接班態勢外，也透露胡已開始逐步掌控對台政策。對於充滿神祕色彩的中共高層來說，特別是在接班前夕，即使是一些小細節也都可能是大學問。不過，"當日攝影機一直對著他，正是要加強說明他的重要性"，這句話顯然是神經過敏了，他不知道中共的宣傳規則之一就是：任何新聞中永遠要給職位最高者以最多的注意。

　　不過，關於這次會，卻發生了一件奇怪的事。中央社報導說，胡錦濤在會上發了言，表示：台灣"本土化"並不等於"台獨"，民進黨也不等於"台獨"，今後將有條件歡迎民進黨人士訪問大陸，增進彼此了解。這番富有象徵意義的話甚至被北京的台灣事務專家解釋爲中共最高層對台灣釋出的善意信息。沒想到，事隔一天，中共在香港的報紙《文匯報》發出消息說，經詢問中共有關部門澄清：胡錦濤在座談會上根本就沒有講話！上述講話全部都是中央社編造的。新華社的網頁上也撤掉了對胡錦濤參加這次活動的報導。這件事讓台灣有關方面丈二金剛摸不著頭腦，不知道中共內部出了什麼岔子。

此外，胡錦濤還參與了國家安全領導小組和外事工作領導小組的會議，他在各個領域的發言權都在擴大。他也實際參與了原來由李嵐清分管的意識形態工作。在各系統、各地區報送的文件中，越來越多地見到胡錦濤的批示。如果說以前胡錦濤給人以是"主內"（黨內）的印象，那麼他已經越來越"主外"了。

第一次與布什見面

一九七二年二月，美國總統尼克松應邀訪華，被稱為是中美"破冰之旅"。在那次具有歷史意義的訪問三十周年，現任美國總統小布什在訪問了日本和韓國之後，對中國進行了閃電式"工作訪問"。二月二十一日抵達，二月二十二日離開，在北京停留了約三十個小時。

這次訪問日程極為緊湊。抵達的那天，布什會晤了江澤民，一同舉行了記者招待會；第二天上午，會見了朱鎔基等中國其他領導人，隨後在胡錦濤陪同下到中國排名第一的清華大學發表了演講；然後江澤民和夫人在中南海瀛台與布什及夫人話別並共進午餐；在舊地重游了八達嶺長城後，乘"總統一號"離去。

有個細節頗能反映美國政治人物與中國政治人物的不同。外交部發言人孔泉在北京香格裏拉飯店的新聞中心舉行的記者招待會上說："布什總統進行了他此次訪華的最後一項日程，攀登長城，這是他的一個心願，因為他一九七五年來中國時曾經攀登過長城。在攀登過程中他表現了非常良好的身體素質，健步如飛，興趣十足，他幾次停下來等候他的夫人，因為他爬得實在太快了，連保鏢也跟不上他。他對長城的雄偉讚嘆不已。最有意思的是，他一邊爬，一邊問身邊的導遊，三十年前尼克松總統曾經爬到哪裏。到北側的七六五米高的敵樓，導遊說尼克松總統就爬到這裏。他說我一定要比尼克松總統爬得高，說完又往前走了幾步。"試想，如果是胡錦濤爬長城，該一定會在毛澤東、鄧小平和江澤民爬到的地方止步吧！他敢說"我一定要比他們爬的高"嗎！

孔泉還說："作爲清華的老校友，胡副主席表示很高興布什總統能在中國最有名的學府之一清華大學發表演講。在進入演講大廳前，他們在客廳小坐，進行了友好的交談。據我所知，這是他們第一次會面。布什總統親口轉達了切尼副總統邀請胡錦濤副主席近期訪問美國，胡副主席對此表示感謝並接受了邀請。"

這天上午布什在清華大學發表演講，清華的校長王大中主持，四百多名師生出席。全國電視觀眾，都看到主席台牆上高懸出自《易經》的清華校訓："自強不息，厚德載物"。

胡錦濤對布什總統訪華和到清華大學演講致歡迎辭。不管從哪個角度來看——從思想見解、語言文風，這仍然是一篇四平八穩的官樣文章。

胡錦濤說，今天我很高興回到母校，同清華大學的師生們一起歡迎來自大洋彼岸的貴賓——布什總統。布什總統的來訪恰逢尼克松總統訪華和中美上海公報發表三十周年。三十年在人類歷史上只是短暫的一瞬，但它給中美關係帶來的巨大變化將永遠載入史冊。

胡錦濤說，中美兩國都是偉大的國家，兩國人民都是偉大的人民。國際形勢的發展一再表明，中美兩國在維護亞太和世界的和平與穩定，促進地區和全球經濟的增長與繁榮，打擊恐怖主義和其它跨國犯罪，以及解決環境惡化等全球性問題上，都負有重要的責任，擁有廣泛的共同利益。中美友好合作符合兩國人民的意願，順應歷史發展的潮流。只要雙方相互尊重，平等相待，求同存異，中美關係就能健康、穩定地向前發展。

真是可惜：按說來到自己母校，應該是能有更多個性的流露的。唯一讓人們印象深刻的，還是他曾經讓歐洲首腦和媒體們驚佩的那項本領：他基本上沒有低頭看一眼手中的講稿，非常流暢地將演講辭背誦出來了。

布什的演講，也有不少應景的套話。演講一開始就說："胡副主席，非常感謝您的歡迎致辭。非常感謝您在這裏接待我和我的夫人勞拉。""清華大學是世界最偉大的學府之一。我也知道清華大學對於胡副主席有著十分重要的意義，他不僅在這裏獲得了學位，而且是在這裏與他優雅的夫人相識的。"他對清華恭維有加："清華大學的治學標準和聲望聞名於世，我也知道能考入這所大學也是一個成就，祝賀你們。……我想你們的父母對你們的成就同樣也是引以爲榮的。"

但是他的演講，在冠冕堂皇之下還是表述了許多他認爲應該傳達給中國青年一代的重要看法。他說："曾經一度，美國人只知道中國是歷史悠久的、偉大的國家，以及她的文明。今天我們仍然看到中國奉行著重視家庭、學業和榮譽的良好傳統。同時，我們看到中國正日益成爲世界上最富有活力和創造力的國家之一。這一點最佳的驗證便是在座諸位所具備的知識和潛力。""我同美國人在更進一步了解中國的同時，也擔心中國人不一定總是能夠很清楚地看到我的國家的真實面貌，這裏面有多種原因，其中有一些是我們自己造成的。我們的電影，還有電視節目，往往並沒有全面反映出美國。"

尤其是這一段，後來曾經被許多人在文章中引用："我們成功的企業顯示了美國商業的力量。但是我們的精神、我們的社區精神，還有我們相互對彼此的貢獻往往並不像我們金錢方面的成功那樣的顯而易見。"

布什訪華最想見的人

中國傳媒沒有報導：布什在清華的演講會拖後了十五分鐘才開始，而原因，正與胡錦濤有關。

原來，布什旋風式訪問北京，同江澤民的會晤自然是重頭戲，但是西方媒體對這場會晤似乎沒有什麼興趣，最有新聞價值的，竟是美方一再表示對胡錦濤的興趣，一再要求安排布什與胡錦濤見面。

美國方面本來希望中方安排布什到中共中央黨校演講一次——其用意之一，正是因為黨校的校長是胡錦濤，如果布什來胡錦濤這個"政治大本營"，胡錦濤勢必要以校長的身份來迎接，布什就可以利用這個機會與胡錦濤好好"交心談心"。中方沒有同意。不過，消息人士說中方同意讓布什能見到胡錦濤兩次——這倒使美方出乎意外。第一次，是江澤民向布什介紹胡錦濤。美方本來期待在二月二十一日上午布什抵達北京並立即同江澤民會談時，江會向布什介紹胡錦濤，並讓胡參加會談；但北京提出在當天晚宴中介紹他倆認識。也就是說，江澤民要獨攬布江會晤全過程，不容胡錦濤有絲毫參與。而晚飯則是個輕鬆的非正式場合，不妨讓胡錦濤露露臉。第二次布胡見面，安排在二月二十二日上午布什在清華大學演說，胡錦濤作為清華校友陪同。這個場合布什自然沒有多少閒暇來同胡錦濤套近乎，而大庭廣眾之下，胡錦濤也會檢點言行。

但是最後美方吃了一驚：第一次的會面竟臨時取消。可能江澤民覺得太"優待"布什和胡錦濤了。只剩下唯一的一次會面機會。但是既然只剩一次，布什也不客氣，同胡錦濤見面之後寒暄了好一會兒，以致使清華的師生多等了十五分鐘。不過，就算多談十五分鐘，布什在這次訪問北京除了認得了胡錦濤的面容以外，料想對胡錦濤的思想性格也不會有太深的了解。

巧的是，這次布什來訪，江澤民送給他的禮物是一只仿古的"馬踏飛燕"。後來在記者招待會上，孔泉解釋說：今年是中國的馬年，傳統上，馬年是吉祥的年份，中國的許多成語與馬有關，如"一馬當先"、

"萬馬奔騰"等。馬年伊始，江主席可能是"以某種方式表達對布什總統的良好祝願"。他與提問的記者卻都沒有提到：這次美方最感興趣的胡錦濤，正是屬馬。

訪美的機會是布什為他爭取到的

胡錦濤訪問美國，正是在這樣的背景下美國方面一再要求才安排的。他們要在胡錦濤正式接管權力之前，先與他建立一定聯繫，同時也就近觀察一下他，為日後與他打交道作出各種準備。同時，邀請胡錦濤訪美，也是為了逼迫江澤民確認向胡錦濤交班的意圖。這一著棋，江澤民確實還不好拒絕：他還想在秋天到布什位於德州的農莊吃一次烤牛排呢。

不過，雖然當時中南海期待中美通過最高層互訪使彼此關係進一步提升，就在胡錦濤訪問美國前夕，布什政府卻採取了二十年來最不含糊地支持台灣的措施：一九八〇年以來第一次正式邀請台灣的國防部長訪美參加軍事協商會議，並公開承諾在台灣受到攻擊時協防台灣，推動對台灣出售軍事設備和培訓台灣軍事人員；又披露美國核武態勢評估報告，把中國列為"潛在敵人"，甚至赫然將中國與朝鮮、伊拉克、伊朗等所謂"邪惡軸心國家"並列於核攻擊名單。四月四日，布什又簽署了一項由美國參議院通過的、支持台灣以"觀察員"身分出席聯合國世界衛生組織大會的決議；四月五日，布什在新聞發佈會上稱台灣為"台灣共和國"，後來白宮澄清說是總統"口誤"。

北京卻不這麼解讀。按照心理學的說法，口誤是人隱祕的下意識的曲折反映，這一口誤，折射出布什對中國"不友善"的陰暗內心。何況，當時美國還有後續動作：四月中旬，美國國會議員正式成立"台灣聯線"，專門從事加強美國與台灣聯繫。

在這一背景下，北京不得不重新檢視中美關係，並對當時的對美政策作出調整。據宗海仁在自由亞洲電台的評論披露：中南海認為：布什政府最近這一些行動反映了美國的冷戰心態，"美國在範圍廣泛的問題上採取單邊主義，包括對台軍售、導彈防禦系統、核試驗以及環境保護，盲目地將國內考量置於國際承諾之上，很可能導致其自身安全受到長久威脅。中美關係中最重要、最敏感的核心問題是台灣問題，中國堅決反對美台之間任何形式的官方往來和軍事往來；美方任何違反中美三個聯合公報的言行，都將損害並影響中美關係。"

鑒於這種局勢，中國對布什的對華政策作出針對性回應：胡錦濤出訪的日程作了仔細調整，特意安排先到馬來西亞、新加坡訪問。其中江澤民、李鵬、朱鎔基出訪列國中一項指標性行動，就是在出訪期間公開亮出中國政府對美國"反恐"方式持保留態度，並對伊斯蘭教國家給予道義上支持。江澤民訪問利比亞、伊朗這兩個美國眼中的"邪惡軸心國家"，在利比亞首都的裏波裏，江澤民稱卡紮菲為"親密的朋友"，在參觀卡紮菲被美國炸毀的寓所時，江澤民微笑著向卡紮菲表示"美國炸毀了這些墻壁，但他們無法扼殺信念"。在伊朗首都德黑蘭，江澤民表示中國反對美國在中亞及中東派駐軍隊。這從側面反映出中南海對布什政府加強對台關係所表現出來的惱怒情緒。

正是在這樣的背景下，中南海對胡錦濤訪美並不抱過高期望，只是希望胡錦濤訪美之際，中美雙方能夠在求同存異的基礎上，一起聚焦於共同利益，儘可能維持比較友好和寬鬆的氣氛。

然而，胡錦濤心中有數：他必須以未來中國領導人的姿態建立起與布什政府的互信，與布什建立起私人友好關係。因此，胡錦濤並沒有像江澤民、李鵬所期待的那樣不作為，而是掠去中美關係中一切不愉快，在華盛頓展現笑臉。

胡錦濤訪美，在不作爲中有所爲，是一九九〇年代以來中國對美交往中最務實的一次。

二〇〇二年春季中國領導人江澤民、李鵬、朱鎔基、溫家寶等人聯袂出訪列國的外交攻勢中，胡錦濤出訪馬來西亞、新加坡和美國，是最後的、卻堪稱最引人矚目的壓軸戲。

海外傳媒尤其是中文傳媒，以空前規模和聲勢，對胡錦濤做了巨細靡遺的報導，掀起了媒體上的"胡錦濤熱"。美國《時代周刊》的亞洲版將他作爲封面人物，以六頁的篇幅作了詳細介紹。《紐約時報》在他抵達紐約的當天，介紹了他的經歷；在他前往華盛頓之前，《華盛頓郵報》也刊登分析報導，指出胡錦濤的這次美國之行相當艱鉅，如果在台灣問題上沒有能夠取得美國政府的任何承諾，就意味著失敗。在胡錦濤離開華盛頓之後，美國傳媒也作了正面報導。日本媒體記者的跟蹤採訪也十分活躍。

他們關心胡錦濤，其實就是關心中國的未來，不約而同都將胡錦濤同布什和副總統切尼的會談，看作將爲後江澤民時代的中美關係奠定基礎的會談。美國著名漢學家沈大偉（David Shambaugh）教授說，訪問對於胡錦濤是個熟悉技術發達國家、美國社會、文化和歷史的好機會，也幫助美國政府對於中國未來領導人建立信任。

分析家還從中共權力結構變化的角度，觀察胡錦濤訪美。美國ＣＮＮ中國問題評論家林和立介紹：接近胡錦濤辦公室的北京消息來源說，胡錦濤已經組建了自己的美國專家班子爲訪問做準備。這同他去年十月訪問歐洲五國的低姿態相當不同。他訪問歐洲五國的主要準備工作，包括講話，都是外交部和中共中央外事領導小組準備的。但這次準備訪美，胡錦濤已經組建了自己的經濟和外交政策智囊團。同江澤民的幕僚相比，胡錦濤的外交顧問來自更廣泛的背景。

　　實際上，胡錦濤在對外關係領域建立自己的信息渠道、聯繫網絡，早就開始了。二〇〇二年一月十九日下午，胡錦濤在人民大會堂會見了前來北京出席"中美關係國際研討會"得美國前駐華大使洛德和芮效儉，前駐沙特大使傅立民、前駐菲律賓大使索羅門、哈佛大學費正清東亞研究中心前主任傅高義、哈佛大學亞洲中心主任柯比等人。表面上看，與一般會見外賓並無不同，胡錦濤說的話，既無新意，也無創見。但是其背後隱含的意義耐人尋味。這次活動是由胡錦濤的外交智囊班子策劃的，組織者正是胡錦濤在中央黨校的副手鄭必堅，美方這些專家的核心人物，是哈佛大學的傅高義，他是第一個被邀請到中共中央黨校作報告的美國教授，多年來一直在設法與以胡錦濤為代表的中國第四代領導人接上關係。外電報導說，這次活動既表明胡錦濤的智庫開始"浮出水面"，也是胡錦濤手下智囊與美國多年私下接觸的一個公開宣告。

　　四月二十三日，胡錦濤動身了。"應馬來西亞政府、新加坡總理吳作棟和美國副總統切尼的邀請"，乘專機離開北京，開始對馬來西亞、新加坡和美國進行正式訪問。

　　陪同胡錦濤出訪的除了夫人劉永清，還有外交部副部長李肇星、國家發展計劃委員會副主任劉江、中央辦公廳副主任令計劃、科學技術部副部長李學勇、對外貿易經濟合作部副部長馬秀紅、中央政策研究室副主任鄭新立等。

副主席與夫人共同獲得傳媒歡心

　　胡錦濤在馬來西亞和新加坡的日程雖然讓人眼花繚亂，但是包括胡錦濤在內，都只將之看成訪美大劇前的過場戲、熱身動作而已。不少媒體閒筆逸出，在劉永清身上著了不少墨。尤其是香港《亞洲周刊》的報導最為詳盡。

劉永清八十年代初隨胡錦濤回京，原在共青團所屬的中國青年旅行社擔任副總經理，後來爲了避嫌，便調職到北京市政建設委員會擔任副主任。到胡錦濤第三次上京進入中央最高層之後，她在幾個副主任中排名第一。儘管如此，她仍然保持低調，不拋頭露面，不到處招搖。但是胡錦濤出任國家副主席，外交事務需要，劉永清不得不出席禮儀場合，不得不成爲不少記者筆下的主角。

《亞洲周刊》譚天媚的特寫《近距離觀察準第一夫人》說：四月三十日一場雷暴後，馬來西亞首都吉隆坡晴空萬里，中國國家副主席胡錦濤乘坐的專機徐徐降落機場。當胡錦濤步出機艙門，人們同時注意到他身邊的夫人劉永清。劉永清身著鮮紅外套，脖子上掛一串珍珠項鏈，微笑著和丈夫一齊向歡迎的人群招手。

特寫說，抵達大馬第二天，主人安排她獨自參訪，傳媒得以真正近距離觀察這位準第一夫人。當天下午，她來到一家著名的工藝品廠訪問，興致勃勃學習製作工藝品，主人拿出一塊薄薄的錫片，告訴她只要拿小錘子，把錫片放在模具上輕輕敲打，就可造出一只精美小盤子。她照著輕輕敲打幾下，笑說："原來可不是這麼容易。"但她越打越起勁，一直不願放手，直到近二十分鐘後作品完成，"足見劉永清不是一位輕言放棄的人"。

副主席夫人也顯露眾多女人的共同特性——愛美。當她來到首飾工場，不禁坐下來慢慢欣賞，一會兒鑒賞首飾上的珍珠，一會兒觀賞戒指上的鑽石，但人們也看出，她只是觀賞，並無購買的意思。

文章還說，劉永清性格文靜，來到風光明媚的夏威夷，她似乎輕鬆起來，和胡錦濤換上便服，到著名的夏威夷海灘漫步。看到細軟的沙灘，她把鞋子脫下，赤腳在海灘上走，工作人員看她如此不拘小節，也紛紛脫下鞋享受夏威夷的陽光與沙灘。

整個行程中，劉永清很少與記者對話，但態度極友善。有一次記者要求跟胡錦濤合影留念，忙亂中不知把她擠到哪去，當有記者發現大嚷"夫人呢，夫人呢？請夫人一齊照"，她早已悄悄退到一邊。"或許，她情願退在後面，默默支持丈夫"，留下自己，不在鏡頭下曝光太多。

《亞洲周刊》還推舉胡錦濤"成了繼總理朱鎔基之後，另一位贏得傳媒歡心的中國領導人"　江澤民、李鵬等人自然不在此列。《亞洲周刊》說：胡錦濤平易近人，溫文爾雅，體諒記者工作，有大將之風。在"近距離採訪的'圍堵'與'反圍堵'遊戲之中，胡錦濤和他的幕僚，與傳媒建立了良好的互動關係。並以柔軟的身段，征服了一直以來被北京當局視爲'頭痛'的香港記者。

在他下榻的吉隆坡金馬皇宮飯店裏，每當他經過守候在紅地毯邊上的傳媒記者，都會微笑揮手點頭。據悉，他曾告訴身邊幕僚，儘量配合記者工作。他與幕僚向記者講的第一句話往往是"你們辛苦了"。

一位經常採訪北京領導人出訪的香港記者認爲，"胡錦濤給人厚道、寬容的感覺，而且善解人意，他知道自己扮演的角色，也知道記者的職責"。在馬來西亞檳城參觀一座水壩時，有記者要求拍完正面合影之後的胡錦濤夫婦轉過身，面向湖水，背朝鏡頭拍特寫。他們二人相視一笑，嘀咕一句"這怎麼拍呀"，但還是照辦了。

四月二十四日是他抵達馬來西亞的第二天，也是最忙的一天，他就透過幕僚，同意當天晚上八點接受記者採訪。但他的日程太緊了，到了十點多還沒有露面。不少苦候的記者以爲無望了，有的收拾器材準備離去。快十一點時，出席晚宴回酒店的胡錦濤突然出現，連連說："很抱歉讓你們久等了，我很願意回答你們的問題。"還解釋說，"有時因爲時間關係，不能每一次都滿足你們的要求，請你們諒解。"這真讓記者有"受寵若驚"之感。

《亞洲周刊》分析說：在胡錦濤與媒體的互動中，事實上另有三位高手在參與策劃，這就是外交部常務副部長李肇星、中共中央辦公廳副主任、胡錦濤辦公室主任令計劃以及外交部發言人章啓月。其實胡錦濤與傳媒的關係一貫良好，他從在團中央工作的時候起，就以理解和支持記者的工作著稱。不過，香港和海外記者是在胡錦濤出訪時對這一點才有深刻感受，"沒有比較就沒有鑒別"，他們見識了許多中共高官的面目——香港傳媒誰不對江澤民那番"你們太幼稚"的訓斥銘記不忘呢。

《亞洲周刊》在與傳媒關係問題上"揚朱、胡抑江"，肯定違背了胡錦濤一貫低調、不壓過江澤民風頭的原意。但這也是沒有辦法之事：錐處囊中，脫穎而出。他再怎麼韜晦，人們也很自然會拿他與江澤民相比較，並得出一些不利於江澤民的結論。在美國首都華盛頓召開的一個座談會上，《遠東經濟評論》中國部主任蘇珊·勞倫斯女士就比較過江胡的區別。她說："在一些會議上，江澤民會談論他祖上出過的著名文人學士，以及他對音樂的愛好，在會議期間，他會唱上幾支歌……他會拿出他的報告草稿，大段地宣讀來回答有關問題——即使這樣，他還是老出錯。"

勞倫斯女士舉例說，一九九三年，她在《美國新聞與世界報導》作記者時曾經採訪過江澤民。採訪之前，中國外交部通知她說，她採訪時江澤民會談及中美關係，但事實上在會見時江澤民自始至終未提及中美關係問題。勞倫斯女士說："我們和新華社事先就講好，他們在同一天發出我的專訪稿，結果新華社當天發出了八到十條快訊，都援引了江澤民反對當時的老布什總統向台灣出售Ｆ－十六戰鬥機，電訊稿稱在我採訪江澤民時，他對美國向台灣出售武器表示非常惱火。"但事實上，在採訪過程中，江澤民完全未提及美國出售Ｆ－十六飛機一事。

而胡錦濤就截然有別了。勞倫斯說，胡錦濤的個人風格和工作作風完全不同，在會議討論問題時，他會很快切入主題："每個人都說，他有非凡的記憶力，對事情心裏有數。每次開會時，與會的人在會議結束後都感到驚訝，因爲胡錦濤了解每一個參加會議的人，而且每個人的事情他都知道一些。在他去歐洲訪問時，所有他見過的官員，他都知道他們是誰，以及他們的職務和角色。"

不過，所有這些說法，都只是皮毛，只是細枝末節。對於外界來說，胡錦濤始終是個謎——豈止對外界，即使是對那些工作在他身邊的人來說，他也未必不是個謎。儘管胡錦濤從政生涯中在西方媒體上最重要的一次亮相，人們讀了關於他（以及他的妻子）的報導，對解開他本身這個謎也究竟有多少助益呢？

扯得更遠一點，胡錦濤幾乎每天都在發佈指示、每天都在參加會議、每天都在作出決定之中，許多人的命運被決定……但是我們卻無法從中看到：他究竟對於中國的未來有什麼長遠的設計。如果說，在他還僅僅是甘肅省建委副主任，還剛剛跨進團中央大樓的時候，還可以不失分寸地傾吐一些心聲，在他成爲封疆大吏，乃至成爲中央要員、國家副元首之後，由於官場險惡，他的內心就越來越封閉。在本該體現更多遠見和人格追求的地方，我們看見的卻是更多操作策略、更多人際技巧。讀者一定會同意筆者的看法：這不是胡錦濤個人的悲劇。

五秒鐘的聯合國代表身份

夏威夷是胡錦濤訪美首站。這一站，猶如從熱身到正式比賽的過渡，安排的日程仍帶有輕鬆的特色。他抵達後，馬上換上當地特有的Aloha 服（夏威夷服）到海灘漫步。當時胡錦濤也曾有意仿效江澤民，下水游泳，可是美方以安全理由不讓他下水。在夏威夷州長宴會上，當地旅遊官員又以胡錦濤在清華大學時"對舞蹈頗有研究"爲出，安排當地呼拉舞小姐秀一段，令胡錦濤莞爾一笑。

　　美國時間四月二十九日，胡錦濤抵達美國本土紐約，才進入了吃重的"演出"任務。前往聯合國總部，胡錦濤坐到中國代表席上留影，笑稱："讓我當個五秒鐘的代表吧。"隨後拜訪聯合國祕書長安南、世界銀行總裁渥芬索恩等人，會面持續半小時。半個小時當然只能夠就一些問題泛泛而談，但是這無關緊要，重要的是安南和胡錦濤有了一個結識的機會。胡錦濤不失時機地針對美國常常撇開聯合國而採取單邊行動，綿裏藏針地指出，在當前複雜多變的國際形勢下，聯合國肩負的任務更加艱鉅，其作用只能加強，不能削弱；其權威只能維護，不能損害。

　　隨後，胡錦濤與紐約和新澤西州州的州長會面。見到新澤西州長麥格瑞維，胡錦濤驚訝對方竟如此年輕，麥格瑞維感嘆在新澤西從政非常辛苦，自己上任沒多久，感到老得很快，胡錦濤馬上接過話來大表同感："這一點我是有深刻體會的，我在中國的地方上擔任過主管，酸甜苦辣都嘗過！"

　　胡錦濤一貫對家庭情況諱莫如深，從不泄露自己子女姓甚名誰，但這又不可能不爲民眾打聽不休。不過，胡錦濤的保密措施還真有效，"狗仔隊"和"準狗仔隊"們到處打探也不得要領，外界先前一直傳說胡錦濤的兒子在大陸一家醫院擔任管理工作，女兒胡海青一九九三年畢業於清華後很快去了美國，還有一種說法稱她正在美國哥倫比亞大學深造，還說她以台灣漢字拼音方式，取了英文姓名 Hu Hsiao Hwa，朋友圈均稱她爲「３H"（Triple H）。紐約州長帕塔基在與胡錦濤會晤時，似乎有意拉關係，告訴胡錦濤說，前一天的《紐約時報》指胡錦濤的女兒在哥大讀書，而他也是哥倫比亞大學畢業的，是胡錦濤女兒的校友了。不料胡錦濤微笑地說："我只有一個女兒，是在清華大學念書。"意識到這樣的回答會讓對方有碰了個軟釘子的難堪，圓融的胡錦濤用打趣來化解："看來天下媒體有時都一樣，喜歡亂寫！"

　　胡錦濤在分六批接見紐約五百多名華僑華人代表，合影留念時，也令人嘖嘖稱奇。他一上來就說，華僑在飯店門口久久等候迎接自己，深爲感謝，說著他深深向大家鞠躬。這一個動作，贏得了華僑華人發自肺腑的熱烈掌聲。

　　四月三十日，胡錦濤抵達此次訪問重頭戲的舞台——華盛頓，當天就走馬燈似的與美國參衆兩院國會議員及國務卿鮑威爾會面。晚上出席美國國務卿鮑威爾的晚宴，鮑威爾顯得特別的禮數周全，在晚宴結束之後，不單親自將胡錦濤送到國務院的門口上車，車子沒發動前，他不時地彎下腰來，透過車窗和車內的胡錦濤揮手道別。

　　第二天，是胡錦濤這次美國之行最重要的一天，從早到晚竟安排了十四項活動：與美國總統布什、副總統切尼、美國國家安全顧問賴斯以及國防部長拉姆斯菲爾德等人見面。既然胡錦濤這次訪問是應美國副總統切尼的邀請，因此和切尼有一場正式會談，切尼並且設歡迎午宴。午宴上，美國政府的所有部長們都出席了，事後來自白宮的消息證實，這些部長們都希望能夠安排和胡錦濤的單獨會面機會，但是由於時間關係，最終只有國防部長、財政部長、商務部長以及貿易談判代表有這個機會。而切尼和胡錦濤在午宴之後，更加插十五分鐘的私人會面時間。切尼之後發表聲明，指兩個人的會談內容涉及多個方面，而切尼最關心的，是中國的經濟問題。

　　至於和布什，白宮官員披露說，原本只是想安排一個"第二次握手"的機會，也就是在胡錦濤和賴斯會面時，"途經布什辦公室"，兩個人寒暄一番。但是美方最後改變了主意，在布什的橢圓形辦公室，安排兩個人特別二十分鐘的會面時間。爲什麼會改變主意？據知悉內情的人士告訴本書筆者：這是胡錦濤手下工作人員從與美方安排胡錦濤訪美日程一開始就在爭取的，而最後美方之所以同意將會見改得更爲正式，還是在觀察了胡錦濤踏上美國土地,尤其是在紐約的表現,覺得應該給予這位"半年後的中國領袖"以更多禮遇。

讓賓主雙方都感到喜出望外的是,胡錦濤與布什的會面,竟持續了四十五分鐘。

台灣永遠是根魚刺

在會見美國政要的政治重頭戲中,胡錦濤都強調台灣問題的敏感性。或許在會談中獲得預期結果——美方領導人承諾會遵守一個中國原則,美方重申不支持及不鼓勵台獨,因此在結束與布什會談步出白宮時,胡錦濤很輕鬆自在地對媒體揮手表示,"我們談得很好,會談內容會有新聞官向大家簡報"。

胡錦濤和國防部長拉姆斯菲爾德的會面同樣引人關注。因為在中美二〇〇一年海南島撞機事件之後,兩國的軍事交流已經停止,而在不久前,拉姆斯菲爾德和台灣的國防部長湯曜明會面,使得一度已經緩和的中美關係再次陷入麻煩當中。這次拉姆斯菲爾德和胡錦濤會面是由美國方面主動提出的,為了顯示重視十年來第一次訪問五角大樓的中國國家副主席——他們當然知道,他也是中央軍委副主席,五角大樓特別安排了一個簡單的歡迎儀式。最令大家意想不到的是,當胡錦濤和拉姆斯菲爾德會面結束,離開五角大樓之前親自向在場等候的記者們宣佈,中美兩國決定恢復兩軍的交流。

在合作反恐等方面,中美之間取得共識;但是在台灣問題上,中國政府一直表現出強硬立場。胡錦濤在向華府智庫美中關係全國委員會等八個美國團體發表題為《增進了解與互信,努力發展中美建設性合作關係》演說時,再次強調台灣問題的敏感性與重要性,並嚴詞警告美國出售精密武器給台灣，或提升美國與台灣關係的層級，將違反美國的承諾，對台海和平與穩定不利，也不符合中美兩國的共同利益。

他在隨後回答記者關於如何取信台灣民眾的提問時，借力使力地說，"就我所了解，台灣的民意調查也顯示，支持統一的人越來越多。"他再次保證，我們會認真傾聽台灣民眾的意見，尊重並且照顧台灣民眾的意願和利益。"只要提出合理的意見，在一個中國的原則下，什麼問題都可以提出來討論商量。"

當華府行程結束後，胡錦濤轉抵舊金山，顯得格外輕鬆了。他參觀了美國高科技重鎮硅谷並拜訪世界最大的半導體製造商英特爾公司。在舊金山市市長布朗的宴會上，又發生了一件小插曲。當布朗市長向胡錦濤贈送舊金山市金鑰匙時，手指不靈活，花了數十秒都無法從盒子中拿出禮物。胡錦濤就親自動手，一下子就把金鑰匙取出來了——從某種角度來看，這並不是很合適的。人們都記得，當江澤民從西班牙國王手中拿過勳章自己掛在脖子的舉動，怎樣騰笑國際。好在胡錦濤這次面對的是鑰匙而不是勳章，是不那麼講古老規矩而欣賞獨特個性的美國人，而胡錦濤馬上也說了句"我很輕鬆地就將鑰匙從盒子裏取出來了，說明這個鑰匙應該屬於我"，在場人一陣掌聲也就過去了。

"烏蒙山歡呼金沙江笑，貧困地區人民笙歌勁舞迎錦濤"

在國際舞台上被傳媒盯著看了個夠，其實並非胡錦濤所願，他回國後繼續到各地巡視，不過由於身份不同，在各地巡視也常常被媒體大肆報導，雖然畢竟是在中共治下，媒體不得越過雷池，決不會像西方同行那樣口無遮攔。

《雲南日報》二○○二年七月二十二日，發表了署名韓聲雄的七千五百字特寫《執政為民心系百姓——胡錦濤同志視察雲南紀實》。胡錦濤是七月十五日到二十日在雲南視察，他走後第三天，省委機關報就刊出這樣的重頭文章，配上多幅圖片，真稱得上神速。

與所有中共體系中生產出來的關於領導人的文章相似，此文中也免不了"烏蒙山歡呼金沙江笑，貧困地區人民笙歌勁舞迎錦濤"這樣肉麻詞句，讀者只能忍受這樣的代價，從文章中搜尋實在的信息：

> 錦濤同志身邊的工作人員告訴我們，錦濤同志特別惦記相對貧困的西部地區人民，關心西部大開發。近幾年，他多次深入新疆、西藏、青海、廣西、四川視察，這不，這次又到雲南來了。
>
> 在省委書記白恩培、省長徐榮凱、中辦副主任令計劃、國家人事部副部長戴光前、國務院扶貧開發領導小組辦公室主任呂飛傑等領導陪同下，錦濤同志跋山涉水，風塵僕僕，深入農村、企業、社區、部隊，訪工廠進農家，與工人農民拉家常，與復轉軍人座談。
>
> 七月十五日上午十一時十五分，錦濤同志從北京坐飛機直接飛到我省扶貧開發的主戰場昭通市。吃完午飯，就風塵僕僕地奔向昭陽區靖安鄉五星苗寨。

五星苗寨位於昭通市郊的半山上。這裏交通不便，生態惡化，過去貧困落後，連飲用水都比較困難，有的家庭甚至住在不能遮風擋雨的杈杈房中。最近兩年當地政府實施了以溫飽安居為重點的多項扶貧工程，搞好科學種田，改善生態環境，引導農民努力奔向市場，情況大有改觀，全村人均糧食四百一十五公斤，人均純收入八百二十六元。

胡錦濤首先走進寨上小學。當村主任王國華介紹這個小學曾出過六個大學生、二十七個中專生、六個高中生時，胡錦濤連連稱讚，並提出要見見教師。在校長李光富的宿舍，胡錦濤詳細了解學生的學習情況、教師的生活情況，詢問教師能不能按月領到工資。當李校長告訴他政府按月給教師發工資，胡錦濤說："現在黨和國家很重視教育，教師的工資比公務員還要高，你們一定要好好幹，把教學工作搞好。"

在張正光家，錦濤同志關心地詢問他家糧食夠不夠吃，能不能接上茬……村幹部告訴錦濤同志，張正光由於才分家，底子比較薄，再加上文化水平低，農業科技措施運用少，創收辦法少，種養殖業效益不高，雖然已經解決了溫飽，但在寨子裏還相對貧困一些。走出張正光家，村裏的苗族群眾穿著民族服裝，自發地夾道歡迎親人。錦濤同志不斷地和兩邊的農民打招呼，互致問候。錦濤同志問一個叫王國光的農民："你們的生活怎麼樣？"王國光笑著回答："勉強過得去。"錦濤同志問："比過去好還是比過去差？"旁邊一個老大娘搶著回答："比過去好幾倍。"幾個農民補充說："不管吃的、住的、穿的都好幾倍。"接著，旁邊的農民就開始"揭"王國光的老底，說：他是復員軍人，靠養牛、養山羊、搞運輸發了財，是寨子裏最富的，樓上掛的臘肉多得很。錦濤同志笑著說："算是寨子裏的富裕戶吧？"王國光回答："算是吧。"錦濤同志說："要帶好頭。不但要自己致富，還要帶動周圍的群眾致富。"王國光連連點頭答應。錦濤同志指著王國光背著的孩子問是不是他的孫子，實行計劃生育沒有。旁邊的農民說，這個村子計劃生育都搞得好，大部分都只生兩個孩子，只是有的間隔年限差一點。錦濤說，一定要搞好計劃生育。人多了負擔重，少一點把生活搞得好一點。

　　跨進富裕戶張光劍家大門，張光劍和父親、母親、妻子、孩子十分高興地迎接錦濤同志。陪同錦濤同志視察的省委書記白恩培對主人說，中央領導看望你們來了。張光劍的父親張文躍抑制不住內心的喜悅，緊緊握住錦濤同志的手不放。旁邊的人有意考問張文躍，你知道中央首長叫什麼名字，張文躍直呼其名："胡錦濤。"引得錦濤同志和滿屋的人哄堂大笑。張文躍驕傲地指指旁邊的彩色電視機對錦濤同志說："在電視上我們經常看到你作報告。"……錦濤同志問："你們還有一些什麼困難？"張文躍回答："就是希望各級領導更重視教育，把我們的學校修一下。還有是道路差點，拉東西不方便。"錦濤同志立即說："你們的書記已經說了，要給你們修新學校。"市委書記楊應楠接著說："年底動工。"

　　特寫說，胡錦濤"心潮起伏，感慨萬千"：八十年代，他在貴州任省委書記時，就到畢節和毗鄰的昭通作過考察。所到之處，貧困面之大，貧困程度之深令他感嘆不已。今天貧困地區的農民生活確實有了很大變化，儘管他們仍然還有困難，但是，現在的困難和過去不是在一個層次上。他和白恩培情不自禁地加入苗族同胞的隊伍，一起跳起歡樂的民族舞蹈，"歡聲笑語，其樂融融"。

　　在昭通市，胡錦濤視察了"江澤民關懷下興建的滇字第一號水利工程"　昭通漁洞水庫。在昭通市永豐鄉三甲村，視察了農業綜合開發區，看望了飼養肉鴿致富的特種養殖專業戶許華，召開了農村扶貧開發座談會，聽取了昭通市關於扶貧開發情況的匯報，肯定了昭通市在扶貧開發中所取得的成績，對進一步搞好扶貧開發工作"作了重要指示"。

　　胡錦濤作了什麼"重要指示"？特寫反覆強調的就是"高舉鄧小平理論偉大旗幟，認真實踐'三個代表'重要思想"，"貫徹'三個代表'的要求，本質在於堅持執政爲民”，“全面貫徹‘三個代表’的要求，必須……重視並抓好扶貧開發工作”。

告別昭通農村，胡錦濤又驅車前往我省工業比較集中的曲靖市。

汽車在三二〇國道上奔馳，儘管很多路段因爲施工顛簸難行，但是，錦濤同志心裏熱乎乎的。八十年代，他陪著胡耀邦總書記到雲南考察，就是沿著這條路通過曲靖到貴州的。而今儘管有的路段也是走土路，感覺卻大不相同。這條路是在改造，在二級路的基礎上擴建爲高速公路呵。當年路過曲靖，看見這裏新建了一條街，心裏多高興。當時在貴州、包括昆明（原文如此，不知貴州如何包括昆明？）都還沒有一條新街。如今的曲靖，高樓大廈鱗次櫛比，街道寬敞，車水馬龍，儼然一副都市模樣，變得認不出來了。

在曲靖市，錦濤同志視察了曲靖捲煙廠、曲靖重型機械製造有限公司、曲靖珠江源紡織有限公司、曲勝高速公路、曲靖發電有限責任公司、曲靖市麒麟區越州鎮烤煙基地生產情況。在視察中，錦濤同志了解到，曲靖市通過艱苦努力，全市國企改革三年脫困目標基本實現，工業經濟在全市ＧＤＰ中的比重日益提高，確保了國有企業下崗職工基本生活費、失業保險金和離退休人員養老金按時發放，城市低保基本實現應保盡保，就業、再就業渠道不斷拓寬，心裏感到寬慰。

錦濤同志來到曲靖珠江源紡織有限公司，走進困難職工黃永躍家，家裏連像樣的家具都沒有。錦濤同志和黃永躍老兩口拉起家常。黃永躍告訴錦濤同志，他家有四口人，低保加其它收入共五四五元。錦濤同志對隨同的市委書記王學智說，人均生活費一三六‧二五元，僅只解決飢寒問題，但是解決不了看病的錢，孩子上學的錢。再提高低保標準，一是財政有困難，再是負作用大。對低保的特困家庭，在看病、孩子上學等方面要研究助困辦法，使他們過得去。當黃永躍告訴錦濤同志他家的兩個孩子分別在曲靖、昆明讀大學時，錦濤同志連連稱讚，說："你家有兩個孩子上大學，這就是希望，將來孩子畢業，有了工資，你們的處境就改變了。對你們的困難，組織上要關心幫助，你們也要自力更生。"困難職工方祥益，因車間調整生產結構、人員用工，經常輪崗，收入減少，愛人是農村人口，有時在外賣點小菜，開個小商店貼補家用。家裏還有兩個小孩。儘管全家人均生活費僅一二七‧三元，但是屋裏收拾得乾乾淨淨，顯出女主人的精明能幹。錦濤同志詢問了他家的人口、收入、生活情況後，一再囑咐方祥益夫婦，一定要克服困難，把孩子撫養成人。將來公司條件改善了，生活就會好起來。錦濤同志親切地問方祥益十歲的小女孩："你讀幾年級？"答："三年級。""學習好不好？""中等。"在場的人都被小孩的誠實逗得哈哈大笑。錦濤同志又問："你知道你爸爸媽媽多不容易嗎？"小孩回答："知道。"錦濤同志讚揚說："真是有困難的孩子早當家。"錦濤同志走出門後，小女孩高興地把六百元慰問金舉起來說："媽媽，我們有錢了！"女孩的母親哽咽著說："孩子，要記住，錢是胡爺爺給的。"

在麒麟區越州鎮視察烤煙基地時，錦濤同志和一個在田間搞管理的農民交談起來，當他得知這個名叫念建友的農民是退伍軍人，已經退伍五，每年僅種烤煙收入就是一萬多元時，就親切地說，來，我們握握手。更進一步交談，得知念建友曾在西藏當過兵，而且就在軍區大院裏時，曾任西藏軍區政委的錦濤同志高興地說，我們是戰友呵！希望你回到地方後搞好生產，發展經濟。

在視察中，錦濤同志深深思考以及和各級幹部討論的一個問題，就是雲南怎樣抓住西部大開發這個難得的歷史機遇把經濟搞上去。他對雲南的同志說，八十年代，我在貴州工作期間，對雲南很羨慕，對雲南的工作很讚賞。主要是雲南抓了兩煙，抓到點子上了，為相當一段時間雲南發展經濟打下了基礎。如果說雲南經濟在最近幾年持續走低，是不是在這次全國經濟的戰略性結構調整中沒有跟上趟？

據該文介紹，胡錦濤"深入雲南白藥股份公司、曲靖捲煙廠、曲靖市麒麟區越州鎮烤煙生產基地、曲靖發電有限責任公司、昆明高新技術產業開發區、呈貢斗南鎮花卉市場進行考察調研"，文中還提到去了雲南大學生物技術有限公司、萬芳生物技術有限公司、隆格蘭花卉園藝有限公司，在麒麟區白石江街道江南社區和街道幹部、退休老工人、殘疾青年了解社區建設情況和居民實行低保的情況，在雲南九九彩印有限公司和轉業復員退伍軍人座談，在世博園種下金桂樹……短短五天多，跑了這麼多地方，固然說明他分秒必爭，不辭勞苦，但是也令人感覺：行程安排如此密集，難以避免被人譏為走馬觀花啊。

第十章／共青團派的新掌門

●不論本人是否願意承認，年齡規則或曰自然規律，總要重新
呼喚出一批“共青團派”

共青團派的三個梯隊及其核心

隨著胡錦濤在中共高層的崛起，“共青團派”又開始成爲人們議論紛紛的焦點；隨著胡錦濤執掌黨政大權之後各地領導班子的調整，“共青團派”擴張勢力似乎由未來時變成了現在進行時。

考察“共青團派”，我們遇到一個特殊的困難：中共十六大前後，權力交接和政治佈局步伐加快，共青團派成員的職務變動也加速，每個月、每個星期、每一天，都有人從一個崗位轉到——往往是升遷——另一個崗位，我們剛剛在某一節中寫下某人的頭銜，到進入下一節時，就發現這些文字已經是“明日黃花”。我們只好將我們考察的截止日期定爲二〇〇四年二月一日。

借用胡耀邦所創造的“第三梯隊”和鄧小平所創造的“第 X 代核心”這樣兩個詞，合在一起，巧合的是，我們可以將“三胡”作爲“共青團派”的三個梯隊核心：

第一梯隊核心：胡耀邦；

第二梯隊核心：胡啓立；

第三梯隊核心：胡錦濤。

胡耀邦是第一梯隊核心。正如我們在第四章曾經提到的，"共青團派"在八十年代前期政壇上，曾經叱咤風雲了一番。那是因為胡耀邦任中共組織部長、宣傳部長、中央祕書長、最高時任中共中央主席，後改任總書記；而那時的第二梯隊核心胡啟立任中辦主任、書記處常務書記、中央政治局常委，再加上曾經在共青團工作過的許多人，這時候在政壇上都成了氣候，呼風喚雨，煞是引人注目。例如，這時候人們談得最多的政治新星：年紀輕輕就被派到直轄市天津當市長的李瑞環，在外交界嶄露頭角、一九八二年當上外交部副部長的錢其琛，當上書記處書記和中辦主任的王兆國，一九八四年當上北京市委副書記、次年被胡耀邦力主交付國家安全部部長重擔的賈春旺（當時他四十七歲，有人提出質疑說：賈春旺對於國家安全部門的業務是外行，胡耀邦卻說："我就是要這個外行！"），此外如喬石、吳學謙、朱良、錢李仁、朱厚澤、項南、艾知生……等等。

反過來說，胡耀邦地位的鞏固與共青團派的崛起也有密切關係。而一九八七年年初胡耀邦黯然下台，團派第一梯隊使命結束，共青團派聲勢也隨之重挫，最倒霉的是王兆國，一下落到福建去當省級副職和代職。不過，多數團派成員僅僅原地踏步，在一段時間之內沒有升遷，卻也沒有跌落。

第二梯隊核心空有其名

胡啟立當時也曾一度被人視作會隨胡耀邦一同遭打入冷宮。後來卻仍然保留在高層，"共青團派"將重新冒升的希望寄托在這個團派第二梯隊核心上。但胡啟立不敢像胡耀邦那麼鋒芒畢露——畢竟胡耀邦是紅軍時期"紅小鬼"出身，年齡不大資格老，而胡啟立到底僅僅只有解放前夕鬧學潮的資格。一九八七年秋，胡啟立在黨的十三大上升任政治局常委，頗使該派成員喜出望外了一陣。但沒想到剛過一年多遇到"六四"，胡啓立被趕出決策圈，後來貶爲電子工業部副部長、部長，再後被安排爲全國政協副主席，已經完全沒有了那種光採和聲勢。"共青團派"即使還有受提拔重用者，像錢其琛就氣勢如虹，成爲外交界說一不二的實際掌門人，但這些人哪裏還敢、還願凸現共青團色彩？

此後，"共青團派"星流雲散，沉寂了三四年。

按說，李瑞環也應算是"共青團派"第二梯隊主要骨幹，在胡啓立下台之後，李瑞環進入中央政治局常委，團派成員本來可以再投靠其門下。但是不然。李瑞環擔任團中央書記之前，已經有了"青年魯班"、"毛主席紀念堂工地指揮部黨委書記"等多種政治資歷——實際上，當時不通過共青團的渠道，他也能從別的門徑在中共權力體系中登堂入室。何況，他在專職團中央書記的座席上沒呆多久，滿打滿算也不到一年，與上下左右沒有來得及建立感情；後來雖然掛著這個"團中央書記"的名義，卻走馬上任到天津直轄市當上雄踞一方的諸侯。再過幾年，風雲變幻，他那一輩的"共青團派"已經花果凋零，沒剩下多少——後來在部級崗位上的就剩了胡啓立、高佔祥、朱善卿等屈指可數的幾人。他雖然在六四以後進入中央常委班子，但走的是偏鋒，起的是與保守勢力抗衡的作用。而工作也不順利，先抓意識形態，保守勢力在老人支持下不買他的賬，使他連連碰壁；後管政協、統戰，也難有突出佳績。李瑞環近年在政治上仍有頗強的企圖心，年齡又還不老（他是一九三四年生人，到十六大舉行時爲六十八歲），儘管十六大前夕一度盛傳他有可能重返一線施展一番，然而他卻無法利用其曾爲"共青團派"的資源。

蘇聯東歐共產黨政權崩潰，中共元老年齡老化不可抗拒，於是掌權者不得不重新重視選拔接班人。客觀現實是：可以相對信賴、又可以相對避免社會反彈的人才群體，仍然是共青團的幹部，他們比較接近中共遴選拔擇人才的標準。一九九二年六月——其時胡錦濤尚未進入中央政治局常委，而仍是養病、協助十五大籌備並待分配之身——中共中央組織部與團中央聯合舉行過一個全國性會議，總結與推廣如何以共青團組織向中共推薦接班人的經驗。時任中組部常務副部長兼國務院人事部長趙宗鼐在會上強調："共青團員是黨組織是發展青年黨員的主要來源，團組織'推優'（推薦優秀人才）是黨組織發展青年黨員的主要渠道"，"這樣是關係到保證黨的事業後繼有人的百年大計，是爲保證黨的基本路線一百年不變"。

　　說的是基層團員、黨員，但是其含義卻延伸到高中層官員。這一形勢，在客觀上爲當時即將上任的胡錦濤，形成了"共青團派"再次崛起的背景。而胡錦濤當時甄別審查的中央委員和候補中央委員候選人對象，也無疑有相當一部分人曾與共青團有這樣那樣的淵源。不論胡錦濤本人是否意識到、是否願意承認，他注定要成爲"共青團派"第三梯隊的有凝聚力的新核心，他注定要被人們視作"共青團派"在二十一世紀的新掌門人。

太子黨·祕書幫·共青團派

　　"共青團派"，指的是由共青團這個系統在仕途上升遷者。再要細分，又有廣義狹義之別。廣義的"共青團派"，只要是在共青團系統內擔任過一定領導職務，不論是當過團市委書記或者團地委組織部長，甚至企業團委書記，就都可以劃入"團派"行列。例如，中共中央宣傳部副部長劉雲山，擔任過共青團內蒙古自治區委書記，後來轉到中共內蒙古自治區委當宣傳部副部長、部長、區委副書記，他就可以算是廣義的"團派"。

　　而狹義的"共青團派"，則特指在團中央擔負過一定級別（如書記、部長等）的領導職務者。

丁望將共青團派劃分為"中央團派"和"地方團派"，是有道理的。

人們說慣了"太子黨"、"共青團派"、"祕書幫"。其實，"太子黨"難以算黨，"祕書幫"並不成幫。

"太子黨"只是一個陳述某人具有"紅色高幹血統"的特定概念而已，並不是說"太子"們真正成了能彼此呼應、協調行動的"黨"。中共上層的長期政治爭鬥在"太子"之間留下的創傷和其它後果，早已把"太子黨"拆得支離破碎，要麼因父輩的恩怨，要麼因彼此的競爭，他們各立山頭，各佔天下。當然，這種情況比較常見：某幾位元老交情很深，其家族子女在軍政兩界──現在又加上商界──中互相提攜呼應，形成一個利益的小圈子，例如，高新《領導中國的新人物》一書披露了鄧小平的女婿、賀龍的兒子、楊尚昆的女婿、王震的兒子以及榮毅仁家族的錯綜複雜的權力與利益的交易：

一九九二年賀鵬飛升任海軍副司令員，原來的總參裝備部部長職務被鄧小平的女婿、原任其副手的賀平接任。此後，賀平又兼任了他在擔任副部長期間即已經擔任副職領導的中國最著名軍火公司之一保利科技有限公司的總經理（楊尚昆女婿王小朝也任該公司的副總經理）。而原任中國投資信托總公司副總經理兼任下屬保利公司總經理的王震的兒子王軍，先升任保利公司的上級公司──中信公司業務部經理兼保利科技有限公司董事長，很快又擔任中信第一副總經理兼中信深圳公司董事長。

而到了一九九三年，鄧小平勸說王震交出國家副主席職務時，說好由與王震私交甚篤的"民主人士"榮毅仁接手，王震立刻提出交換條件，要求將榮毅仁在中信公司的一把手位置交給王軍。鄧小平恩準，王軍便陸續將保利公司的經營大權交給了鄧小平的女婿賀平。榮毅仁接任王震的國家副主席職務後，整個中信公司從名到實都已經是王軍的獨家天下。

　　但是，這並不意味著他們著眼於紅色血統，作為彼此扭結的紐帶。某位高幹子弟拔擢另一位高幹子弟，收攬到自己門下，並不是抽象地看在其同樣出身高幹的分上，而是具體地看在其父輩與自己父輩是鐵哥們，而此人對自己又有用的分上。像鄧小平的兒子鄧樸方創建殘疾人基金會時，將中共元老、江青的前夫黃敬之子俞正聲網羅來一同創業，就是如此，俞正聲得此機會走上政壇，如今貴為中共中央政治局委員。

　　"祕書幫"的概念也類似，只是指出某人是當祕書起家的事實，而並不是說祕書成了"幫"。由祕書而青雲直上者，多與其昔日的上司構成縱的淵源關係，與其上司一榮俱榮，一枯俱枯，卻很少能與別的前祕書們橫向同氣相求。我們沒有見到某位曾任祕書的官員，看在其上司也曾任過祕書這一點，而死心塌地對之忠誠效力。近年來，情況出現了某些變化：在北京市常務副市長王寶森、河北省委書記程維高案等重大腐敗案件中，都可以發現祕書們沆瀣一氣，狼狽為奸，聯手作案，利益均沾。但這並不表明他們是以"祕書"為結幫標準，有什麼相近的目標，實際上，他們不過是以利益為旨歸，包容五湖四海，三教九流。

　　當然，"太子黨"雖未成"黨"，太子與公主們卻都具有極大的能量，在各個領域，尤其是共產黨權力體系中的要害系統和部門，就拿軍隊中的太子黨來說，已經把持了作戰、情報、軍工、國防科研等等極多關鍵性崗位。

　　我們不用專門去調查統計，把手邊大家耳熟能詳的列一列，就有：

　　鄧小平家族，葉劍英家族，王震家族，薄一波家族，李維漢家族，烏蘭夫家族，賀龍家族，江澤民父子，李鵬家族，習仲勛家族，粟裕家族，彭真家族，萬里家族，聶榮臻家族……

　　還有曾慶紅，俞正聲，何光暐，劉延東，王歧山，陳元，廖暉，潘岳，林用三，布赫，周小川……這是一個長得看不見盡頭的名單；

　　尤其值得重視的，就是先後活躍在軍隊裏的這一大批"太子黨"：聶榮臻之婿、國防科工委主任、上將丁衡高和妻子、中將聶力；羅榮桓之子、二炮後勤部政委羅東進；譚震林之子、總參動員部部長、少將譚冬生；李先念之婿、空軍副政委劉亞洲；彭雪楓之子、第二炮兵政治委員、中將彭小楓；周恩來之姪、國防大學政治部主任、中將周爾均；原副總參謀長王諍之子、中共中央警衛局副局長王蘇民；董必武之子、中央軍委辦公廳主任董良駒；賀龍之婿、前武警總部政委李振軍；賀彪之子、鄧小平之婿、解放軍總參裝備部長賀平；粟裕之子、北京軍區某集團軍長、少將粟戎生；彭真之子、中國核工業副總經理傅銳……

　　與"太子黨""祕書幫"這一"黨"、一"幫"比起來，倒確實是"共青團派"像個"派系"的樣子。在中共對黨內小團體如臨大敵，絕不給予任何生存空間的情況下，"共青團派"固然不可能有成形的組織，更不可能有什麼成文的綱領，但是"共青團派"的存在則無可否認，其成員不僅有感情的紐帶，有昔日上下級隸屬關係，還有很多在後來工作任務中互相配合的機會。

　　與前述一"黨"一"幫"的明顯事實相對應的另一個明顯事實是，共青團派的官員非常普遍地上下提攜呼應：一個前共青團幹部，很可能將他原來的團內下屬繼續提拔重用，逐漸在一個地區、一個部門形成氣候。

　　九十年代後期開始，中共政壇上又流傳起"四大金剛"的說法："祕書幫"銷聲匿跡了，卻增加了"海龜"（海外留學歸國者）和"地方實力派"，與"共青團派"和"太子黨"並列。但是實際上，"海龜"目前崛起政壇的人數還較少，多半是在金融、法律、科技等專業性很強的部門的領導崗位上，例如前外經貿部副部長龍永圖，人民銀行副行長兼國家外匯局長郭樹清，前證監會副主席、全國社保基金理事會副理事長高西慶，等等。他們除了工作聯絡，彼此之間的認同感、歸屬感並不強；地方實力派更難以形成全國的聲勢。這兩派更不足以挑戰共青團派。

《二十一世紀環球報導》記者韓福東在一篇反映共青團幹部集中出任政府要職的報導中指出，"新的政治家將有不同的政治風格。共青團系統成長起來的官員多來自平民家庭，很多是農民的孩子，他們的成長經歷將影響他們的執政取向。"

與主要憑藉父蔭、先天擁有豐厚政治社會資源的"太子黨"不同，"共青團派"基本上是從平民階層，通過自我奮鬥而冒升的——儘管"共青團派"中也有劉延東、李源潮這樣的"太子黨"成員。如果說"太子黨"服膺江澤民提出的"三個代表"，更理直氣壯強化自己的精英身份，那麼"共青團派"倒是更願意凸顯大眾平民色彩，更多地呼喚公平。有政治學者分析說，在自由與平等這兩端，他們更傾向於"平等"，包括平等地被選舉、受教育和做中央幹部的權利，他們反腐敗的決心也可能更為堅決，他們也更關心弱勢群體，更願意擺出下層民眾利益代言人的姿勢。

從"太子黨"與"共青團派"的爭奪，我們隱約可以看到中國自魏晉以來的門閥世族與庶族寒門矛盾的延續；而從雙方在價值取向上的分野，我們也依稀可以嗅到類似美國共和黨與民主黨的政策對峙氣味。這種爭奪未來是否可能演變成某種有中國特色的體制化的制衡格局？值得關注。

"共青團派"的共同特徵

必須說明，"共青團派"也只是一個籠統的說法，其中情況是很不一樣的。有些人，在共青團體系裏泡的時間很長，是在共青團的崗位上成長起來的；還有些人，在別的崗位工作，被上級慧眼識珠，打算培養，有意放到共青團某級領導席位上一段時間，再拔擢到別的崗位。比較起來，前一種人對共青團組織的感情和淵源自然要深得多。但是即使是後一種人這樣的情況，上級之所以要將他調到共青團的崗位上過渡，就說明看中了共青團組織的資源和渠道，賦予了他在日後歲月中利用這一資源和渠道的便利條件。

共青團派成員，有相當自覺的派系歸屬觀念，當然，他們說出口來不是這麼表述，而會以"黨"的嫡系、先鋒作為其自豪的標榜。像一九八一年才調到團中央任書記處書記的王建功，一九八二年換屆時調離去當山西陽泉市委書記，後來任黑龍江省委副書記，在黑龍江省人大主任任上逝世。他在團中央僅僅一年，但他多次在各種場合宣稱："我們共青團"是直通中南海的，"耀邦同志"對我們是"直接教導和帶領的"云云。

我們所觀察到的"共青團派"成員，至少有以下幾個方面的共同特點：

其一，五十到八十年代在共青團系統工作過的人，由於共青團這一組織在中共體制下被設定的性質，在政治上都有較強的企圖心和使命感。團的章程早就明文規定，共青團有兩重屬性：一為"先進青年的群眾組織"，二為"中國共產黨的助手和後備軍"。前者，空有其名而已，而後者才是中共領導人對共青團最實實在在的要求。從另一種角度說，人們將共青團的各級崗位看成是"學習共產主義的學校"，一個過渡到更高職位（用中共官場上常用說法，叫"挑起更重的擔子"）的跳板。在這個系統工作的幹部，除非不想在政界發展，"中途掛靴"，激流勇退，一般來講，總是希望在這一領域幹出一番成就來，有比較強的仕途功名心。

其二，由於工作對象所決定，直接面對青少年的共青團幹部，比較活躍，比較熱情，富有朝氣。

其三，由於工作任務所制約，共青團幹部擅長於政治動員、思想教育、組織主辦造聲勢的宣傳活動，他們打交道最多的一般是黨委及其宣傳部門的負責人，由此影響到他們的思維方式、能力結構以及政治聯繫，後來往往在政工（包括外交、社會團體和某些政府行政管理部門等等）、政法領域去施展。

其四，由於工作性質所限制，各級團組織基本上都是清水衙門，不像別的黨政部門那樣有人、財、物的實權，難有尋租機會，於是共青團幹部相對來說比較清寒，而對官僚體系中的腐敗現象也就保留了比較多的正義感和批評的勇氣。

說到底，"共青團派"的凝聚力，來自於人之常情：在共青團崗位上工作的人，往往都是在青春年華。人生中最美好的的事物如戀愛結婚等，都與共青團的崗位，甚至與他們曾參與的、團組織發起的一個個具體活動相聯繫。這段歲月很自然成爲他們在今後的生涯中長久保存、十分留戀的回憶。

以胡錦濤劃界，前後團派工作有區別

我們幾年前注意到一個有趣的現象："文革"後在共青團中央工作過的"共青團派"幹部的前途，除了屈指可數的幾個特例（例如，六四以後遭到整肅的胡啓立；進入中央政治局常委，分工擔任全國政協主席的李瑞環；韓英的情況就更爲特殊，前面已經寫到）之外，就普遍情況而言，胡錦濤之前和之後，情況很不一樣。

在他之前到團中央工作的，"轉業"之後基本上都一直在地方工作。如：

王建功，後任黑龍江省委副書記、省人大主任（逝世）；

劉維明，這位前國家主席劉少奇的姪子，任廣東省政協常務副主席。他的經歷比較特殊：十七歲就進了廣東南嶺煤礦當採掘工人，雖然與"黨內頭號走資派"沾親，文革中還是節節上升，官至廣東省革命委員會副主任；團中央恢復以後，他擔任團中央書記處書記，一度還代理全國青聯主席。但後來就連走下坡，一九八五年從中央黨校畢業後，回到廣東省擔任省委常委，八八年始任副省長，後退居二線。他是十一屆中央委員，十二屆候補委員，十三大時則只是普通代表；

克尤木·巴吾東，他橫跨了第十屆和第十一屆團中央書記處；曾任新疆維吾爾自治區政府副主席，現任新疆維吾爾自治區副書記；

唯一的例外，是李海峰，但她也是長期在河北省工作，很晚才調到國務院僑辦擔任副主任。

而作爲對比，與胡錦濤同時或在他之後進入團中央書記處的，"轉業"後情況則耐人尋味。四年前，筆者之一曾在一部關於胡錦濤的專著中這樣描述：

他們多半都在中央和國家機關工作。例如書中多次寫到的中央統戰部部長王兆國（中間有幾年被貶抑到福建），中央統戰部常務副部長劉延東。此外還有：

團中央書記處書記張寶順，副部級的新華社副社長；

團中央書記處書記李源潮，原任國務院新聞辦公室副主任，一九九六年調任國務院文化部副部長；

團中央書記處書記宋德福，中共中央組織部副部長，國務院人事部部長；

團中央書記處書記劉奇葆，一九七四年畢業於安徽大學歷史系，畢業後在省委宣傳部、辦公廳當幹事，當過前後任省委第一書記萬里和張勁夫的祕書。後任團省委宣傳部副部長、部長，團省委書記，省青聯主席；還下去任中共宿州市委副書記兼市長，八十年代中調到團中央，任以宋德福爲首的書記處書記。後調任《人民日報》副總編輯，現任國務院副祕書長。

團中央書記處書記陳昊蘇，曾任廣播電影電視部副部長，現任中國人民對外友好協會副會長。

團中央書記處書記趙實，曾任廣播電影電視部副部長，一九九八年政府機構改革，該部撤銷，合併到文化部，成爲廣播電影電視局，趙實任副部級的副局長。

這批胡錦濤之後的"共青團派"成員中只有一人例外：團中央書記處書記馮軍，任中共西藏自治區委常委兼西藏區委組織部常務副部長，於一九九三年病故，年僅四十四歲。

跨世紀"團派"核心骨幹大批下到地方

沒過多久再來看，情況有了根本變化。這些在中央黨和國家機關工作的人士，從胡錦濤於一九九七年十五大上第二次連任中央政治局常委，也就是說，其接班身份被江澤民正式認可之後，不少人陸陸續續被安排到省裏去了。

曾任團中央第一書記、在中共十五大上進入中央委員序列的李克強，於一九九八年五月共青團十四大上卸任，六月被中共中央派往河南任省委副書記，七月任代省長；一九九九年元月，當選爲省長；

宋德福，接替賈慶林，當了福建省委書記；

曾任團中央書記處常務書記、全國青聯主席的劉鵬，被拔擢爲中宣部副部長，二〇〇二年四月，下去擔任四川省委副書記；

劉奇葆，在廣西的幾起腐敗大案被查處、自治區班子很多成員或殺或關或撤之後，被派去擔任廣西自治區區委副書記；

李源潮，先是擔任江蘇省委副書記，後來又兼任南京市委書記。

還有曾任團中央組織部長、辦公廳主任的李學舉，出任中共重慶市委副書記兼組織部長；

曾任團中央書記處書記、組織部長的姜大明，調到中共山東省委當常委、組織部長；

另有原團中央常委、學聯主席林炎志，於二〇〇〇年冬由中共河南省委宣傳部長調升爲吉林省委副書記。

這些人"下放"，明顯與前面所說那些到省裏工作的人不同。那些人下去了就難以再回到北京（李海峰是唯一例外，但她回到北京並未得到重用），而這些人，放下去獲得地方領導工作經驗、準備日後提拔重用的意圖極濃。

在胡錦濤前後的"共青團派"何以有這樣不同的前途？有一條不容忽視：在胡錦濤之前的共青團中央書記轉業後的政壇出路，與他基本上沒有太大關係，他那時無權過問，而到他有權過問之際，這些人年齡已經超過或者接近他們那個層級的限制；而在他之後的共青團派重要幹部，放在什麽崗位上，胡錦濤有了很大發言權甚至決定權。

只要胡錦濤權力穩固，我們有把握地說，共青團派核心骨幹們"下"的高潮過後要不了多久，一定會出現"上"的高潮。

此外，還有一批中層幹部（團中央機關的部長們，相當於廳局級或副廳局級），多半進入中共中央和國家機關，這批人中鮮有能升到部長的，多半是在中共和國家機關擔任中層幹部，例如：中共中央統戰部集中了相當大一批原共青團中央的幹部——大概是王兆國、劉延東執掌的關係吧，甚至有人讚爲成了"半個團中央"，像原團中央統戰部部長、全國青聯祕書長覃志剛，就調到中共中央統戰部擔任副祕書長（後來才調到中國文聯任黨組副書記、副主席）。此外如原團中央組織部長王松鶴，現任中央金融工委的群工部長。

"共青團派"第三梯隊特點鮮明

從上面所說到的區別，再考察"共青團派"未來的走向，可以斷言，這個派系雖然具有前面所說的共同特徵，但下一撥人馬將呈現與老"共青團派"不同的特點和面貌，這也就是胡錦濤在他政治局常委第二個任期所提拔的真正意味著"跨世紀的接班人"的特點和面貌。

以年齡來看，可以說，大體上以一九四九年中共建政為界，在此之前出生的為以胡錦濤為核心的共青團第三梯隊成員，在此之後出生的為第四梯隊。

我們先來看看"共青團派"第三梯隊成員，具有什麼樣的角色特徵——其中某些特徵與第二梯隊（胡啓立、李瑞環那一梯隊）相比較一下，就更為明顯：

一，他們教育水準較高，普遍受過大學教育，而第二梯隊則有不少是在幹部速成班受訓或是所謂"調幹生"；但是第三梯隊的大學教育，有不少被"四清"沖淡，甚至被"文革"打斷。

二，他們專業經驗較強，多半有工程師、地質師、機械師、編審等專業資格；而第二梯隊大都是在中共建政前後期間參加革命，多半是傳統的政工型；但是，第三梯隊的專業經驗，多半偏於工科或理科，其他各科較少。

三，他們多半在學校就讀期間就在政治上靠攏中共，被吸收為黨員，或作為又紅又專的典型。

四，他們多半有計劃經濟體制下的企業管理資歷和經驗，是在中共戰略重心轉移、推動社會轉型初期，由於急需"四化"（革命化、知識化、專業化和年輕化）人才，而從各個科技業務和經營管理崗位上搜羅來的。但當時急於使用，破格提拔，致使他們中也出現"經驗斷層"，有的後來不得不"補課"。

五，已離開共青團系統的第三梯隊大都擔任黨務（包括組織、宣傳、統戰等）、群眾團體、政法、文教方面的官職，也有一些擔任了政府行政管理官員。他們變換角色的適應能力較強，從管理和業務崗位上轉到領導崗位，能迅速動用自己知識和能力結構庫存，打開局面。而他們對於中共傳統政治運作體系也能很快了解，並被捲入。同時他們因為經歷過殘酷的文革，對拉幫結派整人之類政客手腕也不陌生。

共青團第四梯隊的跨世紀素質

"共青團派"第四梯隊（比胡錦濤更低一批的梯隊）成員，五十年代出生，是文革中的"老三屆"、文革過後最初幾屆通過高考進入大學的畢業生。他們中多數現在正在共青團崗位上，等待或者說爭取調到更有發展前途的崗位，向權力中樞逐步位移。這些人在二○○○年前後開始，被陸續提拔到省部級領導崗位上——最後卸任的團中央第一書記李克強，到河南任省委副書記兼省長，二○○二年年底升任省委書記，可以看作是他們的排頭兵。

這一梯隊不同於前一梯隊的特點是：

一，他們學歷更高，百分之八十以上具備大學本科學歷——而且，擁有的是不折不扣、非常正規的本科學位；其中擁有碩士、博士學位者也越來越多。

二，他們所學的專業，不再像前一梯隊那樣側重於工科與理科，而是向法律、經濟、金融、哲學、教育和其他社會科學等專業傾斜。具高中級專業資格職稱者相當普遍。

三，他們具有更多的商品經濟知識和眼光，更多的現代價值觀念，更多的現代實用技能，對接觸洋務，與國際接軌，也有更多的積極性。有人歸納為是新一代職業文官，比起前一梯隊"技術官僚"，又進了一步。

四，理想主義色彩在幾個梯隊中呈現遞減趨勢，而第四梯隊比起前面一個梯隊，更接近於剝落殆盡。意識形態教條，在他們頭腦中進一步淡化，或者只是作爲一個裝飾、幌子。與此相關的，是整體道德修養不如前代，更爲"虛僞"。他們的心理驅動力，主要是個人建功立業的成就感和權力欲望。對於他們來說，共青團工作崗位不再是爲青年、爲人民利益奮鬥、值得爲之獻身的事業，而是施展才幹，在社會台階上攀升的途徑。

五，他們的適應性更強，對自己的未來有更清晰的設計，除了進入權力體系，他們也有意識地爲未來在商界、在學界有一番作爲鋪路開道，有的現在就"官學兩棲"。

六，由於更講求實際，對於現在的社會弊病也有更多思考。其中有些幹部，轉任過多種職務，更爲了解下情。像李克強擔任團中央一把手時期的團中央書記處第二把手、全國青聯主席的劉鵬，四十六歲，當過重慶市團委書記、四川團省委書記，又任過重慶市中共區委書記，宜賓地委副書記兼行署專員。像他對於現在社會政治經濟結構和機制，顯然會有更深入的見識。後來他被拔擢爲中宣部副部長，二〇〇二年四月，又被任命爲四川省委副書記。像他這樣的第四梯隊中的佼佼者，當會嘗試運用現代政治觀念和建立現代社會運作機制。

第四梯隊接班人一個很突出的現象是，他們中很多人都在拼命弄到文憑——不僅僅是大專或者大學本科文憑，而更盯住了碩士、博士文憑。由於他們所處的高權位，能比一般人更輕易地得到高學位。

像二〇〇四年元月剛剛代理山西省長的張寶順，本是秦皇島碼頭工人出身，文革中入黨提幹，由基層政工幹部起家，沒有讀過多少書。在擔任共青團中央候補書記期間，一九八二年申請入人民大學讀本科函授生，一九八七年畢業之後，又到吉林人學讀經濟學拿到碩士。如果不是這樣，他大概不可能在一九九一年成為團中央的常務書記、全國青聯主席，然後又調到中共上層建築的要害喉舌新華社任要職。

像張寶順這樣當官、拿學位兩不誤的大有人在，前面提到的覃志剛等不少人，拿到是中央黨校在職研究生學位。還有"二李"值得一說：一九九三年接任共青團中央第一書記李克強和團中央書記處書記李源潮，都是在當"青年官"期間，設法經組織批准，在職讀著名經濟學家厲以寧的研究生，拿到北京大學經濟學碩士、博士。李克強人很聰明，近幾年熱心摸索共青團如何落實"鄧小平理論"，從事經濟體制改革的研究，對於經濟結構轉型有較深入鑽研。他曾在大陸較有權威性的《中國社會科學》雙月刊一九九一年五月第三期上，發表了萬字論文《論我國經濟的三元結構》，獲得孫冶方經濟論文獎，得獎金八千元人民幣。而一九九一年八月經濟日報出版社出版《走向繁榮的戰略選擇》這本二百一十二頁的小冊子，署名是厲以寧、孟曉蘇、李源潮、李克強——一位導師加上三名在職博士生。這位孟曉蘇，曾任國務院辦公廳和全國人大常委會辦公廳副局長，國家進出口商品檢驗局副局長。一九九二年五月任中國房地產開發集團公司總經理，並任中房集團總裁，二〇〇〇年十月任中國房地產開發集團公司董事長，兼任中國房地產業協會副會長、中國企業聯合會副會長。

關於李克強，還有一個細節：他當北大團委書記時，看到從萬里到胡啓立、李瑞環等高官都愛好網球，就勤練網球，未雨綢繆。

中國青年政治學院副教授王東成同時兼任中央團校輪訓部教師，他在這些年與各地團幹部接觸的過程中，明顯感到他們與前些年的共青團幹部不一樣：大都受過完整的現代教育，改革開放這些年來，大量具有普適性的人類文明理念湧進中國，他們深受熏染，思想比較敏銳。

有政治學者接受《二十一世紀環球報導》採訪時也評價說，一般而言，這些有共青團背景的官員大都年輕、有活力、保守觀念少，善於團結，而且由於共青團一直處於較邊緣的地位，因此這些人形成一種謙卑的性格，謹慎而不張揚。同時他們具有行政經驗不足，對經濟行政實務的歷練不足的缺點。

中國科學院／清華大學國情研究中心研究員康曉光，十六大前夕提出過一個很著名的觀點：中國政治精英、經濟精英和知識精英三種精英結盟統治中國，證諸厲以寧、孟曉蘇、李源潮、李克強的師生合作，互通有無，庶幾可信。尤其是要看到《走向繁榮的戰略選擇》這本書早在一九九一年夏就上市了，其寫作當在更早，不能不佩服這些學者與官員早有前瞻，三種精英的結盟十多年前就開始靜悄悄地開始經營了。

目前"學術腐敗""文憑造假"在中國大陸成為令人痛心疾首的公害。許多大學巴不得給黨政幹部開班授銜：學校能藉此與權勢集團建立各種聯繫，還能增加收入，老師可改善經濟狀況，而幹部則得到了文憑——這是升官的門票之一。至於學費，許多都是由幹部所在單位報銷，或者由幹部設法與別人進行某種利益交換，例如倚其權勢，給下級企業某種好處，下級企業就以某種名義掏錢給其交學費。這種事情，在當今大陸已經是司空見慣。而這種在職"學習"，通過考核易如反掌，所花學員的精力幾近乎零。筆者認識一位林業部某司司長，剛讀完東北某大學法律專業，據他自稱，只需要每門課每學期交一篇三至五千字的文章算是作業兼"開卷考試"，不論是否大段摘抄也不論好壞，就能通過拿到學分。

與"共青團派"官員有直接或間接接觸的康曉光，接受《二十一世紀環球報導》記者採訪時說，曾在共青團工作過的官員比較"幹淨"，二〇〇〇年之所以將宋德福從中組部調到福建任省委書記，絕非偶然。因為在"遠華"集團案發之後，福建眾多高官落馬，派一個比較清廉的幹部過去對當地的官場會有淨化作用。康曉光認為宋德福有時到了"不通人情的地步"，例如他在吃工作餐時從不喝酒，"弄得地方官很狼狽"；統戰部長劉延東"很清廉、比較能幹"，河南省委書記李克強"胸懷大略"；共青團中央書記處書記崔波（現已轉任寧夏自治區黨委常委、銀川市委書記）崔波"清醒、不糊塗、很有分析能力，敢決斷，敢承擔責任"。共青團中央書記處另一位書記孫金龍（現已轉任安徽省委常委、政法委書記）"知識面廣、特好學，很明顯是個博覽群書的人，對新事務敏感，並且鼓勵部下學習新知識，沒有官氣，說話痛快，膽子也大，不像一般官員那樣小心謹慎"，和孫金龍一起談問題"不累"，他不像某些官員那樣"根本聽不懂"。

康曉光認爲，現在之所以有眾多共青團系統官員走上前台，和他們的"清白"不無關係，閱歷和經驗都可以培養，"清白"與否卻不可替代。不過，康曉光同時表示，他們之所以會比較"幹淨"，也不一定就是他們素質高，"這和他們的職務有無尋租機會有關係"。

省部一級"共青團派"陣營擴大

儘管胡錦濤本人儘量避嫌，並不將自己共青團的經歷作爲驕人資歷，也不以"共青團派"作爲標榜之旗幟，以免遭到反彈，樹敵過多；然而在客觀上，人們必然要以他爲例，說到"共青團派"的東山再起。不論他是否有意，即或在"共青團派"的集結上沒有任何動作，胡錦濤也必然會被人視作"共青團派"的精神領袖。這也是不可抗拒：胡錦濤的職務最高、權力最大，他曾在很長時間內管黨務、管組織；還因爲"共青團派"幹部具有年輕的優勢，一說"跨世紀"，不到"共青團派"幹部中找提拔對象，還上哪裏找？

"共青團派"勢力的擴張，早在胡錦濤第一個政治局常委任期的後半段就已經隱隱啓動。據《中國之春》一九九七年第十二期上署名爲華聲的文章披露，十五大召開之前，胡錦濤曾經試圖舉薦張福森接任北京市委書記，但未能成功，被北京政壇人士認爲是胡錦濤在黨內"荐賢"過程中的首次受阻。張福森與胡錦濤有三層關係：第一，比胡錦濤大兩歲的張福森也出自清華大學，基本上同時在校；第二，他六十年代後期曾經在蘭州軍區空軍技術員；如果說前兩條還不能證實胡錦濤當時是否與之有過交往，那麼第三，一九八一年他擔任北京團市委副書記（一度代理北京市青聯主席）一直到一九八四年，這時正是胡錦濤擔任團中央書記兼全國青聯主席期間，在工作上有了相當密切的關係。

陳希同腐敗案因爲周北方的下獄和王寶森的暴死而東窗事發後，張福森剛剛被從新疆召回北京（當時是暫時安排在司法部擔任副部長），中南海裏便有議論說：隨著江澤民爲“鄧小平之後”大舉進行“政治搶灘”，胡錦濤也已經開始考慮爲未來的“第四代領導集體”暗籌組織班底了。江澤民在安排自己心腹賈慶林接掌北京市委書記的同時，同意安排張福森出任第一副書記，也算給了胡錦濤一個很大的面子。

胡錦濤的第二任政治局常委任期開始的一九九七年到世紀之交的三年間，共青團派勢力進一步向上滲透。在當時的省部級機構中，已經可以看到相當一批主要負責人出身於共青團系統，擔任過省、市和縣一級的共青團領導職務。下面列出一份遠遠算不上完整的名單，可見一斑。這份名單中，不包括那些在其早年經歷中曾在基層或企業中擔任過共青團工作的人；也不包括那些在軍隊中擔負過共青團工作的人——因爲他們的權力基礎主要是軍隊，對共青團組織並沒有多少認同感。如果加上這兩部分人，名單當然就要長上三四倍。以下名單中括號中爲該官員曾擔任的共青團內職務（爲簡便起見，一般只列入團內最高職務）。

出身於共青團系統的省部級以上官員有：

中共中央委員會及各部委——

中央組織部：副部長宋德福（曾任團中央第一書記）；

中央宣傳部：副部長劉雲山（曾任內蒙團區委書記）；副部長劉鵬（團中央書記處書記）；

中央統戰部：部長土兆國（曾任團中央第一書記），副部長劉延東（曾任團中央常務書記），萬紹芬（曾任南昌團市委副書記），李德洙（曾任吉林團省委副書記）；

中央對外聯絡部：副部長朱善卿（曾任團中央國際聯絡部部長）；

中央黨校：常務副校長汪家繆（曾任北京團市委副書記），副校長劉勝玉（曾任西藏團區委副書記、中共中央直屬機關團委書記）；

中央黨史研究室：副主任李傳華（曾任團中央宣傳部長）。

國務院及所屬各部委（只列正職）——

副總理錢其琛（曾任團中央研究員），國務委員司馬義·艾買提（曾任新疆策勒團縣委副書記），公安部長賈春旺（曾任團中央常委、北京團市委書記），體育總局局長伍紹祖（曾任團中央學校部長、全國青聯副主席、全國學聯主席），民政部長多吉才讓（曾任西藏團區委書記），司法部長高昌禮（曾任山東團省委宣傳部負責人），文化部長孫家正（曾任江蘇團省委書記），民族事務委員會主任李德洙（見上），人事部長宋德福（見上），計劃生育委員會主任張維慶（曾任山西團省委書記）；

如包括副職，則更數不勝數，像國務院副祕書長劉奇葆（曾任團中央書記），國務院新聞辦公室副主任李冰（曾任團中央青工部長、研究室主任）；

各省、直轄市、自治區——

新疆區委書記王樂泉（曾任山東團省委書記），雲南省委書記令狐安（曾任大連團市委副書記），甘肅省委副書記、省長孫英（曾任山西團省委副書記），海南省委書記、省人大主任杜青林（曾任吉林團省委書記），河南省長李克強（曾任團中央第一書記），北京市委副書記張福森（曾任北京團市委副書記、北京青聯代主席），河北省委書記程維高（曾任江蘇常州團市委宣傳部長），貴州省長錢運錄（曾任湖北團省委書記），海南常務副省長王厚宏（曾任安徽團省委書記）；

在中共直接掌控的"群眾團體"中，也有不少人，例如全國婦聯副主席黃啓璪（曾任重慶團市委書記），中國文聯副主席兼書記處書記高佔祥（曾任團中央書記），文聯副主席兼書記處書記高運甲（曾任團中央辦公廳副主任）……限於篇幅，就不一一列舉了。

曾慶紅執掌中組部會遏制團派勢頭？

正當"共青團派"崛起的關鍵時候，一九九九年三月，江澤民的"大內總管"的曾慶紅轉任中共中央組織部長。這位十五大前連候補中央委員都還不是的中央辦公廳主任，在十五大上一躍而爲中央政治局候補委員兼書記處書記。世紀之交前夕，他的中辦主任職務由王剛接任，轉而執掌組織大權。當時人們紛紛議論，這給胡錦濤的職權和"共青團派"勢力伸張，投下了變數。

中組部長一職，與胡錦濤一直有"剪不斷、理還亂"的複雜關係。簡單回述一下：一九八五年胡耀邦爲首的中共中央曾經一度想安排他在尉健行之下擔任中組部常務副部長，未果；還有一種說法說，本來宋平在十四大前推薦胡錦濤擔任中組部長，不料後來鄧小平突然將胡錦濤安排進政治局常委，就不便將之安排爲中組部長了；而事出緊迫，一時也來不及安排別的人選，只好先讓呂楓留任。後來中組部長實在不能不換了，就將當時六十二歲、已經安排爲全國政協常委、開始向二線淡出的中組部常務副部長張全景頂上，這顯然還是一個短期過渡的安排。因爲年齡原因，十五大中央委員候選人名單上本來就沒有張全景。胡錦濤一九九二年進入政治局常委之後，一直分管組織，但是對直接下屬的中組部長一職，卻一直沒有能安排成自己中意的人。他曾經想安排在貴州時的搭檔劉正威當中組部長，結果因劉正威老婆成爲腐敗典型被判死刑，不僅劉正威提拔無望，自己也大受挫折；他還曾經想通過宋德福逐步接掌張全景，也遲遲未得進展。

誰來接任張全景，當初海外曾有過多種猜測，提出的名單上，包括曾擔任過中組部副部長的何勇（後來任國務院監察部長），鐵道部長韓杼濱（後來任總檢察長），中組部專門負責青年幹部的副部長、中共元老李維漢之子李鐵林（後仍留任）。

被海外媒體和評論家視作胡錦濤接班的最大潛在對手的曾慶紅，獲得中組部長這一職務，這就意味著在第四代接班人之中的權力爭奪——我寧願用"權力競爭"這一詞——浮上了水面。

在二〇〇一年中共五中全會以後，曾慶紅主管的中共中央組織部，曾向政治局常委請示匯報涉及省部級高層幹部的調配方案，建議說：重點提撥六十年代出生、八十年代上大學，年齡四十歲以下的德才兼備的年輕幹部。正是基於這一考慮，一大批"少壯派"躋身於省部級領導崗位，例如青海省省長趙樂際到二〇〇二年只有四十五歲，電腦系博士出身的四川副省長柯尊平到二〇〇二年只有四十六歲。曾慶紅的方案，著眼於擴大高級幹部的來源，這在客觀上，削弱了"共青團派"的冒升勢頭。

二〇〇一年北戴河會議以後，爲因應加入世貿組織，中共中央組織部進一步提出選撥進部省級領導班子的新條件，包括年齡在三十五歲左右、經過基層任職鍛煉而特別優秀的幹部，可選撥進省部級班子擔任副職；從各省級班子現有成員和部委及相應級別的機構中，有計劃挑選出一批能夠進入將來領導層而目前相對年輕的幹部出國培訓和深造。中共說了二十年的幹部"四化"（革命化、年輕化、知識化、專業化），正被越來越自然地化解在具體的人事操作之中。

胡錦濤與曾慶紅又聯手又爭奪地推進著地方黨政首腦十六大之前的權力交接。二○○一年全國三十一個省市區的六十二名黨政一把手，有十一名進行了調整；二○○二年，十七個省市區黨委完成換屆選舉。根據截止到二○○二年二月的統計，六十二名黨政一把手的年齡降低，學歷升高，本科以上學歷者有五十六人，研究生有六人。出身名校的也不乏其人，像遼寧省長薄熙來、河南省長李克強畢業於北大，清華畢業生有四名：山西省委書記田成平、山東省委書記吳官正、福建省長習近平、雲南省長徐榮凱。

軍委副主席能否調兵遣將？

胡錦濤在軍內的權力基礎一直相對薄弱，"共青團派"勢力在軍隊的擴展沒有多少著力點。胡錦濤雖然有中央軍委副主席的頭銜，要想培植在軍內的影響力，還得另外想轍來安排提升自己信得過的人馬。

胡錦濤剛當上中央軍委副主席時，正是時任總參謀長傅全有、副總參謀長郭伯雄和總裝備部長曹剛川受到重視、不斷晉銜升職之時，這不能只看成是自"楊家將"垮台之後江澤民主持的軍權爭奪，也不僅意味著軍隊指揮權的新老交替，應該說，也反映了中國對安全防務的新戰略考慮。

傅全有與胡錦濤曾經有過合作共事的經歷，他在八十年代末期鎮壓西藏僧侶抗議和九十年代初期平息新疆分離主義勢力的騷亂中，是個鐵腕人物。一九八四年率軍收復中越邊境的一個重要山頭，立下赫赫戰功，後來被晉升為鎮守西南邊陲的成都軍區司令員。胡錦濤在西藏擔任書記、實施戒嚴時，就直接與傅全有打上了交道。一九九○年到一九九二年，毗鄰俄羅斯、巴基斯坦、阿富汗等國的新疆正開始進入多事之秋，他轉任蘭州軍區司令員，率領駐紮新疆的大軍。

隨著傅全有水漲船高的還有副總參謀長郭伯雄，他是傅全有的老部下了，傅擔任蘭州軍區司令員時，郭伯雄是第四十七集團軍軍長。一九九九年，郭伯雄六十花甲那年，被任命為常務副總參謀長、中央軍委委員，那時他已經被看成傅全有的接班人了。

直接參與西藏當年戒嚴的桂全智中將，在被晉升為成都軍區參謀長、中將之後沒多久，就又於二〇〇二年春天繼續青雲直上，擔任成都軍區副司令員。他與胡錦濤和傅全有十多年的"戰鬥情誼"，今後在軍內的前景繼續看好。

拱衛京師的北京軍區新任司令員朱啓，也因曾與胡錦濤有歷史淵源而分外引人關注。有人甚至說，朱啓能接任這麼重要的職位，原因就是跟對了人。這種說法未免過於簡單化。胡錦濤一九八五年至一九八八年在貴州，一九八九年至一九九二年在西藏，朱啓當時在成都軍區正被提升少將，西藏、貴州都屬成都軍區管轄防衛範圍。不過細查二人履歷，一九八八年時朱啓任十四集團軍副軍長，駐地在昆明，並不在貴陽；一九九〇年他出任貴州省軍區司令員，九二年任十四集團軍軍長，但這時胡錦濤已經去了拉薩。當然，胡錦濤在西藏內曾調成都軍區部隊入藏，又畢竟擔任過貴州省軍區政委，對朱啓這員猛將不陌生。

一九九九年九月，胡錦濤當上中央軍委副主席，在軍隊人事上有了一定過問的權力。正在這時，朱啓由成都軍區參謀長調為北京軍區參謀長。二〇〇二年一月，朱啓竟後來居上，一下跨越早就在北京軍區的好幾個副司令員，以中將軍銜接替李新良上將，擔任了這個一直是上將擔任的北京軍區司令員職務。

但是二〇〇二年秋天，在十六大上江澤民留任中央軍委主席引起海外軒然大波時，朱啓

在中共中央的機關刊物《求是》雜誌十二月一日出版的總三四八期上發表題為《積極推進國防和軍隊建設——認真貫徹落實十六大精

神》的文章，更引得人們紛紛議論。本來海外就哄傳：江澤民留任軍委主席的方案，是他在出訪美國、墨西哥之前作了部署，由曾慶紅在京郊豐台空軍培訓中心與軍委副主席張萬年數次密謀後執行的。十月二十九日，江澤民結束在墨西哥舉行的 APEC 會議後，回到北京便出席了中央軍委召集的有各大軍區各大兵種負責人參加的擴大會議，會上由張萬年等表態，高度讚揚江澤民十三年治軍的功績，擁護"江澤民爲核心"的中央軍委領導。香港雜誌《爭鳴》甚至描繪得更有戲劇性，說在中共十六大主席團第四次會議上，決定次日即十一月十四日全體大會即將通過的中央委員、候補中央委員、中紀委委員和三個議案的表決時，軍委副主席張萬年搞突然襲擊，提出由主席團的二十名軍人成員連署的"特別動議"，要求江澤民續任中央軍委主席，並強迫胡錦濤和當場主席團成員表態。 在這種情況下，朱啓在文章中說：江澤民繼續擔任中共中央軍事委員會主席，是中共"作出的重大政治選擇，是黨的事業興旺發達、國家長治久安和推進軍隊建設的政治保證"，軍方將"堅決聽從黨中央、中央軍委和江主席的指揮"。這被外界解讀爲證實了"由軍方提議要江澤民留任軍委主席"的傳言，給他是否能被胡錦濤信得過畫了一個大大的問號。

值得一說的是，胡錦濤在軍內倒是有了一個意外的機會安插部下。他在團中央當書記時，將從山東平縣委副書記上調團中央工農青年部當副處長的張慶黎，提拔爲處長，而後又提爲副部長。張慶黎後來回到山東，當了東營市長，後來泰安市出了市委書記胡建學等人的經濟大案，他"臨危受命"，調去當市委書記，很快又升到山東省委副祕書長，而後從中國的黃海之濱來到祁連山下，擔任甘肅省委常委、宣傳部部長、蘭州市委書記。沒想到，二〇〇〇年來了個出人意料之筆，張慶黎竟被胡錦濤推薦，出任新疆生產建設兵團司令員，他笑稱"自己是全世界唯一一個不是軍人出身"的司令員，到任後大力整頓，頗有魄力。

行事低調的胡錦濤，竟破格推薦這樣一位司令員，還放手讓他果斷處理問題，給人印象深刻。後來人們才了解到，這位司令員是中央軍委副主席張萬年的侄子。

"嘴上無毛，辦事不牢"？

話再說回"共青團派"。進入新世紀，連續出了幾件震動全國的大事，給"共青團派"芝麻開花節節高的政治新星乃至整個"共青團派"的前景猛然投下陰影。

首先，是在一九九九年元月當選爲河南省長的李克強治下，連燒起兩場大火。

第一場火，是在河南著名煤都焦作燃起的。二〇〇〇年三月二十九日凌晨三時，焦作市山陽區個體私營天堂影視廳發生特大火災，造成七十四人死亡，一人燒傷。死者全部是到錄像廳觀看錄像的觀眾。

新華社照例報導領導如何重視："正在外地調查研究的河南省委書記馬忠臣、省長李克強分別就火災處置工作作出指示，李克強還趕赴火災現場查看，並召開了省市有關部門參加的緊急會議"云云。

但是九屆全國人大代表、全國勞模、焦作市起重機廠的姚秀榮卻悲憤異常，對記者直言火災是"腐敗作風的必然結果"。姚秀榮說，"天堂"大廳內用的座椅全都是焦作市人民會堂內修建後拆下來的，韓老板沒花一分錢，文化部門就把這些公家財產全部送上。而每次文化市場檢查，有些幹部親自提前通知韓老板，他的證件要麼不辦，要麼有人私自爲其違規辦理。爲什麼韓老板與文化部門的關係那麼"密切"？因爲其親戚是山陽區一名領導，其表弟是焦作市某局一把手。

這次火災，河南省委書記馬忠臣於十月被撤換，由西藏自治區黨委書記陳奎元取代，李克強因上任才一年多而倖免。然而，正應了那句

417

老話："禍不單行"。書記換人兩個月後的二〇〇〇年十二月二十五日晚九時多，又一場熊熊大火驟然燃起在牡丹之都洛陽，無情地吞噬了東都商廈四層歌舞廳，正在廳內參加聖誕節慶祝活動的群眾三百〇九人窒息死亡。

後來調查，這次特大火災發生的原因是由於正在裝修的四名無證上崗的電焊工在地下一層實施焊接作業，電焊熔渣燃著了可燃物，又引燃家具商場的家具。

大火在封閉的地下二層熊熊地燃燒，煙霧中含有大量毒氣，借著火勢迅猛向上衝擊，順著樓梯灌入四層。面積達一千八百平方米的東都歌舞廳，四面被東都商廈的辦公區、會議室嚴嚴包圍。火災發生前，四面樓梯通道全被鐵柵門封死，唯一上下的通道僅僅是一部電梯，在發現起火後，電工斷電，電梯停止運行。

在消防部門眼中，東都商廈早就在"玩火"。有關法規明文規定，歌舞娛樂場所一律不準設在建築物的三層以上，而東都歌舞廳竟然設在四樓。三年前，東都歌舞廳就存在"消防通道不符合要求"等問題，一直沒有解決。不可思議的是，兩年來東都歌舞廳歷經洛陽市消防部門十八次檢查，四次對其下達整改通知書，還作過一次勒令停業整頓。河南全省共有四十家單位和場所存在重大消防隱患，這個東都歌舞廳就赫然名列其中。當年十一月中旬至十二月初，河南省消防部門檢查這四十名"玩火者"，仍有十二家沒有進行整改，東都歌舞廳又赫然在列。如此三令五申，東都巋然不動，民眾相信裏面必有權錢交易。

這次大火燃起之際，陳奎元上任才兩個月，輪不到他負主要責任，來得早些的省長李克強這次脫不了干係。這把火如此之大，驚動外國領導人、聯合國祕書長都出面慰問。有海外報刊發表短評說"火燒胡錦濤"，在李克強心目中，最怕的大概也正是這一點吧。

河南還有其它嚴重問題，像官員號召全民賣血導致農村艾滋病肆虐、毒麵粉行銷全國、法輪功學員特別多等，也都被輿論追究到省市官府高層，李克強一定相當頭痛。

違規投資玷污希望工程

一波未平，一波又起。共青團派最爲亮麗的頭號政績工程──希望工程，竟然爆出了醜聞。

希望工程是一九八八年，在宋德福擔任團中央第一書記時實施的一項社會救助工程。那一年，團中央撥款十萬元人民幣作基金會註冊資金，一萬元作工作經費，組建了中國青少年發展基金會（以下簡稱“青基會”）。青基會實施救助貧困地區失學少年重返校園的“希望工程”。資助方式是：第一，設立助學金，長期資助中國貧困地區品學兼優而又因家庭困難失學的孩子重返校園；第二，爲一些貧困鄉村新蓋、修繕小學校舍；第三，爲一些貧困鄉村小學購置教具、文具和書籍。

一九九〇年五月，鄧小平爲剛剛實施不到一年的希望工程題名，一九九二年四月十五日，題詞在《人民日報》上發表，由此揭開了“希望工程百萬愛心行動”的序幕。當年六月十日和十月六日，鄧小平委託工作人員兩次以匿名方式捐款五千元。

一九九四年初，青基會以聯合國確定的“國際家庭年”爲契機，全年接受捐款超過十二萬筆，捐款總額爲七千〇九十一萬元。五年累計接受捐款總額達到了三點八五億。截止一九九四年十二月三十一日，全年共救助失學兒童四六點六萬名，建希望小學達七四九所。

一九九九年初，中國青基會決定：不再直接接受救助失學兒童的捐款。希望工程由救助失學兒童轉向對優秀受助生的跟蹤培養；希望小學由硬件建設為主轉向以教師培訓、現代化教學設施配置等軟件建設為主，以避免"管理成本的加大而邊際效應遞減"。

希望工程贏得社會的普遍讚揚，也不時聽到各種傳言非議。一九九四年一月二十一日出版的香港《壹周刊》雜誌第二〇二期封面文章，是該刊記者的《千里追查七千萬元下落　希望工程善款失蹤》，海外華文報章紛紛轉載，很多熱心公益事業的人對希望工程的清白產生了懷疑，希望工程在海外、特別是在香港的籌款數額驟然下降。

青基會委託香港律師於同年六月二十七日向香港高等法院原訴庭起訴《壹周刊》。從起訴到開庭審理，耗時近六年，二〇〇〇年六月二十日，香港高等法院大法官鐘安德以書面形式公佈裁決結果：裁定《壹周刊》誹謗罪成立，賠償中國青基會名譽損失三百五十萬港元。新華社報導說："造福後世的希望工程也因此討回了清白。"

"清白"？香港坊間一直傳言不斷，說這場官司並不是法制勝了，而是權勢贏了。《壹周刊》輸了官司賠了錢，揭發自有後來人。二〇〇二年二月二十八日，香港《明報》頭版報導青基會涉嫌違反國家規定，挪用"希望工程"款逾一億元，用於投資股票、房產及各類風險企業，招致巨大虧損，其中不少投資項目以"回報少、效益低"告終。報導出籠正是中國"兩會"前夕，香港人大和政協代表把疑問帶到了北京。

青基會立即發表法定代表人徐永光簽署的《嚴正聲明》，否認指控，解釋青基會只是利用捐款收支的時間差形成的資金暫存狀況，進行投資增值，強調"基金增值合法、安全、有效"。青基會"目前的存量資產狀態良好，有的還有較大增值空間"。

沒有想到，不到一個月，女舉報人在廣州現身。據這位原青基會財務部副主任柳楊女士所說，青基會恐嚇她，迫使她亮相並尋求社會公眾的保護。

《明報》報導出來的消息迅速通過網絡向內地席捲而去，對希望工程要進行社會監督的呼聲高漲起來。更令人大吃一驚的是二〇〇二年三月二十一日的《南方周末》，居然用從頭版開始連續幾大版的規格和篇幅，披露徐永光挪用公款的詳情。該報編者按聲稱：關於青基會資金流向的問題，"半年前就掌握了線索，並展開了周密調查。從本報目前掌握的材料來看，青基會負責人在資金運作中存在的問題，比香港媒體的報導有過之而無不及！"

《南方周末》還說：我們必須把純潔、崇高的希望工程與徐永光嚴格區分開來。

《南方周末》記者方進玉的長文《希望工程的希望在哪裏？》說，中國人民銀行已在一九九五年頒布了《關於進一步加強基金會管理的通知》，該《通知》明確規定："基金會基金的保值及增值必須委托金融機構進行"，"基金會不得經營管理企業"。青基會直接違反了央行的《通知》。對於青基會整體的資金運作，缺乏有效的監督手段。青基會資金的不當運作，正是發生在這個灰色地帶：保有基金的增值環節。

記者寫道：從舉報人提供的青基會財務文件中發現線索後查實：十年前中國青基會就把希望工程部分捐款作為"貸款"，發放給徐永光的浙江老鄉俞祥根，前後歷經五年時間，至一九九六年八月共達四二八萬元人民幣和十五萬美元"放貸"，只收回一四二點五萬元。

希望工程巨額捐款被拿去投資且投資無效、投資失敗的"拍案驚奇"事，比比皆是：

貸款大連中興股份有限公司上千萬元（一說兩千六百萬元），無法收回。

在遼寧大連投資"美國櫻桃"項目超過兩千萬元，因該片土地之歸屬權目前仍有爭議，因此該項目暫無回報；

投資深圳豐圖公司兩百萬元，失敗；

投資廣州銀海集團八百萬元（股權），失敗；

投資深圳歐寶大廈（歐密公司）八百二十萬元，失敗……

記者獲得一九九六年三月七日由中國青基會基金部主任助理劉文華呈報的《關於基金部出差費用的報告》，清楚證明，中國青基會擠佔、挪用希望工程善款去投資的數額"達上億元"，而相當數量的投資"項目"做"砸"、做"賠"了。

一九九四年前後，中國青基會曾召集各省青基會祕書長開會，鼓動各地把希望工程非定向捐款和兩三年內暫時不用的錢，拿到徐永光那兒組建一個"共同基金"。甘肅青基會前任祕書長蘇憲華說：徐永光說話極富鼓動性，一煽呼，到會的富裕省份有答應幾百萬上千萬的。全國大概只有上海陸申、甘肅的我，算是幾個例外。現在風向變了，兄弟省的祕書長見到我都說："啊呀！你怎麼那麼老謀深算？我們現在可慘了，參加進去的錢，不僅利息遲遲拿不到，而且連本金也付不回來！"

徐永光創建"共同基金"，從各省青基會募得數千萬元，究竟要幹什麼？《南方周末》拿到一份證據：徐永光遊說湖南省青基會祕書長黃欽貴同意對"共同基金"追加認購一千萬，徐在雙方簽署協議之前，悄悄執筆給中國青基會主管財務的副祕書長李寧寫了一紙便箋。這則字體龍飛鳳舞的便箋，暴露徐發起"共同基金"，真實目的是爲了從下屬青基會賬上"圈錢"去"平"自己的"爛賬"。至一九九四年年底，中國青基會在全國投資各類長、短線"項目"二十多個，合計一點〇五億，同期希望工程的"待撥款"是多少呢——一點〇七億。徐永光只給希望工程"正業"留下了二百多萬元的善款！

中國青基會前財務部副主任柳楊說：中國青基會主賬戶上，資金余額常常少得可憐。原因主要是徐永光挪用希望工程捐款的第一撥投資就沒能實現"預期收益"，"待撥款"從一開始就有"窟窿"。一步錯、步步錯,他必須不斷向社會呼籲,請求大家給希望工程捐款,然後用第二撥捐款的"一部分",去填第一撥投資失敗所留下的"窟窿",寅吃卯糧。

《南方周末》的調查報告還披露:中國青基會曾動用六百三十多萬元,在北京東三環的潘家園附近,給青基會機關的正式職工購買了多套住房,青基會領導又另外"悄悄"在亞運村買了幾套房。"我們可以大致斷定:悄悄搞來的亞運村住房,顯然'不合法'"。

柳楊還揭發了更觸目驚心的內幕:徐永光不僅違規挪用善款購買住房,而且屢屢指示下屬做假賬。亞運村的三套"悄悄運作"出來的房子,始終由徐永光等幾位領導"永久租用"著。他不過是找來下屬單位負責人,在財務手續、報表上,一會兒讓人家站在自己左側充當"借款人",一會兒讓人家站在自己右側充當"承租人",房子卻始終"握"在自己手裏。

這一期《南方周末》猶如一個重磅炸彈,炸開了一個大馬蜂窩。青基會的反應也算高效率,緊急報告中央有關部門,十萬火急地封存這一期《南方周末》,不許上市發行。《南方周末》只好重新抽換了內容付印發行。

但是當今年代,信息已經不可能像過去那樣說封就能封得住了。不知是什麼人——肯定是與《南方周末》有關的人,將幾萬字調查報告貼上了"北大三角地"等網上論壇。幾乎是幾分鐘之內,就呼啦啦傳遍海內外。

胡錦濤與"希望工程"本身並沒有直接關聯,雖然他在有關場合,對"希望工程"表示過讚揚和關心。但是之所以能夠驚動中央一聲令下就將數十萬份《南方周末》封存,許多人分析,還是由於"希望工程"是共青團的政績工程,出了事也會不依人的意志為轉移地牽連到共青團派,進而扯上胡錦濤。畢竟,徐永光不是個一般人物,他是被胡錦濤一手提攜的宋德福所高度信任、重用的,宋一九八六年將他提拔為團中央組織部

423

長，一九八八年安排他進入團中央常委。他後來成爲全國政協委員，還當選爲二〇〇〇年全國十大"扶貧狀元"，榮譽桂冠得了無數，是共青團派中最活躍的人物之一。十六大權力交接之際，共青團派出不起這樣的大醜聞！

在本書再版付印前夕，傳來關於希望工程的最新消息。在中國二〇〇四年一月十三日宣佈試行《黨內監督條例》後的第四天，多維社記者報導說，多維社剛剛獲得一份北京中天恆會計師事務所對中國青基會二〇〇二年度財務收支情況作的審計報告（該報告全文次日在中國青基會網站發佈），報告在詳細列舉了這一年度和歷年的各項金額數字之後，宣佈"上述會計報表符合國家頒布的《事業單位會計制度》的規定，在所有重大方面公允地反映了中國青基會二〇〇二年十二月三十一日的財務狀況和二〇〇二年度的財務收支情況"。新華社也報導說，紀檢部門於一月十七日公佈：核查青基會後沒有發現負責人有腐敗行爲。團中央表示：紀檢部門日前對中國青基會的"核查工作是全面、嚴肅和細緻的"。

這一審查結論，並未平息海外質疑的聲浪。亞洲時報在線森野的文章提出的問題比較有代表性："根據審計報告所透露的情況，審計只是保證在二〇〇二年度青基會的財務狀況未出現問題，而媒體所質疑的青基會領導徐永光腐敗問題，都是二〇〇二年之前所發生的事情，審計報告並不能解釋之前媒體對徐永光的質疑。而審計報告也避重就輕，迴避了二〇〇二年之前青基會的財務狀況。根據青基會二〇〇二年的財務狀況來判斷青基會領導人沒有腐敗行爲顯然是有失公允的。"

人們自然還是將希望工程的這一審查結論，與胡錦濤聯繫起來：亞洲時報在線文章說："雖然胡錦濤一直要求加大反腐敗力度，日前還曾強調：'對腐敗分子發現一個堅決查處一個'，但這次的表現還是讓公眾質疑胡錦濤是否'內外有別'。"文章作者直指這是"極力爲團派勢力保駕"，"倘若徐永光的腐敗問題就此了結，公眾對胡錦濤的反腐敗決心無疑會大打折扣，這次反腐敗大決戰就會因此增加更多的阻力。倘若胡能借此機會揮淚斬馬謖表明他反腐敗的決心，則一方面能夠挫敗公眾對他維護團派的懷疑，另外一方面也可以增加公眾對他反腐敗的信心"。

南京投毒案"團派"受驚

災難的聚光燈輪流打在這個或那個"共青團派"的政治新貴身上。這次輪到了李源潮。

二OO二年九月十四日凌晨，南京市湯山鎮發生大規模食物中毒事故，早起的民工、學生食用了早點店的油餅、燒餅、麻團等食物後，大批急速發病。

《南方周末》（又是《南方周末》！）一篇據說"最後一分鐘撤下的稿件"寫得驚心動魄：

清晨六點，湯山中學門口小賣部的貢新平打開店門，聽見學校裏有驚叫聲。她跑進學校，看到的是一片倒下來的孩子，三十多個孩子在地上滾爬，口鼻的血已染紅了水泥地。沒有老師在，孩子們哭著抬著同學叫來馬自達。……東湖麗島工地上的小賣部老板發現，一大早五個民工搖搖擺擺走了出來，一個接 一個倒在他面前。一個民工緊緊抓著小賣部的鐵欄杆，瞪大了眼睛，噴著血倒下了。接下來，更多的民工一個個倒下，有的倒在了茅坑，一隻腳還掛在坑中。難以計數的民工倒在地上，手中還有燒餅的餘溫。燒餅，一定是燒餅出問題了，當湯山人回過神來時，才發現出大事了！這個燒餅在湯山鎮，無人不曉，是當地人公認的好燒餅，每天凌晨四點，陳宗武的鋪子就開張了，每天要用上幾百斤麵粉。他的燒餅被供應到鎮上的和盛園豆漿連鎖店，五點以後，會有十多個走街的小販來批發，通過這些小販和豆漿連鎖店，燒餅被大批量送入學校和企業， 儼然是當地的"燒餅托拉斯"。人們用最原始的方式通知著大夥："有毒，燒餅有毒。"

湯山鎮所有的交通工具成了搶手貨。湯山醫院已經被中毒的人群佔滿。醫院還沒有上班，值班的醫生和護士根本難以應付這種場面。作廠中學的六名學生已經死去，並且不斷地有人在醫院裏死亡。人們開始瘋狂地攔車，學生奔跑到街上懇求小三輪車夫去救人，最早上街的全城一百輛馬自達成了救人的主力。從句容方向駛往南京的伊維柯和大客車被攔下後，有人沖上車去，將旅客拉下來，將病人抬進車內，直接送往城裏醫院。

洶湧而來的中毒者像一股決堤的洪水迅速淹沒了鎮上的另一所醫院——八三醫院，並隨即開始向外圍的麒麟鎮醫院和孝陵衛醫院擴散。七點多鐘，湯山鎮裏警笛聲大作。陳宗武的燒餅店和和盛園豆漿店被封掉。八點，姍姍來遲的宣傳車才響起了大喇叭："不要吃燒餅，有毒……"距第一批中毒死亡者發現已有兩個小時。

最近的軍區總院一度送來五百名中毒者，無力安排，立即轉院，一家家醫院被瘋狂的車輛注滿了。鐘山醫院、四五四醫院、八一醫院、鼓樓醫院、工人醫院、省人民醫院……十一所醫院才吸完了中毒者的洪流。

特寫還說："軍總院的門診大廳二百三十多平米內堆滿了中毒者，從大廳到住院部一百米長廊排滿了中毒者，而院中心的廣場也被起用了，來往於大廳與太平間的停屍車載著蒙白布的屍體沒有停過。死了二十人後，運屍車換了一條祕密通道。從此軍總死亡數字再沒有正式透露出來。"

這次投毒一是規模大、死亡人數多，二是時機敏感，被定性爲"政治性危害事件"，不僅驚動了中共中央和國務院，時任國務院祕書長王忠禹親臨南京統籌善後，公安部、衛生部和民政部等成立跨部門專責小組織統一調查事件，而且鑒於事件中有軍事學院學生及軍人家屬中毒，中央軍委也參與調查，江蘇省、南京市主要官員更是全力以赴。

在公安部發出通緝令不到四十八小時，嫌犯陳正平便於十五日凌晨，在已經開到河南省境內的一六五九次列車上被抓獲，隨後於九月三十日被一審判處死刑。起訴書說，曾因犯盜竊罪坐過牢的陳正平在湯山經營菊紅麵食店期間，爲瑣事與湯山鎮正武麵食店業主陳宗武發生矛盾，意圖報復。九月十三日晚來到正武麵食店，將所攜帶的劇毒"毒鼠強"投放到該店食品原料內，"造成三百多人因食用有毒食品而中毒，至九月十九日起訴時共死亡三十八人，後又有四人經搶救無效死亡，案發至今已死亡四十二人。"

當局顯然想用快刀斬亂麻的果斷手法，儘快將這個話題畫上句號，但是未必能如願。人們議論，這次湯山投毒事件暴露出當地很多問題："毒鼠強"之類劇毒藥物管理混亂；早上五點多鐘發現有人中毒倒下，直到快八點公安部門才出動；還有的死者家屬反映，學校先送富家子弟、幹部子弟到醫院救治，而湯山醫院也是先治有錢人，不管窮人，後來見事情大了，變成"政治任務"，才"有治無類"。而最爲人詬病的還是新聞管制，防記者像防賊。

《南方周末》記者敘述，半夜兩點試圖摸進軍總院，五六位警察看守獨立的老樓，同時有七位公安巡邏。記者設法進入三樓採訪，所有護士對記者提問沉默。連病人家屬也不能再進樓……這種封鎖，是引起廣泛猜測的根源。

記者又扮成死者家屬來到南京石子崗殯儀館，發現連館中花匠都被告知不能對外說實情。記者偵察出十五日此館火化二十具中毒屍體，十六日暫停，十七日是十三具，而句容分館在十七日前是九具，上坊殯儀館是十八具。總計六十具。執勤警察稱還有不少中毒屍體仍在停屍房。

官方對事件的介紹，不僅諱莫如深，而且自相矛盾。剛開始說是百人死亡，又改口說是"經搶救無效三十八人死亡"。南京市公安局發言人接受香港電視台採訪時，強烈否認中毒死亡人數超過百人，但到底多少人，又說不出來；慘劇過去三天，對死亡數字仍以"多人"概之。當局所宣佈的數字與目擊者、經歷者的感受相差實在太遠，嚴密新聞封鎖造成的後果是，流言蜚語四處傳揚，放大了死神的威力。當局和官方媒體的公信力降到了冰點，網絡上有成百上千的人指出當局說法掩蓋真相、破綻百出。爲什麼當局對死亡數字那麼難於啓齒，又那麼竭力地要縮小，這實在是個謎。

投毒事件最直接的一個衝擊波，是對南京人事的影響。江蘇是江澤民的故鄉，也是胡錦濤童年和少年生活成長之地。最特別的是，省會南京可以算共青團派的"試點基地"，因爲遍數全中國各省會、首府，只有南京這個六朝故都是唯一一個由共青團嫡系控制黨政大權的都市。

時任江蘇省委副書記兼南京市委書記李源潮，父親李幹成曾爲上海市副市長，他從復旦大學數學系畢業後留校擔任復旦團委書記，後調升爲上海團市委書記，一九八三年進入團中央書記處，在胡錦濤直接領導下工作。後來他先後擔任中共中央對外宣傳辦公室副主任、國務院新聞辦公室副主任、文化部副部長等職。一般認爲，他被放到江蘇省擔任省委副書記後又兼任南京市委書記，是升任更高職位的一個環節。

而與他搭檔的南京市長羅志軍，也是共青團派成員。羅志軍是北京的幹部子弟，當年與潘岳關係不錯，潘岳當中國青年報社副總編輯時，羅志軍擔任發行處副處長，後來升任報社祕書長，又轉任團中央實業發展部長、中日青年交流中心董事長，還進入了團中央常委。調到南京後，先擔任副市長，二〇〇二年元月在市人大會議上全票當選市長。

不僅南京市一級主要官員是共青團派，江蘇省官員中也有共青團的身影。省長季允石，早年是蘇州市的官員，後來出任過共青團江蘇省委書記。難怪美國《世界日報》雲上風的短評說：從衝擊共青團派的接班態勢這一點來說，將此案說成"政治性案件"倒也說得過去。

最近一段時間以來，高官落馬和重大突發事件交替佔據中國輿論中心位置。共青團派大概可以慶幸尚沒有因腐敗而被抓典型（就算"希望工程"違規投資的醜聞，畢竟與腐敗還是有一定距離），當了用來"儆猴"而殺的雞；但是突發事件頻頻，至少可以被政敵說成"嘴上無毛，辦事不牢"，擔當接班重任還太嫩。

關於共青團派官員中的負面報導，目前呈現上升趨勢。例如，香港《開放》雜誌蘇仁彥《北京地產商買兇逼遷》寫道：二〇〇二年三月北京中產階級的大型屋苑望京小居發生居民反對發展商買通官府、違建三十層高樓與發展商衝突的事件。衝突中公安粗暴毆打居民，多人受傷，其中有一傷者是曾任北京團市委書記、現任北京市政法委書記強衛的親戚。地產商揚言說，"我們不怕強衛，是強衛怕我們。"據悉後來發展商還與包括強衛在內的北京高官一起吃飯，席間發展商問強衛，那個人真的是你親戚？強衛說是。發展商算買他的面子，才拿了一筆錢出來賠償。還有人指出，二〇〇三年震動全國的腐敗大案之一的主角、前河北省委書記、省人大主任程維高，也是"共青團派"，他在中共建政初期的十年間在共青團系統一直升到江蘇常州團市委宣傳部長。

共青團派過去給人的印象是政治企圖心過強，但是有朝氣、有闖勁，與腐敗醜聞離得較遠。但是近年來給人的感覺開始轉變了。或許，這是共青團派在政治版圖上不斷擴張地盤必須要付出的代價，權力與責任是相伴而行的，過去沒有掌權，也就沒有責任可以追究；掌權了，就要對統轄區域內所發生的一切承擔責任。

胡錦濤當總書記後"共青團派"勢頭再起

　　儘管經歷過種種風波，"共青團派"還是節節挺進。令海外評論家多少感到出乎意外的是，幾件重大災難，似乎並沒有對幾位"共青團派"新星的政壇上升構成障礙，李克強在十六大剛剛開過之後立即由河南省長提升爲省委書記；李源潮幾乎是同時躍升爲江蘇省委書記，他的南京市委書記這把交椅才剛剛坐了十三個月多，還沒坐熱呢。

　　這無疑證明了：胡錦濤接掌中共最高權力之後，在拔擢"共青團派"上有了更有力的發言權。在胡錦濤擔任第十一屆共青團常務書記、第一書記期間的二十二位常委，已有二十一位成爲副省部級以上官員。台灣政治大學國際關係中心學者寇健文在胡錦濤十六大接班前夕對"共青團派"的調查分析相當深入。他指出，由於胡錦濤崛起，共青團幹部升任中共副省部級幹部人數大增，不過這些人多數在組織、宣傳、統戰、政法等部門歷練，很少擔任經貿、管理、科技等部門的主管，在中共以經濟發展爲首要任務的今天，可能成爲中共人事更迭的一大隱憂。與前面我們介紹的"太子黨"成員分佈的領域相比較，不能不說寇健文的觀察是有見地的。

　　不過，胡錦濤執掌中共最高權力之後，乍一看中共權力佈局的名單，"共青團派"似乎並不那麼聲勢浩大。在十六大上，"共青團派"基本上只能在中央委員會、候補委員這一層面安插，進入政治局和書記處都很困難，更不要說進政治局常委核心層了：

　　在十六屆中央政治局委員二十二人中，"共青團派"成員只有三人（王樂泉、王兆國、劉雲山），佔百分之十三點六；

　　在中央書記處書記七人中，"共青團派"成員只有一人（劉雲山），佔百分之十四點三；

　　在中央委員會一九八名委員中，"共青團派"成員有二十四人，佔了百分之十二點一；

中央候補委員一五八人中，"共青團派"成員二十二人，佔百分之十三點九；

在中共中央各廳、部、室的一把手中，只有兩位"共青團派"成員（宣傳部長劉雲山和統戰部長劉延東）；

十屆人大產生的國務院總理、副總理、國務委員與祕書長中，沒有一個"共青團派"成員；

國務院二十八個部委一把手中，"共青團派"成員有：國家民族事務委員會主任李德洙、監察部長李至倫、民政部長李學舉、司法部長張福森、農業部長杜青林、文化部長孫家正、國家人口和計劃生育委員會主任張維慶等七人，佔百分之二十五。

"共青團派"還不能大批進入省部級以上層級，這一事實本身就說明胡錦濤尚無力正面挑戰江澤民直接主導的高層權力佈局，尚須顧忌與黨內其它派系發生衝突。但是我們認為，"共青團派"的崛起在十六大之後出現新的勢頭和新的苗頭，並不體現為擔任職位多麼高，而是體現在上升範圍相當廣。"共青團派"的實力在於其潛力，在於其大面積分佈，全方位地上升，在於其不僅不斷進佔黨政、人大機構的副職，而且在智囊班子、群眾團體和其它機構，都在雄心勃勃地進取。僅從權力體系著眼，十六大以來共青團派成員就接連晉升要津，放眼望去，到處"團徽在閃光"，讓人眼花繚亂。例如：

中共中央系統：中央宣傳部常務副部長吉炳軒，中央辦公廳副主任令計劃，中央對外聯絡部副部長蔡武，中紀委副祕書長金道銘……

國務院系統：國務院常務副祕書長汪洋，司法部常務副部長吳愛英，國務院政策研究室副主任韓長賦，民政部副部長李立國，宗教事務局局長葉小文，新成立的國務院國家資產管理委員會紀委書記黃丹華，國務院質量監督總局局長李長江，國務院氣象局局長秦大河，國務院廣播電視總局副局長趙實……

而最引人矚目的，其實還是自從十六大，尤其是二〇〇三年十屆人大之後，省、市、自治區這一級黨政正職、副職的共青團派的成批冒升。

"共青團派"在各地搶灘

"共青團派"成員在各省、市、自治區一級擔任黨、政第一把手的，有北京市長孟學農（後因隱瞞 SARS 疫情而被免職）、上海市長韓正、河北省長季允石、江蘇省委書記李源潮、福建省委書記宋德福、廣東省長黃華華、貴州省委書記錢運錄、河南省委書記李克強、河南省長李成玉、寧夏自治區主席馬啓智、新疆自治區黨委書記王樂泉、新疆建設兵團司令員張慶黎、內蒙古自治區政府主席楊晶、青海省長楊傳堂，還要算上現任中共山西省委常務副書記、二〇〇四年元月剛剛被宣佈代理山西省長的張寶順等人。

擔任省一級副職與重要省會城市第一把手的就更多了：

前團中央常委、中央直屬機關團委書記劉勝玉，從中央黨校副校長調任中共天津市委副書記；前共青團中央書記處書記孫金龍擔任安徽省委常委、政法委書記；前共青團中央書記處書記洛桑擔任甘肅省委常委、政法委書記；

此外，像青海省委副書記宋秀岩、雲南省委副書記、常務副省長秦光榮、山西副省長梁濱、湖北副省長蔣大國、安徽副省長趙樹叢和徐立金、湖南副省長徐憲平等人，都曾有任團省委書記或副書記的資歷。

一大批"共青團派"，因爲是在胡錦濤擔任了總書記之後的二〇〇三年晉升，分外引人注目：

前共青團湖北省委副書記陳訓秋，升任湖北省委副書記；

　　前團中央常委、共青團旗下《中國青年報》出身的羅志軍，二〇〇三年四月從南京市長升任中共江蘇省委常委、南京市委書記；

　　前共青團中央書記處書記崔波，二〇〇三年五月任寧夏自治區副主席，十二月又轉任寧夏自治區黨委常委、銀川市委書記；

　　前共青團中央書記處書記胡春華，二〇〇三年十一月出任中共西藏區委副書記；

　　前共青團中央書記處書記巴音朝魯，擔任浙江省副省長，二〇〇三年年底調任省委常委兼寧波市委書記；

　　前共青團福州市委書記黃小晶，於二〇〇三年年末在福建省常務副省長職務上，又被任命爲中共福建省委副書記，據消息人士說，他可能接替盧展工擔任省長，而盧則接替重病中的宋德福——如果這一消息確實，那麼多少彌補了一點"共青團派"大將折損的損失；

　　前共青團黑龍江省委副書記楊永茂，二〇〇三年年末從哈爾濱市委書記調任陝西省委副書記；

　　前共青團河北省委書記栗戰書，則與楊永茂"換防"，二〇〇四年年初從陝西省委常委、西安市委書記，調到黑龍江，任省委常務副書記。

　　接他的職務的也是"共青團派"戰友——前團中央書記處書記袁純清，後曾擔任中紀委常委、祕書長，調任中共陝西省委副書記，於二〇〇四年年初出任西安市委書記；

　　前團中央書記處書記姜大明，先後擔任山東省委常委、組織部長、副書記，於二〇〇四年年初出任中共濟南市委書記。

　　前共青團中央常委、中央國家機關團委書記劉玉浦，二〇〇四年年初擔任廣東省委副書記；

　　值得一提的是，在廣東省委最近這一波升遷的五個人中，竟有三人是"共青團派"，除了劉玉浦之外，前共青團廣州市委書記朱小丹擔任了廣東省委常委、省委宣傳部部長；前共青團中央常委、青工部部長蕭志恆擔任了廣東省委常委、省委祕書長、辦公廳主任。

省、市、自治區這一級常委和組織部長、宣傳部長等省廳局級的"共青團派"，還有很多，如果要全部列出，恐怕本章的篇幅要增添一半了。

"共青團派"在崛起過程中當然也不斷會有折損。例如，雖然一般來講他們年富力強，但是胡錦濤最信任的"共青團派"核心骨幹之一、中共福建省委書記宋德福就出乎人們意料地罹患癌症，十六大上未能晉升，十屆人大以後即不再露面。折損更由於雖然"共青團派"有建功立業的雄心，但沒有天然抵禦侵蝕的"金鐘罩"，或者任內出現重大失誤，例如北京市長孟學農，上任沒多久就黯然下台。

然而，"沉舟側畔千帆過"，更多的"共青團派"在前赴後繼。尤其值得注意的是，最新一波"共青團派"新星在各地竄升擴張，較多的是分佈於相對偏遠和貧窮的省份和地區。胡錦濤本人就曾多年在甘肅、貴州、西藏等西部地區摸爬滾打，這麼安排，既是讓政壇新秀到艱苦崗位上錘煉一番，也預先堵住日後要再晉升時對他們的質疑之聲。這種做法本身就釋放出一個強烈的信號："吃得苦中苦，方做人上人"！這些人若不出問題，日後必然前途似錦。

不過，"共青團派"人馬紛紛轉戰地方歷練，搶佔山頭，又明顯有將這些職位作為跳板更上一層的意味，在當地幹部，尤其是一些早就盯住這些職務期望升遷的廳局級幹部看來，與他們"搶食"，擠佔了他們的機會。江澤民提拔嫡系，是往中央的高級職位上安插，引起高層不滿，下面官員只是議論，並不會設法阻礙；而"共青團派"空降到身邊來任職，桌底下不滿聲浪越來越大，會不會逐漸形成阻抗的聲勢，伺機給"共青團派"澆上幾瓢冷水？"強龍"壓不壓得住"地頭蛇"？值得觀察。

身邊的兩顆"共青團派"新星

從胡錦濤到下邊視察、出國訪問時身邊隨行人員，可以看出他在各方面的班底已經隱然成型。最近外界最感興趣的是兩個過去曝光很少的人，令計劃與汪洋。

胡錦濤首席幕僚長令計劃何許人？

多維社記者夏飛很形象地寫道："令計劃從中南海某間堆滿了文件的辦公室走出來，突然成爲令外界矚目的政治新星，因爲他是正準備黃袍加身的胡錦濤的首席幕僚長，但是人們不知道他從何而來，甚至不知道他的年齡。"

海外某些媒體想當然地把令計劃寫成"令狐計劃"，事實上令計劃一直用的是"令"姓，據其自己介紹，是"令狐"的簡稱，就這麼一直簡下來了。有趣的是，他的胞弟叫令完成，多年來是新華社寫內參的記者，兄弟倆的名字加在一起正是"計劃完成"。

四十六歲的令計劃來自山西，在共青團中央機關工作之初，正是從山西崛起的韓英任團中央第一書記時期。他原本是團中央宣傳部幹事，後來被分管宣傳的共青團中央書記處書記高佔祥選去作祕書。在共青團十大之後高佔祥調到河北省委當副書記，令計劃幫助高佔祥到石家莊安頓後，又回到了團中央——倘若令計劃一直跟隨高佔祥，不一定有今日的輝煌，因爲高佔祥後來的仕途停滯不前。

長著一副娃娃臉的令計劃，頭腦靈活，辦事精幹，在團中央熬了好幾年，先脫產到中央團校學習拿到大專班文憑，又在職拿到山西大學文憑，從團中央宣傳部宣傳處副處長一路提升。在宋德福和李克強主政團中央時代，他當到團中央辦公廳主任。

胡錦濤被鄧小平等元老隔代欽定爲江澤民的接班人兩年後，令計劃從團中央調到中共中央辦公廳擔任調研室主任、胡錦濤辦公室主任，正式成爲胡錦濤幕僚長。

令計劃是在二〇〇〇年六月以中共中央辦公廳副主任的身份爲中宣部長丁關根出訪送行，一個月後又陪同胡錦濤出訪亞歐五國，名字才見諸報端。在二〇〇一年的全國人大會議上，令計劃成爲人大主席團的副祕書長，其角色受到外界重視。有人形容他的地位一如當年的曾慶紅，將會隨胡錦濤黃袍加身而成爲中南海的"大管家"。但是與曾慶紅相比，令計劃沒有地方和經濟工作經歷，不能不說是一個重大缺陷。

前國務院計劃發展委員會副主任汪洋，二〇〇三年四月被提升爲國務院常務副祕書長，正部級。他原來長期在地方工作，不太引人注意，但最近顯然已經成爲胡錦濤、溫家寶在經濟方面非常倚重的人物。

汪洋崛起於胡錦濤的祖籍家鄉安徽，八十年代當過宿縣團地委副書記、安徽團省委副書記兼宣傳部長，但他嚴格說來並不算胡錦濤的嫡系。汪洋二十九歲時轉到安徽省政府，擔任副廳級的體委副主任，後當銅陵市長。一九九二年，在胡錦濤進入中央決策圈時，他在地方上也開始冒升，一九九三年擔任安徽副省長時才三十八歲，爲當時最年輕的副省長，不久又升爲常務副省長，一九九七年擔任安徽省委副書記，一直主管安徽發展計劃和經濟。一九九八年到北京來，擔任國家發展計劃委員會副主任，又是最年輕的副主任。他常陪同朱鎔基總理到各地視察，最近又隨胡錦濤多次出訪，鋒頭甚健。

據多維社說，由於國務院祕書長華建敏屬於江澤民系，溫家寶比較倚重汪洋和國務院另一位副祕書長陳進玉。陳進玉曾任胡啓立大祕書，頁是溫家寶主掌中共中央辦公廳的部屬。

有人認爲汪洋出身共青團系統，因而他是胡錦濤的親信。但北京觀察家對多維社說，汪洋並不是被胡錦濤直接提撥的。 還有網友致電多維社說，汪洋與喬石的夫人有親戚關係。但未獲證實。

四十八歲的汪洋還是中共中央候補委員，在中國政壇上仍有很大躍升空間。

無可選擇將"團派"作爲權力基礎的重要來源

我們說過不論胡錦濤自己主觀願望如何，客觀上，他必然會被人視作"共青團派"的精神領袖。這裏我們不妨再分析一下，他如何組建自己能夠掌控的權力基礎？

總的來看，胡錦濤提拔使用幹部，確實沒有超出對共產黨組織部門所要求的幹部提拔的標準，力求做到"用人唯賢"和"搞五湖四海"；他也嚴格恪守幹部培養、考核、提拔的組織程序，沒有被人抓住任何把柄。即使如此，他總是在現實的社會環境和人際關係中生存活動，他總是要按照他自己的政治目標和價值觀念來甄選隊伍，也無可避免地要帶上自己的感情傾向。

胡錦濤六十一年來的人生經歷，尤其是二十多年來從政經歷，他可能依靠的權力淵源、派系歸屬，不外乎以下幾個：胡家（和劉永清家）親屬故舊，江蘇和徽州同鄉，清華同學，甘肅、貴州和西藏的同事、部下，"共青團派"。

胡錦濤對故舊親友中他認爲正派而能幹的人，並不反對給他們"壓點擔子"鍛煉鍛煉。但是即使熟悉和親密如其夫人劉永清的表弟、即共產黨老報人常芝青的兒子常大林，現在擔任光明日報社旗下《博覽群書》雜誌的主編，按其學識資歷，應該說這個職務並不出格，看不出胡錦濤爲他有過任何說項。

胡錦濤在貴州、西藏的部屬並無讓人感到突出意外的上升，前面我們介紹過王朝文、劉正威和熱地，他在西藏的工作搭檔、當時兩位區委副書記田聰明和張學忠，後來的升遷也並不出格。二○○○年七月，田聰明由國務院廣播電視總局局長調任新華社社長；二○○○年十二月，張學忠由國務院人事部副部長升任部長，二○○二年底調任四川省委書記，後兼任省人大常委會主任。

張學忠是胡錦濤在甘肅工作時的私人故交。他在蘭州軍區司令部當過祕書，後來慢慢爬升成甘肅分管科技的副省長。一九九○年，胡錦濤因為身體不適應青藏高原環境，嚴重時只能在四川成都遙控西藏事務，便向中央請求調來張學忠擔任西藏區委副書記，坐鎮拉薩執行自己的意旨。三年後，已經進了政治局常委的胡錦濤又將張學忠安排到人事部任常務副部長，給宋德福當助手。

曾被視為胡錦濤的"親信"的還有一個王三運，既是貴州部下，又是"團派"骨幹：胡錦濤當貴州省委書記期間，王三運擔任省委組織部青年幹部處副處長，後來被安排擔任貴陽市雲岩區委書記。胡錦濤走後，一九九○年王三運接替葉小文擔任共青團省委書記，當時團中央第一書記正是宋德福。後來王三運一路攀升，在貴州省委、四川省委等地擔任副書記，最後調到了宋德福身邊，擔任福建省委副書記，不料，二○○三年查出涉嫌腐敗，現在官位難料。

對於在長期工作經歷中接觸的人才，胡錦濤都記在心裏，找適當機會提攜，非常謹慎小心地逐步部署自己的班底。胡績偉的祕書王晨後來在光明日報社工作，長期沒有得到重用。是在胡錦濤過問之後，才嶄露頭角，在光明日報總編輯徐光春調任中宣部副部長後，接替了總編輯的重任；後來他又晉升為中宣部副部長，二○○一年，人民日報社人事變動，胡錦濤又將之安排為人民日報總編輯，現任人民日報社社長、十六屆中央委員。

　　胡錦濤在貴州和西藏當書記時能培養的人馬有限，他在兼任中央黨校校長期間，中央黨校中的學者教師，有不少被其物色成為其智囊，但是進中央黨校受訓的省市幹部，每期學習的時間短，且很可能已"各擁其主"。說去說來，還是共青團的幹部最"為我所用"：共青團系統擁有大量年齡輕、學歷高的後備人才；共青團系統他才真正熟悉和信任；提拔共青團系幹部最有光明正大的理由：中共早就給共青團設定"中國共產黨的助手和後備軍"的性質和任務；尤其重要的是，這一資源胡錦濤基本可以"獨佔"　最高決策圈中其他人都無法染指，政治局常委中其他八人，都沒有胡錦濤這樣與共青團多年的淵源關係。

第十一章／接班人還是掘墓人？
（二〇〇二年）

●或許，他協助總書記確立"三個代表"，並不是再一次推動
注定推不上山的西西弗斯之石，而是助了一臂之力從山頭往下
推石頭——有了第一推動力就再也止不住它了

九九歸一，周而復始

二〇〇二年，是中國共產黨成立八十一周年。按照中國傳統說
法，八十一個春秋，九九歸一，周而復始，到了又一個週期重新出發的
時候了。

隨著中國六十、七十年代社會動亂和八十年代的經濟改革，隨著
九十年代初期蘇聯東歐變色易幟，共產主義不論是作為一種運動還是作
為一種意識形態，走過了一個完整的週期：二十世紀初的節節高漲，變
成了二十世紀末的節節敗退。帶來了至少包括互相關聯的五個方面挑
戰。

首先，在意識形態上，這就使以共產主義立黨立國的中共，陷入
指導思想真空的尷尬境地，儘管黨章、憲法的字句沒有改變，但已經與
現實方針和社會價值觀念完全不搭界了。

其次，在政治地位上，中國在共產黨領導下完成了"滅私充公"的過
程之後，二十年來又在共產黨領導下經歷一個完全相反的"化公為私"的
過程。前一個過程越深入越徹底，共產黨越有存在理由；而後一個過程

越深入越徹底，共產黨越喪失存在理由——這就從根本上否定了共產黨領導地位，更不用說共產黨官僚在這一過程中驚人的腐敗造成的嚴重後果了。

再次，在經濟基礎上，開放與搞活使中國的人力、資源、資金和信息都以空前的規模和速度流動，在產業重組、經濟轉型中，不僅社會不安定因素大爲增加，最關鍵的是，經濟的自由化、市場化趨勢，連傳統的國家權力結構都要突破，相形之下，政治集團——黨的權力體系更是脆弱不堪，無法與之抗衡。

第四，在文明模式上，私有制的發展使民眾利益分化，社會空間擴大，自由、民主、法治和人權的要求日益強烈，政治上要求體制改革的呼聲日益高漲，這不能不最終與一黨專政的現實禁錮發生尖銳衝突；而私有制的弊病也在同時暴露和發展，共產黨能夠克服這些弊病的手段又不斷在弱化，處於兩難處境。如何探索出一條既匯進全球主流、又符合中國國情的文明模式，殊非易事。

第五，在科技更新上，中共這一種權力結構越來越表現出缺少彈性、難以因應的深刻缺陷。雖然中共津津樂道"社會主義體制能夠集中資源辦大事"，也確實有過輝煌前例，例如蘇聯首先發射人造衛星、載人宇宙飛船，中國獨立研發出原子彈、氫彈等，但是這種權力體制從本質上是與電子網絡之類高科技不相容的。從技術力量和資金上說，中國當然可以很快發展網絡，中共也認識到"知識經濟"的深遠意義，但是"非不能也，是不爲也"，他們不能不擔心這種高科技發展帶來的通訊和傳播方式的革命，會敲響其統治的喪鐘。而這一遲疑不決，勢必使整個國家在全球各國科技競賽中落於下風。

"三個代表"

在人們以爲只能等胡錦濤掌權才能正視一切嚴峻挑戰、才能取捨一切變革方案的時候，變化的契機竟提前出現了。

樂此不疲提出各種新口號的中共第三代領導核心江澤民，在臨近交出權力的時候，提出了"三個代表"學說。二〇〇〇年春天，他在廣東考察時提出，中共要"代表中國先進社會生產力發展的要求，代表中國先進文化的前進方向，代表中國最廣大人民的根本利益"。

剛開始，人們以爲這又是他心血來潮，興之所至，隨口提出的說法，就像他以前提出的"講政治，講正氣，講學習"（這三個概念能夠並列，很需要藐視邏輯的膽量）、"以德治國"一樣，並不值得認真對待，只須逢場作戲、人云亦云即可。但是後來人們領悟到了，江澤民並不像人們乍看上去那麼簡單。

二〇〇一年七月一日，江澤民在一個最鄭重盛大的場合——中共建黨八十周年紀念大會上發表了長達兩萬二千餘言的演說，闡述這一理論。那天晚上，北京電視台的大型文藝演出中，有一幕爲"三個名字"，台詞稱：我們不能忘記"偉大領袖毛澤東"、"總設計師鄧小平"和"領路人江澤民"。後來在官方場合廣爲傳唱的政治宣傳歌曲《走進新時代》則這樣總結三代領導集體的政績定位："我們唱著東方紅當家作主站起來，我們講著春天的故事改革開放富起來，繼往開來的領路人，帶領我們走進那新時代……"

提出"三個代表"這樣的口號，是需要甘冒風險的勇氣的。海外有論者百思不得其解：江澤民並不具備"開國皇帝"那樣的魄力和雄心，在中國政壇的腥風血雨中能夠熬到全身而退這一天已屬異數，爲何不"見好就收"，在十六大來臨、即將功成身退之際平穩交班，而要去搞"三個代表"，挑起黨內再也彌合不了的思想大分裂？

一種解釋是，他並不想退位，冒大風險挑起一場風暴，才有合理留任的機會。另一種解釋是，他要交出一筆讓人印象深刻的歷史遺產，

"留取丹心照汗青"。在中國與在其它國家一樣，本來政統與道統各有不同的傳承譜系，各有不同的代表人物，但是毛澤東就要一身而兼二任，既當皇帝，又當教皇。鄧小平沒有這個奢望，這位務實的老人，只要講出的道理能夠管到他看得見摸得著的地方，能夠解釋他正在幹的實際事務，就心滿意足了。超出這一範圍的，他統統叫他們"不爭論"。誰能料想得到，江澤民居然萌生了這樣的膽魄，要做一個敢於理論創新、制度創新的精神開拓者呢？他是企圖用這一口號，作為後江時代指導共產黨一方面"和平演變"、一方面永保江山的綱領；同時，"三個代表"也可以使他自己，由在一段時期內實際掌管最高權杖的政治領袖，搖身一變而成在更長久歲月裏主宰共產黨思想路線的精神導師。

　　能夠提出、擁有某種在馬克思主義語境內得到合法化解釋的意識形態觀點，這是把這一代與其他代區分開來的重要標誌。一"代"是否成熟在很大程度上取決於它是否形成了自己的意識形態觀點；而"代"的核心人物最重要的使命，就是要創造出一種不同於前代的意識形態觀點，因為在共產主義背景下，這是對權力進行重新組織的最有力工具之一。在鄧小平看來華國鋒說不上是"一代"，就是因為他本身除了"兩個凡是"外沒有自己獨立的東西。

　　王軍濤曾經有一次談到：作為統治者，未必就沒有推動政治改革的個人意願，從戈爾巴喬夫、李登輝、甚至鄧小平的例子中，他發現一個現象：最高統治者在推動改革過程中的個人聲望上的得失考慮，與他領導的執政黨的利益評估有時並不一致——也就是說，他可能會為了自己在歷史上的地位、在國際上的名望，違反自己所屬執政黨的利益去推動改革。

　　不管江澤民出於何種動機，提出這一學說還是走得太遠了，遭到黨內的反對是可以想像的。不僅中共碩果僅存的元老反對，凡是對馬克思列寧創立的共產主義學說體系還保有一定信仰的人，無不義憤填膺。

共產黨的宗旨就是要消滅剝削階級，江澤民對剝削階級打開黨的大門，這些人會"去爲共產主義奮鬥"？豈不是天方夜譚！？

江澤民推行"三個代表"，花了一番心思。《南風窗》雜誌二〇〇二年元月十七日記者趙義在《"執政黨創新"大幕拉開》文章中讚嘆過"三個代表"思想推行手段之高明："政治家的理論創新從來都是一種高明的政治活動。這從理論創新過程的巧妙佈局可窺一二"，"令人嘆爲觀止"

最初是"四個重新認識"，然後是"三個代表"，最後提出"馬克思主義具有與時俱進的理論品質"、"把社會其它方面的優秀分子吸收到黨內來"，並且明確宣佈"不能簡單地把有沒有財產、有多少財產當作判斷人們政治上先進與落後的標準，而主要應該看他們的思想政治狀況和現實表現，看他們的財產是怎麼得來的以及對財產怎麼支配和使用，看他們以自己的勞動對建設有中國特色社會主義事業所做的貢獻"。經過各地轟轟烈烈的學習運動之後，最後在中央委員會全體會議上以公報的形式正式確認這個創新的指導地位。

八月二十八日，《人民日報》刊登了江澤民和胡錦濤審批發出的新華社特約評論員文章《正確認識在新的社會階層中發展黨員》。文章反映出在強大的阻力面前，江澤民對資本家入黨的問題對左派作出讓步，設法自圓其說：文章強調是"新社會階層"的"先進分子"入黨，並不是要降低共產黨員的標準；要禁止"一哄而起"，嚴防"入黨動機不純"的人混入黨；發展黨員的重點還是工人、農民、知識分子、軍人和幹部。江澤民又規定，紅色資本家入黨問題的解釋權在中央，其他任何人不能亂作解釋，生怕越解釋越亂。

八月三十一日，江澤民專門跑到國防大學，對正在學習他七一講話的高級將領講話，胡錦濤和所有中共軍頭均列席。電視屏幕所見，個個神情嚴峻。許多將領交叉雙臂，並不是屏神斂息洗耳恭聽，筆記本就空擺在那裏。

　　二〇〇一年春天筆者之一在北京向一位中共中央研究室的資深研究員求證時，他非常肯定地透露：江澤民的"三個代表"在黨內遭到極為強勁的反彈，尤其是吉林省委副書記林炎志，林對這位研究員當面說過，共產黨既然是無產階級先鋒隊，這個性質就決定了絕不能允許私營企業主加入共產黨。後來沒過多久，筆者果然讀到林炎志的數萬字長文，大聲疾呼警惕中國的私營企業主正爭取改變共產黨的性質，最終奪取政權。

誰是"中國的戈爾巴喬夫"？

　　很多人早就在尋覓"中國的戈爾巴喬夫"，有人說朱鎔基能夠擔當這一角色，有人說希望寄托在胡錦濤身上，有人說，胡錦濤充其量只能是"中國的安德羅波夫"，而"中國的戈爾巴喬夫"還要等待他培養提攜的"第五代"接班人翅膀長硬……人們都沒有看出，"中國的戈爾巴喬夫"就是江澤民。

　　江澤民與戈爾巴喬夫的價值觀念、性格做派迥然不同，我們這裏，只是從一個意義上來說他就是"中國的戈爾巴喬夫"，那就是他提出的這一"三個代表"學說，與戈氏提出的開放性"新思維"一樣，啟動了最終埋葬共產黨本身的歷史進程——不管這是不是他的本意初衷。這個進程，並不是希臘神話中"西西弗斯的石頭"　永遠推不上山，而像從山頭往下推石頭，只要有了第一推動力，它就再也無法停下來，如同市場經濟改革一旦啟動就無法逆轉一樣。

　　在中國"六四"事件發生之後，尤其在東歐和蘇聯共產黨紛紛倒台之後，有人預測，中共執政的日子也屈指可數了。但是，中共卻不僅經受住了一九八九年春夏之交國內全民示威活動的衝擊以及"六四"開槍之後的國際制裁，也躲過了國際上共產黨政權紛紛坍塌的多米諾骨牌效應，居然掙紮著熬到了二十一世紀。中共"長壽"的祕訣是什麼呢？

分析原因的文章汗牛充棟，莫衷一是，但有一點是各方分析家和觀察家都承認的，這就是，儘管如今中共仍然企圖維持一黨統治、並沒有改變壟斷權力、不與他人分享的專制本質，但是，其指導思想和統治方法都發生了微妙但意義深遠的變化。

中共內部分爲兩翼（儘管兩派的邊緣模糊），一派要"以不變應萬變"，另一派要"以萬變保不變"。前者，極左的"馬列原教旨主義"勢力曾居上風，但是後來以鄧小平南巡爲轉折點，拋開左右之爭、資社之擾，強調"發展才是硬道理"，把全民的注意力都吸引到賺錢發財上，將共產黨的所謂"合法性"建築在政績上——不管"合法性"的說法在理論上如何站不住腳，至少它管用——務實派終於重居主流。

鄧小平是"只做不說"，江澤民竟然"邊做邊說"，主動撿起了鄧棄之不顧的黨的"教義"問題。"三個代表"標誌著中共正式和公開地與馬列主義告別，徹底背離"共產黨是無產階級的先鋒隊"的"馬列原教旨"。因爲眾人皆知，今天"代表中國先進社會生產力發展的要求"的，絕對不會是下崗工人和盲流農民。曾經在趙紫陽手下工作過的學者吳稼祥甚至認爲，江澤民的"三個代表"學說一旦付諸實踐，中共內部將發生一場"共產主義宗教革命"：把中國共產黨從一個階級的政黨變成了全民政黨，或者說變成了社會多數派政黨，而中國共產黨一旦從一個階級的政黨轉變爲多數派政黨，它就會完成從共產黨向社會民主黨的轉變。

回想改革開放以來中共歷次全國代表大會，每一次都力求提出一個新的提法、口號：十二大，確定"經濟建設爲全黨工作的中心"；"十三大"，確立"社會主義初級階段""一百年不動搖"的基本路線；"十四大"，提出中國要建設"社會主義市場經濟"；"十五大"解決"姓公姓私"問題。"十六大"呢？顯然就是"三個代表"了。

以黨校爲依托探討共產黨"與時俱進"之途

江澤民這樣一來，胡錦濤怎麼表態？

胡錦濤是被宋平、蔣南翔培養和提拔的。他們的頭腦中可做夢都不會想到今天的共產黨會面臨這樣難堪的選擇。胡錦濤是被鄧小平、胡耀邦遴選和重用的，他們儘管有開放改革的意識，卻都仍然保持在共產主義意識形態框架之內。他們千挑萬選的第四代接班人，能夠緊跟江澤民"與時共進"，拋棄自己過去的馬列主義系統的教條，信奉這個說不上什麼主義的"三個代表"嗎？

人們不無意外地看到，在一段時間內，胡錦濤義無返顧地宣傳、詮釋和捍衛起了"三個代表"。

江澤民不斷地提起不少上個世紀強大的政黨如今一敗塗地的活生生例子：蘇共亡黨已經十年，國民黨淪爲立法院的少數黨，墨西哥革命制度黨在七十一年連續執政之後黯然下台……胡錦濤在部署籌備"十六大"時，也響應江澤民，呼籲全黨"不斷深化對中共執政規律的認識"，力圖讓十六大打下"三個代表"的印記。

中央黨校的常務副校長鄭必堅在十六大前夕十分活躍，他說，在當今黨的領導幹部進入整體性新老交替的歷史時期，中央黨校加大了對領導幹部培訓輪訓的力度，適度擴大辦學規模，同時，從嚴治校，加強管理；按照江澤民"三個代表"的要求，深化教學改革，建立教學新佈局；深化科研改革，加強了對重大現實和戰略問題的調查研究，充分發揮黨校的馬克思理論陣地作用。

其中"加強了對重大現實和戰略問題的調查研究"大有玄機。

二〇〇二年年初，連《華爾街日報》都介紹了在胡錦濤的領導和影響下中央黨校的變化：過去一直以灌輸馬列主義教條爲己任的黨校，如今越來越像美國那些能夠給管理階層開設碩士課程的研究院，中國人民銀行、外經貿部、中國科協、軍事科學院、國防大學、最高人民法院部門的高層領導，被邀至此開設系列講座。黨校所用的教材，包括美國校園裏通用的薩繆爾森的《經濟學》，甚至哈佛教授薩克斯關於解構前蘇聯計劃經濟體制的"休克療法"的理論。黨校的比較政治的課程，開始討論權力制衡等西方民主的理論，教學方法也越來越注重哈佛的商業管理碩士課程中所採用的案例研究。黨校與美國哈佛大學和卡內基國際和平基金會（Carnegie Endowment for International Peace）合作設置了有關冷戰與世貿的聯合課程。

外國教授和政客越來越多地登上黨校講壇。二〇〇一年，被稱爲英國新工黨推動者之一的曼德爾森來到中央黨校，一位當時在場的黨校老師回憶："他演講的重點是英國工黨是如何革新而成爲社會政治主流黨派的。大家聽的都很仔細，演講後還回答了學員關於英國工黨最新情況的提問。"之前不久，鄭必堅曾率考察團前往英國與工黨領袖會面，探討政黨功能等話題。

二〇〇二年四月初，曾被中共高官罵作"千古罪人"的香港最後一任總督、時任歐盟外交專員彭定康，應邀到中央黨校發表演說。還有美國聯合電腦公司董事長王嘉廉、諾貝爾獎獲得者楊振寧、經濟學家張五常、思想家哈貝馬斯等等各色人物，都成了黨校的座上賓，法蘭西電力（Electricite de France）的總裁應邀前來介紹法國國營能源動力企業與私有企業競爭的策略……曾在黨校講過課的哈佛大學教授傅高義指出：在那裏有著許多公開的討論和辯論，這個共產黨的高級幹部學府，越來越像一個培養職業高級公務員的學院，像一個"大講堂"，"充滿了來自全球的不同意見。"

胡錦濤數次讓中央黨校派人到歐洲各國考察社會民主黨情況，還派出中央黨校和其他學府人員到哈佛大學等多所名校學習管理方面的課程。黨校其它名目的對外學術交流、出國出境訪問、考察、進修數量也增長很快。中國媒體曾經報導，二○○二年下半年，中組部和黨校共同組織第十八期中青班學員赴日本、新加坡、韓國考察，"這是中青班第三批赴日、第二批赴新和首批赴韓，而在十多年前，黨校考察的主要對象還僅限於社會主義兄弟國家"。

二○○二年七月十六日，有"中共少壯派理論智囊"之稱的時任中央黨校副校長李君如教授出席"轉型中的中國政治與政治學發展"國際學術研討會，這是近年來在中國舉辦規模最大的一次主題十分敏感的國際學術研討會，國內外一百七十多位學者參會，討論曾被視為"禁忌"的民主、新聞自由以及領導層交接等問題。李君如作了題為"中國共產黨對執政經驗的新理解"的專題演講，論及歐洲社會主義政黨的"第三條路線"以及墨西哥、韓國、新加坡的執政黨如何執政，中外學者對這一演講表現出極大興趣，在李君如講演結束之後紛紛就民主、新聞自由和執政黨等問題提問，問題的尖銳和李君如回答的誠懇，令在場學者印象深刻。原定一個半小時的會議被迫延長到了兩個半小時。

就在中共舉行十六大的二○○二年十一月，ＧＥ全球四十八位最高級管理人員專程前往黨校，聽黨校教員講授中國政府結構，並與黨校學員交流。

更仔細地從胡錦濤最近的言論中尋覓，或許我們還能找到一點對共產黨的改革更謹慎樂觀的理由。

一九九九年，一名北師大學生給江澤民寫信，抱怨某位"自由派知識分子"演講中宣揚"資產階級自由化"。江澤民把這封信批給胡錦濤處理——這方面的事務本不應該由胡錦濤管的。此前胡錦濤還從未在敏感的意識形態領域表現出其偏左或偏右的傾向性。莫非，江澤民是想試探一下胡錦濤的忠誠度？胡錦濤對江澤民交辦的信件迅速作了批示，處理得既鮮明，又有節制：發表文章批判"資產階級自由化"傾向；涉及到對人的處理，僅限於演講者本人，而且，他的批示中並沒有說應該如何處理，不過，那位學者被迫離開中國社會科學院；此外，胡錦濤限定了批判文章的數量：五篇，並且只限在於一份全國性黨報上刊登。

二〇〇〇年年底，胡錦濤在一次內部講話中，在談到如何應付新世紀的難題及機遇時，提出了"四個面對"，即面對世界社會主義事業出現的嚴重挫折；面對實行改革開放政策所引起的"四個多樣化"的情況；面對經濟轉型所引起的各種複雜矛盾和困難；面對幹部與群眾的"信仰危機"。

胡錦濤在與工會負責人開會時，還以捍衛工人利益的口氣，呼籲工會及工人向那些罔顧工業安全、不發超時補薪，藉以剝削雇員的企業家"理直氣壯地進行鬥爭"。

胡錦濤授意學者及幹部，對各種溫和、漸進的政治改革作出研究，包括如何把鄧小平在八〇年代啟動的村級選舉擴大至縣、市級選舉。胡錦濤還向江澤民建議，在近期重要講話中，應闡述讓群眾"有序地參與政治"。

二〇〇一年，在中共宣傳機器大力宣傳江澤民的"三個代表"學說時，馬克思原教旨主義左派利用其控制的喉舌《真理的追求》和《中流》向江澤民發難。江澤民又一次批給胡錦濤去處理——再次考一考胡錦濤的忠誠度。胡錦濤指示主管部門責令這兩家雜誌停刊整頓——並未強硬下令關門（這兩家雜誌的後台靠山，也非等閒之輩），但實際上，他們很難重新出刊；胡錦濤並重申：不準發表任何與江澤民"三個代表"理論相抵觸的文章。胡錦濤聰明地作出了姿態：這兩家雜誌之所以被令停刊整頓，並非因為它們一貫的左派立場，而是因為它們時下發表的文章與江澤民理論相違背。

胡錦濤的許多探索性言論，都以解釋鄧小平、江澤民理論的外殼出現，黨校是最早成立鄧小平理論研究中心的，也最早舉行關於"三個代表"的研討會。二○○一年十月和十一月，黨校分別在北京和上海舉辦了兩期內部高層研究班。研究班就江澤民七一講話後思想界爭論頗多的十幾個問題進行了少有的"比較深入、自由而切實"的研討。會上針鋒相對的觀點很多，胡錦濤希望大家言無不盡，並很仔細地傾聽。胡錦濤會後明確指示，今後這樣高層次研究班還要繼續辦。不過，他很謹慎地讓所有理論探索，都局限在內部的小範圍。

鞏固加強自己的智囊班子

在進行一系列宏觀、微觀的理論和政策探討的同時，胡錦濤抓緊物色和鞏固自己的智囊班子。

共青團系統（包括他原來擔任過主席的全國青聯），一直是胡錦濤的人才基地和思想倉庫。胡錦濤在八十年代初期開始結識的一大批青年才俊，固然大部分是科技、文藝和體育尖子，但是也有相當數量的學術、經濟新秀。後來胡錦濤與他們一直保持較好的聯絡溝通，通過他們了解理論界知識界的動向。共青團和青聯的成員也在流動、擴散，逐步聯絡到更廣泛的知識精英。在他告別共青團系統之後，也與這些精英一直保持聯繫。

當年他還在自己的權力範圍內，批准一些嶄露頭角的青年理論人才調入中央團校和中國青年政治學院。一九四八年成立於河北平山縣兩河鄉、一九四九年隨黨中央遷至北京的中央團校，是共青團中央的直屬院校，包括胡錦濤本人在內的歷任團中央領導，都曾兼任團校校長。一九八五年成立中國青年政治學院，院校兩塊牌子，同時承擔普通高等教育和團幹部培訓的職能。近年來，中央團校和中國青年政治學院"與時俱進",不斷吸納人才、產出思想見解和調研報告,胡錦濤很注意從中吸取值得參考的內容。

由所謂"民主黨派"聯合主辦,實際上由中共中央統戰部主管的中國社會主義學院,也因為與胡錦濤關係密切的"共青團派"成員王兆國、劉延東先後執掌統戰部,調入大量原團的機構或者相關人士,時常組織調研課題,獻計獻策;此外,由於清華在八十年代初期恢復人文專業,吸納了相當一批傑出的人才,胡錦濤在與清華母校、校友的聯繫中,也結識了一些知識精英。

而胡錦濤擔任中央黨校校長之後,中央黨校順理成章地成了他的智囊"主渠道"。擔任中央黨校校長的九年間,他日益加強和倚靠黨校的秀才班子,通過黨校和中國社會科學院中開明派,組建和擴大鬆散的智囊群體來構思未來。群體裏的人的態度,很大程度上能夠與胡錦濤的態度互相印證,讓人能夠從中嗅到深藏不露的胡錦濤新思維的一點氣味。

中共中央黨校在中共整個體系中,主要不是作為給權力最高層出謀劃策的智囊機構,而是中共訓練高中級領導幹部的基地。擔任黨校校長這一職務,對胡錦濤來說,主要好處是厚蓄人脈,不過他當上校長後很快發現,這裏有教師五百餘人,其中教授、研究員、副教授、副研究員以上高級職稱者超過兩百,設有哲學、經濟學、科學社會主義、政法、中共黨史、黨的建設、文史等七個教研部和國際戰略研究所,學科齊備,機構健全,在理論探討、政策調研上,有人員,有陣地,有講壇,既是相當雄厚的資源,也是相當方便的渠道,可以利用來進行重大課題的研究和咨詢。

當時,中共中央研究室由王維澄、滕文生等人主持,中國社會科學院由胡繩、王忍之掌管,中宣部及轄下的新華社、人民日報,胡錦濤都無力插手去布置課題,組織調研,更遑論鞭長莫及的國務院等其它系統的研究機構了。在相當長一段時間內，中央黨校甚至是他唯一能基本上說了算的具備研究能力的機構。

到胡錦濤擔任總書記之時，黨校通過舉行研討會、組織到基層調查、出國考察，"九年生聚，九年發展"，已經集結起一批胡錦濤能夠倚仗和利用的力量，其中不少人被調到別的崗位，在更大舞台上發出聲音。

胡錦濤組建自己的智囊，讓他們出思想、出人才，很注意兩個關鍵環節：創造民主空氣，面對現實課題。

一九七九年六月由北大調到中央黨校工作的王貴秀教授曾經回憶說，鄧小平提出黨校教學的"三不主義"：不戴帽子，不打棍子，不揪辮子。而胡耀邦加上一條：不裝袋子，漸漸的研討空氣多了，自己的觀點也有了。但他有意無意地迴避了王震當權時的黨校是否能做到這"四不"。胡錦濤接續上了胡耀邦的傳統，讓教師學員暢所欲言。中共建國五十周年時，黨校有關部門設計了一套記名問卷，一位曾參與問卷統計的黨校老師介紹："學員們提出了各種各樣的建議和意見，特別是如政治體制改革等以前比較敏感的話題，也有不少人提出並加以詳細論述。這的確是個更開放、更民主的環境。"

密切針對現實難題探索，也是胡錦濤要求於中央黨校的。科社教研部副教授謝志強五六年前就開始研究中國階層變化。在一次全校性大講座後，眾多學員將他圍住，一位學員質疑："你現在把階層分得那麼清楚，但可能以往劃分模糊時各階層的矛盾不明顯，現在不就公開化了嗎？"

謝志強回答："階層分析在於正視現實，在於解決問題，協調各方面利益關係。視而不見不是一種鴕鳥策略嗎？"

在領導和教師帶動下，學員的思考也隨著現實變化而變化。中青班十七期三支部學員、國家經貿委綜合司司長馬建堂向教員建議黨校應引入案例教學。這一建議受到校方高度重視，時任中央黨校副校長鄭必堅批示：好意見，請培訓部設計一下。

而在國內外突發事件頻發之時，黨校開始實施"應對突發事件"的案例教學課程。學員說：在新舊體制轉換時期各種矛盾相對集中，群體事件、集中上訪時有發生，交通事故、生產安全事故常有出現，企業改制、職工下崗、軍轉安置以及自然災害等矛盾，經常交織在一起。能否妥善處理這些事件，是對黨政領導幹部綜合能力的嚴峻考驗。他們很慶幸在黨校受到了這樣的訓練。

比較一下胡耀邦與胡錦濤這"兩胡"相隔二十年的情況，可以看出胡錦濤培養、起用黨校智囊若干特點。

胡耀邦當年主要起用哲學和政治學學者，而胡錦濤垂詢、使用更多的是經濟、法律、甚至文化等領域的學者，尤其重視後起之秀。例如胡錦濤親自提拔的黨校副校長、政法教研部主任石泰峰教授，是北京大學法理學博士，主編《西方法律社會學》等書，在市場經濟法律制度領域有深入研究；再如文學博士李書磊，到二○○三年，僅三十九歲，對現當代文化思潮頗有創見，受到重用，擔任黨校校委委員、培訓部主任。此外，還有擔任黨校科研部副主任的經濟學教授陳高桐等人。

胡耀邦當年重在發揮黨校的"黨"字，即權力體系組成部份這一側面的性質，利用黨校教員與官員之間千絲萬縷的聯繫；而胡錦濤重在發揮黨校的"校"字，即攻書育人的教學機構這另一側面的性質，更重視黨校學者與高等學府、學術機構（包括社會團體和企業民間科研力量）的結合。例如黨校的國際戰略研究所所長，就由中國社會科學院美國研究所所長王緝思兼任，便於整合更多知識界人才。

胡耀邦當年基本上只是利用教員，而並沒有動員學員；而胡錦濤則看到黨校內每年來自不同地區不同層級崗位的三千學員這一個大寶庫，通過教員的中介，組織學員調研討論，取得更多來自基層實踐的第一手資料，更廣泛地集思廣益。

胡耀邦當年既沒有條件、也顧不上開發國際思想資源，而胡錦濤則創造條件讓黨校學者走出去，請進來，向國外取經。由黨校以"學術交流"的名義出國考察一些敏感課題，比起黨政機關派員出國考察，具有更大的迴旋空間，不至於引起黨內對手的警覺，授人以柄。例如，二〇〇一年以來從黨校派出幾個考察組到西歐考察社會民主黨的運作，二〇〇三年從黨校又繼續派人繼續考察，就沒有引起反彈。

胡耀邦當年的智囊處於新舊政治衝突尖銳激烈的環境，自由思考和表達的餘地比較小，稍有不慎不僅自己踩上地雷，而且會殃及胡耀邦；而胡錦濤時代的黨校智囊擁有了更多獨立的話語權，與胡錦濤的關係更為超脫，胡錦濤借他們之口可放試探氣球，也可畫龍點睛。例如，離開黨校後擔任中國改革開放論壇理事長的鄭必堅，在二〇〇三年數次重申"中國會銳意推進各項經濟和政治體制改革"，黨校教授、中紀委特約研究員王貴秀批評黨內權力不斷向中央政治局集中"違背黨章精神"，都可進可退、可攻可守。

演變成社會民主黨是共產黨的出路？

放到胡錦濤桌上的各種改革方案，堆積如山。

其中厚厚一份，是李鵬批轉來的；還有一份更厚的，是江澤民批轉來的。

隨著中共十六大臨近，黨內競爭日益激烈，這種競爭使胡錦濤和曾慶紅都希望抓住政治體制改革的旗幟來吸收政治資源——中國的經濟體制改革隨著中國加入 WTO，基本格局已定，只剩下最難啃的骨頭，要過河可摸的石頭基本摸完了，只剩下政治體制改革還是塊沒有怎麼開墾的處女地。即便是擴大全國人大權力這樣的舉措，不過是共產黨保留最高權力前提下的改革，但也畢竟意味著黨內不同派別、不同社會集團，有更多機會參與權力分配佈局，建立更多利益表達的渠道──政治體制改革，爭得一分多一分。

一九九九迎接千禧年、二〇〇〇年跨世紀、二〇〇一年中共八十周年，乃至二〇〇二年迎接十六大，中共新生一代政治人物和民間精英抓住每一個具有象徵意義的機會紛紛出招，投入人事之鬥和路線之辯，大小方案多如牛毛──海外媒體往往稱之為"祕密報告"、"萬言書"，連曾慶紅給中央的以"擴大黨內民主"為改革方向的報告和發表的文章也都列了進去；還有鄧力群主導炮製的"萬言書"，方覺的建議、彭明的方案……不一而足。

這裏我們重點來談談林炎志上述關於新生資產階級危害到中共政權的報告，和國務院體改辦副主任潘岳的政治改革十萬言書。

潘岳和林炎志均為"太子黨"成員，又都是"共青團派"成員。他們代表了中共黨內不同派系，足以說明全黨不管哪個派系都有了極強的危機感。林炎志和潘岳的報告，都期望能夠引起胡錦濤的重視。

前全國人大常委會副委員長林楓之子、前全國政協副主席馬文瑞的女婿，吉林省委副書記林炎志寫的一篇文章，題為《共產黨如何"領導"資產階級》，長達數萬字。

林炎志警告說，中國的新生資產階級"很想執政，並且很有可能通過改變共產黨性質的辦法達到這個目的。但是，如果他們的這個願望真的實現了，中國將會經歷長期的社會混亂和經濟衰退"。

林炎志搬出了江澤民一九八九年反對私有企業主的講話和中共一九八九年發佈的不準吸納私有企業主入黨的九號文件，用昨天的江澤民來否定今天的江澤民。林炎志說，"如果這麼快就好了傷疤忘了痛，就使人擔心黨是否有能力應付新的複雜局面。如果允許私有企業主入黨，會在黨內造成嚴重的思想混亂，破壞全黨團結的政治思想一元化基礎，突破黨在階級先進性上可以容忍的底線。如果這個底線被突破，其他的問題就不可能再依靠黨內和平鬥爭的方式來解決。""到那時，共產黨就成了社會民主黨。"

中國共產黨是否可能成為社會民主黨，是否應該成為社會民主黨？這是中共黨內爭論的焦點之一，林炎志鮮明無比、不容迴避地挑明了這一點。

林炎志在報告中斷言，"歷史上工人階級政黨改變性質，比如德國社會民主黨改變為改良主義者政黨，其組織上的突破口就是允許任何人都可以入黨。所以我們不僅不能允許私營企業主入黨，還要勸退那些已經成為私有企業主的共產黨員。"

林炎志的這份報告還不點名地批評了"不爭論"和"摸著石頭過河"說——人們都知道，這是鄧小平提出的。

林炎志這份報告，由李鵬批轉給所有中央委員參考，代表了中共原教旨主義勢力向江澤民施壓、向胡錦濤發難，其分量是不容小視的。

據知情者透露，隨著十六大臨近，人事更迭方案爭論激化，丁關根的中宣部部長職務由誰來接替？胡錦濤傾向於新華社社長田聰明，還有消息來源說鄭必堅也在部長人選的名單上；而李鵬支持的人則正是林炎志。李鵬說，林炎志擔任過全國學聯主席、北京大學黨委副書記、國家語言文化委員會黨組書記、中共河南省委宣傳部長，在教育、文化、宣傳系統積累了豐富的經驗。但是林炎志出任中宣部長，知識分子決不會高興——他八十年代就主張用武力鎮壓學生運動，有人甚至說，他比丁關根對"異端思想"還要強硬。

後來，中宣部長之職落到了田聰明提拔起來的"共青團派"成員劉雲山頭上，他還進了政治局。

潘岳的"思考"碰了一鼻子灰

二○○一年二月，潘岳向中央提交一份"十萬言書" 《對革命黨向執政黨轉變的思考》。

潘岳不論在哪個崗位上，都十分專注於組織思想界人士撰寫極其宏大的戰略性的報告，然後呈交給中南海。常常被人譏評爲"不務正業"。他迄今並沒有進入權力中樞，他的著力點在儘可能通過"戰略報告"來影響決策層。他這一方案與他一九九一年的文章，既有承襲，也有發展，其基本思路仍然是強調：中共原是革命黨，以革命手段奪得政權後，未改變政治體制，仍以革命手段治理中國，以致不能適應和平建設之需要，使矛盾積累日深，腐敗日益嚴重，動亂因素正在發酵。有朝一日，任何一場社會衝突和經濟危機都可能激發革命。現有的改良已不足以防止"革命"的出現，所以必須採取重大措施，讓"政治改革"走在"暴力革命"前面，才能避免革命危機。

在潘岳看來，"三個代表"的提出，是中共由革命黨向執政黨轉變的重要標誌。中共應該借鑒社會民主黨的施政綱領和成功經驗，鑄造良性的中等收入階層與立體的市民社會，全面實行法治化，並在這個基礎上修改中共黨的執政宗旨。不過，潘岳並不主張走政治民主化道路，反對搞多黨制和三權分立，也反對搞軍隊現代化和西方的普選制度，而是吸納新權威主義的某些政策構想，即在施政方式上讓政治同經濟分離；政治上建立"集權式的政治體制"，以強大的政府推行政治現代化改革。

有人歸納說，潘岳端出的未來中國政體的"藍圖"，可解釋爲：共產主義的理想，民主社會主義的宗旨，新權威主義的政策，民族主義的精神。

潘岳的這個《對革命黨向執政黨轉變的思考》分爲五部分，結構嚴謹，從二百年前的英美政治說起，解釋"政黨與現代政治"完全拋開馬列階級鬥爭教條，強調政黨的利益代表性與專業性。重點則是在第四部分：提出政黨轉型要解決的幾個理論問題。

潘岳還是抓住"執政黨的合法性"問題，認為中共不能把打下了天下作為合法性依據，而執政以來的成績單也使人民失去信心，只有建立在法理基礎上的執政才是合理的，而這個基礎尚未建立。針對"三個代表"，潘岳又明確質疑說，現代社會的政黨只可能代表一部分人的利益，而不可能代表"全中國人民的利益"，中共應該扮演社會各種利益的協調角色，變統治者為治理者，大力培植守法的"良性中等收入階層"；在階級關係發生重大變化的今天，中共"代表先進生產力"，就應該代表科技人員與企業家，而不是失去先鋒性的工人階級。

在論述政改時，潘岳對"無產階級專政"不假辭色地抨擊，指專政是"無法無天的暴力"，和民主法制是相矛盾的，二者不能並存。他建議建立權力監督與平衡機制，關鍵一環是黨內民主化，當務之急是落實從基層到全國黨代會的差額選舉。

耐人尋味的是，潘岳的這一套龐雜想法同時遭到來自黨內左派和海外右派的尖銳抨擊。黨內保守派上書中央，痛心疾首地說此人想當"中國的葉利欽"，其政治方案實質上是在將中共改造成為社會民主黨提供理論依據。主張政治民主化的右派人士認為，他的政治方案實質上會阻礙民主化的進程，屬於既得利益群體的思想綱領。海外還有民運人士把這套想法譏為"中共的救命方案"。

不過，相當一批中青年官員，以及主張漸進變革的知識份子，卻對潘岳表現出極大興趣。他們認為，他的思想是民主社會主義與國家民族主義的混合物，相對來說符合中國的國情，也將促進中國與國際社會的融合。有位與他過交往的學者評價說：潘岳是"一個實用主義者，只要是能維護江山的想法，只要他有權，他都敢拿來用。"但精英們又認為：利用可以是相互的，潘岳想利用知識精英的頭腦，讓他利用好了，我們不是也可以利用他來接近我們的政治目標嗎？比較起來，潘岳的身分橫跨了"太子黨"、"共青團"兩個陣營，既通過父輩岳丈與軍方有瓜葛、又長期供職於朱鎔基主掌的國務院，還與許多大型國有和民營企業關係甚深；他還特別愛舞文弄墨，出版了《潘岳詩文集》，與文化界也搭得上話……不被他利用還被誰利用，不利用他還利用誰？

尤其是，人們分析說，潘岳這套"政治改革方案"，在相當程度上吸收了胡錦濤的一些想法，反過來又能成為胡錦濤的思想資源——他大大放光發熱的機會沒準在十六大之後就要到來呢。

香港《開放》月刊總編金鐘在自己的雜誌上撰文說，經研讀後覺得這篇題為《對革命黨向執政黨轉變的思考》的報告，是一篇有相當理論深度的突破性綱領，從頭到尾貫穿著對中共歷史的反省。這篇報告的主要價值在於它的理論意義，可以令人聯想到蘇共二十大時期對正統馬列的修正。當時，那種修正也完全包裝在黨性的外殼之中，並不能使認同西方民主觀的人們滿意，赫魯曉夫深信共產主義必然埋葬資本主義，然而，他卻"使紅色帝國的大壩開始漏水"。這篇報告的基本論點，已經把迄今不可動搖的中共的性質，代表性、執政的合法性，專政的必要性都予以批判性的否定，雖然，作者念念不忘中共的"長治久安"，在結尾部份提出五不（不搞多黨制，不搞三權分立，不搞新聞自由，不搞軍隊國家化，不搞普選），但正如文中所說，"擺脫理論上的混亂，是唯一的出路"。

與潘岳有過接觸的中國社會科學院學者介紹：潘岳自比"康、梁"，逢人就說，許多不安定的動亂因素正在醞釀、發酵之中。由於政治體制改革滯後，理論遲遲沒有創新，任何社會衝突和經濟危機都會激變各種"革命力量"，從而將"革命"指向革命黨即中共本身。

潘岳曾委托中國經濟體制改革研究會祕書長石小敏擬定政改方案，石小敏最後找到前中國社會科學院馬列研究所研究員、胡耀邦所器重的理論家張顯揚。

據聞，潘岳的十萬言政治改革方案送到中共高層後，江澤民讀過後大感興趣，當即讓政治局成員傳閱。而對於正巧也在差不多前後出籠的鄧力群的"萬言書"，江澤民則讓中宣部組織反駁。據說江澤民還下令撥款十萬元給潘岳主持"東南西北經濟研究所展開研究"。沒想到，過了一個月，報告遭到中共極左勢力的痛斥，逆風陡起，江澤民也變了態度，批評"潘岳雖有忠心，但做事太張揚太急躁"，潘岳報告遭到封殺。廣東副省長王歧山被任命為體改委主任，向這位副手傳達中央的批評，要求他"立即停止這方面的工作"。

江澤民改變態度的原因，據信是因為這份報告與江澤民正在起草修改過程中的"七一"講話難以協調一致，雖然潘岳的"思考"是圍繞著"三個代表"這一核心來為意識形態合法性急遽流失的中共提供合法性論證，但是思路與江澤民"七一"要宣講的說法抵牾之處太多，怕被人將兩者拿來互相駁難。

被封殺的另一原因，據說是因為這篇報告與幾位知名學者張顯揚、包遵信等扯上了瓜葛。而這些人，都是六四以後被整肅的異議人士，江澤民對"六四"是相當神經過敏的。

胡錦濤會為"六四"翻案嗎？

"六四"，對許多人來講是永遠的忌諱，對另外很多人來講是巨大的誘惑。

胡錦濤接過中國最高權力之後，手中能打的牌多乎哉，不多也。拿什麼取信於民，拿什麼立威於世？

——爲“六四”翻案！有人望空獻策。

“六四”能在胡錦濤手裏翻案嗎？

美國普林斯頓大學教授林培瑞堅定地相信：“六四”這個問題早晚要平反。這不是中共領導人的問題，這是中國老百姓的問題，這是歷史的問題。中國老百姓也不是傻瓜，他們也知道，這個問題早晚也得面對。

但是，抽象地表示一種基於歷史的信念是一回事，具體地考察社會、政治和心理的動力、能量，是另外一回事。“這個問題早晚也得面對”，不等於胡錦濤就得面對。“六四”過去了十三年，死者的親屬，當年六四的骨幹，當然始終不渝地依舊盼望和呼籲中共爲“六四”翻案。但是他們在民眾中所佔的比例很小。當局一再把蘇聯、東歐變天之後的進程作爲“反面示範”，中國的經濟發展又似乎在世界上一支獨秀，人民的生活好了，機會多了，正所謂“存者且偷生，死者長已矣”（杜甫詩），在這種情況下，爲“六四”翻案，誰要翻案，爲什麼翻案，誰來翻案？難道不只是一種渺茫的幻想？

一九九二年鄧小平改變了戰略，用經濟利益來誘使中國人忘掉政治。這十三年來，也就是因爲民眾在經濟上得到了利益，大家對現狀也就接受了，實際上，這是一種合作，也可以看成一場交易——中國老百姓和中南海合作，與中南海交易。江澤民時期在政治上的相對安定是靠經濟上的讓步換來的。哥倫比亞大學教授黎安友歸納得很精練：江澤民是通過“收買”在黨外擴大統治基礎，通過“權術”在黨內鞏固權力基礎，這似乎是江澤民成功地避免了華國鋒下場的“兩大法寶”。

但是，“六四”後曾入獄多年的吳稼祥認爲，“六四”的平反是歷史的必然。在中共仍然執政的情況下，能否平反、何時平反取決於三個因素：一個就是涉及到當事人的問題。如果是受益的人、或者是捲入很深的人，由這樣的人親自解決這個問題的可能性不是很大；第二個，涉及到對鄧小平的“遺產”的處理，包括如何評價鄧小平和如何看待他做的這件事情；第三個因素是，平反'六四'能夠在多大程度上影響社會穩定，在多大程度上調動社會的積極性和社會的資源。

吳稼祥舉了鄧小平平反"四五天安門事件"、為地富反壞右摘帽、平反冤假錯案等事例，來說明一個政黨為自己歷史上的罪錯平反並非只有付出沒有收益——鄧小平因此提升了他在民間的合法性，獲得了巨大的政治資源，而這些政治資源正是他推動改革開放的法寶。

王軍濤也有同感。邏輯和吳稼祥的邏輯一樣簡單、有力："六四"既是一個巨大的風險，也是一個巨大的資源，你不解決它，它就是一個風險，你死了，也是你的一個污點，如果你解決它，它就是你的政績的一個亮點。

不要忘了，胡錦濤雖然與"六四"沒有直接的關聯，卻有能夠與"六四"作為類比的經歷：他比李鵬宣佈戒嚴還早兩個多月在拉薩宣佈戒嚴，鎮壓了藏獨勢力的反抗。如果否定了"六四"鎮壓，是否也應該否定拉薩鎮壓？

當然，我們知道，在"六四"徹底翻案和"六四"決不允許翻案這兩個極端之間，還有很寬的光譜，執政者可以尋覓探索兩個極端的平衡點。直接指揮了"反右"的鄧小平，不是也平反了百分之九十九點九九的"右派"，只留下幾個人不予平反，來證明"反右"沒有錯，只是"擴大化"了嗎？胡錦濤也在尋找某種最佳折衷方案。

我們還知道，任何一項政治決策，都是權衡各方面利弊、收支之後的選擇。如果"六四"翻案的收益遠遠大於損失，聰明人就應該"吃小虧佔大便宜"（劉少奇語）。胡錦濤不會不設法以最小的代價來得到最大的收穫。我們拭目以待。

胡錦濤在轉型路上能走多遠？

　　中國要實現從專制社會向民主社會的轉型，這是包括許多共產黨高級官員在內的共識。這是遲早的事情，轉得越早，就越主動，越容易，越少後遺症，轉得越晚，將來要面對的問題就越複雜、越尖銳、越不好處理。分歧在於如何轉型、何時轉型、以及由誰來推動轉型。很多學者對於胡錦濤領導中共的改革、中國的轉型是相當悲觀的。

　　之所以悲觀，在於中共自己窒息了一切推進轉型的社會力量。中國科學院國情研究中心研究員康曉光認為：由於社會資源被當權者壟斷，挑戰穩定、推進變革的力量被切割隔斷，成不了規模；美國華盛頓卡內基國際和平基金會中國項目主管裴敏欣也表示悲觀：目前中國是一個沒有反對精英的社會，主要反對精英分子，要麼被招安，要麼入獄，要麼流亡，所以，草根性的反對運動，不可能形成全國性的反對勢力，造成全國性的反對聲勢。

　　"三個代表"的提出，固然標誌著中國共產黨向社會民主黨性質的政黨的轉型啟動了，但是，必須清醒地看到：在江澤民、胡錦濤心目中，"三個代表"與其說是他們在價值理性上有任何突破性的穎悟，不如說他們在工具理性上的某種實用性的靈機一動。他們並沒有想揚起修正主義大旗，只是想度過眼前的困境和危機。

　　即使胡錦濤派人去歐洲研究西方的社會民主黨，也並不一定就表明了江澤民和胡錦濤打算走社會民主黨的路。據了解，他們想借鑒的，不過是社會民主黨的具體社會福利政策，用來緩和失業下崗和貧富懸殊等問題。而人們談論得那麼熱烈的誰是"中國的戈爾巴喬夫"問題，在美國漢密爾頓學院政府系教授李成看來，戈爾巴喬夫可能恰恰是中國第四代領導人想極力避免成為的一個"反面人物"，他是西方想看到的人物，在中國可並沒有很好的聲譽，相反，他被認為是一個失敗的範例。中央黨校從九十年代中葉開始進行的許多研究，正是研究如何避免中國走前蘇聯、東歐、甚至包括台灣、墨西哥等一黨專制的國家所走的政治轉型道路，認為那是一條導致執政黨垮台、帶來政治危機和經濟崩潰的道路，胡錦濤正想避免這樣一條道路呢。

解鈴還須系鈴人，迄今中共差不多把傳統的社會主義走到了盡頭，山窮水盡疑無路，柳暗花明又一村。"三個代表"是沒有辦法時逼出的辦法，使中國看到了一個新的方向：中國共產黨的名稱和宗旨，與加入 WTO 之後的資本主義發展方向完全背道而馳，這一社會理想在中國日益加速的資本主義化的過程中顯得一天比一天滑稽——雖然它本身並不應該成為嘲弄的對象。"有中國特色的社會主義"，正在變成"有中國特色的資本主義"。難道有一天，共產主義、共產黨的名稱與社會現實的衝突突破臨界點，"名不正則言不順，言不順則事不成"，現在是否有人就要發起"正名"運動了？

越來越多的人在討論：有一個重要的變量，使中共的一黨專制未必能"長治久安"，這就是中國的深層危機正在一步一步地浮現、逼近：人口的增長，資源的匱乏，環境的惡化、東部與西部地區的斷裂……一句話，生存空間的緊縮，迫使中共越來越面對濃重的陰雲，像農業的破產，嚴重的失業，腐敗、社會誠信缺失，乃至西藏、新疆少數民族離心離德、法輪功壓而不服……等等，避免這一切聚集成風暴倏忽而至、摧枯拉朽，唯一的希望和努力全部集中在經濟高速發展這上。可是，經濟自有其規律，誰能夠保證中國經濟發展的速度永遠不掉下來呢？

人人都在談"政治體制改革"，但各方的定義其實並不一樣。二〇〇二年元月三日《華爾街日報》頭版頭條，刊登了一篇介紹胡錦濤及中國第四代領導人的長文，其結論是：下一代領導人將可能給中國帶來新的變化，這一變化即使不是民主，至少也是一個更有透明度、更對公眾負責、更為職業化的政府。

　　確實，這或許就是胡錦濤版本的"政治體制改革"，近期目標是推進幹部人事制度改革，爲此醞釀草擬黨政機關、黨政幹部組織體制改革草案。

　　近年來，黨政領導幹部公開選拔和競爭上崗制度、黨政領導幹部任前公示制和試用期制、領導幹部任期制、領導幹部引咎辭職、責令辭職制度、幹部選拔任用工作責任追究制度，以及近幾年制定的"三重一大"制度（重大決策、重要幹部任免、重要項目安排和大額度資金的使用必須經集體討論決定），都有了相當進展，雖然遠遠談不上對中共的幹部管理體制傷筋動骨。二〇〇二年年初，中共中央書記處、中共十六大籌備小組擬定組織體制改革草案，在部分機關進行諮詢。規定的內容相當具體：

　　中共中央和國務院部長、委、辦主任，不擔任同屬部、委、辦的黨委（組）書記；

　　中共中央和國務院部、委、辦正職，在同一部、委、辦只能擔任一屆（外交部、國防部等若干部、委、辦除外）；副職在同一部、委、辦最多擔任三屆。

　　草案還規定，組織體制改革將參照中共建政初期那樣，讓民主黨派、無黨派人士擔任若干正副職務。具體做法是：國務院部、委、辦中，除外交部、國防部、公安部、安全部、監察部、國防科委、人事部等部門的正職需由中共黨員出任外，其他部、委（辦），民主黨派和無黨派人士符合條件者也可任正職。有關方面還特別列舉中共建政初期安排十二名民主黨派和無黨派人士出任正職的情況，如史良任司法部長、李德全任衛生部長、傅作義任水利部長。看來是要讓人相信這次組織體制改革不會走過場。

　　改革草案還規定，地方省、區、直轄市級黨政機關的領導班子，包括黨委常委、黨政人大正職、副職領導的當地人員比率不能高於百分之五十；新疆、西藏、內蒙古、寧夏等自治區除外，即這幾個自治區的當地人員比率可以超過百分之五十。據稱這體現對少數民族自治區的照顧。

江澤民抓住十六大報告不放

中共權力交接的日子——十六大在臨近，江澤民在交出黨政大權之後繼續保持中共掌舵人地位的謀略也在加緊實施，其重點就是全面掌控十六大政治報告，把持黨的政治路線的話語權。他不僅仍要親自宣讀這個報告，而且全面主導報告的起草、討論和修改定稿。

這份題為《全面建設小康社會，開創中國特色社會主義事業新局面》的報告，在二〇〇二年十一月十六大之後，已經通過官方的一切宣傳機器，傳向全國、全世界，並定位為"歷史性的盛會，歷史性的報告"，"中國共產黨人在新世紀新階段的政治宣言和行動綱領"。官方尤其意深味長地聲稱："十六大報告的起草工作，自始至終都在中央政治局常委會和江澤民同志直接領導下進行"。

在籌備十六大的前期工作中，江澤民強調："開好十六大，關鍵是要抓住兩條，一條是從中央到地方都要形成朝氣蓬勃、奮發有為的領導層，一條是對黨和國家的工作作出全面部署，對一些重大理論和實際問題進一步作出回答，以更好地指導實踐。只有把這兩項工作做好了，才能振奮黨心，鼓舞人心。十六大報告就是要完成第二項任務。"

二〇〇一年十月下旬，中共中央政治局常委會決定成立十六大報告起草組，由胡錦濤任組長。十月二十六日，起草組在中南海懷仁堂舉行第一次會議，正式開始起草工作。

根據江澤民的指示，胡錦濤組織有關部門成立了十四個課題組，圍繞黨的建設、中國基本國情、發展先進生產力和先進文化、收入分配等課題展開調研，歷時半年。胡錦濤多次主持會議，專題聽取各課題組匯報。起草組還約請中央二十多個綜合部門和職能部門就一些專題進行了研究，有些重大專題同時請幾個不同的部門進行研究，以對各種方案進行比較選擇。

二○○一年十二月，起草組全體會議聽取了各調研小組的匯報，集中討論各方面的意見和建議，討論改革開放和現代化建設、黨的建設面臨的重大問題及其解決思路。會後形成了綜合調研報告，上報中央政治局常委會。

二○○二年元月十四日，江澤民召集起草組全體會議，提出十六大的主題、重要意義和主要任務，十六大報告需要闡述的重大問題及對起草工作的要求等等方面的構想，其中他明確提出了十六大報告的主題是：高舉鄧小平理論偉大旗幟，全面貫徹"三個代表"重要思想，繼往開來，與時俱進，全面建設小康社會，加快推進社會主義現代化，爲開創中國特色社會主義事業新局面而奮鬥。

第二天，起草組成員誠惶誠恐地討論江澤民講話的精義，開始著手擬定報告提綱。 四十天數次召開會議，反覆討論、集體攻關，數易其稿後拿出報告提綱；二月十八日，江澤民審閱提綱後又作出指示，讓起草組修改；二月二十六日，中央政治局常委會原則同意報告提綱，並提出了修改意見。起草組開始起草報告；兩個多月後，起草組寫出報告初稿上報政治局常委會，五月十六日、十七日，政治局常委連日審議了報告……

這是一個沒完沒了的過程。江澤民對十六大報告緊緊抓住不放，每一稿他都逐字逐句地審閱斟酌，提出修改意見。八月三十日到九月十七日，江澤民用八個整天，在中南海親自主持召開座談會，直接聽取各省區市黨政主要負責人、軍隊各大單位主官對十六大報告稿的意見和建議，聽取各民主黨派中央負責人、全國工商聯負責人和無黨派人士的意見。胡錦濤自然都要隨侍在側。江澤民就在出訪北美又去墨西哥出席亞太經合組織領導人非正式會議返回北京的途中,十月二十九日,還在飛機上召集隨行的有關部門負責人開會,就十六大報告涉及的問題進行研究。

胡錦濤在接班的最後關頭,使出全身解數吃透江澤民的意圖,並貫徹到十六大報告的文字中間,帶著起草組對報告一次又一次修改:加強對江澤民上台十三年來"不平凡歷程"的論述,突出建立社會主義市場經濟體制的意義,強調要增強憂患意識,居安思危,倍加顧全大局,倍加珍視團結,倍加維護穩定……據消息人士透露,對來自江澤民和各方的每一條意見,起草組都進行了三輪討論:先是起草組內各小組對涉及自己部分的意見討論,提出處理方案;然後,起草組全體會議,對各小組的處理意見進行討論;最後,起草組又組織專門力量,對各方面的意見再一次逐個部門、逐個地區地進行了梳理,"確保不遺漏一條意見"。挑燈苦戰八天八夜,共修改六百多處,壓縮了三千多字。

十一月三日至五日,參加中國共產黨第十五屆七中全會的中央委員、候補中央委員討論了報告稿,胡錦濤組織起草組又立即突擊作了七十多處修改,經全會通過,讓江澤民在十六大上宣讀。大會閉幕前的十一月十三日,終於最後定稿。當江澤民最後拿到公開發佈的新鮮出爐的《人民日報》時,應該滿意了:"貫穿十六大報告全篇的主線和靈魂",正是他提出的"三個代表",闡述了"三個代表"的時代背景、歷史方位、精神實質和指導意義,把這一思想和馬克思列寧主義、毛澤東思想、鄧小平理論並列,還寫進了黨章——雖然,報告畢竟不敢冠以他的名字,胡錦濤不敢,江澤民也不敢。

當上總書記,受陷"江家幫"

二〇〇二年十一月十五日上午，在中共十六屆一中全會上新出爐的政治局常委，來到人民大會堂東大廳會見中外記者。

這已經是胡錦濤第三次出現在這種場合了。第一次，知天命的他，被江澤民介紹說是"年輕人"，被翻譯說成是"young woman"；第二次，他大步從第七位跨到了第五位，標誌著被中共第二代領導集體指定的接班人，被江澤民認可；這是第三次，他在自己年滿花甲的本命年，成了這個掌握最高權力核心圈的領頭人，輪到他來一一介紹這九名成員。

記者們及全國老百姓、國外政治觀察家，心情複雜地看著這被海外多維新聞網幾天前就準確地報導出來的九名最高新掌權人：胡錦濤，吳邦國，溫家寶，賈慶林，曾慶紅，黃菊，吳官正，李長春，羅幹。

這屆政治局常委中，再沒有一人與胡錦濤相比明顯具備年齡的優勢——最年輕的李長春，只比胡錦濤晚生一年零四個月；而人們記得，胡錦濤作"王儲"時比總書記江澤民年輕十六歲）。胡錦濤在介紹自己之外的八位政治局常委同事時，無法像當年江澤民說自己那樣說李長春是"年輕人"，反而特別強調了羅幹是"老大哥"　他比胡錦濤年長七歲零八個月。

記者、全國老百姓和國外政治觀察家們之所以心情複雜，最主要的原因是都心裏感到不托底：這屆政治局常委會實在是太有江澤民印記了。江澤民在狠抓十六大報告，保障自己的路線得到確認的同時，一點不含糊地、卓有成效地對未來的人事安排施加了強大影響。九個人中，被西方媒體和評論家劃進江系人馬的，就佔據了將近一半：吳邦國，賈慶林，曾慶紅，黃菊——尤其是賈慶林、黃菊，何德何能，而江澤民硬要冒著失去黨心民心的風險，將之塞進新班子，只有一個解釋：那就是要鉗制胡錦濤。

　　雖然旅居美國的中國高層人事專家高新力排眾議，認爲“江家幫”的成員們未來“若不願共同維護胡錦濤的領導核心地位，無疑是一種集體政治自殺”；他們“未來的工作不是爲江澤民新建在上海的‘主席府’看家護院，而是要維護整個共產黨政權的長治久安”，所以他們一定會跟隨胡錦濤。但是這種說法畢竟未經驗證，不能打消人們的疑慮：胡錦濤在中央政治局常委會中實在是勢單力薄，人們如大旱之望雲霓般期望中共變革、中國變革，最高層這麼一種格局，變革明擺著還是遙遙無期啊！

　　何況，在中央政治局常委的身後，中央軍委主席江澤民還站在那兒呢。

用“神祕莫測”“形容我是不公平的”

　　新一代中共領導人亮相，並未給人們帶來耳目一新的振奮。在這種情況下，人們發現要評估未來變革的可能和勝算，還是只能又回過頭來猜測胡錦濤：他究竟是什麼樣的人？

　　二〇〇一年三月三十日的《亞洲周刊》（Asiaweek）列出“影響中國二十一世紀”的十二人，胡錦濤也在其列，不過，卻排在第十一位。

　　這個十二人名單實在是讓人摸不著頭腦，好像只是把彼時在媒體上最出風頭、或者最成爲輿論話題的十二個人推了出來，既談不上對這些人的魅力和潛力有多少深刻把握，也談不上對中國社會的今天與明天有多少洞察。

　　第一位：楊瀾，雜誌說：“相當於中國的芭芭拉·沃特斯”。到這一年快結尾時，隨著楊瀾的丈夫吳征學位造假醜聞的曝光，楊瀾本人在自述經歷中自我吹噓、拔高的往事也受到海外媒體追究，她與“共青團派”成員之一、文化部長孫家正的交易，她在希望工程中的可疑角色……等等，都受到質疑。

第二位：王志東。當時他是中國最大的入門網站新浪網的首席執行官兼總裁，但是沒過幾個月，新浪就炒了他的魷魚。

僅僅第一位和第二位，就讓推出這一名單的雜誌臉上無光。第三位，時任遼寧省代省長薄熙來；第四位，生產飼料的上海希望集團總裁劉永行；第五位，江澤民的兒子、中國網通董事長、中國科學院副院長江綿恆；第六位，導演張藝謀；第七位，海爾集團執行總裁楊綿綿；第八位，前體操王子、體育用品企業家李寧；第九位，中央銀行行長戴相龍；第十位，研究性問題的社會學家李銀河；第十一位是胡錦濤，最後一位是聯想電腦公司總裁楊元慶。

儘管名單與名次隨意性太強，但是關於胡錦濤的簡介值得玩味："江澤民的接班人。除了在電視上看到的個別片段之外，幾乎任何人都不知道胡錦濤的更多事跡。一名政治分析家說，'他從來不說任何事情。還不到時候。如果他說得太早，他的敵人就知道如何打倒他。'但有一件事可以肯定：今後兩年，胡錦濤將從國家主席江澤民手裏接班。他的政治傾向是什麼？分析家說，'屬於進步改革陣營。但這只是猜想。'要想證實，需要等到二〇〇二到二〇〇三年。"

"幾乎任何人都不知道胡錦濤的更多事跡"。有這種看法的人實在很多，多到胡錦濤都要親自出面來"抗議"了。二〇〇二年春季胡錦濤出訪馬來西亞、新加坡和美國，四月二十五日，造訪馬來西亞第三天，主人安排遊覽參觀度假海島檳榔嶼上的孫中山舊居、一處蝴蝶園和一座由中國水利電力對外公司承建的水壩時，波光雲影中，胡錦濤與記者交談也就放鬆許多。當話題扯到外界輿論認為胡錦濤"神祕莫測"，胡錦濤出乎大家意料，微笑著提出了"抗議"："這樣形容我是不公平的。"

民意調查異口同聲

"這樣形容我是不公平的"嗎？筆者從二○○一年七月開始，對在中國大陸和美國的各色人等進行一次小型民意調查："胡錦濤是一個什麼樣的人？"回答者共二三八人，回答無一例外：不知道。

這些人中，有中共中層和基層黨務幹部，有北京、上海和廣州高等學府的教授，有中央一級的政策研究部門的專家，還有媒體的主管。他們中，不少人見過胡錦濤，有的甚至還有過工作接觸或者有間接的人際交往，提到他時能習慣性地稱之爲"錦濤同志"。他們對於這樣一個簡單的問題，卻沒有一個人敢於作出一個確定的答覆。

當時，他來到北京、進入政界，已經二十年了；他進入中共核心決策圈，已經近十年了；他擔任國家副主席，已經四年了；他離在中共十六大上率領第四代群體接班只有半年了。但是他的黨員，他的國民，對他是什麼樣的人，他有什麼樣的治國方略、人生理念、領導風格，都是一片茫然。

不能不說，這是一件非常有中國特色的事！

一九九二年秋天，在胡錦濤突然冒升到中共最高決策層之際，海內外的研究者緊張地翻箱倒櫃：他是什麼樣的人？有何政績，觀念如何？是哪個派系的，或者，是否豪門之後？他快速竄升的原因是什麼，爲什麼會得到中共元老的青睞，億裏挑一，是因爲他的幹練，還是恰恰相反，是因爲他的不庸？

不論海內外的中國政治評論家和傳媒如何對準焦距，他們都很驚訝地發現：胡錦濤其人面目不清。

當然，這不是指他的長相。論長相，他堪稱英俊，一表人才，氣質、風度均算一流，不要說與中共元老們在一起露面時對比了，就是與其政治局常委和委員同僚們一起亮相，哪怕站在最靠邊，也能使人們眼睛爲之一亮。這裏指的是他的政治面目不清。

如果說當年胡錦濤畢竟是中南海裏的"新鮮人"，爲世人了解要有一個過程；那麼時過十個寒暑，他發表了許多文章，作過許多演說，接見過許多國內各界代表和海外代表團，巡視過許多企業農村，出訪過許多國家……然而，到他當上中共中央總書記時，海內外研究者們仍然感到：胡錦濤的面目還是不清。

中共中央正式公佈的總書記胡錦濤簡歷中，是這麼寫的：

中共中央總書記胡錦濤一九四二年十二月生，安徽績溪人，一九六四年四月入黨，一九六五年七月參加工作，清華大學水利工程系河川樞紐電站專業畢業，大學文化，工程師。一九五九至一九六五年，在清華大學水利工程系學習，一九六四年後，並任政治輔導員。一九六五至一九六八年，在清華大學水利工程系參加科研工作，並任政治輔導員（"文化大革命"開始後終止）。

一九六八至一九八二年，先後在水電部劉家峽工程局房建隊勞動，任水電部第四工程局八一三分局技術員、祕書、機關黨總支副書記，甘肅省建委祕書，甘肅省建委設計管理處副處長，甘肅省建委副主任，共青團甘肅省委書記。一九八二至一九九二年，先後任共青團中央書記處書記，全國青聯主席，共青團中央書記處第一書記，貴州省委書記、貴州省軍區黨委第一書記，西藏自治區黨委書記、西藏軍區黨委第一書記。

一九九二年十月當選爲第十四屆中共中央政治局常委、中央書記處書記。一九九三年九月兼任中共中央黨校校長。一九九七年九月當選爲第十五屆中共中央政治局常委、中央書記處書記。一九九八年三月在第九屆全國人大一次會議上當選爲中華人民共和國副主席。一九九九年九月在中共中央十五屆四中全會上增補為中共中央軍事委員會副主席。一九九九年十月在第九屆全國人大十二次會議上被任命為中華人民共和國中央軍事委員會副主席。

胡錦濤是第十二屆中央候補委員、委員，第十三屆至十六屆中央委員，第十四至十六屆中央政治局委員、常委，第十六屆中共中央總書記，第六屆全國政協常委。

這是在十四大、十五大後公佈的政治局常委胡錦濤簡介的基礎上，加上了一些新的官職而已。這樣一堆越來越響亮顯赫的頭銜堆砌的官樣文章，看不到一個真實的人。海外學者傳媒對他的各種分析猜測，都不能不是"瞎子摸象"。胡錦濤"抗議"將之形容為"神祕莫測"是"不公平"，實在應該抗議中共黑箱作業和他自己過於低調內斂啊。

"Who's Hu？"

二〇〇二年四月，在胡錦濤即將訪美的前夕，美國《時代周刊》的亞洲版，將他作為封面人物，以六頁的篇幅作了詳細介紹。但是全篇充滿了這樣的句子：

"中國未來的領袖跳舞技藝絕佳，但是他有領導國家走向潛在爆炸危機未來的東西嗎？"

"胡安全地攀登上險惡的中國政治高峰，現在，主席的位子對他來說已經在望。他會展示他的真實的顏色嗎？"

"充當了十年江澤民的預備演員，胡很快就要代替他的老板，邁進全球的注目中心了。但是，在他的謎一樣的共產黨上層圈子之外，胡的個人性格和他的政治觀念都是個零。三年之前，大多數中國人還從沒有在廣播裏聽到過他的聲音，從沒有在電視上看到他的講話呢。"

"胡錦濤是一個被精心安排結果的'墨跡測驗' 太精心了，以致你對他的未來怎麼解釋都說得通。——西密西根大學政治學家斯考特·坦納說。"

《時代周刊》亞洲版這篇題為《接替掌舵》（Taking the Helm）的深度報導中，不僅這樣的疑慮溢於言表，"一張木臉""蠟製的"之類對胡錦濤的形容也比比皆是。作者馬修·佛尼（Matthew Forney），引用一位歐洲外交官對胡錦濤二〇〇一年秋天歐洲之行的回憶說：他把該說的話背得一字不差，"即使他沒有照本宣科，你也得出他是在照著念的印象"。而對於胡錦濤的美國之行，馬修更告誡說："千萬別指望胡會做任何明確的或有個性的事情。"正如波士頓大學政治學教授約瑟夫·菲歐史密斯所說："對訪問美國，胡所能期望的最佳值就是倖存下去。"

這篇發自北京的文章是這樣結尾的："或遲或早，他周圍的某些人會推進過快，胡將不得不決定：是追隨他的前任去鎮壓，或是隨著政治潮流不知何往。當那個時刻到來時，世界就會最終知道誰是胡了。"作者利用胡錦濤姓氏的諧音，巧妙地來了一個文字遊戲。"Who's Who"，即西方的名人錄，"Who's Hu？"（誰是胡），發音完全一樣，更突顯了西方對胡錦濤的陌生。而這篇文章的提要，用了這樣一個句子："《時代》深度研討胡錦濤——一個被指定為中國未來主席的神祕人物（mystery man）"。還是"神祕人物"！

《時代周刊》亞洲版這一期有個有趣的附錄，用拳擊手形象作比喻，比較了美國和亞洲六個國家的"嬰兒潮"一代的領袖的表現：

美國小布什，五十五歲，"擁有虎眼——或許只是德克薩斯斜眼"，弱點是"腌過的快餐和辣手的中東衝突"；目前場上比分：一比零——打垮了阿富汗；

印度尼西亞的梅加瓦蒂·蘇加諾，五十五歲，目前場上比分：零比零——所有的回合都取消了；

北朝鮮的金正日，六十歲，"在平壤未曾被打過"，"軍火庫中包括致命的銳利的向後梳的髮型，巨人般的頭顱，化學武器"；目前場上比分：一千二百五十三比零——這麼亮麗的得分，只因"所有的回合都在自己家裏"；

日本首相小泉純一郎，六十歲，目前場上比分：零比二百三十五——輸得如此之慘，是因為"減肥期間沒法贏"，"比日本經濟更虛弱"，而且"說'再見'之前還會繼續輸下去"；

菲律賓的格露瑞雅·阿羅約，五十五歲，目前場上比分：一比一——"擊敗了艾斯特拉達，輸給了阿布·薩亞夫"；

而中國的胡錦濤呢：五十九歲，目前場上比分：零比零。"他能像天使一樣跳舞，但是他能不能控制（交鋒的）鈴聲？"

而二○○二年十一月，一切終歸要揭曉：胡錦濤總書記走上拳擊台了。

第十二章／胡溫新政趕考一年
（二〇〇三—二〇〇四）

● "十年磨一劍，霜刃未曾試。今日把示君，誰有不平事？"
胡錦濤十年韜晦，終於輪到了自己的上場機會。二〇〇三年在
中國改革歷程中，成了一個致力人心重整、扭轉歷史慣性具有
標幟性意義的"拐大彎"年份

中國開始"拐大彎"

唐代詩人賈島的五言絕句寫道："十年磨一劍，霜刃未曾試。今日
把示君，誰有不平事？"胡錦濤十年韜晦，終於輪到了自己的上場機
會。

如果說他如古人所說"三年不鳴，一鳴驚人；三年不飛，一飛衝
天"，未免誇張，但是，他的表現，確實出乎海內外很多人的預料之
外。

二〇〇三年在中國的改革歷程中，可以算是一個具有"標誌性"意義
的年份。之所以這麼說胡溫執政的第一年，是因為這一年中共致力人心
重整，扭轉歷史慣性，是"拐大彎"的一年，對執政黨而言，甚至頗有
"中興"意味。

十六大閉幕不久，胡錦濤冒著紛飛雪花，來到河北省平山縣西柏
坡。他順著毛澤東當年"今天是進京趕考的日子，我們決不當李自成，

我們都希望考個好成績"那番話，接下來說，這場考試仍在"繼續"，一定要"經受考驗，努力交出優異的答卷"。

古往今來，誰不想交出優異答卷？但是交不交得出是另一回事。胡錦濤到底有什麼錦囊妙計？

北京大學政府管理學院李強教授對此的歸納是："新一屆領導班子在政治治理過程中努力體現我國傳統政治的一個根本理念，就是民本的理念。"按照他的解釋，民本理念的基本表現就是關注民生、體察民情、尊重民意。

人們可以分析：中國古代哲人所說的"民本"，與現代民權、民主並不是一回事；人們也可以批判：領導人"親民"姿態和動作，或者哪怕真是爲百姓疾苦而動怒傷心，也並不意味能夠代替從制度上保證公民的主人公地位；不過，對於中國的老百姓來講，能有胡錦濤與溫家寶的民本理念和親民作風，就足以讓他們感動莫名了。

二〇〇三年三月份，胡錦濤在十屆人大一次會議上被選爲中華人民共和國國家主席後，在就職講話中雖然高調讚揚前任江澤民"卓著的功勳"，強調"三個代表"思想對中國發展"具有重大而深遠的指導意義"，但他說得更多，寫得更多的是"民心"。二月十八日，他在中共中央黨校講話時強調，必須做到"權爲民所用、情爲民所系、利爲民所謀"；他在湖南好官典型鄭培民的事跡材料上批示："做官先做人，萬事民爲先"；在"七一"講話中，他把"三個代表"的本質修正爲"立黨爲公，執政爲民"，說"群眾利益無小事"，還說"樂民之樂者，民亦樂其樂；憂民之憂者，民亦憂其憂"；在同全國公安會議部分代表座談時，他說："凡是得民心、順民意的事情，都要竭盡全力去做；凡是失民心、背民意的問題，都要雷厲風行去改"……

"民爲先"、"執政爲民"、"樂民之樂"、"憂民之憂"、"得民心、順民意"……

一年多來，在胡錦濤督促下，中共高層確實出現了許多引人注目的變化：出京考察時去不發達地區和農村地區的次數增加了，出國訪問時更加節約和務實了，迎來送往的儀式取消了，多年夏季去北戴河辦公的慣例也被打破了；對高級幹部腐敗的處罰力度明顯加大了，二〇〇三年，中國共有十三名省部級高官遭查處，平均每月一名，包括貴州省原省委書記劉方仁、河北省原省委書記程維高、雲南省原省長李嘉廷以及國土資源部原部長田鳳山等正省部級官員。

在二〇〇三年二月十七日召開的中紀委全會上，胡錦濤一反常態，在講話中兩次脫稿，一次是針對新華社《國內動態清樣》一篇反映吉林省白山市原政協副主席、統戰部長李鐵成貪污情況的報導，胡錦濤脫稿質問："在我們的一把手中，還有沒有這樣的人？"另一次，是在講到反腐敗機制時，他忽然抬起頭，表情凝重地說："我鄭重地向同志們表個態，在黨風廉政方面，我自己一定以身作則，誠懇希望大家對我進行監督。"全場立即響起熱烈的掌聲。

這是"新官上任三把火"？是逢場作秀？還是"二元權力中心"因素在起作用？明眼人卻看出：不論是對百姓的"溫情"，還是對腐敗高官的"鐵腕"，最終目的都只有一個：要重整人心，以扭轉歷史發展的巨大慣性。因為在中國近年來經濟高速增長和國際影響力日益擴大的繁榮表象背後，是各級官員的腐敗行為的日益蔓延和深化，是社會矛盾越來越尖銳的現實，是強者愈強、弱者愈弱的社會的斷裂，任其發展，危及的是中華民族，也是中南海袞袞諸公。

原湖北省監利縣棋盤鄉的黨委書記李昌平，二〇〇〇年初"我向總理說實話"，發出了"農民真苦、農村真窮、農業真危險"的警世危言而震撼人心。但是他轉述他一位老同學的話更為凶險："如果有人領頭造反，我會積極響應，哪怕是坐牢、殺頭也無所謂。我失去的只是貧窮、鎖鏈、卑賤，我渴望得到的是小康、自由、尊嚴！"

　　中國社科院農村所研究人員于建嶸在湖南省衡陽縣進行了長達三年多的跟蹤調查後發現，現在農村已經產生了一些以"減負上訪代表"、"減負代表"等名義出現的所謂"農民利益代言人"，他們意志堅定，具有為了農民利益不怕犧牲的義無反顧的英雄氣概，在廣大農民中具有難以估量的道德號召力。在他們的領導下，以"減負組"、"減負委員會"、"減負監督組"、"減負維權會"等名稱成立的組織不斷湧現，組織之間的聯合正在從村、鄉鎮走向全縣的範圍，政治訴求的目標也開始從具體權益向抽象權利的方向發展，甚至提出了諸如"解放現代農奴"之類的激進的政治主張。如果執政者不能清楚地理解這個信號，將產生的政治後果也是可以預測的。於建嶸關注的"農民有組織抗爭"的話題，也傳到了中共高層的耳中。

　　不僅僅是農村。全國各地工潮此起彼伏、持續時間越來越長、規模越來越大，上訪大潮越來越洶湧。從二〇〇三年一月一日至十一月二十六日，僅人大常委會辦公廳信訪局就收到上訪信件五二八五二封，比前一年同期增長百分之二十；僅人大信訪接待室接待案件一七〇六三件，比前一年同期增長近三分之一。照國家信訪局局長周佔順的說法，百分之八十的信訪案件是"有道理"的，並且是可以通過各級黨委、政府的努力加以解決的。"有道理" "可以解決"而沒有解決，怨氣就不斷積累、升溫，處於隨時爆發的臨界狀態。

　　朱鎔基一九九九年到美國時說是"消氣之旅"，而胡錦濤則看到了：中國當權者應該採取些行動讓中國的老百姓"消氣"，儘管他當上總書記沒有幾天，對於老百姓的"氣"不應負主要責任，但既然在其位，就得擔其咎，何況，過去十年畢竟是政治局常委，對積累這麼多問題畢竟不能推說自己完全不沾邊吧！

中華民族確確實實面臨著現代化進程再一次出現斷裂的危險，而這樣的結果一旦出現，就會是災難性的，中華民族可能會因此永遠地失去重新崛起的機會。

胡錦濤和他的同事溫家寶等人，行動起來，推行"新政"。

何謂"胡溫新政"？

"胡溫新政"並不是胡錦濤或溫家寶自己想出的名目，而是敏感的媒體感受到他們與前任不同的苗頭，而半認真半隨意冠以的美譽。"胡溫新政"是個模糊概念，包含哪些內容，也見仁見智。不過，經過一年多實踐，學者概括出了比較能有共識的若干條。

"胡溫新政"中比較要緊的，是提出將"全面小康"作為未來二十年的戰略目標。

"小康"一詞在中國有悠久歷史，但並無一個國際通行的標準定義。按照世界銀行對全球一八八個下中等收入國家和地區的人均 GDP 綜合統計值，"小康"大體上是指八百美元到三千美元的生活水平。今天中國沿海有些城市的人均 GDP 已經達到三千甚至四千美元以上，已經是"小康"了，為什麼還要提出"全面小康"的戰略目標？

這是因為，目前中國的小康遠不是全面、均衡的小康。經濟方面是"小康"，而精神文明、政治文明、生態環境和可持續發展方面遠遠談不上；即使在生存需要方面，也還有許多問題沒有解決；而城市與農村之間、東部與西部之間、不同收入群體之間，發展水平更是驚人的不均衡。

就地區來說，國家統計局資料顯示，二〇〇一年中國工業增長主要靠廣東、江蘇、山東、上海和浙江這五大地區支撐，其工業增加值佔全國百分之四十八點五。西部地區的土地面積佔全國百分之七十一，人

口佔全國百分之二十八點六，國內生產總值只佔全國的百分之十七點
一。

就城鄉不均衡來說，正如學者所說，"農產品賤價，勞動成果流
失；種地不賺錢，土地流失；轉到城裏打工，卻又下崗；勞動力往城裏
流，農村的錢也往城裏流；極少數優秀的、能上學的或能做生意的，也
流失到城市去；最後，連美女也流失。十八歲的姑、十四歲的妞，都被
城市的工廠、酒店、餐館、娛樂場所吸收去了。"

談到收入不均衡，同樣觸目驚心。國際通用"基尼系數"作爲反映一
國社會分配狀況的指標，O爲"完全平等"，一爲"極端不平等"。目前公
認的標準是，基尼系數在O點三以下爲"好"，O點三到O點四之間爲
"正常"，O點四爲"警戒"，而基尼系數超過O點六，表明該國社會處於
可能發生動亂的"危險"狀態。有學者調查統計說，中國的"基尼系數"如
今已經超過O點四六，國家統計局副局長邱曉華則認爲沒有那麼嚴重，
但國家統計局承認中國的"基尼系數"連續七八年上升，換句話說，中國
的貧富差距正趨於嚴重。筆者之一在武漢採訪時聽到一個真實的故事：
國營企業一個"在崗待業"壯年職工，創造了每個月伙食費只花三十元人
民幣的"奇跡"。另一方面，貪官則動輒貪數千萬上億：慕綏新一千三百
萬元，成克傑四千萬元！

此外還有被稱爲"定時炸彈"的失業，銀行壞賬，國企破產……都讓
有責任感、有憐憫心的領導人每夜都無法酣然入睡。

"十六大"以後的胡、溫新體制沒有公開討論過之前政策的得失，更
沒有指責過某人或某事，但在實際操作過程中卻已開始悄悄地糾偏：

例如強行推廣農村教育"一費制"，以減輕農民負擔、減少農村輟學
兒童；"實行最嚴格的耕地保護制度"，清理整頓各級開發區、工業園，
以打擊房地產商對城郊土地的掠奪，並穩定糧、油種植面積；預備實施
《行政許可法》，強調權責結合，政府行政也必須遵章守紀，不能違反

和省略法定程式。等等。胡、溫新體制在處理內政的基本立足點，是所謂以人爲本，全面、協調、可持續的新發展觀。

發展經濟當然是內政的重中之重。十六屆三中全會的公報和關於完善市場經濟體制的決定以宣示了胡、溫體制的主要經濟觀點，其中最突出的是"五個堅持"（統籌城鄉發展、統籌區域發展、統籌經濟社會發展、統籌人與自然和諧發展、統籌國內發展和對外開放的要求）和"五個堅持"（堅持社會主義市場經濟的改革方向，堅持尊重群眾的首創精神，堅持正確處理改革發展穩定的關係，堅持統籌兼顧，堅持以人爲本）；改變城鄉二元經濟結構；各種所有制均享有平等的市場地位；公有制的存在形式以混合所有制爲主。等等。然而，如何將上述經濟觀點變成可操作、不可逆轉的一項項具體政策措施，胡、溫體制必須表現出更多的大智慧與大勇氣。但海內外評論家認爲，若想在任期內完成全部工作，也是難上加難。

"六四"以來最大規模學生請願

胡錦濤上任才一個多月，突如其來被學潮襲擊了一把。

與十七年前導致胡耀邦下台的學潮一樣，這次又是起因於安徽合肥。二〇〇三年元月六日晚七時三十分，安徽省合肥市屯溪路與宣城路交叉口處合肥工業大學門口，該校人文學院英語國貿專業這三名三年級女生，出校門沿人行橫道線穿越馬路時被一輛大貨車撞倒。兩名年僅二十二歲的女生死亡，另一名女生重傷。一位目擊慘劇的學生稱，這輛車違章闖紅燈是釀成這宗嚴重交通事故的主要原因。

如果事情只是這樣，雖然不幸，學生卻也沒有理由躁動。當地的《新安晚報》卻刊發了一篇"搶新聞"的報導，想當然地敘述說死傷者的不幸是由於他們自己闖紅燈造成。《新安晚報》是由中共安徽省委機關報《安徽日報》主辦的省級綜合性晚報，每日發行量在三十一萬份以上。學生認爲它"嚴重失實"，這就成爲自一九八九年"六四"以來最大規模的學潮爆發的導火線。七日上午，學生聚集在學校門口，拉起標語靜坐悼念死者，要求官方徹底改進。學生指責說，出事馬路車流量很大，卻沒有地下通道，經常有學生在此被車撞倒，學校及有關方面一直漠視學生的安全。

隨後學生阻斷幾條合肥市主幹道的交通，合肥市交通陷入半癱瘓。合肥工業大學學生沖進省政府大院，投擲雜物，打出"還我同學，嚴懲兇手"、"逝者何罪，生者何辜"等標語。安徽省教育廳長陳賢忠要求與學生代表對話，但學生認爲陳賢忠"級別不夠"。合肥工業大學黨委書記朱新民喊話呼籲學生保持理智，也未獲得學生響應。下午兩點多鐘又一批學生匯集到省政府，打出標語"還死者公道"，幾分鐘後第三批學生加入，打出標語"年僅二十二"、"何爲'三個代表'"，據稱此時學生總數達到近兩萬人。

三點多，安徽省副省長張平出面與學生對話，但未能平息學生不滿，說服他們回校。大部分學生轉往中共安徽省委大院請願，部分學生更進入省委辦公樓。經勸說，學生陸續離開省委，轉往新安晚報社。情緒激動的學生喊出"《新安晚報》，胡說八道"的口號，要求《新安晚報》公開道歉。抵達報社後，部分學生情緒失控開始打砸，並試圖襲擊報社總編。

據合肥記者稱，遊行發生後，胡錦濤當晚接到報告後馬上作出批示：一是嚴懲肇事者，二是做好高校門口交通安全工作，三是各高校做好學生思想工作。

《新安晚報》當晚答應在該報頭版對於不實報導做出公開道歉，並更正不實報導。

當天又有學生透過大學網站的校長信箱致函大學校長陳心昭要求交代事件。校方八日立即回覆，合肥市委書記車俊、市長郭萬清已召開緊急會議研究解決方案，強調市政府將按"特事特辦"原則，責成有關部門四日內拿出興建行人天橋的初步方案，而警方亦會在學校大門加派人員，確保師生交通安全。八日，合肥市面已恢復平靜，學生已經回校上課。

這件事其實並多大，但是地點敏感。胡錦濤腦海中一定會想起一九八六年，因為不滿官方指定人大代表候選人，合肥的中國科技大學上萬學生上街示威，隨後上海同濟大學、交通大學學生也上街響應，要求民主、自由，提出廢除專制獨裁，其後學潮席捲北京乃至全國，中共總書記胡耀邦於翌年一月被迫下台。

不過，對中國學運有研究的人士指出，這畢竟只是一件孤立的偶然事件，從事件背景起因以及學生訴求看，與一九八六年學潮並不相似。當局處理得還算明快，有條不紊，很快平息。與這一年後來的風波比起來，合肥學潮只是小事一樁。

政治局上課：知識精英與中南海高層度蜜月

政治局上課了。胡錦濤當上總書記一個多月之後，近四十位專家陸續走進中南海，向政治局委員講解各自研究領域的一些課題，或為政府決策提供咨詢。其中，中共中央政治局截止到二〇〇四年元月，組織了九次集體學習，先後邀請了十九位專家學者，學習內容涵蓋世界歷史、憲法、科技、文化、經濟、軍事、政治文明與依法治國等。

二〇〇二年十二月二十六日，中國人民大學許崇德、武漢大學周葉中兩位教授，為政治局集體學習上第一堂課："認真貫徹實施憲法和全面建設小康社會"。許崇德是中國目前中國最老的憲法學家之一，是現行中國憲法的執筆人之一，目前為中國憲法學研究會名譽會長；而當時三十九歲的周葉中是中國年輕一輩憲法學家中的佼佼者，是武漢大學研究生院常務副院長，中國憲法學研究會副會長，他研究的領域是憲政和台灣問題。

二○○三年一月二十八日，政治局學習第二課："世界經濟形勢和我國經濟發展"，主講人為中國社會科學院研究員余永定和江小涓。余永定的研究領域是宏觀經濟、世界經濟和國際金融，目前是中國社會科學院世界經濟與政治研究所所長、中國社會科學院世界經濟與政治研究所國際金融中心主任；江小涓則是中國社會科學院財貿所所長，致力於產業經濟、跨國投資等方面的研究。

三月二十八日第三次集體學習，題為"世界就業發展趨勢和我國就業政策研究"，主講人為中國人民大學勞動人事學院院長、專長勞動經濟、薪酬管理的曾湘泉教授，以及中國社會科學院人口與勞動經濟研究所所長、人力資源研究中心主任蔡昉研究員，從事農業經濟、流動人口和勞動就業等研究。

四月二十八日，中國科學院物理所所長王恩哥研究員、清華大學公共管理學院副院長兼二十一世紀發展研究院副院長薛瀾教授、中國疾病預防控制中心流行病學首席科學家、衛生部流行病學專家組組長曾光研究員三人，就"當代科技發展趨勢和我國的科技發展，以及運用科學技術加強非典型肺炎防治工作"給政治局上第四次課。王恩哥是中國著名物理學家，因在表面物理、非平衡態生長、以及納米科學與技術的實驗和理論方面的貢獻，曾被授予二○○二╱二○○三年度華人物理學會亞洲成就獎；薛瀾主要研究方向為科技政策與管理、公共政策與管理、創新政策及管理等。

五月二十三日，軍事科學院兩位少將研究員，科研指導部部長研究員錢海皓、外國軍事研究部副部長、參加過越戰的傅立群，爲政治局上第五堂課，講解"世界新軍事變革的發展態勢"。

七月二十一日，第六次政治局集體學習，題目是"黨的思想理論與時俱進的歷史考察"，主講人爲中國左派陣地當代中國研究所副所長、毛澤東理論研究專家張啓華研究員和中央黨史研究室第三研究部副主任張樹軍。在《求是》雜誌二〇〇三年第二十四期發表的文章中，張啓華把毛澤東說成"具有崇高精神和高尚人格的傑出的民族英雄、偉大的愛國主義者"。

八月十二日，在第七次政治局集體學習中，中國社會科學院新聞與傳播研究所副所長，新聞與傳播法制研究中心主任張西明研究員、清華大學新聞與傳播學院副院長、新媒體傳播研究中心主任熊澄宇教授，講解"世界文化產業發展狀況和我國文化產業發展戰略"。張西明撰有《新美利堅帝國》，研究美國政府與媒體關係、新聞法制等；熊澄宇主攻新媒體研究、媒介史及國家信息化政策研究。

九月三十日，復旦大學國際關係與公共事務學院副院長林尚立教授、中國社會科學院法學研究所法理研究室副主任李林研究員給政治局上第八堂課，題目是"堅持依法治國、建設社會主義政治文明"。林尚立是中國著名政治學學者，研究當代中國政治形態和政黨政治研究。李林主要學術專長是立法學，人權理論與法治理論。

十一月二十四日，首都師範大學教授齊世榮，與南京大學歷史系教授錢乘旦，就"十五世紀以來世界主要國家發展歷史的考察"這一課題，用九十分鐘，向政治局講解了葡萄牙、西班牙、荷蘭、英國、法國、德國、日本、前蘇聯、美國九個國家的歷史興衰定律。

在上述這些進入中南海講課的學者中，許多人長期爲政府提供決策咨詢報告。周葉中曾圍繞"統一台灣新戰略"、"新時期黨的建設"和

"中國政治改革"等重大現實問題撰寫戰略研究報告。曾湘泉完成過"價格總水平變動分析"、"中國勞動力市場的培育及發展"等研究咨詢報告；錢海皓少將曾多次承擔和主持和參加了軍隊建設"八五"、"九五"、"十五"規劃的有關論證課題以及"軍隊體制編制調整改革重大問題研究論證"。張西明則從事了國家社會科學基金重點課題"電子出版物的宏觀發展與管理"和"美國政府與媒體關係研究"。

這些進中南海講學的知識精英中多有海外留學或訪問背景。余永定是牛津大學經濟學博士，曾湘泉是美國克利夫蘭州立大學富布萊特訪問學者，蔡昉曾在美國經濟學會博爾德經濟學院和斯坦福大學進修和從事研究。王恩哥先後在法國、美國從事博士後及研究助理工作，並在美國、英國多所大學進行學習和合作研究；薛瀾是美國卡內基梅隆大學工程與公共政策博士、卡內基梅隆大學兼職教授等；張西明在美國愛荷華大學進行過數次客座研究，熊澄宇擁有美國楊百翰大學博士學位。李林曾在美國哥倫比亞大學法學院進行博士後研究。

中共高層集體學習，並不是自胡錦濤始。早在八十年代初，當時中央書記處就組織過集體學習，江澤民擔任總書記時，政治局也曾多次請專家學者來舉辦講座。齊世榮教授記得，一九九七年，他曾兩度受邀為江澤民講解世界近現代史，主題是"略論英美法三國資產階級革命"和"文藝復興及其與資本主義發展的關係"。

但以往的中共高層學習卻沒有產生胡錦濤政治局集體學習如此巨大的轟動效應。美國國際戰略研究中心（CSIS）與多維社合辦的中英文《中國戰略》試刊第二期上發表的中國政治分析家季偉的文章，對此稱為"知識精英與中南海高層進入蜜月期"，並強調指出，轟動效應"是因為胡錦濤及其智囊把政治局集體學習當作了一個重要的爭民心工程，並加以精心設計的緣故"。

　　為什麼這麼說呢？據中國媒體披露，錢乘旦教授正在澳門科技大學講學，為給政治局講課被召回準備了三個月，北京還事先給了他大略提綱和講課題目，說明胡錦濤身邊有一批智囊在精心地為胡錦濤準備政治局集體學習計劃。除了四月二十八日與防止非典有關的第四次政治局集體學習是臨時插入外，其它政治局集體學習都是有計劃、有步驟的。

　　季偉指出：政治局集體學習既然是胡錦濤的爭民心工程，就必須在設計上保證得到最大民心支持。在九次政治局集體學習中，胡錦濤及其智囊把黨的領導、民主、法治、憲法、社會主義、馬克思主義、政治文明等融合到一起，當今中國的自由派、新左派、保守派、毛派等各意識形態背景的人，都可以從胡錦濤在政治局集體學習中的講話中找到支持。此外，從政治局集體學習中，既可以看到當今中共領導人對世界經濟走向的把握、對世界強國興衰原理的探索以及重用海歸派這種全球化和開放意識，也可以看到胡錦濤通過講話體現出了他對黨的歷史、社會主義和馬克思主義以及本土意識的眷戀。這與胡錦濤上台以來一方面大講憲法、制度創新，一方面去西柏坡緬懷革命歷史這兩方面是一致的。

　　《瞭望東方》周刊記者程瑛對第九次集體學習的報導，透露了胡錦濤等領導人的關注焦點。"十五世紀是人類歷史的一個標尺。站在二十一世紀前沿的中國領導人把視角向這個時空延伸，頗具意味。"

　　五十四歲的中國英國史研究會常務副會長兼祕書長錢乘旦，是最早重新審視英國的和平變革歷程、把改革模式作為社會發展道路之一加以動態的歷史學研究的中國學者，他提出的"改革是現代化轉型一種可能模式"的觀點，產生巨大社會反響。他是最早介紹現代化理論的學者之一。七十七歲的齊世榮教授是胡錦濤的校友，一九四九年畢業於清華歷史系。曾任首都師範大學校長，曾擔任中國史學會副會長，中國世界近現代史研究會會長。主要研究領域為世界現代史、現代國際關係史、史學理論與方法。

他們講解結束後，胡錦濤、吳邦國等人提了問題，兩位教授作解釋，持續了二十多分鐘。齊教授認爲"課堂氣氛很好"，錢教授則說："中央領導的提問，非常敏銳，非常有洞察力。"爲什麽不斷有一個個偏遠小國驟然興盛，成爲所向無敵的霸主？爲什麽不斷有一個個龐大帝國衰敗乃至消亡？爲何歷史上的強國都只能維持一個世紀左右的霸權？其中到底有著怎樣的規律和共性，中國應領悟到什麽經驗或教訓？錢教授總結說：

其一，一個國家要想強盛，統一的民族國家是前提。否則不要說強盛，連生存都有問題。

其二，以國家的力量推動重商主義，是富強的一個重要方式。

其三，現代化的道路有多種模式。在經濟發展方面有英、美、法的"自由經濟"模式，有德國的"統制經濟"模式，俄國採用的是政府直接干預的政策，等等。

錢教授說："我們非常強調制度的創新。"

政治局集體學習的又一意圖，是增加高層政治的透明度，從而樹立胡錦濤這位中共新領導人的形象。胡錦濤新政一個重要方面，就是政治透明度逐漸增加。目前不僅政治局集體學習透明，政治局會議、政治局常委會議、人大常委會會議、國務院常務會議、政協常委會會議都開始透明化。

但季偉並不同意有些評論家的這種看法：專家學者走進中南海向政治局委員進行講解，說明將要形成"中國特色決策咨詢制度"，可以"從根本上提高領導決策能力"，"保證決策的科學性"。季偉提醒，從二ＯＯ三年八月一期《半月談》披露中南海最關注的"經濟工作部署"、"'三農'問題及發展農村經濟的措施"、"部署進一步加強人才工作"、"深化行政管理體制和機構改革"等十一個方面的決策看，政治決策基本與與政治局集體學習無關。再例如，許崇德、周葉中提出的建立憲法保障制度的建議在修憲中基本沒有被採納。

胡錦濤爭取民心的工作確實見效，最爲明顯的是空前提升了知識精英與中南海政治精英之間的關係。通過專家學者與中南海高層的頻繁互動，相當一部分知識精英對政治決策有了更多的認同。以這批專家學者走進中南海講課爲標誌，甚至可以說知識精英與政治精英進入蜜月期。這種互動還爲專家學者進入決策圈提供了機遇。講憲法課的武漢大學教務長、博士生導師、憲法教授周葉中，據說胡錦濤對他相當賞識，有意延攬進身邊的智囊班子。

最嚴重的考驗倏然而至

二〇〇三年春天，一場無妄之災席捲中國。上任不到百日的胡錦濤與溫家寶經受了一場最嚴峻的考驗，這就是被稱爲"非典型肺炎"的瘟疫（在中文媒體上又常常簡稱"非典""薩斯"等等）。

據世界衛生組織的統計，截至二〇〇三年七月，在世界範圍內共有八〇九八例病例，總共奪去七七四人生命；其中中國大陸二十四個省、自治區和直轄市發生非典疫情，共波及二六六個縣和市（區），截止八月十六日，中國大陸累計報告非典型肺炎臨床診斷病例五三二七例，死亡三四九例，經濟損失四千億元人民幣。而香港更慘，到五月中旬時就已達到一七一〇例，死亡二四三人。

非典病例好象追著中共的重要會期爆發，中共十六大時，二〇〇二年十一月十六日，首先在廣東佛山發現第一宗後來被證實爲非典的病例，很快蔓延開來；二〇〇三年二月，在中國十屆人大、十屆政協舉行前，在北京也發現。但是廣東和北京的負責人都採取正統慣例，下令封鎖消息。香港可以說是廣東封鎖消息的直接受害者，致使非典在香港淘大花園等地爆發性傳染，一發而不可收，而後傳到台灣，傳到加拿大……

四月三日，衛生部長、江澤民的親信張文康被北京媒體記者追問時，宣稱"疫情已經得到有效控制"，還公佈北京的非典疫情爲"患者十二例，死亡三例"，"我可以負責任地告訴大家，在中國工作、生活、旅遊都是安全的……戴口罩、不戴口罩，我相信都是安全的"。

電視上張文康的醜惡表演激怒了七十二歲的解放軍總醫院退休外科主任蔣彥永，張文康所說的數字與蔣彥永了解的情況相去十萬八千里。第二天他寫了一封署名信件，披露說：僅他知道僅三〇九醫院一家，就收治了六十例非典病人，到四月三日已有六人死亡。他在信中寫道："今天我到病房，所有的醫生和護士看了昨天的新聞都非常生氣。"他對衛生部官員直言不諱地提出激烈批評。蔣彥永將電子郵件發給了中國中央電視台和香港鳳凰衛視，沒想到他們居然置之不理，他只好另外投稿，美國《時代》周刊聞訊來訪，蔣彥永據實以告，指出北京的實際疫情大大超出當時衛生部門所宣佈的數字。四月八日，《時代》刊登了他的信，這個蓋子終於揭開了。此前，世界衛生組織已經不再把北京列爲"疫區"，此時大爲震驚，重新將北京列入"疫區"，北京當局這種瞞報行徑激起公憤，全球紛紛嚴詞斥責。

極爲被動的北京當局在強大壓力下，在四月二十日國務院新聞辦公室舉行的新聞發佈會上，承認先前大大低報了非典疫情。衛生部常務副部長高強公佈，北京共確診非典病例三三九例，有疑似病例四〇二人。這一最新數字證明張文康撒了一個彌天大謊。

同一天，新華社發佈消息稱，中共中央決定：免去張文康的衛生部黨組書記職務；免去孟學農的北京市委副書記、常委、委員職務。

蔣彥永贏得了海內外廣泛讚譽，有人說他是中國的民族英雄。但是就在疫情大幅緩解的五月三十日，高強居然當眾表示不滿："不理解蔣彥永為什麼那麼受人關注？蔣大夫只是六百萬醫護人員中的一個。"

胡錦濤早就覺察到衛生部門官員關於非典的統計上報數字難以相信。決策轉折點，是四月十七日，胡錦濤主持中共政治局常委會，要求如實報告並定期對社會公佈疫情，不得緩報、瞞報。張文康和孟學農被免職後，中央任命政治局委員、副總理吳儀兼任衛生部長，衛生部常務副部長高強為衛生部黨組書記，海南省省委書記王岐山為北京市委副書記，隨後王岐山擔任代市長。

中共決策之所以發生一百八十度大轉彎，雖然由蔣彥永的信觸發，胡錦濤考察廣東則是關鍵。這次考察，被有些媒體稱為"小南巡"，與毛澤東、鄧小平等人產生重大影響的"南巡"聯繫了起來。

官方對外宣佈胡錦濤考察廣東的意圖和內容，是推動粵港經濟進一步融合，探討廣東和大珠三角在中國經濟的持續發展和改革開放中如何繼續扮演排頭兵角色，實地了解非典肆虐情況，親自部署防治非典戰略。他此番去廣東，本是九名政治局常委在兩會後分頭外出考察的既定工作內容之一。不過，胡錦濤原本計劃四月底才南下，但香港及廣東非典疫情愈演愈烈，波及其他省市，使中國的形象大受影響，胡錦濤決定提前動身，四月十日與到貴州去的國家副主席曾慶紅同時離京，第一站去湛江，第二站是深圳。

胡錦濤一行四月十一日晚到深圳，這一天和第二天，考察了鹽田港、龍崗區南嶺村、著名民企華為集團、仙湖植物園、高新技術開發區等地方。

據胡錦濤隨行人員透露，此次南巡兩大特色：第一，行程安排緊密，胡錦濤從每日早上八時工作到深夜十一時，全日工作十五個小時，第二，十分低調、親民，對中央警衛局的要求是"考察期間，儘量不要影響人民群眾的正常工作和生活"。

不比不知道。四月十二日上午十時四十分，胡錦濤等人乘坐米色麵包車，在細雨中來到深圳的樣板村——龍崗區南嶺村，九年前胡錦濤曾到過該村考察黨建，三年前的春天，江澤民也到過這裏。三年前就在該村任職保安的賴姓男子回憶，迎送兩位國家領導人"差別很大"，迎接江澤民特別隆重，村裏提前幾天開始布置，從公路口到村委會幾百米距離，單是擺鮮花就用了一天，花了十多萬元，是市政府給的錢。江澤民進村當天一大早，村子周圍就戒嚴，負責內線警衛的都是深圳的警察，他們這些保安在兩道線以外，連領導人的影也沒見到。這次，村裏沒有興師動眾，直到胡錦濤下車時他才知道是誰來了。他描述說胡錦濤踏上村委會石階時，還特別轉身，向四周圍觀群眾招手，大聲說："鄉親們好！"

一名近距離迎接胡錦濤的村幹部說，胡錦濤"真的很客氣，聽村長介紹時，很認真，很專注，一點架子也沒有。"他說，在聽介紹時，村長說他們村現在每月給農民發一千五百元退休金時，胡錦濤笑得很開心：十年前你們給每位退休農民發一百五十元補貼，現在進步很大，進一步體現社會主義的優越性。

不只是一個人兩個人把江、胡作對比，兩人也有太多的事例做對比。過去，胡錦濤的低調往往被解讀為身為王儲必須韜晦的策略；但他登上大位之後仍然如此。江澤民在任時訂製的十輛高級防彈車到貨，中央警衛局長由貴喜請示胡錦濤如何分配。胡表示，他不需要防彈車。胡錦濤不坐，其他政治局常委當然也不敢坐。於是，只有江澤民一人用上新的高級防彈車。有人認為這是胡錦濤突顯親民作風，也有人推測他在刻意與江澤民保持距離。但北京政治圈又傳出胡錦濤拒絕入住中南海，而是準備搬到頤和園附近的玉泉山別墅，與江澤民為鄰。中南海是毛澤東以來歷屆中共黨主席、總書記居住的所在，胡錦濤破例不住在那裏，動機也讓人關注。中南海裏越來越擠，也許這是胡錦濤不搬進去的原因之一；而且，中南海的保衛工作由直屬中央軍委的中央警衛局負責，日常管理則由中共中央辦公廳轄下的中南海管理處負責，這兩個要害部門都由江澤民的心腹牢牢掌握，胡錦濤貿然搬家進去，無異於主動送上門被日夜監視。鄧小平第三次復出後，不就因為中辦和中央警衛局仍被政治對手汪東興掌握，沒有搬進中南海嗎？

南嶺村考察結束後，胡錦濤一行稍事休息，又順道參觀了鄧小平、楊尚昆等中共元老曾經植樹的仙湖植物園，並在園內的弘法寺短暫停留，在寺內只逗留數分鐘，沒有燒香。下午，胡錦濤又到蓮花山頂向鄧小平銅像獻花籃，並行三鞠躬禮。這是胡錦濤自己臨時提出的日程，官方沒有張揚。蓮花山鄧小平銅像旁值班保安人員當日上午才知道有領導人要來，中午大批警察來接防，雖然正逢週末遊人很多，但當局沒有在蓮花山大規模逐客，只是在山頂廣場銅像四周清場。

胡錦濤十二日在深圳迎賓館會見了香港特首董建華，當晚和董建華共進晚餐。正在疫情中水深火熱的香港特首董建華匯報了香港非典疫情，胡錦濤承諾中央將全力幫助香港，包括技術、醫療用品或醫護設備，需要什麼，中央政府將全力支持。胡錦濤對深港合作、粵港合作和大珠三角建設寄予很大期望。後來他迅即批示有關部門協助香港對抗非典。

四月十四日上午八時多，胡錦濤在中共中央政治局委員、廣東省委書記張德江，省長黃華華等陪同下，來到廣東省疾病預防控制中心考察，同工作人員交談，詳細了解有關情況。隨後同省市醫療管理部門負責人和來自防治非典一線的二十三家醫院的醫務工作者代表進行了座談。

胡錦濤認真聽取大家的發言，並就如何採取切實有效措施防治非典，不時詢問在場的專家。正是在這一天，胡錦濤領悟了非典疫情的嚴重性和緊迫性。

當了解到南方醫院、廣州市胸科醫院等在收治病人的過程中醫務人員無一感染時，胡錦濤說，要總結已有的成功經驗，配備有效的防護設備，不斷完善對醫護人員的保護措施。這不僅關係到醫護人員的身體健康和安全，也有利於疾病防治工作的順利進行。

聽完發言後，胡錦濤說，廣東部分地區發生非典型肺炎疫情後，黨中央、國務院十分關心。我們既為一些群眾的身體健康和生命安全受到嚴重威脅而感到揪心，又為廣大醫護人員透過艱苦細緻的工作使患者恢復健康而感到欣慰。胡錦濤代表黨中央、國務院，向參加救治工作的廣大幹部、醫護人員和所有對防治疫病作出貢獻的同志們，表示衷心的感謝和親切的慰問。

胡錦濤回到北京後，第二天緊急召集政治局常委開會，作出了公開疫情、動員全國力量抗擊非典的決定，採取了撤銷張文康、孟學農職務的斷然措施。

化被動為主動贏得民心

非典確實對中共和政府是一場嚴峻考驗。疫情本來已經非常緊迫，有關官員的瞞報，致使當局的公信力喪失殆盡，引發人心惶惶，不僅刮起搶購風，而且學生和民工紛紛"逃亡"，加速、加劇了疫情傳播。

緊急狀況要採取緊急措施。從上到下，嚴令各個部門均必須採取嚴格的消毒、隔離、匯報制度，層層立下軍令狀。張文康、孟學農被免職更是引發巨大震動，此後北京、河北、山東、重慶、內蒙、浙江等十五個省區不少官員被撤職、被停職、警告、降級。受處分的理由，有的是部署防治非典不力，有的是擅離職守，還有的是遲報、瞞報、漏報疫情。處分官員首先是給老百姓吃定心丸——公告週知：對瞞報疫情的官員，將毫不手軟地摘去頂戴花翎，挽回民眾對當局的信心。

北京政壇人士稱，衛生部長張文康要丟官，傳聞已久，但作爲中共政壇新星，且爲胡錦濤團派嫡系人馬的北京市長孟學農亦下台，則在外界意料之外。這只能解釋爲胡錦濤此次是"揮淚斬馬謖"，以換取江澤民不再保張文康。

張文康與江澤民早在八十年代就建立私人關係。當時江澤民在上海主政，張文康是設在上海的解放軍第二軍醫大學副校長兼訓練部部長，後任江澤民的健康顧問。一九九八年三月由江推薦成爲朱鎔基內閣中的衛生部長，並在溫家寶內閣中獲得連任。

剛當上市長三個月的"共青團派"孟學農一直被看作是胡錦濤的嫡系，他對這一點也毫不忌諱。二〇〇三年一月中在市長就職記者會上他說："二十年前，胡錦濤同志曾經是我們共青團的主要領導，我們也在他的直接領導下工作，胡錦濤同志公道正派、不徇私情，給我留下了很深刻的印象，也是我們青年團幹部應該學習的地方。"這番話在所有冒升的"共青團派"成員中可以說是絕無僅有，而胡錦濤未必喜歡聽到這樣的表白。有人分析，這次胡錦濤下決心拿掉張文康，以孟學農陪斬，未必不可以看成是這番話的"副作用"。

防治非典，成了胡溫最緊急的頭等大事。二〇〇三年四月二十八日，胡錦濤在中共政治局集體學習上強調，能不能取得防治薩斯（非典）工作的勝利，是對中共和中國人民的考驗。他號召全國人民"萬眾一心、眾志成城，打贏防治薩斯的攻堅戰"。在這一時刻，雖然江澤民遠避上海，政治局其他常委也好幾天不露面不表態，胡錦濤仍然非常周全地聲稱，要從全面貫徹"三個代表"重要思想的高度，始終把人民群眾的安危冷暖放在心上。

五月一日勞動節假期，胡錦濤帶著中共中央政治局委員、國務院副總理兼新任衛生部長吳儀等人，前往天津，檢查防治非典的落實。

胡錦濤首先來到天津市衛生防病中心，深入了解全市防治工作的進展情況。在理化實驗室，胡錦濤邊觀看研究成果展示，邊同科研人員交談，了解防治"非典"科研方面的進展情況。他對科研人員為防治"非典"進行的艱苦努力表示感謝，並向大家致以五一國際勞動節的節日祝賀。胡錦濤說，在抗擊非典型肺炎這場沒有硝煙的戰爭中，防疫戰線的同志們既是"偵察兵"，又是"突擊隊"，黨和人民對你們寄予厚望。

胡錦濤強調，奪取防治非典型肺炎鬥爭的最終勝利，關鍵是要發揮科學技術的重要作用，制定和實施科學的防治策略。最重要的是要採取以"收治、隔離、治療、確診病人和疑似病人，認真查找、隔離、觀察密切接觸者"為主要內容的綜合防治措施，真正做到早發現、早報告、早隔離、早治療，堅決防止疫病的擴散和蔓延。要集中力量進行科學攻關，積極探索防治規律，加強檢測手段、防治藥物和疫苗以及防護設備的研究，繼續深化對病原體的研究，並儘快把成功的研究成果應用到防治工作中去，為抗擊非典型肺炎提供科技武器。要向廣大人民群眾宣傳預防非典型肺炎的方法，讓科學防病知識走進千家萬戶。

在和平區小白樓街崇仁裏社區和河西區越秀路街教師村社區，胡錦濤察看了防治工作值班室、衛生服務站和宣傳欄；在家世界友誼路超市，他詳細了解了商品供應和防治措施落實的情況。

半個月後，五月十一日到十四日胡錦濤又趕赴四川考察。這段時間，江澤民及其人馬才一個一個地出面表態聲援抗擊非典，江澤民並下令軍隊出錢出力。胡錦濤不失時機地望空表態：各級黨委和政府一定要從實踐"三個代表"重要思想的高度，築起防治非典的堅固防線。

新華社記者劉思揚詳細報導了胡錦濤到四川視察基層衛生院的經過——

"沒想到總書記來四川考察的第一站就是我們鎮衛生院,沒想到總書記問得那麼細、那麼專業,簡直就是一場特殊的考試!"四川省宜賓市翠屏區菜壩鎮衛生院醫師李曉燕說。

五月十一日十一時許,胡錦濤一下飛機,就和隨行的政治局候補委員、書記處書記王剛,乘車來到宜賓市翠屏區菜壩鎮衛生院。這個衛生院有職工四十三人,設五個科室,負責三萬多人的疫病防治和醫療保健工作。

一進大門,胡錦濤就徑直走進設在門診大樓一層的診室,關切地對醫護人員說:"你們辛苦了!"接著問了一連串問題。

"如果有發熱病人要不要報告?"

"要報告。只要符合衛生部規定的標準,都要向'非典辦'報告,進行隔離觀察,區裏還要來專家進一步診斷。"

"怎樣避免交叉感染?"

"我們每天對診斷室、留觀室進行消毒,有沒有病人都要消毒,還要開窗通風。發熱病人進門時要佩戴我們免費發的一次性口罩,如果有可疑症狀,要到留觀室進一步觀察。"

離開診室,胡錦濤又察看了收費處、中藥房、西藥房。在院防治非典辦公室,他對壓在玻璃板下的翠屏區"非典"防治流程圖和區鎮村三級防保網絡體系圖特別感興趣,彎下腰仔細察看。

"鎮衛生院在防治非典型肺炎中的職責是什麼?"胡錦濤問。

"負責十六個村的衛生保健和疫病防治,向區疾控中心和非典辦報告。"

"怎麼報告?"

"實行日報告和零報告制度。每天報告兩次。"

"怎麼才能知道村裏有沒有問題?"

"每個村有幾個人負責，其中一人是責任人。鎮衛生院還要派醫務人員到村裏巡診，對村民進行健康體檢。"

"鄉村醫生管什麼？"

"做到村民小病不出村，開展衛生保健和防治'非典'宣傳工作。"

"每個村的衛生站有幾個人？"

"兩三人，三級防保網絡體系中的第三級名單，就是每個村衛生站的負責人。"

"鎮裏有多少返鄉民工？對他們怎麼管理？"

"一二六個。一是由鄉村醫生進行排查，逐一測體溫。二是鎮衛生院派醫務人員到村裏進行醫學調查，排除可疑人員。目前醫院安排了三組共六名醫務人員。"

"民工回來後有發熱的嗎？"

"我們對那些從疫情比較嚴重的地區回來的民工每天量一次體溫，對其他地區回來的民工每三天量一次體溫，目前沒發現他們中有發熱的。"

這番對答如流讓胡錦濤相當滿意："你們的工作井井有條。到目前為止，宜賓沒有發生一個病例，我很高興。我們下飛機後第一站就到你們鎮衛生院，看望戰鬥在第一線的同志們。為什麼先要來看你們？因為我們很擔心疫情在農村擴散。""要做到不疏忽任何環節，不放過任何細節。"

五月十四日上午，胡錦濤在成都聽取四川省委、省政府的工作匯報，充滿感情地說："農村人口佔全國的百分之七十，疫情一旦在農村擴散，後果將十分嚴重。一定要把農村非典防治工作擺在突出位置，抓得緊而又緊、實而又實。"

胡錦濤說："縣鄉村三級相結合、以村為基礎的疫情監測體系是否及時建立，縣級醫院收治非典患者的條件是否具備，面向農村的應急醫療隊伍是否能夠隨時投入實戰，農民患者免費治療所需資金是否作了安排，面向農村醫務人員和基層幹部的有關培訓是否確已開展，對返鄉務工農民的健康檢查是否無一遺漏，科學防疫宣傳教育是否進村入戶，等等，都要逐一檢查、逐一落實，確保各項防治措施落實到每個社區、每個鄉村、每個家庭。"

經過一番艱苦抗爭，在國際機構和海外華人的支持下，終於取得了勝利。六月二十四日，世衛組織宣佈解除對北京的旅遊警告。二〇〇三年七月二十八日，胡錦濤在人民大會堂宣佈，中國奪取了防治非典工作的階段性重大勝利，也保持了經濟較快增長的良好勢頭。

面對非典，胡溫新體制應對手法之利落、開放，大異於從前。"亞洲時報在線"李楊的文章說得好：按慣常的處理方法，秉承所謂"內緊外松"的理念，還要強調"不信謠，不傳謠"，"穩定壓倒一切"。從這一角度出發，孟學農、張文康等人並無行政過錯。老戲唱了幾十年，都是同一個腔調，只不過"當孟、張一板一眼、中規中矩地唱、念、做、打時，忽然發現戲園子換了老板與導演"。

兩會之後形成的胡、溫新體制，雖在危機初現時有過遲疑猶豫，但最終還是走上了明智的應對之路：擺出問題，亮開底牌，共同承擔，共找對策。儘管非典是中國的無妄之災，但民眾能從抗爭的過程中看到希望，能鼓起信心，國家因此更團結，社會因此更穩定，新體制的人氣指數因此而節節高升。在整個"戰役"中，胡錦濤以最高統帥的身份指揮若定，為自己贏得巨大聲譽，並鞏固了自己在新一代領導人中的核心地位。

禍不單行　見招拆招

一波未平，一波又起。二〇〇三年，不斷有突發事件、重大危機衝擊著胡錦濤和最高領導層的既定日程，考驗著胡錦濤的危機處理能力。

舉其大者，就有如下幾件。

武漢科技學院藝術設計專業結業的二十七歲大學生孫志剛，受聘在廣州達奇服裝有限公司工作。三月十七日晚十時許，孫志剛外出上網未帶身份證，途遇天河區黃村街派出所民警檢查身份證，被作為"三無人員"帶回派出所。十八日孫被送往收容遣送站，當晚又被轉往廣州市收容人員救護站，遭同病房的八名被收治人員兩度輪番毒打，於二十日上午死亡。

四月二十五日，《南方都市報》以《被收容者孫志剛之死》為題首次披露這一事件。各大媒體紛紛轉載，竟引發全國網民、讀者暴風雨般的反應，南方都市報社的熱線電話幾乎每分鐘都有幾個讀者打來，新浪網上跟帖幾個小時內就達到上萬條。幾天後，社會各界聲音不僅沒有漸弱，反而越發強烈。後來孫案判決：主犯喬燕琴被判死刑，李海嬰被判死緩，鐘遼國被判無期。其他九名被告人也分別被判處三年至十五年有期徒刑。孫案涉及的民警、救治站負責人、醫生及護士共六人，因玩忽職守罪被判處兩年至三年有期徒刑。

按慣例，這個案子走到追究有關人員刑事責任就足夠"平民憤"了，但是，三名剛畢業於北京大學法學院的博士——華中科技大學法學院俞江，中國政法大學法學院滕彪，北京郵電大學文法學院許志永，五月十四日向全國人大常委會遞交了一份關於審查《城市流浪乞討人員收容遣送辦法》的建議書，認為收容遣送辦法中限制公民人身自由的規定，與我國憲法和有關法律相抵觸，應予以改變或撤銷。後來又有一些學者也通過各種渠道，反映類似的意見，得到中共中央、人大和政府的重視。

六月二十日，總理溫家寶簽署命令，多少年的收容制度被廢除，推出了新的救助條例。

這是一個指標性的事件。使成千上萬民眾看到了胡錦濤等新領導人確實擺出了依法治國、尊重和保護公民權利的姿態。中國著名法學家、原中國政法大學校長江平說，孫志剛慘死與三博士"上書"具有同等重要的意義。孫志剛案不是第一例，不是個別的，但三博士"上書"卻是前所未有的。

更值得重視的是，胡錦濤與他的團隊，讓人們看到了他們高屋建瓴的眼光和才幹：不是頭痛醫頭、腳痛醫腳，不是兵來將擋、水來土掩，而是善於化被動為主動，不僅解決眼前緊迫的某一樁事件，而是著眼於建立一整套方案，解決一類事件——不僅抗擊了眼前非典疫情，還建立了一套新的機制與體系；不僅要為一個孫志剛伸冤，還廢除了收容制度，避免今後再出現李志剛、王志剛；當南方洪水又一次爆發，不僅控制住水患，而且確立了新的治水理念。

二十三條立法引發香港危機

二〇〇三年七月一日在香港主權移交六周年之日，香港爆發了一場大規模的反對國家安全法（又稱"反顛覆法"）立法的"七一大遊行"，參加人數，比較保守的估計是至少有三十多萬人，有人估計有五十萬、七十萬。

這次香港回歸慶典，胡錦濤與中央政治局安排新任總理溫家寶代表中央政府前往參加，在香港活動數天，並給香港送了一份大禮：簽署CEPA－CEPA 是"內地與香港更緊密經貿關係安排"的英文簡稱，其內容類似當今世界流行的"自由貿易區"，但範圍比自由貿易區還要廣泛。經歷亞洲金融風暴衝擊的香港經濟，因世界經濟大氣候不好陷入低谷，而二〇〇一年又是中國"入世"年，港商擔心失去以前中介優勢，二〇〇一年十一月，香港特首董建華在赴京述職期間，正式向中央領導人提出建立"類自由貿易區"構想，開始了長達一年半的磋商。當非典疫情突如其來，中央新領導集體審時度勢，鑒於香港的災情，胡錦濤、溫家寶及吳儀等人力主作出了加快磋商步伐的決定。

CEPA 的簽署，惠及香港製造、金融、服務、投資等諸多行業，胡錦濤等人本來指望有助增強港人信心，推動香港經濟發展，緩和社會矛盾，尤其是緩和香港當時為基本法二十三條立法而愈演愈烈的衝突。六月三十日晚上，溫家寶出席慶祝回歸酒會並講話，七月一日早上與三千名嘉賓出席在灣仔金紫荊廣場舉行的升旗禮，隨後帶著國務委員唐家璇、國務院港澳辦主任廖暉等一起離港回京。

他們的飛機那邊還未降落，香港這邊大遊行的人潮就開始往維多利亞公園、銅鑼灣一帶匯聚了。當天艷陽高照，酷熱難當，但是市民參加大遊行的熱度更高，人頭湧動。連"六四"期間香港百萬人遊行都很少出動的律師、醫生等專業人士、中產階級也出動了，來自抗擊非典第一線的幾千名醫療工作者格外引人注目，領隊告訴記者，他們會以戰勝SARS的勇氣和決心反對"二十三條"立法。

"二十三條"是什麼？《中華人民共和國香港特別行政區基本法》的第二十三條，文字非常簡單，只有短短幾行：

香港特別行政區應自行立法禁止任何叛國、分裂國家、煽動叛亂、顛覆中央人民政府及竊取國家機密的行為，禁止外國的政治性組織或團體在香港特別行政區進行政治活動，禁止香港特別行政區的政治性組織或團體與外國的政治性組織或團體建立聯繫。

這一條款一直是一個敏感議題。支持者認為，"香港特別行政區應自行立法"維護國家安全，天經地義，是落實基本法的責任。立法已進行了大量公眾咨詢和立法審議，為按照二十三條要求制訂法令進行了充分醞釀和準備。三個月咨詢期內，共收到超過几萬份由各團體及個人提交的意見書，市民簽名超過三十萬個，根據這些意見，已經對草案最具爭議性的項目作出大幅度的修訂；何況特區政府和中央政府已經就港人的自由和人權再三作出保證，胡錦濤和溫家寶在會見港人的場合都明確宣示：二十三條立法絕不會影響港人依法享有的各種權利和自由。反對者則堅持認爲，二十三條立法實際上會扼殺香港的自由民主，違反"一國兩制"原則。他們將反對"二十三條立法"視爲香港"一國兩制"的最後保衛戰。

中央政府與香港政府都有意在董建華的第一任期避開這個議題。但隨著董建華再次當選，他們認爲已等得夠久了，決定在二〇〇三年中期通過這一條款。隨著一讀通過，二讀、三讀程序時間的逼近，外國政府和勢力也紛紛表態，卷進爭論，美國白宮和眾議院發表聲明反對基本法二十三條立法。支持者與反對者雙方火氣越來越大，終於在七月一日這天爆發了大遊行。

當時曾有報刊寫道：七月一日，香港爆發了驚天動地的大遊行。……大遊行持續到天黑。世界各大媒體，運用聲音和圖像，語言和文字，報導和評論了香港的大遊行。香港的民意當即傳遍了全世界每一個角落。——唯一的例外是香港自己的祖國：祖國對兒女的訴求麻木不仁，沒有知覺，沒有反應。人大沒有應答。國務院沒有應答。領導一切的中共中央也沒有應答。當天沒有反應，第二天沒有反應，第三天還是沒有反應。

對外沒有反應，內部卻早已行動。大遊行的規模震驚了特區政府，也震驚了中央政府。胡錦濤等人立即舉行會議，分析局勢，評估對策。

香港《太陽報》報導，中央認定爲有外國勢力在事件巾推波助瀾，目的是衝擊"一國兩制"，阻延海峽兩岸統一。報導引述來自親北京的消息透露，中央政府注意到在大遊行前後，不少外國情報員及特工分批來港，包括來自台灣的人士；也注意到傳聞出身自英國情報機關"軍情六處"的前布政司霍德，早於五月底已來港。曾協助末代港督彭定康"心戰室"運作的前副政治顧問孫能賢、九七年後留港研究香港歷史及傳統宗教、有"魔僧"之稱的前中央政策組首席顧問顧汝德，前朝港英高官在相近時間一同來香港，未免不尋常。

但是胡錦濤為首的中共中央，還是慎重的。他們掂量得出來，"七一大遊行"是對"一國兩制"的第一次真正考驗，當遊行人群散盡後高喊"抓幕後黑手"、"揪反華亂港的一小撮"，於事無補，適得其反。他們還感覺到過去對香港民心的估計出現重大誤差，一味堅持二十三條立法，必然更加激化矛盾，可能造成更為嚴重的後果。權衡利弊，"兩害取其輕"，不如暫時後退一步。七月七日，董建華宣佈基本法第二十三條立法草案二讀押後，並在未來一段時間加強向市民解釋修訂案內容。

胡錦濤及手下有關機構負責人，在大遊行之後，連續接見親北京黨派社團，同時也注意吸取教訓，兼聽則明，擴大接觸範圍，對一部分反對二十三條立法的黨派社團，也通過一定方式聽取意見。據悉，胡錦濤指示派"省級官員"到香港主動與香港民主黨負責人接觸，聽取他們對目前特區政府的意見。七月十九日，胡錦濤、溫家寶在北京分別會見了董建華，提出了化解矛盾的建議。還新成立中共中央港澳工作協調小組，由曾慶紅任組長，主管港澳台工作，加強對港政策；同時加緊實施開放大陸人赴港旅遊的"香港自由行"、香港銀行辦理人民幣業務、CEPA 等挺港措施，希望維持香港的社會和政治穩定，支持和培植支持董建華和親北京的勢力。但措施未能奏效。

微妙的是，江、胡不同思路也反映到處理香港的問題上。胡錦濤、溫家寶上台後將江澤民的"挺董"悄悄調整為"挺港"，避免直接為董建華背書而導致被動。但江系人馬也覺察到這一點，國務委員唐家璇在到深圳向董建華贈送抗非典物資時，爲董建華大唱讚歌，壓制香港來自各界的倒董聲浪。而大遊行以後，身兼行政會議成員的自由黨主席田北俊北上會見港澳辦主任廖暉和統戰部部長劉延東，回香港後才敢率先公然倒戈，宣佈要求立法延期，最後辭去行政會議職務，使董建華勢力出現分崩離析的危機。

董建華及其推動立法的官員，面對五十萬人遊行，面對自由黨倒戈，眼看在立法會得不了多數票，被迫向民衆讓步，宣佈延期立法；他的團隊中爭議最大的財政司司長梁錦松、保安局長葉劉淑儀辭職。九月五日，董建華又宣佈，特區政府決定撤回《國家安全（立法條文）條例草案》，"重新檢討有關立法工作，向社會各界作充分咨詢"。

七一大遊行的影響一直延續到十一月香港區議會選舉落下帷幕：以民主黨爲首的主張加速香港民主化進程的民主派陣營獲得重大勝利，親北京的黨派"民主建港聯盟"（民建聯）則成爲最大輸家。一些西方媒體說，民建聯的失敗與其強烈支持基本法二十三條立法有關，這是香港選民在懲罰親北京的政黨。這次選舉使北京對香港特區的政策面臨嚴重考驗。

中央駐香港的領導機構中聯辦，九月發生第一波人事變動，國務院新聞辦副主任李剛及商務部部長助理郭莉，南調香港出任中聯辦副主任，分管宣文部及經濟部工作。隨後中央再調派中央組織部部務委員兼幹部調配局（一局）局長彭清華及廣東省東莞市委副書記兼市長黎桂康來港，擔任負責組織人事及各界協調的副主任。

現年四十六歲的彭清華，是現任副主任中最年輕的一個，當年是胡錦濤的伯樂、原中組部部長宋平的祕書，而後來胡錦濤在政治局常委中分管黨務、組織，外界相信彭清華與他是熟識的。這次奉派來港，更多地會體現胡錦濤的思路。

中國富豪落馬扯出一堆政治麻煩

在正常的市場經濟中，企業家大發橫財和一夜破產，本來都是司空見慣的事，但是"有中國特色"的卻並非如此，耐人尋味的不是落馬細節，而是背後原因。富豪落馬，往往總是帶出一堆政治麻煩：

二○○一年《福布斯》排行榜上的中國第二富豪楊斌，是翻著令人眼花繚亂的跟鬥上場的。他在國外是"民運"人士，入籍荷蘭，卻在中國經商發跡；他剛被北朝鮮領袖金正日任命為朝鮮首次設立的"新義州特區"行政長官，還未走馬上任，被中國瀋陽當局以"涉嫌違法違規經營活動"為由，軟禁審查；楊斌經營的歐亞農業集團高層紛紛辭職與他劃清界線；朝鮮派出以最高人民會議副委員長楊亨燮為首的代表團來中國，重點任務似乎是要緩和兩國緊張關係……

中朝關係一向特殊，朝鮮發展經濟不能沒有中國協助。在中國丹東對岸設立"新義州特區"，據說從開始就不被中國看好。金正日首次訪華，請教時任中國總理朱鎔基有關特區計劃，朱總理回答，理想地點應該是在三十八度線附近，即韓朝交界的開城地區。朝鮮如此重要的經改一步，又委任入籍荷蘭的中國人當特首，事前竟完全不知會中國，胡錦濤雖然是第四代領導集體中與朝鮮當局關係最早也最深者，可想而知也是怒火竄得最高者：既然你不將我們放在眼裏，為什麼我們要將你放在心上？

有人猜測，楊斌是長袖善舞的商人，很可能是用錢買來的朝鮮特首。其實，金正日先是看中楊斌搞花卉溫室栽培，邀請楊斌到平壤時，下令少先隊給予夾道歡迎，楊斌被捧得飄飄然後答應斥資五百萬美元給平壤建溫室大棚，替金日成紀念堂、平壤賓館等提供鮮花，為特權階級的中央領導人提供新鮮蔬菜。楊斌也自告奮勇，承擔平壤籌備金正日六十大壽。楊斌所屬歐亞農業集團宣稱，這段期間它在朝鮮投下的資金不下一億元人民幣。

在商言商，楊斌要求朝鮮提供三項利權回報也是公平交易：一、讓他建五十平方公里的新義州開發區；二、在朝鮮東西兩海岸承包經營漁業權；三、在朝鮮開採金礦。經過討價還價，金正日終於承諾，讓楊斌管理新義州特區。

可以想像，建特區初期投資是個天文數字，楊斌如何應付這樣一個無底洞？表面上，楊斌有歐亞農業集團做其靠山，實際上他就是在中國大量集資，朝鮮企圖通過"荷籍華人富商"楊斌這個管道，大量吸納中國資金。這也許就是中國不得不干預的主要原因。

二〇〇三年七月十四日，瀋陽市中級人民法院對此案作出一審判決，被告人楊斌犯虛報註冊資本罪、非法佔用農用地罪、合同詐騙罪、對單位行賄罪等等，判處有期徒刑十八年，罰金人民幣二三〇萬元。被告單位瀋陽歐亞實業有限公司等被判處罰款。九月，遼寧省高級人民法院終審裁定：駁回上訴，維持原判。

如果說楊斌鬧的是一場大國際滑稽劇，仰融案件則像電影《羅生門》。仰融，原上海華晨集團董事長，畢業於西南財經大學，擁有經濟學博士學位，他領導的華晨在紐約、中國香港和上海三地都擁有上市公司。以七十億元資產，二〇〇一年度被《財富》雜誌評為中國排名第三的富豪。從資本市場的行家裏手，到中國汽車業的重量級人物，仰融遊走於資本和產業之間。

二〇〇二年五月，仰融突然出走美國。十月十八日遼寧省檢察院以涉嫌經濟犯罪為名批准逮捕仰融。幾家公司之間的經濟糾紛、債務鏈條如同迷宮亂麻，這裏就不細說了，但問題是華晨的"身份"，國有還是民營？按照仰融的說法，政府並未投資，當然是"民營"，他認為自己只不過為企業戴了頂國有"帽子"，但遼寧省長薄熙來及手下決不承認這一點。在遼寧省政府推動下，國家計委、財政部和人民銀行等部門召開聯合會議，決定將華晨部分資產由財政部劃歸遼寧省。

二〇〇三年八月八日，仰融在美國狀告遼寧省政府非法侵佔其財產權。據悉，仰融聘請了美國很有分量的人物組成律師團，其中有美國前參議員、眾議員，有為美國前總統裏根擔任過六年法律顧問的著名律師。九月二十九日，遼寧省長薄熙來在接受記者採訪時表示："華晨集團前董事長仰融，是華晨國有資產的代理人和經營者，不是民營企業家，遼寧省接收華晨國有資產是執行國家的有關文件。"

在美國一個地方法院告中國的一個地方政府，這在中國人心目中很難接受。面對這場官司，打還是不打，遼寧省政府一直還沒有作出明確的表示。請中央政府通過外交途徑解決此案，是遼寧省政府一直堅持的策略。但是美國司法獨立，法官是否買政府的帳？

十六屆三中全會救了孫大午

時年四十九歲的孫大午是設於河北徐水的大午農牧集團董事長，集團旗下有種禽、飼料、電器、食品等多家公司，還開辦大午中學，員工一千五百多人，固定資產上億元。孫大午是個理想主義者、特立獨行的企業家，主張開放黨禁、軍隊國家化以及走向"第三共和"，對當地官吏需索從不假辭色。

二〇〇三年五月二十七日，孫大午突然接到原徐水縣政協副主席崔世君的電話，說新任縣委書記請吃飯，不料參加的卻是場"鴻門宴"，他被扣留，罪名是吸收公眾存款一點八億人民幣。在他被捕之際，大午網站突然被查封，該網站刊登了一篇他悼念自由主義領袖李慎之的文章，以及一篇他對中國時局的評論。

官方指他"非法集資"，但存款職工則不認為不妥。孫大午在海內外引起廣泛關注和同情，全球媒體呼籲、知識分子推動營救。當局有關抓他的理據引起了中國大陸民營企業界、法律界和學界的反彈和爭議，廣州《南方都市報》、《南風窗》、北京《中國經濟時報》、中央電視台等都以大篇幅報導事件由來，對孫表達同情。著名經濟學家茅於軾、著名法學家江平以及海內外眾多學者如吳敬璉、陳子明、杜維明等都在不同場合表達對孫大午案的關注。這令河北當局始料不及。據悉，在一次招商會上，有外商坦率地對河北省委書記白克明說：你們連孫大午這麼優秀的企業家都不要，怎麼保護外商的利益？白克明認為：看來此案處理太匆忙了，沒有考慮清楚。

孫大午案暴露了現實政治和現行制度以及有關法律法規在中國大陸，尤其是在農村發展中的嚴重問題，成了繼"孫志剛案"後，又一起引起國內外廣泛關注的重大政治司法事件，一直驚動到胡錦濤。

孫大午案的轉折點是在中共十六屆三中全會對民營經濟給予了充分肯定和明確支持之後，北京高層領導人就孫案作出"善待民營企業家"的批示，河北省委書記白克明即親自介入事件調停，要求"以法律為基礎，考慮當地的具體情況"，希望儘快了斷事件，大事化小，小事化了，消除因為拘捕孫大午給河北投資環境帶來的負面影響。

孫大午律師團為其進行的是無罪辯護，孫本人也沒有認罪，只表示"承擔公司因此出現問題的全部責任"，但法院還是判孫大午及其公司，犯"非法吸收公眾存款罪"罪名成立，孫被判處有期徒刑三年，緩刑四年，並處罰金十萬元（人民幣）；公司則被判處罰金三十萬元。孫大午被放了出來。他出獄後，原中共中央農村政策研究室主任杜潤生、全國工商聯副主席保育鈞等人專程探訪他。

潛艇失事讓江澤民從幕後走出

　　以上這些事已經夠麻煩了。在非典還沒告捷之際，海軍三六一潛艇失事，則讓中央軍委副主席胡錦濤雪上加霜。

　　二○○三年五月二日晚八時多，中國中央電視台突然以字幕方式報導：近日，我海軍一艘常規動力潛艇在內長山以東我領海進行訓練時，因機械故障失事，艇上七十名官兵不幸全部遇難。軍委、總部和有關部隊領導對事故處理高度重視，對遇難烈士表示沉痛哀悼，對其親屬表示親切慰問。現潛艇已拖回港口，善後工作正在妥善處理。

　　這一消息頓時震動全國。

　　中國海軍分為北海、東海、南海三個艦隊和海軍航空兵部，擁有六十多艘潛艇、三百多艘主力艦艇，堪稱全亞洲最龐大的艦隊之一，潛艇數量在世界上排名第五、六名，但是其中老舊艦艇居多，因此整體戰力與先進國家比較還有一段距離。專家估計，其戰力在全球排名第七，在亞洲也落後於日本和印度。出事的潛艇隸屬北海艦隊旅順基地潛艇第十二支隊，現任支隊長姚立華，政委王再清，號稱是扼守京津門戶的主要潛艇部隊。失事的潛艇屬於中國自制的"明級○三五型"常規動力潛艇，是在渤海海底進行反潛訓練訓練時出事的，後續報導稱，有關方面調查，判定是人為錯誤造成潛艇水平舵失控，潛艇頭部向下沉，直至擱淺，艇上七十名官兵缺氧窒息而死。

　　這是自從中共政權執政以來，首次透露海軍潛艇失事的消息。幾個星期前，中國政府還因為封鎖有關非典疫情飽受國際社會的指責，這次官方迅速公開潛艇失事，顯得很不尋常。難怪一些人要猜測，身為中國軍事最高統帥的江澤民，決定將這次海軍潛艇失事的消息立即公佈於眾，可能是為了顯示自己並不是那種一貫封鎖消息的領導人，而且自己封鎖非典消息毫無責任。

　　本來胡錦濤正在全神貫注對付非典，五月一日還去天津視察基層，忙得不可開交。三六一艇失事，按說軍委主席江澤民和幾個軍內副主席出面處理就行，不必非要他分擔。但是江澤民要求胡錦濤一起參與，他想借這個機會讓民眾在電視上看到他們兩人同時出面時，誰是老大，挫一挫胡錦濤的鋒頭。胡錦濤只得放下別的事務，與江澤民等接連開會，聽取匯報，參與領導和指揮事故處理。五月三日，江澤民、胡錦濤等人專程趕赴部隊駐地，夜以繼日，調查了解有關情況。他們親自登上三六一艇，下到每一個艙室，仔細查看每一個戰位，詳細詢問有關細節，又與部隊領導和有關專家座談，一起分析失事原因。

　　五月五日，江澤民、胡錦濤等在大連接見了海軍三六一號潛艇遇難官兵親屬代表和所在部隊代表。在抗擊非典瘟疫最吃緊的日子裏基本上沒有露面的江澤民，以中央軍委主席的身份在電視上佔據了中心位置，而前一段時間到處奔波的胡錦濤，只能小心翼翼隨侍在側，與其他幾位中央軍委副主席郭伯雄、曹剛川，一起跟著江澤民到處走。遭受生命損失，海軍將領失職，讓江澤民從頭到尾臉色格外難看。

　　一一握手，詢問身體狀況和家庭、工作情況，聽取三六一艇所在部隊副支隊長程福明的妻子李曉紅、舵信兵王世剛父親王萬福兩位遇難官兵的親屬發言之後，江澤民代表中央軍委，向遇難官兵表示深切哀悼，向遇難官兵親屬表示親切慰問。

　　江澤民說，得知三六一艇不幸失事、七十名官兵不幸遇難的消息後，我的心情十分沉痛，夜不能寐。三六一艇的全體官兵牢記黨和人民賦予的神聖使命，忠實地履行軍人的職責，為保衛祖國的海疆和人民的安全做出了重要貢獻。我作為軍委主席，為我們的軍隊擁有這樣優秀的將士而感到自豪。他們的英名，將永遠銘記在祖國人民的心中。

　　胡錦濤隨後說，江主席作了情真意切的講話，我完全贊同。聽到三六一艇官兵不幸遇難的消息，我和你們一樣感到非常難過和悲痛。三六一艇遇難官兵，既是你們的親人，也是我們的親人。他們雖然永遠離開了我們，但他們是為國捐軀，為人民的利益獻身的。他們的英名將永遠留在我們心中。

江澤民在這一場合自然仍要唱主角，胡錦濤自覺當好配角，不能講得太多以免奪戲。但他"遇難官兵，既是你們的親人，也是我們的親人"這一句，比江澤民講的長篇大論給人留下更深的印象。胡錦濤說話滴水不漏，自然不會忘了重申"大力弘揚三六一艇官兵愛國奉獻的崇高精神和吃苦耐勞、頑強拼搏、一心為民的高尚品德，自覺實踐'三個代表'重要思想"。

六月十三日，新華社又報導，潛艇失事原因已查明，是由於指揮操縱不當造成的。中央軍委作出決定，嚴肅處理三六一潛艇特大事故負有責任的有關人員。給予濟南軍區副司令員兼海軍北海艦隊司令員丁一平、海軍北海艦隊政治委員陳先鋒行政降職處分。

十六屆三中全會　動攻堅

幾乎在中共每一個重大場合，海內外觀察家都會重演關於政治體制改革的三部曲：期待——猜測——失望，所有猜測與分析，最後都證明只是自娛自樂的卡拉OK。人們曾經寄望於三月初人大與政協"兩會"，兩會卻沒有任何新提法；後來寄望於"七一"的中共生日，傳得有鼻子有眼，說胡錦濤要提出政改重大舉措，"七一"舉行的卻是"三個代表"重要思想理論研討會，胡錦濤發表重要講話，號召"興起學習貫徹'三個代表'重要思想新高潮"。

然後輪到了中共十六屆三中全會。而這次會議，雖然沒有傳出某些人士最想聽到的胡錦濤要對政治體制下刀這樣的信息，但啟動了進一步在體制難題上攻堅，具有深遠的意義。

　　對於胡錦濤來講，在拳打腳踢地對付一連串焦頭爛額的麻煩事之後，終於可以有幾個舒心的瞬間了。十月中旬，是兩件大事：三中全會，載人飛船上天。

　　十六屆三中全會於二〇〇三年十月十一日至十四日在北京舉行。全會審議通過了《中共中央關於完善社會主義市場經濟體制若干問題的決定》，審議通過了《中共中央關於修改憲法部分內容的建議》，並決定提交第十屆全國人民代表大會常務委員會審議。

　　《關於修改憲法部分內容的建議》有很多可圈可點的內容。《半月談》雜誌請中央黨校傅思明教授逐條解讀，歸納其中值得注意的修改建議有：一，"三個代表"成為國家指導思想。二，鮮明地提出"公民的合法的私有財產不受侵犯"。三，非公經濟地位獲得提高。四，增加了"國家尊重和保障人權"的內容。五，在對愛國統一戰線的表述中，增加了"社會主義事業的建設者"的內容。六，"政治文明"首次被建議入憲，修憲建議中增加了"推動物質文明、政治文明和精神文明協調發展"的內容，七，國家主席職權有所擴大，修憲建議在對國家主席職權的表述中，增加了"進行國事活動"的內容。八，建立健全社會保障制度成為國家目標，修憲建議還增加了有關社會保障的內容，即"國家建立健全同經濟發展水平相適應的社會保障制度"。

　　值得一說的是，後來在當年十二月二十二日的十屆全國人大常委會六次會議，作關於修憲建議說明的不是別人，正是胡錦濤的原頂頭上司，中共中央政治局委員王兆國。

　　胡錦濤率領的新一屆中共中央決策者們，在研究十六屆三中全會的主題時，反覆討論，認為全面建設小康社會，最根本的是堅持以經濟建設為中心，不斷解放和發展社會生產力。最後確定：把完善社會主義市場經濟體制確立為三中全會的議題。

　　四月十八日上午，正當防治非典鬥爭最緊張也最複雜的時刻，《關於完善社會主義市場經濟體制若干問題的決定》起草組在北京成立，國務院總理溫家寶擔任組長，政治局委員、國務院副總理曾培炎任副組長。當天下午起草組工作班子召開第一次會議，開始討論《決定》的框架，歷時半年的起草由此拉開帷幕。

　　起草組成員廢寢忘食，於五月中旬確定了框架。據悉，胡錦濤始終關注《決定》起草，多次詢問進展，並多次對《決定》的總體思路、基本框架、重點要點等提出了許多指導性意見。起草組上報的每一稿，他都逐字逐句地認真審閱，並親自作了許多重要修改。七月，胡錦濤還主持黨外人士座談會，就做好經濟工作和加強公共衛生建設聽取各民主黨派、工商聯和無黨派人士的意見和建議。

　　中央政治局先後兩次、中央政治局常委會先後五次開會，對《決定》稿進行討論研究，提出了一系列重要的修改意見。起草組幾上幾下廣納良策，根據胡錦濤等人的指示精神，對《決定》框架進行了四次大的修改。

　　十月十四日，中共十六屆三中全會審議通過了《關於完善社會主義市場經濟體制若干問題的決定》，頒發了這一指導中國今後一個時期經濟體制改革的綱領性文件。《決定》中提出了加快發展必須注意的"五個統籌"和"五個堅持"，完善和突出了"科學發展觀"，點出當前推進的改革就是要破除生產力發展面臨的"體制性障礙"，改革鋒芒直接對準了"體制"二字。

　　這次會議，胡錦濤在程序上也設計了一些新招，中共中央政治局向中央委員會"述職"報告工作，這在歷史上尚屬首次。公報特地指出這一點，稱"表明以胡錦濤為總書記的黨中央為進一步發揚黨內民主增強黨的活力作出的最新努力"。

趕往酒泉發射中心送楊利偉遨遊太空

中共十六屆三中全會閉幕的日子，是精心選擇的。十月十四日下午，會議一開完，胡錦濤就和黃菊、吳官正等一同趕赴酒泉衛星發射中心，"神舟五號"載人飛船將要在第二天發射。載人飛船在國際上已經並不希奇了，但是在中國，還是"大姑娘坐轎，頭一遭"呢。吳邦國、溫家寶、賈慶林、曾慶紅、李長春、羅幹等在北京觀看發射實況。

胡錦濤對酒泉衛星發射中心並不陌生，這一帶是他與溫家寶年輕時候，多年奮鬥、灑下汗水和心血的地方，但他此時沒有心情回首前塵往事，讚嘆今昔巨變，而是抓緊時間，連夜聽取了關於飛船發射準備工作情況的匯報。

十月十五日凌晨，地處戈壁大漠深處的酒泉衛星發射中心晨曦微露。五時二十分，航太員出征儀式在航太員公寓問天閣舉行。胡錦濤等領導人來到這裏，會見首飛梯隊三名航太員。毛澤東詩云：可上九天攬月，可下五洋捉鱉。這一年，胡錦濤去慰問失事潛艇部隊官兵家屬，過了四個月，又來到這裏給飛上蒼穹的健兒壯行，心情恰是一悲一喜。

胡錦濤對首飛梯隊說，"神舟"五號馬上就要發射了，這是你們盼望已久的莊嚴時刻，也是全國各族人民盼望已久的莊嚴時刻。一會兒，楊利偉同志就要作為我國第一個探索太空的勇士出征，就要肩負著祖國和人民的重托去實現中華民族的千年夢想。相信你一定會沉著冷靜，堅毅果敢，圓滿完成這一光榮而神聖的使命。我們等待著你勝利歸來。

十月十五日九時整，執行首飛任務的航太員楊利偉駕駛中國"神舟五號"載人飛船，像一條火龍騰飛九霄，順利進入了預定軌道，繞地球十四圈後，於十六日清晨在內蒙古四子王旗北部的阿木古郎牧場上安全著陸。發射現場一片歡騰，北京和全國也掀起歡慶熱潮。中國成為繼俄羅斯、美國後世界上第三個能獨立載人上太空的國家，圓了中國人千年飛天夢。

目送楊利偉升空後，胡錦濤發表講話說，"神舟"五號載人飛船的發射成功，中國首位航太員被順利送上太空，標誌著中國首次載人航太飛行初戰告捷，也標誌著中國人民在攀登世界科技高峰的征程上又邁出了具有重大歷史意義的一步。

到世界舞台宣揚"中國和平崛起"

"千里之行，始於足下。"胡錦濤成為國家元首後三次出訪，去了十個國家，與美、俄、法等大國及周邊國家、發展中國家的領導人，進行了廣泛會晤。

他在二〇〇三年的兩次出訪，均行走於多極與單極之間，並帶有不同程度的危機公關性質。人們還注意到：新國家主席第一次出訪，就取消了送別儀式，隨行人員數量也大大減少。

五月二十六日到六月五日，他訪問歐亞四國——俄國、蒙古、哈薩克斯坦和法國，出席在莫斯科舉行的上海合作組織成員國元首第三次會晤，在聖彼得堡舉行的建市三百周年慶典和在法國埃維昂舉行的南北領導人非正式對話會議。

胡錦濤擔任國家主席之後的首次出訪，選擇莫斯科，極具地緣政治意味。他首先來到了普京的家中——尚未正式會談，先到家中作客，這樣的禮遇在俄羅斯外交活動中十分鮮見。但這未必表明胡錦濤在心目中已將中俄關係上升到中國對外關係的首位。實際上，中俄雙方的政治血緣已經越來越淡化，江澤民及同輩人有留蘇經歷，心底有五十年代初期中蘇友好的積澱；而胡錦濤的成長歲月正是中蘇反目，劍拔弩張。或許擔心俄國對這一點神經過敏，要打消其顧慮，正是胡錦濤將俄國作爲第一出訪國的考慮之一吧。

這次歐亞之行正值中國大規模爆發非典疫情的一個多月之後，國際輿論對中國十分不利。胡錦濤盡力爭取國際社會的理解，出訪前主動接受防非典隔離措施，展示了"負責任大國"的形象，贏得了各界好評。

俄羅斯之行爲胡錦濤外交風格打下了務實與理性的基調，顯示了新一屆中共領導人外交工作的新局面：高度重視周邊國家，並把擴大與大國的共識，作爲關鍵。

胡錦濤出席在法國召開的八國集團首腦年會，事實上已向世界宣告，中國不再視八國集團爲"帝國主義富豪俱樂部"。同時也表明，中國除了繼續重視聯合國的地位與作用，還將自己的視野拓寬到了其它重要的國際組織。中國將積極、主動地參與建設國際政治、經濟新秩序，而不再僅僅只做一位概念化的批評家。

眼睛雖然盯住了富國，想多與之打交道，但是也不忘保持與窮國的交情，因爲這是自己與富國打交道的籌碼。在埃維昂舉行的南北領導人非正式對話會議上，胡錦濤更多地還是以窮國利益的關注者身份說話，強調國際社會應該關注發展中國家的困難，幫助它們從經濟全球化中受益。

在南北領導人非正式對話會議上，美國總統布什安排會見，除了峰會的東道主希拉克以外，惟一一次會見，便是與胡錦濤的中美元首晤談。

十月，胡錦濤對泰國、澳大利亞、新西蘭進行國事訪問，並出席在泰國首都曼谷舉行的亞太經合組織（APEC）第十一次領導人非正式會議。澳大利亞之行，不但取得了經濟合作上的成果，還使霍華德總理理解了中國對人民幣匯率不宜立即自由浮動的政策，並且公開表示支持這一政策。霍華德是西方國家領導人中第一個作此表示的；這一次

APEC 之旅，再次顯示了中國在國際舞台上的分量。胡錦濤在伊拉克、朝核、反恐、多邊貿易、人權、台灣……等方方面面的問題上增進了與不同國家領導人的共識與理解。

《了望》周刊發表陳明健《胡錦濤的 APEC 之旅》的文章，吹捧有加："胡錦濤主席第一次參加 APEC 會議，既積極、活躍，又誠懇、務實，不僅展現了中國新領導人的風彩，也再次向世界展現了中國是一個負責任的大國，表明了中國外交思維中的開放性、參與性和創造性正進一步增強。"這次 APEC 曼谷會議是在全球經濟復蘇、國際社會面臨新的動盪因素、反恐形勢複雜化的背景下舉行的，以富有激情的"在充滿多樣性的世界，爲未來建立伙伴關係"爲主題，內容豐富，形式多彩，先討論了加強多邊貿易體制、貿易投資自由化等，接著討論了反恐、經濟技術合作、金融合作、中小企業發展及 APEC 改革等問題。這次會議既是一次經濟峰會，舉行了成員國首腦非正式會議及外交和經濟雙部長會議；又是一次工商企業界領導人峰會，爲亞太地區幾百家大公司老總提供交流的機會；還是一次規劃大會，各國官方與民間協作，努力謀劃地區經濟遠景安排。

中國在首腦會議及一系列首腦會談中的外交活動頗爲引人注目。胡錦濤與美、俄、日、泰等多國元首會晤，反覆表白中國"與鄰爲伴，以鄰爲善"的方針，外交部長李肇星和商務部副部長等與很多國家對等官員交換了意見。胡錦濤提出加強成員國間合作的三點主張，即：加強相互信任，保持亞太穩定採取有效措施，促進經濟社會協調發展推動相互開放市場，健全多邊貿易體制。爲落實上述思想，中國在經濟技術合作領域提出兩項倡議，一是與東道主泰國共同提出 APEC 科技創新倡議，旨在增強成員國的科技發展與創新能力，促進亞洲的持續增長和縮小發展差距，爲此，中國將於明年初在北京舉行科技中介研討會；二是提出經濟社會協調發展的倡議，爲此明年在中國舉辦一次 APEC 勞動社會保障高級研討會。兩項倡議均立足可持續發展，對地區經濟增長將是有益的推動。

中國強大之後，是否對周邊鄰居形成威脅，一直是大家心懷疑慮的問題。胡錦濤與其團隊在各種場合包括利用智囊出席學術會議的場合，針對中國威脅論，宣傳和平崛起論，處處注意在地區樹立友善、可信賴的形象。在胡錦濤推動下，中國與東盟簽署協議，建立面向和平與繁榮的戰略伙伴關係，中國並加入了東南亞友好合作條約。雙方商定，今後兩年中國與東盟貿易額爭取達到一千億美元，超過目前五百五十億美元近一倍。中國從令人生畏的對象變成使人依賴的力量，在地區受接納的程度上升，從泰國的接待可窺一斑。APEC 會議期間，泰國王普密蓬在他的金頂王宮裏僅分別宴請了胡錦濤主席和布什總統，這樣的禮遇讓其他一些國家心情複雜。

中國與美國競相爭取亞太地區，但布什的"單邊主義"在爭取民心上輸了一籌。對本次會議的會談焦點，許多國家爲尋求發展而來，更願意探討如何促進區域合作，以帶動本國經濟增長。布什與會的主要目的之一則是尋求該組織對反恐的支持，這令許多國家擔憂把 APEC 會議變成政治峰會。新加坡輿論說：當地人感到，中國努力向她的鄰居表示善意和幫助，而美國則更關注自己的日程。

胡錦濤在出訪中，其風彩在歐洲、泰國、悉尼，都受到各國政要、商界和華人社團的讚賞。但也遇到抗議的聲音。胡錦濤十月二十三日到悉尼奧運公園參觀，與夫人劉永清棄坐轎車，同李肇星等一行十多人坐上了一輛旅遊巴士，方便大家沿路一起聽取有關奧運村的介紹。隨後在澳洲體育部長陪同下，乘坐觀光船遊覽悉尼。但是被北京定性爲"邪教組織"的法輪功，二十三日已發動信眾在悉尼沙灘示威，抗議北京迫害法輪功。

二十三日晚八時胡錦濤一行人飛抵澳洲首都坎培拉，二十四日在澳大利亞聯邦國會參眾兩院聯席會議演講，是第一位受到這種禮遇的亞洲領袖。但獨立參議員赫倫迪恩表示："爲表示對中國政府持續踐踏人權的抗議，我將不會出席中國國家主席胡錦濤的國會演說。"他並批評澳大利亞有關方面安排胡錦濤在國會發表演說，無疑是立下向極權政權致敬的惡例。綠黨議員在二十四日胡錦濤發表演講時，臂帶黑箍，以示對中國政府無視人權的抗議。綠黨領袖布朗參議員說："在中國的監獄中，關押著成千上萬的政治犯和宗教犯人。"美國總統布什前一天在國會發表演說，場外有數千名示威抗議的反戰分子，當中許多人也留在坎培拉，等候胡錦濤第二天前來，用同樣方式抗議。親藏獨的澳大利亞西藏委員會也在悉尼、墨爾本和堪培拉同時舉行和平示威，還在一份全國報紙上刊登整版廣告，呼籲中國政府與流亡海外的藏人精神領袖達賴喇嘛舉行對話。

從永恆敵人、永恆朋友到永恆利益

中國改革開放以來的外交基調，是鄧小平在二十多年前定下的，蘇聯、東歐劇變後，鄧小平又提出"不出頭"、"不扛旗"等"十六字方針"，實用主義色彩甚濃。然而，到了九十年代中後期，所謂"大國外交"、"強國外交"的概念逐漸浮出水面，並悄悄演變成主流意識，想方設法要擠到世界舞台的中心。

胡錦濤上任後，中國的外交政策又向鄧小平的實用主義外交思想回歸。在最重要的中美、中日、中俄、中歐等關係方面，都力求實效。與鄰國及周邊國家的關係方面，更推出"利己利人"的雙贏或多贏思路，採取一系列可操作的政策舉措，開拓了良好的前景。

十六大之前，中國在朝核問題上雖然宣稱一貫主張積極推動通過和平對話方式實現半島無核化，但卻採取事不關己的看客態度，意識形態的羈絆，使得中朝關係長期在十分奇怪的軌道上運行。但十六大之後，中國迅速調整思路，出人意外地改而採取積極、主動、負責任的態度，穿針引線，撮合、參加並主持了關於朝核問題的北京六方會談，同時還竭力使這一會談繼續下去。在中國外交政策的天平上，地區安全、和平與穩定的砝碼，第一次超出了意識形態，讓世界為之驚訝和贊許。

中國在反恐、朝核等問題上與美國進行充分、積極的合作，從而使自己在地區安全、雙邊貿易、抑制台獨、穩定新疆等多方面受益。對於雙方的分歧，如人民幣的匯率問題，貿易逆差問題，也都是就事論事，沒有將經濟問題政治化或擴大化，更沒有借此煽動反美情緒。國內正式出版的報紙已公開論證美國"非敵非友"，而美國總統布什與國務卿鮑威爾也多次宣稱："中美關係處於歷史最好的時刻"。

印度總理瓦傑帕依北京之行，也使中印關係斷線的風箏又回到了手中，還舉行中印聯合軍事演習。

過去，《毛澤東選集》第一篇第一句話就是："誰是我們的敵人，誰是我們的朋友，這個問題是革命的首要問題"。中國經常批評美國"不設想出一個敵人來就活不下去"，但是美國是以利益劃分親疏，中國外交多年來恰恰也在尋找所謂"敵人"與"朋友"，區分敵友的標準卻是意識形態。十六大之後，中國許多媒體在探討外交時，已不忌諱追求本國的民族利益。在保證民族利益前提下的外交雙贏或多贏，正逐步得到新體制的認可，並已在近來的外交活動中有了初步的體現。

新加坡總理在被記者問到對胡錦濤、溫家寶等新一代領導人的評價時，十分稱讚：他們都十分謙虛、都很熟悉各項問題、對問題的了解很透徹；是"很能幹、很有效率的領導人"。外表溫文，有鋼鐵般的意志，做事果斷。當碰到問題時，他們都具有解決問題的決心。

　　吳作棟表示，他在觀察中國的外交政策時所得到的印象是：中國領導人了解許多國家對中國的崛起感到擔憂，這不僅是中國經濟快速發展所帶來的挑戰，還包括中國日益強大的政治影響力。但是他認為，中國已積極向各國伸出友誼之手，讓各國感覺到興旺的中國是一股和平和有利的力量。"中國所發出的信息是當它日益繁榮時，一定會在世界發揮很有建設性的影響力。"

　　吳作棟又舉例說，多年前，中國如果被冒犯，它的反應往往很強烈，所用的語言也很不客氣。後來，中國認識到在國際外交圈子，溫和的語言更有價值。它現在也了解只須小聲說話就可以了，因為人人都知道中國的強大。

藉助美國對台灣公投制憲施壓

　　胡錦濤最慎之又慎的，還是台灣問題。

　　台灣事務按照中共的觀點，本來屬於內政，但主管外交的領導如錢其琛、唐家璇等卻又常常兼管台台灣事務。胡錦濤擔任總書記後，中共中央對台工作領導小組進行了調整，由胡錦濤擔任組長，成員包括全國政協主席賈慶林、國務委員唐家璇、中共中央辦公廳主任王剛、統戰部長劉延東、海協會長汪道涵、國台辦主任陳雲林、國家安全部長許永躍、副總參謀長熊光楷等。

　　這個班子，江澤民色彩相當濃，胡錦濤對台灣問題沒有太多解套的新招式，基本上蕭規曹隨，突出"三個堅持"：堅持"和平統一、一國兩制"方針，堅持現階段發展兩岸關係、促進中國和平統一的八項主張，堅持一個中國原則，堅決反對"台獨"等分裂勢力的任何分裂活動。積極推動兩岸交流和"三通"，實現了"台商春節包機"的首航等，台灣當局 "加入聯合國"和趁非典引起國際同情之機"進入世界衛生組織"等圖謀，先後都遭到挫敗了。 這本是年復一年要演的戲碼，沒有什麼新鮮的。胡錦濤一次又一次也只是重覆既定的原則：

二〇〇三年十月二十四日，胡錦濤在堪培拉回答澳大利亞記者的提問時說，我們在台灣問題上的立場是"和平統一、一國兩制"。我們會盡最大努力保持台海地區局勢的和平，我們會盡最大努力爭取以和平的方式解決台灣問題。但是我們絕對不容許"台獨"。因為"台獨"威脅著海峽地區的和平，也威脅著中國的領土完整，這一立場是任何一個主權國家和主權國家的人民所不能接受的。

胡錦濤二〇〇三年十二月二十一日晚應約同美國總統布什通電話，讚賞布什最近重申堅持一個中國政策、遵守中美三個聯合公報、反對"台獨"，反對台灣當局旨在改變台灣地位的言行。胡錦濤強調，在台灣問題上，中國政府願以最大的誠意、盡最大的努力實現和平統一，但絕不能容忍"台獨"。布什表示，美國政府在台灣問題上的立場是明確的，美方反對單方面改變台灣現狀的言行。

二〇〇三年十二月二十九日下午，胡錦濤在人民大會堂會見美國總統特使、前國務卿貝克，談到台灣問題時，胡錦濤重申了中國政府在台灣問題上的原則立場。

　　……

但是台灣民進黨政府為擺脫總統選情頹勢，總統陳水扁大力推動"公投制憲"，試圖為"台獨"製造法理依據，兩岸出現新一輪緊張局勢，北京視之為分裂國家的活動而猛烈批評，並且警告台灣如果通過不設限的"公民投票法"，中國大陸將有強烈反應。

二〇〇三年十一月二十七日，台灣的立法院通過了國民黨、親民黨版本的"公投法"，對公投在程序上設下種種限制，亦否決了《公投法》適用範圍包括國旗、國號、領土變更等激進條款。陳水扁隨後表示將推動在二〇〇四年三月總統大選時同時舉行"防禦性公投"。十二月，國務院總理溫家寶訪問美國，美國布什總統看在需要中國在朝核問題上助一臂之力，投桃報李，針對"防禦性公投"，明確表示反對台灣領導人企圖單方面改變海峽現狀的言行。

但是，不管怎麼說，儘管台灣總統陳水扁隨著二〇〇四年大選，推出了很多刺激大陸的政治措施，以引發爭端，收穫悲情，然而，人們在台灣海峽既沒有看見導彈掠過，也沒有看見軍事演習。這種沉穩，與其說體現胡、溫新政的耐心與誠意，不如說顯示他們"吃一塹，長一智"，不再把台灣海峽讓給民進黨做免費票箱，也顯示他們多少有束手無策之感，而只能轉而依靠美國對台施壓，美國總統布什一席被喻為"歷來對台灣領導人最嚴厲用辭"的講話，彰顯出胡錦濤走美國路線。但是在這種情況下，陳水扁堅持二〇〇四年將舉行"防禦性公投"，兩岸關係緊張局面未見緩和。

胡錦濤於二〇〇三年十二月二十五日聖誕節在人民大會堂會見了來京參加座談會的台灣同胞投資企業協會會長，發表講話。他強調，大陸和台灣同屬一個中國，中國是我們的共同家園。兩岸同胞應共同把我們的家園維護好、建設好、發展好。中國發展了，中華民族強盛了，是全體中華兒女之福。古今中外的歷史和現實都告訴我們，家和萬事興。一個民族要發展、要強盛、要自立於世界民族之林，首先要團結起來，同心同德去奮鬥、去拼搏。

胡錦濤還充分肯定了各地台資企業協會多年來為推動兩岸經濟交流和合作、溝通台資企業和當地政府之間的聯繫、服務台商做的大量工作和積極貢獻。

胡錦濤強調，我們將堅持"和平統一、一國兩制"的基本方針，以最大的誠意、盡最大的努力實現祖國的和平統一。我們充分尊重台灣同胞要求當家作主、發展民主的意願，願意看到所有台灣同胞安居樂業、和睦相處。但我們堅決反對任何形式的"台獨"分裂活動。絕不允許任何人以任何方式把台灣從中國分割出去。

由於兩岸正因為台諜、"公投"等爭議而呈現緊張局勢，胡錦濤高規格接見的動作，讓外界多方解讀。淡江大學教授王昆義研判，胡錦濤此舉是為了安撫台商和台灣民眾的心，並釋放大陸無意讓台海關係回到一九九六年導彈危機狀態的訊息。

王昆義表示，目前大陸學界和智庫都在努力推動非傳統安全理論，積極以和平崛起的對外關係大架構取代所謂的大國戰略，不要讓中國落入和美國競逐強權的狀況，影響了中國努力營造的和平與發展的周邊環境概念。

王昆義強調，和平崛起戰略是胡錦濤主政時代的中國國際關係，也是對台關係的主軸。胡錦濤接見台商，正是不希望台海興波，破壞悉心建構的和平崛起戰略佈局。

反腐敗難題要有新答案

胡錦濤進入中共最高決策層已經十一年，管黨務、黨風，始終如影隨形地跟著他的一個大難題就是腐敗：查也查了，撤也撤了，關也關了，殺也殺了，但是，前"腐"後繼，愈演愈烈。

中新社在二○○三年北京兩會期間發表一篇小報導《胡錦濤贈言貴州代表》：三月六日胡錦濤來到曾經工作過的人大貴州團參加會議。他說："作為黨的幹部，既要勤政又要廉政，既要幹事又要幹淨，這是最基本的為政之道。"

報導還說：他以自己特有的溫和、懇切的語氣，進一步劃出了一道"底線"——"是用手中的權力為群眾造福還是為自己營造安樂窩，是心繫群眾還是心繫自己，是為群眾謀利益還是為自己謀私利，這是領導幹部政治上合不合格、作風上是否過硬的分水嶺。"

最後，胡錦濤送給大家一句話：堂堂正正做人，清清白白幹事，努力在工作實績和黨風廉政建設兩方面，都向黨和人民交出一份合格的答卷。

局外人一時可能不明白胡錦濤為何這麼說，記者為何這麼寫，但是貴州代表心中有數；局外人到二〇〇三年秋天也就都明白了：貴州的貪官一個一個曝光了（見本書第五章）。

但是胡錦濤這樣苦口婆心真能讓貪官懸崖勒馬嗎？

此外一招就是樹立"好官"的榜樣。胡錦濤八十年代在團中央與王兆國聯手推出張海迪、九十年代大力塑造過孔繁森，到二十一世紀，雖然已經不像過去，信奉"榜樣的力量是無窮的"，但是有榜樣總比沒有榜樣要好。胡錦濤三月批轉了一個副省級的好官典型鄭培民的材料，號召全黨特別是廣大領導幹部以他為楷模。鄭培民曾任湖南副省長、省委副書記、省人大常委會副主任，二〇〇二年三月因突發心肌梗塞在工作崗位上去世，年僅五十九歲。胡錦濤在湖南考察時，十月三日下午與湖南省委書記楊正午、代省長周伯華一起走進位於湖南省委宿舍二區的鄭培民家中，看望鄭妻楊力求，翻看鄭培民十七歲的日記、擔任省委高職時的工作筆記。新華社記者寫道：胡錦濤說出一段鏗鏘有力的話："鄭培民同志生前要求自己'做官先做人，萬事民為先'，他是這樣說的也是這樣做的。同他一心為民、鞠躬盡瘁、求真務實、清正廉潔的精神和作風相對照，那些追名逐利、以權謀私的人，那些作風飄浮、損害群眾利益的人，難道不應該感到羞愧和自責，難道不應該痛思悔改嗎？"

但是，真搞腐敗的人，聽得進幾分這樣的規勸？

據統計，二〇〇三年，中國共有十三名省部級腐敗高官被查處，其中三名正省部級，其中死刑一人，死緩二人，無期徒刑二人。如此多的腐敗高官被查處、被披露，爲改革開放以來所僅見。據中央紀委連續八年進行的隨機抽樣的黨風廉政建設問卷調查結果統計，二〇〇三年群衆對反腐倡廉工作的滿意度第一次超過半數，達到了百分之五十一。推出"中央巡視員"制度，加強對省、部級一把手的監督，擴大黨內民主，嚴格把好領導幹部選拔任用關，抓重點（高中級幹部中的腐敗）、攻熱點（損害群衆切身利益）、突破難點（監督體制），被認爲是推動二〇〇三年反腐敗鬥爭取得突破和進展的三個方面。

但是胡錦濤在二〇〇三年二月中紀委二次全會上發表講話時提出"三個仍然"："現在一些腐敗現象仍然比較突出，導致腐敗現象易發多發的土壤和條件還存在。反腐敗鬥爭的形勢仍然是嚴峻的。反腐敗鬥爭的任務仍然是繁重的。"中國政治評論家曹思源對筆者說過：中國大陸抓貪官污吏的速度趕不上產生貪官污吏的速度，"問題何在呢？在於我們懲治貪官污吏沒有從源頭上著手。你只在下游解決問題，當然污染越來越嚴重。"他認爲要解決的源頭問題，也就是制度問題。

這個道理胡錦濤也不是不懂：要懲治腐敗，更要防止腐敗。"殺一做百"效果有限，"獎一勵百"，效果更可疑。他與主持中紀委的吳官正反覆商討，在中共十六屆三中全會上集這些年各地制度反腐之大成，明確提出了"建立健全與社會主義市場經濟體制相適應的教育、制度、監督並重的懲治和預防腐敗體系"，計劃在二〇〇四年推動這個"三位一體"，其目的是能夠積極主動地從源頭上預防和解決腐敗問題。在戰略上將出現"三個轉向"：

第一，由被動防禦爲主轉向主動進攻爲主。過去二十年中共雖然提的是"標本兼治"，實際執行的卻是治標爲主。主動進攻，要求必須抓大放小，必須在腐敗極易多發高發的權力、資金、物資的密集領域，整合反腐資源，主動發起進攻，進行"大兵團合成作戰"。變以手工作坊式的個案查處、行爲監督，爲集約式的領域查處、制度監督。

第二，由權力反腐爲主轉向制度反腐爲主。在中共的反腐鬥爭史上，大體經歷過運動反腐、權力反腐和制度反腐三個階段。今天，必須下大力"解決制度問題"，已經成了上上下下都認同的看法。

第三，由事後監督爲主轉向事前監督爲主。改革開放的二十五年，基本上是向下放權，但另一個趨勢，是地方各級組織的權力向個人（主要是一把手）集中。各級紀委幾乎無從監督、檢查同級黨委，無不在人、財、物權上受制於同級黨委，幾乎無人按"黨內五項監督制度"越級向上級紀委報告同級黨委書記違法亂紀行爲。

胡錦濤等人有了這樣的認識：與"三個轉向"相適應，要增加反腐敗新的動力源，要有廣大群眾的支持和參與。

誰把胡錦濤的話不當數？

認識是一回事，實踐則是另一回事。對制度動手術動到什麼程度？發動民眾監督發動到什麼地步？將腐敗問題上升到"亡黨亡國"的高度，並非自胡錦濤始，然而真能將黨禁、報禁都開放，真正將本來屬於民眾的言論自由、民主權利都還給人民？劉少奇在"文革"中有句話："老革命遇到新問題"，但反腐涉及到政治體制改革這一要害時，胡錦濤可謂"新革命遇到老問題"，眼前仍然還是那道難關。不僅如此，隨著農村和城市基層民主改革中不斷暴露出困難和問題，使得人們把基層改革作爲新一輪政治體制改革突破口的觀點也受到了挑戰。有人指出，如果黨內民主、黨外監督等問題不解決，就是幹部選拔制度、人事制度等體制改革也起不了根本效應。

胡錦濤在二○○三年二月當面要求全體中紀委委員監督自己："在黨風廉政方面自己一定以身作則，誠懇地希望大家對我進行監督。"新華社報導，當時中央政治局和常委會討論這個問題，大家都表示要從自身做起，接受全黨和全國人民的監督，首先是紀委的監督。

音猶在耳，最新修訂的《中國共產黨黨內監督條例》中，政治局常委卻未在被監督之列。胡錦濤和政治局常委主動接受監督的願望落空，究竟是誰有這個能耐不將他的話算數？

《條例》於十六大結束後即根據胡錦濤的要求開始醞釀。二〇〇三年年初，中共中央紀律檢查委員會正式著手起草。在二〇〇三年十一月，《條例》已基本成文，並已經中共中央政治局常委會討論。

可是，很明顯條例引起相當大的爭論。新華社旗下新華網十一月七日報導，中紀委同中央有關部門成立的起草班子，曾經"對條例進行了反覆修改"。經過政治局常委討論後，二〇〇三年十二月二十三日的中共中央政治局會議，雖然討論《中國共產黨黨內監督條例》，但會議公報未有公報條例，直到二〇〇四年一月召開中央紀律檢查委員會第三次全體會議，才正式公佈。其思路是：從懲治反腐到預防反腐，靠黨內監督來實現預防。"監督"兩字的凸顯以及目前從專家解讀中得到的信息是，《條例》的意義將不僅是反腐戰略的轉移，也同樣表現爲黨內民主的完善。

事實上，黨內監督的構思，由鄧小平主政期醞釀至今，一直並不順利。一九八〇年二月二十九日，中國共產黨十一屆五中全會通過了《關於黨內政治生活的若干準則》，《準則》指出："堅持集體領導，反對個人專斷；發揚黨內民主，接受黨和群眾的監督。"可是直到十年後，這個想法才開始朝向訂立法規的方向走了一小步。一九九〇年三月，黨的十三屆六中全會上，通過了《中共中央關於加強黨同人民群眾聯繫的決定》，明確提出，要制定一部《黨內監督條例》。但是這個決議又拖了十四年到胡錦濤上台後才正式成爲事實，但還要加了一個"試行"的尾巴。而政治局常委還不在監督之列。

條例的個案再次證明，在中國要推行體制性的改革，由於既得利益集團關係盤根錯節，要真正監督高層，還真不容易。關於政治體制改革，"十六大"一年多來沒有任何新的明確說法，難怪亞洲時報在線的記者綜述發出這樣的感慨："人們不難從（胡溫等新領導人）他們中發現一兩頭鞠躬盡瘁的老黃牛，卻不易找到一大群涅槃再生的火鳳凰。"

第一公主的婚事與第一太子的演講

隨著胡錦濤的曝光率增加，他的子女的情況也被媒體一點點"去偽存真"地挖掘出來。尤其是二〇〇三年，時年三十三歲的胡錦濤的女兒胡海青的婚事引起了巨大的關注。這除了她本人是中國當今第一公主，還因為她嫁給的也不是個普通人，而是四十歲的網絡大亨茅道臨，他們於九月在夏威夷完成終身大事。

胡錦濤全家都是清華幫，胡海青是她父母的校友，畢業於清華大學熱能工程系，大學室友形容她的個性隨和、親切，周末常騎一部舊單車回家探望父母。畢業後先在上海上市公司"清華同方"任職，隨後前往比利時深造，之後在兩家外國公司工作。友人說，胡海清去年還在上海中歐國際工商學院企管碩士班註冊就學。她曾透露自己理想的丈夫應該是"高大、風趣，有責任心"。

茅道臨畢業於上海交通大學計算機科學專業，後留學美國，在斯坦福大學取得工程經濟系統碩士學位，其後在華登國際投資集團任職，一九九九年轉任新浪網營運長，二〇〇一年升任ＣＥＯ，二〇〇三年五月卸任。媒體說他"在一片猜疑中離開"，隨後報導說他是被新浪董事會辭退。但新浪現任首席運營官林欣禾指報導有些"戲劇化"，他稱茅道臨直到近期一直是新浪董事。

據歐洲貨幣機構投資者集團評估，茅道臨在中國信息科技企業家最新富豪排行榜中排名十一，身家在三千五百萬至六千萬美元之間。茅道臨原來和新浪簽約爲期四年，拿了二百萬股期權，外加六位數年薪。茅道臨目前至少還有九十萬新浪股份，而新浪股份每股在四十到五十美元左右。僅這一份財產就相當可觀。茅道臨臉龐瘦削，禿髮，戴眼鏡，一些女同事評價他"毫無情趣"。也有人認爲他"十分精明"、"做事可靠"。上海一個業內人士說，"茅道臨團隊以前最關心的就是和政府的關係。他肯定一開始就對胡的女兒窮追不捨。"

《亞洲華爾街日報》以"財富與權勢聯姻"爲題，報導了胡海清與茅道臨的婚訊。海外媒體也紛紛評論，對於中國新興的上層——包括所謂"太子黨"的高幹子弟和迅速崛起的年輕、富有的一代企業精英——來說，這段婚姻成爲熱門話題。二人如何相識、相愛，旁人無從得知，胡海清在透露個人情況方面跟她父親一樣口風甚緊。她的一個朋友九月底收到她從美國發出的電子郵件說自己結婚了，但沒說丈夫是誰。而茅道臨爲人低調也許能和岳父有得一比。

女兒這段與頂級企業精英的婚事，對作爲總書記和經常訪貧問苦的胡錦濤來說不同尋常。但是他總不能讓女兒做"憂民之憂"的楷模吧。

無獨有偶，兒子胡海峰的情況，最近也在媒體上點點滴滴地披露出來。二〇〇四年一月號的香港《開放》雜誌說，中國女作家王安妮最近在香港撰文透露了胡二公子一點小事。

王安妮說：胡海峰是她讀北京二中的高中同學。當時她是學生會的宣傳部長，胡錦濤的兒子如他父親一樣，亦是個積極的學生幹部，當學生會主席。北京市二中是重點中學，全校狂熱學英文，外語成績成了衡量一切的標準，一個外交部副部長的女兒學習好英文也好，稱爲大家崇拜對象。但胡海峰英文不怎麼樣，學生會主席競選時不敢講英文，因此在同學中受歡迎程度遠遠低於那位英語好的女生。

胡海峰從事高科技業，現任清華大學旗下科技公司清華同方威視技術公司的總裁，二〇〇三年十二月中旬曾到香港參加香港工業慈善家蔣震主辦的"第七屆製造科技國際會議"，並作了發言。但毫不張揚，與會者有眼不識泰山，不知這位年輕人就是當今中國第一太子。

《星島日報》十二月十七日報導說，"基於震雄集團主席蔣震的江湖地位，加上人大副委員長、中科院院長路甬祥親自擔任大會籌委會主席，不少內地猛人都賞面出席，當中包括替清華大學搞生意的清華校長助理、清華控股董事長榮泳霖教授。隨同榮教授一起到會的，還有一位不太說話，顯得有點害羞的年輕人，他就是清華旗下科技公司清華同方威視技術的總裁胡海峰。其實這位年輕人來頭並不簡單，他原來是國家主席胡錦濤之子。與大家印象中的高幹子弟不同。胡海峰為人低調，也很平民化，一身簡單西裝打扮，身邊也未見有保鏢。"

報導還說，"研討會當天，幾乎無人知道胡海峰就是胡主席的兒子，而他臨時代替榮教授上台演講。據聞是榮教授希望多給年輕人機會。雖然胡海峰大談公司產品威力，被主持話與主題'企業家精神'有距離，但由於他解說精採，不時引來台下的掌聲。"

"民意牌"是胡錦濤的王牌

胡錦濤當選國家主席後不久，在三月二十八日政治局會議中，專門討論了《關於進一步改進會議和領導同志活動新聞報導的意見》，要求各級黨委把它"作為一件大事抓實抓好"。把改進會議報導提到中央政治局會議研究，這在中共歷史上還是首次。胡錦濤提出"新聞工作"的"三貼近"，即"貼近實際、貼近生活、貼近群眾"，政治局常委李長春隨後貫徹"三貼近"，要求"把鏡頭對準基層，把版面留給群眾"，引起新聞界的好評。二〇〇三年全年雖有《今日東方》因為不明原因在十二月五日停刊，但整體來說中國新聞界出現了一些生氣，就連中央電視台"新聞聯播"節目都終於有了一點改變。

二〇〇三年中國報刊上關於胡錦濤的報導，幾乎相當於過去二十年的總和。其中最多的，當屬他深入基層視察的描述。胡錦濤的國內行程大部分均爲比較貧困落後的地區，尤其是他四次選擇非典肆虐的嚴重關頭，來到第一線，他在十個月內先後到內蒙古、江西、四川、湖南四個欠發達省區考察。

中國社會科學院的研究成果《當代中國社會階層研究報告》指出：產業工人位於第八層，農業勞動者位於第九層，城鄉無業、失業、半失業者位於第十層——最下一層。這個論斷，無疑擊中了現今中國人社會心理的"軟肋"。工農從原來所謂"主人公"變成現在的最下層，這僅僅只是位次上的變化嗎？

胡錦濤憂心這個"軟肋"。十二月十二日至十七日，胡錦濤在山東、河南專門就解決好農業、農村和農民問題進行考察，看望黃河灘區災民時問："還有什麼難處嗎？"猴年除夕，他到張北縣油簍溝鄉喜順溝村呂佔林一家，不僅吃餃子，還一起包餃子。

中國過去的改革，更多地側重追求效率，用鄧小平的話說就是"讓一部分人先富起來"。而今後，中國將不得不更多地面臨在公平上的制度設計和創新。如何才能找準最佳的利益平衡點，對中共而言絕非一次會議就能解決的。胡錦濤的國內行程，可以看作尋找這個利益平衡點。二〇〇三年十一月十七日《瞭望東方》周刊說得挺有詩意：將胡錦濤所履之地勾連歸納起來，未嘗不能窺見中央新一代領導集體的執政理念與工作風格。

贛州解放街道中山路社區困難職工楊福生家

八月二十八日下午，胡錦濤一到贛州就來到解放街道中山路社區困難職工楊福生家。楊福生曾是服裝廠工人，下崗後靠打零工維持生計。社區黨支部幫他辦理低保手續，借錢幫他買摩托車搞出租，為他的妻子安排社區鐘點工工作，現在全家生活有了一定改善。

胡錦濤和楊福生一家圍坐在一起，詳細了解他們家的情況後，胡錦濤說："你們家兩口子都下了崗，生活遇到了困難，作為總書記，我感到很歉疚；但看到你們在社區幫助下困難得到了初步解決，我又感到欣慰。孩子還在上學，一定要保證她們讀好書。要相信黨和政府會幫助你們克服困難。生活一定會好起來。"

瑞金市沙洲壩村村委會

"愛民·為民·富民" 這是新華社記者焦然、劉思揚給《胡錦濤總書記考察江西老區記》起的標題。

瑞金，被譽為"紅色故都"、"共和國搖籃"，烈日炎炎下，胡錦濤和隨行的中共中央政治局候補委員、書記處書記王剛來到瑞金葉坪革命舊址，向紅軍烈士紀念塔敬獻花籃，參觀毛澤東舊居和第一次全國蘇維埃代表大會會址。還專程看望了大多已過九十高齡的老紅軍代表和蘇區老幹部代表，向他們表示親切慰問。聯想到胡錦濤擔任中共總書記後，立即前往河北西柏坡朝聖，顯示胡錦濤非常在乎其接掌權力的正統性。

"黨支部活起來，黨員幹起來，老百姓富起來"。這塊豎立在瑞金市沙洲壩村村委會附近的宣傳牌格外醒目。八月二十九日下午，胡錦濤來到這裏考察。當地負責人介紹，村委會除通過村務公開欄公示有關內容外，每兩個月還要召開村民代表大會，接受群眾質詢。胡錦濤看著公示欄上寫的質詢內容，輕聲念起來："今年夏季遭遇歷史上罕見的旱災，村委會及時組織了抗旱，但因為沒有水源，播種晚稻的季節已過，要求村裏幫助農民種植其他經濟作物，保證農民收入。"

“村裏旱情大不大，都改種了什麼？”胡錦濤關心地問。

“全村七百畝地，由於旱情一大半晚稻未種下。村裏主要選種大豆、紅薯、蔬菜等旱秋作物，以彌補一些損失。”

“今年旱情影響了生產，要積極幫助群眾克服困難。這關係他們今年的收入，一定要高度重視。”胡錦濤叮囑當地幹部。

村支部活動室的專欄上，貼著黨員照片和黨員幫扶對象姓名、幫扶目標、幫扶措施等內容。村支書楊海燕介紹，為幫助村民致富，支部組織了一批先富黨員，對口幫助那些收入不高的農戶，實行幫扶責任制。

接著，胡錦濤來到村級社區服務中心。這個中心是村委會為強化村級服務功能，解決一家一戶難以解決的問題而創辦的。

“最近有人求助嗎？”胡錦濤問值班員。

“前段時間乾旱，有村民打電話要求幫助修理灌溉設備，我們通知懂機械的志願服務者幫助解決了故障。”

“這種做法好。基層黨組織關心群眾生活，從為群眾排憂解難、提供服務著手，創新工作方法，這樣才會受到群眾的歡迎。”

會昌縣小密鄉半逕村鍾檢娣家

老區如何實現全面建設小康社會的目標，是胡錦濤最關心的問題。他就這個問題在老區進行了深入調研。“農民跟著產業走，產業跟著龍頭走，龍頭跟著市場走”。贛南民眾摸索出“豬—沼—果”模式的生態農業。胡錦濤來到會昌縣小密鄉半逕村鍾檢娣家家。一九九七年，她承包十畝荒山種植臍橙，並在園內建設沼氣池、豬欄，形成“豬—沼—果”的生態農業模式，所種果樹二〇〇二年果品收入達二·五萬元，年收入四萬元左右。

在興致勃勃地察看臍橙園、沼氣池和豬欄後，胡錦濤和鍾檢娣一家交談起來。聽說鍾檢娣的兒子是農校畢業生，胡錦濤笑著說：“你們家有獨特優勢。懂科學，這是致富的一個重要條件。”

鍾檢娣說：“我是一名黨員，光自己富不行，還幫了兩戶。縣裏正開展親民為民富民活動，村裏黨員都在這樣做。”

胡錦濤說：“看到你們富起來，並幫助群眾致富，我很高興。黨在農村的政策說到底就是要讓農民富起來。從你們家的情況看，農民要富裕，一靠政策，二靠科學，三靠艱苦奮鬥。”

胡錦濤時代將會提早來臨？

何謂“胡溫新政”？本章開頭提出這個問題。胡錦濤上台一年之後，回答大同小異。

中共中央黨校主辦的《學習時報》刊文指出，經過調研，中國的黨政領導幹部把一年的變化概括為八個字：親民，務實，科學，法治。

《瞭望東方》轉引權威人士介紹，這一屆政府的特徵，可用“為民、務實、清廉”來概括。

二○○三年十一月十七日《南風窗》在十六大召開一周年之際，對中央高層一年來所做的重大決策及工作重點作初步歸納，其成效和進展至少體現為如下十個方面：

全面落實“三個代表”；奪取抗非典偉大勝利；科學發展觀指明方向；改革鋒芒對準“體制”；宣傳工作三貼近；施政理念以民為本；港澳台工作贏得人心；高度重視“新軍事變革”；全方位外交廣受讚揚；推進黨建，從“頭”做起。

《瞭望東方》討論“新政”最詳細。文章介紹一位資深的中共元老說，從毛澤東到鄧小平，中國政治以往的特點都是依靠“強人政治”的權威來維繫，而今天正邁向"常人政治"的時代，一個人說了算的時代過去了，制度化的集體決策成為了新的歷史趨勢。

《瞭望東方》"根據人們的描述和感受"，將新政的特點概括如下：

一是開始把十六大確立的指針施行在治理國家的具體實踐中。

二是抗擊非典的經歷中創造了一種掌控艱險複雜局面的新經驗。

三是提出了新的科學發展觀——全面、協調、可持續發展。

四是在改革上有新手段——結束了"摸著石頭過河"的漸進式改革模式，進入到突破體制性障礙的縱深階段。

五是為政治文明建設注入新的實際內容。

六是改革了呆板的宣傳報導模式，強調"三貼近"。

七是用新的思路改善群眾的生產生活。

八是港澳台工作的新思維。創造性地化解香港危機，打擊台獨勢力。

九是推進"中國特色的新軍事變革"。

十是全方位外交開創了新局面，較好地應對了美伊戰爭、朝核、人民幣升值壓力，改善了大國關係。

十一是以改革的精神推進中共自身的建設，重點是改善黨的執政能力，並提出"黨的建設必須從中央政治局自身抓起"。

中國科學院／清華大學國情研究中心研究員康曉光則在《多維時報》一五九期年終專稿《二〇〇三年：中國步入進步時代》中作出了這樣的描述：

> 持續二十五年的"GDP 掛帥"時代結束了！面對社會形勢的歷史性轉變，新政府及時做出反應，擴大"政績"的內涵，希望以"經濟增長"和"社會公正"來應對合法性面臨的新挑戰。套用鄧小平的話來說就是"公正也是硬道理！"

這意味著，我們可以接受“朱門酒肉臭”，但決不容忍“路有凍死骨”。這也意味著，正如資本主義經由一個“進步時代”從“野蠻階段”進入“文明階段”一樣，中國的市場化進程也正在步入一個“進步時代”，從這裏開始，中國堅定而明確地拒絕“強盜社會”，並致力於建設“人道社會”。

正是因為這些，胡錦濤贏得了民望，甚至被認為“胡錦濤時代”將會提早來臨。

不是結語／平衡木上的馬

● 不繼續進行被中斷的政治改革，他就等於丟了魂。有"魂"還得有"魄"。膽魄不是天生的，既靠練出來，也靠逼出來！

競技節目的三種可能性

二〇〇二年秋天本書於中共十六大前夕初版時，胡錦濤已經走了十年接班的平衡木，如臨深淵，如履薄冰，眼看就要走到最高權力寶座的終點了。我們當時設想，十六大上胡錦濤命運不外乎三種可能：

其一，在平衡木上平安地走到盡頭，接受全黨、全軍和全國人民的歡呼、擁戴；

其二，在平衡木即將走完之際，風雲突變，墜下高台；

其三，平衡木又多出一截，更高了，更難了，還得再走下去，加時競技比賽。

後來的事實證明，胡錦濤的命運介乎第一種與第三種之間：他在十六大上接過了總書記職務，江澤民卻依然保留中央軍委主席的職務，這一安排，使胡錦濤接班懸念延續到了二〇〇三年的十屆人大：胡錦濤接過了國家主席的職務，但是身為黨、政一把手，並不是軍隊一把手。

鄧小平當年保留軍權，將達摩克利斯劍懸在黨政一把手頭上，殷鑒不遠。所以，胡錦濤的接班程序，可以說並未完成，實際上是上面所說第三種可能，而未來的前景，則依然在第一種與第二種兩可之間。

當然，我們並不是說中國的黨政軍所有大權都應該集於一人之手才算圓滿接班。但就胡錦濤這一具體個案而言，沒有軍權的中共總書記和國家主席，算不上真正掌握了中國的最高權力，相信不會有多少人表示異議吧。

中共正經歷二十一世紀的第一次權力交接——我們說的不僅是十六大這一次會上的表演性、儀式性的交接，人所共知，中共的代表大會都只具有象徵意義，真正的權力爭奪、利益交換，都在會前的密室中敲定，然後在會上展現出"團結、勝利"的表情就行了。（筆者聽劇作家沙葉新說過一句誅心之論：中國任何會議，都只需要大家來"會"，而不需要大家來"議"。）

我們說的是，整體性的兩代人的全面權力交接。這個過程或許要兩年，或許要三年，或許更長。說這一次權力交接，是中共歷史上最重要的一次權力交接，也未必就是誇大其辭，因為中國是全球最後一個共產主義大國，中國人民能否匯入民主政治、市場經濟的世界文明主潮，決定性的選擇機會就在這三五年的交接。

如果我們放開眼界，那麼，即使權力交接完成了，也只是完成了一個階段性任務。新一代人掌權之後，他們是否能實現自己設定的目標（姑且不說歷史啊、時代啊提出的使命），也還是成敗未卜，勝負難料。

本書傳主十二年前沒有想到自己竟被選中擔當起這樣的重任。是鄧小平、宋平等人選上他的，也不妨說是被歷史多方面的因素推上去的。

與他出生的歲月比，時代變了，環境變了，潮流變了。今天的世界，如果按他年輕時接受的教育、灌輸的理想來衡量，簡直是找不著一個出口的絕境。對於中國，對於中共，對於中南海領導層，對於胡錦濤本人，都嚴峻無比，而且，更糟的是，還緊迫無比。他上任一年多來一椿椿、一件件事實不是證明了這一點麼？

胡錦濤當上了中共中央總書記和國家主席（或者，幸運的話，未來不久他也當上了中央軍委主席），他仍然走在平衡木上，甚至是更爲驚險的平衡木——帶著中國共產黨，帶著中國。

魂與魄

在緊緊跟隨胡錦濤的人生步履走過六十一個春秋（對於本書來講，就是三十餘萬言），跟得上氣不接下氣之餘，筆者的思緒有時飛得漫無邊際。

此刻我們想到了吳稼祥。這位政論散文的高手，不僅有鞭辟入裏的見地，而且有搖曳多姿的文采。他常常用貼切而又形象的妙喻、或者類似言簡意賅的"詩眼"的一兩個詞，點出問題的實質，讓人印象深刻。

例如，他比較了鄧小平時代和江澤民時代的異同說：鄧小平時代是拆除這個國家舊建築、建立新大廈的時代，江澤民時代就是進行內部裝修的時代。例如，他說鄧小平把全國人民都認爲不可幹的事情做成了，像改革開放，而江澤民對絕大多數黨員幹部認爲應該幹的事情卻沒有幹，像政治改革。例如，他說江澤民在交班問題上的心理："老婆可能是別人的好，兒子和接班人則是自己的好。"比如他說溫家寶是周公不是文王；說胡耀邦是中共的良心，趙紫陽是中共的頭腦，鄧力群是中共的手段，可惜三者沒有集中在一人身上，於是都未得善終。

我們以爲，在談到胡錦濤的未來是否能成功時，還是此公的兩個說法精闢：

一個是說：現在不必擔心胡錦濤的良心和頭腦，但確實擔心他的手段——怕他太嫩，而曾慶紅手段與頭腦都有，不知是否有良心。

另一個是說：

繼續改革是他的"魂"，是他的繼承合法性來源。不改革，特別是不繼續進行被中斷的政治改革，他就等於丟了魂。

只有"魂"，也未必就做得了胡（耀邦）二世，要做胡二世，還得有"魄"。

信哉斯言！怕手段太嫩也罷，要有魄也罷，指的是要有殺伐決斷的魄力，膽魄。但是，我們更相信，"藝高人膽大"，膽魄不是天生的，既靠練出來，也靠逼出來。從這個意義上，胡錦濤面臨各種挑戰，包括面臨那位既有手段又有頭腦、只是不知是否有良心的曾慶紅的挑戰，都是好事。如果沒有這些挑戰，胡錦濤不會做比江澤民更多的事情，不論是重新啓動政治體制改革，還是進一步引導社會轉型──畢竟，在胡錦濤這匹馬的前面，是幾輛傾覆的前車：中國的與外國的共產黨前任政治改革者，幾乎留下的都是失敗的記錄、負面的教訓。如果不受逼，他是斷不會再去重蹈覆轍的。

我們當然不能將中國所有重大的課題寄托於胡錦濤一身。他在政壇上，今後充其量畢竟只有十來年時光可供施展。許多觀察家都認爲，真正符合世界主潮的政治改革和社會轉型，將在所謂"中共第五代"（不論那時執政黨的名稱是否還叫"中共"）掌權時期發生。第五代是在改革年代成長，較多接觸全球社會，共產主義意識形態和計劃經濟給他們留下的歷史負擔接近於零。他們是懂電腦和講英語，在知識經濟和世貿組織年代裏如魚得水的寵兒。他們正在迅速成爲社會中堅。不過，仍然需要胡錦濤這樣的第四代爲他們開啓閘門。

在十六大開了兩年到三年之後，也就是十六大到十七大（如果還有十七大的話）的中段，中國政治的走向和所謂"第四代領導集體"的政治傾向，將會從混沌中逐漸清晰，能站穩的站穩了，站不穩的就被沖走

了，主張是這樣，人也是這樣。而期待中國政治發生大的變化，則要等
到接近十七大的時候。

高築墻·廣積糧·不稱王

毛澤東晚年有三句話廣爲人知："深挖洞，廣積糧，不稱霸。"毛澤
東這三策，後兩策還說得過去，第一策完全昧於當時的國際趨勢，對於
引領中國走向富強，可以說緣木求魚。

飽讀線裝書的毛澤東這三句話，是化用了明代開國皇帝朱元璋的
典故。這個典故，恰恰跟本書寫到的胡錦濤的故鄉徽州有關。

徽州（今歙縣）有個斗山街，這裏最完整地保存了徽州深具特色
的民居：曲徑通幽，重樓疊院，高高低低的馬頭墙錯落有致，磚、木、
石雕的門額、花窗隨處點綴……話說朱元璋攻打徽州時，親自喬裝進城
打探，被人看出形跡，元兵合圍追捕。情急中他躲到鬥山街，遇到朱
升。朱升向朱元璋進三策："高築墻，廣積糧，緩稱王。"這深具戰略眼
光的三策比諸葛亮的《隆中對》還要言簡意賅，不僅奠定了日後明太祖
開國定江山的基礎，還觸發了六百年後毛澤東的靈感。

胡錦濤是否知道這段典故？固然，明代的歷史教訓不能原封不動
地搬到現代，他是否會將這三策，也化用到自己身上、化用到今日中國
的戰略發展方針上？

——"高築墻"，在中國對外開放，對內搞活，商品經濟空前發展的
今天，乍聽這第一策，似乎不合時宜。但是如果將"墻"理解爲法治之
墻、民主之墻、體制之墻，實在非常有現實意義。在這個經濟全球化、
文化大交鋒的時代，中國，需要儘快構築起民主法治的完善體制，來保
障民眾的生存、發展和創造，來捍衛民族延續和繁榮的良性環境，來落
實胡錦濤自己提出的"新三民主義"。

——"廣積糧"，在中國由傳統的農業大國轉變爲現代科技和經濟大國，走向二十一世紀之際，人口、資源、生態和社會心理局勢都不容樂觀。這第二策，大概可以將含義擴大爲：要將主要精力投放於狠抓提高綜合國力、狠抓開發物質和精神資源這個根本吧！

——"緩稱王"，從中國的角度看，用深通國際政治韜略的鄧小平的話來說："不要當頭"，不是"緩稱王"，而更要"不稱王"：不僅不當社會主義陣營的頭，不當第三世界的頭，不當亞洲的頭，不當"東方世界"的頭，也不要富了、強了，就想著當世界各國的頭；從胡錦濤個人身處的地位和眼前的事業來看，在中國權力結構中也要"不稱王"：不僅不要擔當某個派系如"清華派""共青團派"的掌門人，不要自封爲黨的第 X 代"核心"，"大樹特樹自己的權威"；而要積聚力量，厚植人脈，化對手爲伙伴，變阻力爲助力，真正認識到、真正去落實：人民才是國家的主人。

"人事有代謝，往來成古今。"

本書導言提到從西柏坡趕考的典故。胡錦濤帶著他的同事，現在正每日每時地回答考題。願幸運之星照耀中國，也照耀胡錦濤——平衡木上的馬！

胡錦濤年表

　　本資料主要根據中國大陸《新華月報》、台灣《中共研究》所刊載的大事記，參考"多維新聞網"以及其它有關資料增補訂正而成。為節省篇幅，凡由其職務所規定的純屬程序性、禮儀性的活動，除首次外一般不再列入，例如：出席中央黨校開學典禮、高級幹部理論研討班結業典禮、官辦各群眾社團代表大會並代表中共中央致詞，以及在節日前後出席相關慶祝、紀念活動，等等。與江澤民等其他中共領導人一起出席以示重視的活動，除少數外一般也不列入。

一九四二年　　〇歲
十二月　出生於江蘇泰州市。原籍安徽省績溪縣。

一九四七年　　五歲
在江蘇泰州市大浦中心小學讀書。家住在泰州西倉街多爾巷三號。

一九五三年　　十一歲
進入泰州市第二中學念初中。

一九五六年　　十四歲
考入江蘇省名校泰州中學讀高中。

一九五九年　十七歲

九月　考入清華大學水利工程系河川樞紐電站專業，九月十一日，到清華報到。胡錦濤和未來的夫人劉永清是班上年齡最小的同學。

一九六〇年　十八歲

春天　一千五百名首都大學生在清華開大會，歡迎來自當時挑戰美國的古巴的學生代表團。胡錦濤作為清華大學文工團一員，參加了大合唱。

一九六四年　二十二歲

四月　被吸收為中共預備黨員。畢業之前一邊學習一邊兼任低年級同學的政治輔導員。

十月一日　參加首都各界國慶十五周年大遊行，到天安門接受毛澤東檢閱。

十月十六日　作為合唱隊一員，參加了《東方紅》在人民大會堂給毛澤東等中央領導演出。

一九六五年　二十三歲

四月　轉為中共正式黨員。

七月　大學畢業。在水利工程系從事政治工作，擔任學生政治輔導員。

一九六六年　二十四歲

文革初期被批判執行"資產階級反動路線"，受到衝擊；而後成為"逍遙派"。

一九六八年　二十六歲
十二月　經申請，分配到甘肅劉家峽水利電力樞紐工地，在水利電力部第四工程局八一三分局房建隊勞動鍛煉。

一九六九年　二十七歲
在水利電力部第四工程局八一三分局任技術員。後任分局任秘書。

一九七一年　二十九歲
升任水利電力部第四工程局機關黨總支副書記。

一九七四年　三十二歲
在劉家峽水利電力樞紐竣工之際，離開水電系統，調到甘肅省建設委員會任秘書。

一九七五年　三十三歲
升任甘肅省建設委員會設計管理處副處長。

一九七六年　三十四歲
春節過後，參加甘肅省委組織的"黨的基本路線教育工作隊"，擔任工作隊辦公室副主任，到永登縣搞調查，寫報告。

唐山地震後，代表甘肅省建委率工程隊支援唐山抗震救災。

一九八０年　三十八歲

被時任甘肅省委書記的宋平發現，將其職務從副處級提到副局級，任甘肅省建設委員會副主任。

一九八一年　三十九歲

被宋平推薦到中央黨校中青年幹部培訓班深造，在學習期間即被甘肅省委內定改任甘肅省團委書記。

一九八二年　四十歲

七月二十日　中央黨校中青年幹部培訓班結業。

九月　出席中共第十二次代表大會。九月十一日，被選爲十二屆中央候補委員。十三日下午，三十九位新當選的年輕中央委員、候補中央委員，在人民大會堂受到鄧小平、葉劍英、陳雲等中共元老接見。

十月十七日～二十一日　在共青團甘肅省第六次代表大會上被選爲團省委書記。

十二月十六日～三十一日　率甘肅省代表團到北京參加共青團第十一次代表大會，被選爲團中央委員，常務委員，排名第二的書記處書記。

一九八三年　四十一歲

一月　任共青團中央書記處常務書記。全家回到北京。

一月六日　出席全國兒童少年工作協調委員會第一次全體會議。

三月十五日　在《中國少年報》發表《今天爲六五作貢獻　將來爲四化當先鋒》。

四月　任中國少年先鋒隊全國工作委員會主任。

六月十七日　被選爲六屆全國政協常務委員。

八月十七日～二十三日　主持召開第六次中華全國青年聯合會，正式當選爲青聯主席。

十二月二十四日　主持一九八三年紅領巾讀書讀報活動總結表彰大會。

一九八四年　四十二歲

一月二十六日　率中國青年代表團離京赴巴基斯坦、印度、泰國訪問。

五月八日　到瀋陽出席全國學校共青團工作觀摩座談會。

五月　陪同胡耀邦到湖北省視察。

五月二十四日　回到清華與水利系畢業生座談，鼓勵大學生們順應時代潮流做推動社會前進的促進派。

六月二十日　任中日民間人士會議中方委員會委員。

七月五日　任中國國際文化交流中心副理事長。

十二月十四日　在共青團中央第十一屆三中全會上當選爲書記處第一書記。

一九八五年　四十三歲

三月四日　率中國青年代表團赴日本訪問。

四月上旬　赴青海省檢查共青團工作。

五月十四日　陪同胡耀邦會見參加"亞太地區青年友好會見"活動的各代表團團長。

五月二十二日　主持由中顧委、中組部和團中央舉行的"關心下一代"座談會。

六月二十五日　陪同胡耀邦會見羅馬尼亞共青團代表團一行。

七月五日　出席國際文化交流中心理事會全體會議；在《光明日報》上發表《幫助青年知識分子盡快擔起時代的重任》的文章。

七月十一日　出席全國青聯歡迎法國青年代表團招待會。

七月十五日　新華社報導，胡錦濤任貴州省委第一書記，王朝文（苗族）和丁廷模任省委副書記。隨後胡被任命爲貴州省軍區政委，貴州省人民武裝委員會主任委員。

七月二十二日　在中共貴州省委、省顧問委員會、省紀委、省人大、省政協、省政府、省軍區和貴陽市領導幹部座談會上講話。

七月　到黔西北邊遠地區畢節考察，沿貴州、雲南、四川、廣西交界邊沿地區巡視十一天，訪問十二個縣。

八月　提出作貴州大學數學系八五級計算機數學與應用軟件班"名譽學員"。

八月二十八日　會見中央國家機關幹部講師團。

八月三十日　在全省教育工作會議上宣布，省委、省政府決定要爲教育辦九件實事。

九月中旬　率代表團回北京參加中共全國代表會議，被增補爲中共中央正式委員，隨後參加中共十二屆五中全會。

十一月二日　到貴州大學與師生座談。

十一月二十五日　主持中共貴州五屆五次全委擴大會議，原則通過《省委關於制定貴州省國民經濟和社會發展第七個五年計劃的建議》，在會上講話。

十一月二十六日～二十七日　出席省委貧困地區座談會並講話。

一九八六年　四十四歲

二月四日～九日　與王朝文省長陪同胡耀邦總書記赴黔西南民族師範專科學校、布依族山寨烏拉村、天生橋水電站等地視察慰問，九日在天生橋率該省部分黨政軍負責人接受胡耀邦接見。

三月四日～十六日　率中共貴州省友好訪問團赴澳大利亞訪問。

六月二十一日　主持省政府通報農業生產的電話會議。

七月中旬　出席省直機關扶貧隊長會議。

八月七日　出席省高等教育自學考試首屆畢業生發証表彰會。

八月八日～十一日陪同國務委員谷牧考察由安順到貴陽的西線旅遊風景區，並匯報經濟工作、對外經濟和旅遊工作。

八月十九日～二十日　參加省委批准省委研究室和省委黨校、省社科院聯合主辦的"政治體制改革理論討論會"；十一月十日～十一日，參加再次舉行的討論會。

十月六日　出席省企業思想政治工作會議匯報會。

十月二十一日　出席省委和貴陽市委舉行的紀念紅軍長征勝利五十周年大會。

十一月一日　到黎平十二縣視察。

十一月二日　向來視察的全國人大副委員長班禪額爾德尼·卻吉堅贊匯報工作。

十一月四日　會見並宴請新西蘭赴貴州工作訪問團。

十一月中旬　陪同趙紫陽總理、李鵬副總理視察天生橋大壩截流工程等地；十八日，與王朝文省長向趙、李匯報經濟工作。

十二月三日　會見該省出席全國先進黨支部和優秀共產黨員事跡經驗交流會回到貴陽的五名代表。

十二月五日～十二日　主持省委五屆六次全委擴大會議，議題為貫徹中共十二屆六中全會精神，研究社會主義精神文明建設，並決定召開省黨代表會議，產生出席十三大代表。

一九八七年　四十五歲

一月十五日　在貴州省州、市委宣傳部長會議上講話指出：思想戰線的首要任務是堅持四項基本原則，旗幟鮮明地反對資產階級自由化。

二月二十三日～二十六日　分別陪同前來考察工廠和農村的田紀雲副總理、前來考察工廠和金融機構的陳慕華國務委員，並匯報工作。

三月十八日～十九日　主持貴州省州、市委書記會議，討論"把反對資產階級自由化的鬥爭引向深入，把增產節約、增收節支運動落到實處"。

三月二十九日～四月六日　陪同中共中央書記處書記郝建秀赴貴陽、遵義、畢節、安順四個地區考察，並匯報工作。

七月七日～十日　主持中共貴州省代表會議。

九月三日　在《貴州日報》上發表《學習遵義經驗　實現糧食生產新突破》的文章。

省直機關黨代會無記名投票選舉中共十三大代表，在全部候選人中得票最高。

十月二十四日～三十一日　率代表團到北京參加中共第十三次代表大會，進入主席團，當選連任中央委員。

十一月，參加省有關部門舉行的以貫徹十三大精神為主題的四次懇談會中的三次：二十一日，科技界與經濟界人士懇談會；二十八日，各民主黨派、無黨派、工商聯等各界人士懇談會；二十九日，與參加中國廠長、經理工作研究會第四次年會的貴州省一百多名廠長、經理對話。

十二月十一日　在省委五屆九次全委擴大會議上作題爲《以黨的十三大精神爲指針　以改革爲動力　把興黔富民的事業推向前進》的報告。

到貴州兩年，跑遍八十六個縣、市。

與省委副書記丁廷模、副省長張玉芹到義務獻血站獻血。

一九八八年　四十六歲

一月一日　到淸鎮電廠慰問職工。

一月中旬　出席省七屆人大會議，當選爲貴州省出席七屆全國人大的代表。

一月三十日　到貴州省軍區生產基地視察。

二月三日　到普定縣視察。

二月十四日　到都匀參加龍年團拜會。

三月下旬　出席中共國防後備力量建設學術研討會。

三月底～四月，出席七屆全國人大一次會議開幕式。

四月三日　在北京出席"苗嶺風情展"開幕式。

四月十六日　出席省委紀檢工作會議。

五月二日　出席省"民族團結進步表彰大會"代表座談會；同日接見出席共青團十二大的貴州代表。

五月二十一日　會見赴黔支貧工作組成員。

六月二日　會見來貴陽參觀訪問的新西蘭農牧部部長莫依爾。

六月六日　到畢節參加貴州省建立畢節試驗區情況匯報會；八日，出席貴州省畢節試驗區政策論証會。

六月十七日　出席省委思想政治工作經驗交流會。

七月二日　出席貴州省民主黨派協商座談會。

七月八日～十一日　出席全省地、州、市委書記會議。

七月三十日　出席貴州省軍區授予離休幹部"功勛榮譽獎章"儀式。

八月五日　在北京看望參加國際聯歡節歸來的中國少兒藝術團。

八月十九日　出席省顧問委員會七次全會和紀律檢查委員會七次全會。

八月二十二日～三十日　主持召開中共貴州省第六次代表大會，作《進一步解放思想，加快改革開放步伐，迎接九十年代的新發展》的報告。在貴州省委六屆一次全體會議上再次高票當選為省委常委、書記。

九月八日　出席省經委主任會並講話。

十月八日～十四日　出席省委工作會議，傳達十三屆三中全會和中央工作會議制定的清理經濟環境、整頓經濟秩序的決策，宣布成立「清理固定資產投資再建項目領導小組"。

十月十三日　對貴州省黨政機關利用調價情報搶購名酒，要求查處。

十月十四日　貴州大學進修學員持凶器打傷十一名學生，上千貴州大學學生因此發生騷動，包圍肇事學員宿舍斷水斷糧三十多小時，砸毀警車並上街遊行，胡錦濤主持妥善解決。

十月十八日　主持貴州黨外人士座談會。

十月三十日～十一月二十日　被中共中央書記處主管統戰的書記閻明復，從貴州叫到北京，隨後一同赴西藏考察。

十二月一日　中共中央決定，調任中共西藏自治區委員會書記（隨後被任命為西藏軍區政委），由劉正威接任貴州省委書記。

十二月十八日　出席中共貴州省委常委擴大會議，宣布中共中央任命。

離開貴陽前夕，要貴州清華校友會會長李良琪轉達未能與校友辭行的歉意。

一九八九年　四十七歲

一月十三日　與田聰明來到拉薩上任。

一月十七日　在西藏省幹部會議上講話，強調黨對西藏政策穩定不變。

一月十八日　出席中共西藏自治區委召開的愛國民主人士座談會，強調不斷發展完善統戰、宗教、民族等政策。同日看望在家養病的自治區人大副主任土登尼瑪等人，敬獻哈達。

一月二十日　在班禪額爾德尼·卻吉堅贊主持的班禪東陵扎什南捷開光大典上致詞。

一月二十一日　到日喀則西藏軍區第二通信總站慰問。

一月二十九日　在日喀則向班禪額爾德尼·卻吉堅贊遺體告別。

一月三十日　在拉薩探望西藏民族和宗教上層人士。

二月三日　在拉薩舉行的班禪額爾德尼·卻吉堅贊追悼會上致悼詞。

二月二十四日　參加西藏自治區第五屆政協副主席丹增加錯追悼會。

三月五日　拉薩發生暴動，中國官方稱導致十一人死亡，一百多人受傷，暴動延續數天。

三月七日　國務院下令從八日零時對拉薩地區施行戒嚴。同日到次日，以區政府名義發出六道穩定局面的命令。《西藏日報》上刊出胡錦濤頭戴鋼盔、視察戒嚴部隊官兵的照片。

三月十五日　接受新華社記者探訪，談"在拉薩實行戒嚴問題"。

三月二十日　出席自治區政府召開的"對拉薩外流人員進行全面申報登記"動員大會。

四月二十日　出席自治區黨政軍各界慶祝實行民主改革三十周年大會並講話。

五月十七日　在北京學潮期間赴西藏山南地區調查研究，出席參加戒嚴部隊文明值勤現場會開幕大會，並觀看閱兵式。

六月三十日　主持在拉薩舉行的西南六省區六方經濟協調會第六次會議。

七月十七日　參加西藏軍區舉行的熱愛西藏，向西藏人民學習動員大會。

九月七日　參加那曲地區區級以上黨員幹部大會。

九月十九日　出席中國佛教協會西藏分會第五屆二次理事會，宣布中共在西藏的宗教政策不會改變。

九月二十四日　出席自治區外事工作會議，並作"一要堅決反對外國反華勢力支持西藏獨立活動，二要大膽實行對外開放"講話。

九月三十日　會見尼泊爾駐拉薩總領事拉納·巴哈杜爾塔帕。

十月十七日　赴北京參加西藏中學開學典禮。

十二月十八日　主持自治區黨委三屆八次全體擴大會，做了"關於西藏目前形勢和面臨任務"長篇報告，規定「一手抓反分裂鬥爭，一手抓經濟建設"方針。

一九九〇年　四十八歲

一月十五日　在拉薩參加西藏各族各界紀念十世班禪圓寂一周年集會。

二月五日　出席自治區工會工作會議閉幕式。

二月九日出席中國人民銀行西藏各支行行長會議並講話。

二月十日　出席藏曆鐵馬新年擁軍座談會。即日起到二十七日，與其他負責人向基層居委會幹部、上層愛國人士和農民拜年。

三月十八日　當選西藏代表團副團長，參加全國人大七屆三次會議，進入主席團。

四月四日　在人大會議期間於人民大會堂西藏廳接受會議新聞中心組織的港台記者集體採訪。

四月三十日　在國務院解除拉薩戒嚴令命令發布後前往各戒嚴據點慰問。

五月十九日　與西藏黨政領導人參加維修布達拉宮工程義務勞動。同日主持西藏黨委五屆三次全會。

五月二十三日　與出席自治區五屆人大代表和政協委員中部分愛國人士和少數民族代表座談。

七月二日　考察藏醫藏藥工作。

七月五日　參加區黨委、區政府與國務院赴藏考察團就進一步穩定局勢、發展經濟而舉行的座談會。

七月十一日～十八日　主持舉行中共西藏自治區第四次代表大會，並在第四屆黨委會第一次全體會議上再次當選為書記。

七月下旬　與江村羅布、熱地、西藏軍區司令員姜洪泉等一同陪同江澤民考察西藏。七月二十日江澤民由青海抵達西藏，二十二日聽取胡錦濤匯報。隨後幾天胡錦濤陪同江澤民參觀了大昭寺、布達拉宮、拉薩郊區堆龍德慶縣南嘎四村的農戶，及羊八井地熱電廠。

八月一日　在拉薩檢閱部隊。

八月七日　出席戒嚴部隊軍地座談會。

九月一日　在自治區首次民族團結先進集體、先進個人表彰大會上作報告。

十月二十日　到昌都參加昌都解放四十周年慶祝大會。

九月二十八日　率區黨政代表團赴芒康縣、鹽井區等地考察指導。

十月　兼任西藏軍區黨委第一書記。

一九九一年　四十九歲

一月二十八日　出席自治區直屬機關第一次黨政工作會議；出席自治區科技工作會議開幕式。

一月　從西藏消聲匿跡，到北京治病。

二月十一日　與在京工作的藏胞共慶藏曆新年。

五月中旬　在《求是》雜誌上與熱地、江村羅布聯名發表《黨的民族政策在西藏的偉大實踐》長文，總結西藏建設的經驗。

五月二十三日　出席北京市各界人士紀念西藏和平解放四十周年大會。

十二月二十五日　出任中國佛教協會西藏分會會長結巴堪蘇·倫珠陶凱治喪委員會主任委員。

一九九二年　五十歲

三月二十日　一年以來初次露面，在北京參加出席第七屆全國人大五次會議開幕式，並參加西藏代表團討論，倡議加強改革，稱"反對西藏獨立勢力的運動，已爲進一步改革創造了條件"。

春天起到中央組織部機關上班，參加籌備中共十四大工作，主要是甄別考察新的中央委員和候補委員候選人。

九月七日　爲西藏自治區慶祝地方財政建立四十周年題詞。

十月十一日～二十日　參加中共第十四次代表大會，進入主席團，列名大會主席團第一副秘書長。當選爲十四屆中央委員；在十四屆一中全會上當選爲政治局委員、常委，中央書記處書記。

十一月十四日　會見法國共產黨代表團。

十二月八日　出席全國總工會十一屆五次執委會並講話。

十二月十一日　會見優秀科技人員。

十二月十二日　會見出席授予警衛儀式人員。

十二月十六日　會見政法工作會議代表。

十二月十九日　會見出席共青團十二屆五中全會代表。

十二月十七日　會見發展中國航天事業有功人員。

一九九三年　五十一歲

一月八日～十二日　出席在武漢召開的中共青年幹部鍛煉成長經驗交流會並講話。

一月十二日　到北京永定河工程勞動。

一月十九日　慰問北京工廠、城建單位、環衛單位職工，和中國農業科學院科研人員。

二月六日　與江澤民、李鵬、喬石等和一百多位文藝工作者歡聚元宵節。

二月二十一日　同在京藏胞共慶藏曆新年。此後成為慣例。

二月二十六日　會見中國青年科學家獎獲得者。

三月四日　在紀念毛澤東等人為學習雷鋒題詞三十周年大會上講話。

三月中旬　當選為八次人大代表，出席第八屆全國人大會議和政協會議第一次會議。三月二十四日，在八屆人大主席團三次會議上對人大領導人候選人名單草案作說明。三月二十七日，參予主持八屆人大一次會議第五次全體大會。

三月二十四日　參觀進出口商品質量展覽會。

四月四日　與其他中央領導人一起參加植樹。此後成為慣例。

　　四月十三日～二十日　在江西考察。四月二十日，爲京九鐵路吉安至定南段開工剪彩。

　　五月三日　出席共青團十三大開幕式並講話；五月十日　會見新當選的團中央委員。此後成爲慣例。

　　五月四日　會見日本自民黨前干事長小淵惠三。

　　五月五日　出席紀念彭德懷誕辰九十五周年並講話。會見日本前社會黨委員田邊誠。本月還分別會見孟加拉民主主義黨、馬里團結正義黨、以色列工黨和法國聯邦共產黨、布吉納法索人民民主組織勞動運動等多個代表團，指出：世界多極化，有可能爭取到較長和平國際環境。

　　六月八日　在中南海懷仁堂出席全國培養選拔少數民族幹部座談會並講話。

　　六月二十八日（一說七月一日）～七月四日　到湖南考察企業、鄉村。

　　七月　任中共中央機構編制委員會副主任（主任李鵬）。

　　七月十二日　出席第八次中國駐外使節會議。

　　八月十五日　出席全國青年星火計劃帶頭人工作會議並講話。

　　七月二十一日～二十三日　出席全國機構改革工作會議並講話。

　　七月二十六日　到遼寧丹東出席擴建的抗美援朝紀念館開館典禮。

　　七月二十六日～二十九日　率領中國黨政代表團訪問平壤參加北韓"祖國解放戰爭勝利四十周年"，二十七日參加北韓閱兵式。

　　八月六日　會見越共中央思想文化工作領導幹部代表團。十七日，會見南非共產黨全國主席斯洛文和夫人。

　　八月九日　在全國組織工作座談會上講話，要求領導班子內部堅持和健全民主集中制，克服地方保護主義、本位主義、分散主義等傾向。

八月十八日　出席黨外人士情況通報座談會並發言。

八月二十一日　出席中央紀律檢查委員會第二次全體會議。

八月下旬　電賀中央電視台創建三十五周年。

九月一日　出席全國婦聯第七次代表大會並代表中共中央發表祝詞，與其他領導人接見全體代表並合影。此後成為慣例。六日，與新當選全國婦聯七屆常委及部分代表座談。

九月三日　會見日本第五次長城計劃友好交流使節團主要成員。

九月四日　出席中共中央黨校一九九三年秋季開學典禮；出席第七屆全國運動會開幕式。此後均成為慣例。

九月七日　出席《康克清回憶錄》出版座談會；出席公務員與工資兩項制度改革工作會議代表。

九月二十三日　與全國國有企業黨的建設工作座談會代表座談。

十月二日　與其他黨政領導人會見出席中共中央文藝晚會的宣傳文化系統和科技教育界知名人士代表；出席全國首屆人才與技術交流大會。

十月四日　首次以中共中央黨校校長身份露面，在省部級領導幹部學習鄧小平建設有中國特色社會主義理論研討班開學典禮上講話。此後參加每個學期、各種研討班、進修班的開學或結業典禮，成為慣例。

十月六日　出席殘疾人聯合會第二次全國代表大會開幕式；會見委內瑞拉基督教社會黨前總書記費爾南斯夫婦。

十月十八日　出席中共中央農村工作會議。

十月中旬　電賀《中國青年》創刊七十周年。

十月二十四日　與其他領導人出席工會第十二次代表大會開幕式，會見代表並合影。此後成為慣例。

十一月二日　主持省部級主要領導幹部理論研討班座談會；出席學習鄧小平文選第三卷報告會。

十一月三日　出席中共中央黨校全體會議並講話。

十一月五日　主持中共全國統戰工作會議。

十一月二十日～二十六日　到浙江考察。

十二月六日　會見土庫曼民主黨第一書記穆薩耶夫一行；本月還會見南非泛非主義者大會代表團。

十二月十六日～二十日　到雲南考察。

十二月二十二日　參加北京區縣人大代表換屆選舉投票。

十二月二十四日～二十六日　與其他領導人一起參加毛澤東誕辰一百周年紀念活動。二十四日，出席大型文藝晚會；二十五日，觀看大型展覽；二十六日，出席紀念大會，並瞻仰毛澤東遺容，同日出席毛澤東生平和思想研討會開幕式。

一九九四年　五十二歲

一月二十三日　出席全國黨員教育工作會議。

一月二十四日　出席全國宣傳思想工作會議開幕式。

二月一日　出席國家教委慰問留學回歸人員新春文藝晚會。

二月五日　會見見義勇爲的英雄戰士徐洪剛等全國雙擁（擁軍、擁政）代表。後出席首都軍民迎春文藝晚會。

二月二十八日　出席中紀委第五次全會。

三月四日　出席全國黨校工作會議開幕式；七日，主持閉幕式。

三月五日　出席紀念三八婦女節暨迎接九五第四次世界婦女大會的大會。

三月八日　參予主持八屆政協二次會議的開幕式。

三月十日　出席八屆人大二次會議開幕式。十一日，參加人大西藏代表團審議討論。中旬主持增補政協副主席、常委、秘書長的民主協商會。

三月二十二日　出席全國計劃生育工作座談會。

三月二十三日　出席朱鎔基主持的農村工作會議。

四月十五日　出席國務院對外經濟工作會議。

四月十六日～二十九日　率領中共代表團訪問拉丁美洲三國：阿根廷、巴西和烏拉圭。

五月十三日～十八日　到河南考察。十三日出席河南省委紀念焦裕祿逝世三十周年大會；十四日，到河南蘭考縣爲焦裕祿紀念館剪彩，爲銅像揭幕。

五月二十一日　會見越南黨政代表團。

五月二十六日　出席中央黨校建設有中國特色的社會主義理論研究中心成立大會；出席國務院婦女兒童工作委員會實施九十年代中國兒童發展規劃綱要工作會議暨表彰會。

六月三日　與其他黨政領導人一起會見中國科學院、中國工程院院士。

六月十日　與中共中央直屬機關思想政治工作會議代表座談。

六月十四日　會見中共第五次"全國歸僑僑眷代表大會"的代表並合影；出席中共中央和國務院召開全國教育工作會議開幕式。

六月十六日　主持全國政協召開的黃埔軍校建校七十周年暨黃埔同學會成立十周年紀念大會。

六月二十日～二十五日　到天津考察，提出從"堅持基本路線一百年不動搖"戰略高度，重視選拔青年幹部。

七月二十日～二十三日　出席中共中央、國務院第三次西藏工作座談會。

八月九日～十六日　考察內蒙古。

八月二十九日　接見遠南殘疾人運動會選手並觀賞殘疾人藝術團演出。

九月八日　到山東威海出席全國黨校系統鄧小平建設有中國特色的社會主義理論研討會。

九月十八日　與其他黨政領導人觀看百部愛國主義影視片主題曲《金曲頌中華》晚會。

九月二十五日　參觀中國社會發展成就展。

十月上旬　會見出席全國思想政治工作科學專業委員會全體代表。

十月十五日～十九日　到上海視察。

十月二十九日　出席全國農村基層組織建設工作會議閉幕式。

十一月九日～十六日　到廣東深圳等地考察基層黨建。

十一月二十一日　出席全國黨史研究室主任會議、中共黨史學會第四屆理事會議全體代表。

十一月底　出席經濟工作會議。

十一月三十日　出席中共全國組織工作會議開幕式並代表黨中央講話，要求"完善集體領導和個人負責相結合的制度"，"抓緊培養和選拔德才兼備的"、"能跨世紀擔當領導重任的優秀青年幹部"。

十二月九日　與中央其他領導人一起聽法律知識講座第一講："國際商貿法律制度及關貿總協定"。

十二月二十二日　出席全國跨世紀青年人才群英會。

十二月二十三日　會見全國政法工作會議代表，黨委秘書長、辦公室主任座談會代表。

一九九五年　五十三歲

一月十七日～二十二日　到陝西視察。

一月二十三日　出席中共中央紀律檢查委員會五次全會。

一月二十八日　與其他中共領導人分別向鄧小平、陳雲拜年。

二月十日　到北京順義縣看望縣市委領導經濟建設經驗交流會代表，並座談。

二月二十四日～二十七日　出席農村工作會議。

三月二日　出席中央書記處召開的黨內政治思想工作座談會並作主要報告。

三月三日～十八日　出席全國人大和政協會議，在幕後為確保吳邦國和姜春雲順利當選副總理而積極作委員、代表思想工作。

四月九日～十六日　考察太行山河北、河南、山西三省交界一帶。

四月十九日　護送陳雲遺體到八寶山火化。

四月二十二日　出席中央組織部培養選拔年輕幹部經驗交流會。

四月二十七日　出席北京市區、縣、局黨員領導幹部會議，代表中央宣布對王寶森案要徹底查處，陳希同辭職，尉健行接任。

四月三十日，胡錦濤來到當年學習過的清華新水利館三〇三教室，與同年級學友共慶畢業三十周年。

五月十二日　在《人民日報》發表《全黨都來學習孔繁森》的文章。

五月十二日～十九日　到福建考察。

六月十四日　出席北京大學等五十六所院校紀念抗日戰爭勝利五十周年《黃河大合唱》。

六月十五日～二十四日　考察內蒙古、寧夏。

六月三十日　主持優秀縣市委書記表彰會；出席《孔繁森之歌》文藝晚會。

七月三日　會見優秀青年科技專家成長道路報告團成員。

七月九日～十六日　考察青海。

七月二十一日　給中共中央機關部級領導幹部講黨課。

七月二十六日　陪同江澤民會見中國科協第二屆青年學術年會代表。

八月十五日　參觀抗日戰爭紀念館和蘆溝橋。

九月二日　出席紀念抗日戰爭和反法西斯戰爭勝利五十周年大型晚會；次日，出席紀念大會與向人民英雄紀念碑敬獻花籃儀式。

九月四日　參加李鵬舉行的招待第四次世界婦女大會各國貴賓晚宴；陪同江澤民會見各國貴賓。

十月十四日～十一月九日　出訪土庫曼共和國，參加該國慶祝獨立四周年活動，並訪問烏茲別克、羅馬尼亞。

十一月十日　與江澤民等領導人接見班禪轉世靈童尋訪領導小組第三次會議代表；二十九日，國務院派員在拉薩主持金瓶掣簽，掣出堅贊諾布爲第十一世班禪額爾德尼。

十一月十日　出席孔繁森事跡展覽開幕式。

十二月四日　與江澤民等領導人出席在京舉行的國歌紀念音樂會。

十二月八日　在首都紀念"一二·九"運動六十周年暨"一二·一"運動五十周年大會上講話。

十二月十一日　會見全國檔案工作會議暨表彰先進會議代表並講話。

一九九六年　五十四歲

一月十八日～十九日　在政治局會議上檢討在所分工的意識形態、思想政治、黨務工作中"不敢大膽抓"。

一月二十四日　與江澤民、李鵬等首腦一同與出席全國宣傳工作會議代表座談。

一月　全國組織工作座談會在京舉行，在會上強調辦好中國的事情關鍵在黨關鍵在人。

一月二十六日　香港特別行政區籌委會成立大會在京舉行，與江澤民、李鵬等會見全體委員。

二月八日　與其他中共首腦在中南海懷仁堂聆聽"領導同志法制講座"《關於依法治國，建設社會主義法制國家的理論和實踐問題》。

二月　到廣西考察，要求各級領導幹部牢固樹立群眾觀點幫助解決實際困難。

三月二十七日　政治局常委決定成立十五大籌備工作領導小組，胡錦濤具體負責籌備。

三月二十九日～四月四日　考察海南，強調要深入領會和貫徹"講政治"。

五月　在河北和北京交界地帶巡視考察"嚴厲打擊犯罪"活動，強調各方配合，打出成效。

五月五日　與青年科技專家國情考察團成員座談。

六月一日　出席少年兒童"手拉手互助活動"匯報座談會。

六月二十一日～二十六日　在吉林考察。

六月二十八日　出席全國先進基層黨組織、黨務工作者表彰大會；會見中共黨史系統表彰大會暨黨史研究室主任會議代表。

七月十一日　與出席全國組織部長會議代表座談。

七月十七日　會見武警部隊黨委擴大會議代表、全國警衛工作會議代表。

七月十九日～二十五日　在安徽視察，要求花大力氣建設高素質幹部隊伍。七月十九日，考察淮河防汛情況。

七月二十九日　大連經濟技術開發區法院刑事審判庭副庭長譚彥先進事跡報告會在京舉行，會見報告團。

八月三十日　出席爲《世紀偉人鄧小平》畫冊出版在人民大會堂舉行的座談會。

九月三日　批轉喬石接受德國《商報》專訪時引用鄧小平"警惕右，但主要是防左"的講話次日由新華社發表。

九月十四日～二十一日　到四川涼山、成都、重慶、涪陵等地考察，走訪彝族農家和三峽工程移民區域。

九月二十九日　接見新疆各州、市、縣黨政主要負責人和駐疆軍警、新疆生產建設兵團幹部參觀團，強調"兩手抓，兩手都要硬"，"維護祖國統一"。

十月十六日　應邀在土庫曼共和國電視台慶祝國家獨立五周年專題節目中致詞祝賀。

十月　到江蘇考察，強調"黨要管企業"。

十二月九日　出席聽取該年第二次法律知識講座。

十二月十一日　在全國國有企業黨的建設工作會議開幕時講話。

十二月十二日　與出席全國保密工作會議部分代表座談。

十二月十七日　出席全國第三次鄧小平建設中國特色的社會主義理論研討會開幕式。

十二月十八日　與出席全國政法工作會議部分代表座談；會見一九九六年國家科技獎獲獎者。

一九九七年　五十五歲

一月十日～二十日　率團到古巴、墨西哥、哥倫比亞三國訪問。

二月　鄧小平逝世，任鄧小平治喪委員會委員，參加吊唁活動。二十四日，參加向遺體告別，護送遺體火化；二十五日，參加追悼大會；三月二日，代表中央與鄧小平家屬一起乘飛機將鄧的骨灰灑向大海。

三月十九日　參觀全國海關反走私展覽。

三月二十一日　會見日本自民黨前副總裁小淵惠三一行；本月還會見香港青年訪問團和老撾黨政監委代表團。

四月十六日　與李瑞環會見中辦、國辦援藏工作經驗交流會代表。

四月二十七日　出席全國機關黨建工作座談會。

五月五日　到北京醫院送別彭真，後與喬石等護送彭真遺體去八寶山革命公墓火化。

五月六日　與李瑞環、朱鎔基等聽取中共中央舉辦的"一國兩制與香港基本法"法制講座；會見科特迪瓦總統貝迪埃一行。

五月七日　會見全國機構編制工作座談會暨鄧小平行政管理體制和機構改革理論研討會代表。

六月六日　會見中共武警黨代會暨武警黨委擴大會議代表。

六月十一日　與中組部第二期青年專家國情考察團成員座談。

七月一日前後　出席慶祝香港回歸招待會等慶祝活動。

七月十四日　隨江澤民與越南共產黨總書記杜梅會談。

八月一日　出席江澤民主持的黨外人士座談會，徵求對十五大報告草稿的意見。

九月六日～九日　參予主持十四屆七中全會。

九月　在中共十五大上當選為中央委員，隨後在一中全會上被選為中央政治局常委，書記處書記，由第七位升為第五位。九月十三日，參加十五大西藏代表團討論。

九月二十三日　在中組部學習貫徹十五大精神暨中組部黨建研究所成立十周年座談會上發言。

十月十七日～十九日　在天津市寶坻縣、西清區考察農村經濟發展和基層組織建設。

十月二十九日～十一月一日　考察三峽工程建設特別是大江截流，並到秭歸縣考察庫區移民工作。

十月二十九日　在全國農村基層組織建設電視電話會議上講話。

十一月十七日～十九日　出席全國金融工作會議。

十二月一日　中華全國總工會編輯的《全心全意依靠工人階級》一書首發式舉行。胡錦濤爲此書作序。

十二月二十一日　出席全國組織工作會議。

一九九八年　五十六歲

一月十二日～十五日　全國宣傳部長會議舉行，與江澤民等會見代表。

三月　出席九屆全國人大，擔任大會常務主席。十六日，當選爲國家副主席。

四月二十一日～三十日　對日本和韓國進行國事訪問。二十一日抵達東京，與日本首相橋本龍太郎會晤並出席歡迎晚宴；二十三日，在東京演講；二十四日，接受採訪；二十七日，在漢城發表演講；二十八日，會見韓國總統金大中；三十日，在漢城接受記者採訪。

五月八日　出席紀念真理標準討論二十周年座談會並講話。

五月十三日　晚上參觀北京高新技術產業國際周展覽，強調增強創新能力，發展知識經濟。會見前來參加此活動的外國團組代表。

六月十九日　在共青團十四大開幕式上發表《邁向新世紀，創造新業績》祝詞；二十四日，主持江澤民與共青團中央新一屆領導成員和部分代表座談。

六月二十四日　出席中組部學習鄧小平黨的建設理論座談會並講話。

六月二十六日　到機場迎接前來中國進行國事訪問的美國總統克林頓夫婦。

六月二十七日　出席全國農村基層組織建設經驗交流暨表彰會議，發表《適應跨世紀發展需要把農村基層黨組織建設得更加堅強有力》的講話。

七月二十日　會見由日本共產黨中央政治局委員長不破哲三，祝賀與日共關係正常化。

七月二十八日　中紀委、政法委舉行貫徹中央關於軍隊、武警、政法機關不再從事經商活動的電視電話會議，在會上講話。

七月二十九日　參觀全國禁毒展覽。

八月二十五日～二十六日　到黑龍江、吉林視察汛情災情。

九月十四日　在中央團校建校五十周年座談會上致賀詞。

十月二十八日　於“九九重陽節”就國際老年人年發表電視講話。

十二月　到越南參加東盟和中日韓領導人非正式會晤、東盟與中國領導人非正式會晤。

一九九九年　五十七歲

一月二十三日～二月六日　訪問馬達加斯加、加納、象牙海岸、南非四國，以推動中非經貿合作。

三月十九日　出席由尉健行主持的全國“三講”會議並作重要講話。

四月下旬　與清華一九五九級八十多位校友在北京中國水利水電科學研究院聚會，歡慶入學四十周年。

五月九日　代表黨中央和中國政府，就美國飛機轟炸襲擊中國駐南使館發表電視講話。

九月　在中共十五屆四中全會上，擔任排名第一的中央軍委副主席。二十九日，在中共中央軍委晉升上將軍銜儀式上宣讀江澤民簽署的晉升郭伯雄、徐才厚爲上將軍銜的命令。

十月　會見了來華通報博鰲亞洲論壇籌建工作的霍克和拉莫斯。

十一月二日　作爲政治局常委唯一代表，赴廣州參加謝非告別儀式。

十一月四日　在北京與朱鎔基參觀"全國農村婦女十年成果展"。

十一月五日　以軍委副主席身分，陪同江澤民會見全軍裝備工作會議代表。

二〇〇〇年　五十八歲

一月十一日　在全國宣傳部長會議上發表重要講話。

一月十二日　在中共中央舉辦的省部級主要領導幹部財稅專題研討班開班儀式上講話。

四月九日　參加中央黨校學術委員會舉行成立儀式，給鄭必堅爲主任，蘇星、龔育之、邢賁思爲副主任的首屆學術委員會委員頒發証書。

五月二十五日　在中共中央、國務院、中央軍委在京召開的軍隊武警部隊政法機關不再從事經商活動工作總結電視電話會議上總結。

六月二十一日　舉行晉升上將軍銜警銜儀式，江澤民朱鎔基簽署晉升命令，胡錦濤宣讀命令。

七月十一日　會見了參加國際行政院校聯合會二〇〇〇年年會的各國代表。

七月十二日　會見美國國防部長科恩。

七月十六日～三十日　對緬甸、泰國、印度尼西亞、白俄羅斯和哈薩克斯坦進行正式訪問。

九月五日～九日　到保定市、石家莊市，就加強黨的建設進行調查研究。

九月二十二日　會見出席"二〇〇〇年世界華人論壇"部分知名華僑華人代表。

十月三十一日　中國青年出版社五十周年紀念會在京舉行。胡錦濤發出賀信。

十一月十二日　在中央黨校於上海舉辦的學習江澤民"四個如何認識"研究班結業時發表講話。

二〇〇一年　五十九歲

二月二十六日　在四川考察，強調抓住西部大開發難得機遇，把經濟建設搞上去。

四月十九日　在越南共產黨第九次全國代表大會全體會議上講話。這次前往河內，十八日晚與老撾人民革命黨主席、老撾國家主席坎代·西潘敦會見。二十日還會見古巴共產黨代表團團長，朝鮮勞動黨代表團團長，俄羅斯共產黨代表團團長。

四月下旬　清華大學九十周年校慶，胡錦濤、劉永清夫婦於二十九日來到清華園內新水樓參加校慶活動。

四月二十七日　中國青年報社五十周年紀念會在北京舉行，胡錦濤致信祝賀。

四月三十日～五月三日　到浙江溫州、杭州和嘉興考察工作。

五月四日　上午到北京有色金屬研究總院視察，下午在人民大會堂會見香港青年領袖訪問團全體成員。

五月十六日　與全國幹部教育培訓工作會議代表座談。

六月八日～十六日　到新疆哈密、喀什、伊犁、烏魯木齊、石河子和昌吉等地進行考察。

七月二十日　率中央代表團到西藏共慶和平解放五十周年各項活動。

十月二十四日　出席紀念中央革命根據地創建暨中華蘇維埃共和國臨時中央政府成立七十周年座談會並講話。

十月二十七日～十一月十一日　對俄國進行工作訪問，並對英國、法國、德國和西班牙進行了正式訪問。

十一月十四日　考察上海市職業培訓指導中心。

十二月二十九日　與全國組織部長會議代表座談。

二○○二年　六十歲

元月十九日　會見前來北京出席"中美關係國際研討會"的美國代表。

元月二十四日，參加"江八點"七周年座談會。

元月三十一日　會見日本豐田汽車公司董事長奧田碩一行。

二月二十一日　出席省部級主要領導幹部"國際形勢與ＷＴＯ"專題研究班在中央黨校開班式。

二月二十二日　美國總統布什旋風式訪華，在清華大學演說，胡錦濤作為清華校友陪同並致詞，這是胡錦濤第一次與布什見面。

二月二十七日　發表慶祝元宵節對黨政幹部的講話，成為中央電視台新聞聯播頭條。

四月二十三日～五月四日　對馬來西亞、新加坡和美國進行正式訪問。四月二十九日，抵達美國紐約，三十日，抵達華盛頓，與美國參眾兩院國會議員及國務卿鮑威爾會面。五月一日，與美國總統布什、副總統切尼、美國國家安全顧問賴斯以及國防部長拉姆斯菲爾德等人見面。

五月二十二日　出席在北京開幕的亞洲監察專員協會第七次會議並致開幕辭。

五月三十一日　主持中央黨校省部級幹部進修班畢業典禮，江澤民出席典禮並發表重要講話，指出全面貫徹"三個代表"要求。

七月十五日到二十日　在雲南視察。

八月二十六日　會見美國國務院常務副國務卿阿米蒂奇。

九月八日　與其他政治局常委一起出席北京師範大學百年校慶。

九月九日　會見前來北京參加"世紀之約──中日婦女牽手北京"紀念中日邦交正常化三十周年活動的日本社民黨黨魁、眾議院議員土井多賀子女士等日本婦女訪華團主要代表。

九月十三日　全國再就業工作會議閉幕，主持大會。

九月二十八日　出席中日友好協會和中國人民對外友好協會舉辦的慶祝中日邦交正常化 30 周年大型招待會。會前會見了日本前首相橋本龍太郎、村山富市等。

十月三日～七日　到重慶市考察實施西部大開發戰略以及開展扶貧助困、庫區移民安置、再就業等工作的情況。

十一月八日～十五日　參加中共第十六次全國代表大會，進入主席團擔任祕書長。九日，參加西藏代表團討論；十五日中共十六屆一中全會上當選為中共中央政治局委員、常委、總書記、中央軍委副主席，當選後率全體政治局常委與中外記者見面。

十一月二十七日　會見芬蘭總統塔里婭·哈洛寧。

十二月二日　主持政治局會議，研究二〇〇三年經濟工作，通過中央政治局工作規則。

十二月二日　會見俄羅斯總統普京。

十二月四日　在紀念憲法公佈施行二十周年大會上講話。

十二月五日～六日　與曾慶紅等參觀革命聖地河北省西柏坡。

十二月二十三日～二十七日　率政治局常委賈慶林、曾慶紅踏雪逐一走訪各民主黨派中央和全國工商聯。

二〇〇三年　六十一歲

一月二日～五日　於天寒地凍中先後到內蒙古通遼市和錫林郭勒盟考察。

一月七日　合肥市逾萬名學生，不滿合肥工業大學三名女同學被車撞成兩死一傷、而媒體報道學生違章，爆發大規模抗議。胡錦濤於當晚批示要求嚴肅處理肇事司機。

一月二十四日～二十五日　到北京中關村科技園區、密雲縣和懷柔區企業、農村，考察經濟社會發展和群眾生產生活。二十四日與二十位回國創業博士交談；二十五日冒雪巡視密雲水庫。

二月一日　在北京市中心一些機構看望節日值班員工。到國際互聯網數據中心了解互聯網運行和管理。

二月二十四日　會見美國國務卿鮑威爾。

二月二十七日　會見來華訪問的古巴領導人菲德爾．卡斯特羅。

二月二十四日～二十六日　十六屆二中全會舉行，通過向十屆人大推薦的國家機關領導人選名單和向十屆政協推薦的政協領導人選名單。

三月五日～十八日　十屆全國人大第一次會議在北京舉行；三月六日，到人大貴州團參加會議。十八日，當選為國家主席。當天接到美國總統布什祝賀當選的電話。

三月二十六日　与溫家寶、曾慶紅集體會見一百五十多位外國使節和國際組織駐華代表。

四月十日　離開北京，南下廣東湛江、深圳考察。十一、十二日，考察深圳鹽田港、龍崗區南嶺村、著名民企華為集團、仙湖植物園、高新技術開發區等地。向鄧小平銅像獻花籃並行三鞠躬禮。十二日下午會見香港特首董建華，共進晚餐。

五月一日　到天津市衛生防病中心、和平區小白樓街崇仁里社區、家世界友誼路超市等地檢查防治非典型肺炎工作的落實，慰問醫務工作者和科研人員。

五月十一日至十四日　在四川宜賓市翠屏區菜壩鎮衛生院等地考察。

五月十六日　接受俄羅斯國際文傳電訊社第一副社長阿布杜林和國家廣播電視公司副主席貝斯特里茨基聯合採訪。

五月二十六日～六月五日　擔任國家主席之後首次出訪，訪問歐亞四國——俄國、蒙古哈薩克斯坦和法國，出席在莫斯科舉行的上海合作組織成員國元首第三次會晤，在聖彼得堡舉行的建市三百周年慶典和在法國埃維昂舉行的南北領導人非正式對話會議。與俄羅斯總統普京、美國總統布什、日本首相小泉純一郎、印度總理瓦傑帕伊等會談。

七月二十五日　同團中央新一屆領導班子成員和團十五大部分代表座談。

八月五日　出席中國紅十字會代表紅十字國際委員會舉行的第三十九屆南丁格爾獎章頒獎大會，為獲獎者頒獎。

八月二十二日　與溫家寶、曾慶紅、羅幹等參觀全國"嚴打"整治鬥爭成果展。

八月二十八日～九月一日　到江西贛州、南昌視察。

九月三日　在中共中央舉辦的省部級主要領導幹部學習貫徹"三個代表"重要思想專題研討班開班式上講話。

九月八日　與其他領導人會見中國殘疾人聯合會第四次全國代表大會和第三次全國自強模范暨扶殘助殘先進集體和個人表彰大會全體代表並合影。

九月十二日　會見首批海關高級關銜人員及海關系統先進集體和先進工作者代表。

九月二十三日　會見來華開會的上海合作組織成員國五國總理。

九月二十六日　在北京觀看代號爲"長城二〇〇三"的反恐怖綜合演習。

九月二十七日　與曾慶紅等在北京會見香港工商界知名人士訪問團並合影。

十月一日～四日　在湖南韶山等地考察。

十月二十八日　對泰國、澳大利亞、新西蘭進行國事訪問，并出席在泰國首都曼谷舉行的亞太經合組織第十一次領導人非正式會議後回到北京。

十月十一日～十四日　中共十六屆三中全會舉行，受中央政治局委托作工作報告。

十月十五日　在酒泉衛星發射中心會見"神舟五號"載人飛船首飛梯隊三名航太員，目送楊利偉升空。

十月十六日　出席第三世界科學院第十四屆院士大會、第九次學術會議暨建院二十周年紀念大會，以及第三世界科學院科學組織網絡第八屆大會開幕式並致詞。接受了第三世界科學院頒發的主席獎章。

十一月七日　在中共中央、國務院、中央軍委於人民大會堂舉行慶祝我國首次載人航天飛行圓滿成功大會上講話。

十二月三日　在北京分別會見來京述職的香港特首董建華和澳門特首何厚鏵，肯定其工作。

十二月七日　在全國宣傳思想工作會議上發表重要講話。

十二月十日　在北京市西城區中南海選區懷仁堂投票站投票，選舉區縣人大代表。

十二月十二日～十七日　在山東、河南就解決好農業、農村和農民問題進行考察。

十二月二十日　在中共中央、國務院召開的全國人才工作會議上發表講話。同日晚應約同美國總統布什通電話，就發展中美關係、台灣問題和有關國際熱點交換意見。

十二月二十五日　在人民大會堂會見來京參加座談會的台灣同胞投資企業協會會長。

十二月三十一日　以國家主席身份通過中央電視台等媒體，發表新年賀詞《創造世界和平繁榮的美好明天》。

二〇〇四年　六十二歲

一月十五日　會見上海合作組織成員國外長和常設機構負責人。

一月二十日～二十一日　在河北省張家口市考察。農曆猴年除夕，在張北縣油簍溝鄉喜順溝村看望幹部群眾，與村民呂佔林一家一起包餃子。

一月二十六日～二月四日　前往法國、埃及、加蓬和阿爾及利亞進行國事訪問。適值中法建交四十周年和中國在法國舉辦文化年期間，在法國國民議會發表演講。

作者附記

筆者之一任知初，曾經作爲一個中國青年問題的調研者，在八十年代初期，胡錦濤先擔任共青團中央常務書記、後升爲第一書記期間，有過多次切近觀察胡錦濤的機會，積累了若干直觀感性印象。在這一基礎上，通過大量訪問與各個時期的胡錦濤有過工作接觸的人士，並且廣泛查閱海內外各種資料，寫出了《中共跨世紀接班人胡錦濤》一書，於一九九七年十月胡錦濤在中共十五大上權力獲得鞏固之後，由香港明鏡出版社出版，是爲當時海內外第一部關於胡錦濤的傳記性專著，填補了海內外胡錦濤傳記資料的空白。

隨著時間推移，胡錦濤的政治才幹在展開和提高，關於胡錦濤的資料急劇增加，海內外學人對胡錦濤的追蹤研究也在繼續和深化。任知初對《中共跨世紀接班人胡錦濤》的"急就章性質"日益不滿意，因此與同樣關注胡錦濤，也做了大量調查研究工作的文思詠合作，反覆核對印證過去的所有資料，更補充大量史實，將原書十四萬多字的篇幅擴展到三十萬字，書名也改爲《胡錦濤傳》，呈獻給海內外讀者。現在，在胡錦濤擔任中共總書記、中國國家主席一年多之後，重新修訂補充再版，爲三十八萬字。

有一件事要向讀者說明。在《中共跨世紀接班人胡錦濤》出版後，曾有不少讀者朋友提出批評，認爲該書沒有列入參考書目，使此書顯得規範性大打折扣；有的質詢該書所寫人與事究竟從何而來，是否可信；還有的更進一步建議：應在每一章後面以註解形式交代資料出處。

本書兩位作者認真考慮過這些建議，也作過詳細討論。我們感謝這些批評和建議，但同時又覺得左右爲難。

胡錦濤因爲是政壇新人，出於可以理解的苦衷，爲人極爲謹慎低調，不許媒體對之報導，致使除了中共媒體報導其出訪、開會等活動的官樣文章之外，系統深入地介紹其生平、思想的可信材料盡付闕如；海外媒體倒是有大量報導，籠統稱之爲"無米之炊"當然不妥，稱其爲"米少水多"則無疑：其中能成爲分析基礎的確切材料相當少且相當零碎，大量文字多爲道聽途說，自相矛盾，輾轉以訛傳訛，殊難証實採信。這種局面對研究他本人和預測中共未來走向來說，成了一個特殊的難題。

筆者向許多在各個階段認識胡錦濤的人士作過調查，搜集到大量資料，但是這些人士在保証自己提供第一手材料的真實性的同時，除了個別人士之外，多數希望能夠理解他們的處境，要求不要披露其姓名和身份。我們必須尊重他們這一愿望，只好不在書中列明。

本書的資料來源，主要是四方面：

一是胡錦濤本人的報告、文章、文件和講話。

二是對與胡錦濤有一定瞭解者提供，經過筆者比照，基本相信其所講述情況的真實性後採用；

三是對海內外報刊與胡錦濤有關的汗牛充棟的報導和文章進行對比辨析，從中去僞存真，但因爲所涉及的篇章實在太多，如果全部列出其篇目，恐怕或將超過本書篇幅，對多數讀者並無意義，將成爲一大不必要的負擔；

四是廣泛查閱從省誌、縣誌、年鑒到其他相關人物傳記等多種背景資料，一則是切實瞭解本書傳主的時空舞台和社會關係，二則，也是深入尋找他思想的形成依據與行動的合理解釋。

對這個不可不列、又不便細列參考書目的難題，經過再三斟酌，打算採取折衷辦法，即增設"重點參考資料"，列出重點書目和篇目，以及筆者曾參閱過的報刊名稱，放在全書最後；書中寫到的一些事件，能注明出處的，當即用括號或者在行文中注明。

　　這當然還是達不到學術規範性的要求，但是多少能協助讀者進一步查証。考慮到本書畢竟不是嚴格意義上的學術著作，這一做法或許差強人意。

　　本書能夠成稿出版，要感謝的人首先就是明鏡出版社總編輯何頻先生，任知初的《中共跨世紀接班人胡錦濤》就是在他多方鞭策鼓勵、毫無保留地提供資料和研究心得的熱情支持下問世的，而我們兩位作者，這次也繼續得到他的全方位支持。他先是對我們開放他兼任執行長的多維新聞網的全部資料，而後又於胡錦濤二〇〇二年四月底訪問美國之際，開始在多維新聞網上苦心安排本書的逐日連載。其他對本書襄助者甚多，恕不能在此一一列舉。特別應該指出的是：本書出版和在網絡上連載之後，得到很多人鼓勵，也得到一些相識或不相識的朋友，公開或不公開、點名或不點名的批評指正。對於他們所列舉的本書中一些史實的失察、一些觀點的失當，我們均進行了認真的核實和思考，在此也謹表示謝忱！本書一定也還存在大量錯謬和疏漏，懇請各位方家不吝指正。

重點參考資料

（清）陳錫等修，趙繼序等纂《績溪縣誌》（乾隆二十年刊本，成文出版社有限公司，台北，一九八五年）

（清）淸愷等修，席存泰等纂《績溪縣誌》（嘉慶十五年刊本，成文出版社有限公司，台北，一九八五年）

《徽州府誌》（嘉慶十五年刊本，成文出版社有限公司，台北，一九八五年）

許家屯：《許家屯回憶與隨想錄》（明鏡出版社，香港，一九九八年）

吳月、王會紹、王明庸、余賢傑：《甘肅風物誌》（甘肅人民出版社，蘭州，一九八五年）

《當代中國》叢書編委會《當代中國的甘肅》（當代中國出版社，北京，一九九二年）

甘肅省委研究室編《甘肅省情》（甘肅人民出版社，蘭州，一九八八年）

吳江《十年的路》（鏡報文化企業有限公司，香港，一九九五年）

《宋平在甘肅》（中央文獻出版社，北京，二〇〇三年）

《中國共產主義青年團第十一次全國代表大會文件匯編》（中國青年出版社，北京，一九八三年）

《中國共產主義青年團第十二次全國代表大會文件匯編》（中國青年出版社，北京，一九八八年）

共青團中央宣傳部編：《閃光的生活道路——張海迪事跡》（中國青年出版社，北京，一九八三年）

共青團中央宣傳部編：《閃光的生活道路——張海迪事跡》（續編）（中國青年出版社，北京，一九八三年）

李玉琦主編：《中國共青團團史簡編》（中國青年出版社，北京，一九九七年）

貴州地方志編纂委員會貴州年鑒編輯部編：《貴州年鑒》（貴州人民出版社，貴陽，一九八六年）

貴州地方誌編纂委員會貴州年鑒編輯部編：《貴州年鑒》（貴州人民出版社，貴陽，一九八七年）

貴州地方誌編纂委員會貴州年鑒編輯部編：《貴州年鑒》（貴州人民出版社，貴陽，一九八八年）

貴州地方誌編纂委員會貴州年鑒編輯部編：《貴州年鑒》（貴州人民出版社，貴陽，一九八九年）

龍超雲主編《中國西部概覽·貴州》（民族出版社，北京，二〇〇〇年）

《當代中國的西藏》編輯委員會編，丹增、張向明主編《當代中國的西藏》（上、下，當代中國出版社，北京，一九九一年）

《西藏自治區概況》編寫組：《西藏自治區概況》（西藏人民出版社，拉薩，一九八四年）

陳觀濤編：《西藏誌》（巴蜀書社，成都，一九八六年）

徐明旭：《陰謀與虔誠：西藏騷亂的來龍去脈》（明鏡出版社，香港，一九九九年）

王力雄：《天葬：西藏的命運》（明鏡出版社，香港，一九九八年）

王力雄：《與達賴喇嘛對話》（人間出版公司，美國，二〇〇二年）

師博主編：《西藏風雨紀實》（中國華僑出版社，北京，一九九三年）

【意大利】圖齊《西藏宗教之旅》（中國藏學出版社，北京，一九九九年）

達瓦才仁：《西藏藏人如是說》（《中國時代》，一九九八年第九期）

安琪：《"妖魔化的"西藏問題》（《中國時代》，一九九八年第二期）

郭德宏、張湛彬、張樹軍主編《黨和國家重大決策的歷程》（第五卷－第六卷，紅旗出版社，一九九七年）

《三中全會以來重要文件匯編》（上、下，人民出版社，一九八二年）

蔡國裕：《中共黨史》（國史館印行，台北，一九八八年）

夏海《中國政府架構》（清華大學出版社，北京，二〇〇一年）

鄒錫明《中共中央機構沿革實錄》（中國檔案出版社，北京，北京，一九九八年）

江澤民《論三個代表》（中央文獻出版社，北京，二〇〇一年）

邱石編：《共和國重大決策出台前後》（第一卷——第四卷，經濟日報出版社，北京，一九九八年）

新華月報編輯部編《新中國五十年大事記》（上，下，人民出版社，北京，一九九九年）

中共中央黨史研究室《中國共產黨新時期歷史大事記》（中共黨史出版社，北京，一九九八年）

李谷成：《中共黨政軍結構》（明報出版社，香港，一九九〇年）

李國強：《中國當代名人錄》（第一——第十八集，香港廣角鏡出版社）

黃崢《劉少奇的一生》（中央文獻出版社，北京，一九九五年）

何頻、高新：《中共"太子黨"》（上、下，明鏡出版社，香港，一九九六年）

王若水：《胡耀邦下台的背景》（明鏡出版社，香港，一九九七年）

胡績偉：《從華國鋒下台到胡耀邦下台》（明鏡出版社，香港，一九九七年）

高新：《江澤民的權力之路》（明鏡出版社，香港，一九九六年）

高新：《江澤民的幕僚》（明鏡出版社，香港，一九九六年）

漢子：《大地滄桑：中南海人物浮沉內幕》（中國大地出版社，北京，一九九三年）

金劍：《中共政要沉浮錄》（香港文化教育出版社有限公司，一九九四年）

丁望：《北京跨世紀接班人》（當代名家出版社，香港，一九九七年）

高新、何頻：《誰領導中國》（明鏡出版社，香港，一九九七年）

中國局勢分析中心主編，寧鄉漢、文思詠執筆：《朱鎔基的內閣》（明鏡出版社，香港，一九九八年）

中國局勢分析中心主編：《中共最高決策層——十五大之後的權力佈局》（明鏡出版社，香港，一九九八年）

白沙洲：《江澤民變法》（明鏡出版社，香港，一九九八年）

宗海仁《朱鎔基在一九九九》（明鏡出版社，美國，二〇〇一年）

吳稼祥《角力十六大》（明鏡出版社，美國，二〇〇一年）

伊銘《中共第四代權力部署》（明鏡出版社，美國，二〇〇二年）

楊中美《胡錦濤：中共跨世紀接班人》（時報文化出版企業股份有限公司，台北，一九九九年）

馬玲、李銘《胡錦濤》（明報出版社，香港，二〇〇二年）

丁望：《胡錦濤：北京廿一世紀領袖》（當代名家出版社，香港，二〇〇二年）

白德華、連雋偉：《中國第四代領導人胡錦濤》（商訊文化事業股份有限公司，台北，二〇〇二年）

高新：《溫家寶傳》（明鏡出版社，美國，二〇〇四年）

《胡錦濤事略》（《中共研究》一九九二年第十一期）

龍飛：《對中共選拔培養"跨世紀接班人"之研析》（《中共研究》一九九二年第十期）

龍飛：《評析江澤民加速培訓跨世紀接班人之意圖》（《中共研究》一九九四年第九期）

龍飛：《評析中共領導幹部年輕化之可行性》（《中共研究》一九九四年第十期）

姚克觀：《論大陸培養選拔跨世紀年輕幹部》（《中共研究》一九九七年第五期）

中共中央關於抓緊培養選拔優秀年輕幹部的通知（中發【一九九五】二號文件，轉載於《中共研究》一九九七年第五期）

俞劍鴻：《中共中央繼承問題的辯證初探：自一九六九年起》（《中共研究》一九九七年第七期）

翁銘：《一九九九年的中國是"胡錦濤年"》（《鏡報月刊》一九九九年二月號）

文彥：《胡錦濤 精明穩健大器之材》（《廣角鏡》一九九九年二月號）

中國《炎黃春秋》，《中華兒女》，《名人傳記》，《新華月報》，《華聲》，《紫光閣》，《大地》；

美國《中國時代》，《當代中國研究》，《北京之春》，《中國之春》，《民主中國》；

香港《前哨》，《爭鳴》，《九十年代》，《開放》，《廣角鏡》，《鏡報》，《星島日報》，《信報》，《明報月刊》，《亞洲周刊》；

台灣《中共研究》，《中國時報》；

新華網，人民網，光明網，中青在線；

中共中央、國務院等官方網站，貴州，甘肅，西藏等省區政府網站；

清華大學網站。

《中國掌權者》系列(19)

書　　　名：胡錦濤傳
作　　　者：文思詠 任知初
發 行 人：何　頻
責任編輯：張　芸
封面設計：一　劃
校　　　對：楊　暘
出　　　版：明鏡出版社
全球資訊網：www.mirrorbooks.com
電子郵件：info@mirrorbooks.com
通訊地址：P. O. Box 366, Carle Place, NY11514-0366, U. S. A.
　　電話：(516)338-6976 傳真：(516)338-6982
國際統一書號：1-932138-04-8
定　　　價：HK$ 128
版　　　次：2002 年 11 月 —— 2003 年 3 月第一版至第四版

　　　2004 年 3 月第五版(修訂版第一版)

　　　2004 年 9 月第六版(修訂版第二版)

　　　2005 年 4 月第七版(修訂版第三版)

明鏡出版社　郵購書目

(一) 中國局勢系列

序號	書名	作者/編者	香港平郵 HKD	海外平郵 USD	海外空郵 USD
1.	鹿死誰手	何頻 高新	80	15	18
2.	解放軍武器裝備	林長盛	110	19	22
3.	解放軍攻打台灣	何頻	120	19	22
4.	解除中國危機	陳子明 王軍濤	111	19	22
5.	中共"太子黨"(上下冊)	何頻 高新	168	27	30
6.	中國第一家族	高新 何頻 吳國光 高新	99	17	20
7.	江澤民面臨的挑戰	王紹光 何頻 吳國光 高新	105	17	21
8.	鄧小平之後的中國	何頻	110	19	22
9.	江澤民的幕僚	高新	96	17	20
10	致中南海密札	何新	128	21	24
11	中國復興的動力	楊雪野	105	17	21
12.	中國導彈及其戰略	趙雲山	128	22	25
13.	北京地下「萬言書」(售完)	石柳子	95	17	20
14.	中國跨世紀大方略	陳子明 王軍濤	83	16	19
15.	新三國演義：中港台政局	吳國光	75	14	17
16.	趙紫陽最後的機會	袁會章	98	18	21
17.	關鍵問題	唐逸鴻	96	18	21
18.	中國的陷阱	何清漣	107	18	21
19.	鄧小平的遺產 江澤民的困境	麥杰思(著)袁希正(譯)	98	18	21
20.	中國下一步怎樣走	黎萍	87	16	19
21.	靜悄悄的革命—中國當代市民社會	李凡	107	18	21
22.	憲政中國	諸葛慕群	65	13	16
23.	江澤民的權謀	石沙	99	18	21
24.	溶解權力—逐層遞選制	王力雄	93	17	20
25	降伏「廣東幫」	高新	99	18	21
26.	中國老百姓的權利	諸葛慕群	98	18	21
27.	中國需要什麼權的政府	諸葛慕群	118	19	22
28.	中國二等公民—當代農民考察報告	白沙洲	108	18	21
29.	朱鎔基在1999	宗海仁	88	16	19
30.	中國之毀滅—中國生態崩潰緊急報告	鄭義	129	21	24
31.	角力十六大—中國未來控制權	吳稼祥	88	16	19
32.	中共「第四代」權力部署 (售完)	伊銘	98	20	23
33.	中南海日記	吳稼祥	95	18	21
34.	曖昧的權力交接	宗海仁	95	18	21
35.	胡溫新政	伊銘	110	19	22
36.	聯邦化：中華第三共和國之路	吳稼祥	88	16	19
37.	俞梅蓀與新民權運動	張耀傑 著	98	18	21
38.	趙紫陽與中國改革——紀念趙紫陽	陳一諮 嚴家祺 等	98	18	21

(二) 掌權者系列

序號	書名	作者/編者	香港平郵 HKD	海外平郵 USD	海外空郵 USD
1.	中國新諸侯	何頻	98	17	20
2.	中國政府領導者	何頻	115	19	22
3.	解放軍現役將領名錄	何頻	89	16	19
4.	中共最高決策層	何頻	95	17	20
5.	江澤民的權力之路	高新	105	20	23
6.	跨世紀接班人胡錦濤	任知初	97	17	20
7.	中共最高決策層(修訂版)	中國局勢分析中心	98	18	21
8.	中南海七巨頭	伊銘	99	18	21

9.	誰領導中國	高新 何頻	125	21	24
10.	朱鎔基的內閣	寧鄉漢 文思詠	108	20	23
11.	鐵面宰相朱鎔基大傳	高新 何頻	106	20	23
12.	中國情報系統	艾夫提麥爾德(著) 李黚(譯)	77	15	18
13.	江澤民傳	杜林(著) 楊鳴鏑(譯)	105	20	23
14.	中國黨政軍中央領導層	高新	95	17	20
15.	第四代	宗海仁	125	21	24
16.	胡錦濤傳	文思詠 任知初	118	19	22
17.	領導中國的新人物	高新	158	39	42
18.	溫家寶傳	高新	88	17	20
19.	胡錦濤傳(修訂版)	文思詠 任知初	128	22	25

(三)眞相系列

序號	書 名	作者/編者	香港平郵 HKD	海外平郵 USD	海外空郵 USD
1.	眞假毛澤東	趙無眠	100	17	20
2.	文革大字報精選	譚放 趙無眠	145	23	26
3.	紅衛兵與嬉皮士	任知初	83	15	18
4.	文革大年表	趙無眠	113	19	22
5.	中國大逆轉	華民	125	21	24
6.	天安門	卡瑪 高富貴	100	17	20
7.	胡耀邦下台的背景	王若水	115	20	23
8.	眞假周恩來	趙無眠	96	17	20
9.	從華國鋒下台到胡耀邦下台	胡績偉	99	17	20
10.	天葬：西藏的命運	王力雄	123	21	24
11.	天安門之爭	封從德	107	19	22
12.	許家屯回憶與隨想錄	許家屯	100	18	21
13.	789集中營	曉涵 米雅	101	18	21
14.	陰謀與虔誠：西藏騷亂的來龍去脈	徐明旭	109	19	22
15.	中國勞改營紀實(新鬼，舊鬼)	司馬普 安徙生(著)梁至正奚 蒙(譯)	93	17	20
16.	美國間諜在中國	余茂春(著) 李黚波(譯)	105	19	22
17.	百年功罪	趙無眠	99	17	20
18.	毛澤東與康生：鬥爭哲學大師與整人專家	巴彥泰	75	14	17
19.	毛澤東執政春秋	單少傑	135	22	26
20.	中國「六四」眞相	張良	180	42	45
21.	「遠華案」黑幕	盛雪	111	19	22
22.	張學良世紀傳奇	王書君	188	43	46
23.	中共壯大之謎─被掩蓋的中共抗日眞相	謝幼田	98	17	21
24.	晚年周恩來	高文謙	129	22	25
25.	證詞	廖亦武	115	19	22
26.	民權保障同盟的暗箱黑幕	張耀傑	88	17	20
27.	浴火重生─「天安門黑手」備忘錄	陳子華等	125	21	24
28.	「六四」參加者回憶錄	("六四"十五周年紀念文集)編輯委員會	90	17	20
29.	重審林彪罪案	丁凱文主編	180	40	43
30.	中共歷史的見證──司馬璐回憶錄	司馬璐	125	21	24

(四)世界觀系列

序號	書 名	作者/編者	香港平郵 HKD	海外平郵 USD	海外空郵 USD
1.	中國如何面對西方	蕭旁	79	15	18
2.	日本如何面對中國	夏冰	95	17	20
3.	日本新陰謀	天元	107	19	22
4.	美國重新發現的中國	謝翔	80	15	18
5.	江澤民西遊記	時鑒 胡楠	95	17	20
6.	菲德爾·卡斯特羅：二十世紀最後的革命家	程映虹	109	19	22
7.	俄國新總統普京傳─從克格勃到葉利欽的接班人	何亮亮	80	15	18
8.	世界憲政潮流─中外憲法比較	曹思源	90	17	20

(五)浮華世界系列

序號	書名	作者/編者	香港平郵 HKD	海外平郵 USD	海外空郵 USD
1.	推動美國二十五雙手	柳食野 季思聰	80	15	18
2.	糊塗學	李夢悟	92	17	20
3.	美國商務法律引導	張辛欣(譯)	88	17	20
4.	情義無價	劉丹紅	105	20	23
5.	中國怪狀	伊銘	85	17	20
6.	古玩談舊聞	陳重遠	129	21	24
7.	文物話春秋	陳重遠	125	21	24
8.	不朽的謊言	賈鴻彬	109	20	23
9.	摧毀亞洲：索羅斯風暴	季思聰 丁中柱	88	17	20
10.	美加簽證移民引導	奚蒙	96	18	21
11.	「鐵達尼號」的漂浮與沈沒	季思聰 季思亮	77	15	18
12.	中國當代民謠	陸非琅	76	15	18
13.	總統情色報告	理察德・泰格	77	15	18
14.	婦女解放的神話	安・休利特(著)馬莉 張昌耀(譯)	99	17	20
15.	葛林斯潘傳	季思聰 季思亮	84	16	19
16.	法輪功創始人李洪志評傳	張微晴 喬公	95	17	20
17.	投資理財高招	林平	98	18	21
18.	偷渡美國	陳國霖 著 李艷波 譯	89	17	20
19.	網上股票之喜悅	趙璧德 湯詩墨	88	17	20
20.	西藏是我家—扎西次仁自傳	楊和晉(譯)	95	17	20
21.	911人性輝煌	施雨等	91	17	20
22.	離開商學院	楊鳴鏑	95	18	21

(六)超級女人系列

序號	書名	作者/編者	香港平郵 HKD	海外平郵 USD	海外空郵 USD
1.	白宮武則天希拉蕊	史敏 梁芬	69	13	16
2.	黛安娜走出童話	陳越	75	14	17
3.	黃金時段的無冕女王	季思聰	78	15	18
4.	尋找梅娘	張泉	113	19	22

(七)金牌系列

序號	書名	作者/編者	香港平郵 HKD	海外平郵 USD	海外空郵 USD
1.	NBA十大好漢	王游宇	70	13	16
2.	世界網壇十大風流	王游宇	78	14	17
3.	拳王，拳王—從阿里到泰森	王游宇	78	14	17

(八) 大家小說系列

序號	書名	作者/編者	香港平郵 HKD	海外平郵 USD	海外空郵 USD
1.	白雪紅塵	閻眞	108	18	21
2.	黃禍(修訂版)	保密	140	23	26
3.	務虛筆記	史鐵生	115	19	22
4.	上海小姐	張翎	96	17	20
5.	天誅	利蘭錦	79	14	17
6.	塵埃落定	阿來	105	18	21
7.	嫁得西風	李彥	97	17	20
8.	中南海最後的鬥爭	李劫	99	17	20
9.	公元二０二０：兩岸大統一	北方劍	98	17	20
10.	遺囑	沙士	88	17	20

(九) 文化情理系列

序號	書名	作者/編者	香港平郵 HKD	海外平郵 USD	海外空郵 USD
1.	沉默的大多數	王小波	109	18	21

			香港平郵 HKD	海外平郵 USD	海外空郵 USD
2.	公平報復	馬悲鳴 賀文	94	17	20
3.	廢話的力量	趙無眠	94	17	20
4.	一面之詞	胡平	55	11	14
5.	鋼絲上的中國	鄢烈山	96	17	20
6.	中國當代學者散文選	周國平	108	18	21
7.	黃翔禁毀詩選	黃翔	65	13	16
8.	中國人看中國人	高伐林	84	15	18
9.	王丹獄中家書	王丹	76	14	17
10.	王丹觀點	王丹	80	15	18
11.	中國西部孤旅	鄒藍	94	17	20
12.	網上筆戰	不平	75	14	17
13.	歷史潮流—社會民主主義	劉國凱	75	14	17
14.	高行健評說	伊沙	90	17	20
15.	科學・民主. 理性	許良英	99	18	21
16.	王若望紀念文集	羊子 黃河清 鄭義等	84	15	18
17.	中國向何處去?—追思楊小凱	陳一諮	98	18	21

(十) 發現香港系列

序號	書 名	作者/編者	香港平郵 HKD	海外平郵 USD	海外空郵 USD
1.	董建華的特別顧問	李曉莊	78	14	17
2.	北京如何控制香港	何頻 高新	97	17	20
3.	危城	馮木清 魏開星 關毅	88	17	20

(十一) 新聞背景系列

序號	書 名	作者/編者	香港平郵 HKD	海外平郵 USD	海外空郵 USD
1.	北京政治突圍	中國局勢分析中心	60	12	15
2.	放逐魏京生	中國局勢分析中心	60	12	15
3.	朱鎔基面臨的風險	中國局勢分析中心	60	12	15
4.	北京早春的交鋒	中國局勢分析中心	60	12	15
5.	朱鎔基化解危機之道	季思聰 季思亮	60	12	15
6.	測試江澤民	中國局勢分析中心	80	14	17
7.	審判陳希同	季偉	60	12	15
8.	中國能否守住最後的堤壩?	中國局勢分析中心	60	12	15
9.	重返西藏	時鑒 縱月森	60	12	15
10.	江澤民變法	白沙洲	89	16	19

(十二) 新鮮人類系列

序號	書 名	作者/編者	香港平郵 HKD	海外平郵 USD	海外空郵 USD
1.	美國頂尖大學	高歌	98	18	21
2.	東邊日出西邊雨—美國讀書紀實	高歌	100	18	22

(十三) 特別推薦

序號	書 名	作者/編者	香港平郵 HKD	海外平郵 USD	海外空郵 USD
1.	中共 "太子黨" (英譯本)	何頻 高新	90	16	19
2.	亞特蘭大百年奧運	王游宇	85	14	17

網上信用卡訂購:www.mirrorbooks.com　　E-mail:info@mirrorbooks.com
香港郵購計香港平郵價,請付港幣支票,抬頭請寫明鏡有限公司。　　請寄:香港郵政總局5281信箱
TEL (852)2547-5615 FAX (852)2559-3813

其它地區郵購計海外空郵價,不另收郵費,請付美元支票,支票抬頭請寫Mirror Books,
請寄:P.O.Box 366, Carle Place, NY 11514, USA .

.

Oct 2, 2002
CHINA TOWN